DUMONT *Kunst-Reiseführer*

W0300360

Zur schnellen Orientierung – die wichtigsten Orte und Sehenswürdigkeiten auf einen Blick:

(Auszug aus dem ausführlichen Ortsregister S. 407 und 410)

In der vorderen Umschlagklappe: Übersichtskarte Tschechische Republik

In der hinteren Umschlagklappe: Stadtplan der Prager Innenstadt

Erhard Gorys

Tschechische Republik

Kultur, Landschaft und Geschichte
in Böhmen und Mähren

DUMONT
Buchverlag Köln

Umschlagvorderseite: Burgruine Rabí (Rabi) in Westböhmen
Vordere Umschlaginnenklappe: Prag, Wandmalerei im Repräsentationshaus
Frontispiz, Seite 2/3: Ansicht von Brünn, Stahlstich um 1850
Hintere Umschlaginnenklappe: Blick über den Ulický rýbnik auf Telč (Teltsch, Südmähren)
Umschlagrückseite: Prag, Astronomische Uhr am Altstädter Rathaus

Über den Autor: Erhard Gorys, geboren 1926 in Breslau, studierte Kunstgeschichte und Rechtswissenschaften in Göttingen und Cambridge. Zahlreiche Studienreisen führten ihn nach Nordafrika, Vorderasien und Osteuropa. Im DUMONT Buchverlag erschienen von ihm die Kunst-Reiseführer ›Das Heilige Land‹ und ›Moskau und St. Petersburg‹.

Fremde Kulturen kennenlernen und gastfreundlichen Menschen begegnen – wie sehr genießen wir das auf Reisen. Zu Hause bei uns jedoch wird mancher Ausländer von einer kleinen Minderheit beschimpft, bedroht und sogar mißhandelt. Alle, die in fremden Ländern Gastrecht genossen haben, tragen hier besondere Verantwortung. Deshalb: Lassen Sie es nicht zu, daß Ausländer diffamiert und angegriffen werden. Lassen Sie uns gemeinsam für die Würde des Menschen einstehen.

Verlagsleitung und Mitarbeiter des DUMONT Buchverlages

Die Deutsche Bibliothek – CIP-Einheitsaufnahme

Gorys, Erhard:
Tschechische Republik: Kultur, Landschaft und Geschichte in Böhmen und Mähren /
Erhard Gorys. – Köln: DUMONT 1994
(DUMONT-Dokumente: DUMONT-Kunst-Reiseführer)
ISBN 3-7701-2844-3

Satz: Fotosatz Harten, Köln
Druck und buchbinderische Verarbeitung: Boss-Druck, Kleve

Printed in Germany ISBN 3-7701-2844-3

Inhalt

Vorwort

Tschechien, das Land Smetanas und Dvořáks, aber auch Stifters und Rilkes, als Böhmen einst das Herz Europas, über Jahrhunderte das Kernland des Heiligen Römischen Reiches mit der altehrwürdigen, doch zugleich jung gebliebenen Kapitale Prag, bewahrt mit Bauten und Kunstwerken eine mehr als tausendjährige Geschichte, die deutsche Siedler über 800 Jahre lang mitprägten. Gemeinsam mit Italienern und Flamen schufen Tschechen und Mährer, vor allem aber deutsche Kaufleute, Handwerker, Architekten, Maler und Bildhauer eine Kultur, die noch heute durch eindrucksvolle Zeugnisse baulichen und künstlerischen Schaffens belegt ist. Wohl in keinem anderen Land überdauerte der Glanz reicher Städte, stolzer Burgen und prächtiger Schlösser die Jahrhunderte besser als in Tschechien. Und nirgendwo sonst wird das ererbte oder übernommene Kulturgut liebevoller gepflegt.

Allen, die eine Reise in die Tschechische Republik planen oder sich an einen früheren Aufenthalt erinnern, will der vorliegende Kunst-Reiseführer eine Hilfe sein. Verfasser und Verlag waren sich darüber im klaren, daß es der Umfang eines Kunst-Reiseführers nicht zuläßt, sämtliche Städte und Stätten des Landes zu beschreiben, wenn nicht eine gewisse Ausführlichkeit der Beschreibung darunter leiden sollte. Immerhin wurden bis heute rund 300 Burgen und Schlösser sowie 25 000 weitere Bauwerke aller Stilrichtungen restauriert und mehr als 50 historisch wertvolle Stadtkerne unter Denkmalschutz gestellt. Eine Auswahl war also erforderlich.

Der auf das einleitende Geschichtskapitel folgende Hauptteil beginnt mit der »Goldenen Stadt« Prag und setzt sich fort in Reisen durch die sieben Bezirke des Landes, ausgehend jeweils von der Bezirkshauptstadt. Neben kunstgeschichtlichen Höhepunkten lernt der Leser auch die landschaftlichen Reize der Tschechischen Republik kennen, die fischreichen Teiche und Seen Südböhmens, den wildromantischen Böhmerwald des Dichters Adalbert Stifter, die mondänen Weltbäder Karlsbad, Marienbad und Teplitz-Schönau, in denen sich Kaiser und Könige trafen und die Johann Wolfgang von Goethe zur zweiten Heimat wurden, die eigentümlichen Vulkankegel und üppigen Weinberge an Elbe und Moldau, das Riesengebirge des Rübezahl, die bizarren, höhlenreichen Karstlandschaften Mährens, das Kuhländchen und den Schönhengstgau.

Für die Orts- und Straßennamen hat der Kunst-Reiseführer die offizielle tschechische Schreibweise gewählt, damit sich der Reisende an Ort und Stelle zurechtfindet und Autokarten wie Stadtpläne nutzbringend verwenden kann. Die alten deutschen Namen folgen in Klammern. Bei Flüssen, Gebirgen und Bergen stehen die deutschen Namen an erster Stelle, weil sie dem deutschsprachigen Reisenden im allgemeinen geläufiger sind, zum

Beispiel: Elbe (Labe), Moldau (Vltava), Böhmerwald (Šumava), Riesengebirge (Krkonoše), Schneekoppe (Sněžka), Plöckenstein (Plechý).

Allen, die meine Arbeit mit Rat und Tat unterstützten, sei an dieser Stelle gedankt, den stets hilfsbereiten Tschechen und Mährern, besonders den freundlichen Damen und Herren der örtlichen Verkehrsbüros für ihre detaillierten Auskünfte, und nicht zuletzt meiner Frau Christel, die auch diesmal wieder die zahlreichen Reisen durch das Land sachkundig mitgestaltete und auswertete.

Wenn dieser Kunst-Reiseführer ein wenig dazu beiträgt, daß die Tschechische Republik auch außerhalb des touristischen Magneten Prag als eines der schönsten, interessantesten und abwechslungsreichsten Länder Europas bei uns bekannter wird und daß die wundervollen Städte und herrlichen Landschaften für den Leser keine ›böhmischen Dörfer‹ mehr sind, hat er seine Aufgabe erfüllt.

Caspar David Friedrich, ›Einsamer Baum‹ (Morgen im Jeschkengebirge, 1822)

Geschichtlicher Überblick

Vorgeschichte (bis 2. Jt. v. Chr.)

Die ältesten menschlichen Spuren auf dem Gebiet der heutigen Tschechischen Republik fanden sich an mehreren Stellen in Mähren, darunter Skelettreste des Neandertalers aus der Zeit um 60 000 v. Chr., so in der Šipka-Höhle bei Štramberk und in der Schwedenstuhl-Höhle bei Ochoz.

Mit einer Klimaverbesserung innerhalb der Würm-Kaltzeit, im **Aurignacien**, erschien vor etwa 30 000 Jahren der Cromagnon-Mensch. Er war wohl der erste Menschentypus, der eine Kultur pflegte, der in dorfähnlichen Siedlungen lebte und sich Fruchtbarkeitsidole schuf. In Dolní Věstonice (Unterwisternitz), Kreis Mikulov/Südmähren, war ein Mammutjägerlager über etliche Generationen bewohnt; zwischen den Knochen erlegter Mammuts entdeckten Archäologen reizvolle »Venusstatuetten« aus Elfenbein, darunter die berühmte, 25 000 Jahre alte ›Venus von Věstonice‹ aus feuergehärtetem Ton, die älteste Keramik der Welt übrigens.

Die ›Venus von Věstonice‹ (Aurignacien-Zeit)

Die »Neolithische Revolution«, der Übergang vom Jagen und Sammeln zum Ackerbau und zur Viehzucht, fand in Mitteleuropa im 6. Jahrtausend v. Chr. statt. Siedlungen mit dauerhafteren Wohnstätten und die Spezialisierung auf Handwerke waren die Folge. Als erste Ackerbaukultur entwickelte sich im 5. Jahrtausend v. Chr. die **Donaukultur** mit Brandrodung im Lößgebiet, hölzernen Langhäusern und Bandkeramik. Ausgrabungen beim Dorf Bylani bei Kutná Hora (Kuttenberg) brachten eine 65 000 m^2 große Siedlung der Donaukultur mit mehreren Besiedlungsschichten zum Vorschein.

Um 3000 v. Chr. kam die Töpferscheibe aus dem Vorderen Orient auf den Balkan und über die Slowakei nach Mähren und Böhmen. Noch immer stellten weibliche Tonidole eine Fruchtbarkeit verbürgende Muttergottheit dar, doch die neolithischen Statuetten wurden nun stark stilisiert, mit winzigen Brüsten, betonten Hüften und Oberschenkeln ausgestattet, das Gesicht nur knapp angedeutet. Das Moravské muzeum in Brno (Brünn) zeigt mehr als hundert solcher Idole aus einer 5000 Jahre alten Siedlung bei Střelice nahe Znojmo (Znaim). Tiergestaltige Tongefäße, zum Teil mit trichterförmiger Öffnung, dienten religiösem Zeremoniell. Man fand sie in Kroměříž (Kremsier) und in Hrobčice, Kreis Prostějo (Proßnitz), beides Mähren.

Eine Kupferlagerstätte bei Únětice (Aunjetitz) unweit von Prag bildete den Ausgangspunkt für eine der wichtigsten frühbronzezeitlichen Kulturgruppen Mitteleuropas, für die **Aunjetitzer Kultur.** Gewandnadeln, Halsringe, Nietendolche waren die bevorzugten Sujets dieser Periode, die ca. 1900–1500 v. Chr. währte. In der späten Únětice-Zeit bestanden rege Handelsverbindungen über die ›Bernsteinstraße‹ zur mykenischen Welt. Schließlich spaltete sich die Kultur von Aunjetitz in die *Veterov-Kultur* Mährens und die *Mad'Arovče-Kultur* der benachbarten Slowakei.

Kelten und Germanen (1. Jt. v. Chr.–6. Jh. n. Chr.)

In der **Hallstattzeit** (ca. 750–500 v. Chr.) besiedelten keltische Völkerschaften Böhmen und Mähren. Zu den interessantesten Funden dieser Zeit gehört ein kleiner Bronzestier, den man auf dem Opferplatz der Býčí-skála-Höhle bei Adamov in Mähren fand (ca. 700 v. Chr.). Ähnliche Votivgaben, etwa ein Bronzepferdchen aus Obřany bei Brno und ein tönernes Schälchen auf menschlichen Füßen aus Lednice, Kreis Mikulov (Nikolsburg), entstanden ebenfalls um 700 v. Chr. und sind im Moravské muzeum, Brno, ausgestellt.

Auf die Hallstattzeit folgte im 5. Jh. v. Chr. die **Latène-Zeit** (ca. 500 v. Chr. bis Christi Geburt), die Hauptblütezeit der keltischen Kultur, die mediterrane Einflüsse verarbeitete und nichtkeltische Nachbarvölker prägte. Töpferscheibe, Pflug, Sichel und Sense hatten die Kelten mitgebracht; sie kannten den Erzbergbau und die Eisenverarbeitung. Aus dem kriegerischen Bauernvolk ging ein Adelsstand hervor, der in großem Wohlstand hinter schweren Ringwällen residierte und den Fernhandel beaufsichtigte. Um 400 v. Chr. kamen die keltischen **Boier** (Bojer) aus Südwestdeutschland und kultivierten unter klugen Fürsten bald vier Jahrhunderte lang die Gebiete zwischen Eger und Theiß. Sie lebten zum Teil in befestigten stadtähnlichen Siedlungen *(Oppida)* und schlugen eigene Goldmünzen (›Regenbogenschüsselchen‹). Solche Oppida fanden die Archäologen z. B. in Závist/Prag-West (170 ha), in Stradonice, Kreis Beroun (80 ha), und in Staré Hradisko bei Prostějov. Nach den Boiern erhielt das Land Böhmen seinen Namen (von *Boiohaemum* = Boienheim, Boierland).

Markante Beispiele der Boierkunst sind eine überaus naturalistische Schafkopffibel aus Panenský Týnec in Nordböhmen (um 400 v. Chr.), ein Männerkopf aus Schiefer mit Halsring (um 300 v. Chr., wohl ein Gott oder Priester) aus Mšecké Zehrovice bei Slaný

(Mittelböhmen) und die Bronzestatuette eines Mannes mit geschulterter Waffe aus dem Oppidum auf dem Hradischt bei Stradonice in Mittelböhmen (um 100 v. Chr.).

58 v. Chr. unterlagen die Boier den römischen Legionen Caesars. Im Jahr 9 v. Chr. führte Marbod, Herzog der **Markomannen,** sein Volk nach einer Niederlage gegen die Römer vom Main nach Böhmen. Damit begann die germanische Besiedlung des Landes. In Mähren ließen sich die germanischen **Quaden** nieder. Als Gegengewicht zum mächtigen Rom vereinigte Marbod die durch gemeinsamen Kult verbundenen Stämme der Markomannen, Quaden, Langobarden, Lugier, Hermunduren und Semnonen zum ersten Reich der Germanen. Nach keltischer Sitte erhob der germanische Adel Marbod vom Herzog zum König.

In den folgenden Jahrhunderten stießen die Markomannen und Quaden immer wieder in die römisch besetzten Donauprovinzen vor und zwangen die Römer schließlich zur Aufgabe der Gebiete nördlich der Donau. Die Zerschlagung weiterer Vorstöße der Quaden in den Jahren 375 und 395 führte letztendlich zum Untergang des Quadenvolkes. Die Markomannen nahmen unter ihrer Fürstin Fritigil das Christentum an und wurden 395 von Stilicho, dem wandalischen Reichsverweser des Weströmischen Imperiums, in dem Gebiet südlich der Donau angesiedelt.

Das Großmährische Reich (9. Jh.)

Mit dem Abzug der Germanen Anfang des 6. Jh. begann die Landnahme durch slawische Stämme, die sich über mehrere Jahrhunderte hinzog. Diese Stämme bildeten keinen Staat, sondern nur kleinere und größere territoriale Gemeinschaften. In dieser Zeit entwickelte sich die soziale Gliederung in Adlige, Freie und Sklaven als Vorläufer des Feudalsystems. Im Schutz der Adelsburgen an den Handelswegen zum westlichen Frankenreich und in den Orient entstanden Märkte und Siedlungen von Kaufleuten und Handwerkern. In der zweiten Hälfte des 6. Jh. fielen die **Awaren,** ein gefürchtetes asiatisches Nomadenvolk, gemeinsam mit anderen Volksgruppen (Pseudawaren) in Europa ein, gründeten auf dem Gebiet des heutigen Ungarn ein Reich und machten die umwohnenden slawischen Völker tributpflichtig.

Um 623/624 vereinigte der fränkische Kaufmann **Samo,** der seine Handelskarawanen unter dem Schutz einer eigenen, äußerst schlagkräftigen Truppe auf Reisen schickte, mehrere slawische Stämme, löste Böhmen und Mähren aus dem Herrschaftsbereich der Awaren, indem er die Tributzahlungen einstellte, und gründete das erste Slawenreich, dessen Territorium bis an die Grenzen Thüringens und an den Obermain reichte. Die Slawen erhoben Samo zu ihrem König. Unterdes hatten sich die Awaren auf das reiche Konstantinopel konzentriert, dessen Mauern sie 626 vergeblich berannten; dafür griffen die Franken an, die das neue Reich vor ihrer Haustür störte. Bei der Wogastisburg, in der Samo residierte, kam es 631/632 zur Schlacht, in der Samos Slawenheer über das Expeditionskorps des Frankenkönigs siegte. (Bis heute konnte die Wogastisburg nicht lokalisiert werden, man vermutet sie irgendwo in Nordböhmen). Nach Samos Tod im Jahr 658 zerfiel das Reich und kam wieder unter die Herrschaft der Awaren, später fiel es an die Franken unter Karl dem Großen.

833 einigte der mährische Fürst **Mojmir I.** die Fürstentümer Mährens und der Westslowakei unter seiner Herrschaft und stellte die Tributzahlungen an die Franken ein. Als Mojmir auch die böhmischen Fürsten in sein Reich einbeziehen wollte, zogen vierzehn von ihnen im Jahr 845 nach Regensburg, um dem König der Ostfranken, Ludwig dem Deutschen, zu huldigen und ihn um Hilfe zu bitten. Ludwig der Deutsche setzte Fürst Mojmir ab und inthronisierte dessen Neffen **Rastislav,** von dem er sich größere Gefolgstreue erhoffte. Dieser aber übernahm die Unabhängigkeitspolitik seines Onkels, indem er die inneren Streitigkeiten des Ostfrankenreiches nutzte. Sein Reich, dessen Kerngebiet mit dem Hauptort Nitra (Neutra) die westliche Slowakei und das östliche Mähren umfaßte, entwickelte sich als Großmährisches Reich zur führenden Macht unter den Westslawen. 855 schlug er einen Angriff Ludwigs des Deutschen, der seine personelle Fehlentscheidung korrigieren wollte, zurück und verwüstete bei der Verfolgung der fränkischen Truppen große Gebiete der **Ostmark** (Österreich).

861/862 bat Rastislav die römische Kurie, die großmährische Kirche von der ostfränkischen des Bistums Regensburg zu trennen; Rom lehnte ab. Daraufhin wandte er sich an den byzantinischen Kaiser Michael III., der eine Mission unter Konstantinos dem Philosophen (später »Kyrillos« genannt) und dessen Bruder Methodios entsandte. Die beiden ›**Slawenapostel**‹ brachten eine Übersetzung der liturgischen und pastoralen Texte nach Mähren und schufen in Abwandlung der griechischen *Majuskel* die slawische Schrift *Glagoliza*. 867 ließen sich Kyrillos und Methodios ihr Werk in Rom legitimieren: Nach vorausgehender lateinischer Lesung durfte im Gottesdienst fortan in slawischer Sprache gepredigt werden. Wichtiger aber war, daß sich die großmährische Kirche nun dem fränkischen Einfluß entziehen konnte. Nach dem Tod des Kyrillos ernannte Papst Hadrian II. im Jahr 869 Methodios zum Erzbischof von Mähren und Pannonien (dem Land um Wien), was die bayerisch-ostfränkischen Bischöfe dermaßen erzürnte, daß sie ihn in den Kerker warfen, aus dem ihn erst Papst Johannes VIII. 873 befreien konnte.

870 zog Karlmann, der älteste Sohn Ludwigs des Deutschen, mit einem fränkischen Heer plündernd und brandschatzend durch das Territorium des Mährenfürsten **Svatopluk.** Der wußte sich keinen anderen Rat, als zu den Franken überzulaufen und ihnen seinen Onkel Rastislav auszuliefern, was ihm die Möglichkeit gab, sich selbst auf den Thron des Großmährischen Reiches zu setzen. Doch Karlmann mißtraute ihm und nahm auch ihn gefangen, was einen blutigen Aufstand der Mährer auslöste und zur Vertreibung aller fränkischen Geistlichen führte. Svatopluk kam frei, vernichtete ein ostfränkisches Expeditionsheer und fiel in die Ostmark ein. Daraufhin mußte Ludwig der Deutsche im Frieden zu Forchheim (874) eine gewisse Autonomie Großmährens bestätigen. Das Großmährische Reich wurde um weite Teile Schlesiens und Ungarns sowie um Gebiete an der Lausitz und an der oberen Weichsel bis Krakau erweitert; auch die böhmischen Fürstentümer hatten sich inzwischen – mehr oder weniger freiwillig – dem Reich ange-

schlossen. Dafür mußte Svatopluk dem ostfränkischen König huldigen und gewisse Tributverpflichtungen eingehen. Zwangsläufig wuchs damit wieder der Einfluß der fränkischen Kirche: 880 setzte sie den Schwaben Wiching als Bischof von Nitra ein, und als Methodios 885 starb, ließ Svatopluk alle Anhänger des Slawenapostels des Landes verweisen. 894 starb König Svatopluk. Schon wenige Monate später huldigten die böhmischen Fürsten in Regensburg Arnulf von Kärnten (s. S. 16), der inzwischen König der Ostfranken geworden war. Mit dem Abfall der Böhmen brach das Großmährische Reich auseinander.

Zu Beginn des 10. Jh. fielen bayerische und böhmische Heere in Mähren ein. Unter dem Eindruck der Ungarngefahr – die Uralnomaden (Magyaren) hatten sich im späten 9. Jh. in mittleren Donautiefland niedergelassen und bedrohten von hier aus die benachbarten Völker – schlossen Mähren und Bayern Frieden. 902 gelang es den Mährern zum letzten Mal, die Ungarn zu schlagen, fünf Jahre später, am 4. Juli 907, erlitt das verbündete bayerisch-mährische Heer in der Schlacht bei Bratislava gegen die Ungarn eine vernichtende Niederlage. Noch um 949 sprach der byzantinische Kaiser Konstantin VII. Porphyrogennetos vom »großen Mähren«, doch das Reich war längst untergegangen: Mähren geriet mehr und mehr in die Abhängigkeit böhmischer Fürsten, die Ungarn hatten sich die slowakischen Fürstentümer einverleibt und behielten sie – zuletzt als »Oberungarn« – bis 1918.

Die Přemysliden (Ende des 9. Jh.–Anfang des 14. Jh.)

Im 9. Jh. begannen sich die slawischen Stämme Böhmens zusammenzuschließen, wobei drei Stämme um die Führung stritten: die **Lutschanen** an der mittleren Eger, die **Slavniken** an der Oberelbe und die **Tschechen** im Gebiet der Moldau. Als gegen Ende des 9. Jh. die Macht des Großmährischen Reiches schwand und die Gefahr eines Einfalls der Ungarn immer größer wurde, übernahm die tschechische Dynastie der **Přemysliden** mehr oder weniger gewaltsam die Führung. Nach der Legende begann diese Dynastie mit der Richterin Libussa (Libuše), die **Přemysl**, das bäuerliche Oberhaupt eines angeschlossenen Stammes, ehelichte. Historisch belegt aber wurde die Dynastie erstmals durch den Herzog Bořivoj, der sich und seine Frau Ludmila von Pšov (später die Heilige) vom Slawenapostel Methodios taufen ließ und seine Residenz von Levý Hrádec nach Prag verlegte. Nach dem Tod Bořivojs 895 übernahm sein Sohn **Spitihněv** (895–906) die Herzogswürde. Er löste Böhmen aus dem zusammenbrechenden Großmähren und zog noch im selben Jahr (895) mit seinen Stammesfürsten nach Regensburg, um dem Ostfrankenkönig Arnulf zu huldigen, sich also unter den Schutz des Frankenreichs zu stellen. Auf Spitihněv folgte sein Bruder Vratislav I. (905–921), der mehrere Ungarneinfälle abwehrte und den böhmischen Staat festigte.

921 bestieg Vratislavs Sohn **Wenzel I.** (Václav), später der Heilige, den böhmischen Herzogthron. Er christianisierte das Land und strebte die kirchliche Emanzipation

Böhmens an. Doch Wenzel wurde bereits 929 von seinem Bruder Boleslav aus politischen Motiven ermordet. Der Mord war sinnlos, denn Wenzel hatte seinen Bruder bitten wollen, die Herrschaft zu übernehmen, um in Rom die Weihen zu empfangen und als erster Bischof von Böhmen zurückzukehren. Noch im 10. Jh. wurde Wenzel I. heiliggesprochen.

Das Herzogtum, das Boleslav nun in Besitz nahm, umfaßte große Teile von Schlesien und erstreckte sich bis nach Krakau. Als er sich jedoch Otto dem Großen widersetzte, nahm der deutsche König dies 950 zum Anlaß, einen Heereszug nach Böhmen zu führen. Boleslav unterwarf sich und leistete den Lehnseid, der zur Heeresfolge und zum Besuch der Hoftage (»Heerfahrt und Hoffahrt«) verpflichtete. Damit war Böhmen ein den anderen Herzogtümern gleichgestelltes Glied des Heiligen Römischen Reiches geworden.

Vratislav II. (Znaimer Burg-Rotunde)

Boleslav II. (972–999) erfüllte den Wunsch seines Onkels Wenzel, in Prag ein Bistum einzurichten. Erster Bischof wurde 973 der sächsische Benediktiner Thietmar. Auf ihn folgte 983 der slavnikische Fürstensproß Vojtěch (Adalbert von Prag), der später als Missionar zu den Prussen ging und 997 am Frischen Haff den Märtyrertod starb. Mit ihm endete die Dynastie der Slavniken und damit die letzte Konkurrenz für die tschechischen Přemysliden.

Um das Jahr 990 eroberte Boleslaw I. Chrobry, Herzog von Polen, die Gebiete von Krakau und Lublin sowie das gesamte Mähren, zwischen 1002 und 1004 hielt er sogar ganz Böhmen besetzt. Er wollte ein großes westslawisches Reich errichten, aber der deutsche König Heinrich II. zwang die Polen zur Unterwerfung und führte die Přemysliden auf ihren Prager Thron zurück. Schlesien und Mähren behielten die Polen, bis Herzog **Břetislav I.** (1034–1055) um 1029 Mähren für immer mit Böhmen vereinigte. Als er aber auch Schlesien zurückgewinnen wollte und tief in Polen eindrang, zwang ihn König Heinrich III. 1041 zur Unterwerfung. Im Büßergewand mußte Břetislav zu Regensburg sein Herzogtum als Lehen empfangen. Erst 1154 fiel durch den Quedlinburger Vertrag auch Schlesien an Böhmen.

Mit **Vratislav II.** (1061–1092) nahm in Böhmen das Königtum seinen Anfang. Kaiser Heinrich IV., dem er 1075 bei der Niederwerfung des Sachsenaufstandes geholfen hatte, krönte ihn für seine Dienste in Mainz zum König. Auch Vratislavs Nachfolgern gelang es trotz Thronwirren und häufiger Regentenwechsel im 12. Jh., die Königskrone zu erlangen, bis schließlich im Jahr 1212 Kaiser Friedrich II. mit der »Goldenen Bulle Böhmens« König Ottokar eine Reihe von Privilegien erteilte, darunter die Zuerkennung des Erbkönigtums für Böhmen.

Bereits Vratislav II. hatte deutschen Kaufleuten in Prag Sonderrechte gewährt. Herzog Soběslav II. (1173–1179) bestimmte 1173 im sogenannten ›Sobislavum‹: *»Noveritis, quod (Theutonici) homines liberi sint«*, (»Ihr sollt wissen, daß die Deutschen freie Leute sind«). **Ottokar I. Přemysl** (1197–1230), der böhmische »Städtegründer«, rief deutsche Handwerker und Bauern ins Land. Die neuen Gemeinwesen formten sich nach deutschem, meist Nürnberger oder Magdeburger Stadtrecht. Die Bergbaustädte Iglau und Kuttenberg stärkten durch ihre Silbergewinnung die Machtposition der böhmischen Herrscher. Auch die Klöster und der tschechische Adel zogen Deutsche ins Land.

Zu europäischer Geltung gelangte Böhmen durch **Ottokar II. Přemysl** (1253–1278). Er nahm das Babenberger Erbe in Besitz, annektierte 1251 die Ostmark, 1260 die Steiermark und ebenso Teile der Slowakei, 1266 das Egerland, 1269 Krain und Kärnten. Er unterstützte den Deutschen Orden gegen die Preußen (Prussen); ihm zu Ehren erhielt die 1255 neugegründete Stadt am Pregel den Namen »Königsberg«. 1273 unterlag er bei der Wahl zum deutschen König gegen Rudolf von Habsburg. Er verweigerte dem neuen König die Huldigung und die Herausgabe der eigenmächtig besetzten Reichslehen. Ottokar wurde daher geächtet und verlor 1278 die Schlacht auf dem Marchfeld gegen Rudolf; auf der Flucht wurde er erschlagen. Sein Sohn Wenzel II. konnte noch eine Reihe polnischer Gebiete erobern und sich im Jahr 1300 in Gnesen zum polnischen König krönen, doch mit seinem Enkel Wenzel III. (1305–1306), der – knapp 17 Jahre alt – auf dem Marsch nach Polen ermordet wurde, starb die Dynastie der Přemysliden in der männlichen Linie aus. Der Habsburger Albrecht I. zog Böhmen als Reichslehen ein und übertrug es seinem Sohn Rudolf, der aber schon nach wenigen Monaten starb. Drei Jahre, 1307–1310, hielt sich Heinrich von Kärnten als Gemahl der älteren Tochter Wenzels II. auf dem böhmischen Thron, bis er durch Reichsfürstenurteil abgesetzt wurde. Nun bahnte Peter Aspelt, Erzbischof von Mainz und unter König Wenzel II. Kanzler, die Ehe zwischen **Johann von Luxemburg,** Sohn des deutschen Königs und künftigen Kaisers Heinrich VII., und Elisabeth, der jüngeren Tochter Wenzels II., an. Johann wurde König von Böhmen (1311–1346). 1335 verzichtete er auf die Krone Polens, behielt dafür das Herzogtum Breslau, mehrere schlesische Fürstentümer und Masowien (die Landschaft um Warschau) und erwarb das Egerland. Mit seinem Sohn Karl kämpfte er im französischen Ritterheer gegen die Engländer und fiel 1346 in der berühmten Schlacht bei Crécy-en-Ponthieu.

Karl IV. und das »Goldene Zeitalter« (1346–1378)

Karl IV. wurde am 14. Mai 1316 in Prag geboren. Seine Kindheit verbrachte er bei seinen Eltern Johann von Luxemburg und der Přemyslidenprinzessin Elisabeth am böhmischen

Hof. Nach dem Tod seiner Mutter kam er als Siebenjähriger zu seiner Tante Johanna, der Frau des französischen Königs Karl IV., des Schönen. In Paris legte er seinen Taufnahmen Wenzel ab und nannte sich – seinem Idol, Kaiser Karl dem Großen, nacheifernd – Karl. 1329 heiratete er Blanche von Valois, die Schwester des späteren französischen Königs Philipp VI. Zwei Jahre später begleitete er seinen Vater auf einem Kriegszug nach Florenz, geriet nach der Rückkehr mit ihm in Streit, floh nach Italien und verdingte sich bei den Venezianern als Condottiere (Söldnerführer). Nach der Aussöhnung mit dem Vater übernahm er 1333 die Statthalterschaft über Böhmen und Mähren. Damit begann für diese beiden Länder ein »Goldenes Zeitalter«. Noch vor seinem Tod hatte König Johann die Wahl seines Sohnes zum deutschen König vorbereitet, und so wurde Karl am 11. Juli 1346 in Rhens am Rhein, dem üblichen Versammlungsort der deutschen Kurfürsten, zum König des Heiligen Römischen Reiches gewählt und im darauffolgenden November, nach dem Tod seines Vaters, gekrönt. Im folgenden Jahr ließ er sich auch zum König von Böhmen krönen. 1355 zog Karl IV. nach Italien, setzte sich in Mailand die Krone der lombardischen Könige auf und empfing in Rom von Papst Innozenz VI. die Kaiserkrone; schließlich nahm er als erster Kaiser nach Barbarossa 1365 in Arles auch die Krone des Königreichs Burgund an.

Karl IV., Skulptur von Peter Parler im Triforium des Prager St. Veits-Doms

Karl IV. trat seine Herrschaft als erfahrener Regent an, mit umfassender Bildung, selbstbewußt, großzügig und zugleich sparsam. Er sprach fließend Tschechisch, Deutsch, Lateinisch, Französisch und Italienisch und umgab sich mit den besten Männern des Reiches. Während sich England und Frankreich im Hundertjährigen Krieg zerfleischten und Italien zerstückelt daniederlag, erlebte Mitteleuropa unter Karl IV. Jahrzehnte des Friedens und relativen Wohlstands. Starke Burgen, befestigte Städte und ein geschultes Heer schützten die Bevölkerung und die Reichsgrenzen. Mit der ›Goldenen Bulle‹ erließ Kaiser Karl IV. 1356 ein Reichsgrundgesetz, das wichtigste Verfassungsgesetz des Heiligen Römischen Reiches bis 1806. Das Gesetz bestätigte die sieben Kurfürsten als Wähler des deutschen Königs, setzte die Unteilbarkeit der Kurlande sowie die Primogenitur (Thron- und Erbfolgerecht des Erst- oder Ältestgeborenen) fest und gab den Kurfürsten die unbeschränkte Gerichtsbarkeit auf ihren Territorien.

Wirtschaft und Handel florierten. Karl ließ das Netz der großen Handelsstraßen erweitern (von Venedig nach Danzig, Riga und Nowgorod; von Flandern nach Kiew und Konstantinopel), baute den Wasserweg über die Moldau und die Elbe zur Nordsee aus, sorgte für eine enge Bindung Böhmens an das Reich, pflegte lebhafte Beziehungen zur süddeutschen Metropole Nürnberg und zur Hanse in Lübeck, förderte die Kultivierung bis dahin ungenutzter Ländereien, den Bergbau und Manufakturen aller Art. Die Reichspolitik orientierte er nach Osten, während sie sich bis dahin seit Jahrhunderten vorwiegend nach Süden gerichtet hatte. Seine Geburtsstadt Prag erhob Kaiser Karl IV. zur Hauptstadt des Heiligen Römischen Reiches, zum politischen, geistigen und wirtschaftlichen Zentrum Europas. Er schmückte sie mit prachtvollen Bauten und machte sie zur drittgrößten Stadt nach Rom und Konstantinopel. 1348 gründete er in Prag die erste Universität Mitteleuropas. Seine Architekten bauten in Nürnberg, in Aachen, in Breslau, in Brandenburg und an unzähligen anderen Orten.

Schließlich galt er als größter Sammler von Kunstgegenständen seit der Antike. Besonders den Reliquien widmete er sich, denn er teilte den zeitgenössischen Glauben an die übernatürliche Kraft materieller Andenken an das irdische Leben und Leiden Christi und seiner Heiligen. So erwarb er 1355 in Italien die Gebeine des hl. Veit, der im Bereich der Prager Burg gewirkt hatte. Der byzantinische Kaiser Johannes V. Palaiologos sandte ihm vermeintliche Gebeine der Patriarchen Abraham, Isaak und Jakob, vom ungarischen König Ludwig dem Großen erhielt er das Tafeltuch des heiligen Abendmahls, vom französischen Dauphin und späteren König Karl V. zwei Dornen aus der Krone Christi, von Papst Urban VI. ein Stück des Lendentuchs Christi.

Um die Unterstützung der römischen Kirche bei der Verwirklichung seiner ehrgeizigen Pläne zu erhalten, stärkte er ihre Macht und vermehrte ihren Reichtum. Doch gerade das sollte schließlich zu der gesellschaftlichen Krise führen, die in die Hussitenkriege mündete.

Auch territorial wußte Karl seine Macht zu sichern und auszubauen: 1335 erwarb er das restliche Schlesien, 1368 die Niederlausitz, 1374 auch Brandenburg, 1362 heiratete er

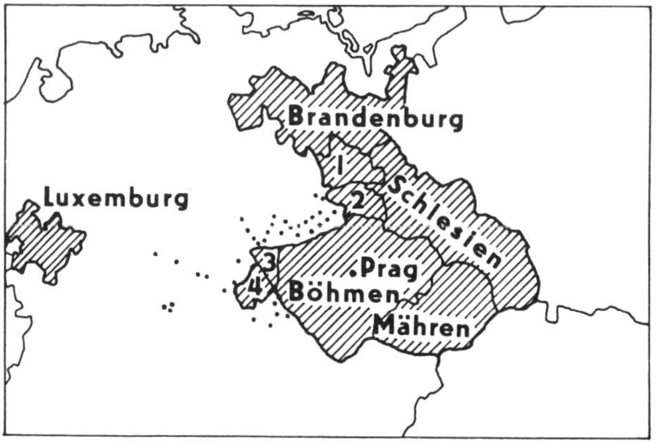

Schraffiert: Länder der Böhmischen Krone am Ende der Regierung Karls IV.
Punktiert: Ausländische Lehen der Böhmischen Krone
1 Niederlausitz 2 Oberlausitz 3 Egerland 4 Oberpfalz

in vierter Ehe Elisabeth von Pommern. Mit Habsburg schloß er 1364 einen Erbvertrag, und seinen Sohn Sigismund verehelichte er mit der Tochter des Königs Ludwig I. von Ungarn und Polen. Auch seine Nachfolge ordnete er rechtzeitig: 1363 ließ er seinen ältesten Sohn Wenzel IV. als zweijähriges Kind zum König von Böhmen und 1376 zum deutschen König krönen. Am 29. November 1378 starb Kaiser Karl IV. in seiner Heimatstadt Prag.

Die Hussitenkriege (1419–1435)

Wenzel IV. (1378–1419), Karls IV. Sohn, war eine zu schwache Persönlichkeit für ein Zeitalter religiöser und nationaler Umwälzungen. Mit der Macht schwand sein Ansehen, so daß ihn im Jahr 1400 die vier rheinischen Kurfürsten als König des Heiligen Römischen Reiches absetzten; er blieb jedoch König von Böhmen. 1382 hatte Wenzel seine Schwester Anna mit Richard II. von England verheiratet, was zu intensiven Kontakten zwischen der böhmischen und englischen Geisteswelt führte. Angesichts der sittlichen Verfallserscheinungen innerhalb des Klerus forderte der Theologe John Wyclif in England eine radikale Reform: die Abkehr der Kirche von Besitz und weltlichem Machtstreben. Der Tscheche **Jan Hus** (Johann Huß), Lehrer an der Prager Universität, griff die Ideen Wyclifs auf, verband die kirchlichen Reformpläne aber mit tschechischem Nationalstreben. Er schuf eine tschechische Schriftsprache, predigte tschechisch und bekämpfte den Einfluß der Deutschen.

1411 wurde Hus exkommuniziert. 1414 erschien er vor dem Konzil in Konstanz; König Sigismund, der Nachfolger Wenzels IV. auf dem römischen Thron, hatte ihm freies Geleit zugesichert. Doch das Kardinalskollegium mißachtete den Freibrief, da Hus ihn durch sein Beharren auf der »Irrlehre« verwirkt habe, ließ ihn verhaften und 1415 als Ketzer auf dem Scheiterhaufen verbrennen. Der schwache Protest des Königs Sigismund blieb unbeachtet.

Als Wenzel IV. 1419 starb, trat König Sigismund auch dessen Nachfolge als König von Böhmen an. Zwar hatte er sich auf dem Hradschin krönen lassen, doch die Prager hielten ihre Stadttore verschlossen. Der Landtag in Čáslav (Tschaslau/Mittelböhmen) erklärte Sigismund wegen seines ›Mordes‹ an Hus zum Feind der böhmischen Nation. 1419 brach mit dem **ersten Prager Fenstersturz** im Neustädter Rathaus (s. S. 103) der Aufstand gegen die Deutschen aus, sie mußten das Land verlassen, ihr Besitz wurde konfisziert. Getragen wurde der Aufstand von den Hussiten, den Anhängern des Jan Hus. Sie forderten vor allem die Armut des Klerus, die Freiheit der Predigt, die Austeilung von Brot und Wein (während der Messe) auch an Laien (Laienkelch) und – wohl am wichtigsten – einen Nationalstaat der Tschechen. Ihre Truppen zogen sengend und mordend durch Böhmen und Mähren, durch Österreich, Ungarn, Bayern, Sachsen, Schlesien und Brandenburg; mehrmals gelang es ihnen, Reichsheere vernichtend zu schlagen.

Gleichzeitig verhandelte das Konzil in Basel mit den Hussitenführern, wobei sich die Tschechen in zwei Lager spalteten: in die vom Adel unterstützten, gemäßigten *Utraqui-*

Jan Hus, Buchillustration von 1565

sten (von *sub utraque specie*, »unter beiderlei Gestalt«, also Brot und Wein) und die radikalen bäuerlichen *Taboriten*. 1433 gestand die Kirche den Utraquisten in den »Prager Kompaktaten« den Laienkelch zu; ihr Gegensatz zum Katholizismus war damit weitgehend beseitigt. Die Taboriten kämpften unter ihren Feldherren Prokop dem Großen und Prokop dem Kleinen weiter, bis sie 1434 bei Lipany (Lipan) von den vereinigten Katholiken und Utraquisten besiegt wurden. Die volle Anerkennung der Utraquisten in den »Basler Kompaktaten« im Jahr 1435 beendete die Hussitenkriege.

Die Hussitenkriege hatten die Macht der katholischen Kirche in Böhmen gebrochen, die Deutschen wurden in die Randzonen des Landes gedrängt, die tschechischen Bauern blieben arm und hörig, nur der Adel und das Bürgertum vermochten ihren Besitz und ihren Einfluß ungeheuer zu vermehren. Die territoriale Einheit und die Freiheit der Tschechen blieben zwar unverwirklicht, aber ihr Nationalbewußtsein war gestärkt.

1437 wurde der Habsburger Albrecht II. als Schwiegersohn Sigismunds König von Böhmen und Ungarn. Er starb schon zwei Jahre darauf und hinterließ seinen unmündigen Sohn Ladislaus Postumus, für den der Führer der Utraquisten, **Georg von Poděbrad und Kunštát** (Jiří Poděbradský; 1458–1471), als Reichsverweser regierte. Nach dem Tod des Ladislaus wurde er 1458 zum König gewählt. Vor der Krönung aber forderten die Stände seinen Übertritt zum katholischen Glauben, den er angeblich heimlich vollzog.

Nach seinem Tod im Jahr 1471 wählten die böhmischen Stände **Vladislav II. Jagiello** (Wladyslaw; 1471–1516), einen Sohn des Königs Kasimir IV. von Polen, zum König von Böhmen. Im »Frieden von Olmütz« (1479) trat er dem Ungarnkönig Matthias I. Corvinus Mähren, Schlesien und die Lausitz ab. Nach dessen Tod (1490) erbte er die ungarische Königswürde und mußte dafür dem Haus Habsburg im »Frieden zu Preßburg« (1491) die Erbfolge in Böhmen und Ungarn zusichern. Sein Sohn Ludwig starb kinderlos – er ertrank nach der verlorenen Schlacht bei Mohács/Südungarn (1526) gegen die Türken in der Donau –, und so fielen Böhmen und Ungarn entsprechend dem Erbvertrag an Habsburg und waren bis 1918 mit Österreich vereint.

Beginn der Habsburger Zeit (ab 1526) und Dreißigjähriger Krieg (1618–1648)

Erster böhmischer König aus der Habsburger Dynastie war **Ferdinand I.** (1526–1564), ein jüngerer Bruder Kaiser Karls V. Im Jahr 1531 wurde der begabte Staatsmann zum römischen König gewählt, 1556, nach der Abdankung Karls V., zum Kaiser des Heiligen Römischen Reiches gekrönt. Zwischen Katholiken und Protestanten suchte er einen möglichst dauerhaften Ausgleich und holte die Jesuiten nach Prag, deren Collegium Clementinum die alte, ebenfalls katholische Universität (Collegium Carolinum) bald an Bedeutung übertraf.

Seinem Sohn Maximilian II. (1562–1576), seit 1562 römischer und böhmischer König, seit 1564 Kaiser, gelang es nicht, die in Deutschland immer schärfer hervortretenden religiösen und politischen Gegensätze auszugleichen. Fast 70 % der Bevölkerung waren inzwischen lutherisch, der Kaiser sympathisierte mit den Protestanten und wäre am liebsten konvertiert, hätte die katholische Kirche nicht mit Enterbung gedroht. In Böhmen soll es Ende des 16. Jh. etwa 200 katholische, 200 utraquistische und 1200 evangelische Gemeinden gegeben haben. Der evangelische und utraquistische Adel schickte seine Söhne an die Universität Wittenberg, der katholische Adel ließ sie im Prager Jesuitenkolleg studieren.

Der zweite Kaiser, der Prag zum Mittelpunkt des Heiligen Römischen Reiches erkor, war **Rudolf II.** (1576–1612), 1552 als Sohn Maximilians II. in Wien geboren. 1572 wurde er König von Ungarn, 1575 König von Böhmen und 1576 Kaiser des Heiligen Römischen Reiches. In Prag fühlte Rudolf sich wohl, und so verlegte er 1583 seine Residenz von Wien an die Moldau. Bis 1593 währte der Waffenstillstand mit den Türken; dann griffen sie erneut an. 13 Jahre tobte der Krieg mit wechselndem Schlachtenglück. 1605 riß Rudolfs Bruder Matthias die militärische Führung an sich und schloß im folgenden Jahr mit den Türken Frieden. 1608 übernahm Matthias von dem körperlich und psychisch kranken Kaiser die Herrschaft über Ungarn, Mähren und Österreich. 1609 zwangen die böhmischen Stände Rudolf II. zum Erlaß eines Majestätsbriefes, mit dem er ihnen volle Religi-

Wallenstein. Ein Porträt

Zeitgenössisches Bildnis Albrecht von Wallensteins (1583–1634)

Kaum eine Persönlichkeit der deutschen Geschichte hat den Historikern so viele Rätsel aufgegeben wie Albrecht Eusebius Wenzel von Waldstein (Valdštejn), genannt »Wallenstein«. Sowohl die Veränderlichkeit seines Charakters als auch seine langfristigen politischen Absichten geben bis heute Rätsel auf.

Wallenstein entstammte der Arnauer Linie des alten böhmischen Adelsgeschlechts der Waldstein. Am 24. September 1583 wurde er auf Gut Hermanič bei Arnau, dem heutigen Hostinné, geboren. Als seine Eltern starben, brachte ihn sein Onkel auf die Schule der Böhmischen Brüder, einer protestantischen Religionsgemeinschaft, und – als diese den wilden Knaben nicht zügeln konnten – auf die strengere Jesuitenschule in Olmütz. 1599 besuchte der junge Wallenstein die lutherische Universität Altdorf bei Nürnberg, aus der man den »Tollen von Waldstein« aber schon nach wenigen Monaten hinauswarf. Daraufhin ging er auf »Kavalierstour« (Bildungsreise) nach Italien und immatrikulierte sich an der Universität Padua. 1602 kehrte er nach Böhmen zurück, trat zwei Jahre später in die militärischen Dienste der Habsburger und konvertierte zum katholischen Glauben.

Als Wallenstein 1609 die Witwe Lukretia von Wickow heiratete, begann für ihn ein neuer Lebensabschnitt, denn nunmehr zählte er zu den reichsten Mitgliedern des mährischen Herrenstandes. Bescheidenheit war nie seine Tugend; wo immer er konnte, vor allem in

Wien, entfaltete er Pracht und Prunk. Doch mit überaus großem Geschick leitete er die zahlreichen Besitzungen und sorgte hingebungsvoll für seine Gutsuntertanen.

Dann aber begann der große Krieg, das schreckliche dreißigjährige Wüten und Morden in der Mitte Europas (1618–1648). Schon lange gärte es an allen Orten. Da nahmen die Spannungen zwischen Landesherrn und Ständen, zwischen Katholiken und Protestanten zu. Da drängten die Machtansprüche Frankreichs, Schwedens und Spaniens gegen Habsburg. So eskalierte der böhmische Aufstand zu einem deutschen Krieg und schließlich zu einem europäischen Ringen auf deutschem Boden. Kaiser Ferdinand II. beauftragte Wallenstein, ein Heer aufzustellen. Das tat er auf eigene Kosten, denn »wer das Heer besoldet, dem gehört die Beute des Krieges«. Nach der Niederlage der Protestanten in der Schlacht am Weißen Berg 1620 kaufte Wallenstein zu Spottpreisen 58 enteignete Herrschaften des protestantischen Adels, die der Kaiser zum Fürstentum Friedland zusammenschloß. 1625 führte der »Friedländer« als Feldherr des Kaisers ein neuartiges Steuersystem ein, denn »der Krieg sollte den Krieg ernähren«. Sein Heer, das inzwischen 40 000 Mann umfaßte, übertraf die Mannschaftsstärke der Truppen, über die Graf Tilly, Oberbefehlshaber der katholischen Liga, befehligte, bei weitem. Als der Krieg 1629 beendet zu sein schien, ernannte Ferdinand II. Wallenstein wegen seiner militärischen Erfolge zum »General des ozeanischen und baltischen Meeres« und schenkte ihm das Herzogtum Mecklenburg und das Fürstentum Sagan. Wallensteins unermeßlicher Reichtum und die Machtfülle, die er dem Kaiser verschafft hatte, stärkten aber den Argwohn der in der Liga zusammengeschlossenen katholischen Stände, die 1630 die Entlassung des Friedländers durchsetzten, obwohl sich bereits der protestantische König Gustav II. Adolf von Schweden anschickte, in Pommern zu landen. Damit begann eine neue Phase des Dreißigjährigen Krieges. Gustav Adolf zog unaufhaltsam quer durch Deutschland, am Lech wurde Tilly tödlich verwundet. Angesichts der drohenden Gefahr besann sich die Liga auf Wallenstein und übertrug ihm den Oberbefehl über die gesamte kaiserliche Streitmacht. Wallenstein kommandierte jetzt 60 000 Mann.

Bei Lützen nahe Leipzig kam es am 16. Oktober 1632 zur Schlacht, in der der Schwedenkönig den Tod fand. Anstatt die günstige Lage auszunutzen, zog Wallenstein seine Truppen zurück und begann zu taktieren, was früher nicht seine Art war. Als man gar von Geheimverhandlungen des Generalissimus mit den Gegnern des Kaisers erfuhr, bezichtigte man ihn offen des Verrats. Doch Wallenstein winkte ab: »Man muß Fried machen, sonst wird alles unsererseits verloren sein.« Die Verhandlungen mit den Schweden und den Franzosen brachten keine Ergebnisse, denn jeder mißtraute ihm, am meisten die katholischen Stände, die im Januar 1634 beim Kaiser seine neuerliche Entlassung durchsetzten. Als Wallenstein am 12. Januar 1634 seine Offiziere gar auf seine Person statt auf den Kaiser verpflichtete, befahl Ferdinand II. den Friedländer wegen Hochverrats tot oder lebendig festzunehmen. Am 25. Februar wurde Wallenstein in Eger von dem irischen Hauptmann Devereux erstochen.

Ob Wallenstein, ein im Frieden wie im Kriege außergewöhnlich erfolgreicher, aber machtbesessener Mann, den Frieden erzwingen wollte oder – wie vielfach behauptet wird – die böhmische Königskrone erstrebte, blieb bis heute ungeklärt.

onsfreiheit und ihre ständischen Privilegien zusicherte. 1611 wurde Matthias auch König von Böhmen, und kurz bevor die Kurfürsten die Aberkennung seines Kaisertitels beschlossen, starb Rudolf im Jahr 1612, der letzte Kaiser, der seine Residenz in Prag hatte und für den das Herz Europas in Böhmen schlug. Rudolf war keine überragende Herrscherpersönlichkeit gewesen, sein Desinteresse in politischen Dingen, aber auch seine zunehmende geistige und körperliche Gebrechlichkeit hatten die Familie bewogen, ihn zum Verzicht auf seine Königswürde zu bewegen. Dafür verstand er es, die bedeutendsten Künstler und Gelehrten Europas an seinen Hof zu ziehen und Prag zur künstlerischen Schatzkammer Europas zu machen.

Doch auch Matthias (1611–1619), der die Nachfolge seines Bruders Rudolf als Kaiser antrat, war nicht imstande, die wachsenden Spannungen zwischen Katholiken und Protestanten bzw. Utraquisten zu mildern. Beide Seiten suchten Verbündete: die protestantischen Fürsten in der *Union*, die katholischen in der *Liga*. Der **zweite Prager Fenstersturz** am 23. Mai 1618 (s. S. 84) löste den Böhmischen Krieg aus, der schließlich zum dreißigjährigen europäischen Konflikt eskalierte.

Auf Matthias folgte **Ferdinand II.** (1619–1637), ein Enkel Ferdinands I. 1617 wurde er König von Böhmen, 1618 von Ungarn, 1619 erhielt er die Kaiserkrone. In diesem Jahr proklamierten die protestantischen böhmischen Stände Böhmen zum ständischen Wahlreich, setzten Ferdinand II. ab und wählten im August 1619 den Kurfürsten Friedrich von der Pfalz, den Führer der Union, zum Gegenkönig. Noch im selben Jahr beauftragte die Liga den Feldherrn Tilly mit der Aufstellung eines Heeres, mit dem er die Truppen der Union 1620 am Weißen Berg bei Prag vernichtend schlug. Friedrich, der »Winterkönig« (weil er nur ein knappes Jahr regierte), floh in die Niederlande und verlor seine Kurwürde, die an Maximilian I. von Bayern, den Führer der Liga, fiel. Vor dem Altstädter Rathaus in Prag wurden 27 protestantische Führer hingerichtet.

Johann Graf von Tilly (1559–1632) und der umstrittene **Albrecht von Waldstein** (1583–1634) waren die beiden kaiserlichen Feldherren der katholischen Liga, die mit wechselndem Erfolg gegen die protestantische Union, verstärkt durch ein schwedisches Heer, kämpften.

Eine schwere Niederlage der Schweden bei Nördlingen führte am 30. Mai 1635 zum »Frieden von Prag« zwischen dem Kaiser und den meisten protestantischen Ständen. Damit setzte die **Rekatholisierung** in Böhmen und Mähren ein. Der Krieg allerdings war noch lange nicht beendet, denn nun schaltete sich Frankreich ein, um der Übermacht Habsburgs im europäischen Raum zu begegnen. Das Schlachtenglück schwankte zwischen Kaiserlichen und den verbündeten Franzosen und Schweden, bis die seit 1644 geführten Verhandlungen am 24. Oktober 1648 zum Abschluß des »Westfälischen Friedens« führten.

Rekatholisierung und Barock gingen in Böhmen seit den Siegen der Kaiserlichen Hand in Hand. Die staatliche Selbständigkeit des Landes war verloren, das tschechische Nationalbewußtsein unterdrückt. Mit der Macht des katholischen Klerus wuchs auch der Einfluß der Deutschen, die fortan die Wirtschaft kontrollierten und die Verwaltung stützten.

Seit 1763 erfolgten die Vorlesungen an der Prager Universität zum großen Teil in deutscher Sprache (vorher war Latein die Vorlesungssprache). Ab 1773 setzte sich auch an Gymnasien Deutsch als Unterrichtssprache durch.

Aufklärung und beginnende Industrialisierung (18./19. Jh.)

Die Habsburger Kaiser des Heiligen Römischen Reiches Deutscher Nation waren weiterhin zugleich Könige von Böhmen: Ferdinand III. (1637–1657), Leopold I. (1658–1705), Joseph I. (1705–1711), Karl VI. (1711–1740). Mit der »Pragmatischen Sanktion« von 1713 setzte Karl VI. die Unteilbarkeit der habsburgischen Länder und die Erbfolge auch im weiblichen Stamm fest. Dennoch mußte seine Tochter **Maria Theresia** (1740–1780) im Österreichischen Erbfolgekrieg (1740–1748) und in den Schlesischen Kriegen (1740–1742, 1744/45) ihr Erbe mühsam verteidigen. Bayerns Ansprüche auf Böhmen konnte sie dabei zurückweisen. Am 12. Mai 1743 ließ sich Maria Theresia in Prag zur Königin von Böhmen krönen.

Kaiser **Joseph II.** (1765–1790), ältester Sohn Maria Theresias, regierte gemeinsam mit seiner Mutter bis zu ihrem Tod (1780). 1781 hob er die Leibeigenschaft auf. 1782 erließ er das »Toleranzedikt«, das die Glaubensfreiheit gewährte (daraufhin bekannten sich in Böhmen 80 000 Personen zum protestantischen Glauben), die Juden durften die Ghettos verlassen. Im Zuge rücksichtsloser Säkularisationsmaßnahmen hob er mehr als 700 Klöster auf. Amtssprache im gesamten Habsburgerreich wurde Deutsch. Joseph war auch König von Böhmen, aber die Krönung im Prager Veitsdom lehnte er im Gegensatz zu seiner Mutter als entbehrlich ab. Leopold II. (1790–1792) wiederum verzichtete nicht auf diesen feierlichen Akt auf dem Hradschin. Dabei soll der geladene böhmische Adel aus Protest gegen die Sprachpolitik der Habsburger nur tschechisch gesprochen haben. 1791 wurde an der Prager Universität der erste Lehrstuhl für tschechische Sprache geschaffen.

Leopolds Sohn **Franz** war zweifacher Kaiser: Unter dem Druck der napoleonischen Expansionspolitik legte er als Franz II. (seit 1792) 1806 die römisch-deutsche Kaiserwürde nieder und erklärte das Heilige Römische Reich für erloschen. Bereits 1804 hatte er als Franz I. (bis 1835) das Kaisertum Österreich begründet. In den **Napoleonischen Kriegen** blieben Böhmen und Mähren nahezu unbehelligt. Lediglich die »Dreikaiserschlacht« bei Austerlitz (1805), in der Napoleon Bonaparte die Truppen des russischen Kaisers Alexander I. und des österreichischen Kaisers Franz I. schlug, fand auf südmährischem Gebiet statt.

Seitdem Böhmen mit Mähren zum Habsburger Reich gehörte, lief seine Geschichte im wesentlichen mit derjenigen Österreichs parallel. Wirtschaftlich war Böhmen ein »Diamant in der Krone der Habsburger«. Schon Ende des 18. Jh., besonders aber im 19. Jh. entwickelten sich in den Städten wie auf dem Lande gewerbliche Kleinbetriebe zu Großbetrieben. Die Glasindustrie erreichte europäische Dimensionen, 1792 entstand bei Karlsbad die erste böhmische Porzellanfabrik. 1796 wurde im nördlichen Böhmen die erste englische Spinnmaschine aufgestellt, 1804 begann in Reichenberg die erste Dampfmaschine zu arbeiten. 1806 erhielt Prag eine polytechnische Hochschule. Mit Fortschritten in Industrie, Verkehr und Gewerbe erwachte das tschechische Nationalbewußtsein von neuem.

Der Weg zum Nationalstaat (1848–1918)

In der revolutionären Bewegung von 1848/49, die von Frankreich auf Deutschland und Österreich übergriff, verschränkten sich demokratische Bestrebungen mit sozialen und nationalen Spannungen. Immerhin lautete ein kaiserliches Handschreiben (unterzeichnet von Kaiser Ferdinand I.) vom 8. April 1848: »Die böhmische Nationalität hat durch vollkommene Gleichstellung der böhmischen Sprache mit der deutschen in allen Zweigen der Staatsverwaltung und des öffentlichen Unterrichts als Grundsatz zu gelten.« Und in der Verfassungsurkunde für alle österreichischen Provinzen vom 26. April 1848 heißt es: »Allen Volksstämmen ist die Unverletzlichkeit ihrer Nationalität und Sprache gewährleistet.« Als am 18. Mai 1848 in der Paulskirche zu Frankfurt am Main die **Deutsche Nationalversammlung** zusammentrat, kamen nur die tschechischen Abgeordneten aus Mähren, diejenigen aus böhmischen Wahlkreisen fehlten. Der Historiker **František Palacký** hatte die Einladung zur Teilnahme mit der Begründung abgelehnt, daß er kein Deutscher sei. Daraufhin proklamierte der mährische Landtag, der sich aus 123 deutschen und 124 tschechischen Abgeordneten zusammensetzte, die Loslösung Mährens von Böhmen.

Auf dem **Slawenkongreß** in Prag im Juni 1848 forderte Palacký die Umwandlung des österreichischen Kaiserreichs in einen »Bund von gleichberechtigten Völkern«. Den danach in Prag auflodernden tschechischen Aufstand unterdrückten Truppen des Generalkommandanten in Böhmen, Fürst zu Windischgrätz. Barrikadenkämpfe in Wien (Oktober 1848) bewogen Kaiser Ferdinand zur Flucht nach Olmütz in Nordmähren; der österreichische Reichstag, in dem Palacký die *Slawenpartei* führte, wich nach Kremsier (s. S. 357) in Mähren aus.

1866 eskalierten die preußisch-österreichischen Auseinandersetzungen in der schleswig-holsteinischen Frage zu einem Krieg, in den auch alle anderen deutschen Staaten hineingezogen wurden. Die militärische Entscheidung fiel bei Königgrätz in Ostböhmen (3. Juli 1866), wo die Preußen unter Helmuth von Moltke siegten. Im südmährischen Nikolsburg schlossen beide Gegner einen Vorfrieden, der keinerlei territoriale Forderungen an Österreich und seine verbündeten deuschen Staaten vorsah. Der »Frieden von Prag« beendete den die kleindeutsche Lösung besiegelnden »Deutschen Krieg« endgültig.

1867 gab Österreich den Forderungen der Magyaren nach und bildete die **Doppelmonarchie Österreich-Ungarn**, in der nur die Außenpolitik und das Kriegswesen von Wien aus geleitet wurden. Gleichlautende Ansprüche der Tschechen lehnte die Wiener Regierung ab. Kaiser **Franz Joseph I.**, Nachfolger des bereits 1848 abgedankten Ferdi-

Josef Lada, der Zeichner des braven Soldaten Schwejk

Wer Jaroslav Hašeks Roman ›Die Abenteuer des braven Soldaten Schwejk‹ gelesen hat, kennt auch die reizvollen Karikaturen zu diesem Buch, die den tschechischen Maler und Illustrator Josef Lada berühmt gemacht haben.

Josef Lada wurde 1887 in dem 800jährigen Dorf Hrusice bei Říčany im Südosten Prags als Sohn eines Schusters geboren. Die arme, doch unbeschwerte Kindheit auf dem Lande war immer wieder ein Thema seiner Arbeiten. Schon in seiner Lehrzeit als Buchbinder begann Lada zu zeichnen und konnte seine Arbeiten in mehreren Prager humoristischen Blättern veröffentlichen. In Abendkursen an der Schule für industrielle Formgebung in Prag erwarb er sich die notwendigen Grundkenntnisse, mußte sein Studium aber aus finanziellen Gründen abbrechen. Unter verschiedenen Pseudonymen arbeitete er nun für mehrere satirische Zeitschriften, darunter für die Prager ›Humoristicke 'listy‹, für die Wiener ›Muskette‹ und für den Turiner ›Pasquini‹. Er illustrierte Märchen- und Kinderbücher und schuf den weltbekannten *Kater Mikesch.* Mit wechselndem Erfolg versuchte sich Lada auch als Bühnenbildner, Trickfilmzeichner und Schriftsteller.

Mit dem fast gleichaltrigen tschechischen Schriftsteller Jaroslav Hašek (1883–1923) lernte Lada nach dem Ersten Weltkrieg einen Menschen von gleicher Wesensart kennen, volkstümlich und national. Und kein anderer als Josef Lada konnte die von Hašek geschaffene Figur des braven Soldaten Schwejk so treffend karikieren. 540 Schwejk-Illustrationen gingen aus der fruchtbaren Künstlerverbindung hervor. Und mit der weltweiten Verbreitung des Romans, der seit 1921 in über 40 Sprachen übersetzt wurde, wuchs auch der Ruhm des Illustrators. Lada illustrierte nun die anderen Bücher von Jaroslav Hašek, besonders die Erzählungen aus dem alten Prag der k.u.k. Monarchie. Er schuf die Illustrationen zu Karel Havlíčeks ›Heldengedichten‹ und zeichnete unzählige märchenhafte, kindlich-naive Bilder, die das Gefühl und den Humor, die Verschmitztheit und die Schläue des Mannes aus dem Volke unnachahmlich wiedergeben. 1957 ist Josef Lada in Prag gestorben.

nand I., hatte sich in Budapest zum König der Ungarn krönen lassen, aber die Krönung zum König von Böhmen entschieden abgelehnt.

In den 80er Jahren ging die Mehrheit im böhmischen Landtag von den Deutschen auf die Tschechen über. Der Streit zwischen deutschen und tschechischen Abgeordneten im österreichischen Reichsrat und im böhmischen Landtag verschärfte sich, 1882 wurde die Universität Prag in eine deutsche und eine tschechische Universität gespalten. 1890 stiftete der Kaiser eine Tschechische Akademie der Wissenschaften und Künste in Prag. Um die Jahrhundertwende forderten deutsche Volksgruppen erstmals die Angliederung der deutschsprachigen Gebiete an das Deutsche Reich, die Tschechen dagegen, vor allem die radikalen *Jungtschechen* unter ihrem Führer Karel Kamář, forderten einen tschechischen Staat innerhalb einer österreichisch-ungarischen Föderation und die Vereinigung mit der zu Ungarn gehörenden Slowakei.

Die erste Tschechoslowakische Republik (1918–1938)

Nach Ausbruch des Ersten Weltkriegs emigrierte **Tomáš Garrigue Masaryk** (1850–1937), Professor an der Karlsuniversität Prag und Mitglied des österreichischen Reichsrats, um vom Ausland aus den Kampf um die Unabhängigkeit seines Landes zu führen. Masaryk, in Südmähren geboren, hatte das deutsche Gymnasium in Brünn besucht, in Wien und Leipzig Philologie und Philosophie studiert und in Leipzig die amerikanische Studentin Charlotte Garrigue kennengelernt, die später seine Frau wurde. 1882 erhielt er eine Dozentur an der neuen tschechischen Universität in Prag. Im Dezember 1914 ging er nach Rom, dann nach Genf, schließlich nach Paris, wo er 1916 zusammen mit **Edvard Beneš** (1884–1948) und anderen Exilpolitikern einen tschechischen Nationalrat als vorläufige Regierung gründete und 1917 die *Tschechische Legion* aufstellte, die gegen Deutschland und Österreich-Ungarn kämpfte. Am 30. Mai 1918 schloß Masaryk in den USA mit slowakischen Exilorganisationen den »Pittsburgher Vertrag« über den Zusammenschluß von Tschechen, Mährern und Slowaken in einem gemeinsamen Staat.

Als sich so das Ausbrechen von Böhmen, Mähren und der Slowakei aus der Doppelmonarchie abzeichnete, gab Karl I., Kaiser von Österreich, am 16. Oktober 1918 bekannt, daß er die Monarchie in einen Bund freier Nationen umwandeln wolle. Doch für diese Lösung war es bereits zu spät. Mitte Oktober hatte der tschechoslowakische Nationalrat in Paris eine provisorische Regierung gebildet, am 28. Oktober wurde in Prag die **Tschechoslowakische Republik** (ČSR) ausgerufen, am 14. November wählte die Prager Nationalversammlung Masaryk zum ersten Staatspräsidenten, Beneš wurde Außenminister. Die Slowaken und die Karpato-Ukrainer hatten sich gegen das Versprechen einer autonomen Verwaltung ihrer Gebiete angeschlossen.

Nach dem Rücktritt des Kaisers am 11. November beschloß die österreichische Nationalversammlung, daß die deutschsprachigen Gebiete der ehemaligen Donaumonarchie unter der Bezeichnung »Deutsch-Österreich« ein Bestandteil des Deutschen Reiches seien. Daraufhin erklärten sich die deutschbesiedelten Gebiete vom Böhmen, Mähren und Österreichisch-Schlesien am 13. November zu Provinzen Deutsch-Österreichs. Die Anschlußbestrebungen der deutschsprachigen Bevölkerung an das Deutsche Reich beantwortete die Prager Regierung mit dem Einmarsch tschechischer Truppen und der Auflösung der deutschen Gemeinde- und Provinzverwaltungen. Am 16. November 1918 wurde die ungarische Volksrepublik ausgerufen, und tschechische Truppen besetzten Oberungarn, also die Slowakei. Der Friedensvertrag von Trianon (4. Juni 1920) stimmte dem Übergang der 17 oberungarischen Komitate an die Tschechoslowakische Republik zu, deren Existenz schon der Friedensvertrag von Saint-Germain-en-Laye (10. September 1919) bestätigt hatte. Zugleich verboten die Siegermächte den Staatsnamen »Deutsch-Österreich« und den Anschluß der deutschsprachigen Gebiete der ehemaligen Doppelmonarchie an das Deutsche Reich.

In der jungen Republik lebten nach der Volkszählung des Jahres 1921 8,76 Mio. Tschechen und Slowaken, 3,12 Mio. Deutsche, 750 000 Ungarn, 460 000 Ukrainer (Ruthenen), 180 000 Juden, 70 000 Polen und 20 000 Bewohner anderer Volkszugehörigkeit, insgesamt 13,36 Mio. Menschen. Eine zentralistische Verfassung (von 1920) und das langjährige Wirken des Staatspräsidenten Masaryk (1918–1935) gewährleisteten eine ruhige und kontinuierliche Entwicklung. Die Minderheiten wurden an der Regierungsarbeit beteiligt, den Slowaken und Karpato-Ukrainern blieb allerdings die zugesagte Autonomie versagt. Als der slowakische Politiker Vojtěch Tuka sehr deutlich an das Versprechen erinnerte und mit der Verselbständigung seines Landes drohte, wurde er 1929 wegen »Vorbereitung eines Komplotts gegen die Republik« zu 15 Jahren Zuchthaus verurteilt.

1933 gründete der deutschböhmische Bankbeamte **Konrad Henlein** durch den Zusammenschluß deutscher Vereinigungen die *Sudetendeutsche Heimatfront*. Als die deutsche Universität in Prag 1934 ihre Insignien an die tschechische Universität aushändigen mußte, also faktisch aufgelöst wurde, brachen Studentenunruhen aus. Vor den Parlamentswahlen im Mai 1935 mußte die Sudetendeutsche Heimatfront ihren Namen ändern; sie hieß daraufhin *Sudetendeutsche Partei* und erhielt 68 % der deutschen Stimmen; nach der Zahl der Stimmen war sie sogar stärkste Partei innerhalb der gesamten Tschechoslowakei. Der 85jährige Masaryk trat zurück, sein Nachfolger als Staatspräsident wurde Edvard Beneš.

Reichsprotektorat Böhmen und Mähren (1939–1945)

Im Herbst 1937 forderte Konrad Henlein im Namen der Sudetendeutschen Partei die Autonomie für die deutschen Siedlungsgebiete in Böhmen und Mähren. Am 24. April 1938 legte er das »Karlsbader Programm« vor, mit dem er auf Weisung Hitlers bewußt mehr verlangte, als die Tschechen zu geben bereit waren: autonome Selbstverwaltung, Wiedergutmachung, freies Bekenntnis zum »deutschen Volkstum«, Gleichberechtigung. Bei den Gemeindewahlen im Mai erhielt die Sudetendeutsche Partei 92 % der deutschen

Heartfield-Collage aus der Prager Volks-Illustrierten vom 14. 9. 1938

Stimmen. Die Zugeständnisse der Regierung beantwortete Henlein mit der Forderung nach Anschluß an das Reich. Im Spätsommer führte der Viscount Runciman of Oxford im Auftrag der britischen Regierung in Prag Vermittlungsgespräche und empfahl in seinem Schlußbericht die Abtretung der sudetendeutschen Gebiete an das Deutsche Reich. Nach Verhandlungen mit dem britischen Premierminister Neville Chamberlain setzte Hitler den 1. Oktober als Termin für die Übergabe der sudetendeutschen Gebiete fest. Chamberlain und der französische Ministerpräsident Edouard Daladier drängten die tschechoslowakische Regierung, zur Erhaltung des Friedens in Europa nachzugeben, doch Prag lehnte ab. Daraufhin bat Chamberlain Benito Mussolini um Vermittlung. Am 29. September trafen sich Hitler, Chamberlain, Daladier und Mussolini in München und beschlossen, daß die ČSR die deutschbesiedelten Randgebiete an das Deutsche Reich abzutreten habe *(Münchener Abkommen)*. Die Sowjetunion mißbilligte das Abkommen, war aber nicht bereit, einen Krieg zu riskieren. Von den Westmächten im Stich gelassen, blieb Prag keine andere Wahl, als den Vertrag anzunehmen.

Am 1. Oktober 1938 marschierten deutsche Truppen in die sudetendeutschen Gebiete ein, die eine Fläche von 28 943 km² mit 3,41 Mio. Einwohnern umfaßten. Den größeren Teil dieser Territorien bildeten als »Reichsgau Sudetenland« (22 608 km², 2,94 Mio. Einwohner) mit der Hauptstadt Reichenberg (heute Liberec) die drei Regierungsbezirke Eger, Aussig und Troppau. Gauleiter und Reichsstatthalter wurde Konrad Henlein. Am 2. Oktober 1938 besetzten polnische Truppen das überwiegend von Polen bewohnte Olsa-Gebiet, einen Teil des alten Herzogtums Teschen im heutigen Nordmähren, Ungarn annektierte am 4. November Randgebiete der Slowakei. Am 5. Oktober trat Staatspräsident Beneš zurück und ging ins Ausland.

Inzwischen drängten die Slowaken unter dem katholischen Priester **Jozef Tiso** auf Verselbständigung ihres Landes. Am 6. Oktober 1938 (formell am 19. November) wurde die Slowakei zum autonomen Teilstaat der »Tschecho-Slowakei« erklärt, mit Tiso als Ministerpräsident. Somit entsprach die politische Lage im tschechoslowakischen Raum weitgehend den Wünschen der einzelnen Volksgruppen, der Frieden schien gerettet, Europa atmete erleichtert auf. Doch Hitler wollte die »Erledigung der Rest-Tschechei« (geheime Kommandosache vom 21. Oktober 1938). Im Vorfrühling des Jahres 1939 forderte Tiso die volle Souveränität der Slowakei. Am 13. März erhielt er in Berlin die Zustimmung Hitlers, der nicht nur die slowakischen Sezessionsbestrebungen, sondern auch weitere polnische und ungarische Gebietsansprüche unterstützte. Am 14. März proklamierte die Slowakei ihre staatliche Unabhängigkeit, Jozef Tiso wurde Staatspräsident. Ungarische Truppen besetzten die Karpato-Ukraine.

Unter dem Eindruck der militärischen Überlegenheit Deutschlands unterzeichnete der tschechische Staatspräsident Emil Hácha, Nachfolger von Beneš, am 15. März 1939 in Berlin den Vertrag über die Schaffung des **Reichsprotektorats Böhmen und Mähren**. Das Protektorat mit 49 000 km² Fläche und 7,3 Mio. Einwohnern wurde ein »Schutzstaat des Deutschen Reiches« mit autonomer Verwaltung, Rechtsprechung und Kultur, aber ohne eigene Außenpolitik und Landesverteidigung. Im Zweiten Weltkrieg lag im Protektorat ein großer Teil »kriegswichtiger« Industrien, neben Rüstungsgütern wurden hier Textilien, Nahrungsmittel, Chemikalien, optische Geräte usw. produziert. Die Arbeiterschaft war durch Vollbeschäftigung, gute Löhne und relativ hohe Lebensmittelzuteilungen kaum zum Widerstand bereit. Unterdrückungsmaßnahmen der Protektoratsführung richteten sich vor allem gegen die Intelligenz, von der Schließung der tschechischen Hochschulen im Herbst 1939 bis zur Deportation von Professoren und Journalisten ab 1941.

1941 übernahm Reinhard Heydrich, Chef des Reichssicherheitshauptamts, das Amt des stellvertretenden Reichsprotektors. Am 26. Mai 1942 verübten tschechische Emigranten ein Attentat auf ihn, an dessen Folgen er am 4. Juni starb. Zur Vergeltung und Abschreckung liquidierte die SS am 10. Juni das Dorf **Lidice** mit dem größten Teil seiner Bewohner (s. S. 121).

Edvard Beneš bildete im Herbst 1939 in London ein *Tschechoslowakisches Nationalkomitee*, das von den Alliierten als provisorische Regierung anerkannt wurde. 1943 schloß diese Regierung mit der Sowjetunion einen Freundschafts- und Beistandspakt. Sie forderte die Annullierung des »Münchener Abkommens« und die Vertreibung der Sudetendeutschen. Am 18. August 1944 überschritten sowjetische Truppen die slowakische Grenze. Zugleich entflammte im Industriegebiet von Neusohl ein Aufstand gegen die Tiso-Regierung. Auf Tisos Ersuchen rückten deutsche Truppen in die Slowakei ein und schlugen die Erhebung bis Ende Oktober blutig nieder. Am 4. April 1945 zog die Rote Armee in Bratislava ein. Nach dem Rückzug der deutschen Wehrmacht proklamierte der Tschechoslowakische Nationalrat am 5. April 1945 die Zusammengehörigkeit des tschechischen und slowakischen Volkes sowie die Verstaatlichung der Grundindustrien, der Banken und Versicherungen (»Kaschauer Programm«).

Am 5. Mai 1945, drei Tage vor Kriegsende, brach in Prag ein allgemeiner Aufstand gegen die Deutschen aus. 2,9 Mio. Sudetendeutsche wurden des Landes verwiesen; davon fanden 1,9 Mio. in den Westzonen, 800 000 in der sowjetisch besetzten Zone und 140 000 in Österreich eine neue Heimat. Etwa 200 000 Deutsche durften in der Tschechoslowakei bleiben. Henlein beging in alliierter Haft Selbstmord, den Reichsprotektor Frick verurteilte das Internationale Militärtribunal in Nürnberg zum Tode, der ehemalige Staatspräsident der Slowakei, Tiso, wurde am 18. April 1947 hingerichtet.

Die zweite, sozialistische Republik (1946–1989)

Noch im Mai 1945 nahm die Regierung der Tschechoslowakischen Republik (ČSR) unter Ministerpräsident Zdeněk Fierlinger in Prag ihre Arbeit auf. Beneš war wiederum das Amt des Staatspräsidenten übertragen worden. Bei der Wahl im Jahr 1946 setzte sich die *Kommunistische Partei der Tschechoslowakei* (KPČ) mit 37,9 % der Stimmen an die Spitze sämtlicher Parteien; der Kommunist **Klement Gottwald** löste Fierlinger als Ministerpräsident ab.

Nach dem »Siegreichen Februar« des Jahres 1948 erlangte die KPČ politisches Übergewicht, die nichtkommunistischen Minister traten zurück. Die neue Verfassung vom 9. Mai 1948 gab der ČSR den Status einer einheitsstaatlichen, volksdemokratischen Republik. Bei den Wahlen am 30. Mai entfielen auf die von der KPČ gelenkte Nationale Front 89,3 % der Stimmen. Beneš sah die Rolle der Tschechoslowakei als Brücke zwischen Ost und West schwinden und trat im Juni zurück. Klement Gottwald wurde Staatspräsident, Antonín Zápotocký Ministerpräsident. 1949 trat die ČSR dem Rat für gegenseitige Wirtschaftshilfe (RGW, COMECON) bei. Nach Gottwalds Tod am 14. März 1953 folgte Antonín Zápotocký im höchsten Staatsamt, während Antonín Nóvotný die Parteiführung und der Slowake Villem Široky die Regierung übernahm. Nóvotný wiederum wurde nach dem Tod Zápotockýs im Jahr 1957 Staatspräsident.

Die Verfassung vom 11. Juli 1960 verwandelte die Volksrepublik in eine **Sozialistische Republik** – aus der ČSR wurde die ČSSR. Den Slowaken blieb die Selbstverwaltung weiterhin versagt. Die einseitige Förderung der Schwerindustrie führte zu wirtschaftlichen Schwierigkeiten, die langfristig parteiinterne Auseinandersetzungen zwischen »Orthodoxen« und »Reformern« zur Folge hatten. Im Januar 1968 setzten sich die Reformer durch: Nóvotný mußte von seinen Ämtern zurücktreten. **Alexander Dubček** wurde Parteichef, Ludvík Svoboda Staatspräsident, und der Wirtschaftsspezialist Oldřich Černik übernahm den Vorsitz der Regierung. Mit weitgehenden Wirtschaftsreformen, der Garantie der Bürgerrechte, der Föderalisierung der Republik und der Schaffung von Minderheitenrechten suchte die Partei das Vertrauen der Bevölkerung zurückzugewinnen. Das neue Aktionsprogramm der KPČ versprach einen »Sozialismus mit menschlichem Antlitz«. Das Volk erwartete einen **Prager Frühling.** Die Sowjetunion indes befürchtete das Ausbrechen der Tschechoslowakei aus dem sozialistischen Bündnis. In Berlin und Warschau sahen sich die kommunistischen Staats- und Parteiführungen durch die Veränderungen in der ČSSR bedroht und verlangten von der Sowjetunion ein Eingreifen. Leonid Iljitsch Breschnew, Generalsekretär der KPdSU, stellte die These von der beschränkten Souveränität der Staaten des sozialistischen Lagers auf (»Breschnew-Doktrin«) und ließ in der Nacht vom 20. zum 21. August 1968 Truppen des Warschauer Paktes (UdSSR, DDR, Polen, Bulgarien, Ungarn) in die ČSSR einmarschieren. In Moskau zwang die Sowjetführung Staatspräsident Svoboda, Generalsekretär Dubček, den Regierungsvorsitzenden Černik und Außenminister Smrkovský, sämtliche Reformen wieder rückgängig zu machen.

Von den Reformplänen des »Prager Frühlings«, die keineswegs eine Absage an den Sozialismus bedeutet hatten, ließ sich nur die Föderalisierung des Staates verwirklichen: Nach der Verfassungsänderung vom 1. Januar 1969 bildeten die Tschechische und die Slowakische Sozialistische Republik den **Bundesstaat ČSSR** mit gemeinsamem Staatsoberhaupt und Bundesparlament. Im April 1969 löste der Slowake Gustav Husák Dubček in der Parteiführung ab; vierzehn Monate später wurde Dubček aus der Partei ausgeschlossen. Černik mußte im Januar 1970 den Regierungsvorsitz an Lubomir Štrougal abtreten. Der Vertrag mit der Sowjetunion vom 6. Mai 1970 gewährleistete die Wiederaufnahme des sowjetischen Kurses. Wachsende wirtschaftliche Schwierigkeiten führten zur Unzufriedenheit der Bevölkerung; mit einer Modernisierung der Industrie versuchte man, der Schwierigkeiten Herr zu werden.

Wende und Teilung (ab 1990)

1977 veröffentlichten tschechoslowakische Bürgerrechtler wie der ehemalige Außenminister Jiří Hájek, der Dramatiker Václav Havel und der Philosoph Jan Patočka die **Charta 77**, ein Programm für die Demokratisierung der Tschechoslowakei, dem bis 1988 allen staatlichen Repressionsmaßnahmen zum Trotz rund 50 weitere Dokumente folgten.

1988 übernahm Ladislav Adamec den Regierungsvorsitz für den zurückgetretenen Štrougal. Seitdem folgte die ČSSR mit zaghaften Wirtschaftsreformen den Zielsetzungen des sowjetischen Staatschefs Gorbatschow. Zugleich drängte die Regierungsopposition an die Öffentlichkeit. So demonstrierten am 20. Jahrestag des Einmarsches der Warschauer-Pakt-Truppen im August 1988 auf dem Wenzelsplatz zu Prag 10 000 Studenten. Hauptsächlich Studenten waren es auch, die am 17. November 1989 an jenem genehmigten friedlichen Umzug zum Gedenken an die Novemberereignisse von 1939 teilnahmen, bei denen neun Studenten von den Faschisten füsiliert, 1200 in das KZ Sachsenhausen gebracht und sämtliche tschechischen Hochschulen geschlossen worden waren; die Prager Polizei jedoch löste die Demonstration mit äußerster Härte auf. Zwei Tage später, am 19. November, gründeten Mitglieder der Bürgerrechtsbewegung *Charta 77*, voran Václav Havel, und anderer Widerstandsgruppen das **Bürgerforum** als Sprachrohr der tschechoslowakischen Demokratiebewegung. In täglichen Großkundgebungen in Prag, Bratislava und anderen Städten des Landes vollzog sich die politische Veränderung der Tschechoslowakei, eine friedliche Revolution des Volkes. Am 24. November trat der KP-Generalsekretär Miloš Jakeš zurück, wenige Tage später gab auch Ministerpräsident Adamec sein Amt auf. Der Vizepremier Marián Čalfa bildete eine neue Regierung, in der die KPČ nicht mehr die Mehrheit besaß. Am 9. Dezember stellte Staatspräsident Husák sein Amt zur Verfügung, zum neuen Staatsoberhaupt wählte die Nationalversammlung am 29. Dezember **Václav Havel**. Am 27. März 1990 beschloß das Parlament als neue Staatsbezeichnung den Namen *Tschecho-Slowakische Republik* (ČSR); dieser Name wurde am 20. April 1990 nochmals geändert und lautete dann **Tschechische und Slowakische Föderative Republik** (ČSFR).

Am 8. und 9. Juni 1990 wurden das tschechische *Bürgerforum* und die slowakische *Öffentlichkeit gegen Gewalt* in den ersten Wahlen zur Föderativen Versammlung und zum Nationalrat als stärkste Parteigruppierungen bestätigt. Mit der Bildung der Bundesregierung beauftragte Staatspräsident Havel daraufhin den Slowaken Marián Čalfa. Alexander Dubček, einer der Initiatoren des »Prager Frühlings«, wurde Parlamentspräsident. Am 5. Juli erneuerte die Föderative Versammlung die Präsidentschaft Václav Havels – als Dichter und ehemaliger Dissident integeres Vorbild einer neuen Tschechoslowakei.

Aus den Parlamentswahlen vom 7. Juni 1992 gingen die *Demokratische Bürgerpartei* (ODS) in Böhmen und Mähren und die *Bewegung für eine demokratische Slowakei* (HZDS) in der Slowakei als stärkste Parteien hervor. Die sich abzeichnende Spaltung der ČSFR und das Ergebnis der Präsidentenwahl vom 3. Juli zwangen Václav Havel am 20. Juli zum Rücktritt. Am 27. August vereinbarten die Ministerpräsidenten der beiden Teilstaaten die Auflösung der Föderation, am 25. November verabschiedete das Bundesparlament das Trennungsgesetz, das die friedliche Teilung des Gesamtstaates zum Jahresende 1992 zur Folge hatte. Am 2. Februar 1993 leistete Václav Havel im Vladislav-Saal der Prager Burg den Amtseid als erster Präsident der **Tschechischen Republik** (ČR).

Demonstration auf dem Wenzelsplatz gegen die KPČ-Nomenklatura (Januar 1990)

Prag (Praha)

Prag ist zugleich Hauptstadt der Tschechischen Republik, Verwaltungssitz des Bezirks Mittelböhmen und kreisfreie Stadt mit 1,25 Mio. Einwohnern. Das Stadtgebiet von 185 km^2 nimmt einen großen Teil des Beckens an der Einmündung der Beraun (Berounka) in die Moldau (Vltava) ein. Prag ist der wichtigste Verkehrsknotenpunkt und das industrielle und wirtschaftliche Zentrum des gesamten Landes.

Das »Hunderttürmige Prag«, die »Goldene Stadt«, das »Böhmische Rom« war immer das Hauptziel von Reisenden in das tschechische Nachbarland, denn in keiner anderen Stadt findet man so wohlerhaltene Bauwerke aus allen Stilepochen, besonders der Spätgotik und dem Barock. Seine prächtigen Bauten und seine einzigartige Lage in der Hügellandschaft zu beiden Seiten der Moldau machen Prag zu einer der schönsten Städte der Welt. Und wo läßt es sich gemütlicher in alten Bier- und Weinstuben, gepflegten Restaurants und Kaffeehäusern plaudern als in Prag? Den Beinamen »Goldene Stadt« soll übrigens der Schreiber der königlichen Hofkammer und humanistische Dichter Peter Capella von Elbrink im Jahr 1580 geprägt haben.

Der Kern von Prag ist seine **Altstadt** (Staré město), neben der die **Kleinseite** (Malá strana), der **Hradschin** (Hradčany) und die **Neustadt** (Nové město) bis zu ihrer Vereinigung im Jahr 1784 als selbständige Städte heranwuchsen. 1786 zählte Prag 73 000 Einwohner, 1890 bereits 183 000, 1930 nach der Eingemeindung zahlreicher Vororte 849 000.

Stadtgeschichte

Die Höhenzüge rings um Prag waren schon im Neolithikum, also im 6. Jt. v. Chr., bewohnt. Vom 3. Jt. v. Chr. an entwickelte sich an der Moldaufurt, wo sich die Bernstein- und die Salzstraße kreuzten, eine Handelsniederlassung.

Wohl um 700 lebte auf Levý Hrádek, wenige Meilen stromabwärts vom heutigen Prag, die sagenhafte Richterin Libussa (Libuše); sie prophezeite das Werden einer großen Stadt an jener Moldaufurt: »Ich sehe eine Stadt, deren Ruhm bis zu den Sternen reicht ...« Diese Stadt erhielt den Namen *Praha,* weil eine »Schwelle« *(prah)* im Flußbett als Furt diente. Fürst Bořivoj (850–895) und seine Frau Ludmila, die sich in Mähren von dem Slawenapostel Methodios hatten taufen lassen, gründeten auf der Anhöhe westlich der Furt eine Burg, den »Hradschin«, verlegten schließlich auch ihre Residenz dorthin und errichteten im Burgareal über der heidnischen Opfer- und Leichenverbrennungsstätte Žiži eine Kirche zu Ehren der Jungfrau Maria. Ihr Sohn Vratislav I. baute um 920 die Georgsbasilika, 925 stiftete Herzog Wenzel (später heiliggesprochen) die St.-Veits-Rotunde. Wenzel beabsichtigte, Prag zum Bischofssitz zu erheben, doch seine Ermordung (929) machte diesen Plan zunichte. Erst 973 nahm Milada (Mlada), die Schwester Boleslavs II., in Rom die Gründungsurkunde des Prager Bistums von Papst Johannes XIII. entgegen und gründete später auf dem Hradschin neben der Georgskirche das erste Kloster Böhmens. Anfang des 13. Jh. gab es in Prag bereits über 50 Kirchen.

Im 10. Jh. ließen sich immer mehr jüdische und deutsche Kaufleute in Prag nieder. 1267 legte König Ottokar II. Přemysl für deutsche Kolonisten die **Kleinseite** an. Gegen 1300 begann die königliche Münze mit der Prägung des *Prager Groschens*, eines im ganzen Heiligen Römischen Reich geschätzten Zahlungsmittels.

Unter Karl IV. erlebte Prag als Hauptstadt Böhmens und – seit 1355 – des Heiligen Römischen Reiches seine höchste kulturelle und wirtschaftliche Blüte. Schon 1344 war das Prager Bistum zum Erzbistum erhoben worden. 1348 hatte Karl das *Carolinum*, die erste Universität in Mitteleuropa, gegründet. Er plante und baute die Prager **Neustadt.** Mit 40 000 Einwohnern war Prag nach Rom und Konstantinopel die drittgrößte Stadt des Kontinents. Seit 1353 baute Peter Parler am Veitsdom, um 1380 begann er mit dem Bau der Karlsbrücke.

Karls Sohn Wenzel IV. verlegte seine Residenz vom Hradschin in die Altstadt (Königshof). Der Theologe Jan Hus und seine Anhänger prangerten in ihren Predigten das Macht- und Besitzstreben des Klerus sowie die Privilegien und Bevorzugungen der Deutschen an. Unter dem Druck der hussitischen Reform mußte Wenzel IV. 1409 das Stimmrecht an der Prager Universität zugunsten der Tschechen ändern (»Kuttenberger Dekret«), woraufhin es zum Auszug der deutschen Studenten und Professoren kam. Am 30. Juli 1419 löste der erste Prager Fenstersturz, bei dem katholische Ratsherren von einer aufgebrachten Menge unter Führung des hussitischen Predigers Želivský (Johann von Seelau) aus dem Fenster des Neustädter Rathauses geworfen wurden (s. S. 103), die Hussitenkriege aus, die schwere Zerstörungen zur Folge hatten und erst 1434 mit einem Sieg über die radikalen Taboriten bei Lipany nahe Prag endeten. Der Utraquist Georg von Poděbrad konnte die angespannte Lage zwischen Katholiken und Hussiten, Deutschen und Tschechen wieder beruhigen.

1556 holte Ferdinand I. die Jesuiten nach Prag und stärkte damit die Position der katholichen Kirche. Sein Nachfolger, Kaiser Rudolf II. (1576–1612), machte Prag noch einmal zur glanzvollen Metropole des Heiligen Römischen Reiches. Künstler und Wissenschaftler aus vielen Ländern wirkten an seinem Hof. Doch am 23. Mai 1618 lösten protestantische Adlige mit dem zweiten Prager Fenstersturz, bei dem sie zwei Kaiserliche Räte und ihren Geheimschreiber aus einem Fenster des Hradschin in den Burggraben warfen, den Böhmischen Krieg aus, der in den Dreißigjährigen Krieg mündete. In der »Schlacht am Weißen Berg« bei Prag (8. November 1620) besiegten die Kaiserlichen das Ständeheer, die protestantischen Anführer wurden am 21. Juni 1621 auf dem Altstädter Ring hingerichtet.

Im Österreichischen Erbfolgekrieg (1740–1748) und im Siebenjährigen Krieg (1756–1763) wurde Prag mehrmals zum Schauplatz schwerer Kämpfe. 1741 belagerten Sachsen,

Ansicht von Prag um 1493 aus Schedels ›Weltchronik‹

Bayern und Franzosen fast zwei Monate lang die Hauptstadt Böhmens, bis sie in der Nacht zum 26. November im Sturm genommen wurde. 1744 war Prag zwei Wochen lang dem Beschuß preußischer Artillerie ausgesetzt. Der Übergabe folgten Plünderungen. Am 6. Mai 1757 besiegte Friedrich der Große in der »Schlacht bei Prag« die Österreicher und belagerte die Stadt erneut, bis ihn die Niederlage von Kolin am 18. Juni 1757 zum Rückzug zwang (s. S. 138).

Unter Maria Theresia verwandelten viele Kirchen, Paläste und Bürgerhäuser ihr Antlitz zum Klassizismus hin; die Prager Burg wurde erneuert und ausgebaut. 1784 ließ Joseph II. die vier bislang selbständigen Städte Prags (Hradčany, Malá strana, Staré město, Nové město) zu einer einzigen Stadt vereinigen. Die Aufhebung der Leibeigenschaft veranlaßte viele Tschechen, ihr Glück in Prag zu suchen. Fabriken und Mietshäuser begannen nun, das Bild Prags zu bestimmen. Das Anwachsen der tschechischen Einwohnerschaft und die entstehende Nationalbewegung hatten die Gründung tschechischer Institutionen zur Folge: der Gelehrtengesellschaft (1771), der Gemäldegalerie patriotischer Kunstfreunde (1796), der Akademie der Künste (1816), des Nationalmuseums (1818), der ersten öffentlichen tschechischen Bibliothek (1835). War noch 1857 jeder zweite Prager Einwohner ein Deutscher, verloren die Deutschen 1861 im Stadtparlament erstmals die Mehrheit. 1882 wurde die Karlsuniversität in eine deutsche und eine tschechische Hochschule gespalten.

Nach dem Zusammenbruch der Doppelmonarchie am Ende des Ersten Weltkriegs rief Tomáš Garrigue Masaryk am 28. Oktober 1918 in Prag die Tschechoslowakische Republik aus. Weder ihm noch seinem Nachfolger Edvard Beneš gelang es aber, das Nationalitätenproblem zu lösen. Nach dem unheilvollen Vorspiel des »Münchener Abkommens« 1938 besetzten deutsche Wehrmachtsverbände am 15. März 1939 Prag, das für sechs Jahre Hauptstadt des »Protektorats Böhmen und Mähren« wurde. Von den 40 000 Prager Juden wurden 36 000 in den Gaskammern von Auschwitz ermordet. Am 9. Mai 1945 marschierte die Sowjetarmee in Prag ein.

Wirtschaftliche Schwierigkeiten brachten der Sozialistischen Republik 1968 den »Prager Frühling«, den jedoch nach wenigen Monaten die Truppen des Warschauer Paktes

Die Legende vom Golem

Seit dem 11. Jh., vielleicht schon früher, geht im Prager Judenviertel, der heutigen Josephstadt, die Legende vom Golem um: von jenem stummen, künstlichen Menschen aus Lehm (hebr. *Golem* = seelenlose Masse), der den Juden beisteht und sie vor Belästigungen und Pogromen bewahrt. Zahllose Legenden ranken sich um den Koloß, die bekannteste erzählte wohl Gustav Meyrink in seinem Roman ›Der Golem‹ (1915). Schon im Jahr zuvor war Paul Wegeners Stummfilm ›Der Golem‹ in die Kinos gekommen.

Der Dichter und Philosoph Salomon ben Jehuda ibn Gabirol war wohl der erste Jude, der sich im 11. Jh. im arabischen Spanien den Golem erschaffen hatte. Berühmt bis in unsere Tage aber wurde der Golem des Jehuda Liva ben Bezalel, des »Hohen Rabbi Löw«. Als Kaiser Rudolf II. (1576–1612) auf der Prager Burg seine okkulten Forschungen betrieb und unzählige Alchimisten und Pseudowissenschaftler beschäftigte, war der Rabbi Löw das geistliche Oberhaupt der Prager Juden. Löw war auf vielen Gebieten der Wissenschaften bewandert, in der Sternenkunde wie in der Mechanik, er beherrschte die Zwiesprache mit Verstorbenen und besaß eine Menge kabbalistischer Kenntnisse, ein eingeweihtes Wissen der auf Buchstaben- und Zahlendeutung beruhenden jüdischen Mystik.

Eines Tages formte der Rabbi Löw eine mächtige menschenähnliche Figur aus Lehm, einen Koloß von furchteinflößendem Aussehen. Um diesen Golem mit Leben zu erfüllen, schrieb er auf einen Pergamentstreifen eine kabbalistische Formel und legte diesen *Schma* (hebr. ›höre‹) dem Koloß unter die Zunge, woraufhin dieser tatsächlich erwacht und fleißig und verläßlich alle notwendigen Arbeiten im Haus verrichtet haben soll. An jedem Sabbatmorgen steckte ihm der Rabbi einen *Schma* mit einer weiteren Formel in den Mund, die den Golem ruhen ließ, wie es am Sabbat das Gebot verlangte. So besorgte der Golem alle Angelegenheiten des Hauses zur Zufriedenheit seines Herrn und wachte des Nachts über das ganze Viertel der Juden.

An einem Sabbatmorgen viele Monde später vergaß der Rabbi Löw, erfüllt von Sorgen um sein erkranktes Kind, dem Golem die verdiente Ruhe zu geben, und ging zur nahen Synagoge, um *Jahwe* zu preisen. Währenddessen aber begann der Koloß, erzürnt wegen der Vergeßlichkeit seines Herrn, des Rabbis Haus zu verwüsten. Er tor-

beendeten. Die einzige Reform, die weiterwirkte, war die föderalistische Stellung von Slowakei und Tschechien (1. Januar 1969). Prag hatte nun neben seiner Position als Hauptstadt der ČSSR (seit 1990 ČSFR) den Verwaltungssitz der tschechischen Teilrepublik inne. Am 1. Januar 1993 spaltete sich die ČSFR in die Tschechische Republik und die Slowakische Republik, Prag blieb Hauptstadt der nunmehr selbständigen Tschechischen Republik.

Paul Wegener als Golem in dem gleichnamigen Stummfilm

kelte auf die Straße hinaus, riß die Bäume aus dem Boden und beschädigte die Häuser der Nachbarn. Als dem Rabbi die üble Nachricht überbracht wurde, eilte dieser nach Hause und schläferte den Golem mit dem entsprechenden *Schma* ein. Daraufhin kehrte er in die Synagoge zurück und nahm den abgebrochenen Gesang wieder auf. Seitdem wird in der Prager Altneusynagoge der 92. Psalm zweimal gesungen, was sonst nirgends auf der Welt üblich ist: »... Gerecht ist der Herr; mein Fels ist er, an ihm ist kein Unrecht.«

Das Grab des Hohen Rabbi Löw ist auf dem Alten Jüdischen Friedhof leicht an dem Löwen und an der Weinrebe auf dem Grabstein zu erkennen. Darunter soll der Rabbi noch heute in alten Büchern studieren und über die ewigen Probleme von Leben und Tod nachdenken. Wo aber die Reste des Golem blieben, ist nicht bekannt.

Altstadt (Staré město)

Zwischen dem Moldauknie im Norden und der Moldaufurt im Westen vereinigten sich im 10. Jh. mehrere Kaufmanns- und Handelsniederlassungen zu einer Siedlung, der Prager Altstadt. 973 kam der jüdische Kaufmann Ibrahim ibn Jakub aus dem arabischen Spanien nach Prag und rühmte den größten Markt der slawischen Länder: »In der Stadt Prag macht man Sättel, Zäume und Schilde ... Dünne, wie Netze gewebte Tüchlein ... verwenden sie (die Prager) als Geld, und sie besitzen davon Kisten voll. Die kostbarsten Sachen sind für diese Tüchlein zu kaufen: Weizen, Sklaven, Pferde, Gold und Silber ...«

Noch unterstand die Siedlung unmittelbar dem Burgherrn, des Herzogs Richter saß über die Marktleute zu Gericht. Im 12. Jh. wuchs der Verkehr erheblich, Kirchen entstanden, zur Hauptkirche des Marktes entwickelte sich Maria am Teyn. Im 13. Jh. erwarben immer mehr deutsche Kaufleute Grundstücke am Markt. Die Turkmenengefahr zwang zur Befestigung des Fleckens, der allmählich die Funktionen einer Stadt übernahm. 1338 gab König Johann der Altstadt das Recht, ihre Angelegenheiten selbst zu regeln.

□ Vom Repräsentationshaus zum Altstädter Ring (Staroměstské nám.)

Das **Repräsentationshaus** (Obecní dům) markiert die Stelle, an der sich vom Ende des 14. bis zum Ende des 15. Jh. der Königshof, die Residenz der böhmischen Herrscher, befand. König Wenzel IV. erwarb mehrere Häuser an der Altstädter Mauer und setzte an deren Stelle einen Palast, in den er 1383 aus der Prager Burg übersiedelte. Der wohl

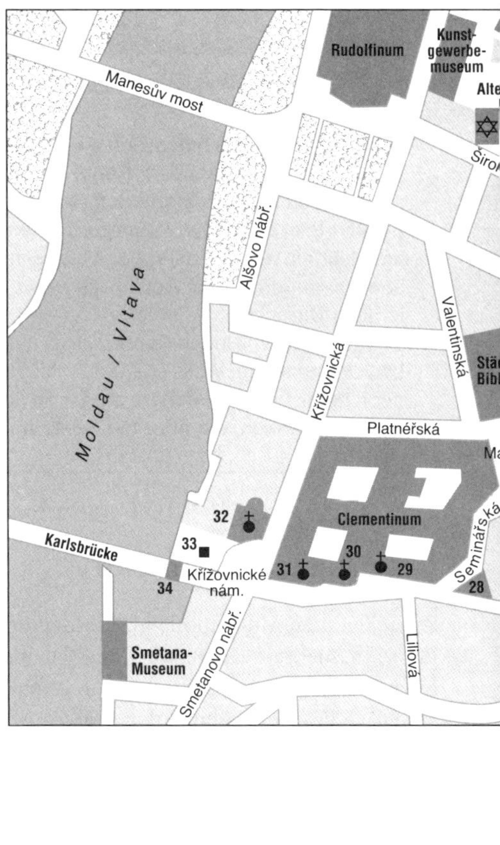

Vom Repräsentationshaus zur Karlsbrücke
1 Repräsentationshaus 2 Pulverturm 3 Pachtovský-Palais 4 Münze 5 Zum goldenen Geier 6 Caretto-Millesimo-Palais 7 Teynpfarre 8 Zu den drei Königen 9 Sixt-Haus 10 Altstädter Rathaus 11 Haus Zur Minute 12 Hus-Denkmal 13 Štorch-Haus 14 Zum goldenen Einhorn 15 Zum blauen Stern 16 St. Niklas 17 Kafkas Geburtshaus 18 Palais Kinsky 19 Zur steinernen Glocke 20 Teynschule 21 Zum weißen Einhorn 22 Teynkirche 23 Teynhof 24 Pezold-Haus 25 Richter-Haus 26 Rott-Haus 27 Clam-Gallas-Palais 28 Zum goldenen Brunnen 29 St. Klemens 30 Welsche Kapelle 31 Salvatorkirche 32 St. Franziskus 33 Karl IV. 34 Altstädter Brückenturm 35 Zum goldenen Krug 36 Zu den zwei goldenen Bären

berühmteste Hausherr des Königshofs war Georg von Poděbrad (s. S. 22). Vladislav Jagiello ließ den verfallenen Hradschin wieder herrichten und kehrte 1484 in die sichere Burg zurück. 1631 richtete Erzbischof Ernst Albrecht Graf Harrach im Königshof ein erzbischöfliches Seminar ein, nach 1777 diente das Areal als Kaserne, ab 1869 als Kadettenschule.

1906–1912 setzten die bedeutendsten tschechischen Architekten und Künstler an die Stelle der mittelalterlichen Gebäude das Repräsentationshaus (Gemeindehaus), ein großartiges Beispiel des Sezessionsstils. Antonín Balšánek und Osvald Polívka entwarfen den Bau. Ein Karton von Karel Špillar bildete die Vorlage für das Mosaik ›Huldigung an Prag‹ über dem Haupteingang. Die Statuengruppen ›Demütigung und Auferstehung der Nation‹ gestaltete Ladislav Šaloun. Karel Novák fertigte den Fassadenschmuck einschließlich der Lampenträger auf dem Balkon.

Die Innenräume mit ihren stilistisch reizvollen Details (s. vordere Umschlaginnenklappe) sind liebevoll restauriert und umfassen ein Café, ein Restaurant, eine Weinstube, eine Bar und fünf Säle. Im zentralen *Smetana-Saal* mit seiner einzigartigen Akustik finden Konzerte, Bälle sowie die jährliche Eröffnung des Musikfestivals »Prager Frühling« statt.

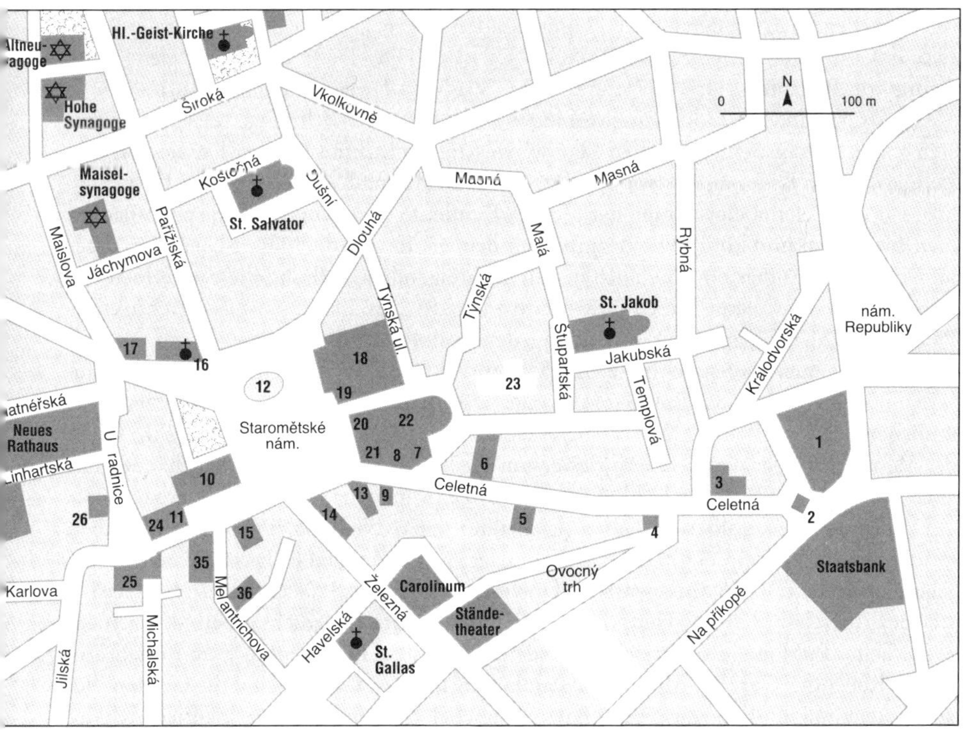

Plastiken von Ladislav Šaloun, Allegorien von Smetanas ›Böhmischen Tänzen‹ und dem ›Vyšehrad‹ aus seiner sinfonischen Dichtung ›Mein Vaterland‹ rahmen die Bühne; die Decke des großen Saals zieren Werke des Bildhauers Václav Novák und des Malers Karel Špillar. Den *Primatoren-Saal* (Bürgermeistersaal) schmücken allegorische Gemälde von Alfons Maria Mucha, einem Meister des Jugendstils. Landschaften und nationale Motive sowie Allegorien erscheinen in den übrigen Sälen, dem *Palacký-, Rieger- und Grégr-Saal.* Am 28. Oktober 1918 wurde im Repräsentationshaus die Souveränität der Tschechoslowakei proklamiert.

Zu den markantesten Bauwerken Prags zählt der **Pulverturm** (Prašná brána). Vladislav II. Jagiello gab um 1475 den Bau des prächtigen Torturms in Auftrag. Der Turm sollte ein architektonisches Gegengewicht zum Altstädter Brückenturm (s. S. 55) bilden. Nach Abbruch des alten Tores aus dem 13. Jh. errichtete Matouš Rejsek den »Neuen Turm« (Nová věž). Als König Vladislav 1484 zum Hradschin zurückkehrte, wurde der Bau eingestellt und erhielt ein provisorisches Dach. Ende des 17. Jh. diente der Turm vorübergehend als Pulvermagazin und hieß von da an »Pulverturm«. 1757 wurde der Bau bei der preußischen Belagerung schwer beschädigt und verfiel allmählich. 1875–1886 verband der Restaurator Josef Mocker die Wiederherstellung des Pulverturms mit glücklich nachempfundenen Ergänzungen durch oberen Umgang, Walmdach und Bauschmuck spätgotisch-jagellinischen Stils. An den beiden Hauptfassaden zeigen sich vier Könige: auf der Westseite links Ottokar II. (1253–1278), rechts Karl IV. (1346–1378), auf der Ostseite links Georg von Poděbrad (1458–1471) und rechts Vladislav II. Jagiello (1471–1516).

Pulverturm und Altstädter Ring verbindet die **Celetná ul.** (Zeltnergasse), eine der ältesten Straßen Prags, einem uralten Handelsweg folgend. Ihren Namen hat sie von den Zeltnern, jenen Bäckern, die hier ihre *Zelten* (kleine, flache Kuchen) backten. Ursprünglich war die Celetná eine Straße der kleinen Kaufleute und Handwerker, später bauten hier Ratsherren und königliche Beamte. Seit dem 15. Jh., als die böhmischen Herrscher im Königshof residierten, aber auch in den nachfolgenden Jahrhunderten unterhielt der hohe Adel in der Celetná seine repräsentativen Stadtvillen. Da ist z. B. das **Pachtovský-Palais** (Nr. 31/585) an der Einmündung der Královdvorská ul., deren Name an den Königshof erinnert. 1689 errichtete Graf Seeberg anstelle von vier niedergebrannten Häusern ein kleines Palais, das Baron Josef Langer 1737–1740 von Kilian Ignaz Dientzenhofer umbauen ließ. Stuckbüsten Maria Theresias und ihres Gemahls, Kaiser Franz' I., füllen die Medaillons über den Fenstern des ersten Stockwerks. Das große Eckgebäude zum alten Obstmarkt (Ovočný trh) hin war die **Münze** (Mincovna; Nr. 36/587), erbaut 1755.

Das Haus **Zum goldenen Geier** (U zlatého supa; Nr. 22/563) stammt in seinen Grundmauern aus dem 14. Jh. Damals war in dem großräumigen Erdgeschoß eine Brauerei untergebracht. Im 18. Jh. erwarb die Universität das Haus, 1804 erhielt es sein klassizistisches Aussehen, nur das Hauptportal blieb barock. Im Erdgeschoß befindet sich ein gemütliches Bierlokal. Romanisches Mauerwerk aus dem 12. Jh. entdeckten Restauratoren im Keller des **Caretto-Millesimo-Palais** (Nr. 13/597). Gotisch sind die Gebäudeflügel um den Innenhof und die beiden Backsteingiebel, doch insgesamt präsentiert sich der

Bau seit 1750 in barockem Stil. Graf Johann Caretto de Millesimo vermachte das Haus einer Stiftung für verarmte Adlige. Das Palais beherbergt heute eine Bibliothek. Jenseits der Einmündung der Štupartská ul. stehen zwei schöne, alte Häuser: die **Teynpfarre** (Týnská fara; Nr. 5/601) und das Haus **Zu den drei Königen** (U tří králů; Nr. 3/602). Die Teynpfarre war im 12. Jh. ein Spital für ausländische Kaufleute, ab 1365 gehörte das Haus der Teynkirche. 1424–1471 residierte hier Jan Rokycana als religiöses Oberhaupt der Hussiten, und noch im 16. Jh. hatte das oberste Verwaltungsorgan der hussitischen Kirche in der Teynpfarre seinen Sitz. Das Dreikönigenhaus blieb gotisch vom Keller bis zum Dach; nicht nur die beiden Giebel, auch der Fichtenholzdachstuhl stammen aus dem 14. Jh. Das letzte Haus vor dem Altstädter Ring ist das **Sixt-Haus** (Nr. 2/553), ein romanisches Haus aus der Zeit um 1200 mit frühgotischen Zubauten, 1523 spätgotisch erneuert. 1567 erwarb Sixt von Ottersdorf, ein führender utraquistischer Politiker, das Haus für seine Bibliothek und Gemäldesammlung. Die Imperatoren-Skulpturen auf der Attika stammen aus der Werkstatt des Bernhard von Braun.

□ Altstädter Ring (Staroměstské nám.)

Alle Handelsstraßen, die in Prag die Moldau querten, trafen sich auf dem **Staroměstské nám.** (Altstädter Ring; s. Farbabb. 6), dem Herzen Prags. Hier boten Kaufleute aus nah und fern ihre Waren an, und rings um den Marktplatz ließen sich im 10. Jh. erste Siedler nieder. Bald diente der Platz auch als Versammlungsort und Gerichtsstätte. Der Adel veranstaltete auf ihm Reitturniere, und jeder Krönungszug führte über den Ring. In seiner Mitte wuchs das Rathaus, und die Fassaden gotischer Häuser, im Barock lustvoll verwandelt, begrenzen noch heute den über 9000 m² großen Platz.

1338 erhielt die »alte Stadt Prag« (Altstadt) von König Johann von Luxemburg das Privileg, die städtischen Angelegenheiten in eigener Zuständigkeit zu bearbeiten. Dazu brauchte man ein Rathaus, aber für einen Neubau stand kein Geld zur Verfügung. Also kaufte die Gemeinde das in den Marktplatz hineinragende, frühgotische Wohnhaus des Wölflin vom Steine und setzte ein zweites Stockwerk darauf. Als Karl IV. 1355 Prag zur Hauptstadt des Heiligen Römischen Reiches erhob, war das **Altstädter Rathaus** (Staroměstská radnice) bald zu klein. Nachbargrundstücke, auf denen Tuchmacherläden standen, wurden hinzugekauft, um einen zweistöckigen Anbau zu errichten. Bis 1364 entstand der mächtige Eckturm mit östlichem Anbau (s. Farbabb. 7). Um die Wende vom 15. zum 16. Jh. gab der Baumeister Matouš Rejsek dem Rathauskomplex ein einheitliches, spätgotisches Aussehen. 1835 kam das ursprünglich romanische Haus *Zum Hahn* hinzu und 1896 auch das weit vor die Rathausfassade springende Haus *Zur Minute* (U minuty). Eindrucksvolle Sgraffiti nach antiken und biblischen Motiven sowie Allegorien der Tugenden bedecken die weißen Wände zwischen den Fenstern. Die Sgraffiti entstanden in der ersten Hälfte des 17. Jh., das Haus selbst stammt aus dem 14. Jh. Der steinerne Löwe an der Hausecke war seit dem Ende des 18. Jh. das Zeichen der Apotheke *Zum weißen Löwen* (U bílého lví).

Haus Zur Minute

Besichtigung des Altstädter Rathauses

Den 59,5 m hohen Rathausturm schmückt eine *astronomische Uhr* (s. Umschlagrückseite), die Nikolaus von Kaaden (Mikuláš z Kadaně), genannt »Magister Hanuš«, Lehrer an der Prager Universität, um 1490 einbaute. Die obere Scheibe, die sogenannte »Sphäre«, zeigt die Uhrzeit in 24 arabischen Ziffern (Zählung von Sonnenuntergang zu Sonnenuntergang = altböhmische Zeit) und in zweimal 12 römischen Ziffern, dazu durch Tierkreiszeichen den Monat sowie die Phase des Mondes; sogar die Stellung der Planeten läßt sich anhand der gebogenen Linien feststellen. Vier kleine Figuren stehen zu beiden Seiten der Sphäre: der Eitle (mit dem Spiegel), der Geizige (mit dem Beutel), der Tod (mit der Sanduhr und dem Sterbeglöckchen) und ein Türke mit seinem Turban. Die untere Scheibe ist ein »Kalendarium« mit dem Altstädter Wappen in der Mitte, umgeben von den Tierkreiszeichen und diesen entsprechenden ländlichen Szenen. Der tschechische Maler Josef Mánes schuf 1865 das Öl-Kupfer-Blatt (die Uhr zeigt eine Kopie, das Original bewahrt das Museum der Hauptstadt Prag). Zu jeder vollen Stunde beginnt das berühmte *Puppenspiel.* Der Tod hebt die Sanduhr, das Symbol der Vergänglichkeit; mit der anderen Hand schwingt er das Sterbeglöckchen. Dann ziehen die zwölf Apostel an zwei schmalen Fenstern vorüber, an jedem Fenster verharren sie und blicken nachdenklich zu den Menschen hinab. Daraufhin kräht der Hahn, der Türke schüttelt den Kopf, denn noch lange Zeit war die osmanische Gefahr nicht gebannt. Abschließend ertönt der Stundenschlag. Die Originalfiguren wurden 1945 zerstört, jedoch schon wenige Jahre danach von dem tschechischen Bildhauer Vojta Sucharda durch Neuschöpfungen ersetzt.

An die Ostseite des Rathausturms lehnt sich seit 1381 eine der Jungfrau Maria geweihte *Kapelle.* Ihr Chor tritt als zierlicher Erker fünfseitig aus der Fassade hervor, die Fenster sind mit edlem Maßwerk und Ziergiebel geschmückt, das Ganze ist ein Juwel der Prager Gotik, entworfen vielleicht von Peter Parler (s. S. 86). Die Kapelle wurde nach dem Ersten Weltkrieg in eine Gedenkstätte für Gefallene umgewandelt.

Eine Bronzetafel unter dem Erker erinnert an das Prager Blutgericht, an jene 27 protestantischen Anführer, 17 Tschechen und 10 Deutsche, die am 21. Juni 1621 vor dem Rathaus als »Rebellen« hingerichtet wurden (s. S. 26). Pflastersteine kennzeichnen die Stelle, an der das Schafott stand. Eine Büste erinnert an den Hussitenprediger Jan Želivský, dem 1422 im Rathaus der Kopf abgeschlagen wurde.

Das *Hauptportal* des Rathauses links von der astronomischen Uhr stammt aus der zweiten Hälfte des 15. Jh., in der die Klarheit der gotischen Linien einem raffinierten Formenreichtum zu weichen begann. Im gleichen Stil ist das benachbarte Doppelfenster der Eingangshalle gehalten. Das prächtige Renaissancefenster des Mittelbaus trägt das Wappen der Altstadt mit der stolzen Inschrift *»Praga caput regni«* (»Prag, Hauptstadt des Reiches«).

Wandmosaiken (1934–1939) nach Motiven des tschechischen Malers Mikoláš Aleš (1852–1913) schmücken die *Eingangshalle:* ›Die slawischen Stämme huldigen Prag‹; ›Libussa prophezeit den Aufstieg Prags‹; ›Der hl. Wenzel‹. Besonders sehenswert ist die spätgotische *Ratsstube* mit ihrer großartigen Balkendecke, den kostbaren Holztüren und den 42 Prager Innungszeichen an den getäfelten Wänden. Gezeigt werden auch eine *Gemeindestube* aus dem 17. Jh. und der *Sitzungssaal* von 1879 mit Werken des Historienmalers Václav Brožík: ›Hus vor dem Konzil in Konstanz‹; ›Georg von Poděbrad wird zum König von Böhmen gewählt‹. Das Altstädter Rathaus ist heute festlicher Rahmen für herausragende städtische Ereignisse, es ist Standesamt, Museum und Kunstgalerie mit wechselnden Ausstellungen.

Monumental wirkt das **Jan-Hus-Denkmal** auf dem Altstädter Ring. Zum 500. Todestag des tschechischen Reformators und Nationalheroen wurde das Denkmal am 6. Juli 1915 enthüllt. Der Bildhauer Ladislav Šaloun versuchte mit Stilmitteln von Impressionismus und Jugendstil, den Weg vom Niedergang eines Volkes zum Aufbegehren gegen alles Unterdrückende zu zeigen. Über die Figurengruppen erhebt sich allein die hohe Gestalt des Jan Hus.

Die Bürgerhäuser am Rande des Altstädter Ringes gehen auf romanische oder frühgotische Bauten zurück. Sie wurden im Laufe ihrer Geschichte mehrmals erneuert bzw. verändert und zeigen heute fast ausnahmslos frühbarocke Fassaden (17. Jh.). Von dem jüngst restaurierten Häuserkranz seien hier einige Häuser kurz vorgestellt: Das Haus an der Einmundung der Celetná in den Ring ist das **Štorch Haus** (Nr. 16/552), ein ursprünglich gotisches Bürgerhaus aus der Zeit um 1400, erneuert 1897 im Stil der Neorenaissance. Mikoláš Aleš entwarf das Fassadenbild des hl. Wenzel zu Pferde. Das Patrizierhaus **Zum goldenen Einhorn** (U zlatého jednorožce; Nr. 20/548) an der Ecke zur Železná ul. (Eisenhändlergasse) entstand im 12. Jh. Im 14. Jh. wurde es gotisch, im 15. Jh. spätgotisch erneuert. Im 18. Jh. erhielt das Haus sein heutiges hochbarockes Aussehen. 1848 eröffnete hier Bedřich Smetana seine erste Musikschule. Die berühmte Weinstube *U Bindrů* im Haus **Zum blauen Stern** (U modré hvězdy; Nr. 25/479) existierte schon im 16. Jh. Von den romanischen Anfängen zeugt die Vorhalle, der Laubengang enthält gotische Bestandteile, die Fassade aus dem 17. Jh. ist frühbarock.

Die Nordwest-Seite des Platzes nimmt die **St.-Niklas-Kirche** (Kostel sv. Mikuláš) ein. Die erste St.-Niklas-Kirche hatten deutsche Kaufleute zu Beginn des 13. Jh. an dieser Stelle gegründet. Im 14. Jh. wurde sie vergrößert und erhielt einen Turm. Ab 1414 diente sie über 200 Jahre lang dem hussitischen Ritus, nach der Schlacht am Weißen Berg übernahmen Benediktiner 1635 das Gotteshaus und ergänzten es durch ein Kloster. 1785 hob Joseph II. das Kloster auf, die Stadt Prag kaufte die Gebäude und verwendete sie zunächst als Magazin und Archiv, ab 1865 als Konzert- und Theatersaal. 1871–1914 stand die Kirche der russisch-orthodoxen Gemeinde zur Verfügung und gehört seit 1920 der im selben Jahr gegründeten Tschechischen Kirchengemeinschaft, der größten nicht-katholischen Glaubensgemeinschaft in der Tschechischen Republik.

Die St.-Niklas-Kirche ist ein Werk des großen Barockbaumeisters Kilian Ignaz Dientzenhofer, der diesen Bau 1732–1737, also unmittelbar vor seiner größten Schöpfung, der St.-Niklas-Kirche auf der Kleinseite (s. S. 70), erstellte. Die dem Altstädter Ring zugewandte Hauptfassade mit dem hohen Portal und den zwei Türmen schmücken Statuen von Anton Braun. Die reichen Stukkaturen im Innern schuf Bernardo Spinetti. Der bayerische Maler Peter Asam d. Ä. malte das Presbyterium, die Seitenkapellen und die Kuppel aus (leider wurden die Kuppelgemälde 1914 verfälschend restauriert). Den prächtigen Lüster im Hauptschiff ließ die russisch-orthodoxe Gemeinde Ende des 19. Jh. in der böhmischen Glashütte von Harrachsdorf (Harrachov) anfertigen. – In dem Haus links von der Kirche wurde am 3. Juli 1883 der Schriftsteller Franz Kafka geboren (Gedenktafel).

Das spätbarocke **Palais Kinsky** stellte Kilian Ignaz Dientzenhofer auf die Kellerräume eines romanischen und eines frühgotischen Wohnhauses. Bauherr war Johann Ernst Graf Golz. 1786 ging das Palais an Fürst Rudolf Kinsky über, dessen Familie es bis 1945 besaß. Die Schriftstellerin und Friedensnobelpreisträgerin Bertha von Suttner (1843–1914), eine geborene Gräfin Kinsky, verlebte in dem Gebäude ihre Kindheit. Im späten 19. Jh. beherbergte das Palais das »Altstädter Deutsche Staatsgymnasium«. Heute bewahrt es die *Graphischen Sammlungen der Nationalgalerie* mit einem Bestand von über 100 000 Werken. Das dreigeschossige Palais, inzwischen klassizistisch umgestaltet, wird zu den schönsten Bauwerken Prags gerechnet.

Das sich rechts anschließende, zurückgesetzte Haus **Zur steinernen Glocke** (U kamenného zvonu; Nr. 13/605) wurde im 14. Jh. zu einem Stadtpalast für König Johann von Luxemburg umgebaut. Seine Fassade war dicht mit Statuen besetzt, die aber bei der Barockisierung im 17. Jh. leider verschwanden. An der Gebäudeecke ist noch das Hauszeichen, eine steinerne Glocke, zu sehen. 1973–1987 gaben die Restauratoren dem Haus sein gotisches Aussehen zurück.

Zwei Häuser sind der Teynkirche am Altstädter Ring vorgelagert: die **Teynschule** (Týnská škola) und das Haus **Zum weißen Einhorn** (U bílého jednorožce). Romanische Kellergewölbe bezeugen das hohe Alter dieser beiden Häuser, die ursprünglich wohl vier Gebäude waren, wie aus der Größe der Arkaden, der Fenstergruppierung und der Form der Giebel hervorgeht. Die gotischen Laubengänge kamen im 14. Jh. hinzu. Im 16. Jh. erfolgte der Umbau im Stil der venezianischen Renaissance. Das Haus Zum weißen Einhorn erhielt im 18. Jh. spätbarocke Zutaten und wurde im 19. Jh. um ein Stockwerk erhöht, wobei die beiden Giebel verschwanden. Im nördlichen Gebäude war vom Ende des 14. bis zur Mitte des 19. Jh. die Teynschule untergebracht, eine Pfarrschule, die im 15. Jh. zu hohem Ansehen gelangte.

Zu den Wahrzeichen Prags gehören die mittelalterlichen Türme der **Teynkirche** (Týnský chrám), der »Kirche der Jungfrau Maria vor dem Teyn«. Die erste Kirche an dieser Stelle war die 1135 erwähnte *ecclesia S. Mariae de hospitali*, eine Spitalkirche für fremde Kaufleute, die im benachbarten Teynhof wohnten. Im 13. Jh. ersetzte eine dreischiffige

Altstädter Ring: Blick auf Palais Kinsky und Teynkirche

frühgotische Kirche die romanische. 1339 begannen die Architekten Peter Schmelzer und Otto Scheuffler mit dem Bau des heutigen gotischen Gotteshauses, ab 1390 vermutlich unter Mitwirkung der Bauhütte Peter Parlers, der auf jeden Fall das prunkvolle *Portal* an der Nordseite der Kirche zugeschrieben wird (zwischen 1400 und 1410). Es ist mit Konsolen und Baldachinen reich ausgestattet; das Tympanon zeigt Szenen des Leidens Christi: Geißelung, Dornenkrönung, Kreuzigung. Die Türme fehlten noch, als 1419 die Hussitenkriege ausbrachen. Erst unter Georg von Poděbrad (1458–1471) wurden die Arbeiten am Westgiebel und an den beiden für die Prager Hochgotik typischen Türmen mit den kleinen, versetzt angeordneten Erkertürmchen, die der Kirche ein fortifikatorisches Aussehen geben, wieder aufgenommen und unter Vladislav II. (1471–1516) abgeschlossen. Nach dem Brand von 1679 erhielt das Hauptschiff ein frühbarockes Gewölbe.

Im Innern dominiert die barocke Ausstattung. Den Hauptaltar schmücken zwei Gemälde von Karel Škréta (1610–1674): Mariä Himmelfahrt und die Heilige Dreifaltigkeit (1649). Werke des italienischen Malers Girolamo di Romano, genannt »Romanino« (um 1484 – nach 1559), bedecken die Chorwände. Die Nebenaltäre an den Pfeilern (Verkündigungs-Altar, Barbara-Altar, Josefs-Altar) gestaltete ebenfalls Škréta. An einem Pfeiler steht das marmorne Grabmal des dänischen Astronomen Tycho Brahe (1546–1601).

Bemerkenswert ist der spätgotische Baldachin des Matouš Rejsek (1493) über dem Grab des utraquistischen Weihbischofs Lukian Augustin. Die gotische Madonna im rechten Seitenschiff entstand um 1400.

Östlich der Teynkirche erstreckt sich der großräumige Komplex des **Teynhofs** (Ungelt, Týn), der von der Týnská, der Štupartská und der Malá Štupartská ul. umschlossen wird. Der *Teyn* (»eingezäunte Fläche«) wurde im 11. Jh., vielleicht noch früher, als Herberge und Warenlager für fremde Kaufleute eingerichtet. Bald kamen Werkstätten, ein Hospital und eine Kirche hinzu. Im 14. Jh. entwickelte sich der Teynhof zu einer gewinnbringenden Zollstation, die ihm den Namen *Ungelt* (Zoll) einbrachte. Nach Abschaffung der Zollpflicht ging der Hof an den ehemaligen Zollpächter Jakob Granovský von Granov über, der die Baulichkeiten um das Jahr 1560 in ein Renaissancepalais mit Arkadenhof toskanischer Prägung umwandelte. Freskofragmente über den Arkaden zeigen biblische Motive. Aus dem Teynhof ist heute ein komfortables Hotel geworden.

□ Vom Altstädter Ring zur Karlsbrücke (Karlův most)

Der Königsweg setzt sich über den **Malé nám.** (Kleiner Ring) zur Karlova hin fort. Die Mitte des intimen Platzes nimmt ein *Brunnen* mit schmiedeeisernem Renaissancegitter aus dem Jahr 1560 ein. Die Häuser am Rande des dreieckigen Platzes, auf dem seit dem 14. Jh. Obst verkauft wird, stehen durchweg auf romanischen Fundamenten, zum Teil sind noch die Kellergewölbe des 12. Jh. erhalten. In den Laubengängen der Ostseite hatten die *Kränzler*, die Hersteller von Kopfschmuck für Frauen, ihre Verkaufsstände. Das **Pezold-Haus** (Nr. 10/4), gegen 1600 im Stil der Spätrenaissance umgestaltet, bewahrt Reste eines romanischen Portals und Treppenhauses. Das **Richter-Haus** (Nr. 11/459) schräg gegenüber erwuchs um das Jahr 1760 aus zwei gotischen Häusern. 1353, zur Zeit Karls IV. also, eröffnete hier ein Florentiner Pharmazeut die erste Prager Apotheke. Das auffälligste Haus am Kleinen Ring ist zweifelsohne das **Rott-Haus** (Nr. 3/142). Zwei Stockwerke tief reichen romanische Raumteile (vermutlich ein zweischiffiger Saal) in das Erdreich hinab. 1488 druckte hier Jan Pytlik die erste tschechische Bibel. 1897 entstand für die Eisenwarenhandlung Rott der heutige Bau im Stil der böhmischen Neorenaissance; Mikoláš Aleš entwarf die Wandmalereien. Das Zeichen am Giebel weist auf den eigentlichen Hausnamen hin: »Zu den drei weißen Rosen« (U tří bílých růží).

Die Jilská ul. verbindet den Kleinen Ring mit der Karlova ul. (Karlsgasse). Doch zunächst sollte man einige Meter nach rechts in die Husova ul. (Husgasse) hineingehen. Hier fallen die Herkules-Atlanten an den beiden Portalen des **Clam-Gallas-Palais** auf. Johann Wenzel Graf Gallas, Feldmarschall, kaiserlicher Gesandter in London und Rom, später Vizekönig von Neapel, beauftragte 1713 den Wiener Barockbaumeister Johann Bernhard Fischer von Erlach mit dem Bau des Palais. Dieser bezog in seinen mehrflügeligen Bau Teile eines gotischen Palastes aus dem 14. Jh. mit ein. Die prächtigen Portal-Atlanten sowie die Götterstatuen auf der Attika schuf Matthias Bernhard Braun (die ursprünglich 17 Originale befinden sich heute in der Nationalgalerie). Das prächtige Treppenhaus gestaltete ebenfalls Fischer von Erlach, von M. B. Braun stammt der plastische Schmuck, das Deckenfresko ›Apoll im Sonnenwagen‹ schuf Carlo Carlone. Der Bau beherbergt heute das Archiv der Stadt Prag.

Das in die Einmündung der Seminářská ul. (Seminargasse) schwungvoll vorspringende Haus **Zum goldenen Brunnen** (U zlaté studně; Nr. 3/175) zählt zu den schönsten Bürgerhäusern Prags. Aus Dankbarkeit für die überstandene Pestepidemie ließ der Besitzer des Renaissancehauses von Johann Ulrich Mayer Reliefs der böhmischen Landespatrone und der Pestheiligen an die schmale Fassade bringen. Das untere Doppelfenster flankieren die hll. Sebastian und Rochus, darüber erkennt man das Gnadenbild Unserer Lieben Frau von Altbunzlau. Neben dem Doppelfenster des mittleren Stockwerks wachen die Landespatrone Wenzel und Johann von Nepomuk, neben dem oberen die Jesuitenheiligen Ignatius von Loyola und Franziskus Xaverius, darüber ruht die hl. Rosalie.

Der gewaltige Gebäudekomplex nördlich der Karlova ist das **Clementinum** (Klementinum), einst Jesuitenkolleg und geistiges Zentrum der Gegenreformation. Ab 1232 unterhielten hier die Dominikaner neben der romanischen St.-Klemens-Pfarrkirche ein kleines Kloster, das in den Hussitenkriegen fast völlig zerstört und später notdürftig wiederhergestellt wurde. 1556 übernahmen die von Ferdinand I. ins Land gerufenen Jesuiten das Kloster, um mit päpstlicher Erlaubnis ein – zunächst bescheidenes – Kolleg einzurichten. Nach der Schlacht am Weißen Berg (1620) stellten sich die Jesuiten in Böhmen an die Spitze der Gegenreformation und begannen mit einem beispiellosen Ausbau ihrer Prager Wirkungsstätte. 1653–1660 erstellte Carlo Lurago nach Entwürfen von Francesco Caratti den ersten Gebäudetrakt in der Křižovnická ul. (Kreuzherrengasse), 1660–1664 entstand an der Stelle der romanischen St.-Martin-Kirche die St.-Eligius Kapelle, 1679 errichtete Domenico Orsi den Nordflügel des Kollegs an der Platnéřská. Die Bauarbeiten zogen sich bis ins 18. Jh. hin, als František Maximilián Kaňka 1721–1727 den Osttrakt mit den Schulen, dem Astronomischen Turm und der berühmten Bibliothek errichtete. Nach Aufhebung des Jesuitenordens (1773) richteten sich im Clementinum verschiedene Institutionen ein. Heute sind hier die *Tschechische Nationalbibliothek*, die Universitätsbibliothek, die Bibliothek der Technischen Hochschule und die Slawische Bibliothek mit insgesamt mehr als 6 Mio. Druckwerken und Handschriften untergebracht.

Besichtigung des Clementinums und des Kreuzherrenplatzes

Die romanische *St.-Klemens-Kirche* (Kostel sv. Kliment) ersetzte Kilian Ignaz Dientzenhofer 1711–1713 durch einen Barockbau. Die Statuen der Kirchenväter und Evangelisten sowie die Holzarbeiten an Kanzel, Beichtstuhl und Seitenaltären stammen aus der Werkstatt des Prager Bildhauers Matthias Bernhard Braun, das Gemälde über dem St.-Linhart-Altar schuf Peter Johann Brandl. Die vor wenigen Jahren restaurierte Kirche steht heute der griechisch-katholischen Religionsgemeinschaft zur Verfügung. An die St.-Klemens-Kirche schließt sich die *Welsche Kapelle* an, die 1590–1600 für die italienische Kolonie erbaut und der Himmelfahrt Mariä geweiht wurde. Das Kirchlein über ovalem

Grundriß war der erste barocke Zentralbau Prags. Portikus und Gitterwerk vor dem Kapellenportal entwarf František Maximilián Kaňka.

Die *Salvatorkirche* am Ende der Karlova entstand vor dem Ausbau des Kollegs. Sie ist die älteste Jesuitenkirche Prags und zugleich der größte und bedeutendste kirchliche Renaissancebau in Böhmen. Unter Rudolf II. wurde das dreischiffige Gebäude an der Stelle der kleinen gotischen St.-Bartholomäus-Kirche errichtet (1578–1602). 1620 begann man mit dem barocken Innenausbau, 1638 fügte Carlo Lurago die Emporen ein, 1653 setzte Francesco Caratti den großartigen Portikus als Triumphbogen vor die Fassade, den Sieg der katholischen Kirche und vor allem der Jesuiten symbolisierend. Die Steinskulpturen entwarf Johann Georg Bendl: Christus als Welterlöser inmitten der vier Evangelisten auf dem Giebel. Beiderseits des Giebels wachen die Jesuitenheiligen Ignatius von Loyola (1491–1556) und Franziskus Xaverius (1506–1552). In der Mittelnische steht die Immaculata, die unbefleckte Maria. Die Balustrade des Portikus krönen die vier Kirchenväter Augustinus, Gregor der Große, Ambrosius und Hieronymus sowie – jeweils außen – der hl. Klemens und der hl. Adalbert von Prag.

Die Salvatorkirche öffnet sich auf den **Křižovnické nám.** (Kreuzherrenplatz), einen der architektonisch interessantesten und zugleich reizvollsten Plätze Prags, umgeben von Salvatorkirche, St.-Franziskus-Kirche und Altstädter Brückenturm, mit herrlicher Aussicht auf Karlsbrücke, Kleinseite und Hradschin.

Der Kreuzherrenplatz (Stich um 1780)

1252 gründete Agnes von Böhmen, eine Schwester König Wenzels I., den Spitalorden der »Kreuzherren mit dem roten Stern« und baute für ihn am Brückentor der damaligen Judithbrücke ein Spital mit Kirche. Zugleich übertrug der König den Kreuzherren den Wach- und Pflegedienst für die Brücke und die Erhebung von Zoll- und Wegegeld. Im 16. und 17. Jh., als seine Großmeister fast anderthalb Jahrhunderte hindurch (1561–1694) zugleich Erzbischöfe von Prag waren, erlangte der Orden seine größte Bedeutung. Die »Kreuzherren mit dem roten Stern« sind der einzige in Böhmen entstandene Orden der katholischen Kirche.

Über dem Mauerwerk der frühgotischen Kreuzherrenkirche errichtete Giovanni Domenico Canevale nach Plänen von Jean Baptiste Mathey 1679–1689 die **St.-Franziskus-Kirche** (Kostel sv. Františka), einen eindrucksvollen Bau mit der ältesten Kuppel Prags. Teile des frühgotischen Mauerwerks bilden die grottenartige Krypta der höher gelegenen Barockkirche. Fünf Engel von Matthäus Wenzel Jäckel krönen die hohe Attika. Die Statuen der hll. Agnes, Veit, Franziskus, Wenzel und Ludmila in Fassadennischen werden Peter Prachner zugeschrieben, von dem auch die beiden Portalstatuen der Immaculata (1756) und des Johann von Nepomuk (1758) stammen. Der Hauptaltar mit plastischem Schmuck von Matthäus Wenzel Jäckel und dem Gemälde der ›Stigmatisierung des hl. Franziskus‹ (1700/01) von Johann Christoph Lischka zählt zu den großen Schöpfungen des Hochbarock. An der Franziskuskirche der Kreuzherren wirkten als Organist u. a. Christoph Willibald Gluck (1714–1787) und Antonín Dvořák (1841–1904).

An der Ecke zur Křižovnická ul. (Kreuzherrengasse) steht die **Winzersäule** mit St.-Wenzel-Statue von Johann Georg Bendl (1676). Das neugotische **Denkmal Karls IV.**, entworfen von dem Dresdner Bildhauer Ernst Julius Hähnel (1811–1891), wurde 1848 zum 500. Jahrestag der Gründung der Karlsuniversität auf dem Kreuzherrenplatz aufgestellt. Zu Füßen des Kaisers, des Gründers der Universität, schmücken allegorische Darstellungen der vier ersten Fakultäten den Sockel.

Der **Altstädter Brückenturm,** der schönste und künstlerisch bedeutendste Wehrturm Europas, wurde im ausgehenden 14. Jh. (etwa 1370–1400) nach einem Entwurf Peter Parlers erbaut. Der Torturm sollte die neue Brücke über die Moldau und den Königsweg schmücken, zugleich aber ein wirksamer Bestandteil der Stadtbefestigung sein. Wuchtig und doch fast schwerelos steht der elegante Turm auf einem Brückenpfeiler (die Erdaufschüttung erfolgte erst im 19. Jh.); die besonders breite und hohe Tordurchfahrt läßt das Bauwerk zerbrechlich erscheinen, dennoch hielt es 1648 einer zweiwöchigen Beschießung durch die Schweden stand.

Von dezenter Eleganz zeigt sich der Fassadenschmuck der Ostseite (die Westfassade wurde 1648 zerstört). Peter Parler soll die bildhauerischen Arbeiten seiner Werkstatt selbst entworfen haben. Ganz oben sind in einer Maßwerkgalerie die beiden Landespatrone und Heiligen Adalbert und Prokop zu erkennen. Darunter thronen Karl IV. (links mit Schwert) sowie sein Sohn und Nachfolger Wenzel IV. (rechts mit Zepter), zwischen ihnen steht, auf dem Mittelpfeiler einer stilisierten Karlsbrücke, der hl. Veit. Auf weitere Pfeiler stützen sich die Wappen des Heiligen Römischen Reiches (Adler) und der Luxemburger Erblande (böhmischer Löwe). An verschiedenen Stellen des Turms erscheint das Symbol Wenzels IV.: ein Eisvogel, umrahmt von einem Schleier, einem »Liebesknoten«.

Der Schlußstein im Netzgewölbe über der Durchfahrt hat die Form der böhmischen Königskrone. Josef Mocker hat den Altstädter Brückenturm 1874–1878 einfühlsam restauriert und ihm sein heutiges, der Gotik vollendet nachempfundenes Dach gegeben.

In den Anfangszeiten der Stadt mußten die an- und durchreisenden Kaufleute eine Moldaufurt durchfahren, die man in Höhe der heutigen Mánesbrücke vermutet. Der im 11. Jh. stark anwachsende Handelsverkehr machte den Bau einer Brücke erforderlich, die, 1118 erstmals erwähnt, ungefähr 200 m nördlich der Karlsbrücke den Fluß überspannte. Als 1157 ein Hochwasser diese Holzbrücke vernichtete, ließ Vladislav II. 1158–1172 eine Steinbrücke erbauen, die er nach seiner Frau, einer thüringischen Prinzessin, »Judithbrücke« nannte, die jedoch 1342 ebenfalls einem Hochwasser zum Opfer fiel. 1357 beauftragte Kaiser Karl IV. Peter Parler mit dem Bau einer neuen Steinbrücke, die seit 1870 **Karlsbrücke** (Karlův most) genannt wird und bis 1836 der einzige Übergang über die Moldau war. Zusammen mit den Brückentürmen und der Statuengalerie zählt sie zu den schönsten Brücken Europas. Auf einer Länge von 520 m überspannt sie mit 16 Bogen die Moldau. (Der S-förmige Brückenverlauf entstand zwangsläufig durch die Weiterverwendung von Teilen der Judithbrücke.) Ihre außergewöhnliche Breite von 10 m machte es möglich, daß bis zu vier Wagen nebeneinander Platz fanden. Bis in die Zeit des Barock wirkte die Brücke allein durch ihre Gediegenheit. 1683 stellten die Prager am mittleren Pfeiler der Nordseite eine erste Plastik auf: *die Statue des hl. Johannes von Nepomuk.* Nepomuk (um 1350–1393) war Generalvikar des Prager Erzbischofs Johann von Jenzenstein und wurde während eines Streites zwischen Erzbischof und König Wenzel IV. um die Abtwahl in Kladrau (Kladruby; s. S. 236) vom König gefoltert und anschließend in der Moldau ertränkt (s. S. 67). Schöpfer des wohl schönsten und bekanntesten ›Brückenheiligen‹ war der Bildhauer Matthias Rauchmüller (1645–1686). Nach seinem Terrakotta-Entwurf (heute in der Nationalgalerie Prag) schnitzte Johann Brokoff das hölzerne Gußmodell (heute in der Kirche St. Johann von Nepomuk am Felsen; s. S. 105), das der Gießmeister Wolff Hieronymus Heroldt zu Nürnberg in Bronze umsetzte. Vom 18.–20. Jh. entstanden dann weitere Skulpturen und Skulpturengruppen, geschaffen von den bedeutendsten Prager Meistern wie Matthias Bernhard Braun, Ferdinand Maximilian Brokoff und anderen.

In Höhe der Statuengruppe des hl. Vinzenz steht auf dem Brückenpfeiler ein *Roland* (Bruncvik) mit dem Wappen der Prager Altstadt als Symbol ihrer bis zur Kampa reichenden Stadtrechte. Die ursprüngliche Rolandssäule stammt aus dem 16. Jh. und wurde 1884 durch eine Kopie ersetzt.

Die Karlsbrücke endet vor den beiden **Kleinseitner Brückentürmen** (s. Farbabb. 1). Der niedrigere Südturm bewachte bereits die Holzbrücke und danach die steinerne Judithbrücke; 1591 wurde er im Stil der Renaissance erneuert. Den höheren Nordturm ließ erst König Georg von Poděbrad im Jahr 1464 anstelle eines baufälligen romanischen Turms als architektonische Ergänzung zum Altstädter Brückenturm errichten. Das Zinnentor zwischen beiden Türmen hat seit dem 15. Jh. keine fortifikatorische Bedeutung mehr.

Statuen der Karlsbrücke

Kleinseite

Hl. Wenzel; J. K. Böhm, 1858	Hl. Salvator, hl. Cosmas und hl. Damian; J. Mayer, 1709
Hl. Johannes von Matha, hl. Felix von Valois und hl. Iwan; F. M. Brokoff, 1714	Hl. Veit; F. M. Brokoff, 1714
Hl. Adalbert; J. M. Brokoff (?), 1709	Hl. Philippus Benitius; M. B. Mandl, 1714
Hl. Luitgard; M. B. Braun, 1710	Hl. Kajetan; F. M. Brokoff, 1709
Hl. Nikolaus von Tolentino; J. F. Kohl, 1708	Hl. Augustinus; J. F. Kohl, 1708
Hl. Vinzenz Ferrer und hl. Prokop; F. M. Brokoff, 1712	Hl. Judas Thaddäus; J. Mayer, 1708
Hl. Franziskus Seraphikus; E. Max, 1855	Hl. Antonius von Padua; J. Mayer, 1707
Hl. Ludmila und hl. Wenzel; Werkstatt M. B. Braun, um 1720	Hl. Johannes von Nepomuk; M. Rauchmüller, J. M. Brokoff, 1683
Hl. Franziskus von Borgia; F. M. Brokoff, 1710	Hl. Wenzel, hl. Norbert, hl. Sigismund; J. Max, 1853
Hl. Christophorus; E. Max, 1857	Hl. Johannes der Täufer; J. Max, 1857
Hl. Franziskus Xaverius; F. M. Brokoff, 1711 (Kopie 1913)	Hl. Kyrillus und hl. Methodios; K. Dvořák, 1938
Hl. Josef; J. Max, 1854	Hl. Anna mit Jesuskind; M.W. Jäckel, 1707
Pietá; E. Max, 1859	Kruzifix, 1629; Figuren: E. Max, 1861
Hl. Barbara, hl. Margarete und hl. Elisabeth; F. M. Brokoff, 1707	Madonna mit hl. Dominikus und hl. Thomas von Aquin; M.W. Jäckel, 1708 (Kopie 1961)
Hl. Ivo; M. B. Braun, 1711 (Kopie 1908)	Madonna mit hl. Bernhard; M.W. Jäckel, 1709

Altstädter Seite

□ Josephstadt (Josefov)

Seit mehr als tausend Jahren leben Juden in Prag. Sie sahen das Erwachen der Stadt und förderten ihre wirtschaftliche und kulturelle Entwicklung. 965 besuchte der jüdische Kaufmann Ibrahim ibn Jakub aus dem arabischen Sevilla den Markt und die jüdischen Siedlungen am Fuß des Hradschin und des Vyšehrad, 1091 wohnten jüdische Geschäftsleute bereits im Umkreis der späteren Altneusynagoge. Doch als Papst Urban II. 1095 die Christen zum Kreuzzug aufrief, zogen Kreuzfahrerscharen durch Prag und zwangen die dortigen Juden zur Taufe. Herzog Břetislav II. (1092–1100) ließ die Judenquartiere plündern und die »Judenstadt«, das spätere »Ghetto«, nördlich des Altstädter Ringes mit einer Mauer umschließen (1098). Am 18. April 1389 forderte der größte mittelalterliche Judenpogrom in Prag über 4000 Tote. Unter Rudolf II. (1575–1612) ließ Mordechai Maisel, der reiche Vorsteher des Ghettos, aus eigenen Mitteln die Gassen der Judenstadt pflastern, er gründete ein Krankenhaus mit öffentlichem Bad sowie eine Talmud-Hochschule und erbaute das Jüdische Rathaus.

Im 17. und 18. Jh. brachten kaiserliche Erlasse Schikanen und Demütigungen mit sich. Das Toleranzpatent Josephs II. von 1781 verbesserte zwar die Rechtsstellung der Juden, doch erst Franz Joseph I. beseitigte 1849 den *Numerus clausus,* der bestimmte, wie viele jüdische Familien in einer Region leben durften (8600 in Böhmen, 5400 in Mähren), und hob das Ghetto auf; die »Judenstadt« hieß fortan »Josephstadt«. Innerhalb von zehn Jahren stieg der Anteil der jüdischen Bevölkerung in Prag von 7,2 % auf 11 %.

Um die Jahrhundertwende wurde das ehemalige Ghetto »assaniert«, d. h. aus hygienischen Gründen abgerissen und neu bebaut. Nur das Jüdische Rathaus, sechs Synagogen und ein Teil des alten Friedhofs blieben erhalten. Hohe Mietshäuser im historisierenden Stil beherrschen heute den Stadtteil.

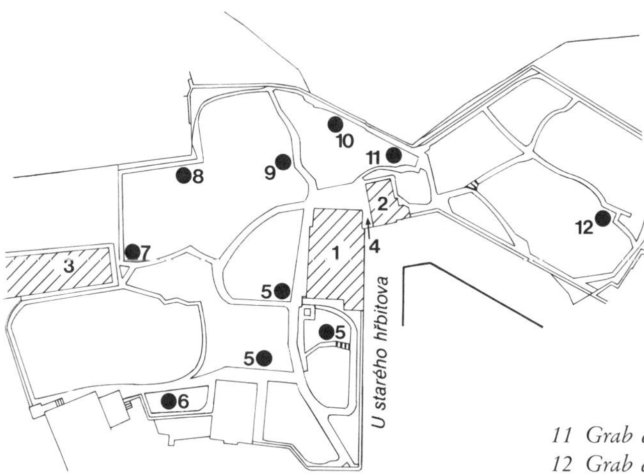

Prag, Alter Jüdischer Friedhof
1 Klausensynagoge
2 Zeremonienhalle
3 Pinkassynagoge
4 Eingang zum Friedhof
5 Grabsteine aus dem 14. Jh.
6 Grab des Selicha Abigdor Karo
7 Grab des David Gans
8 Grab des David Oppenheim
9 Grab des Mordechai Maisel
10 Grab des Rabbi Löw
11 Grab des Hindel Baschewi
12 Grab des Josef Salomo Delmedigo

Auf dem Alten Jüdischen Friedhof

Als 1939 das »Protektorat Böhmen und Mähren« proklamiert wurde, blieb der Alltag für die meisten Prager Juden zunächst unverändert. Erst die Einrichtung des Ghettos Theresienstadt 1941 führte zu ersten Deportationen. Auf die Wannsee-Konferenz von 1942, auf der die »Endlösung der Judenfrage« beschlossen wurde, folgten die Aufhebung sämtlicher Synagogen innerhalb des Protektorats und die Deportation der jüdischen Bevölkerung in die Vernichtungslager. Die jüdische Selbstverwaltung holte alle synagogalen Gegenstände nach Prag, um sie vor Vandalismus zu schützen. Die Nationalsozialisten beschlossen daraufhin, in Prag ein jüdisches Museum einzurichten, das »nicht durch sensationelle Raritäten beeindrucken, sondern durch eine vollständige und durchdachte Sammlung von Material einen Überblick über die soziale, ökonomische und kulturelle Entwicklung des Judentums vermitteln« sollte. Ein »Museum einer ausgerotteten ethnischen Gruppe« sollte es werden. So entstand das »Jüdische Zentralmuseum« mit mehr als 100 000 Exponaten (Thorarollen, Thoramäntel, Leuchter, Tempelvorhänge, Archivalien), das größte und vollständigste jüdische Museum der Welt. Prager Juden richteten das Museum ein, die Josephstädter Synagogen wurden hierfür sorgsam restauriert. Nach 1945 übernahm es die Tschechoslowakei als *Staatliches Jüdisches Museum.*

Die **Altneusynagoge** (Staronová synagoga) an der Pařížská tř. (Eingang von der Červená ul. aus) ist die älteste, erhalten gebliebene Synagoge Europas und zugleich eines der ersten frühgotischen Bauwerke Prags. Sie wurde vermutlich unter Ottokar II. Přemysl (1230–1278) erbaut, der den Juden wesentliche Privilegien zugestand; Baumeister waren jedoch nicht Juden, sondern Zisterzienser. Ihr seltsamer Name könnte darauf hinweisen, daß die Synagoge auf den Fundamenten eines Vorgängerbaus ruht, der bisher allerdings noch nicht identifiziert werden konnte. Der längliche, mit spitzbogigem Tonnengewölbe versehene Vorraum stammt aus der Entstehungszeit (Mitte 13. Jh.), der zweischiffige Gebetssaal wurde Ende des 13. Jh. angebaut. Die Meister der Zisterzienserbauhütte mußten zum gotischen Kreuzrippengewölbe jeweils eine fünfte Rippe hinzufügen, um damit die Form des christlichen Kreuzes zu vermeiden. Schmale Fensteröffnungen, die sich nach außen verbreitern, lassen nur wenig Licht herein, denn »das Licht soll aus der Synagoge in die Welt hinausdringen«. In der Mitte des Saales steht der von einem schmiedeeisernen Gitter umgebene *Almemor,* eine Art Kanzel, von der die Thora (5 Bücher Mose) verlesen wird. Der Heilige Schrein (Thoraschrein) an der Ostwand bewahrt die Thorarolle. Die rote Fahne mit dem gelben Davidstern erhielt die jüdische Gemeinde von Prag 1648 von Kaiser Ferdinand III. für ihre Verdienste im Dreißigjährigen Krieg. Der sogenannte »Schwedenhelm« auf der Fahne stellt den Hut dar, den die Juden damals tragen mußten. Die Fahne war bei allen festlichen Stadtumzügen dabei; 13 Männer trugen sie an der Spitze der jüdischen Zünfte. Bei Krönungszügen saß ein junger Mann auf der Fahnenstange und brachte Hochrufe auf den neuen Herrscher aus.

Der Altneusynagoge gegenüber steht das **Jüdische Rathaus,** das Mordechai Maisel Ende des 16. Jh. von dem italienischen Architekten Pancracius Rodero (Pankraz Roders) erbauen ließ. Es ist das einzige jüdische Rathaus außerhalb Israels. 1763 erhielt das Rathaus einen Turm mit Uhr und Glocke. (Eine zweite Uhr mit hebräischem Zifferblatt geht linksherum.) Das Rathaus mit seinen Versammlungs- und Verwaltungsräumen dient auch heute der Prager Judengemeinde. An das Rathaus schließt sich die **Hohe Synagoge** (Rathaussynagoge; Eingang von der Červená ul.) an, die ebenfalls Ende des 16. Jh. von Pancracius Rodero entworfen wurde. In den Räumen sind synagogale Textilien ausgestellt. Die **Maiselsynagoge** in der Maislova ul. stiftete Mordechai Maisel. Nach einem Brand 1689 wiederaufgebaut, gab Alfred Grotte dem Bau 1892–1905 sein heutiges neogotisches Aussehen. Die Synagoge zeigt jüdische Kultgegenstände: Leuchter, Schilde, Schalen.

Die Červená ul. setzt sich jenseits der Maislova in der Gasse U starého hřbitova (Zum alten Friedhof) fort und endet vor der **Klausensynagoge,** die 1694 an der Stelle von drei kleinen Gebäuden (Gebets-, Schul- und Krankenhaus) entstand. 1884 wurde der Barockbau umgestaltet; er enthält heute eine Sammlung alter hebräischer Handschriften und Drucke. 1906 entstand hier an der Stelle eines Vorgängerbaus aus dem 16. Jh. eine **Zeremonienhalle** im historistischen Stil. In dem kleinen Gebäude sind erschütternde Kinderzeichnungen aus dem KZ Theresienstadt (Terezín) ausgestellt.

Zwischen Klausensynagoge und Zeremonienhalle betritt man den **Alten Jüdischen Friedhof,** der zu den wichtigsten Sehenswürdigkeiten der Stadt zählt. Vom 15. Jh. bis 1787 fanden hier alle Prager Juden ihre letzte Ruhestätte. Der älteste der rund 11 000 Grabsteine

Jüdisches Rathaus und Hohe Synagoge

trägt den Namen des Dichters Selicha Abigdor Karo und den Sterbetag 23. April 1439. Das bekannteste Grab gehört Jehuda ben Bezalel, dem »Hohen Rabbi Löw«, gestorben 1609. Mit seiner Person verknüpft sich die Sage vom Golem, einem künstlichen Menschen aus Lehm, der dem Rabbi als Gehilfe diente (s. S. 42). Da der Friedhof nicht erweitert und an eine Exhumierung aus religiösen Gründen nicht gedacht werden durfte, wuchsen die Gräber durch Erd- und Sandaufschüttungen in die Höhe: Bis zu zwölf Gräberschichten hat man gezählt. Die wertvollsten Grabsteine kamen jeweils nach oben. Insgesamt schätzt man die Zahl der hier Bestatteten auf über 100 000. 1903 mußte die jüdische Gemeinde im Zuge der Assanierungsmaßnahmen 1900 m^2 Friedhofsfläche abgeben. Die Gebeine wurden umgebettet, so daß ein kleiner Hügel *(Nefele)* entstand; die Steinplatten kamen auf den verbliebenen Teil.

Die **Pinkassynagoge** zwischen Friedhof und Široká ul. (Breite Gasse) geht in ihren Fundamenten bis ins 11. Jh. zurück, als sich an dieser Stelle auch ein *Mikwe*, ein Ritualbad, befand. Ihren Namen erhielt sie nach dem »Hofjuden« Pinkas, dem Finanzier König Ottokars II. Přemysl (1252–1278). 1950–1958 wurde die Synagoge in eine Gedenkstätte für die jüdischen Opfer der nationalsozialistischen Herrschaft in der Tschechoslowakei umgewandelt. 77 297 Namen der Toten und Verschollenen bedecken die Innenwände des Bethauses. Die **Spanische Synagoge** in der Dušni ul. (Geistgasse) entstand 1822–1893 in pseudomaurischem Stil. Ihre Grundmauern stammen von einer Synagoge aus dem Anfang des 12. Jh. Juden, die im 15. Jh. vor der christlichen Inquisition aus Spanien geflüchtet waren, gaben dieser Synagoge den Namen. František J. Škroup, der Komponist der tschechoslowakischen – und jetzt tschechischen – Nationalhymne ›Wo ist mein Heim, mein Vaterland‹, wirkte hier als Chorleiter.

□ Nördliche Altstadt

Auf seinen Streifzügen durch die Prager Alstadt passiert der Besucher auch den Mariánské nám. (Marienplatz) mit dem **Neuen Rathaus** (Nová radnice), das Osvald Polívka, der Schöpfer des Repräsentationshauses (s. S. 44), 1908–1911 im späten Jugendstil erbaute. Stanislav Sucharda und Josef Mařatka entwarfen den plastischen Schmuck, Ladislav Šaloun schuf die Eckskulpturen ›Eiserner Ritter‹ und ›Rabbi Löw‹. Die Nordseite des Platzes beherrscht die **Städtische Volksbücherei** (Městská lidová knihovna), ein 1930 entstandener Bau im Stil repräsentativer Sachlichkeit. Die Ostseite des Platzes nimmt das Clementinum (s. S. 53) ein, und an die Mauer des Clam-Gallas-Palais (s. S. 52) im Süden lehnt sich der **Moldau-Brunnen** mit einer Allegorie des Flusses von Václav Prachner aus dem Jahr 1812. Das Original der ›Terezka‹ (Thereschen) – so nennen die Prager das schöne Mädchen – befindet sich in der Nationalgalerie.

Ungefähr in Höhe der **Mánesbrücke** (Mánesov most) befand sich einst die Furt, durch die in den Anfangszeiten Prags die Kaufmannswagen rollten. Der Name der 1911–1914 errichteten Brücke und das benachbarte Denkmal erinnern an Josef Mánes, einen der größten tschechischen Maler, geboren und gestorben in Prag (1820–1871). Mánes, ein Schüler des Düsseldorfer Malers Peter Cornelius, verarbeitete in seinen Werken Einflüsse der deutschen Spätromantik und der belgischen Historienmalerei. Er wählte Themen aus der Geschichte und aus dem Volksleben Böhmens und schuf Landschaften und Porträts. Einen Großteil seiner Werke zeigt das Agneskloster (s. u.). Die Mánesbrücke mündet in der Altstadt auf den nám. Jana Palacha, benannt nach dem Philosophiestudenten Jan Palach, der sich 1969 aus Protest gegen den Einmarsch der Truppen des Warschauer Paktes auf dem Wenzelsplatz verbrannte. Den Platz beherrscht das **Künstlerhaus** (Rudolfinum, Dům unmělců). Das neben dem Nationaltheater (s. S. 98) bedeutendste Bauwerk der Neorenaissance wurde 1876–1884 von den Architekten Josef Zítek und Josef Schulz entworfen. Zwischen 1918 und 1938 sowie 1945/46 tagte hier die tschechoslowakische Nationalversammlung. Der große Konzertsaal (Dvořák-Saal) ist Mittelpunkt des alljährlichen Musikfestes »Prager Frühling«. Gegenüber dem Künstlerhaus, nur durch die breite ul. 17. listopadu (Straße des 17. Novembers) getrennt, steht das **Kunstgewerbemuseum** (Uměleckoprůmyslové muzeum), erbaut 1897–1901 von Josef Schulz, mit der größten und berühmtesten Glassammlung der Welt. Von weltweitem Interesse sind die jährlichen Sonderausstellungen »Aus den Schätzen des Kunstgewerbemuseums« unter Themen wie »Tschechischer Kubismus« oder »Schmuck des Biedermeier«.

Das **Agneskloster** (Anežský klášter) im Norden der Altstadt am Ufer der Moldau war das erste gotische Gebäudeensemble Böhmens. Die Přemyslidenprinzessin Agnes (Anežka, 1211–1282), Schwester des Königs Wenzel I., hatte die Hand des Kaisers Friedrich II. ausgeschlagen, um der hl. Elisabeth von Thüringen († 1231) nachzueifern. Sie verehrte Franz von Assisi, korrespondierte mit seiner Schwester Klara und veranlaßte den König, 1233 in Prag ein Kloster für den Franziskaner-Frauenorden der Klarissinnen zu gründen, dessen erste Äbtissin sie wurde. Schon wenige Jahre später ließen sich Minoriten, also Franziskaner des Ersten Ordens, in unmittelbarer Nachbarschaft nieder. Am 12. November 1989 wurde Agnes von Papst Johannes Paul II. heiliggesprochen.

Kern des Klosters ist die 1240 vollendete, doppelschiffige *St.-Franziskus-Kirche,* etwa 1275–1280 kam die *Salvatorkirche,* das bedeutendste Beispiel der frühen böhmischen Gotik, hinzu. Bis 1350 entstand des Presbyterium, bis 1360 der quadratische Kreuzgang. Das Verbindungsportal zwischen Salvatorkirche und Kapitelsaal zeigt an den Kapitellen fünf Köpfe böhmischer Königinnen. Vermutlich diente das Kloster seit Wenzel I. als Grablege der Přemysliden.

1782 hob Joseph II. das Agneskloster neben mehr als 700 anderen »unnützen« Klöstern auf; es wurde Erziehungsheim, Lagerhaus und schließlich, halb verfallen, Schlupfwinkel für Obdachlose. 1892 begann die Wiederherstellung der Anlage, die mit Unterbrechungen bis heute andauert. Seit 1980 zeigt die Nationalgalerie in dem rekonstruierten Teil des Klosters die eindrucksvolle *Sammlung Tschechische Malerei des 19. Jh.* mit Arbeiten von Josef Navratil (1798–1865), Josef Mánes (1820–1871), Mikoláš Aleš (1852–1913), Antonín Slavíček (1870–1910) und vielen anderen. Im Mánes-Saal finden Kammermusikabende statt.

Östlich des Teynhofs, an der Jakubská ul., steht die **Jakobskirche** (Kostel sv. Jakuba). Wenzel I. (1230–1253) stiftete das Kloster St. Jakob mit einer kleinen romanischen Kirche für die Minoriten. 1318 begannen diese mit dem Bau einer größeren gotischen Kirche, die 1374 geweiht wurde. 1689 brannte sie ab, 1690–1702 wurde sie von Jan Simon Pánek (Panetius) im Stil des Barock erneuert. Dabei erhielt das Bauwerk ein um 5 m abgesenktes, neues Tonnengewölbe und über den beiden Seitenschiffen Emporen. Die erhaltene gotische Hauptfassade schmückte der italienische Bildhauer Ottavio Mosto mit vollplastischen Reliefs: hl. Jakobus, flankiert von den Heiligen Franziskus und Antonius von Padua. Im Innern beeindruckt vor allem die barocke Pracht des Hauptschiffs. Das Grabmal des Grafen Jan Václav Vratislav von Mitrowitz, Oberkanzler des Königreichs Böhmen, im linken Seitenschiff zählt zu den schönsten Barockgrabmälern Böhmens. Wegen ihrer einzigartigen Akustik dient die Jakobskirche auch als Konzertsaal.

□ Südliche Altstadt

Vom Altstädter Rathaus (s. S. 47) führt die Melantrichova ul. (Melantrichgasse) südwärts in das ehemalige Gallusviertel. Zwei Schwibbogen markieren den Eingang zu dieser kürzesten Verbindung zwischen Altstädter Ring und Wenzelsplatz. Gleich zu Beginn beherbergt das Haus **Zum goldenen Krug** (U zlaté konvice; Nr. 20/477) eine typische Altprager Weinstube in gotischen Kellerräumen. Um die Ecke zur Kožná ul. (Ledergasse) steht das Haus **Zu den zwei goldenen Bären** (U dvou zlatých medvědů; Nr. 1/475), die Geburtsstätte des Schriftstellers Egon Erwin Kisch (1885–1948), des »rasenden Reporters«. Das ursprünglich gotische Haus wurde im späten 16. Jh. im Stil der Renaissance umgebaut und erhielt gegen 1800 eine Empirefassade. Die beiden Bären gehören zum kunstvoll behauenen Renaissanceportal der Zeit um 1590.

Eine Besonderheit Prags sind seine *Durchhäuser,* Verbindungen durch Häuser hindurch, ein nicht öffentliches Verkehrssystem gewissermaßen. Im Umkreis der Melantrichova, aber auch in der Nähe des Teynhofs gibt es zahlreiche solche Durchhäuser, die der eilige Besucher kaum erkennt. So führen Durchhäuser z. B. von der Kožná zur Melantrichova und weiter zur Michalská und zur Jilská, vom Kleinen Ring (Malé nám.) zur Hlavsova.

Am 7. April 1348 gründete Karl IV. das nach ihm benannte **Carolinum** (Karolinum), als *Collegium Carolinum* war es die erste Universität Mitteleuropas. Ein besonderes Lehr-

Auf dem Gallusmarkt

gebäude stand zunächst nicht zur Verfügung, Magister und Studenten trafen sich in Klöstern und Privatwohnungen. Erst 1383 erwarb Wenzel IV. das Palais des Münzmeisters Johlin Rotlöw in der Železná ul. (Eisenhändlergasse), das um 1370 erbaut worden war. Als František Maximilián Kaňka 1718 das Carolinum barockisierte, beließ er den alten Erker in seiner hochgotischen Reinheit. Im Rahmen umfangreicher Restaurierungsarbeiten regotisierte Josef Mocker 1881/82 das Gebäude, 1946–1950 führte Jaroslav Fragner-dann den gesamten Komplex des Carolinums, auch die Innenräume, auf seine ursprüngliche Bausubstanz zurück. Sehenswert ist die *Aula* mit dem großen Gobelin von Vladimir Sychra (1947); dargestellt wird die Übergabe der Universität durch Karl IV. an den hl. Wenzel. Die überlebensgroße Bronzestatue des Kaisers schuf Karel Pokorny, das Standbild des Jan Hus im Hof des Carolinums gestaltete Karel Lidický (1959).

Wo die Železná, eine der ältesten Straßen Prags, den Ovočný trh (Obstmarkt) kreuzt, steht der prächtige klassizistische Bau des **Ständetheaters** (Stavovské divadlo), 1781–1783 von Anton Haffenecker für den Grafen Nostitz-Rieneck erbaut. Am 21. April 1783 wurde das »Gräflich Nostitzsche Nationaltheater«, kurz »Nostitztheater« genannt, mit Gotthold Ephraim Lessings ›Emilia Galotti‹ eröffnet. 1786 erwarb sich Wolfgang Amadeus Mozart mit seiner Opera buffa ›Le nozze di Figaro‹ (›Figaros Hochzeit‹) die stürmische Zuneigung des Prager Publikums. »Meine Prager verstehen mich«, schwärmte Mozart damals. Seine nächste Oper, ›Don Giovanni‹, ließ er hier am 29. Oktober 1787 uraufführen und traf damit auf die gleiche Begeisterung. 1799 übernahmen die böhmischen Stände das Haus, das bis 1945 als »Ständetheater« Berühmtheit erlangte: U. a. wirkte hier Carl Maria von Weber drei Jahre lang als Direktor (1813–1816), Clara Schumann und Richard Wagner gaben hier Gastkonzerte. Nach 1945 wurde das Ständetheater in »Tyltheater« umbenannt – nach Josef Kajetán Tyl (1808–1856), dessen Lied ›Kde domov můj?‹ (›Wo ist mein Heim?‹) tschechoslowakische Nationalhymne wurde und heute die tschechische Hymne ist. Seit 1991 trägt der sorgsam restaurierte Bau wieder den Namen *Stavovské divadlo* (»Ständetheater«). Das wuchtige Gebäude Rytířská 29 im Stil der Neorenaissance errichteten 1892–1894 die beiden Architekten Antonín Wiehl und Osvald Polívka für die Prager **Sparkasse.** An dieser Stelle stand einst das erste Prager Theater, das von 1738 bis zur Eröffnung des Nostitztheaters deutsche Komödien und italienische Opern aufführte.

Nach dem großen Judenpogrom des Jahres 1098 erstarkte die Kaufmannsgemeinde der Deutschen. Herzog Soběslav II. gewährte ihr 1173 große Freiheiten und stellte ihr das Stadtviertel südlich des Altstädter Ringes zur Verfügung. Mittelpunkt des deutschen Viertels wurde die romanische **St.-Gallus-Kirche** (Kostel sv. Havel). Als um die Mitte des 14. Jh. das Haupt des hl. Gallus aus dem Schweizer Kloster Sankt Gallen nach Prag kam, baute man die Galluskirche hochgotisch um. In St. Gallus wirkten die größten Prediger ihrer Zeit: Konrad Waldhauser (1358–1369), Jan Milič von Kremsier (1369–1373) und schließlich Jan Hus (1404). 1627 zogen die »Beschuhten Karmeliter« in die Kirche ein, die das Gebäude im ausgehenden 17. Jh. von Giovanni Domenico Orsi barock umbauen ließen. Die Fassade veränderte schließlich 1723–1738 Johann Blasius Santin-Aichel.

Die St.-Gallus-Kirche beherrschte noch zur Zeit Karls IV. den großen, langgestreckten *Gallusmarkt,* der damals vom Ovočný trh (Obstmarkt) bis zum Uhelný trh (Kohlenmarkt) reichte. 1372 entstand auf dem Platz westlich der Kirche eine etwa 200 m lange Markthalle, *Kotce* (Marktbuden) genannt, mit Läden zu beiden Seiten eines breiten Ganges. 1795 wurde die Halle abgebrochen, an die Stelle der Läden traten Bürgerhäuser, so daß der Gallusmarkt nunmehr aus drei Straßen bestand: Havelská ul. (Gallusgasse), V kotcich (Zu den Marktbuden) und Rytířská ul. (Rittergasse).

Die Kirche **St. Martin in der Mauer** (Kostel sv. Martina ve zdi) zählt zu den ältesten romanischen Bauwerken Prags. Sie wurde wohl um 1130 von Adelheid, der Gemahlin des Fürsten Soběslav I., gestiftet. Das einschiffige Gotteshaus grenzte den tschechischen Martinssprengel (Újezd sv. Martina) vom deutschen Gallusviertel ab. Beim Bau der Altstädter Stadtmauer um die Mitte des 13. Jh. wurde die Kirche in die Umwallung einbezogen. Im 14. Jh. erfolgte der gotische Um- und Erweiterungsbau, bis 1488 kamen die beiden Seitenschiffe hinzu. Nach dem Brand von 1678 erhielt der Turm sein heutiges Aussehen. 1784 wurde die Kirche in ein Lagerhaus mit Wohnungen und Geschäften umgewandelt, heute gehört St. Martin in der Mauer der Evangelischen Brüderkirche. Übrigens wurde in dieser Kirche im Jahr 1414 zum ersten Mal das Abendmahl unter beiderlei Gestalt, d. h. als Hostie *und* Wein, gereicht.

Nordwestlich von St. Martin liegt der Betlémské nám. (Bethlehemsplatz) mit der **Bethlehemskapelle** (Betlémská kaple), einem hohen, zweigiebligen Gotteshaus, das Johann Ritter von Mühlheim, ein Günstling Wenzels IV., 1391 gestiftet hatte, damit darin Predigten in tschechischer Sprache gehalten werden konnten. 1402–1413 machte Jan Hus die Kapelle zum Zentrum der Reformationsbewegung. 1521, vier Jahre vor seiner Hinrichtung, predigte der protestantische Theologe Thomas Müntzer in der Bethlehemskapelle und verfaßte hier sein ›Prager Manifest‹, das erste Zeugnis seiner Lehre. Im 17. und 18. Jh. gehörte die Kapelle den Jesuiten. Nach der Auflösung des Ordens 1773 wurde sie geschlossen und 13 Jahre später abgebrochen. Im 19. Jh. erstand über den Grundmauern ein Wohnhaus, 1948–1954 baute man die Bethlehemskapelle nach alten Plänen und Stichen wieder auf. Im angrenzenden, inzwischen restaurierten Predigerhaus sind Erinnerungen an Jan Hus und sein Werk sowie Siedlungsreste aus dem 11. Jh. zu sehen.

Der Smetanova nábř. (Smetanakai) bietet die schönste Aussicht auf die Kleinseite mit dem Hradschin, auf die Karlsbrücke und auch auf die ehemaligen **Altstädter Mühlen.** Die reizvolle Gebäudegruppe tritt am Novotného lávka (Novotnysteg) weit in die Moldau hinaus. Die Mühlen entstanden im 14. Jh., der spätgotische **Wasserturm** (s. Farbabb. 5) um 1489, das Gebäude am Ende des Steges baute Antonín Wiehl 1885 im Stil der Neorenaissance als Verwaltungszentrale der Prager Wasserwerke. Fassadensgraffiti von František Ženíšek und Mikólaš Aleš zeigen den Kampf der Prager gegen die Schweden auf der Karlsbrücke im Jahr 1648. Seit 1936 ist hier das *Bedřich-Smetana-Museum* untergebracht. Bedřich (Friedrich) Smetana (1824–1884) leitete 1848–1856 eine Musikschule in Prag und war 1866–1874 Dirigent am tschechischen Landestheater. 1874 mußte er seine Arbeit wegen Taubheit aufgeben und verfiel 1882 in einen Zustand geistiger Umnachtung.

Nepomuk, Brückenheiliger und Landespatron

Seit dem Jahr 1683 schmückt der heilige Johannes von Nepomuk (um 1350–1393) als erste von vielen Statuen die mittelalterliche Prager Karlsbrücke. Die Skulptur steht in der Mitte der Brücke, auf der Nordseite, nahe jener Stelle, an der Nepomuk in der Nacht vom 20. auf den 21. März 1393 in den Fluß gestürzt worden war. Baron Matthias Gottfried von Wunschwitz (1632–1695), Besitzer mehrerer böhmischer Schlösser und ausgedehnter Ländereien, verehrte Johannes Nepomuk als Familienpatron. 1681 ließ er in Wien von dem bekannten Bildhauer Matthias Rauchmüller (Rauchmiller; 1645–1686) einen Entwurf (Bozetto) für das Nepomuk-Standbild fertigen, das er zur 290jährigen Wiederkehr des Martyriums stiften wollte. Rauchmüllers Terrakotta-Bozetto wurde zum Urbild der vielen tausend über ganz Europa verbreiteten Darstellungen des Brückenheiligen: In demütiger Haltung steht er da, der bärtige Priester, mit Soutane, Chorhemd und dem Schulterumhang des Kanonikers bekleidet, ein Birett bedeckt sein leicht zur Seite geneigtes Haupt. Die Linke trägt ein Kruzifix, die Rechte hält eine Märtyrerpalme. Nach Rauchmüllers Entwurf schnitzte Johann Brokoff das hölzerne Gußmodell, das der Gießmeister Wolff Hieronymus Heroldt zu Nürnberg in Bronze umsetzte. – Obwohl weite Kreise des Volkes Johannes Nepomuk schon bald nach seinem Tode verehrten, wurde er erst 1721 selig- und 1729 heiliggesprochen.

Wer war dieser Brückenheilige, der schon bald nach seinem Tode als Landespatron Böhmens verehrt wurde? Um das Jahr 1350 wurde Johannes in Pomuk (Nepomuk), einem Marktort südlich von Pilsen, als Sohn eines *Welflin* (Amtmann) geboren. Um 1370 arbeitete er in der erzbischöflichen Gerichtskanzlei zu Prag, wurde einige Jahre später zum Priester geweiht und erhielt eine Pfarrstelle an der Prager St.-Gallus-Kirche. Er studierte Rechtswissenschaften, erhielt 1381 in Prag das Baccalaureat und 1387 in Padua den Doktortitel. Nach Prag zurückgekehrt, wurde er Kanonikus von St. Aegidius, danach am Veitsdom. Seit 1389 wirkte er als Generalvikar des Erzbischofs Johannes von Jenzenstein. Am 20. März 1393 ließ ihn König Wenzel IV. verhaften, grausam foltern und in der folgenden Nacht in die Moldau stürzen. Alle Mitwisser mußten ewiges Stillschweigen geloben, so daß erst 40 Jahre später der angebliche Grund für die Hinrichtung des Johannes Nepomuk bekannt wurde: König Wenzel habe der ehelichen Treue seiner Gattin, der Königin Johanna, mißtraut und daher von Johannes, dem Beichtvater der Königin, die Preisgabe des Beichtgeheimnisses verlangt, die dieser aber strikt verweigert habe. Diese Begründung ist legendär, denn heute gilt es als erwiesen, daß sich Johannes den Zorn des Königs zugezogen hatte, weil er sich dessen Einmischung in kirchliche Angelegenheiten widersetzte.

Nepomuks Leichnam wurde im Prager Dom beigesetzt. Als man 1719 sein Grab öffnete, war seine Zunge unverwest geblieben, was nachträglich sein beharrliches Schweigen bewies und schließlich zu seiner Kanonisierung führte. Heute ruht sein Leib in einem Reliquienschrein des Veitsdoms, die Zunge ist noch immer unverwest, mumifiziert.

Kleinseite (Malá strana)

Die Karlsbrücke verbindet die Altstadt mit der Kleinseite, dem wohl reizvollsten Stadtteil Prags. Das Ufergebiet westlich der Moldau war zwar schon seit dem 9. Jh. besiedelt, aber erst König Ottokar II. Přemysl erhob es 1257 zur zweiten Prager Stadt (nächst der Altstadt). Die Stadt hieß anfangs *Nova civitas sub castro Pragensi* (Neustadt unter der Prager Burg), seit dem 14. Jh. nannte sie sich *Minor civitas Pragensis* (Kleinere Prager Stadt), wovon sich der Name *Kleinseite* (Malá strana) herleitet. Die Kleinseite war von einer Mauer umgeben und vorwiegend von deutschen Kaufleuten und Handwerkern bewohnt, die der königliche Lokator Pitrolf ins Land geholt hatte. 1360–1362 vergrößerte Karl IV. die Stadt durch den Bau eines neuen Mauerrings. Im 16. Jh. schließlich begann sich der Adel für die Grundstücke in der Nähe des Herrschersitzes zu interessieren. Herrliche Renaissancepaläste entstanden. Nach dem Dreißigjährigen Krieg erhielt die Kleinseite mit prunkvollen Kirchen und Adelsresidenzen ihr barockes Aussehen. 1784 verlor sie ihre Selbständigkeit als Stadt und wurde mit Altstadt, Neustadt und Hradschin vereinigt. Seit 1918 übernahmen Behörden und ausländische Botschaften die Kleinseitner Paläste und bewahrten so das historische Aussehen des Stadtteils zwischen Moldau und Burg.

Die Mostecká ul. (Brückengasse) folgt dem alten Königsweg zwischen Karlsbrücke und Kleinseitner Ring. Am Ende der Brücke lehnt sich das ehemalige **Zollhaus** (Nr. 1/56), ein Renaissancebau aus dem Jahr 1591, an den kleineren Brückenturm. In Höhe des ersten Stockwerks des Zollhauses befindet sich ein spätromanisches Relief (1254), welches die Versöhnung König Wenzels I. mit seinem Sohn Ottokar II. Přemysl nach dessen mißlungenem Staatsstreich im Jahr 1249 zeigt.

Der **Malostranské nám.** (Kleinseitner Ring) war seit der Stadtgründung im Jahr 1257 der politische und wirtschaftliche Mittelpunkt der Kleinseite. Auf diesem Platz stand die romanische Wenzelsrotunde als Teil der stark befestigten Vorburg des Hradschin; 1283 kam die gotische St.-Niklas-Kirche hinzu, die zusammen mit mehreren Bürgerhäusern den großen Platz in zwei Hälften teilte: den tiefer gelegenen Unteren Ring und den höher gelegenen Oberen Ring. Diese Zweiteilung blieb bestehen, als die Jesuiten die Nikolauskirche vergrößerten und barock erneuerten.

Die Bürgerhäuser gotischen Ursprungs, heute fast alle mit klassizistischen Fassaden versehen, blieben allein auf der Südseite des Ringes erhalten. In den alten Kellergewölben etablierten sich gemütliche Wein- und Bierstuben, z. B. *U mecenáše* (Zum Mäzen) im Haus Nr. 9/262 und *U Glaubiců* (Zum [Bürgermeister] Globic) im Haus Nr. 5/266. Die Grundstücke an den anderen Seiten des Ringes kaufte der Adel auf und verwandelte jeweils mehrere von ihnen in stattliche Palais. Da ist etwa das **Liechtenstein-Palais** (Nr. 13/258) des brutalen Habsburger Statthalters Karl von Liechtenstein, das **Smiřický-Palais** (Nr. 18/6), in dem am 22. Mai 1618 die böhmischen Stände die Erhebung gegen die Habsburger beschlossen, das **Sternberg-Palais** (Nr. 19/7), in dem die tschechische Gesellschaft der Wissenschaften gegründet wurde.

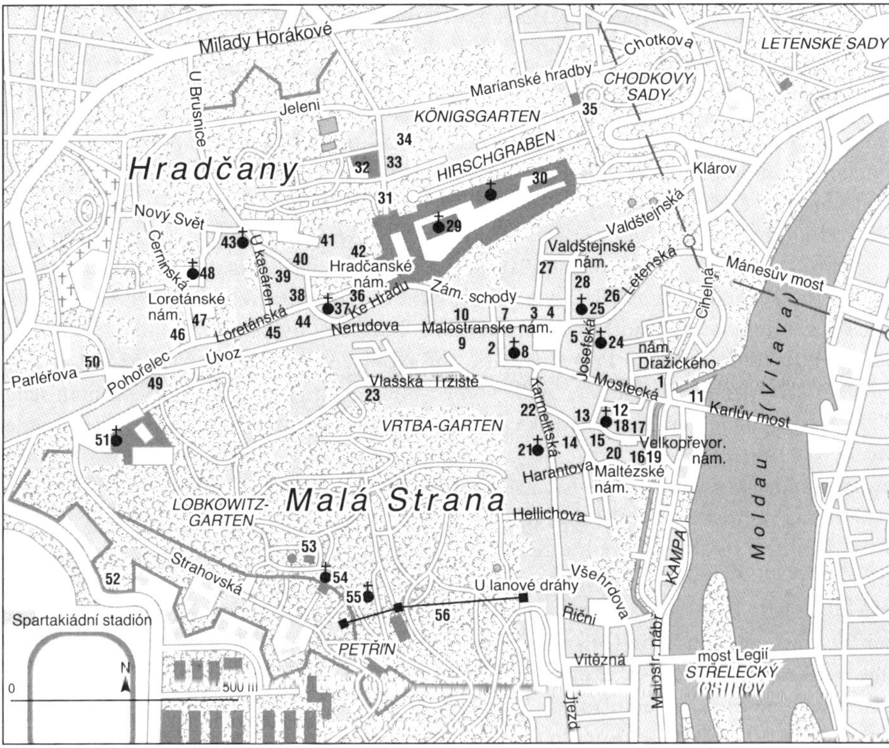

Kleinseite (Malá strana) und Hradschin (Hradčany)

Kleinseite 1 Zollhaus/Kleinseitner Brückentürme 2 Palais Liechtenstein 3 Palais Smiřický 4 Palais Sternberg 5 Kleinseitner Rathaus 6 Palais Grömling 7 Ehem. Jesuitenkolleg 8 St. Niklas auf der Kleinseite 9 Palais Morzin 10 Palais Thun-Hohenstein 11 Zu den drei Straußen 12 St. Maria unter der Kette 13 Zu den Malern 14 Stará pošta 15 Palais Nostitz 16 Palais Hrzán 17 Palais Buquoy 18 Großprioratspalais 19 Großprioratsmühle 20 Palais Rohan/Sporck/Muscon 21 St. Maria de Victoria 22 Palais Vrtba 23 Palais Lobkowitz 24 St. Josef 25 St. Thomas 26 St.-Thomas-Brauerei 27 Zum goldenen Hirsch 28 Palais Waldstein

Hradschin

29 St.-Veits-Dom 30 Goldenes Gäßchen 31 Pulverbrücke 32 Ehem. Reitschule 33 Ferdinand-Marställe 34 Löwenhof 35 Belvedere 36 Palais Schwarzenberg 37 St. Benedikt 38 Toskanisches Palais 39 Domherrenhäuser 40 Palais Martinitz 41 Palais Sternberg 42 Erzbischöfliches Palais 43 St. Nepomuk 44 Altes Rathaus 45 Palais Martinitz/Trauttmansdorff/Hrzán 46 Palais Černín 47 Loretoheiligtum 48 Kapuzinerkloster 49 Palais Kučera 50 Brahe-Kepler-Denkmal 51 Kloster Strahov 52 Hungermauer 53 Aussichtsturm 54 St. Laurentius/Kalvarienkapelle 55 Heilig-Grab-Kapelle 56 Standseilbahn

Das **Kleinseitner Rathaus** (Malostranská beseda; Nr. 21/35) war 1478–1784 Zentrum des politischen, wirtschaftlichen und kulturellen Lebens der Kleinseite. Berühmt wurde es, als Vertreter der protestantischen Religionsgemeinschaften im Jahr 1575 hier die »Böhmische Konfession« beschlossen (Gedenktafel an der Fassade).

In der Mitte des unteren Ringes steht das **Grömling-Palais** mit zwei Bürgerhäusern, entstanden im 16. Jh. aus einer Gruppe von Marktbuden der Fleischer. 1874 wurde in ihm das *Radetzky-Café* eröffnet, benannt nach dem österreichischen Feldmarschall böhmischer Herkunft, Joseph Graf Radetzky von Radetz (1766–1858), dessen Denkmal bis 1918 vor dem Kaffeehaus stand. In den 20er Jahren traf sich im *Malostranská kavárna* (Kleinseitner Kaffeehaus), wie das Radetzky-Café nun hieß, der Kreis der Prager deutsch-jüdischen Literaten: Franz Kafka, Max Brod, Franz Werfel, Willy Haas und andere. Das ehemalige **Jesuitenkolleg,** ein Profeßhaus für die Novizen, ließ der Orden 1674–1691 von Giovanni Domenico Orsi an der Stelle von 20 Bürgerhäusern errichten; die romanische Wenzelsrotunde in der Nordwestecke des Kollegs ersetzten die Jesuiten durch eine neue Wenzelskirche.

Strahlender Mittelpunkt des Kleinseitner Ringes und nächst dem Veitsdom schönster Sakralbau Prags ist die **St.-Niklas-Kirche auf der Kleinseite** (Kostel sv. Mikuláše). Die erste dem hl. Nikolaus geweihte Kirche entstand 1283 als Pfarrkirche der Kleinseitner Stadt. 1625 übernahmen die Jesuiten den dreischiffigen gotischen Bau und erbauten daneben ihr Kolleg. 1703–1711 errichtete Christoph Dientzenhofer das neue Kirchenschiff mit der Westfassade, sein Sohn Kilian Ignaz Dientzenhofer, einer der größten Barockbaumeister Europas, baute 1737–1752 den Chor und die Kuppel. Beide Dientzenhofer, Vater und Sohn, schufen mit der Nikolauskirche eine der prächtigsten Barockkirchen überhaupt, ein verwirrendes Spiel der Kurven und der sich gegenseitig durchdringenden Ovale, ein außerordentlich bewegtes Gewölbe über kompliziertem Grundriß. Anselmo Lurago fügte 1755 den Glockenturm hinzu. 1760/61 malte der Wiener Johann Lukas Kracker das eindrucksvolle Deckenfresko im Langhaus, die ›Verherrlichung des hl. Nikolaus‹, mit 1500 m^2 eines der größten Gemälde in Europa. Der plastische Schmuck, so etwa die Sta-

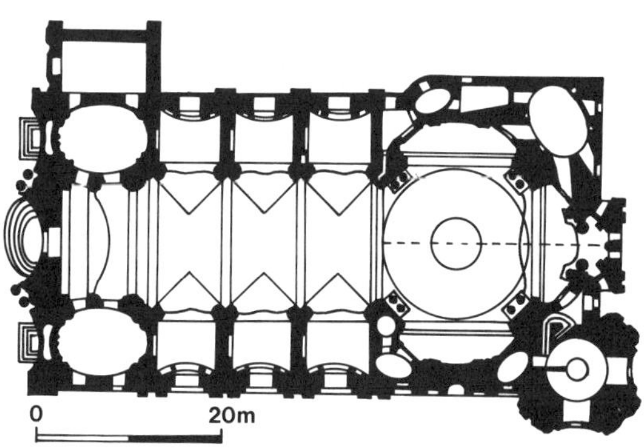

Prag, St. Niklas auf der Kleinseite, Grundriß

St. Niklas auf der Kleinseite vom Vrtba-Garten her ▷

tue des hl. Nikolaus auf dem Hauptaltar, stammt fast ausschließlich von Ignaz Franz Platzer. Die gotische Marienskulptur auf dem linken Seitenaltar brachten die Jesuiten 1629 aus dem belgischen Marienwallfahrtsort Foyen nach Prag. Die **Pestsäule** auf dem oberen Ring entwarf 1715 der Architekt Giovanni Battista Alliprandi als Zeichen der Dankbarkeit für das Ende der Seuche; die bildhauerische Gestaltung der Skulpturengruppe ›Dreifaltigkeit‹ übernahmen Johann Ulrich Mayer und Ferdinand Geiger.

Vom oberen Teil des Kleinseitner Ringes führt die **Nerudova ul.** (Nerudagasse) ziemlich steil zum Hradschin hinauf. Sie wurde nach dem tschechischen Schriftsteller Jan Neruda (1834–1891), der das Kleinseitner Milieu schilderte, benannt. Ihre schmucken Bürgerhäuser machen sie zu einer der schönsten Straßen Prags. Als die Häuser noch nicht numeriert, sondern benannt waren, trugen sie zur besseren Unterscheidung ein deutlich sichtbares Hauszeichen. Solche reizvollen ›Namensschilder‹ hat in der Nerudagasse fast jedes Haus.

Zwei einander fast gegenüberliegende Paläste unterbrechen die Reihe der Bürgerhäuser. Sie wurden vom selben Baumeister entworfen, dem gebürtigen Prager Giovanni Santini (1677–1723), auch »Johann Blasius Santin-Aichel« genannt, dem Meister der sogenannten ›Barockgotik‹: das **Palais Morzin** (Nr. 5/256; 1713/14), heute die rumänische Botschaft, und das **Palais Thun-Hohenstein** (Nr. 20/214; um 1720), heute die italienische Botschaft. Ferdinand Maximilian Brokoff schuf den Fassadenschmuck des Morzin-Palastes: die den Balkon tragenden Moros (Mauren), die Allegorien des Tages und der Nacht beiderseits des Balkons und die vier Weltteile auf der Attika. Matthias Bernhard Braun gestaltete das Portal des Thun-Palais mit den beiden gewaltigen Adlern.

Die Nerudova ul. passiert die Burgrampe Ke Hradu (Zur Burg), die steil zum Hradschin hinaufstrebt. Geradeaus mündet die Nerudova in den Úvoz (Hohlweg). Parallel zur Nerudagasse zieht seit dem 16. Jh. die Zámecké schody (Neue Schloßstiege) zur Burg empor. Ein steiler Pfad bestand hier schon im 13. Jh., im 15. Jh. kamen Treppenstufen hinzu, im 16. und 17. Jh. hatten Handwerker und Künstler beiderseits der Stiege ihre Läden.

Unmittelbar vor dem größeren Kleinseitner Brückenturm steht das berühmte Haus **Zu den drei Straußen** (U tří pštrosů; Nr. 1/76). Im Jahr 1606 ließ sein Besitzer Jan Fux das 1585 errichtete Renaissancehaus umbauen und Straußenmotive auf die Fassade malen; Fux handelte nämlich mit Straußenfedern, die damals in Mode kamen. 1657 wurde das Haus barockisiert. 1714 gründete der Armenier Deodat Damajan hier das erste Kaffeehaus von Prag.

Der Moldauarm Čertovka (Teufelsbach) trennt die **Insel Kampa** von der Kleinseite. Die früher häufig unter Wasser stehende Insel wurde erst seit dem 15. Jh. bebaut, und dann auch nur im Umkreis der Karlsbrücke. Der südliche Teil blieb Gartenland und ist heute ein beliebter Park. Der Teufelsbach trieb seit dem 13. Jh. mehrere Mühlen an, von denen noch die Mühlräder der Großprioratsmühle und der Mühle Hut' südlich der Karlsbrücke halbwegs erhalten sind. Nördlich der Brücke haben die unmittelbar aus dem Wasser aufsteigenden Häuser das reizvolle »Prager Venedig« geschaffen.

Die Kirche **St. Maria unter der Kette** an der Einmündung der Lázeňská in den Maltézské nám. (Malteserplatz) erinnert an den Johanniterorden (den späteren Malteserorden), für den König Vladislav II. 1160 hier ein Kloster gründete. Zur Kommende gehörte alles Land im Umkreis, das über Jahrhunderte auch einer eigenen Rechtsprechung unterstand. Die 1169–1182 erbaute, dreischiffige Kirche war wesentlich größer als der heutige Bau, der im 13. und 14. Jh. gotisiert und in der Mitte des 17. Jh. von Carlo Lurago sein barockes Aussehen erhielt. Karel Škréta schuf gegen 1660 das Hochaltarbild, das den Sieg der Malteserritter in der Seeschlacht bei Lepanto (1571) gegen die Türken mit Hilfe der Gottesmutter und Johannes' des Täufers zeigt. Die Kirche wurde 1965–1985 restauriert.

Der **Maltézské nám.** (Malteserplatz) gehört zu den lauschigen kleinen Plätzen, die für Prag, besonders aber für die Kleinseite so typisch sind. Ferdinand Maximilian Brokoff gestaltete 1715 in der Mitte des Platzes die Statuengruppe Johannes' des Täufers, die ursprünglich zu einem Brunnen gehörte. In dem Haus **Zu den Malern** (U malířů; Nr. 11/291), 1531 über den Resten der Kleinseitner Stadtmauer erbaut, befindet sich heute eine gemütliche Altprager Weinstube. Der Barockbau **Stará pošta** (Alte Post; Nr. 8/481) nahm Ende des 15. Jh. die erste Prager Poststation auf. Das **Palais Nostitz** an der Südseite des Malteserplatzes entstand 1658–1660, vermutlich nach einem Entwurf von Francesco Caratti. 1765 gab Anton Haffenecker dem Gebäude das Rokokoportal. Den großen Palast teilen sich heute die niederländische Botschaft und die Dobrovský-Bibliothek. Josef Dobrovský (1753–1829), der Begründer der slawischen Philologie, förderte mit seinen sprach- und literaturgeschichtlichen Werken das Nationalbewußtsein der Tschechen.

Auch der östlich vom Malteserplatz gelegene Velkopřevorské nám. (Großprioratsplatz) ist von Palais umgeben: vom **Hrzán-Palais** (Nr. 1/490), in dem der tschechische Komponist Josef Bohuslav Foerster (1859–1951) geboren wurde (er schrieb die Opern ›Deborah‹, ›Jessika‹ und ›Der Dudelsackpfeifer aus Strakonitz‹), vom **Buquoy-Palais** (Nr. 2/486) mit der französischen Botschaft und vom **Großprioratspalais** (Nr. 4/485), das der Großprior Johann von Rosenberg 1516–1532 errichten ließ. Sein barockes Aussehen erhielt das Großprioratspalais 1725–1727 von Bartholomäus Scotti. Ein hölzerner Kopf, geschnitzt in der ersten Hälfte des 18. Jh., schmückt das Tor des Palais. Heute zeigt das Großprioratspalais die umfangreiche Sammlung alter Musikinstrumente und das *Musikarchiv des Prager Nationalmuseums.* Die **Großprioratsmühle** (Nr. 7/489) arbeitete vom 13. Jh. bis zum Jahr 1936.

Paläste säumen seit dem 17. Jh. auch die **Karmelitská ul.** (Karmelitergasse), einen der wichtigsten Kleinseitner Verkehrswege. Schon seit Anfang des 14. Jh. stand hier ein Kloster der Magdalenerinnen, des deutschen »Ordens zur hl. Maria Magdalena von der Buße«; 1604 kamen die Dominikaner hierher. Das **Palais Rohan** (Nr. 8/386) präsentiert sich im Stil des Empire; im barocken Gewand zeigt sich das **Palais Sporck** (Nr. 14/382). Barock und Klassizismus vereinigen sich im **Muscon-Palais** (Nr. 16/380), das zu Beginn des 17. Jh. zunächst als Renaissancebau entstanden war.

Über der Karmelitská erhebt sich **St. Maria de Victoria** (Maria vom Siege; Kostel P. Marie Vitežné), die erste Barockkirche Prags. Als »Dreifaltigkeitskirche« wurde das Got-

Gartenfront des Palais Lobkowitz (Dt. Botschaft)

teshaus 1611–1613 von dem Architekten Giovanni Maria Filippi aus dem norditalienischen Trentino für deutsche Lutheraner erbaut. Im Zuge der Gegenreformation fiel die Kirche 1624 dem katholischen Orden der »Unbeschuhten Karmeliter« zu und wurde im Gedenken an den Sieg auf dem Weißen Berg der »Gottesmutter vom Siege« geweiht. Umfangreiche Umbaumaßnahmen in den Jahren 1636–1644 gaben der Kirche ein neues Aussehen. 1784 hob Joseph II. das Kloster auf, die Kirche ging an den Malteserorden. Heute untersteht sie unmittelbar dem Prager Erzbistum.

Bemerkenswert ist die hohe *Fassade* mit der siegreichen Gottesmutter in der Rundbogennische über dem Portal, dargestellt als Himmelskönigin mit Krone, Zepter und Strahlenkranz. Diese Statue wurde zum Vorbild für unzählige Marienstatuen in Böhmen und Mähren. Das Innere der einschiffigen, tonnengewölbten Kirche ist schlicht und wird nur von kunstvoll ausgestatteten Seitennischen unterbrochen. Der Hauptaltar in Form eines römischen Triumphbogens ist ein Werk von Johann Ferdinand Schor (1723), die Altarbilder (›Hl. Josef‹, ›Hl. Joachim mit hl. Anna‹ und ›Hl. Simon‹) schuf Peter Johann Brandl. Die moderne Madonna gestaltete der Maler und Schriftsteller Josef Čapek (1887–1945, KZ Bergen-Belsen). Eine besondere Sehenswürdigkeit dieser Kirche und Ziel zahlreicher Christen aus aller Welt ist das *Prager Jesulein*, das als wundertätig verehrte »Bambino di Praga«, eine 60 cm große, kostbar bekleidete Wachspuppe in silbernem Schrein.

Das **Palais Vrtba** (Karmelitská Nr. 25/373) ging aus zwei Renaissancehäusern hervor, die Graf Vrtba im Jahr 1631 verbinden ließ. Das Besondere an dem Anwesen ist sein *Garten* (Vrtbovská zahrada), der terrassenförmig den Hang hinaufsteigt und zu den schönsten Gärten Mitteleuropas zählt. Der Oberstburggraf Johann Josef von Vrtba gab ihn in

Auftrag, František Maximilián Kaňka lieferte den Entwurf, die Plastiken schuf die Werkstatt Matthias Bernhard Braun, die Wandmalereien stammen von Wenzel Lorenz Reiner. Die Arbeiten an diesem italienischen Garten dauerten von 1715 bis 1720. Auf der untersten der vier Terrassen verbindet ein *Giardinetto* (Gärtchen) mit kleiner Fontäne die *Sala terrena* mit dem Palais. Zwei Portale führen zur nächsthöheren Terrasse empor. Von dort steigt eine Doppeltreppe zur dritten Terrasse mit Statuen des olympischen Pantheon auf. Die *oberste Terrasse* bietet eine wundervolle Aussicht auf die Prager Burg und die Dächer der Kleinseite.

In der Vlašská ul. (Welsche Gasse; Nr. 19/347) befindet sich das **Palais Lobkowitz** mit der deutschen Botschaft. Das Palais wurde 1702–1705 von Giovanni Battista Alliprandi erbaut und besticht durch seine großartige *Gartenfront.* 1753 erwarb die Familie Lobkowitz das Grundstück mit dem riesigen Garten, der sich bis auf den Petřín (Laurenziberg) hinauf erstreckt. Zwei Statuengruppen krönen die beiden Pfeiler des Gartentors: ›Hades entführt Persephone, die Tochter des Zeus und der Demeter‹ und ›Boreas, der Nordwind, entführt Oreithyia, die Tochter des Erechtheus, des Königs von Athen‹. Beachtenswert ist auch die prunkvolle Einfahrt mit dem Deckenmedaillon ›Schwebender Chronos‹.

In der Josefská ul. (Josefsgasse) findet der Besucher ein besonders interessantes Beispiel des Prager Barock: die **St.-Josefs-Kirche.** Im Auftrag der »Unbeschuhten Karmeliterinnen« bauten Jean Baptiste Mathey und Abraham Paris 1687–1692 das Gotteshaus als frühbarocken Zentralbau auf elliptischem Grundriß. Die großartige Fassade entwarf Johann Raas von Tirol (Pater Ignatius à Jesu).

Biegt man vom Kleinseitner Ring in die Letenská ul. ein, trifft man am Anfang auf die **St.-Thomas-Kirche** (Kostel sv. Tomáse), die zusammen mit dem Kloster der Augustiner-Eremiten 1285 von König Wenzel II. gegründet wurde. Innerhalb von 90 Jahren entstand in zwei Bauabschnitten eine gotische Basilika. Gegen 1600 wurde sie im Stil der Renaissance erneuert, 1727–1731 von Kilian Ignaz Dientzenhofer barock umgestaltet. Die Originale der Altarbilder ›Hl. Augustin‹ und ›Folterung des hl. Thomas‹, 1639 von Peter Paul Rubens gemalt, befinden sich in der Nationalgalerie. Berühmt ist das dunkle Bier der 1358 gegründeten **St.-Thomas-Brauerei** mit gemütlichem Keller- und Gartenlokal gleich nebenan in der Letenská.

Bekannte Bierstuben gibt es auch in der Tomášská ul. (Thomasgasse), z. B. im Haus *U Schnellů* (Nr. 2/27) und im Haus *Zu den drei Störchen* (U tří čápů). Einen Blick sollte der Besucher unbedingt auf das Haus **Zum goldenen Hirsch** (U zlatého jelena; Nr. 4/26) werfen. Kilian Ignaz Dientzenhofer entwarf 1725/26 die großartige Barockfassade. Den hl. Hubertus mit dem Hirsch, eines der schönsten Hauszeichen Prags, gestaltete der Bildhauer Ferdinand Maximilian Brokoff.

Den Valdštejnské nám. (Waldstein-Platz) beherrscht das **Palais Waldstein** (Valdštejnsky Palác), der früheste Barockbau und größte Adelssitz Prags. 1621 erwarb Albrecht Wenzel Eusebius von Waldstein (Valdštejn, »Wallenstein«), damals noch Graf und Obrist im kaiserlich-katholischen Heer, aber durch den Kauf konfiszierter Güter des protestantischen Adels bereits zu unermeßlichem Reichtum gelangt (s. S. 24), ein Renaissance-

Herrenhaus der Terzka von Leipa (Trčka z Lípy) sowie 23 umliegende Bürgerhäuser am Fuß der Prager Burg. 1623 begann eine Gruppe italienischer Architekten unter Andrea Spezza mit den Bauarbeiten an dem Palast, der größer und prunkvoller als der Palast der Könige auf dem Hradschin werden sollte. 1630 – Kaiser Ferdinand II. hatte Wallenstein inzwischen zum Herzog von Friedland, Fürst von Sagan und Herzog von Mecklenburg ernannt – war der Monumentalbau mit fünf Höfen und einem riesigen Garten fertiggestellt. Nach der Ermordung Wallensteins wurde das Palais 1634 konfisziert, aber schon fünf Jahre später vom Neffen des Erbauers, Maximilian Graf Waldstein, zurückgekauft.

Besichtigung des Palais Waldstein
Das Äußere des Palastes wirkt unauffällig, bescheiden, fast ein wenig eintönig, weil jegliche Belebung der gewaltigen Fassade fehlt. Das Innere dagegen zeigt sich in seltener Pracht, vor allem der zentral gelegene, zweistöckige *Rittersaal* mit dem stuckgerahmten Deckenfresko von Baccio Bianco, das den Hausherrn als triumphierenden Kriegsgott Mars darstellt (1630). Eine Kapelle im Nordteil des Palastes beansprucht die ganze Höhe des Gebäudes und zeigt Fresken mit Szenen aus dem Leben des hl. Wenzel, ebenfalls von Baccio Bianco. Der ›astronomische Gang‹ im Palais erinnert an Waldsteins Astrologen Seni.

Im Gegensatz zum Palast, in dem das Kultusministerium und das *Comenius-Museum* untergebracht sind, ist der zugehörige *Waldsteingarten* (Eingang in der Letenská ul.) der Öffentlichkeit regelmäßig zugänglich. Als Höhepunkt des Gartens stellt sich die monumentale *Sala terrena* mit ihren drei hohen Arkaden dar, eine Schöpfung Giovanni Pieronis nach dem Vorbild ligurischer Architektur. Die Deckengemälde von Baccio Bianco zeigen Szenen aus dem Trojanischen Krieg. Den zierlichen Brunnen vor der Sala krönt eine Kopie jener Venus, die der Nürnberger Benedikt Wurzelbauer 1599 für den Garten des Lobkowitzpalastes auf dem Hradschin gegossen hatte. Das Original kam 1630 in den Waldsteingarten, wurde 1648 von den Schweden entführt, 1889 zurückgekauft und wird seitdem in der Burggalerie verwahrt. Kopien von Schöpfungen des Holländers Adrian de Vries, der bereits unter Rudolf II. als kaiserlicher Kammerbildhauer tätig war, flankieren den Weg, der sich von der Sala terrena durch den Garten zieht. Die Originale kamen 1648 nach Schweden, wo sie sich noch heute in Drottningholm, dem Sommerschloß der schwedischen Könige, befinden.

de Vries-Statuen im Waldstein-Garten

Hradschin (Hradčany)

□ Die Prager Burg

Die Prager Burg war im Laufe ihrer über 1000jährigen Geschichte Sitz von Fürsten, Herzögen, Königen, Bischöfen und Erzbischöfen und Mittelpunkt des Heiligen Römischen Reiches. Noch heute bildet sie das Zentrum des tschechischen Staates und genießt das Ansehen eines nationalen Kulturdenkmals (s. Farbabb. 2).

Etwa um das Jahr 890 verlegte der Přemyslide Bořivoj die Residenz seines Fürstentums von Levý Hrádec nach Prag, das sich in jener Zeit zu einem lebhaften Handelsplatz zu entwickeln begann. Auf dem Hügel über der Moldau errichtete er seinen Palast und eine der Gottesmutter geweihte Holzkirche, das zweite christliche Heiligtum in Böhmen (die erste, dem hl. Klemens geweihte Kirche hatte Bořivoj in seiner bisherigen Residenz erbaut). Seine Söhne Spitihněv und Vratislav I. umgaben das riesige Burgareal mit einer starken Umwallung aus Baumstämmen und Steinen, die Holzkirche ersetzten sie durch ein steinernes Gotteshaus. Gegen 915 stiftete Vratislav I. eine zweite Kirche, eine Kirche zu Ehren des hl. Georg. Um 925 begann Fürst Wenzel, später der Heilige, mit dem Bau der mächtigen St.-Veits-Rotunde.

973, als Prag zum Bistum erhoben wurde, entstand neben der St.-Georgs-Basilika das erste Kloster Böhmens. Nach 1041 erhielt die Burg eine massive Mauer aus Steinquadern; Türme schützten Tore und Ecken. 1096 weihte der Prager Bischof die neue St.-Veits-Basilika, die an die Stelle der Rotunde getreten war. Soběslav I. erneuerte ab 1135 das gesamte Befestigungssystem, das sich daraufhin fast 500 Jahre bewähren sollte und niemals überwunden werden konnte.

Den Höhepunkt seiner Prachtentfaltung erreichte der Hradschin unter Kaiser Karl IV., der die Burg zum repräsentativen Zentrum seines Römischen Reiches erhob. Unter seiner Herrschaft wuchs die St.-Veits-Kathedrale zu einem der schönsten Sakralbauten empor. Doch von 1382 an verödete die Burg. Wenzel IV. residierte lieber in der Altstadt, sofern er überhaupt in Prag weilte. Die Hussiten vertrieben den Klerus und verwüsteten Kirchen und Klöster. Erst König Vladislav II. Jagiello zog 1484 wieder in die Burg ein. Im Zeitalter der Renaissance stellten Herrscher höhere Ansprüche an ihre Residenzen, und so ließen Ferdinand I. und sein Sohn, Erzherzog Ferdinand von Tirol, Statthalter von Böhmen, von 1526 an die Burg großzügig umbauen. Ihr Werk setzte Kaiser Rudolf II. fort, der Prag zu einer Hauptstadt der Künste und der Wissenschaften machte.

Nach dem Sieg der Kaiserlichen in der Schlacht auf dem Weißen Berg (1620) kamen die Habsburger nur noch gelegentlich nach Prag. Maria Theresia, die sich 1743 mit großem Pomp die böhmische Königskrone aufsetzte, veranlaßte 1753 eine umfassende Neugestaltung der Burg. Später jedoch verödeten die Bauten mehr und mehr. Seit der Gründung der tschechoslowakischen Republik am 28. Oktober 1918 ist die Prager Burg Sitz des Staatsoberhauptes: Auch der Präsident der Tschechischen Republik, z. Zt. Václav Havel, residiert auf dem Hradschin.

Die Burghöfe

Die Prager Burg hat drei offizielle Zugänge: vom Norden her über die Pulverbrücke, vom Osten über die Alte Schloßstiege und vom Hradčanské nám. (Hradschiner Platz) im Westen durch den Haupteingang in den ersten Burghof. Der **erste Burghof** entstand 1763–1771 im Zuge der Neu- und Umbaumaßnahmen unter Kaiserin Maria Theresia. Die Entwürfe lieferte der Hofarchitekt Nikolaus Freiherr von Pacassi, den Bau leiteten Anselmo Lurago, Anton Kurz und Anton Haffenecker. Ein hoher Gitterzaun trennt den Hof vom Hradčanské nám., kämpfende Giganten von Ignaz Franz Platzer (1768) krönen die Pfeiler des Haupttores (heute Kopien). Das den Hof umgebende Gebäude enthält die *Repräsentationsräume des Staatspräsidenten.* In den klassizistischen Bau ist das *Matthiastor* aus dem Jahr 1614 integriert; es stand ursprünglich frei auf einem der Wälle, die sich schützend vor der besonders gefährdeten Westseite der Burg erhoben. Unter dem Torsims erscheinen die Wappen der zum Reich des Kaisers Matthias gehörenden Länder; im Giebel sieht man das kaiserliche Wappen.

Das Matthiastor führt in den **zweiten Burghof,** der im späten 16. Jh. vor der romanischen Westmauer entstand und von der *Heilig-Kreuz-Kapelle* beherrscht wird. Anselmo Lurago erbaute sie nach einem Entwurf von Pacassi (1756–1763), 1855 wurde das Innere neobarock umgestaltet. Seit 1961 bewahrt die Kapelle den St.-Veits-Domschatz, eine Sammlung von liturgischem Gerät, Reliquienschreinen und Meßgewändern des 8. bis 19. Jh.

Die Nordseite des zweiten Burghofes nehmen der Spanische Saal und die ehemalige Rudolfsgalerie ein. Der 48 m lange, 24 m breite und 12 m hohe *Spanische Saal,* erbaut 1601–1606, umgestaltet 1748–1750 von Kilian Ignaz Dientzenhofer, wurde 1865–1868 für die Krönung des Kaisers Franz Joseph I. zum böhmischen König modernisiert, auf die er jedoch schließlich verzichtete. Die *Rudolfsgalerie* entstand 1586–1598. Beide Säle dienen heute der Repräsentation.

Im Nordtor befindet sich der Eingang zur *Gemäldegalerie* der Prager Burg, die seit 1965 in einem Teil des Westtraktes und im Erdgeschoß des Nordtraktes ihre einzigartige Sammlung präsentiert. Die Exponate stammen fast ausschließlich aus der Regierungszeit Rudolfs II. und Ferdinands II. Die Gemäldesammlung besteht heute nur noch aus einem Bruchteil der einst weltberühmten rudolfinischen Sammlung, da die meisten Werke nach Dresden verkauft, nach Wien verschoben oder bei der »josephinischen Versteigerung« von 1782 veräußert wurden.

Eine Durchfahrt verbindet den zweiten mit dem **dritten Burghof,** dem Kern der Burg. Das romanische Gebäude vor der Südwestecke des Doms ist der *Bischofspalast* aus dem 11. Jh., der im 17. Jh. sein barockes Äußeres mit Portal und Wenzelstatue von Johann Georg Bendl erhielt. Der fast 18 m hohe, monolithe *Obelisk* wurde 1928, am 10. Jahrestag der Gründung der tschechoslowakischen Republik, aufgestellt. Das *Reiterstandbild des hl. Georg* gestalteten die Brüder Georg und Martin von Klausenburg im Jahr 1373. Dieses Standbild zählt zu den schönsten und lebendigsten Reiterdarstellungen des Mittelalters (das Original befindet sich im nahen Georgskloster).

Das beeindruckendste Baudenkmal der Burganlage ist zweifellos der **St.-Veits-Dom** (Katedrála sv. Vita). Herzog Wenzel I., später der Heilige, stiftete um das Jahr 925 die vorromanische St.-Veits-Rotunde als Hofkirche der Přemysliden. Der hl. Veit war um 313 auf Sizilien als Märtyrer gestorben. Seit 836 galt die fränkische Benediktinerabtei Corvey an der Weser als Hauptzentrum seiner Verehrung, von dort kam der Kult nach Prag. 1355

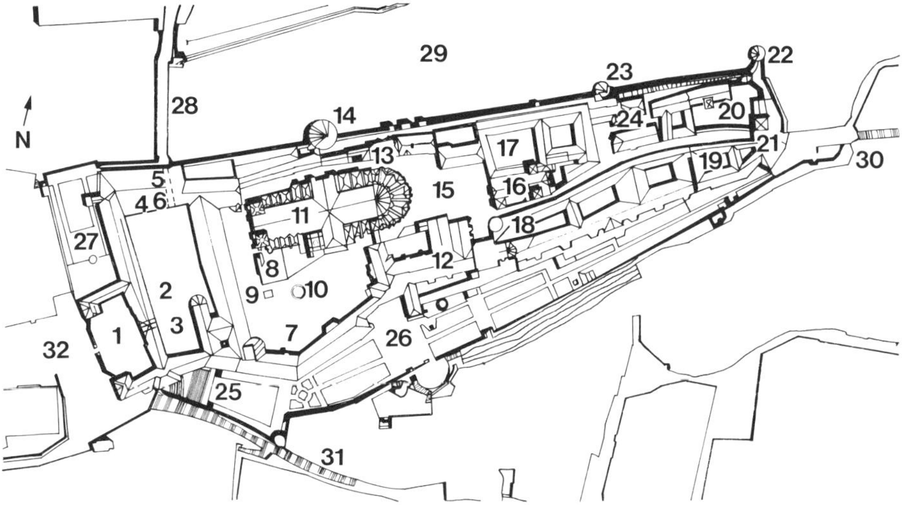

Die Prager Burg
1 Erster Burghof 2 Zweiter Burghof 3 Heilig-Kreuz-Kapelle 4 Spanischer Saal 5 Rudolfsgalerie 6 Gemäldegalerie 7 Dritter Burghof 8 Bischofspalast 9 Obelisk 10 Reiterstandbild des hl. Georg 11 St.-Veits-Dom 12 Königspalast 13 Altes Dekanat 14 Mihulka-Turm 15 Georgsplatz 16 St.-Georgs-Basilika 17 St.-Georgs-Kloster 18 Rosenberg-Palais 19 Lobkowitz-Palais 20 Burggrafenamt 21 Schwarzer Turm 22 Daliborka-Turm 23 Neuer Weißer Turm 24 Goldenes Gäßchen 25 Paradiesgarten 26 Wallgarten 27 Basteigarten 28 Pulverbrücke 29 Hirschgraben 30 Alte Schloßstiege 31 Neue Schloßstiege 32 Hradschiner Platz

erwarb Karl IV. in Pavia die Gebeine des hl. Veit und machte Prag damit zum Mittelpunkt der Verehrung dieses Heiligen. Mit der Gründung des Bistums im Jahr 973 wurde die bisherige Hofkirche zur Hauptkirche der Prager Bischöfe. 1060–1096 trat eine dreischiffige romanische Basilika an die Stelle der fränkischen Rotunde. Nachdem das Bistum Prag auf Drängen des Markgrafen Karl, des späteren Kaisers Karl IV., 1344 von Papst Klemens VI. zum Erzbistum erhoben worden war, legten Karl und sein Vater Johann am 21. November 1344 den Grundstein zu einer mächtigen gotischen Kathedrale. Der Franzose Matthias von Arras, bis 1344 im Dienst des päpstlichen Hofes in Avignon, entwarf den Bau nach dem Vorbild südfranzösischer Kathedralen. Er baute den Chorabschluß mit Umgang und den östlichen Teil des Langchores. Nach Matthias' Tod 1352 setzte Peter Parler (um 1330–1399) das Werk fort, vollendete den Chor und baute in eigenem Entwurf den Südarm des Querschiffs mit Vorhalle, das Erdgeschoß des Hauptturms und Teile des Langhauses. Bis 1420 fuhren Parlers Söhne Johann, Wenzel und Paul mit der Arbeit am Hauptturm fort, doch dann unterbrachen die Hussitenkriege die Arbeit, und der fertige Ostteil mußte mit einer provisorischen Mauer abgeschlossen werden. Unter König Vladislav II. Jagiello entstand gegen 1500 das Königliche Oratorium, 1560–1562 gab der

Renaissancebaumeister Bonifaz Wohlmut dem Hauptturm den äußeren Umgang und eine Zwiebelkuppel, Nikolaus Freiherr von Pacassi veränderte später die Turmspitze im Stil des Barock. Vollendet wurde der Bau erst 1873–1929 (mit Unterbrechungen) unter den Dombaumeistern Josef Kranner, Josef Mocker und Kamil Hilbert.

Besichtigung des Doms

Die Statuen der *Westfront* (Heilige, Karl IV. und andere bedeutende Männer; Stanislav Sucharda), die Bronzereliefs an den *Westportalen* (Szenen aus dem Leben des hl. Adalbert, links, und des hl. Wenzel, rechts, aus der Baugeschichte des Doms, Mitte; Otakar Španiel nach Entwürfen des Malers Vratislav Hugo Brunner) und die Glasmalerei der Rosette (›Erschaffung der Welt‹; František Kysela) wurden erst in den Jahren 1927–1929 geschaffen. Die berühmte *Goldene Pforte,* den Festeingang an der Südseite des Doms, gestaltete jedoch bereits 1367 Peter Parler selbst. Das Mosaik aus dem Jahr 1370/71 zeigt das Jüngste Gericht mit den böhmischen Schutzheiligen, Karl IV. und seiner Gemahlin Elisabeth von Pommern.

Der 96,6 m hohe *Hauptturm* links der Goldenen Pforte wirkt durch sein Zwiebeldach wie ein Fremdkörper, doch unterscheidet gerade dieser Stilbruch den Veitsdom von anderen gotischen Kathedralen Europas. Gotische Bauweise zeigt der Turm bis zu einer Höhe von 58 m, dann beginnt das barocke Ziegelwerk. Im ersten Stock hängt die 18 t schwere Glocke ›Zikmund‹, die größte Glocke Böhmens, eine Schöpfung des Jahres 1549. Im zweiten Stock hängen die Glocken ›Wenzel‹ (1542), ›Johannes der Täufer‹ (1546) und ›Joseph‹ (1602).

Rundgang durch den Dom (entgegen dem Uhrzeigersinn): *St.-Ludmila-Kapelle* mit barockem Taufbecken (17. Jh.), auf dem neugotischen Altar ein Standbild der hl. Ludmila (Emanuel Max, 1845), Glasfenster ›Sendung des Heiligen Geistes‹ (Max Švabinský); *Heilig-Grab-Kapelle* mit Farbfenster ›Werke der Barmherzigkeit‹ (Karel Svolinský, 1932); *Thunsche Kapelle* mit Glasfenster ›Wer unter Tränen sät, wird mit Freuden ernten‹ (František Kysela, 1928/29); die meist verschlossene *Hasenburg-Kapelle* im Hauptturm enthält den Aufgang zu den Glocken, zur Turmuhr und zur Außengalerie. Von Cyril Bouda stammt das Fenster ›Grundsteinlegung des neugotischen Kirchenschiffs‹ (1934).

Die bedeutendste Sehenswürdigkeit des Doms ist die *St.-Wenzels-Kapelle,* 1362–1367 von Peter Parler an der Stelle der Südapsis der Veitsrotunde erbaut, in der Boleslav I. den von ihm ermordeten Bruder Wenzel beisetzte. Über 1300 Halbedelsteine aus den böhmischen Bergen, Amethyste, Chalzedone, Jaspisse, Chrysoprase und Achate, schmükken die Wände (darüber Fresken der ›Leiden Christi‹ des Meisters von Leitmeritz; 1372/73). Den ›Wenzelsleuchter‹, ein Werk des Nürnberger Bronzegießers Hans Vischer, stiftete 1534 die Prager Mälzerinnung. Das Tafelbild des unbekannten Malers (Initialen »I.W.«) am Eingangspfeiler stellt die Ermordung des hl. Wenzel in Stará Boleslav (Altbunzlau) dar. Heinrich Parler schuf 1373 die eindrucksvolle Kalksteinstatue des Heiligen. Über der St.-Wenzels-Kapelle befindet sich die *Kronkammer* mit den Krönungsinsignien der böhmischen Könige: der Wenzelskrone (14. Jh.), die Karl IV. aus der alten Přemyslidenkrone arbeiten ließ, dem Königsschwert (14. Jh.), Zepter und Reichsapfel (16. Jh.), Krönungsmantel und Stola (18. Jh.). Die Krönungsinsignien werden nur bei besonderen Anlässen gezeigt.

Langhaus und Chor von St. Veit ▷

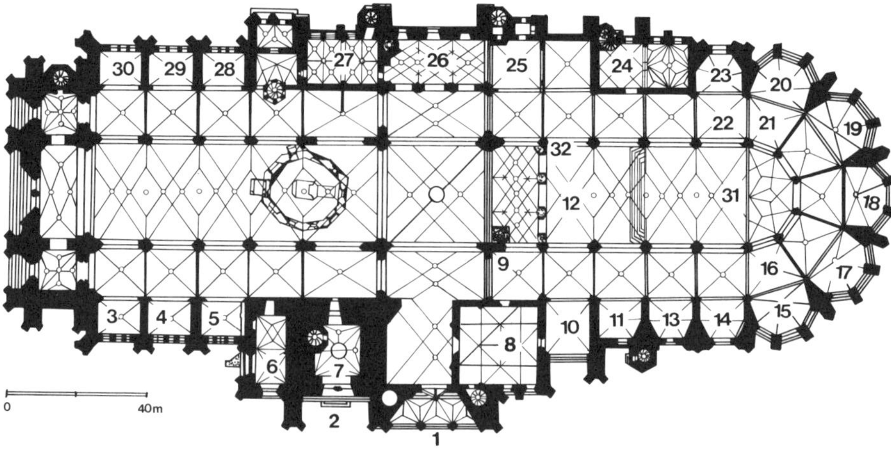

Prag, St.-Veits-Dom, Grundriß
1 Goldene Pforte 2 Hauptturm (Südturm) 3 St.-Ludmila-Kapelle 4 Heilig-Grab-Kapelle 5 Thunsche Kapelle 6 Kapitelbibliothek 7 Hasenburgkapelle 8 St.-Wenzels-Kapelle 9 Epitaph des Grafen Leopold Schlick 10 St.-Andreas-Kapelle (Martinitz-Kapelle) 11 Heilig-Kreuz-Kapelle mit Eingang zur Königsgruft 12 Königsmausoleum 13 Königliches Oratorium 14 Waldstein-Kapelle der hl. Maria Magdalena 15 Kapelle des hl. Johannes von Nepomuk 16 Grabmal des hl. Johannes von Nepomuk 17 Reliquienkapelle (Sächsische Kapelle) 18 Marienkapelle 19 Kapelle Johannes' des Täufers 20 Alte Erzbischöfliche Kapelle 21 Denkmal des Kardinals F. J. Schwarzenberg 22 Holzrelief ›Flucht des Winterkönigs‹ 23 St.-Anna-Kapelle 24 Alte Sakristei (St.-Michaels-Kapelle) 25 St.-Sigismund-Kapelle 26 Chorkapelle 27 Neue Sakristei 28 Neue Erzbischöfliche Kapelle 29 Schwarzenberg-Kapelle 30 Bartoň-Dobeninsche Kapelle 31 Chor mit Hauptaltar 32 Kanzel

An die Wenzelskapelle grenzt die *St.-Andreas-Kapelle* (Martinitz-Kapelle) mit der Grabplatte des Georg von Martinitz, Statthalter von Böhmen, der am 23. Mai 1618 aus dem Fenster seiner Kanzlei gestürzt wurde, aber nahezu unversehrt entkam; weiter die *Heilig-Kreuz-Kapelle* mit dem Eingang zur *Königsgruft* (Sarkophage Karls IV., seines Sohnes Wenzel IV., seiner vier Ehefrauen in gemeinsamem Sarg, des Ladislav Postumus und des Georg von Poděbrad, Empiresarg der Maria Amalie, Tochter der Kaiserin Maria Theresia, Zinnsarg Rudolfs II. u. a.). In unmittelbarer Nähe der Königsgruft wurden Grundmauern der Rotunde und der Basilika freigelegt. Genau über der Königsgruft ragt das marmorne *Königsmausoleum* mit den sterblichen Überresten des Kaisers Ferdinand I., seiner Gemahlin Anna Jagiello und seines Sohnes Maximilian II. in den Chor hinauf. Das *Königliche Oratorium* mit seinem wirr verästelten Dekor gestaltete 1493 Hans Spiess aus Frankfurt. Stilistisch zeigt sich hier eine Parallele zum Altstädter Pulverturm, der zur selben Zeit entstand.

In der *Waldstein-Kapelle* erinnern zwei Grabplatten an die Erbauer der St.-Veits-Kathedrale, Matthias von Arras († 1352) und Peter Parler († 1399; s. S. 86). Zwei Holzreliefs von Kasper Bechteler (1631) am Chor stellen die Plünderung der Kathedrale und des Grabes des hl. Johannes von Nepomuk durch die

Calvinisten im Jahr 1619 dar. Es folgt die *Kapelle des hl. Johannes von Nepomuk* mit dem Reliquienschrein des hl. Adalbert, vor der Kapelle das silberne Grabmal des hl. Nepomuk (um 1736); die *Reliquienkapelle* mit Gräbern der beiden Přemyslidenkönige Ottokar I. und Ottokar II.; die *Marienkapelle* im Chorabschluß mit zwei gotischen Grabmälern der Fürsten Břetislav I. und Spitihněv II.; die *Kapelle Johannes' des Täufers* mit Gräbern der böhmischen Fürsten Břetislav II. und Bořivoj II. (der bronzene ›Jerusalemleuchter‹ ist ein Meisterwerk romanischer Gießereikunst; böhmische Soldaten sollen ihn 1158 in Mailand erbeutet haben); die *Erzbischöfliche Kapelle* als Begräbnisstätte der Prager Erzbischöfe; beachtenswert das Renaissancegrabmal für den Obersten Kanzler Vratislav von Pernštejn (Vredeman de Vries; 1582); vor der Kapelle die Plastik des Erzbischofs und Kardinals Friedrich Josef Schwarzenberg (Josef Václav Myslbek; 1895); Kasper Bechteller schnitzte um 1631 das eindrucksvolle Holzrelief ›Flucht des Winterkönigs nach der Schlacht am Weißen Berg‹; die *St.-Anna-Kapelle* mit frühgotischer Reliquienplatte aus der Martinskirche zu Trier (1266) im neugotischen Altar; die *St.-Sigismund-Kapelle* mit Reliquien des Heiligen, die Karl IV. im Jahr 1365 nach Prag holte, weiter die *Chorkapelle*, die *Neue Sakristei* und schließlich die *Neue Erzbischöfliche Kapelle*, in der die Prager Erzbischöfe unseres Jahrhunderts beigesetzt werden. Das auffallend schöne Fenster mit Szenen aus dem Leben und Wirken des Landesheiligen Wenzel entwarf Alfons Mucha (1931; s. Farbabb. 3). Das Altar-Triptychon ›Anbetung der Hl. Drei Könige‹ entstand um das Jahr 1500.

Unter den Fenstern des Hochchors zieht sich ein Laufgang um das Mittelschiff der Kathedrale: das *Triforium*. Peter Parler stellte hier Porträtbüsten von Mitgliedern der Königsfamilie und von Persönlichkeiten auf, die sich um den Bau der Kathedrale verdient gemacht haben. Die 21 Büsten, Werke der Parlerschen Bauhütte aus den Jahren 1374–1385, sind von einem glutvollen Realismus, wie er im 14. Jh. anderswo nicht anzutreffen ist. Zu den Abgebildeten gehören u. a. Karl IV., seine vier Frauen, sein Vater Johann von Luxemburg, sein Sohn Wenzel IV., die drei ersten Erzbischöfe Prags (Ernst von Pardubitz, Johann von Wlaschim, Johann von Jenzenstein) und die beiden Baumeister Matthias von Arras und Peter Parler. Die Büsten im neugotischen Teil des Triforiums zeigen Vollender des Dombaus aus dem 19. und 20. Jh., Werke von Ladislav Kofránek, Bohumil Kafka und anderen tschechischen Bildhauern.

Besichtigung des Alten Königspalastes

Der Alte Königspalast (Královsky palác) diente vom 11. bis zum 16. Jh. als Residenz der böhmischen Könige. Vom 16. bis 18. Jh. war er Sitz der obersten Behörden Böhmens, danach wurden die Baulichkeiten nur noch zu besonderen Anlässen, z. B. Landtagssitzungen, in Anspruch genommen. 1924 begann die Rekonstruktion des Königspalastes.

Vor dem Eingang zum Königspalast steht der *Adlerbrunnen*, entworfen 1664 von Francesco Caratti. Links vom Vorraum befindet sich die *Grüne Stube*, in der unter Karl IV. Gericht gehalten wurde und seit 1512 das Kammer- und Hofgericht tagte. Dahinter liegt die *Vladislav-Schlafstube*, ein spätgotischer Raum mit einem großartigen, mehrfarbigen Gewölbe. Die Initiale »W« über dem Fenster weist auf Vladislav Jagiello hin (ältere Schreibweise »Wladislaw«), an den auch der prächtige *Vladislav-Saal* erinnert. Benedikt Ried formte den unter Karl IV. entstandenen, gotischen Saal um, gab ihm das wunderbar geflochtene Rippengewölbe und machte ihn damit zu einem der schönsten Renaissance-Säle. In dem 62 m langen, 16 m breiten und 13 m hohen Saal fanden Krönungsfeierlichkeiten und wichtige Sitzungen, Ritterturniere und Bälle statt, noch heute wird hier der Staatsprä-

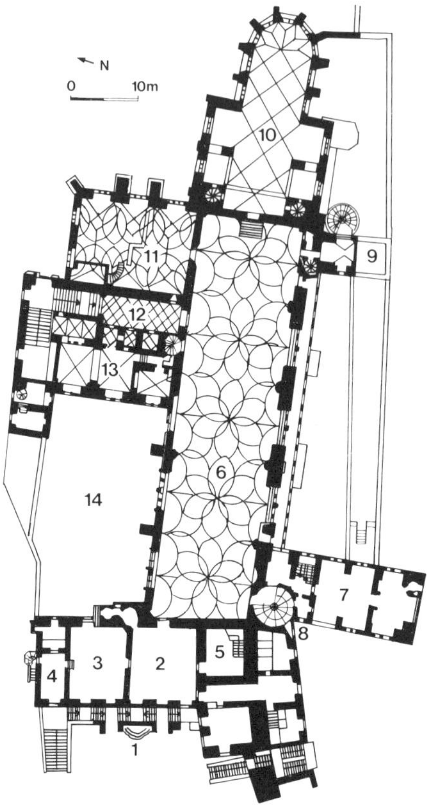

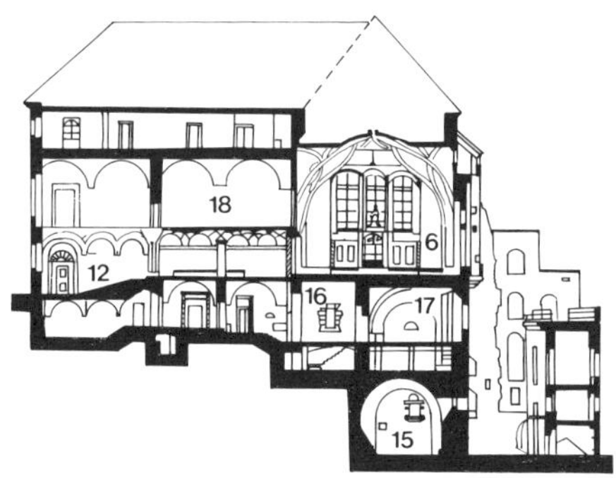

Prag, Alter Königspalast auf dem Hradschin Grundriß, Aufriß

1 Adlerbrunnen
2 Vorraum
3 Grüne Stube
4 Vladislav-Schlafstube
5 Romanischer Turm
6 Vladislav-Saal
7 Böhmische Kanzlei
8 Reichshofratsstube
9 Aussichtsterrasse
10 Allerheiligenkapelle
11 Landtagssaal
12 Reitertreppe
13 Neues Appellationsgericht
14 Palasthof
15 Saal des romanischen Palastes
16 Alte Landtafel
17 Karlspalast
18 Kanzleien der Neuen Landtafeln

sident gewählt, werden Verfassungsänderungen verabschiedet.

Nach Süden schließen sich an den Vladislav-Saal die Räume der *Böhmischen Kanzlei* an (Benedikt Ried, 1502–1509). Aus dem Ostfenster des hintersten Raumes stürzten die Ständischen am 23. Mai 1618 die Statthalter des Kaisers, Georg von Martinitz und Wilhelm Slavata von Chlum, sowie ihren Sekretär Philipp Fabricius, was schließlich den Dreißigjährigen Krieg auslöste. Alle drei überlebten übrigens den 16 m tiefen Sturz, weil sie auf dichtes Buschwerk fielen. Eine Wendeltreppe führt zur *Reichshofratsstube* hinauf, in der die 27 Rädelsführer ihr Todesurteil hörten, das am 21. Juni 1621 auf dem Altstädter Ring vollstreckt wurde. Einige Stufen führen vom Vladislav-Saal auf die Empore der *Allerheiligenkapelle* hinauf, die Peter Parler nach 1370 erbaute (1579/80 erneuert). Das Allerheiligenbild auf dem barocken Hauptaltar malte Wenzel Lorenz Reiner (1732). Der Altar auf der Nordseite der Kapelle enthält die Reliquien des hl. Prokop (um 1004–1053), der im Tal der Sázawa unweit von Prag ein Kloster gründete.

In der Nordostecke des Vladislav-Saals öffnet sich eine Tür auf den *Landtagssaal*, der schon zum Palast Karls IV. gehört hatte, 1541 jedoch abbrannte und 1559–1563 von Bonifaz Wohlmut in spätgotischem Stil rekonstruiert wurde. Hier tagte das Oberste Landesgericht, später berieten hier die böhmischen Stände. Neben dem Landtagssaal führt die *Reitertreppe* mit spätgotischem Rippengewölbe (Benedikt Ried, um 1500) zum Georgsplatz hinab.

Die unteren Stockwerke enthalten die mittelalterlichen Palasträume. Vom Palasthof führt eine Treppe zum *Saal des romanischen Palastes* der Fürsten Soběslav I. und Vladislav II. hinab (erste Hälfte des 12. Jh.). Im Vorraum sieht der Besucher Reste der vermutlich ersten slawischen Burg. Über dem romanischen Palast erstrecken sich die Räumlichkeiten des gotischen Palastes. Da ist zuerst die *Alte Landtafel,* ein großer Raum aus der Zeit Ottokars II., dessen frühgotisches Gewölbe über zwei gedrungenen Rundpfeilern aufsteigt. Hier verwahrte man die *Landtafeln,* Bücher, in denen wichtige Landtagsbeschlüsse sowie Änderungen in den Besitzverhältnissen des Hochadels, des Klerus und der Städte aufgezeichnet wurden. Zwei Säle des Karlspalastes aus der ersten Hälfte des 14. Jh. liegen unmittelbar unter dem Vladislav-Saal. Es folgen die *Alte Registratur* und schließlich der *Säulensaal Wenzels IV.,* dessen asymmetrisches Rippengewölbe auf zwei schlanken Pfeilern ruht.

Die Vikářská ul. (Vikargasse) verbindet nördlich des St.-Veits-Doms den dritten Burghof mit dem Jiřské nám. (Georgsplatz). An der Vikářská steht das hochbarocke **Alte Dekanat** (Nr. 2/37), seit 1483 der Sitz des Dechanten vom St.-Veits-Kapitel. Hier ragt auch der runde **Mihulka-Turm** weit in den Hirschgraben hinaus. König Vladislav Jagiello ließ den Turm gegen Ende des 15. Jh. als Artilleriestellung errichten. Die Alte und die Neue Vikarei (Nr. 1/38, 4/39) wurden 1969 vereinigt und unter dem Namen *Vikárka* als Restaurant und Weinstube eröffnet.

Um das Jahr 915 gründete Fürst Vratislav I. die dem hl. Georg geweihte **St.-Georgs-Basilika.** Als 973 daneben ein Kloster entstand, wurde die Basilika dreischiffig erweitert. Nach dem Brand des Jahres 1142 kamen die beiden Türme hinzu, 1657–1680 erhielt die Kirche ihr frühbarockes Äußeres, 1717–1722 entstand die benachbarte *Kapelle des hl. Johannes von Nepomuk.* Heute dient die Georgsbasilika als Konzertsaal.

Die Westfassade zeigt ein Georgsrelief im Giebel und Statuen von Vratislav I. und der Fürstin Milada über den beiden Seitenpilastern. Die Statue des hl. Nepomuk über dem Portal der Kapelle schuf Ferdinand Maximilian Brokoff (um 1720). Wie der St.-Veits-Dom erhielt auch die Georgsbasilika ein prächtiges *Südportal,* das im frühen 16. Jh. die Bauhütte von Benedikt Ried errichtete. Außergewöhnlich lebendig wirkt das Drachentöterrelief, dessen Original sich heute im Georgskloster befindet. Das Innere der Basilika hat seine schlichte romanische Schönheit bewahrt. Die Arkaden stammen aus dem 10. und 11. Jh., die Tribünenfenster aus dem 12. Jh. Archäologen fanden zwischen 1958 und 1962 die Grabtumben früher Přemyslidenfürsten: Vratislav I. († 921) in einer hölzernen Tumba aus dem 15. Jh. und Boleslav II. († 999) mit einem Grabmal aus der Zeit um 1730. Die *Kapelle der hl. Ludmila,* der ersten Märtyrerin Böhmens und »Mutter des tschechischen Volkes«, stammt aus dem beginnenden 13. Jh. Sie enthält Grab und Reliquien der Heiligen, das eindrucksvolle Grabmal fertigte die Parlersche Bauhütte um 1380.

Das **St.-Georgs-Kloster** gründete Milada (Mlada), die Schwester des Fürsten Boleslav II., des Frommen, 973 als erstes Kloster in Böhmen. Milada hatte Papst Johan-

Die Parler, Baumeister und Bildhauer

Peter Parler, Selbstporträt im Triforium des Prager Veitsdoms

Wohl keine Künstlerfamilie hat die Architektur und Bildhauerei des Hochmittelalters stärker geprägt als die der Parler, deren Name sich aus der Berufsbezeichnung *Parlier* (= Stellvertreter eines Bauhüttenmeisters) ableitete. An allen bedeutenden Bauvorhaben des 14. Jh. waren Mitglieder der Familie beteiligt. Ein **Heinrich Parler »von Köln«**, geboren zwischen 1300 und 1310, leitete die Bauhütte der Heiligkreuzkirche in Schwäbisch Gmünd. Hier entwickelte er in Abwendung von dem Basilikastil die spätgotische Hallenkirche: Alle Schiffe sind gleich hoch, der Innenraum wirkt weit und ausgewogen, große Maßwerkfenster lassen viel Licht herein, dekoratives Rippenwerk durchzieht die Gewölbe.

nes XIII. in Rom davon überzeugt, daß Böhmen einen guten Bischof brauchte, um den christlichen Glauben durchzusetzen und zu festigen. Prag bekam seinen Bischof, und Milada wurde erste Äbtissin des Benediktinerinnenklosters zum hl. Georg. Das Kloster wurde im Laufe der Jahrhunderte mehrmals umgebaut und vergrößert. 1782 hob es Kaiser Joseph II. auf und machte eine Kaserne daraus, seit 1976 zeigt das Kloster als Teil der Nationalgalerie böhmische Kunst aus Gotik, Renaissance, Manierismus und Barock, darunter zahlreiche Tafelbilder, die Meister Theodoricus zwischen 1357 und 1367 für die Kreuzkapelle der Burg Karlstein (s. S. 114) gemalt hat. Die dem Kloster zugehörige *St.-Anna-Kapelle* erstand über dem Grab der seligen Milada († 994).

1353 (oder 1356) holte Kaiser Karl IV. einen Sohn Heinrichs, **Peter Parler,** nach Prag, damit dieser als Nachfolger des 1352 verstorbenen Matthias von Arras den Bau des St.-Veits-Domes fortsetze. Obwohl erst 23 Jahre alt, wandelte Peter die Pläne so weit ab, daß die von seinem Vater und ihm erarbeiteten Formen deutlich wurden: große Fensterflächen, doppelte Triforien, Horizontalgesimse, die das gotische Aufwärtsstreben bremsen und der Halle Ruhe und Weite geben. Schon in Gmünd waren Architektur und Bildhauerei in der Parlerschen Bauhütte vereinigt. Um so stärker verbanden sich beide Künste bei Peter in Prag. Peter gestaltete die kraftvollen Figuren der Přemyslidenherrscher Ottokar I. und Ottokar II. in ihren Grabkapellen, er schuf die lebensnahen Triforiumsbüsten, darunter auch sein eindrucksvolles Selbstporträt. Neben der Arbeit am Veitsdom schuf Peter Parler die Karlsbrücke und entwarf den Figurenschmuck am Altstädter Brückenturm, er wirkte am Bau der Prager Teynkirche und der Kuttenberger Barbarakirche mit.

In Peter Parlers Bauhütte arbeitete auch sein Bruder **Michael** als Steinmetz. **Johann Parler,** ein weiterer Bruder Peters, wurde 1359 Werkmeister am Freiburger Münster und baute das eingestürzte Basler Münster wieder auf. Johanns Sohn **Michael** leitete die Arbeiten am Straßburger Münster, der zweite Sohn **Heinrich** wurde Baumeister des Markgrafen von Mähren. Peter Parler wiederum hatte fünf Söhne und zwei Töchter: **Nikolaus** wurde Priester, **Wenzel** Dombaumeister in Prag, später in Wien, nachdem ihn sein Bruder **Johannes** als Prager Dombaumeister abgelöst hatte. Auch Peter Parlers Söhne **Paul** und **Janco** gehörten der Prager Hütte an. Eine Tochter heiratete den Steinmetzen Michael von Köln.

Zeitweise war auch Peter Parlers Neffe **Heinrich Parler** in der Prager Bauhütte tätig, später arbeitete er am Südturm des Kölner Doms und entwarf die berühmte ›Kölner Parlerbüste‹. Auch die Kalksteinfigur des hl. Wenzel in der Wenzelskapelle des St.-Veits-Domes ist sein Werk. Die Lebensnähe, die individuelle Charakterisierung der bildhauerischen Porträts führten Heinrich zum Schönen Stil, der sich um 1400 auffallend schnell in ganz Europa ausbreitete und Schöpfungen von einzigartigem Reiz hervorbrachte. Zu diesen Schöpfungen zählen die Schönen Madonnen, wie z. B. die berühmte ›Krumauer Madonna‹. Ob Heinrich Parler allerdings – wie vielfach behauptet wird – den Typus der Schönen Madonna geschaffen hat, ist umstritten.

Im 16. Jh. kaufte das einflußreiche Adelsgeschlecht der Rosenberger neben dem Königspalast mehrere alte Häuser und ersetzte sie durch einen prunkvollen Palast. Dieses **Rosenberg-Palais** wurde zum Mittelpunkt des politischen und gesellschaftlichen Lebens in Prag. Im Jahr 1600 übernahm Kaiser Rudolf II. das luxuriöse Anwesen, Maria Theresia richtete hier im 18. Jh. ein Stift für adlige Damen ein. Nikolaus Freiherr von Pacassi und Anselmo Lurago gaben dem Palais 1754/55 seine heutige Gestalt und bezogen die Allerheiligenkapelle des Königspalastes in das Stift mit ein.

Das **Lobkowitz-Palais** in der Südostecke der Burg ließ sich gegen 1570 der Oberste Kanzler Vratislav von Pernštejn bauen. 1602 erwarb Wilhelm Popel von Lobkowitz das

Anwesen. Wenzel Eusebius von Lobkowitz, Minister unter Kaiser Leopold I., beauftragte 1651 den Architekten Carlo Lurago mit dem Umbau in frühbarockem Stil. Sein jetziges Aussehen erhielt der Palast 1791. Heute zeigt das Lobkowitz-Palais als *Nebenstelle des Nationalmuseums* »Denkwürdigkeiten der nationalen Vergangenheit«.

Der **Schwarze Turm** war im 12. Jh. das Osttor der Burg. Wenzel I. ließ das Tor zumauern und südlich davon ein neues Osttor in die Mauer setzen. Vor diesem Tor befindet sich eine *Aussichtsterrasse*, die aus einer Artilleriestellung des 16. Jh. hervorging. Die **Staré zámecké schody** (Alte Schloßstiege) verbindet die Burg mit der Kleinseite. Die nordöstliche Burgmauer verstärken zwei Artillerietürme: der Daliborka und der Neue Weiße Turm. Der **Daliborka-Turm** wurde 1496 zusammen mit den neuen Befestigungen von Benedikt Ried, dem großen Baumeister der Spätgotik, errichtet. Sein Name erinnert an den ersten Gefangenen, der in dem fensterlosen Turmverlies bis zu seiner Hinrichtung schmachtete, den Ritter Dalibor, der auf seiner Burg bei Leitmeritz aufständischen Bauern Schutz gewährt hatte. Der **Neue Weiße Turm**, im Jahr 1584 ebenfalls als Geschützturm konzipiert, diente vor allem als Staatsgefängnis. Hier warteten die Führer des Ständeaufstands (1618) auf ihre Hinrichtung. Zwischen beiden Türmen liegt längs der Mauer das **Goldene Gäßchen** (Zlatá ul.). In den kleinen bunten Häuschen wohnten im 16. Jh. die Burgschützen, im 17. Jh. die Goldschmiede. Alchimisten jedoch, die angeblich im Auftrag Kaiser Rudolfs II. den »Stein der Weisen« suchten, haben hier nie gewirkt. Im 18. und 19. Jh. war das Goldene Gäßchen ein Quartier für arme Leute, Künstler und Literaten. 1917 wohnte im damaligen Haus Nr. 22 Franz Kafka, in den 20er Jahren der tschechische Dichter Jaroslav Seifert, der 1984 den Nobelpreis für Literatur erhielt (das Haus wurde inzwischen abgerissen).

Die touristische Verkitschung der Prager Kultur macht auch vor Franz Kafka nicht halt

1562 ließ Erzherzog Ferdinand von Tirol, Statthalter von Böhmen, die Gräben und Wälle vor den Südmauern der Burg einebnen und in Gärten verwandeln, die der Gartenarchitekt Josip Plečnik zwischen 1920 und 1930 neu gestaltete.

Außerhalb des **Nordtors** überquert die **Pulverbrücke** (Prašný most) den tiefen Hirschgraben (Jelení příkop), in dem vom 16. bis 18. Jh. Hochwild gehalten wurde. 1769 ersetzte ein Damm die Holzbrücke. Jenseits des Grabens liegt linker Hand die **Reitschule** Kaiser Leopolds I. (Jean Baptiste Mathey, um 1694), seit 1949 eine Ausstellungshalle. Die Ostseite des Weges U Prašného mostů (Zur Pulverbrücke) nehmen die **Ferdinand-Marställe** aus dem Jahr 1534 ein. Hier befindet sich auch der **Löwenhof,** den Rudolf II. 1581–1583 von Ulrich Avostalis bauen ließ. In dem Hof hielt der Kaiser Löwen, Tiger, Bären, Wölfe und andere exotische Tiere. Heute ist der *Lví dvůr* eine Gaststätte. Vom Löwenhof bis zum Lustschloß Belvedere erstreckt sich längs des Hirschgrabens der **Königsgarten** mit dem Großen Ballhaus, das 1567–1569 nach einem Entwurf von Bonifaz Wohlmut entstand. Heute dient es als repräsentativer Treffpunkt.

Im Osten schließt das **Belvedere** den Königsgarten ab. Das Lustschloß, 1535–1564 nach einem Entwurf von Paolo della Stella erbaut und von Bonifaz Wohlmut vollendet, gilt als das stilechteste Bauwerk der italienischen Renaissance nördlich der Alpen. In der Mitte des hübschen Renaissance-Giardinettos steht der *Singende Brunnen* von Francesco Terzio, 1564 von Tomáš Jaroš in Bronze gegossen. Die in die beiden Becken fallenden Wasserstrahlen erzeugen ein klingendes Vibrieren, das dem Brunnen seinen Namen gab.

□ Die Burgstadt (Hradčany)

Schon früh entstand westlich der Burg eine Siedlung, in der hauptsächlich Burgbedienstete wohnten. Um 1320 erhob der Burggraf Hynek Berka diese Siedlung, die bis zur heutigen Gasse U kasáren reichte, zur burggräflichen Stadt. Schon wenige Jahrzehnte später, 1360–1362, ließ Karl IV. mit der »Hungermauer« ein gewaltiges Terrain umschließen, das den Berg Petřín und das Kloster Strahov mit einbezog. Die Hussitenkämpfe um 1420 und der große Brand von 1541 zerstörten die gotische Burgstadt, die sich ab Mitte des 16. Jh. mit schmucken Bürgerhäusern und Palästen im Stil der Renaissance wieder aus der Asche erhob. 1598–1784 war Hradčany königliche Stadt, danach ein Stadtviertel Prags.

Der **Hradčanské nám.** (Hradschiner Platz) war der repräsentative Mittelpunkt der Burgstadt, seit 1541 von Palästen des Adels und des Klerus umgeben. In der Grünanlage des Platzes steht eine *Mariensäule* mit den acht Landespatronen, eine Arbeit von Ferdinand Maximilian Brokoff aus dem Jahr 1726. Das Empirepalais an der Südseite des Platzes (Nr. 1/186) ließ 1800–1810 der Prager Erzbischof Wilhelm Florentin von Salm errichten. 1813 erwarb Karl Philipp Fürst zu Schwarzenberg, Oberbefehlshaber der böhmischen Armee und Chef der gegen Napoleon verbündeten Streitkräfte, das **Salm-Palais** und ließ es mit dem benachbarten Palast seiner Familie verbinden. Dieses **Schwarzenberg-Palais** (Nr. 2/185) hatte Augustin Vlach 1545–1563 für Johann von Lobkowitz an der Stelle mehrerer beim Brand eingeäscherter Bürgerhäuser errichtet. Ornamentale Sgraffiti,

Hradschiner Platz: Salm-Palais und Eingang zur Burg

die an florentinische Palastarchitektur erinnern, schmücken die Fassaden des auffallenden Renaissancebauwerks. Heute beherbergt das Palais ein *Militärmuseum.*

Die **St.-Benedikts-Kirche** war bereits 1353 Pfarrkirche der Burgstadt. Sie wurde mehrmals umgebaut, zuletzt um das Jahr 1720. 1626 ging die Kirche in den Besitz des Barnabitenordens über, 1792 übernahmen die »Unbeschuhten Karmeliterinnen« die Kirche und das anschließende kleine Kloster (Nr. 3/184). Seit 1960 dient der Klosterbau als Unterkunft für Staatsgäste.

Michael Oswald Graf Thun-Hohenstein ließ sich 1689–1691 von Jean Baptiste Mathey jenes barocke Palais errichten, das 1718 an die Großherzogin Maria Anna von der Toskana überging und seitdem **Toskanisches Palais** heißt. Zwei markante Portale geben der breiten Fassade eine angenehme Symmetrie, die durch die Dachpavillons noch betont wird. Johann Brokoff schuf die sieben allegorischen Statuen auf der Attika, die beiden mächtigen Wappen über den Portalen und die Neptunstatue im Hof (1689–1691). Der *hl. Michael* an der Gebäudeecke ist ein Werk des Italieners Ottavio Mosto aus der Zeit um 1694. Im Uhrzeigersinn folgen nun die **Domherrenhäuser** (Nr. 6/65 und Nr. 7/68), deren Grundrisse an mittelalterliche Gehöfte erinnern, und an der Ecke zur Kanovnická ul. (Domherrengasse) das **Martinitz-Palais** (Nr. 8/67) mit seinen reizvollen Sgraffiti aus dem späten 16. und frühen 17. Jh. (Joseph flieht vor Potiphars Frau, die ihn zu verführen versucht). Heute residiert hier der Stadtarchitekt von Prag. Hinter dem Erzbischöflichen Palais steht das **Sternberg-Palais** (Nr. 15/57), das sich Wenzel Adalbert Graf Sternberg 1698–1707 von Giovanni Battista Alliprandi bauen ließ. Seit 1950 hat die *Nationalgalerie* in dem Palais ihren Sitz, hier befinden sich einzigartige Werke der bedeutendsten europäischen Künstler von Albrecht Dürer bis Pablo Picasso.

Das **Erzbischöfliche Palais,** das in seinem Kern auf das »Griespecksche Haus« zurückgeht, erstrahlt seit 1989 in restaurierter Schönheit. 1562–1564 baute es Ulrich Avostalis de Sala für Erzbischof Antonin Brus zu einem Renaissancepalast aus, der bereits 1599 erweitert werden mußte. Nach 1675 veränderte Francesco Lurago den Palast nach einem Entwurf von Jean Baptiste Mathey im Stil des Barock. Seine jetzige Rokokofassade gab ihm 1764/65 Johann Joseph Wirch. Vom Interieur sind neun Gobelins mit der Flora und Fauna des alten und des neuen Indiens erwähnenswert, gewirkt in der Pariser Manufaktur Jacques Neilson.

Wer der Kanovnická ul. folgt, stößt auf die **St.-Johannes-von-Nepomuk-Kirche,** die Kilian Ignaz Dientzenhofer 1720–1729 baute, die erste Kirche, die der berühmte Barockmeister entwarf. 1737 fügte er ein Klosterhaus (Nr. 5/72) für den Orden der Ursulinerinnen hinzu. 1784 wurde das Kloster in eine Kaserne, die Kirche in ein Lagerhaus umgewandelt. Ab 1861 war St. Nepomuk eine evangelische, von 1902 an eine katholische Armeekirche. An St. Nepomuk schließt sich das malerische Viertel *Nový Svět* an.

Den Hradčanské nám. mit dem Loretánské nám. (Loretoplatz) verbindet die Loretánská ul. (Loretogasse), an der das **Alte Rathaus** der Stadt Hradčany steht (Nr. 1/173). Im 15. Jh. hatte noch die Pfarre der St.-Benedikts-Kirche als Tagungsort des Rates genügt; als Hradčany 1598 jedoch zur königlichen Stadt erhoben wurde, brauchte es ein eigenes Rathaus, das der Sachse Kaspar von Oemlichen 1601–1604 erbaute. An der Loretánská liegen auch drei kleine Paläste: ein weiteres **Martinitz-Palais** (Nr. 4/181), 1700–1705 für Georg Adam von Martinitz, kaiserlichem Gesandten in Rom, erbaut, das **Trauttmansdorff-Palais** (Nr. 6/180) aus dem 16. Jh., im späten 18. Jh. klassizistisch erneuert, und das

Hrzán-Palais (Nr. 9/177) aus gotischer Zeit, das Peter Parler gehörte und im Laufe der Jahrhunderte fast sämtliche Baustile aufnahm.

Zu den ungewöhnlichsten Plätzen Prags zählt der **Loretánské nám.** (Loretoplatz), gesäumt von dem gigantischen Baukörper des Černín-Palastes, dem tief gelegenen Loretoheiligtum und dem unscheinbaren Kapuzinerkloster. Johann Humprecht Graf Czernin von Chudenitz, kaiserlicher Gesandter in Venedig, ließ sich 1669–1692 das nach ihm benannte **Palais Černín** erbauen. Einen Vorentwurf soll Gian Lorenzo Bernini, der große Baumeister und Bildhauer des barocken Rom, gezeichnet haben, die Detailplanung oblag Francesco Caratti. Von den Wand- und Deckengemälden des böhmischen Malers Wenzel Lorenz Reiner (1689–1743) ist nur der ›Sturz der Giganten‹ (1718) im *Treppenhaus* erhalten geblieben. Alle anderen Fresken sowie die Skulpturen von Matthias Bernhard Braun wurden 1742 von französischen Truppen zerstört. Fünf Jahre darauf stellte Anselmo Lurago den Palast wieder her und ergänzte den Bau durch einen Balkon, der sich oberhalb der drei Portale über die gesamte Gebäudefront erstreckt. Über dem hohen Sockelgeschoß aus Diamantquadern gliedern 30 Halbsäulen mit Fratzenkapitellen sowie 29 Fensterachsen mit Dreiecks- und Segmentgiebeln die 150 m lange Fassade. 1851 wurde das Palais in eine Kaserne umgewandelt, 1928–1934 erweiterte Pavel Janák das Gebäude um einen Nebentrakt; seither residiert hier das Außenministerium.

Als nach der Schlacht am Weißen Berg (1620) die Gegenreformation einsetzte, als die römische Kirche mit vielerlei Mitteln die vorwiegend protestantische Bevölkerung wie-

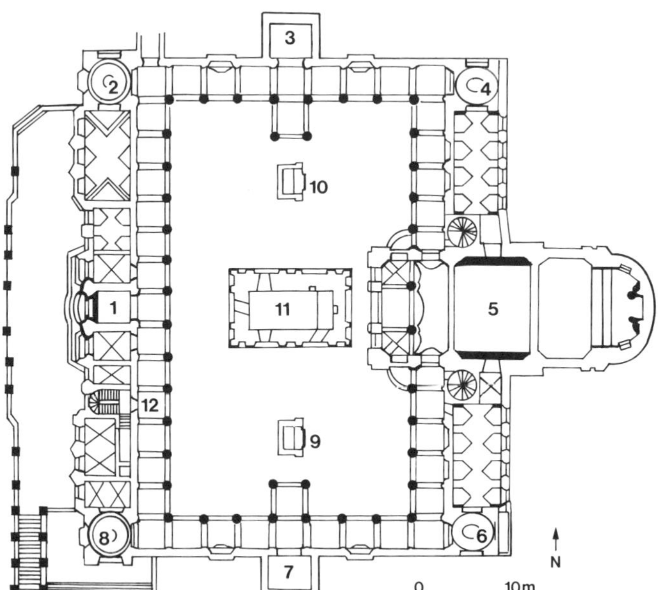

Loretoheiligtum, Grundriß
1 *Eingang*
2 *St.-Anna-Kapelle*
3 *Kapelle des hl. Franz Seraph (Franz von Assisi)*
4 *St.-Josephs-Kapelle*
5 *Christi-Geburts-Kirche*
6 *Kapelle des Heiligen Kreuzes*
7 *Kapelle des hl. Antonius von Padua*
8 *Kapelle der schmerzhaften Gottesmutter*
9 *Brunnen ›Mariä Himmelfahrt‹*
10 *Brunnen ›Christi Auferstehung‹*
11 *Casa Santa*
12 *Treppe zur Schatzkammer*

der zum alten Glauben zu bringen versuchte, besann man sich des Marienkults von Loreto. Nach einer alten Legende sollen im Jahr 1295 Engel das Wohnhaus der Heiligen Familie von Nazareth in die mittelitalienische Provinz Ancona getragen und in einem Lorbeerhain aufgestellt haben. Die *Casa Santa* (Heiliges Haus) im Lorbeerhain (lat. *lauretum*, davon Loreto) wurde zu einer der berühmtesten Pilgerstätten der Christenheit. Im Zuge der gegenreformatorischen Wiederbelebung der Marienverehrung entstanden im 17. Jh. in ganz Böhmen etwa 50 Loretoheiligtümer, von denen das Prager **Loreto** mit Abstand die größte Bedeutung erlangte. Die Fürstin Benigna Katharina Lobkowitz stiftete im Jahr 1626 auf dem Areal des Kapuzinerklosters eine *Casa Santa*. Giovanni Battista Orsi aus Como baute das Haus, das 1631 seine Weihe empfing. Ebenfalls Italiener schmückten ab 1664 die Außenwände mit Stukkaturen, deren künstlerische Qualität allerdings nicht an das italienische Vorbild heranreicht. Szenen aus dem Marienleben malte František Kunz 1695 an die Innenwände. Die Marienfigur in einer Nische schuf 1671 der Prager Goldschmied Markus Hrbek.

Um die Pilger vor den Unbilden des Wetters zu schützen, entstanden 1634–1640 die um die Casa Santa laufenden *Wandelgänge*. 1661–1696 errichtete Christoph Dientzenhofer den Hauptturm und zwei Kapellen. Das berühmte Glockenspiel, das zu jeder vollen Stunde erklingt, schuf 1694 der Prager Uhrmacher Peter Naumann. Die herrliche *Christi-Geburts-Kirche* an der Ostseite des Umgangs gestaltete Christoph Dientzenhofer ab 1717 aus der vorhandenen St.-Anna-Kapelle. Nach seinem Tod im Jahr 1722 setzten sein Sohn Kilian Ignaz und sein Stiefsohn Johann Georg Aichbauer die Arbeiten fort. Die Deckenmalereien stammen von Wenzel Lorenz Reiner und Johann Anton Schöpf (1735). 1746/47 gab Kilian Ignaz Dientzenhofer dem Arkadenumgang ein Obergeschoß und erneuerte die Fassade.

Eine tiefen Eindruck hinterläßt die *Schatzkammer* des Heiligtums im Obergeschoß des Umgangs. Über 300 Pretiosen, meist liturgische Gegenstände, aus dem 16. bis 18. Jh. sind dort vereint, z. B. die berühmte ›Diamantenmonstranz‹, ein 90 cm hohes, 12 kg schweres Hostiengefäß aus vergoldetem Silber, mit 6222 Diamanten besetzt. Nach einem Entwurf von Johann Bernhard Fischer von Erlach erstellten die Wiener Hofjuweliere Matthias Stegner und Johann Känischbauer 1699 diese Votivgabe.

Das **Kapuzinerkloster** mit dem unscheinbaren Kirchlein wurde im Jahr 1602 von dem später heiliggesprochenen Ordensgeneral und Kirchenlehrer Laurentius von Brindisi (1559–1619) als erstes Kloster des Kapuzinerordens in Böhmen gegründet. Die Marienstatue in der Kapelle links vom Eingang soll um 1602 in Rottenburg am Neckar entstanden sein. Wer zur Weihnachtszeit in Prag weilt, sehe sich die eindrucksvolle Barockkrippe aus Neapel an.

Der Weg vom Hradschin zum Kloster Strahov führt über den **Pohořelec** (Brandplatz), eine langgestreckte Platzanlage mit schönen alten Häusern, die heute fast durchweg ein barockes Äußeres zeigen. 1375 legte der stellvertretende Burggraf Aleš von Malkowitz diesen Ortsteil innerhalb der im Jahr 1362 fertiggestellten, neuen Stadtmauer, der »Hungermauer«, an. »Brandplatz« nannte sich das Viertel erst später, nachdem die Wohnhäu-

Der Philosophische Saal im Kloster Strahov

ser mehrmals in Flammen aufgegangen waren: zum ersten Mal im Jahr 1420 bei den Kämpfen zwischen Hussiten und Kaisertreuen, dann bei dem großen Brand von 1541, der fast die ganze Kleinseite und ganz Hradčany zerstörte. Die meisten heutigen Häuser am Brandplatz entstanden im 16. bzw. zu Beginn des 17. Jh., so auch das in reinstem Rokoko erstrahlende **Kučera-Palais** (Nr. 22/114).

An der Ecke zur Parleřova und Kepleřova ul. (Parlergasse und Keplergasse), unweit der Straßenbahnhaltestelle, zieht das originelle **Brahe-Kepler-Denkmal** des Bildhauers Josef Vajce aus dem Jahr 1984 die Aufmerksamkeit auf sich. An dieser Stelle stand einst das Renaissanceschlößchen des Jakob Kurz von Senftenau, in dem der dänische Astronom Tycho Brahe bis zu seinem Tod im Jahr 1601 lebte.

Vom Pohořelec bzw. von der anschließenden Dlabačov ul. her betritt man durch ein barockes Tor das **Kloster Strahov** (Strahovský klášter). Die Statue des hl. Norbert, die das Tor krönt, schuf Johann Anton Quittainer 1755. Norbert von Xanten (um 1082–1134), Stiftsherr in der niederrheinischen Heimat des Sagenhelden Siegfried, Erzbischof von Magdeburg, Kanzler des Heiligen Römischen Reiches, hatte 1120 im französischen Prémontré bei Laon den großen Kolonisationsorden der Prämonstratenser gegründet. Um 1140 kamen Mönche aus dem Prämonstratenserkloster Steinfeld in der Eifel nach Prag und bauten auf dem »Berg Zion« eine dreischiffige romanische Kirche Mariä Himmelfahrt sowie klösterliche Wohn- und Wirtschaftsgebäude. 1258 brannte die gesamte Anlage nieder, wurde jedoch innerhalb weniger Jahre wieder aufgebaut. Abt Kaspar Questenberg ließ das Kloster 1614–1629 im Stil der Renaissance erneuern, 1682–1698 gestaltete Jean Baptiste Mathey die Abtei im Barockstil völlig um. Während der Belagerung Prags durch die Franzosen 1741 trug sie schwere Schäden davon. Im letzten Viertel des 18. Jh. erhielt das Kloster Strahov seine berühmte Bibliothek. Seit ihrer Restaurierung 1950–1953 beherbergt die ehemalige Abtei das *Museum des tschechischen Schrifttums.*

Besichtung des Klosters Strahov

Im Vorhof hinter dem Tor steht die kleine *St.-Rochus-Kirche* (Kostel sv. Rocha), die Abt Jan Lohelius 1603–1612 erbauen ließ. Kaiser Rudolf II. stiftete den gotischen Zentralbau mit Elementen der Renaissance dem Schutzpatron gegen die Pest als Dank für die Verschonung von der furchtbaren Seuche des Jahres 1599. St. Rochus war bis 1784 die Pfarrkirche des Stadtteils Strahov, danach verfiel der Bau, bis er in den 70er Jahren unseres Jahrhunderts restauriert wurde und seitdem als Ausstellungssaal dient.

Die *Mariä-Himmelfahrts-Kirche* (Kostel Nanebevzeti Panny Marie) aus dem Jahr 1148 ist trotz aller Umbauten im wesentlichen eine romanische Basilika geblieben. 1258–1263 erhielt der dreischiffige Kirchenraum eine frühgotische Einwölbung, ein Querschiff und zwei Seitenkapellen. Etwa 1601–1606 wurde die Kirche im Renaissancestil umgebaut und im ausgehenden 17. Jh. von Jean Baptiste Mathey barock verändert. Nach dem Artilleriebeschuß des Jahres 1742 erhielten Fassade, Türme und auch der Innenraum das heutige Aussehen. Die Fresken des Innenraums stammen von Georg Wilhelm Neunherz (1743/44), Johann Anton Quittainer schuf den Skulpturenschmuck der Seitenaltäre (1750–1764). Den Hauptaltar gestalteten Joost Lauerman und Ignaz Franz Platzer (1763).

Die berühmte *Strahover Bibliothek,* heute das Museum des tschechischen Schrifttums, ein großartiges Beispiel des Übergangs vom Barock zum Klassizismus, errichtete Ignaz Johann Palliardi 1783–1790. Den Fassadenschmuck gestaltete Ignaz Michael Platzer, ein Sohn des Ignaz Franz Platzer. Den *Theologischen Saal* baute bereits 1671–1679 der Italiener Giovanni Domenico Orsi. Der Saal war ursprünglich kürzer und wurde 1721 um zwei Joche erweitert. Zunächst enthielt er die gesamte Klosterbibliothek, blieb aber nach dem Neubau den theologischen Werken vorbehalten. Die Säkularisation des Prämonstratenserstifts Klosterbruck (Louka) bei Znaim (Znojmo) zog die Vereinigung der Bibliotheksbestände nach sich. So entstand bis 1790 durch Erweiterung des 1783 begonnenen Bibliotheksbaus ein großer, zweistöckiger

Saal, der sogenannte *Philosophische Saal*, dessen Ausmaße dem Mobiliar der Klosterbruckschen Bibliothek gerecht wurden. Nicht nur die Bücher und Handschriften kamen also mit kaiserlicher Genehmigung nach Strahov, auch die kostbaren Regale des Tischlers Johann Lachhofer, die Fenster, sogar der Fußboden. Das Deckenfresko, eine Allegorie der Wissenschaften, schuf 1794 der große Wiener Barockmaler Franz Anton Maulpertsch.

Nach dem Zweiten Weltkrieg wurden fast alle Klosterbibliotheken der Tschechoslowakei aufgelöst und in Strahov vereinigt, so daß der offizielle Bestand heute über 500 000 Werke umfaßt, von denen allerdings nur 130 000 in der Bibliothek enthalten sind, darunter zahlreiche Unikate, Inkunabeln (Drucke bis zum Jahr 1500) und Handschriften. (Der Rest ist zur Zeit ausgelagert und nur im Leihverkehr zu beziehen.) Zu den größten Kostbarkeiten der Bibliothek zählt das ›Evangeliar von Strahov‹, eine Handschrift aus dem 9./10. Jh. Weitere Ausstellungsräume des Museums des tschechischen Schrifttums befinden sich im Kreuzgang und in den anschließenden Räumen des ehemaligen Klosters. Hier werden etwa 50 000 Exponate aus der tschechischen Frühzeit bis zur Gegenwart gezeigt, darunter Urkunden der Přemysliden, Faksimiles des ›Vyšehrader Evangeliars‹ und der ›Cosmas-Chronik‹ sowie Schriftstücke aus hussitischer Zeit.

Vom Strahov-Kloster empfiehlt sich ein Spaziergang entlang der **Hungermauer** über den Berg Petřín (Laurenziberg). Karl IV. ließ 1360–1362 die gotische Stadtmauer errichten, um eine Notzeit zu überbrücken und den Armen Prags einen Broterwerb zu bieten. Die zinnenbekrönte Mauer steht an vielen Stellen noch bis zur vollen Höhe. Der **Petřín,** ein Ausläufer des Weißen Berges, ist heute ein riesiger öffentlicher Obstgarten. Sein Wahrzeichen ist ein 60 m hoher, dem Pariser Eiffelturm nachempfundener, eiserner **Aussichtsturm** (Rozhledna), der anläßlich der Prager Industrieausstellung 1891 errichtet wurde. Seine Galerie (384 m ü. M.) bietet einen unvergleichlichen Rundblick auf Prag und die nähere Umgebung.

Dem Aussichtsturm steht die **St.-Laurentius-Kirche** (Kostel sv. Vavřince) zur Seite, die dem Petřín den früheren Namen »Laurenziberg« gab. Das schon 1135 erwähnte einschiffige Kirchlein bezog Ignaz Johannes Palliardi 1735–1770 als Chor in eine neue Barockkirche ein. Gleich nebenan zeigt die **Kalvarienkapelle** an ihrer Fassade ein Sgraffito der Auferstehung Christi nach einer Zeichnung von Mikoláš Aleš. Die Kapelle enthält eine barocke Kreuzigungsgruppe. Die **Heilig-Grab-Kapelle** aus dem Jahr 1732 ist der Grabkapelle in der Jerusalemer Grabeskirche nachempfunden und bildet den Endpunkt eines Kreuzwegs, der von der Kleinseite zum Petřín hinaufführt.

Neustadt (Nové město)

1348–1350 umschloß Karl IV. ein über 2 km^2 großes Gebiet südlich der Altstadt bis zum Vyšehrad mit einer langen Mauer. Hier entstand eine Reißbrettstadt, deren Straßenzüge und Marktplätze, Kirchen und Klöster, auch die Privatgrundstücke, selbst die Höhe der

Häuser, das Baumaterial und die Bauzeit genau festgelegt waren. In dieser »Neustadt« ließen sich vorwiegend Handwerker nieder, die aus allen Teilen Böhmens herbeiströmten, um die Vorzüge einer Hauptstadt zu nutzen. Bis 1784 war *Nové mešto* eine selbständige Stadt mit eigenem Rat, dann wurde sie mit den drei anderen Prager Städten vereinigt.

Mit der Anlage der Neustadt verlor die Altstadtmauer in ihrem südlichen Bereich an Bedeutung und wurde beseitigt. Die Stelle des Grabens nahmen breite Straßen ein, die heutigen Geschäftsstraßen **Na přikópě** (Am Graben), **28. října** (28. Oktober) und **Národní tř.** (Nationalstraße). Die Häuser, die die drei Straßen heute säumen, entstammen vorwiegend der Jahrhundertwende. Es sind durchweg Banken, Versicherungen und Kaufhäuser: z. B. die *Nationalbank* am Graben Nr. 14/854 (1930), *Dům elegance,* das älteste Prager Kaufhaus, am Graben Nr. 4/847 (1871), das Haus *Rapid* in der 28. října Nr. 13/377 (1902) oder das Kaufhaus *Máj* in der Národní Nr. 26/63 (1975).

Eine ausgiebigere Betrachtung verdienen die beiden Jugendstilhäuser in der Národní Nr. 7/1011 und Nr. 9/1010: Das Haus der ehemaligen Versicherungsgesellschaft *Praha* baute Osvald Polívka 1907/08, die Fassadenreliefs entwarf Ladislav Šaloun; gleichzeitig entstand das Nachbarhaus des ehemaligen Verlags *Topič,* ebenfalls nach den Planungen Polívkas.

Am Moldauufer: Palais Lăzanský und Nationaltheater

□ Vom Palais Lažanský zum Wenzelsplatz (Václavské nám.)

Das **Palais Lažanský** in der Národní Nr. 1/1012 birgt in seinem Untergeschoß das *Café Slavia*, das wohl berühmteste Theater- und Literatencafé von Prag. Ignaz Ulmann baute 1861–1863 das Eckhaus an der Moldau als Wohnsitz für den Vizepräsidenten der Prager Statthalterei, Anton Graf Lažanský von Bukowa. 1878 erhielt der Gastwirt Václav Zoufaly von dem Grafen die Erlaubnis, im Erdgeschoß des Palais ein Kaffeehaus einzurichten. Wohl alles, was um die Jahrhundertwende in Prag Rang und Namen hatte, vor allem Schriftsteller, Rezensenten, Schauspieler, Primadonnen, Komponisten, Maler, Verleger, Regisseure, Ärzte, Professoren, Gäste aus dem Ausland und ganz besonders Journalisten, traf sich im Café Slavia. Franz Werfel war darunter, ebenso Thomas Mann, Auguste Rodin, Edvard Grieg, Hugo von Hofmannsthal, Albert Einstein, Franz Kafka, Gustav Meyrink, Rainer Maria Rilke, Gerhard Hauptmann, Jaroslav Seifert und wie sie alle hießen. Bedřich Smetana wohnte eine Zeitlang über dem Café und vertonte hier seine ›Verkaufte Braut‹.

Am Moldauufer steht das **Nationaltheater** (Národní divadlo), das Josef Zítek 1868–1881 mit Spenden des tschechischen Volkes errichtete. Bedřich Smetanas Oper ›Libuše‹ weihte das Theater am 15. Juni 1881 ein, doch schon am 12. August desselben Jahres fiel der imposante Bau einem Brand zum Opfer. Die Stadt und sogar der Kaiser stellten beträchtliche Mittel zur Verfügung, so daß das Haus bereits 1883 wiedereröffnet werden konnte. Der Bildhauer Bohuslav Schnirch schuf die Statuen Apolls und der neun Musen auf der Attika der Loggia sowie die beiden bronzenen Dreigespanne. Josef Václav Myslbek entwarf die beiden Statuen ›Oper‹ und ›Schauspiel‹ am Seitenportal zur Moldau. 1977–1983 ergänzte der Architekt K. Prager das Nationaltheater durch die **Neue Szene,** eine Gruppe von drei miteinander verbundenen Stahlskelettbauten, die ein Theater, einen Verwaltungs- und Betriebsbau sowie ein Restaurant umfassen. Den umschlossenen Platz schmückt eine *Mädchenskulptur* von J. Malejovský (1983). In dem stillen *Garten* zwischen der Neuen Szene und dem **Ursulinerinnenkloster** findet der Besucher die eindrucksvolle *Skulpturengruppe* ›Rozhovor‹ (›Gespräch‹) von Stanislav Hanzik.

Die Národní tř. endet vor der Most Legií (Legionsbrücke), die seit 1901 mit einem Auflagepunkt auf der **Střelecký ostrov** (Schützeninsel) die Moldau überspannt. Schon 1472 übten auf dieser Moldauinsel die Altstädter Schützen. 1890 veranstalteten die Prager Arbeiter hier die erste Maifeier in Böhmen. Eine kleine Brücke verbindet den Masarykovo nábř. (Masaryk-Kai) mit der **Slovanský ostrov** (Slawische Insel). Im 19. Jh. entstand auf der Insel der »Sophiensaal«, in dem Hector Berlioz, Franz Liszt, Richard Wagner und Jan Kubelík Konzerte gaben. An die Wassermühlen neben der Slawischen Insel erinnert der **Šitkovský-Wasserturm** aus dem Jahr 1495; Ende des 18. Jh. bekam er sein barockes Zwiebeldach. Die Stelle der Mühlen nimmt seit 1930 das **Haus Mánes** ein, Musterbeispiel des funktionalistischen Baustils und heute Sitz des Verbandes bildender Künstler. Im **U Fleků,** Křemencova 11/1651, einem der beliebtesten Prager Bierlokale, kommt ein besonders süffiges dunkles Bier aus eigener Brauerei zum Ausschank. Um

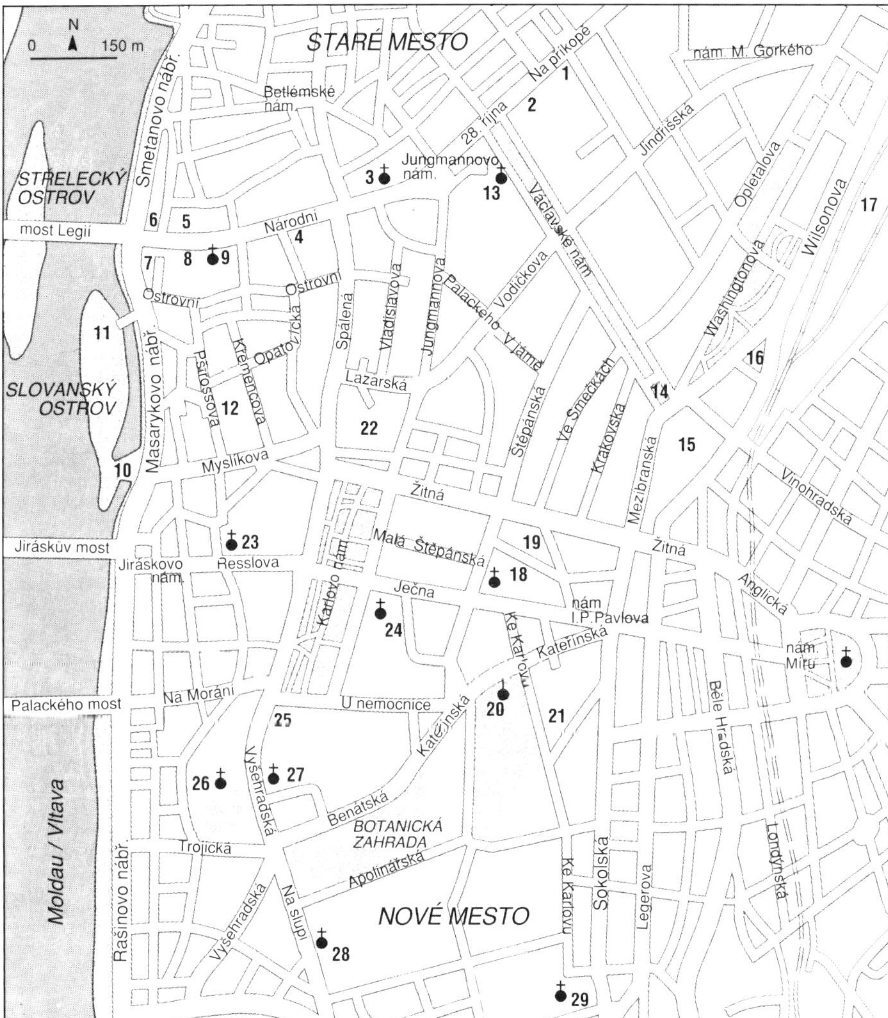

Neustadt (Nové město)
1 Nationalbank 2 Kaufhaus Dům elegance 3 St. Martin in der Mauer 4 Kaufhaus Máj 5 Jugendstilhäuser »Praha« und »Topič« 6 Café Slavia (Palais Lažanský) 7 Nationaltheater 8 Neue Szene 9 St.-Ursula-Kirche und Kloster 10 Haus Mánes/Šitkovský-Wasserturm 11 Sophiensaal 12 U Fleků 13 Maria Schnee 14 Wenzelsdenkmal 15 Nationalmuseum 16 Smetana-Theater 17 Hauptbahnhof 18 St. Stephan 19 St.-Longinus-Rotunde 20 St. Katharina 21 Villa Amerika (A.-Dvořák-Museum) 22 Neustädter Rathaus 23 St. Kyrill und Method 24 St. Ignatius 25 Fausthaus 26 Emmauskloster 27 St. Johann v. Nepomuk 28 Marienkirche »Na slupi« 29 Karlshof

1900 erhielt das Lokal sein neogotisches Aussehen und bietet seither auch politisches Kabarett.

1348 stiftete Karl IV. anläßlich des Todes seiner ersten Frau Blanche de Valois die **Kirche Maria Schnee** (Kostel Panny Marie Sněžné) als Wahrzeichen der Neustadt. Noch im 19. Jh. beherrschte ihr riesiger Baukörper – das Schiff ist 35 m hoch – den Wenzelsplatz. Die Kirche sollte ursprünglich über 100 m lang und damit sogar größer als der Veitsdom werden, aber nachdem der Chor vollendet war, brachten die Hussitenkriege die Arbeiten zum Erliegen. In Maria Schnee predigte Jan Želivský, ehemaliger Prämonstratenser und einer der radikalsten Verfechter der hussitischen Lehre. 1419 führte eine Massendemonstration unter seiner Führung zum ersten Prager Fenstersturz (s. S. 21). Ab dem 15. Jh. verfiel der Bau, Anfang des 17. Jh. stellten ihn Franziskaner wieder her.

Das hohe Gebäude der »Maria im Schnee« mit dem winzigen Turm darauf sieht man am besten vom südlich anschließenden *Franziskanergarten*, in dem noch einige alte Klosterbauten stehen, der Eingang zur Kirche liegt jedoch am Jungmannova nám. (Jungmann-Platz). Josef Jungmann (1773–1847) – sein Denkmal steht hier seit 1878 – gilt als der Begründer der neutschechischen Literatursprache.

Das Nordportal der Kirche krönt ein gotisches Tympanon aus dem 14. Jh. mit

Der Wenzelsplatz um die Jahrhundertwende: Juwel der Belle Époque (im Hintergrund das Nationalmuseum)

B. STÝBLO
VELIMSKÁ KÁVA

der Gottesmutter, Karl IV. und seiner Gemahlin Blanche de Valois. Beeindruckend ist die Höhe des Innenraums. Den Hauptaltar schmückt das Gemälde ›Mariä Verkündigung‹ von Wenzel Lorenz Reiner (1724).

□ Vom Wenzelsplatz zur Villa Amerika

Vor der Altstadtmauer ließ Karl IV. im Jahr 1348 den »Roßmarkt« anlegen, der den Mittelpunkt der Prager Innenstadt bilden sollte und seit 1848 **Václavské nám.** (Wenzelsplatz) heißt. Mit einer Länge von 750 m und einer Breite von 60 m zählt er zu den größten und auch schönsten Plätzen der Welt; eigentlich ist er mehr ein Boulevard. Hotels, Restaurants, Cafés, Kinos und Geschäfte reihen sich hier wie in keiner anderen Straße der Stadt aneinander, nirgendwo anders drängen sich so viele Menschen, um zu flanieren, zu diskutieren, manchmal auch zu demonstrieren. Ein Denkmal des hl. Wenzel stand schon um 1680 auf dem Roßmarkt; 1879 kam das steinerne Standbild auf den Vyšehrad. Das heutige **Wenzelsdenkmal,** ein monumentales Reiterstandbild, schuf Josef Václav Myslbek im Jahr 1888; aufgestellt wurde es 1912 am oberen Ende des Platzes. Von all den großen Geschäfts- und Bürohäusern, Hotels und Wohnhäusern, die fast ausschließlich in den letzten hundert Jahren entstanden, sei hier nur das *Hotel Europa* erwähnt, das 1903–1905 in reinem Jugendstil erbaut wurde. Das älteste Haus am Wenzelsplatz ist das barocke *Hotel Adria* aus der Zeit um 1789.

Den repräsentativen oberen Abschluß des Wenzelsplatzes bildet das **Nationalmuseum** (Národní muzeum) mit seinen vorwiegend naturwissenschaftlichen Sammlungen, erbaut 1885–1890 von Josef Schulz. Anton Wagner entwarf die allegorischen Figuren der Rampe, die Reliefs der über 100 m langen Gebäudefront (›Gründung des Klosters Königsaal‹, ›Gründung der Karlsuniversität‹, ›Rudolf II. empfängt Gelehrte und Künstler‹) und gemeinsam mit anderen Künstlern die Allegorien der Wissenschaften an den Seitentürmen. Eingangshalle und Treppenhaus schmücken Bronzestatuen des Münchner Bildhauers Ludwig Schwanthaler aus den 40er Jahren des 19. Jh.: Libussa, Přemysl, Ottokar II., Wenzel II., Georg von Poděbrad, Erzbischof Ernst von Pardubitz u. a. Der Festsaal des Museums ist das *Pantheon* mit Wandmalereien von František Ženíšek und Václav Brožík.

Vor dem Nationalmuseum durchquert die Wilsonova ul. (Wilson-Straße) als Hauptverkehrsader die Prager Innenstadt. Sie passiert das monumentale **Gebäude der Föderalversammlung** (Nr. 6/52) aus dem Jahr 1973, bis zur Spaltung der Tschechoslowakei 1992 Sitz der obersten gesetzgebenden Institution, und das **Smetana-Theater,** das frühere »Neustädter« bzw. »Neue deutsche Theater«. Ein Stück weiter hat das Prager Architektenpaar Jan Šrámek und Alena Šrámková 1980 eine Kostbarkeit des Jugendstils wiederhergestellt und harmonisch mit einer modernen Schalterhalle verbunden: den **Hauptbahnhof** (Hlavní nádraží), erbaut 1901–1909 von Josef Fanta.

Vom Wenzelsplatz führt die Štěpánska ul. (Stephansgasse) südwärts, quert die breite Žitná und erreicht die **St.-Stephans-Kirche** (Kostel sv. Štěpána), eine gotische Basilika, die 1351–1394 als Pfarrkirche der oberen Neustadt entstand. Trotz mehrerer Umbauten hat die Stephanskirche außen wie innen ihren gotischen Charakter im wesentlichen bewahren können. Beachtenswert sind das Taufbecken aus Zinn (1462) und mehrere Gemälde des Barockmeisters Karel Škréta (Mitte 17. Jh.). In der Stephanskirche fand der große Barockbildhauer Matthias Bernhard Braun (1684–1738) seine letzte Ruhestätte. Im Garten hinter der Kirche steht die **St.-Longinus-Rotunde,** ein rundes Pfarrkirchlein aus dem 12. Jh. für den Weiler *Rybníček* (»Fischteiche«). Bis zum Bau der St.-Stephans-Kirche war die Rotunde dem hl. Stephan geweiht, danach dem hl. Longinus, jenem römischen Hauptmann, der dem Gekreuzigten in die Seite stach, schließlich frommer Christ wurde und im kleinasiatischen Kappadokien als Märtyrer starb.

Das nahegelegene Kloster der Augustinerinnen mit der **St.-Katharinen-Kirche** (Kostel sv. Kateřiny) stiftete Karl IV. 1354 aus Dankbarkeit für seinen ersten, 1332 bei San Felice in Italien errungenen Sieg. Die Hussiten zerstörten Kloster und Kirche, beides wurde 1518–1522 wiederaufgebaut. 1737–1741 ersetzten Kilian Ignaz Dientzenhofer und František Maximilián Kaňka die gotische durch eine barocke Kirche. An die gotische Zeit erinnert noch der *achteckige Turm.* Fast alle Wandmalereien in der Katharinenkirche, vorwiegend Szenen aus dem Leben der Heiligen, stammen von dem Barockmaler Wenzel Lorenz Reiner. Das Kloster ist heute eine psychiatrische Klinik.

Für den Grafen Johann Wenzel Michna von Weizenhofen baute Kilian Ignaz Dientzenhofer zwischen 1717 und 1720 an der Straße Ke Karlovu (Zum Karlshof) auch jenes anmutige Sommerschlößchen, das im 19. Jh. nach einer benachbarten Gaststätte den Namen **Villa Amerika** erhielt. Damals lag es inmitten von Gärten und Parks, heute ist es von Kliniken umgeben. Den kleinen Garten hinter dem Haus schmücken Steinskulpturen der vier Jahreszeiten aus der Werkstatt von Anton Braun (1735). Das Schlößchen ist heute ein *Antonín-Dvořák-Museum.*

□ Rund um den Karlsplatz (Karlovo nám.)

Der **Karlovo nám.** (Karlsplatz) ging aus dem zweiten großen Marktplatz der Prager Neustadt hervor, aus dem »Viehmarkt« (Dobytčí trh). Karl IV. bestimmte seine Lage und Ausdehnung und stellte einen Holzturm in die Mitte des Platzes, um darin an bestimmten Festtagen dem Volk die Krönungsinsignien zu zeigen. Seit 1848 heißt der Platz, der zwischen 1843 und 1863 als Park gestaltet wurde, »Karlsplatz«.

Die Nordseite des Platzes nimmt das **Neustädter Rathaus** (Novoměstská radnice) ein. Es wurde erstmals 1377 erwähnt, dürfte aber bereits kurz nach 1348 entstanden sein. Der Bau besaß ursprünglich zwei Flügel; im Flügel zum Karlsplatz befanden sich die Repräsentations- und Beratungsräume, der Flügel zur Vodičkova enthielt die Amtsstuben und das Gefängnis. 1411–1418 wurde das Rathaus von Martin Friček zu einem vierflügeligen Gebäude mit Arkadenhof erweitert, 1452–1456 kam der wuchtige Eckturm hinzu, 1559 wurde es im Stil der Renaissance umgestaltet. Nach der Vereinigung der vier Prager Städte im Jahr 1784 diente das Gebäude als Strafgericht und Gefängnis, heute beherbergt es Dienststellen der Stadtverwaltung, u. a. ein Standesamt.

Das **Jan-Želivský-Denkmal** vor dem Rathaus, 1960 von J. Lukešová geschaffen, erinnert an den 30. Juli 1419, als mehrere tausend Prager unter Führung des Predigers Jan Želivský (Johann von Seelau) von der Kirche Maria Schnee zum Neustädter Rathaus zogen, um die Freilassung eingesperrter Hussiten zu verlangen.

An der Resslova ul., die in den Jiráskovo nám. am Moldauufer mündet, hat die **St.-Kyrill-und-Method-Kirche** (Kostel sv. Cyrila a Metoděje) im Zweiten Weltkrieg traurige Berühmtheit erlangt: 1942 hatten sich die Heydrich-Attentäter in der Krypta der Kirche versteckt; das Versteck war jedoch verraten worden, alle Attentäter fielen im Kampf.

Die **St.-Ignatius-Kirche** (Kostel sv. Ignáce) beim Neustädter Hauptsitz des Jesuitenordens erbaute Carlo Lurago 1665–1687 nach Plänen von Giovanni Domenico Orsi. Ende des 17. Jh. errichtete Paul Ignaz Bayer den Turm und setzte einen Portikus vor die Westfassade. Tomaso Soldati versah das Kircheninnere mit reichen Stuckdekorationen. Das Gemälde am Hochaltar zeigt die ›Apotheose des hl. Ignatius‹ von Johann Georg Heintsch (1688). Nur wenige Jahre vor Baubeginn war nach dem Abbruch von 23 Bürgerhäusern das frühbarocke Jesuitenkolleg entstanden, das nach der Auflösung des Jesuitenordens im Jahr 1773 in ein Krankenhaus umgewandelt wurde. Heute gehört der riesige Gebäudetrakt der medizinischen Fakultät der Karlsuniversität.

Das **Fausthaus** (Faustův dům) an der Südseite des Karlsplatzes (Nr. 40/502) geht auf ein gotisches Palais des 14. Jh. zurück. Das Haus wurde mehrmals verändert, zuletzt um die Mitte des 18. Jh. in spätbarockem Stil. Schon früh haben es die Neustädter mit der Faustsage in Verbindung gebracht, denn in all den Jahren, in denen das Gebäude bewohnt war, diente es auch als Laboratorium. Gegen 1600 z. B. wirkte hier Edward Kelley, ein englischer Alchimist, der von Kaiser Rudolf II. in den Ritterstand erhoben wurde, unter Kaiser Matthias aber im Kerker der Prager Burg endete.

1347 gründete Karl IV. bei der alten Kosmas-und-Damianus-Kirche, der Pfarrkirche des Dorfes Podskalí, das **Emmauskloster** (Klášter na Slovanech), dessen Aufgabe die Pflege des Slawentums innerhalb des Reiches war. Kroatische Benediktiner sollten hier die slawische Liturgie bewahren und die glagolitische Schrift, die Kyrillos und Methodios ein halbes Jahrtausend zuvor geschaffen hatten, lebendig erhalten. Am Ostersonntag (also am dritten Tag nach der Kreuzigung Christi) des Jahres 1372 wurde die neue Klosterkirche der Jungfrau Maria und den slawischen Schutzheiligen geweiht. Daher war die Begegnung mit dem Auferstandenen auf dem Weg nach Emmaus (Lukas 24, 13–35) das Thema des Weihegottesdienstes, und so kamen Kirche und Kloster zu ihrem zweiten und unter Deutschen bald bekannteren Namen *Emmaus*, während die Tschechen die Namensvariante *na Slovanech* (bei den Slawen) bevorzugen. Nach 1636 zogen Benediktiner vom spanischen Kloster Nuestra Señora de Montserrat ein und wandelten die Gebäude im Barockstil um, 1880 erschienen Benediktiner vom Kloster Beuron, die alles im Sinne der Beuroner Kunstschule regotisierten. Im Februar 1945 wurde das Kloster bei der Bombardierung Prags durch amerikanische Flugzeugverbände zerstört. Seit 1950 entstanden auf dem Klosterareal mehrere Forschungsinstitute der Akademie der Wissenschaften. Beim

Wiederaufbau der Kirche verzichtete man bewußt auf die Erneuerung der beiden Türme und gab der *Westfassade* eine ausdrucksstarke Verbindung zwischen Gotik und Moderne: zwei sich durchdringende Betonflügel weisen himmelwärts (Architekt František M. Černý, 1967). Beachtenswert sind die gotischen Wandmalereien im *Kreuzgang* des Klosters, übrigens die kostbarsten in ganz Böhmen. Nikolaus Wurmser, der Meister des Emmaus-Zyklus, und der Meister Oswald schufen die Szenen aus dem Alten und dem Neuen Testament im Stil einer *Biblia pauperum* (Armenbibel).

Hoch über der Vyšehradská tř. (Wyschehrader Straße), dem alten Weg von der Burg Vyšehrad zum Hradschin, dem Emmauskloster gegenüber, steht die Kirche **St. Johann von Nepomuk am Felsen** (Kostel sv. Jana na Skalce), einer der reizvollsten Sakralbauten von Kilian Ignaz Dientzenhofer (1730–1739). Eine doppelläufige Treppe führt von der Straße zur Kirche empor. Zwei schräg stehende, mit hohen Hauben versehene Türme flankieren das Portal, das sich auf einen achteckigen Raum mit konkaven Wänden öffnet. Auf dem Hauptaltar steht das 1682 von Johann Brokoff geschaffene Holzmodell für die Nepomuk-Bronzestatue auf der Karlsbrücke (s. S. 67).

Die Vyšehradská tř. setzt sich schon kurz hinter der Nepomukkirche unter dem Namen Na slupi fort. Nach der Legende soll dort in heidnischer Zeit eine Säule *(sloup)* mit dem Gott Svatovit gestanden haben. Die Christen ersetzten den Heidengott durch die Jungfrau Maria. Als 1360–1365 die Serviten hier ihr Kloster errichteten, bestimmten sie die Svatovit- bzw. Mariensäule zur zentralen Mittelstütze der gotischen **Marienkirche »Na slupi«**. Man darf allerdings bezweifeln, daß die heutige Stütze mit der heidnischen Säule identisch ist. In dem mehrfach umgebauten Kloster ist jetzt ein Forschungsinstitut der Karlsuniversität untergebracht.

Die parallel zur Na slupi verlaufende Ke Karlovu endet im Süden beim **Karlshof** (Karlov). Karl IV. stiftete 1351 diese aus Kirche und Kloster bestehende Einrichtung und weihte sie 1377 seinem Namenspatron, dem 1165 heiliggesprochenen Kaiser Karl dem Großen und der Himmelfahrt Mariä. Die achteckige Kirche hatte die um das Jahr 800 geweihte Aachener Pfalzkapelle Karls des Großen als Vorbild.

Der Vyšehrad

Der Legende nach sollen die Richterin Libussa und die ersten Přemyslidenherrscher auf dem Vyšehrad, dem mächtigen Felsen an der Moldau, gewohnt haben. Historiker und Archäologen aber fanden heraus, daß die »Hohe Burg« nicht vor der ersten Hälfte des 10. Jh. einen Wall erhielt, daß die Prager Burg, der Hradschin, demnach älter ist und die ersten Přemysliden folglich dort residierten, bevor sie vorübergehend zum Vyšehrad übersiedelten. Im 11. Jh. gründete Vratislav II. auf dem Felsen eine Peter-und-Paul-Kirche, und bald erhob sich daneben ein Königspalast.

Seit Vladislav II. (1140–1172) regierten die böhmischen Herrscher wieder vom Hradschin aus, die »Hohe Burg« verfiel. Nach der Krönungsordnung Karls IV. jedoch hatten die Krönungsformalitäten jeweils auf dem Vyšehrad zu beginnen, was eine Erneuerung aller Bauten einschließlich der Befestigungen zur Folge hatte. Von hier aus folgte der Krönungszug dem alten Weg über den Karlsplatz zum Altstädter Ring, über die Karlsbrücke und zum Hradschin hinauf. 1420 eroberten die Hussiten die Vyšehrader Burg. In den Jahrzehnten danach entstanden auf dem Felsen zahlreiche Bürgerhäuser, und schon 1476 sprach man von einer »Stadt des Berges Vyšehrad«. Um die Mitte des 17. Jh. wurde

Auf dem Vyšehrad: St. Peter und Paul, im Vordergrund eine Skulptur von Josef V. Myslbek

die strategisch wichtige Stadtburg in eine starke Barockfestung mit hohen Ziegelschanzen und schweren Eckbasteien umgewandelt und blieb als solche bis 1866 bestehen. Seither arbeiten auf dem steilen Felshügel, der sich inzwischen in eine gepflegte Grünanlage verwandelt hat, die Archäologen.

Das **Tábor-Tor** im Südosten entstand um das Jahr 1655 im Stil des Frühbarock. Knapp 100 m dahinter erinnern Mauerreste an das **Špička-Tor** (1348–1350) aus der Zeit Karls IV. Auch ein etwa 140 m langes Teilstück der gotischen Burgmauer ist erhalten. Das **Leopoldstor** bildet den inneren Eingang zur Festung; Carlo Lurago erbaute es um 1678. Die ursprüngliche Zugbrücke wurde 1842 durch einen Wall ersetzt.

Die **St.-Martins-Rotunde,** das älteste noch vorhandene Bauwerk auf dem Vyšehrad, entstand unter Vratislav II. im letzten Drittel des 11. Jh. 1878–1880 mauerte man den Eingang auf der Westseite zu und schuf im Süden ein neues, neogotisches Portal. Motive aus dem Vyšehrader Kodex schmücken Tor und Innenwände. Um die Mitte des 18. Jh. wurde die benachbarte **Kapelle Maria auf den Schanzen** errichtet. An der **Neuen Dekanei** (1877–1879) mit einer Ausstellung zur Geschichte des Vyšehrad vorbei führt der Weg zur **St.-Laurentius-Basilika,** unter der die Archäologen einen vorromanischen Sakralbau aus dem späten 10. Jh. entdeckten. Im 15. Jh. wurde die Basilika in ein Domherrenhaus, später in die Kapiteldekanei umgewandelt.

Die **St.-Peter-und-Paul-Kirche** (Kostel sv. Petra a Pavla) ließ Vratislav II. zwischen 1070 und 1080 als dreischiffige Basilika errichten. Die Kapitelkirche wurde mehrmals erneuert, zuletzt 1885–1903 von Josef Mocker und František Mikš. Fassadenschmuck und Innenausstattung stammen fast ausschließlich von der Jahrhundertwende. Ein romanischer Steinsarkophag, der wohl die sterblichen Überreste eines Přemysliden enthielt, verweist auf die Zeit um 1100; bestattet wurden hier der Überlieferung nach nämlich Vratislav II. († 1092), Konrad I. Otto († 1092) und Soběslav I. († 1140). Karl IV. stiftete ein Tafelbild der Jungfrau Maria, die berühmte ›Vyšehrader Madonna‹, oft auch ›Regenmadonna‹ genannt, weil die böhmischen Bauern zu ihr in Dürrezeiten um Regen beteten.

Einen Besuch lohnt der **Ehrenfriedhof** mit dem *Slavín* neben der Peter-Paul-Kirche. In den 70er Jahren des vergangenen Jahrhunderts wurde der Pfarrfriedhof des Vyšehrader Kapitels in eine nationale Begräbnisstätte umgewandelt. Alle Persönlichkeiten von Rang und Namen wurden fortan auf diesem Friedhof bestattet, die bedeutendsten tschechischen Bildhauer schufen ihre Grabmäler. So ruhen hier die Schriftsteller Karel Čapek und Jan Neruda, der Maler Mikoláš Aleš, die Bildhauer Václav Levý und Otakar Španiel, die Komponisten Antonín Dvořák, Bedřich Smetana und Zdeněk Fibich. Im *Slavín,* der gemeinsamen Grabstätte der größten Tschechen, sind der Maler Alfons Mucha, die Bildhauer Josef Václav Myslbek, Bohumil Kafka und Ladislav Šaloun, der Architekt Jaroslav Fragner, der Geigenvirtuose Jan Kubelík und etwa 50 weitere bedeutende Persönlichkeiten bestattet.

Den Ort, an dem der Königspalast stand, markiert seit 1927 ein gepflegter Park südlich vom Friedhof. Hier stehen die monumentalen Skulpturen von Josef Václav Myslbek, die bis 1948 die Palacký-Brücke (Palackého most) schmückten; ihre Themen entstammen dem tschechischen Sagenkreis. Empfehlenswert ist der Gang über die ehemaligen Wehranlagen am Rande des Steilabfalls zur Moldau mit großartiger Aussicht. Eine gotische Ruine in der Felswand wird seit dem Zeitalter der Romantik als ›Libussas Bad‹ gedeutet.

Bei der Metro-Station Vyšehrad schließlich findet der Besucher zwei großartige Beispiele moderner Architektur: den **Kulturpalast** (1981) und das **Hotel Forum** (1988).

□ Andere Stadtteile

Eine großartige Aussicht auf die Altstadt, den Hradschin und auf die Moldaubrücken bietet sich vom **Letná-Plateau.** Nordöstlich davon erstreckt sich – jenseits der Wohnsiedlung Bubeneč – der ausgedehnte Stromovka-Park, in dessen östlichem Teil das ehemalige **Prager Ausstellungs- und Messegelände** (Park kultury a oddechu; 1891–1955) liegt. Der eiserne *Industriepalast* (Průmyslový palác) stammt von 1891. Im selben Jahr entstand der *Pavillon der Hauptstadt Prag,* der heute das Lapidarium des Nationalmuseums verwahrt, eine Sammlung bildhauerischer und architektonischer Besonderheiten aus dem 11.–19. Jh. Der kreisrunde *Panoramapavillon* (Maroldovo panorama) aus dem Jahr 1908 zeigt die Darstellung der Schlacht bei Lipany zwischen Hussiten und Kaiserlichen am 30. Mai 1434. Beachtenswert ist auch die *Křižík-Fontäne* (Křižíkova fontana) von 1891, die 100 Jahre später zur größten audiovisuellen Fontäne der Welt weiterentwickelt wurde. Schließlich gehören noch ein Planetarium, eine Sporthalle, eine Schwimmhalle (1976), mehrere Freilichttheater und ein Panoramakino zum Kulturpark. Alljährlich im Herbst, meist im Oktober, findet hier die Altprager Wenzelskirmes statt.

Jenseits der Moldau, die sich nach einer großen Schleife wieder westwärts wendet, befindet sich der Prager **Zoologische Garten** (Zoologická zahrada), zu dessen besonderen Sehenswürdigkeiten eine Herde Przewalskipferde gehört, jener nur 135 cm großer rückgezüchteten Urpferde *(Equus przewalskii).* Östlich des Zoos steht das 1977–1989 restaurierte **Schloß Troja** (Trojský zámek), ein Barockschloß im Stil einer römischen Landvilla, das sich Wenzel Adalbert Graf Sternberg, Hofmarschall und Oberhaupt einer der einflußreichsten böhmischen Adelsfamilien, 1679–1685 von Jean Baptiste Mathey am Fuß der Moldauhöhen, vis-à-vis der Prager Burg, errichten ließ. Den Kern des langgestreckten, rot-weißen Hauptbaus bildet ein 22 m x 12 m großer, zweigeschossiger *Festsaal* mit dem Deckenfresko ›Sieg Kaiser Leopolds I. über die Türken‹ von Francesco Marchetti und den Brüdern Abraham und Isaak Godyn. Niedrigere Seitenflügel mit je einem Treppenturm schließen sich an. In großem Oval schwingt die doppelläufige Freitreppe vom französischen Garten zum Festsaal empor, begleitet von einer Gigantomachie des Dresdner Hofbildhauers Johann Georg Heermann und seines Neffen Paul (1685–1703).

Die Staatsstraße Nr. 7 nach Karlovy Vary (Karlsbad) umzieht den Hradschin und erreicht im Prager Vorort Břevnov das **Kloster Břevnov** (Breunau), das älteste Mönchskloster Böhmens. Adalbert (Vojtěch), zweiter Bischof von Prag, und Fürst Boleslav II. hatten 993 diese Abtei des Benediktinerordens gegründet. Gegen 1040 wurde die *Klosterkirche der hl. Margarete* geweiht. Im beginnenden 18. Jh. erhielt sie von Christoph Dientzenhofer ihr heutiges barockes Gewand; sein Sohn Kilian Ignaz widmete sich der inneren Ausgestaltung. Johann Jakob Steinfels schmückte das Gewölbe, Johann Peter Brandl den Altar.

Westlich davon liegt der **Weiße Berg** (Bílá Hora), mit 381 m eher ein Hügel. Architektonisch wird er vom **Lustschloß Stern** (Le-

Prag, Schloß Stern, Grundriß

tohrádek Hvězda) innerhalb eines weiträumigen, ummauerten Wildgeheges (Obora) beherrscht. Erzherzog Ferdinand von Tirol, Sohn des Kaisers Ferdinand I. und Statthalter von Böhmen, ließ das sternförmige Renaissanceschlößchen 1555/56 für sich und seine heimliche Ehefrau, die schöne Augsburgerin Philippine Welser, errichten. Der Erzherzog selbst lieferte den Rohentwurf. Juan Maria del Pambio und Giovanni Lucchese leiteten die Bauarbeiten. Aber nicht allein der außergewöhnliche Grundriß in Form eines sechseckigen Sterns lohnt den Besuch des liebevoll restaurierten Schlößchens, sondern ebenso die einzigartigen Stukkaturen, Szenen aus der antiken Geschichte und Mythologie, an den Gewölben des Erdgeschosses, Arbeiten der Italiener Giovanni Campion und Andrea Avostalis del Pambio. Das Schloß ist heute ein *Museum für Leben und Werk des Schriftstellers Alois Jirásek* (1851–1930) und des Malers Mikoláš Aleš (1852–1913), deren Werke das tschechische Nationalbewußtsein maßgeblich beeinflußten.

Südwestlich des Wildgeheges fand am 8. November 1620 die *Schlacht am Weißen Berg* statt (s. S. 40). Gleich nach der Schlacht errichteten die Kaiserlichen auf dem Schlachtfeld eine kleine Kapelle des Dankes, die sie der siegreichen Jungfrau Maria weihten. 1704–1730 wurde die Kapelle zu einer Kirche erweitert und mit einem Kreuzgang zu einer *Marien-Wallfahrtsstätte* umgebaut. Cosmas Damian Asam, Wenzel Lorenz Reiner und Johann Anton Schöpf gestalteten die Deckenfresken.

Im Stadtteil Smíchov findet der Besucher die **Villa Bertramka,** ein Gutshaus aus der 2. Hälfte des 17. Jh., in dem Mozart 1787 seine Oper ›Don Giovanni‹ vollendete. Das Haus beherbergt heute das *Mozart-Museum;* im Garten finden im Sommer Kammerkonzerte statt.

An der Mündung der Berounka in die Moldau erwartet den Besucher das traditionsreiche **Kloster Zbraslav** bzw. Kloster Königsaal (Aula Regia), heute eine Nebenstelle der Nationalgalerie mit einer reichen Sammlung tschechischer Bildhauerkunst des 19. und 20. Jh. sowie einer Sammlung orientalischer Kunst.

In dieser schönen Auenlandschaft – zumindest kann man sie noch erahnen – ließ sich König Ottokar II. Přemysl 1268 ein Jagdschloß mit Kapelle bauen. Sein Sohn Wenzel II. stiftete 1292 an dieser Stelle ein Zisterzienserkloster als Sühne für die Hinrichtung seines Stiefvaters Zawisch von Falkenstein. Die Klosterkirche wurde Grablege der letzten Přemyslidenkönige. Im 14. Jh. entstand in dem Kloster die berühmte ›Cronica Aulae Regiae‹, ein bedeutendes Quellenwerk zur böhmischen Geschichte. 1420 brannten die Hussiten das Kloster nieder, die erneuerten Teile wurden Opfer des Dreißigjährigen Krieges. Anfang des 18. Jh. bauten Giovanni Battista Santini und František Maximilián Kaňka neue Klostergebäude im Stil des Barock. Der Hauptbau glich in seinem Äußeren einem Schloß, so daß er nach der Säkularisation im Jahr 1785 leicht in ein Palais umgewandelt werden konnte.

Die *Klosterkirche St. Jakobus d. Ä.* entstand 1650–1654 anstelle der zerstörten Marienkirche von 1414. Ein besonderer Schatz dieser

Kirche war die ›Königsaaler Madonna‹ aus der Zeit um 1360. Heute steht auf dem Hochaltar eine Kopie, das originale Tafelbild bewahrt die Nationalgalerie Prag. Unter einer Gedenkplatte befindet sich Erde vom Schlachtfeld von Crécy-en-Ponthieu, wo das französische Ritterheer am 26. August 1346 im Hundertjährigen Krieg eine entscheidende Niederlage durch den englischen König Eduard III. erlitt; in dieser Schlacht fiel Johann von Luxemburg, Sohn Kaiser Heinrichs VII. und König von Böhmen. An Přemysl Oráč (den Pflüger), den sagenhaften Begründer der Přemyslidendynastie, erinnert ein Denkmal im Kirchenschiff, das Jan Štursa und Pavel Janák 1924 gestalteten; die stilisierte Krone einer Linde soll die Schädel von Přemysl, seinem Sohn Neamysl und seiner Tochter Elisabeth enthalten.

Der Weg zur **Nationalen Gedenkstätte auf dem Berg Žižkov** (Národní památník na vrchu Žižkově) führt vom Hauptbahnhof aus über die Husitská und die U památníku (etwa 2 km). Am 14. Juli 1420 besiegte der Hussitenfeldherr Jan Žižka von Trocnov (Tratzenau) an dieser Stelle das überlegene Heer des Königs Sigismund. Damals hieß der Hügel *Vitkow* (»Veitsberg«). Die Gedenkstätte entstand 1929–1932, wurde inzwischen mehrmals vergrößert und erhielt 1955 das Grab des Unbekannten Soldaten. 1950 wurde hier das 9 m hohe *Reiterstandbild des Jan Žižka* von Bohumil Kafka aufgestellt. Die Terrasse bietet eine großartige Aussicht auf Prag.

Kaum 1 km südlich vom Žižka-Denkmal ragt im Mahlerovy sady (Gustav-Mahler-Park) der **Prager Fernsehturm** (Televizní věž Praha) auf drei Beinen 216 m hoch in den Himmel. 1986–1992 entstand das neue Wahrzeichen der tschechischen Hauptstadt im Stadtteil Žižkov, nur wenige Gehminuten von der U-Bahn-Station Jiřího z Poděbrad entfernt. In 93 m Höhe besitzt der Turm eine verglaste Aussichtsplattform, 30 m tiefer befindet sich ein Café-Restaurant.

Die St.-Barbara-Kathedrale von Kutná Hora (Kuttenberg), Meisterwerk böhmischer Spätgotik ▷

Mittelböhmen

Mittelböhmen (Střední Čechy)

Karlštejn (Karlstein)

Nur 25 km südwestlich von Prag versteckt sich zwischen fünf Hügeln die schönste Burg Böhmens, vielleicht gar Europas: Karlštejn (Karlstein; s. Farbabb. 8). Karl IV., König des Heiligen Römischen Reiches, ließ sich hier inmitten undurchdringlicher Wälder von dem französischen Baumeister Matthias von Arras eine Festung als Stätte der Entspannung und der inneren Einkehr, aber auch als Hort für die Reichskleinodien und Reliquien bauen. Dem nüchternen Äußeren der Burganlage stand die Pracht der Innenräume gegenüber. Sieben Kirchen und Kapellen betonten die religiöse Macht des Königs und späteren Kaisers.

Am 10. Juni 1348, knapp vier Jahre nach Baubeginn der St.-Veits-Kathedrale, legte Erzbischof Ernst von Pardubitz, des Königs engster Freund, den Grundstein. Schon im November 1355 bezog Karl IV. den gerade vollendeten Palas, am 27. März 1357 wurde die Kreuzkapelle, das Herz der Burg, in seiner Anwesenheit geweiht. Dabei gab der Kaiser der prächtigen Burg seinen Namen: *Karlstein.* Die Ausschmückungsarbeiten zogen sich bis 1367 hin. 1587–1596 baute Udalrico Aostali die Burg im Stil der Renaissance um. 1887–1899 gab Josef Mocker der Burg ihr ursprüngliches gotisches Aussehen zurück und ergänzte die Türme. Seit einigen Jahren wird die Burg – Stein für Stein, Raum für Raum – sorgsam restauriert, so daß nicht immer alles Sehenswerte besichtigt werden kann.

Steil zieht der Weg vom Dorf Budňany (heute Ortsteil der Gemeinde Karlštejn) zum ersten Burgtor im Norden der Anlage hinauf. Heute betritt man die Burg durch den **Voršila-Turm** (Ursula-Turm), den wehrhaften Eckturm der unteren Vorburg; das ursprüngliche Tor lag östlich davon. Etwa 100 m weiter endet der Weg hinter dem zweiten Burgtor auf dem **Burggrafenhof** (Purkrabský dvůr) der oberen Vorburg mit dem langgestreckten, spätgotischen **Haus des Burggrafen.** Von hier aus erreicht man den **Brunnenturm** in der äußersten Westecke der Anlage. Mit einem großen, hölzernen Tretrad holten die Burgbewohner das Wasser aus 79 m Tiefe. Im Burggrafenhof beginnen die Führungen, hier finden an Sommerabenden auch Theateraufführungen statt.

Ein großes Tor führt zum Burghof mit dem 46 m langen und 12,5 m breiten **Kaiserpalast** (Císařský palác), einem dreistöckigen Bau. Über den Stallungen des Erdgeschosses liegt der *Vasallensaal,* ein Festsaal, den der Besucher über eine Freitreppe erreicht. Die *Nikolaus-Kapelle* mit einer gotischen Heiligenfigur aus dem späten 14. Jh. reicht östlich des Saales in einen halbrunden Turm hinein. Das zweite Obergeschoß enthält die *Repräsentations- und Wohnräume* des Kaisers, z. B. sein Arbeitszimmer und das Schlafzimmer mit dem kleinen Oratorium, der Privatkapelle, in der der Kaiser das Früh- und Abendgebet verrichtete. In diesem Stockwerk lag einst auch eine Ahnengalerie Karls IV. aus dem 14. Jh., die aber leider verlorenging. Das dritte Geschoß war der Kaiserin zugedacht; ihr *Schlafraum* enthält ein tragbares Diptychon von Tomaso da Modena (um 1370) und eine gotische Marienstatue (um 1350).

Eine Holzbrücke verbindet den Palas mit dem **Marienturm** (Mariánská věž). Ganz unten befindet sich ein Verlies, das Stockwerk darüber nimmt die kleine *Marienkirche* ein. Balkendecke wie Wände sind mit Malereien versehen, die vermutlich der Hofmaler Karls IV., Nikolaus Wurmser von Straßburg, entwarf. Die Südwand zeigt Reliquienszenen, die Ostwand den Zyklus ›Apokalypse‹. Auf dem neugotischen Altar steht die gotische Holzstatue der hl. Katharina (nach 1400). Durch das Spitzbogenportal in der Süd-

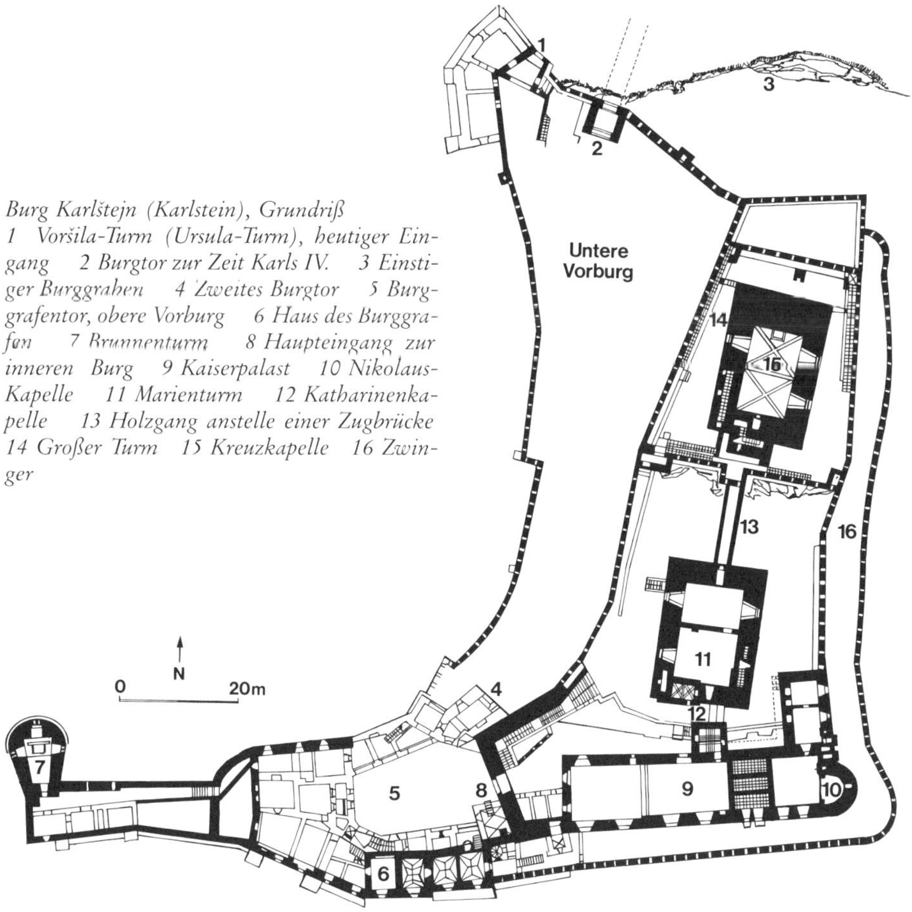

Burg Karlštejn (Karlstein), Grundriß
1 Voršila-Turm (Ursula-Turm), heutiger Eingang 2 Burgtor zur Zeit Karls IV. 3 Einstiger Burggraben 4 Zweites Burgtor 5 Burggrafentor, obere Vorburg 6 Haus des Burggrafen 7 Brunnenturm 8 Haupteingang zur inneren Burg 9 Kaiserpalast 10 Nikolaus-Kapelle 11 Marienturm 12 Katharinenkapelle 13 Holzgang anstelle einer Zugbrücke 14 Großer Turm 15 Kreuzkapelle 16 Zwinger

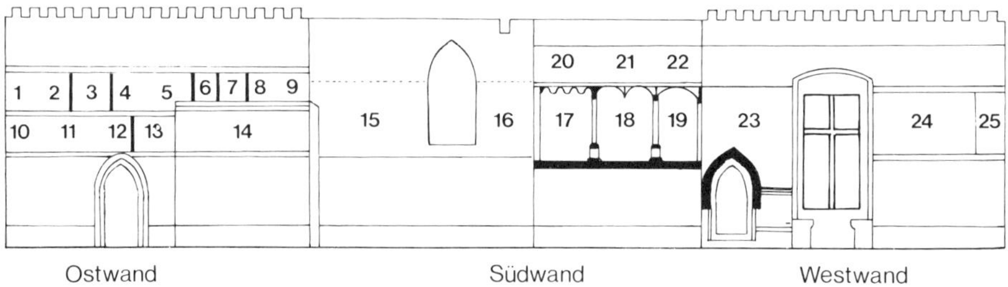

Burg Karlštejn (Karlstein), Marienkirche
Ostwand: 1 Die vier Engel am Ufer des Euphrat 2 Die Reiter 3 Der starke Engel gibt Johannes das Buch zum Verschlingen 4 Johannes mißt den Tempel mit dem Rohr 5 Die Propheten Enoch und Elias predigen den Menschen 6 u. 7 Die Tiere erwürgen Enoch und Elias, die unbegraben auf dem Stadtplatz liegen 8 Enoch und Elias werden zum Himmel emporgehoben 9 Stadt, durch Erdbeben vernichtet 10 Die siebte Posaune 11 Der im Himmel geöffnete Tempel Gottes 12 Erdbeben 13 Der Drache bedroht das Weib, das gebären will 14 Die Schlacht der Engel mit den Teufeln
Südwand: 15 Vier apokalyptischen Reiter 16 Seelen der Märtyrer unter dem Altar 17 Karl IV. mit dem Dauphin 18 Karl IV. mit dem König von Jerusalem 19 Karl IV. mit Reliquienkreuz 20–22 Karl IV. und Blanche de Valois beten die Dreifaltigkeit an
Westwand: 23 Die sieben Engelschöre 24 Der Drache verfolgt das in die Wüste fliehende Weib 25 Das mit der Sonne bekleidete Weib

westecke des Kirchenraums tritt man in einen engen Gang, das sogenannte »Grab Christi«. Am Ende des Ganges öffnet sich ein weiteres Portal auf die winzige *Katharinenkapelle,* die ganz in die Südmauer des Marienturms eingelassen ist. Zwei kleine Wandöffnungen verbinden die Kapelle mit der Kirche. Durch die obere wurde wohl die Öllampe gereicht, die untere diente dem Austausch von Nachrichten und Befehlen, denn Kaiser Karl IV. pflegte nächtelang in der kleinen Kapelle zu meditieren und staatspolitische Maßnahmen zu überdenken. Um 1365 ließ er die Wandgemälde der Kapelle mit Halbedelsteinen bedecken. Über dem Eingang erscheinen der Kaiser und seine dritte Gemahlin, Anna von Schweidnitz, mit dem Reliquienkreuz. Ein spätrömisches Medusenhaupt aus der ersten Hälfte des 4. Jh. bildet den Schlußstein des Gewölbes.

Durch den Vorraum der Sakristei verläßt man den Marienturm und erreicht über einen Holzgang, der eine frühere Zugbrücke ersetzt, den gewaltigen Bergfried, den 37 m hohen, vierstöckigen **Großen Turm** (Velka věž) auf der obersten Burgterrasse. Dieser Turm mit seinen bis zu 6 m dicken Mauern war einst eine selbständige Festung, eine Burg in der Burg. Eine Wendeltreppe mit Wandmalereien aus der Wenzels- und der Ludmila-Legende (um 1360, im 19. Jh. von Restauratoren verändert) steigt zur *Kreuzkapelle* (Kaple sv. Kříže; »Kapelle des hl. Kreuzes«, auch »Kapelle der Leiden Christi« genannt) empor, dem weltlichen und geistlichen Zentrum der Burg, dem ›Tresor‹, der die Reichskleinodien und die Reliquien hinter vier Türen mit 19 Schlössern verwahrte. Zu dem bestgehüteten Schatz der Welt, der sich in einer Nische über dem Altar verbarg, gehörten die goldene Krone Kaiser Ottos des Großen, der goldene Reichsapfel, das silberne Reichszepter,

Ringe, Sporen, ein Weihrauchfaß, Zeremonialgewänder usw. Die Kreuzkapelle verwahrte außerdem höchst wertvolle Reliquien, darunter ein mit Edelsteinen geschmücktes, goldenes Zeremonialkreuz, das einen Nagel und einen Splitter vom Kreuz Christi sowie die Spitze der Lanze, mit der ein römischer Soldat dem gekreuzigten Christus in die Seite stieß, enthielt.

Ein vergoldetes Gitter teilt den länglichen Raum in zwei Hälften; den Altarraum durften nur der Kaiser und die Priester betreten. Das Kreuzgewölbe der Kapelle ist mit vergoldeten venezianischen Glasscheiben in Form von Sonne, Mond und Sternen belegt. Den unteren Teil der Wände bedeckt ein breiter Streifen mit 2200 inkrustierten Halbedelsteinen, vorwiegend Jaspis, Chalzedon, Amethyst, Onyx, Karneol und Achat, in vergoldetem Stuck. Darüber hingen in drei Reihen 128 (133) Tafelgemälde des Meisters Theoderich von Prag (Magister Theodoricus), des Begründers der Böhmischen Malerschule und ersten Meisters der Gilde des hl. Lukas zu Prag. Patriarchen, Propheten, Apostel, Märtyrer, Ritter, Könige und Herzöge, Jungfrauen und Witwen sowie der leidende Heiland stellen das ›Himmlische Jerusalem‹ dar. (Die Tafeln befinden sich heute im Georgskloster auf dem Prager Hradschin.)

Das Altartriptychon ›Madonna mit dem hl. Wenzel und dem hl. Palmatius‹ schuf Tomaso da Modena im dritten Viertel des 14. Jh. (1355 hatte sich Karl IV. auf seinem Italienzug auch die eiserne Krone der lombardischen Könige aufgesetzt; St. Palmatius ist Nationalheiliger der Lombardei). 1330 Kerzen brachten Edelsteine und Glasscheiben zu einem unvorstellbaren Leuchten und versetzten den Meditierenden in tiefste Frömmigkeit.

Auch nach Abschluß der Restauration wird die Kreuzkapelle wohl nicht zu besichtigen sein, weil die Anwesenheit von vielen tausend Besuchern täglich bleibende Schäden hervorruft. Dafür werden Videogeräte alle Einzelheiten der Kapelle zeigen und mehrsprachig erläutern.

Die Burg Karlstein war mit der mittelalterlichen Kriegstechnik uneinnehmbar, und 1422 mußten die Hussiten nach vergeblicher Belagerung daher wieder abziehen. Dennoch schien das Vertrauen der böhmischen Herrscher in die Unbezwingbarkeit der Feste erschüttert zu sein, denn 1427, also noch während der Hussitenkriege, brachte man die Reichskleinodien nach Ungarn. Sie kamen nie wieder nach Karlstein zurück und werden heute in der Schatzkammer der Wiener Hofburg verwahrt; der böhmische Kronschatz befindet sich im Prager Veitsdom.

□ Beroun, Tropfsteinhöhlen von Koněprusy, Žebrák, Točník, Komárov, Dobříš, Strž-Teich

Beroun (Beraun) ist eine kleine Industriestadt mit 23 000 Einwohnern an der Beraun (Berounka), einem 139 km langen Nebenfluß der Moldau. 1265 wurde der Ort erstmals als königliche Stadt *Verona Bohemica* erwähnt, doch scheint die Siedlung wesentlich älter zu sein, wie ihr keltischer Name für »Bär« verrät (vgl. Bern, Brünn, Verona). Ein Braunbär schmückt seit dem Mittelalter auch das Wappen der Stadt.

An die königliche Stadt erinnern das *Obere Tor* (Horní brána) oder »Pilsener Tor« (Plzeňská brána), das *Untere Tor* (Dolní brána) oder »Prager Tor« (Pražska brána) und beachtliche Reste der Stadtmauer vom Anfang des 14. Jh. Die *Kirche St. Jakob d. Ä.* stammt aus dem 13. Jh., sie wurde 1543 umgebaut und erhielt bis 1683 einen neuen Glockenturm.

5 km südlich von Beroun wurden im Jahr 1950 bei Sprengungen nahe der Ortschaft Koněprusy (Koniepruš) die größten Kalksteinhöhlen des Böhmischen Karstes (Český kras) entdeckt: die **Tropfsteinhöhlen von Koněprusy** (Koněpruské jeskyně). In den dreigeschossigen Höhlen, die ein 2 km langer Besichtigungsweg verbindet, sind Stalagmiten und Stalaktiten unterschiedlichster Formen und Farben zu sehen. In dem Höhlensystem fand man bis zu 200 000 Jahre alte Tierknochen und 50 000–70 000 Jahre alte Menschenknochen. Zwischen 1460 und 1470 betrieben Hussiten hier eine geheime *Falschmünzerwerkstatt;* die Werkstatt wurde rekonstruiert.

Folgt man von Beroun der E 50 in Richtung Pilsen, so erreicht man nach 17 km den Ort **Žebrák** (Bettlern), einen mittelalterlichen Markt, der 1396 Stadtrechte erhielt. Die frühgotische Burg im Norden über der Stadt wurde um 1280 erbaut und ging – inzwischen wesentlich vergrößert – im Jahr 1336 in den Besitz der böhmischen Könige über, 1351 starb hier der erstgeborene Sohn Karls IV. 1532 konnte sich König Ferdinand I. nur mit Mühe aus der brennenden Burg retten; seitdem war **Burg Žebrák** eine Ruine.

Zu den Sehenswürdigkeiten der Stadt gehören die barocke *St.-Laurentius-Kirche* am Markt mit der berühmten ›Madonna von Žebrák‹ auf dem Marienaltar (1380–1390) und der *Friedhof* mit der achteckigen *St.-Rochus-Kapelle* und den interessanten gußeisernen Grabmälern aus dem 19. Jh., die aus der Kunsteisengießerei von Komárov stammen.

Im nördlichen Ortsteil **Točník** (Totschnik) leuchtet eine weitere königliche Burg weithin sichtbar über das Tal. König Wenzel IV. ließ sie zwischen 1395 und 1400 auf einer rund 100 m hohen Felskuppe errichten. Im Dreißigjährigen Krieg wurde die Burg verwüstet und daraufhin aufgegeben. Die erhaltenen Bauteile sind inzwischen weitgehend restauriert, so daß sich eine Besichtigung lohnt. Da ist der *Königspalast,* dessen Hauptsaal im Obergeschoß 1733 in eine Kapelle umgewandelt wurde. Gotische Reste zeigt auch der *Burggrafenpalast,* und eindrucksvolle Gewölbe in den Außenmauern dienten im 16. Jh. als Pferdeställe.

Über die malerisch gelegene Kleinstadt Hořovice (Horschowitz) erreicht man nach etwa 10 km die Ortschaft **Komárov** (Komárau), seit 1785 ein Zentrum der Kunsteisengießerei in dieser ›eisenreichen‹ Gegend. Seit dem 18. und 19. Jh., zum Teil noch heute, werden im nördlichen Teil des Brdywalds, eines bis 865 m hohen waldreichen Gebirgszugs südlich der Berounka, Eisenerze abgebaut und verhüttet. Im **Schloß von Komárov** erzählt ein *Museum* (Železářské muzeum) die Geschichte der hiesigen Eisenhütte und des Kunstgusses im allgemeinen. Schloß und Gießereien gehörten den Grafen Vrtba und später den Fürsten von Hanau.

Das malerisch an der Staatsstraße 4 gelegene **Dobříš** (Dobrschisch), 44 km von Prag und 18 km von Příbram entfernt, wurde als »Stadt der Handschuhmacher« und als Zentrum der Fischzucht bekannt. 8500 Einwohner zählt Dobříš, das inmitten von Wäldern und Teichen mit einem reizvollen Schloß aufwartet.

Im Jahr 1252 wurde der königliche Hof von Dobrschisch mit seiner Fasanen- und Karpfenzucht erwähnt. König Wenzel I. (1228/30–1253) soll sich hier häufig aufgehalten haben und am 22. September 1253 hier gestorben sein. Zwischen den Fischteichen entwickelte sich eine Siedlung; den dreieckigen Haupt-

Bauernbarock in Komárov

platz umgeben heute mehrere liebevoll restaurierte *Barockhäuser* und das *Rathaus* von 1821. Die *Sebastianssäule* auf dem Platz stammt von 1713. Wann das erste **Schloß von Dobříš** erbaut wurde, ist nicht mehr feststellbar. Mitte des 18. Jh. wurde das Renaissanceanwesen von der Familie Colloredo-Mannsfeld zu einem schmucken Barockschloß erweitert. Jules Robert de Cotte, der königliche Baudirektor und Leiter der Pariser Gobelinmanufaktur, und Giovanni Servandoni, dem vor allem die Stukkaturen zugeschrieben werden, waren für die Planung des Barockschlosses verantwortlich; die Wandfresken stammen von Johann P. Molitor, die Plastiken von Ignaz Franz Platzer. Zur selben Zeit entstand auch die reizvolle *barocke Parkanlage*, das »Böhmische Versailles«, wie man noch heute respektvoll sagt. Gegen 1800 wurde der Barockgarten um einen englischen Landschaftspark erweitert. Heute gehört Schloß Dobříš dem tschechischen Staat, der das gepflegte Anwesen als internationale Begegnungsstatte für Schriftsteller nutzt. Eine Besichtigung der Räumlichkeiten ist daher oft nicht möglich.

Auf einer Anhöhe im Osten ist die **Burg Vargač** zu erkennen, anfangs ein Jagdsitz des böhmischen Königs Johann von Luxemburg (1310–1346). Von den Hussiten wurde die Burg eingeäschert, danach wieder aufgebaut, mehrmals wechselte sie ihre Besitzer, bis man sie zu Beginn des 17. Jh. verließ und seit Ende des 18. Jh. als Speicher nutzte. Im Sommer 1865 lud Graf Joseph Colloredo-Mannsfeld seinen Jugendfreund Adalbert Stifter zu einem Besuch auf Schloß Dobříš ein, doch Stifter folgte der Einladung – vermutlich aus Geldsorgen – nicht (s. S. 178).

Am Ufer des **Strž-Teiches**, ungefähr 3 km südöstlich von Dobříš, erinnert eine Villa an den tschechischen Schriftsteller Karel Čapek (1890–1938), der dort die letzten drei Jahre seines Lebens verbrachte und den Roman ›Krieg mit den Molchen‹ (1936) schrieb.

Příbram (Pibrans)

Příbram, 62 km südwestlich von Prag im Ostteil des Brdywaldes gelegen, war schon im 14. Jh. ein bedeutendes Bergbauzentrum. Damals gewann man hier Silber, und so verwundert es nicht, daß der Ort seit 1348 bis in die Hussitenkriege hinein den Prager Erzbischöfen gehörte. Um das geförderte Silbererz zu schützen, ließ Ernst von Pardubitz, der erste Bischof von Prag, eine **Burg** errichten, die in ihrem Kern noch immer besteht (ul. na přikopech). Die **Dekanatskirche St. Jakobus d. Ä.** stammt aus dem 13. Jh.; größere Umbaumaßnahmen wurden 1795 und 1869 beendet. 1534 verlieh Ferdinand I. der Gemeinde das Stadtrecht, 1579 erhob Rudolf II. Příbram zur königlichen Bergstadt. Die 1849 gegründete Bergakademie bestand fast hundert Jahre und setzt ihre Tätigkeit in der Hochschule für Bergbau der nordmährischen Stadt Ostrava (Ostrau) fort. 1875 erreichte der Adalbertschacht (Vojtěšská šachta) erstmals in der Welt eine Tiefe von 1000 m. Heute werden in Příbram Blei-, Zink- und Uranerze gefördert und verarbeitet.

Über Příbram schreibt Franz Werfel in seinem Roman ›Barbara oder die Frömmigkeit‹ (ohne ausdrücklich den Namen der Stadt zu nennen): »Die Stadt selbst lebt vom Bergbau und von einem wundertätigen Muttergottesbild. Beides, der Bergbau und das heilige Bild, stammen aus uralter Zeit. In den Schächten der Umgebung wurde das reinste Silber gefördert, und die Könige des Landes, die mehrmals auch römisch-deutsche Kaiser waren, ließen in dem Städtchen ihre Münzen schlagen.«

Das Muttergottesbild, eine spätgotische Marienstatue, steht auf dem Tisch des Hauptaltars der **Wallfahrtskirche von Svatá hora** am Südostrand der Stadt Příbram. Das Marienheiligtum auf dem 586 m hohen »Heiligen Berg«, die älteste und berühmteste Marien-Wallfahrtsstätte Böhmens, geht auf eine kleine gotische Kirche des 14. Jh. zurück. Um die Mitte des 17. Jh. übernahm der Jesuitenorden das Kirchlein und ließ es 1661–1687 nach einem Entwurf des Italieners Carlo Lurago umbauen. Das erweiterte Heiligtum stand fortan auf einer hohen Terrasse aus Steinquadern, umgeben von einem festungsartigen Arkadenumgang für die Pilgergruppen. Seit 1658 führt von Příbram eine gedeckte *Heilige Stiege* (Scala santa) empor, die Kilian Ignaz Dientzenhofer 1727/28 veränderte.

Der reich mit plastischem Schmuck versehene *Arkadenumgang* (s. Farbabb. 10) enthält vier achtseitige Eckkapellen, acht nischenförmige Kapellen und einen Glockenturm. Zwei Tore führen in das Heiligtum: Das *Prager Portal* im Osten gestaltete 1702–1705 Johann Brokoff, das *Březnicer Portal* im Süden 1707 Andreas Philipp Quittainer. Die (frisch restaurierten) Deckenmalereien mit Szenen aus der Marienlegende und der Geschichte des Heiligen Berges stammen von Josef Mathauser (1880–1890). An die Nordseite des Umgangs grenzt das *Residenzhaus* der Jesuiten, die auch heute die Wallfahrtsstätte betreuen.

An der **Marienkirche** fallen die drei *Arkadenkapellen* der Ostseite auf. (Die entsprechenden Kapellen der Westseite wurden um die Mitte des 18. Jh. zugemauert.) Die linke Kapelle ist der hl. Anna, die rechte dem hl. Josef, die mittlere der Heimsuchung Mariä geweiht. Die *Terrassenbalustrade* schmücken zahlreiche Statuen und Statuengruppen von

Engeln und Heiligen. Die Kirche selbst besteht aus dem rechteckigen Presbyterium mit der Sakristei *(Franz-Xaver-Kapelle)* im Norden und der *Ignatius-Kapelle* im Süden. Im Vorraum ist eine spätgotische Szene der hl. Anna (nach 1500) zu beachten.

Křivoklát (Pürglitz)

Etwa 50 km westlich von Prag erhebt sich am linken Ufer der Beraun (Berounka) inmitten eines dicht bewaldeten Hügellandes die prächtige **Burg Křivoklát,** früher »Pürglitz« (oder »Bürglitz«) genannt. Diese Burg zählt zu den ältesten, schönsten und interessantesten Befestigungen Böhmens. Sie wurde sorgfältig restauriert und liebevoll ausgestattet.

Die riesigen Wälder im Gebiet von Rakovník (Rakonitz) waren schon im 9. und 10. Jh. ein beliebtes Jagdgebiet der Přemyslidenherrscher. Einer ihrer Jagdsitze war Křivoklát, im 11. Jh. noch ein befestigtes Gehöft, zu Beginn des 12. Jh. von Vladislav I. in eine wehrhafte Burg verwandelt, in der der Fürst drei Jahre lang seinen aufsässigen Vetter Otto II. von Mähren in Kerkerhaft hielt. Wenzel I. ersetzte die Holzbauten um die Mitte des 13. Jh. durch eine steinerne Burg, die von 1241 an den deutschen Namen *Burglin,* später *Burgleis* trug. Fortan erlebte der königliche Jagdsitz üppige Festlichkeiten und kunstvolle Darbietungen der Minnesänger. Ottokar II. Přemysl richtete im Südflügel die einzigartige Burgkapelle ein.

Die Hussitenkriege nutzte der deutsche König Sigismund, um die reich ausgestatteten böhmischen Burgen, vor allem Křivoklát, zu plündern. Ende des 15. Jh. und Anfang des 16. Jh. ließen die beiden Jagiellonen Vladislav II. und Ludwig (Ludvík) II. die Burg in spätgotischem Stil umbauen. 1597 und 1643 ging Bürglitz in Flammen auf und schien zu ver-

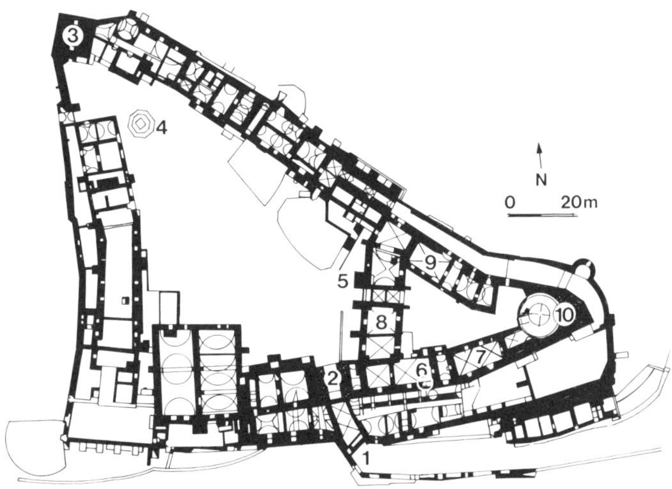

Křivoklát (Pürglitz), Grundriß
1 Torvorbau
2 Durchgangsturm
3 Huderka-Turm
4 Brunnen
5 Wachloggia
6 Palas des Königs
7 Burgkapelle
8 Königssaal (Rittersaal)
9 Palas der Königin
10 Rundturm

fallen, zumal die Habsburger nur noch in Wien residierten. 1685 verkaufte die kaiserliche Kammer die Burg an den Grafen von Waldstein, durch Heirat kam sie schließlich in den Besitz der Fürsten zu Fürstenberg, die sie 1826 erneuerten und zwischen 1882 und 1923 von Josef Mocker, Humbert Walcher von Moltheim und Kamil Hilbert im Stil der Jagiellonenzeit rekonstruieren und restaurieren ließen. 1929 ging die Burg Křivoklát in Staatsbesitz über.

Der Besucher betritt die Burg durch einen Torvorbau mit einer Wappentafel Vladislavs II. über dem Portal und durch den sogenannten **Durchgangsturm,** einen stattlichen quadratischen Torturm. Sein Gegenstück ist der *Huderka-Turm* in der Nordwestecke der **Vorburg.** Die Gebäude im Süden, Westen und Norden der Vorburg (Küche, Truppenunterkünfte, Burggrafenamt, Hauptmannshaus und Brauerei) entstanden fast ausschließlich unter den Jagiellonen.

Die Ostseite des ummauerten Areals nimmt die **Hauptburg** ein. Eine *Wachloggia* flankiert den frühgotischen Eingang zum Burghof. An der oberen Ecke der Loggia halten Engel zwei Wappen mit dem großen »W«, dem Symbol des Königs Vladislav (polnisch: *Wladislaw*) II. Jagiello. Über dem Tor tritt der reizvolle Erker des Königssaals im ersten Stockwerk aus der Fassade; unter dem Erkerfenster zeigen Reliefs die Büsten Vladislavs II. und seines Sohnes Ludwig II. Ein prächtiger Balkon verbindet den Königssaal mit dem Durchgangsturm, auf seiner Innenseite wird der Westflügel der Hauptburg von einer Holzgalerie auf hohen Arkaden gekrönt.

Der **Südflügel** besteht aus dem *Palas des Königs* und der *Burgkapelle,* die Meister Hans Spieß 1499–1516 erbaute. Steinkonsolen, die mit eigenwillig geschnitzten und farbig bemalten Köpfen geschmückt sind, tragen das Netzgewölbe. Der großartige Flügelaltar im Presbyterium, eine spätgotische Schnitzarbeit (um 1490), zeigt die Krönung Mariä und Szenen aus der Marienlegende. Beachtenswert sind auch die Glasmalereien der Fenster, die um 1500 entstanden sind und den hl. Georg und den hl. Wenzel darstellen. Unter der Kapelle befindet sich der düstere *Augusta-Kerker,* dessen Name an den Bischof der Böhmischen Brüder erinnert, der hier sechzehn Jahre lang eingesperrt war, und in dem noch heute eine Auswahl von raffinierten Folterwerkzeugen und Hinrichtungsgegenständen den Besucher zum Gruseln bringt.

Im dreischiffigen *Königssaal* (auch »Großer Saal« oder »Rittersaal«) mit hohem Sterngewölbe und reizvollen, unterschiedlich gestalteten Figuralkonsolen ist heute eine Ausstellung gotischer Malerei und Plastik zu besichtigen. Bei der Restauration des Saales kamen Bauelemente aus der Přemyslidenzeit zum Vorschein.

Ein filigranartig gewölbter Balkon verbindet den Königssaal mit dem *Palas der Königin* auf der Nordseite der Burg. 1516–1522 wurde der Palas nach einem Brand erneuert. Das heutige Gebäude hat Kamil Hilbert 1921 dem spätgotischen Stil nachempfunden, ein Teil der Räume enthält die originale Wohnungseinrichtung der Familie Fürstenberg vom Anfang des 20. Jh. Das höchste Bauwerk, ein mächtiger, vierstöckiger *Rundturm,* bewacht die Ostseite der Burg. Teile seiner Mauern stammen noch aus dem 13. Jh., der romanischen Frühzeit des přemyslidischen Jagdsitzes.

Slaný (Schlan)

An der Staatsstraße 7 von Prag nach Chomutov liegt die kleine Stadt Slaný (Schlan), eine Industriestadt, in der Textilmaschinen, Messer und Akkumulatoren produziert werden (15 000 Einwohner).

Schon um das Jahr 1305 erhielt die Siedlung Stadtrechte. Im Dreißigjährigen Krieg wurde Schlan von den Schweden weitgehend zerstört, so daß nur wenige Bauwerke aus früheren Jahrhunderten erhalten blieben. Die **St.-Gotthards-Kirche** z. B. reicht bis in die romanische Zeit zurück (um 1350), sie wurde mehrmals umgebaut, zuletzt im ausgehenden 19. Jh. Die dreischiffige Kirche hat die Form einer gotischen Basilika, den fünfeckigen Chorabschluß deckt ein prächtiges Netzsterngewölbe, der Schlußstein zeigt das Haupt Christi. Die Wandmalereien stammen aus dem 16. Jh. Die **Dreifaltigkeitskirche** im Norden der Stadt wurde 1581–1602 als protestantische Kirche erbaut, 1657 erneuert und sodann dem katholischen Ritus unterstellt. Einen Besuch lohnt auch das 1655–1662 erbaute ehemalige **Franziskanerkloster** mit der zugehörigen Heiliggrabkapelle und der Loretokapelle. Aus dem Jahr 1666 stammt das **Piaristenkolleg** mit der Marienkapelle. 1877/78 wurde das Klosterkolleg umgebaut und zeigt heute als Museum sehr interessante Sammlungen zur Heimatkunde und Archäologie, auch Exponate moderner Kunst, schließlich Werke des großen Schlaner Malers Josef Navrátil (1798–1865). Von der mittelalterlichen Stadtbefestigung überdauerte allein das spätgotische **Welwarner Tor** (Vélvarská brána; 1461). Östlich der Stadt bietet der 330 m hohe **Slánská hora** (Schlaner Berg) eine schöne Aussicht auf die mittelböhmische Landschaft.

□ Lidice, Třebíz

Am 10. Juni 1942 erschossen SS-Einheiten sämtliche 184 männlichen Einwohner des Bergarbeiterdorfes **Lidice,** die 198 Frauen wurden in das KZ Ravensbrück verschleppt, die 98 Kinder zur »Eindeutschung« in SS-Familien oder in ein Vernichtungslager gebracht, das Dorf brannte die SS nieder und ebnete es ein. Nur 143 Frauen und 16 Kinder kehrten nach dem Krieg zurück.

Anlaß für dieses Massaker der SS war das Attentat auf den stellvertretenden Reichsprotektor von Böhmen und Mähren, Reinhard Heydrich, am 27. Mai, an dessen Folgen er am 4. Juni gestorben war. Sieben Mitglieder der Freien Tschechoslowakischen Armee waren auf Weisung der Exilregierung mit dem Fallschirm bei Prag abgesprungen; zwei von ihnen hatten eine Bombe in Heydrichs Kabriolett geworfen. Eine daraufhin eingeleitete Großfahndung förderte eine Spur zutage, die nach Lidice führte.

Ein großes, schlichtes *Kreuz mit Stacheldrahtkranz* kennzeichnet heute den Mittelpunkt des einstigen Dorfes, Mauerfundamente markieren die Lage einzelner Häuser. Jugendliche aus 32 Ländern pflanzten im *Freundschafts- und Friedensgarten* auf dem Terrain neben dem kleinen Museum 30 000 Rosenstöcke. Ein neues Dorf entstand ein Stück weiter im Norden. Lidice ist heute Nationale Gedenkstätte, ein Ort der internationalen Verständigung, eine Mahnung an alle Völker, Widerstand gegen jede Art von Unterdrückung zu leisten.

7 km nordwestlich von Slaný erwartet in dem Dorf **Třebíz** eines der interessantesten **Freilichtmuseen** Tschechiens den Besucher. Das Besondere an diesem volkskundlichen Museum ist, daß alle Gehöfte, die Groß- und Kleinbauernhöfe, die Ausgedinge und Katen, an ihrem ursprünglichen Platz stehen. Man besichtigt also ein originales Dorf, das sich hufeisenförmig um einen großen, typisch böhmischen Dorfplatz mit Teich, kleiner Barockkirche, hölzernem Glockenturm und Brunnen ausbreitet. 1318 wurde die Ortschaft Třebíz erstmals erwähnt. Die durchweg aus Steinen oder Ziegeln erbauten Häuser stammen aus dem 17. bis 19. Jh. Da ist z. B. das schöne *Cífka-Gehöft* im Stil des ländlichen Barock, das *Šubrt-Gut* gleich nebenan oder die Kate des Gemeindeschäfers.

Parkseite von Schloß Veltrusy (Weltrus)

Veltrusy (Weltrus)

An der E 55 Prag-Teplice liegt 25 km nördlich von Prag am rechten Moldauufer die Marktgemeinde Veltrusy mit dem wohl schönsten Landschloß Böhmens inmitten eines prächtigen Parks. František Maximilián Kaňka baute 1717–1744 für den Grafen Wenzel Anton Chotek das **Barockschloß**, das aus einem zweistöckigen, überkuppelten Rundbau besteht, an den sich vier Flügel in Kreuzesform lehnen. Um 1760 und 1804 wurde das Schloß erweitert. Von der Parkseite her führt eine doppelte Freitreppe, flankiert von ›Hundetreiber‹ und ›Rossebändiger‹ des Bildhauers Franz Anton Kuen (1716–1719) zum runden Festsaal empor, unter dem sich eine *Sala terrena* versteckt. An die nördlichen Flügel schließen sich flache Seitenbauten an (Verwaltung und Pferdestall), die ein kunstgeschmiedeter Zaun miteinander verbindet und so einen Hof (mit französischem Garten) bildet. Allegorien der Monate und der Jahreszeiten schmücken Tor- und Zaunpfosten. Graf Choteks Sohn Rudolf richtete das kleine Schloß 1764 im Stil des Rokoko ein und zählte zu seinen illustren Gästen sogar die Kaiserin Maria Theresia.

1785 legte der Gartenmeister Richard von der Schott den **Englischen Park** an, den Johann Rudolf Graf Chotek kurz vor und nach der Wende zum 19. Jh. mit allerlei romantischen Bauten füllte: mit Pavillons und Tempelchen, künstlicher Ruine, Ägyptischer Brücke, Roter Mühle, Chinesischer Fasanerie usw. Schon 1754 fand in dem ursprünglichen Park die erste Mustermesse, ein »Großer Warenmarkt im Königreich Böhmen«, statt. Übrigens stammte Sophie Gräfin Chotek, die Gemahlin des Thronfolgers Erzherzog Franz Ferdinand – beide wurden 1914 in Sarajewo ermordet – aus Weltrus.

□ Nelahozeves, Kralupy nad Vltavou

Nur 5 km von Veltrusy entfernt liegt jenseits der Moldau am Nordrand des Industriestädtchens Kralupy nad Vltavou (Kralup an der Moldau) das Dorf **Nelahozeves** (Mühlhausen an der Moldau) mit einem weithin sichtbaren, imposanten **Renaissanceschloß.** Der Schöpfer der wehrhaften Anlage ist nicht bekannt, man nimmt aber an, daß der Schloßherr Florian Griesbeck von Griesbach, den sich der Hofkanzler von Böhmen eigens aus Tirol als Sekretär kommen ließ, einen guten norditalienischen Architekten mitgebracht hatte. Die Bauarbeiten begannen 1553. Geplant war ein Vierflügelbau, der Südflügel aber wurde nicht realisiert. Vier mächtige Bastionen verstärkten die Ecken der Schloßanlage, der Zugang erfolgte über eine Brücke. Sgraffiti mit Darstellungen aus Bibel und Mythologie schmücken die Außenwände des Schlosses. Zum Hof hin wird die Fassade durch Arkadengänge aufgelockert.

Im Jahr 1623 fiel Schloß Mühlhausen an das Geschlecht der Lobkowitz, blieb dort bis 1945 und soll jetzt wieder an die Erben der alten Adelsfamilie übergehen. Die in Prag residierenden Schloßherren bestimmten das Schloß einst zum Verwaltungszentrum ihrer zahlreichen Besitzungen; in Kriegszeiten diente es als Lazarett, zeitweise als Mädchenpensionat und seit der Enteignung nach dem Zweiten Weltkrieg als *Museum der Mittelböhmischen Galerie* (Středočeská galérie). Hier befinden sich heute große Teile der Lobkowitzschen Sammlungen, die früher auf mehrere Schlösser verteilt waren, besonders auf Schloß Roudnice nad Labem (Raudnitz) (s. S. 275). Die Kollektionen bestehen vorwiegend aus Gemälden westeuropäischer Meister des 16. bis 18. Jh. Dazu sind Fayencen, Porzellan, Möbel und Waffen zu sehen.

In Mühlhausen an der Moldau wurde am 8. September 1841 Antonín Dvořák geboren. In *Dvořáks Geburtshaus* ist eine Gedenkstätte (Památník Antonína Dvořáka) eingerichtet. Die junge Stadt **Kralupy nad Vltavou** (Kralup) – erst 1881 erhielt sie das Stadtrecht – hat nur zwei Sehenswürdigkeiten, und das sind technische Denkmäler: die *Straßenbrücke* (Eisengitterträgerbrücke, 1926–1928) und die *Eisenbahnbrücke* (Bogenbrücke, 1964) über die Moldau, zwei in Böhmen einzigartige Konstruktionen.

Mělník (Melnik)

Nördlich von Prag, an der Mündung der Moldau (Vltava) in die Elbe (Labe), erhebt sich auf einem hohen Weinberg das schöne alte Schloß Mělník über der gleichnamigen kleinen Stadt (22 000 Einwohner). Schon im 9. Jh. lag auf der strategisch vorteilhaften Anhöhe am Nordufer der Elbe ein Fürstensitz der Pšovanen, die zur Burg gehörende Siedlung hieß »Pšov«. Gegen Ende des 9. Jh. verheiratete der Pšovanenfürst Slavibor seine Tochter Ludmila (die spätere hl. Ludmila) mit dem Přemyslidenfürsten Bořivoj. Nach Slavibors Tod fielen die Gebiete der Pšovanen an die Přemysliden, ein erster Schritt zur Vereinigung Böhmens. Ludmila hielt sich gern in der Pšovanenburg auf und erzog hier auch ihren Enkelsohn Václav, den späteren hl. Wenzel. Im 10. Jh. entwickelte sich Pšov zur Witwenresidenz böhmischer Fürstinnen, die Siedlung wurde zur Stadt und erhielt den Namen *Mělník.* Um das Jahr 1000 ließ die Fürstin Hemma, Witwe Boleslavs II., in ihrer Melniker Residenz sogar Silbermünzen prägen. Die hölzerne Feste wich einer romanischen Steinburg, zugleich entstand eine kleine, dem hl. Peter geweihte Burgkirche. Gegen 1126 wuchs die Burgkirche zu einer dreischiffigen Domkapitelkirche heran, die der Verehrung der Apostel Peter und Paul zugedacht war.

1274 erhob König Ottokar II. Přemysl Mělník zur Königsstadt, der er das Magdeburger Recht verlieh. Die Burg blieb Witwenresidenz, und Karl IV. erklärte Mělník zu einer königlichen »Heiratsgut-Stadt«, die niemals veräußert, im Notfall nur verpfändet werden dürfe. Als König von Burgund (seit 1365) brachte Karl IV. von dort Winzer mit an die Elbe, um an den warmen, windgeschützten Südlagen des Hügellands Wein anzubauen. Der rote Burgunder von Mělník wird heute auch außerhalb Tschechiens geschätzt. In den Hussitenkriegen (1419–1435) stand Mělník, dessen Einwohner nunmehr überwiegend Tschechen waren, unbeirrt auf Seiten der Reformer; auf der Burg fanden mehrere Kongresse der utraquistischen Partei statt.

Die fast 600jährige Tradition des königlichen Witwensitzes endete 1475 mit dem Tod der Witwe Georgs von Poděbrad. Fortan wechselte die Burg ihre Besitzer, die Stadt löste sich von der Burgherrschaft, es kam sogar zu derartigen Spannungen, daß gegen Ende des 15. Jh. zwischen Burg und Stadt Befestigungen errichtet wurden. 1542 baute Zdislav

Häuser am Marktplatz von Mělník

Berka von Dauba den Nordflügel, aus der spätgotischen Burg wurde ein Renaissanceschloß. 1646 erwarb der im Dreißigjährigen Krieg zu unermeßlichem Reichtum gelangte Heřman Černín von Chudenice das inzwischen verwahrloste Schloß und erneuerte es, in den 90er Jahren kam der barocke Südflügel hinzu. 1753 gingen Schloß und zugehörige Güter durch Heirat in das Eigentum der Lobkowitzer Fürsten über, die aber in Prag residierten, so daß das Schloß in seiner stilistischen Entwicklung erstarrte. Es wurde von da an nur noch für die Weinwirtschaft genutzt, 1895 verwandelte man sogar den Schloßhügel in einen vielfach terrassierten Weinberg. (Schloß und Weinberge sind heute übrigens wieder in Lobkowitzer Besitz.)

Das **Schloß** betritt der Besucher durch das unscheinbare *Haupttor* (Hlavní brána) in der Südostecke des Komplexes, das von außen wie ein großes Wohnhaus wirkt. Dieses Tor erhielt sein heutiges Aussehen in den 90er Jahren des 17. Jh. Damals wurde der Holzaufbau über dem spätgotischen Erdgeschoß entfernt und das Mauerwerk bis zur Höhe des benachbarten Südflügels emporgezogen.

Im *Schloßhof* wirken drei Baustile auf den Besucher: Der langgestreckte *Westtrakt* präsentiert sich im wesentlichen gotisch mit barocken Veränderungen des späten 17. Jh., der *Nordflügel* bewahrte in schöner Reinheit die Merkmale der Renaissance (Loggien mit Arkaden in beiden Stockwerken sowie eine feine Sgraffitoverzierung auf der ganzen Fassade), barock zeigt sich der *Südflügel* des Schlosses, auch wenn hier mächtige Arkaden im Erdgeschoß und im ersten Obergeschoß eine gewisse Parallele zum Nordflügel herstellen. Die Nordseite schließt eine Mauer mit Wehrgang ab. Im Innern des Schlosses befinden sich ein *Museum* mit interessanten, den Weinbau und die Folklore betreffenden Exponaten, eine *Galerie* der tschechischen Barockmalerei, ein Terrassenrestaurant mit herrlicher Aussicht auf Elbe, Moldau und die umliegenden Weinberge sowie eine Weinstube im Kellergeschoß.

Die *Propsteikirche St. Peter und Paul* (Kostel sv. Petra a Pavla) entwickelte sich aus der Burgkapelle des 11. Jh. Der viereckige Turm an der Südwestseite der heutigen Kirche ist noch rein romanisch. Der Bau der Kirche begann in der ersten Hälfte des 14. Jh., um 1380 folgte ein gotisches Presbyterium, nach 1480 die dreischiffige Halle. 1485–1488 errichtete Hans Spieß aus Frankfurt am Main den großen Fassadenturm, der 1681 seine Haube erhielt. Der kostbarste Schatz der Kirche ist eine spätgotische Monstranz aus vergoldetem Silber, eine Prager Arbeit vom Ende des 15. Jh. mit Statuetten der Madonna, der hl. Katharina und hl. Dorothea, des hl. Wenzel und hl. Veit.

Unten in der Stadt ist der weite **Marktplatz** mit den schmucken Laubenhäusern sehr sehenswert. Das **Rathaus** von 1398, das sich nur durch seinen Uhrturm und die beiden geschwungenen Giebel von den umstehenden Bürgerhäusern abhebt, wurde 1765–1793 barock verändert. Zu erwähnen sind noch das **Prager Tor** (Pražská brána) im Osten der Altstadt und Reste der Stadtbefestigungen aus dem 13. Jh.

□ Hŏrín, Liběchov, Kokořín

Jenseits der Moldau, von Mělník nur 1 km entfernt, zeigt das **Jagdschloß Hořín** (Horschin) die wohl besten Rokoko-Interieurs des Landes. 1319 stand hier eine Wasserburg der böhmischen Königinnen, ab 1436 residierten die Herren Černín von Chudenice (Czernin von Chudenitz) in der Burg, die vom 17. Jh. an von den Lobkowitz barock umgestaltet und mehrfach erweitert wurde. Die besten Baumeister Böhmens wirkten daran mit: Giovanni B. Alliprandi, František Maximilián Kaňka und Anselmo Lurago. Berühmt ist die *Nepomuk-Kapelle* des Schlosses und ganz besonders das *Steinerne Zimmer* (Kamenné pokoje; 1760–1763). Im französischen *Park* beeindruckt ein Standbild des hl. Nepomuk von Ferdinand Maximilian Brokoff (1725).

7 km nordwestlich von Mělník liegt, ebenfalls am rechten Elbufer, der von Weinbergen eingefaßte Ort **Liběchov** (Liboch) mit dem sorgsam restaurierten gleichnamigen Schloß aus dem 16. Jh. Anfang des 18. Jh. wurde das **Renaissanceschloß**, vermutlich von Franti-

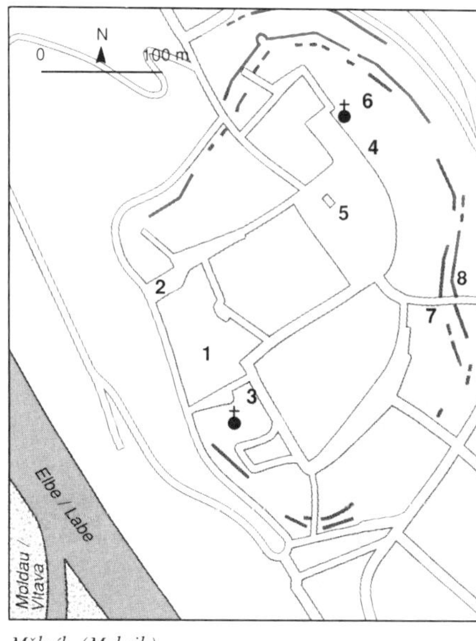

Mělník (Melnik)
1 Schloß 2 Denkmal Karls IV. 3 Propsteikirche St. Peter und Paul 4 Rathaus 5 Brunnen der Weinlese 6 Kapuzinerkloster mit Kirche der 14 Nothelfer 7 Prager Tor 8 Stadtbefestigungen

šek Maximilián Kaňka, zum Park hin um einen barocken Trakt erweitert. In der ersten Hälfte des 19. Jh. sammelte Baron Veith in Schloß Liběchov einen patriotischen Kreis von Gelehrten und Künstlern um sich, der von den Lehren des Priesters und Begründers der slawischen Philologie, Josef Dobrovský (1753–1829), geprägt war. Der Philosoph und Mathematiker Bernhard Bolzano (1781–1848) gehörte ebenso dazu wie der Maler Josef Navrátil (1798–1865), der das Schloß 1838–1843 mit Szenen aus dem tschechischen Nationalepos ›Vlasta‹ (Vaterland) von Karl Egon Ebert schmückte. Im Schloß finden heute wechselnde Kunstausstellungen statt.

17 km nordöstlich von Mělník hat die Pšovka ein wild zerklüftetes Felsental geschaffen, das **Kokořín-Tal** (Kokořínský důl), ein Naturschutzgebiet und beliebtes Ausflugsziel. Es wird vom ebenso trutzigen wie malerischen **Kokořín** (Kokorschin) beherrscht, einer gotischen Burg aus der ersten Hälfte des 14. Jh. In den Hussitenkriegen wurde die Burg beschädigt und verfiel. 1911–1918 restaurierte der Architekt Eduard Sochor die Feste für den Industriellen Špaček von Starburg, 1975–1977 wurde Kokořín erneut restauriert. Heute zeigt die Burg Erinnerungsstücke an den tschechischen Romantiker Karl Hynek Mácha (1810–1836).

Brandýs nad Labem/Stará Boleslav (Brandeis an der Elbe/Altbunzlau)

Kaum 16 km vom Prager Stadtzentrum entfernt erreicht die Staatsstraße 10 nach Liberec die Doppelstadt (seit 1955) Brandýs nad Labem/Stará Boleslav (zusammen 16 000 Einwohner). Brandýs nad Labem liegt am linken Ufer, Stará Boleslav am rechten Ufer der Elbe.

Brandýs nad Labem (Brandeis an der Elbe) wurde im 14. Jh. an einer Furt gegründet. Aus dieser Zeit stammt die Burg am Nordostrand der Stadt, aus der in den Jahren 1547–1565 ein repräsentatives **Renaissanceschloß** erwuchs. Kaiser Rudolf II. (1576–1612) liebte dieses Schloß als Sommersitz. Im 17. und 18. Jh. war Schloß Brandeis bevorzugter Jagdsitz der Habsburger, hier fanden zahllose kaiserliche Festlichkeiten statt. Vor dem Ersten Weltkrieg residierte Erzherzog Karl, späterer – und letzter – Kaiser von Österreich, in Brandeis. Heute ist in dem Schloß ein örtliches *Museum* mit Sammlungen zur Geschichte und Naturkunde sowie kunsthandwerklicher Erzeugnisse und Waffen untergebracht.

Die unterhalb des Schlosses die Elbe überquerende **Brücke** wurde 1568–1572 erbaut und 1931 erneuert. Sehenswert sind auch einige **Bürgerhäuser am Marktplatz** im Stil der Renaissance und des Barock sowie das im 17. Jh. erbaute und mehrmals veränderte **Rathaus**. Die **Laurenzikirche** im Nordosten der Stadt, ein frühgotischer Bau vom Ende des 13. Jh., enthält bemerkenswert gut erhaltene Wandmalereien aus der Zeit zwischen 1330 und 1340, darunter Szenen aus der Marienlegende, die Kreuzigung, die hll. Katharina und Christophorus sowie Christus in der Mandorla. 1958–1960 wurden die Malereien sehr einfühlsam von dem Restaurator Jiří Blažej überholt. Die ebenfalls frühgotische **Peters-**

›Altbunzlauer Madonna‹ in der Mariä-Himmelfahrts-Kirche von Stará Boleslav

kirche im alten Friedhof nördlich vom Schloß wurde von den Hussiten schwer beschädigt, unter Rudolf II. erneuert, zwischendurch aufgelassen und 1805 wiedergeweiht. Erwähnenswert ist noch die dreischiffige **Dekanalkirche Pauli Bekehrung** aus der ersten Hälfte des 16. Jh. mit einem freistehenden Turm von 1773.

In der Kostelnecká ul., unweit der Laurenzikirche, wird ein alter **jüdischer Friedhof** mit Gräbern aus dem 16. und 17. Jh. gepflegt; er gehört zu den frühesten Judenfriedhöfen Böhmens. Die **Synagoge** neben dem Friedhof stammt aus dem 16. Jh. und wurde im 19. Jh. erneuert; heute dient sie als Lagerraum.

Stará Boleslav (Altbunzlau) auf dem rechten Elbufer gilt als eine der ältesten böhmischen Siedlungen. In einer slawischen Burg der Přemysliden (9. Jh.) residierte bereits Boleslav, der am Vorabend des St.-Michael-Festes, am 28. September 929, seinen Bruder und Gast, Herzog Wenzel, am Portal der Kosmas-und-Damian-Kirche erschlagen ließ (s. S. 17). Aus der slawischen Burgstätte wurde eine romanische, später eine gotische Burg, die 1420 in Flammen aufging. Die von Břetislav I. gestiftete, 1039–1046 errichtete **Wenzelskirche,** ein romanischer Bau, der im 12. Jh. zu einer dreischiffigen Basilika erweitert wurde, ersetzte eine vorromanische Kosmas-und-Damian-Kirche. Aus romanischer Zeit blieben die drei Apsiden und die fünfschiffige Krypta, die zum Teil auf die Vorgängerkirche zurückgeht. Die benachbarte **Klemenskirche** stammt ebenfalls aus dem 11. Jh., sie wurde im späten 12. Jh. umgebaut und zu Beginn des 17. Jh. erneuert. Ein Teil der ursprünglichen romanischen Fresken, z. B. die Klemenslegende, ist erhalten.

Zwischen 1617 und 1623 erbaute Jacopo de Vaccani die **Mariä-Himmelfahrts-Kirche,** die erste barocke Großanlage in Böhmen, eines der bedeutendsten Wallfahrtsziele des 17. und 18. Jh. Interessant sind die Kapellen der großen böhmischen Adelsgeschlechter, die reiche Barockausstattung des Langhauses, der prächtige Hochaltar von F. M. Kaňka und M. B. Braun mit einem vergoldeten Relief der ›Altbunzlauer Madonna‹ (Palladium) vom Anfang des 16. Jh. und die Schatzkammer unter dem Südturm.

Von Prag führte im späten 17. Jh. ein *Heiliger Weg* nach Altbunzlau. 44 Kapellen begleiteten diesen Pilgerweg, einige Kapellen sind noch erhalten bzw. wurden inzwischen restauriert.

Benátky nad Jizerou (Benatek)

Auf der E 65 rund 17 km weiter in nordöstlicher Richtung erreicht man das 7000 Einwohner zählende Städtchen Benátky nad Jizerou (Benatek an der Iser), Wirkungsstätte der Astronomen Tycho Brahe und Johannes Kepler sowie des Komponisten Friedrich (Bedřich) Smetana (s. S. 329) und Geburtsort der Musikerfamilie Benda.

Im Jahr 1227 wurde die Siedlung *Altbenatek* (»Altvenedig«) erstmals erwähnt. Um 1340 gründete Bischof Johann IV. von Draschitz am gegenüberliegenden rechten Ufer der Iser ein Kloster und die Stadt **Neubenatek.** Diese städtische Siedlung wurde schon bald mit Mauer und Türmen befestigt, was die Hussiten im 15. Jh. nicht davon abhielt, den Ort zu erstürmen und das Kloster zu zerstören. Ein gewisser Friedrich von Donin erwarb gegen 1526 das Klosterareal und errichtete darauf ein kleines **Renaissanceschloß.** Seine Söhne verkauften das Schloß an Kaiser Rudolf II., der es 1599 seinem dänischen Hofastronomen Tycho Brahe (1546–1601) für dessen Studien zur Verfügung stellte. Am 3. Februar 1600 traf hier auf Schloß Benatek Johannes Kepler (1571–1630) mit Tycho Brahe zusammen. Kepler hatte einige Jahre zuvor sein spekulatives Werk ›Mysterium Cosmographicum‹ (Das Weltgeheimnis) veröffentlicht, was Brahe bewog, den deutschen Astronomen einzuladen. Nach Brahes Tod im Oktober 1601 wurde Kepler sein Nachfolger als kaiserlicher Mathematiker und Hofastronom Rudolfs II.

Im Dreißigjährigen Krieg erlitt das Schloß starke Schäden, die der neue Eigentümer, der kaiserliche General Jan van Werth, um 1648 beseitigte; zusätzlich errichtete er einen neuen *Barockflügel.* Auf die Familie van Werth folgte um 1700 die Familie von Schützen, ab 1720 die Familie von Klenau und Janowitz, Ende des 18. Jh. schließlich der Prager Erzbischof Antonín Přichovský von Přichovic. 1816 ging der Besitz durch Heirat an die Familie Thun-Hohenstein über, bei der Friedrich Smetana 1844–1848 Musikunterricht erteilte. Im späten 19. Jh. war das Schloß im Besitz der Länderbank, die es 1904 an die Adelsfamilie Kinsky veräußerte.

Vor allem der *Westflügel* des Renaissanceschlosses ist reich mit Sgraffiti übersät, die Jagd- und Kampfszenen, auch alttestamentliche Begebenheiten darstellen. Das Innere des Schlosses hat das Rokoko geprägt, besondere Aufmerksamkeit verdient der *Rosa Salon* mit seinen entzückenden Malereien. Das Schloß umfaßt auch ein *Stadtmuseum* mit interessanten Sammlungen zur Stadtgeschichte, zur Volkskunst, mit Gedenkräumen für Tycho Brahe, Johannes Kepler, Friedrich Smetana und die Familie Benda.

Vom alten Kloster blieb noch die **Klosterkirche Mariä Geburt** erhalten (1343), zu der vom Schloß aus ein gedeckter Verbindungsgang führt.

Mladá Boleslav (Jungbunzlau)

Die Stadt an der Iser, 56 km nordöstlich von Prag, ist die ›Autofabrik‹ Tschechiens. Neben dem *Škoda*-Symbol leuchtet heute das *VW*-Zeichen. Zwar arbeiten die meisten der 50 000 Einwohner in der Kraftfahrzeugherstellung, viele aber auch in der Textilindustrie.

Bereits 995 als Burgsiedlung bezeugt, erhielt Jungbunzlau 1334 Stadtrechte und wurde um 1600 »Königliche Stadt«. Vom Ende des 15. Jh. bis zum Jahr 1588 war Jungbunzlau ein Zentrum der Böhmischen Brüder, jener hussitischen Gemeinschaft, die das Leben aus dem Geist des Urchristentums zu erneuern suchte. Um 1500 zählte diese Gemeinschaft 100 000 Mitglieder. Nach der Schlacht am Weißen Berg (1620) wurden die Böhmischen Brüder aus Böhmen vertrieben, eine kleine Gruppe begründete im sächsischen Herrnhut die *Brüdergemeine*. Den nächsten bedeutenden Einschnitt verzeichnet die Stadtgeschichte erst 1895, denn in jenem Jahr wurde in Jungbunzlau die Firma *Laurin und Klement* gegründet, die sich mit der Herstellung von Personenkraftwagen befaßte und 1925 von den Pilsner *Škoda*-Werken übernommen wurde. Seit 1990 arbeiten die *Škoda*-Automobilwerke mit dem deutschen *Volkswagen*-Konzern zusammen.

Auf einem Felsplateau über der Iser, einem Nebenfluß der Elbe, entstand wohl schon im 10. Jh. eine Burg, die im 12. und im 14. Jh. erneuert und verstärkt wurde. Nach 1555 verwandelten die Kraijíř von Krajek (Krager von Kraig) die Burg in ein stattliches **Renaissanceschloß.** Im 18. und 19. Jh. wechselte es mehrmals den Besitzer: Lobkowitz, Pappenheim, Waldstein, Czernin, so hießen die Herren von Jungbunzlau. Heute ist in dem vier-, zum Teil fünfstöckigen Bau das *Kreismuseum* untergebracht.

Am Altstädter Ring steht das zweiflügelige **Rathaus** im Stil der Renaissance (1554–1599), 1710 barock verändert. Die Sgraffiti an den Fassaden zeigen Szenen aus dem Alten und Neuen Testament. Sehr sehenswert ist der *Ratssaal* im ersten Stock mit seinem wunderschön kassettierten und sgraffitigeschmückten Gewölbe über einer Mittelsäule (1559). Den Altstädter Ring rahmen Laubenhäuser mit Barockfassaden. In der Krajířova ul. entdeckt der Besucher einen spätgotischen **Stadtpalast** (1488–1493), der heute von der Tschechischen Kirche als Bethaus benutzt wird, und einen **Wasserturm** aus derselben Zeit (im 16. Jh. umgebaut). Nicht weit vom Rathaus entfernt steht die gotische **Marienkirche,** die Erzdekanatkirche Mariä Himmelfahrt, aus dem Anfang des 15. Jh. Die dreischiffige Halle gehört noch der Gotik an, barock sind Giebel und Vorhalle (1702). Im Norden der Altstadt errichtete Matteo Borgorelli zwischen 1544 und 1554 einen **Versammlungssaal der Böhmischen Brüder** (Bratrský sbor). 1623 wurde die Stätte aufgelassen und als katholische Wenzelskirche geweiht. 1787 fiel die Kirche der Säkularisation zum Opfer und wurde Kaserne. Zwischen 1905 und 1910 wurde der Bau restauriert und dient jetzt als Museum. Zu erwähnen sind noch der **Jüdische Friedhof** an der Prager Straße mit Gräbern aus dem 17. bis 19. Jh. und das schmucke **Theater,** das die Wiener Architekten Ferdinand Fellner und Hermann Helmer im Sezessionsstil errichteten (1906–1909).

Kutná Hora (Kuttenberg)

Kutná Hora ist dank seiner reizvollen Lage am tief eingeschnittenen Tal der Vrchlice und wegen seiner kostbaren alten Bauten wohl eine der schönsten Städte Böhmens. Reiche Silbergruben ließen die Bergwerkssiedlung im 14. Jh. schnell zur nach Prag größten Stadt

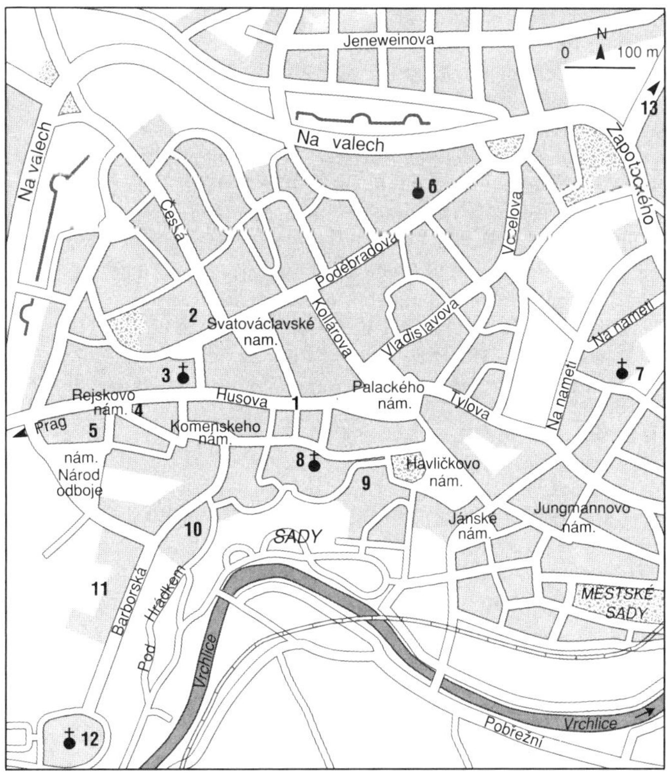

Kutná Hora (Kuttenberg)
1 Mariensäule (Šultysovo nám.)
2 Steinernes Haus
3 St. Johann v. Nepomuk
4 Steinbrunnen
5 Marmorhaus
6 Ehem. Ursulinenkloster
7 Marienkirche auf der Erzhalde
8 St. Jakob
9 Welscher Hof
10 Kastell
11 Jesuitenkolleg
12 St. Barbara
13 Zisterzienserkloster Sedlec

Die Baumeisterfamilie Dientzenhofer

Aus der Umgebung des oberbayerischen Aibling stammen die Dientzenhofers, die bedeutendsten Meister des deutschen Spätbarock. Fünf Söhne des Bergbauern Georg Dientzenhofer zogen nach Prag, um in den Bauhütten von Abraham Leuthner und Carlo Lurago die Kunst des Bauens zu erlernen. Vier von ihnen kehrten nach Süddeutschland zurück und errichteten dort bekannte Klöster und Kirchen: **Georg** (1643–1689) schuf die großartige Dreifaltigkeitskirche Kappel, die Kirche der Zisterzienserabtei in Waldsassen und St. Martin in Bamberg; **Wolfgang** (1648–1706) wirkte in Amberg und baute die Klöster von Speinshart und Michelfeld; von **Leonhard** (1660–1707) stammen die Neue Residenz in Bamberg und das Kloster Ebrach; **Johann** (1663–1726) errichtete Dom und Schloß von Fulda, Schloß Pommersfelden und die berühmte Klosterkirche von Banz.

Christoph Dientzenhofer (1655–1727) blieb als einziger der Brüder in Prag und vervollkommnete Guarinis geniales Konzept der Gewölbedurchschneidungen. Gemeinsam mit seinem Sohn Kilian Ignaz prägte er das Stadtbild von Prag und schuf im südlichen und westlichen Böhmen Kleinodien barocker Baukunst. In der Zeit von 1689–1751 errichteten beide mehr als 120 Bauwerke, meist Kirchen und Klöster, aber auch Schlösser, Paläste, Festungsbauten, Tore, Wohnhäuser und Gutshöfe. Zu den Hauptwerken Christophs zählen die Klosterkirche St. Klara in Cheb (Eger, s. S. 247), die Wallfahrtskirche Maria Kulm bei Cheb, das Kloster Tepl bei Mariánské Lázně (Marienbad, s. S. 243), Langhaus und Fassade von St. Niklas auf der Kleinseite in Prag sowie die Klosterkirchen in Obořiště und Břevnov (Prag, s. S. 108).

Berühmter noch als sein Vater wurde **Kilian Ignaz Dientzenhofer** (1689–1751, geboren und gestorben in Prag), einer der größten Baumeister des Spätbarock. Von ihm stammen u. a. St. Johann von Nepomuk am Felsen in Prag (s. S. 105), die Maria-Magdalenen-Kirche in Karlovy Vary (Karlsbad, s. S. 255), St. Franz Xaver in Oparany und schließlich die Vollendung von St. Niklas auf der Kleinseite zu Prag, einer der schönsten Barockkirchen der Welt, einer Sinfonie schwingender Räume.

Böhmens aufsteigen. Kaiser Karl IV. bezog von hier das Geld, das er brauchte, um die Metropole des Heiligen Römischen Reiches zu schmücken. Erstmals wurde Kuttenberg 1276 erwähnt, als die Ausbeutung der Silberminen einen immer größeren Umfang annahm. Um 1300, elf Jahre nach der Erhebung zur Stadt, begann der Bau des Welschen Hofes als königliche Münze. Hier prägten florentinische Münzer den *Prager Groschen*, ein im ganzen mittelalterlichen Europa anerkanntes und wegen seiner Reinheit hochgeschätztes Silberstück.

Die böhmischen Könige residierten oft in Kuttenberg. Am 18. Januar 1409 unterschrieb Wenzel IV. auf Veranlassung des Jan Hus das »Kuttenberger Dekret«, das die Verfassung der Prager Karlsuniversität zugunsten der Tschechen änderte und den Auszug der deutschen Professoren und Studenten bewirkte, die daraufhin in Leipzig eine neue Universität gründeten. 1471 wählten die böhmischen Stände im Welschen Hof den polnischen Königssohn Vladislav Jagiello zum König von Böhmen. Im 16. Jh. ging die Silbererzförderung in Kuttenberg zurück. Zwar arbeitete die Münze noch bis in das 18. Jh. hinein (1726), die Bedeutung der Stadt aber schwand mehr und mehr. Heute hat Kutná Hora 21 000 Einwohner, die vorwiegend im Maschinenbau und in der Tabakwarenherstellung beschäftigt sind.

Mittelpunkt von Kutná Hora ist der **Palackého nám.** (Palacký-Platz), den schöne Renaissancehäuser, darunter das **Alte Rathaus**, säumen. Die große **Mariensäule** auf dem Šultysovo nám. (Šultys-Platz) erinnert an die Pest von 1713; F. Baugut gestaltete dieses Monument der Dankbarkeit 1713–1715. Auf dem nám. 1. máje (Platz des 1. Mai) steht das spätgotische **Steinerne Haus** (Kamenný dům), das 1485–1495 von einem unbekannten Baumeister mit Laube, Erker und hohem Giebel errichtet wurde. Die bildhauerischen Arbeiten schreibt man dem Breslauer Steinmetz Brixi zu; die böhmischen Landespatrone am Erker, die Marienstatue am Giebel sowie Adam und Eva fügten die Restauratoren Jan Kastner und František Hnátek 1900–1902 hinzu. Das Steinerne Haus ist heute *Stadtmuseum* (Městské muzeum).

In der Husova tř. (Hus-Straße) erbaute František Maximilián Kaňka 1734–1754 die schöne Barockkirche **St. Johann von Nepomuk** (Kostel sv. Jana Nepomuckého). Auf dem Rejskovo nám. (Rejsek-Platz) steht der spätgotische **Steinbrunnen** (Kamenná kašna), vermutlich ein Werk des großen Baumeisters und Bildhauers Matthias Rejsek, nach dem auch der Platz benannt wurde. Der mit reichen Blendarkaden versehene, zwölfeckige Brunnen entstand 1493–1495. In der Südwestecke des Platzes zeigt das **Marmorhaus** (U Marmorů) ein schönes Renaissanceportal.

Das ehemalige **Ursulinenkloster** (Klášter uršulinek) in der Poděbradova (Poděbrad-Straße) erbaute Kilian Ignaz Dientzenhofer 1733–1743 im Auftrag der Gräfin Eleonora Trauttmansdorff. Den Barockbau schmücken Heiligenstatuen von Jan Brázda, eine Kuppel krönt das ovale Treppenhaus in der Ecke zwischen den beiden Flügeln des Komplexes. Die *Klosterkirche* in neobarockem Stil errichtete der Wiener Architekt Friedrich Ohmann 1898–1901. An der Straße Na náměti (Zur Erzhalde) im Osten der Altstadt bewahrt die gotische **Marienkirche auf der Erzhalde** (Panny Marie Na náměti) das Grab des Malers Peter Johann Brandl.

Oberhalb des Flüßchens Vrchlice liegt der Platz U Vlašského dvora (Am Welschen Hof) mit der gotischen **St.-Jakobs-Kirche** (Chrám sv. Jakuba; 1330–1420). Ihre Maßwerkfenster deuten auf die Mitwirkung der Parlerschen Bauhütte hin. Meister Augustin errichtete 1567 den fünfstöckigen, 82 m hohen Nordturm, der seine barocke Zwiebelhaube erst um 1737 erhielt, der Südturm blieb unvollendet. Der Innenraum der Kirche beeindruckt durch seine reiche Ausstattung. Georg Riedl gestaltete 1678 den prächtigen Hauptaltar; die Gemälde ›Hl. Jakobus‹ (1752) und ›Heilige Dreifaltigkeit‹ (1734) stammen von Franz Xaver Balko und Peter Brandl. Karel Škréta kopierte 1673 Annibale Car-

raccis ›Pietà‹. Von Hans Efeldar stammt das ›Abendmahl‹ (1515), Kaspar Eigler schnitzte 1678 die frühbarocke Gruppe ›Christus und die Brüder Zebedäus‹.

Ende des 13. Jh. hatte König Wenzel II. Münzpräger aus Florenz nach Kuttenberg berufen, die im **Welschen Hof** (Vlašský dvůr) die berühmten Silbergroschen schlugen. Reste der ersten Münzstätte sind noch im Mauerwerk des Nord- und Westflügels zu erkennen. Der Welsche Hof veränderte ständig sein Gesicht, der letzte Umbau erfolgte 1898. Die interessantesten Teile des Komplexes, der später zeitweise auch als königliche Residenz diente, entstanden unter Wenzel IV., der zwischen 1390 und 1400 den Ostflügel mit dem Palas, den vorderen Turm und eine Kapelle errichten ließ. Diese *Wenzelskapelle* erreicht der Besucher über eine äußere Wendeltreppe. Ein Mittelpfeiler stützt die vier Kreuzrippengewölbe des quadratischen Raumes, der sich um einen polygonalen Chorerker erweitert. Die Wände zeigen die ›Wenzelslegende‹ des Jugendstilmalers František Urban (1900). Die drei gotischen Flügelaltäre entstanden um das Jahr 1500 und zeigen den Tod der Gottesmutter. Der *Ratssaal des Palas* enthält eine spätgotische Statue des ›Ecce homo‹ (Jesus mit Dornenkrone) sowie eine prachtvoll geschnitzte Bank (beides Anfang 16. Jh.). Die *Kellerräume* zeigen Darstellungen und Gerätschaften der mittelalterlichen Münzer.

Das **Kastell** (Hrádek) an der Barborská ul. (Barbaragasse) geht auf eine Holzfestung des 14. Jh. zurück. Im 15. Jh. ersetzte man diese durch einen Steinbau, der eigentlich als Königsburg dienen sollte, aber dann als zweite Münze genutzt wurde; die Könige zogen es vor, im Welschen Hof zu residieren. An der Barbaragasse liegt auch das einstige **Jesuitenkolleg** (Jezuitska kolej), ein monumentales Gebäude von Domenico Orsi (1626–1667), das vom späten 18. Jh. bis frühen 19. Jh. als Kaserne diente. F. Baugut schuf 1703–1716 die dreizehn Barockstatuen auf der *Balustrade*, die sich bis zur Kathedrale der hl. Barbara hinzieht.

Die der Schutzpatronin der Bergleute geweihte, fünfschiffige **St.-Barbara-Kathedrale** (Chrám sv. Barbory) gaben die Kuttenberger Minenbesitzer in Auftrag. Peter Parler erstellte den Entwurf und begann 1388 mit dem Bau. Nach der Unterbrechung durch die Hussitenkriege nahm Meister Hans (Hanuš) 1481–1489 die Arbeiten wieder auf, 1489–

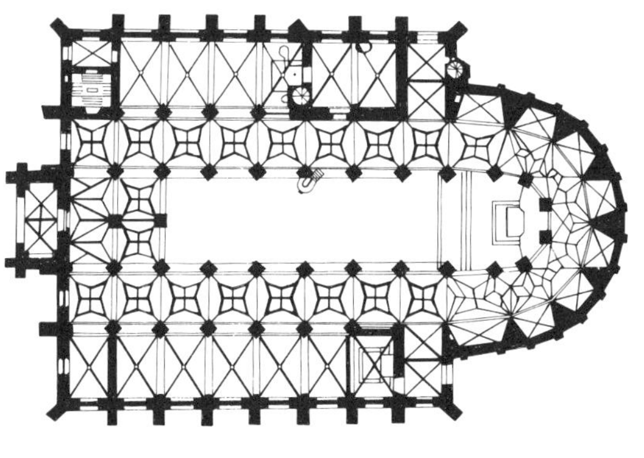

Kutná Hora (Kuttenberg), St.-Barbara-Kathedrale, Grundriß

◁ *Matthias Rejseks Netzgewölbe im Chor von St. Barbara*

1506 wirkte Matthias Rejsek an der Kathedrale, 1512–1547 Benedikt Ried. 1558 war das Werk vollendet. Letzte positive Veränderungen erfuhr die Kirche bei der Restauration der Jahre 1884–1893 durch Josef Mocker und Ludvík Lábler.

Das auffallende dreiteilige Zeltdach setzte Meister Vaněk 1532 über Halle und Chor. Im Innern der Kathedrale beeindruckt das Schleifensterngewölbe der dreischiffigen Halle von Benedikt Rieth. Das Netzgewölbe über dem Chor entwarf Matthias Rejsek; in die einzelnen Gewölbefelder setzte er die Wappen der zum böhmischen Jagiellonenreich gehörenden Länder und die der Kuttenberger Handwerkszünfte.

Der Hauptaltar mit der hl. Barbara auf seinem linken Flügel ist eine Nachbildung des ursprünglichen Barockaltars. Kostbare Wandmalereien enthält die *Smíšek-Kapelle:* ›Cumäische Sybille‹, ›Ankunft der Königin von Saba‹ und eine Kreuzigungsszene (vor 1490). Ein Triptychon zeigt die von Heiligen umgebene Gottesmutter. Kulturhistorisch interessant sind die Wandstatue eines Bergknappen aus der Zeit um 1700 in seiner damaligen Tracht mit Grubenlampe und Arbeitsgerät sowie, an der Westwand des Südschiffs über den Passionsszenen, mehrere Münzer an ihren Prägestühlen (drittes Viertel 15. Jh.). Ebenfalls beachtenswert ist die gotische Holzstatue einer thronenden Madonna mit Jesuskind im nördlichen Teil des Chorumgangs; sie entstand um das Jahr 1380 und wurde im 18. Jh. barock verändert (Zepter, Reichsapfel, Polychromie).

Das ehemalige **Zisterzienserkloster Sedlec** (Sedletz) am nordöstlichen Stadtrand geht auf das Jahr 1142 zurück. 1784 wurde es aufgehoben und 1812 in eine Tabakfabrik umgewandelt. Zu dem Kloster gehörte die gotische **Marienkirche** (Chrám Panny Marie), ein fünfschiffiger Bau aus der Zeit zwischen 1290 und 1304, 1699–1707 von Johann Santin-Aichel in gotisch-barockem Mischstil erneuert. Auf dem **Klosterfriedhof** steht – etwa 400 m nördlich der Kirche – eine *gotische Kapelle* aus dem 12. Jh., die nach der großen Pest des Jahres 1318 als Beinhaus diente. Im unteren Teil der Doppelkapelle besteht die gesamte Einrichtung (Altar, Leuchter, Wappen usw.) aus Menschenknochen.

Kolín (Kolin)

Die kleine Stadt hoch über der mittelböhmischen Elbelandschaft ist vor allem durch eine Schlacht des Siebenjährigen Krieges bekannt, in der die Österreicher am 18. Juni 1757 die Preußen besiegten. Kolín ist ein wichtiger Eisenbahnknoten und Industriestandort, seine 31 000 Einwohner leben vorwiegend von der chemischen Industrie und vom Maschinenbau. Seine besondere Sehenswürdigkeit ist die Bartholomäuskathedrale.

Erstmals urkundlich erwähnt wurde die Siedlung an der Elbe schon im Jahr 1142. Ottokar I. Přemysl (1197–1230) holte deutsche Kolonisten aus dem Rheinland in die slawische Burgsiedlung, die ihr den Namen *Colonia nova ad albim* (»Neuköln an der Elbe«) gaben. Als die Siedlung 1260 zur königlichen Freistadt avancierte, war aus dem Ursprungsnamen »Colonia« *Kolin* geworden. Bereits 1261 begannen die Koliner mit dem Bau der dreischiffigen Bartholomäuskathedrale, die Peter Parler im 14. Jh. mit einem hochgotischen

Kolín (Kolin), Bartholomäuskathedrale
1 Kokov-Kapelle
2 Bäckerkapelle
3 Brauerkapelle
4 Metzgerkapelle
5 Sperlinkov-Kapelle
6 Johanneskapelle
7 Wenzelskapelle
8 Glockenturm
9 Beinhaus

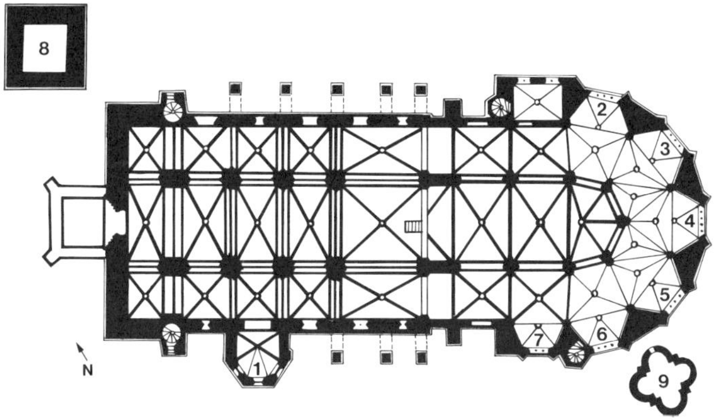

Chor zu einem der schönsten Sakralbauwerke Böhmens erweiterte. Vom 14.–16. Jh. zogen zahlreiche Juden in die reiche Handelsstadt, die schließlich nach Prag die zweitgrößte jüdische Gemeinde hatte. 1421 kam Kolin unter hussitische Herrschaft.

Die Altstadt besitzt mit ihrem rechtwinkligen Straßensystem eines der typischen Merkmale der deutschen Kolonialstädte. Den großen Marktplatz rahmen barocke Bürgerhäuser, die größtenteils der einheimische Baumeister Josef Jedlička nach dem großen Stadtbrand des Jahres 1734 entwarf; als besonders schönes Beispiel gilt das Haus Nr. 46 (s. Farbabb. 19). Das **Rathaus** im Stil der Neorenaissance entstand 1887 auf Grundmauern des 15. Jh.

Das bedeutendste Bauwerk von Kolin steht auf dem höchsten Punkt der Altstadt: die **Bartholomäuskathedrale** (Chrám sv. Bartoloměje). 1261–1300 wurde die dreischiffige Hallenkirche mit zwei 70 m hohen, achteckigen Türmen an der Stelle der slawischen Wallburg errichtet. Romanische Relikte wie etwa eine Gruft lassen den Schluß zu, daß hier schon vor dem frühgotischen Bau ein Gotteshaus stand. 1349 tobte eine Feuersbrunst in der Stadt und beschädigte auch die Kathedrale. Zehn Jahre später beauftragte Kaiser Karl IV. seinen Hofbaumeister Peter Parler, der seit 1352 am Veitsdom und seit 1357 an der Karlsbrücke in Prag arbeitete, mit der Wiederherstellung der Koliner Hauptkirche. Parler riß das alte Presbyterium nieder und baute einen neuen Chor mit sieben Kapellen und reichem Maßwerk an den Fenstern. 1378 wurde St. Bartholomäus geweiht. 1504 entstand der mächtige, einzeln stehende Glockenturm, 1733 das barocke Beinhaus vor der Südostseite der Kirche. 1796 vernichtete ein Brand den gotischen Hauptaltar, mehrere Nebenaltäre, die Orgel und zahlreiche Gemälde und Skulpturen. 1797 erhielt die Kathedrale ein provisorisches Dach, das erst 1904–1910 durch eine stilgerechte Konstruktion ersetzt wurde. Aus dem Jahr 1910 stammt auch der neogotische Hauptaltar. Das Gemälde ›Martyrium des hl. Bartholomäus‹ in der *Šperlinkov-Kapelle* schuf Peter Brandl (1734).

In der Brandlova ul. 35 neben der Kathedrale – die kleine Gasse erinnert an den böhmischen Barockmaler Peter Brandl (1668–1735) – findet der Besucher das **Museum** von

Kolín, das u.a. eine der bedeutendsten prähistorischen Sammlungen Böhmens zeigt. Diese Sammlung begründete der Kolíner Arzt Dr. František Dvořák (1896–1943), der wegen seiner Tätigkeit in einer Widerstandsgruppe in Dresden hingerichtet wurde. Zu sehen sind Fundstücke von der Altsteinzeit bis zum Mittelalter. Eine besondere Abteilung des Museums erinnert an Jean Baptiste Debureau (1796–1846), den berühmtesten Pantomimen des 19. Jh., den »König der Pierrots«.

In der Umgebung der ul. Na hrabách erinnern zahlreiche Häuser an das alte *Ghetto* von Kolin, darunter eine **jüdische Schule** und eine inzwischen zum Teil restaurierte **Synagoge** aus dem späten 17. Jh. Der idyllische alte **Jüdische Friedhof** im Koliner Ortsteil Zálabi weist Gräber vom 15.–17. Jh. auf. Eine Gedenkstätte für die Opfer des Holocaust befindet sich auf dem neuen jüdischen Friedhof.

□ Schlachtfeld von Kolín, Kouřim

Die Nationalstraße 12/E 15 nach Prag durchquert bald hinter der Stadt das **Schlachtfeld von Kolín.** Im Mai 1757 begann Friedrich der Große mit der Belagerung und Beschießung von Prag. Um den Preußenkönig zum Abbruch der Belagerung zu zwingen, stieß der österreichische Feldmarschall Leopold Josef Graf von Daun mit seiner Armee östlich an Prag vorbei, um den Preußen in den Rücken zu fallen. Am frühen Morgen des 18. Juni prallten beide Heere westlich von Kolín aufeinander: Friedrich der Große verlor die Schlacht, mußte die Belagerung von Prag aufgeben und die böhmischen Länder räumen. Aus Dankbarkeit für den Sieg stiftete die österreichische Kaiserin den Maria-Theresien-Orden. An die Schlacht bei Kolín erinnern Denkmäler bei den Dörfern Krečhoř (Kretschhorsch) und Vítězov (Siegfeld) sowie auf dem Berg Vysoká an der Staatsstraße 12. Bei dem Dorf **Bříství** steht auch noch das *Gasthaus Zur goldenen Sonne* (U zlatého slunce), der Befehlsstand Friedrichs des Großen.

5 km westlich von Plaňany zweigt eine Nebenstraße in südlicher Richtung zu dem 6 km entfernten Städtchen **Kouřim** ab, dem man seine lange Geschichte kaum ansieht, das aber bereits 1260 als königliche Stadt gegründet wurde. Aus dieser Zeit stammen Reste der Stadtmauern, die *Erzdekanatskirche St. Stephan* und das *Prager Tor.* Vor der Stadt entdeckten Archäologen einen *altslawischen Burgwall*, der ein Terrain von 40 ha (!) umschloß. Sehenswert sind das *Stadtmuseum* auf dem großen Marktplatz und das *Freilichtmuseum* mit ländlichen Gebäuden aus dem 17. und 18. Jh.

Friedrich der Große nach der Niederlage bei Kolín

Konopiště (Konopischt)

Zu den schönsten Schlössern Böhmens zählt Konopiště (Konopischt), die ehemalige Sommerresidenz des Erzherzogs und österreichischen Thronfolgers Franz Ferdinand, der am 28. Juni 1914 mit seiner Gemahlin Sophie in Sarajewo einem Attentat serbischer Nationalisten zum Opfer fiel. Das Schloß mit seinem kostbaren Inventar, den interessanten Sammlungen und den herrlichen Parkanlagen atmet noch heute die Gegenwart des Erzherzogs.

In den 80er Jahren des 13. Jh. erbaute das Adelsgeschlecht Beneschau (Benešov) die Burg *Konopischt,* was soviel wie »Hanffeld« heißt. Die Familie gehörte damals zu den einflußreichsten Geschlechtern Böhmens; ein Familienmitglied, Tobias von Beneschau, war sogar Bischof von Prag. Die weitreichenden Verbindungen sorgten dafür, daß die Burg den neuesten fortifikatorischen Erkenntnissen entsprach, wie sie zu damaliger Zeit in Frankreich gewonnen wurden. 1327 ging Konopischt durch Schenkung an das Geschlecht Sternberg (Šternberk), das in den Hussitenkriegen auf seiten der Katholiken stand. Als Peter von Sternberg 1420 in der Schlacht auf dem Vítkov bei Prag fiel, schlug sich seine Witwe Perchta von Kravaře auf die Seite der Hussiten, um den Familienbesitz zu retten. Am 24. Juni 1423 verhandelten auf Konopischt die gemäßigten Utraquisten mit den radikalen Taboriten über strittige Fragen der Liturgie. 1465 erhob sich Zdeněk Sternberg gegen König Poděbrad und gründete den »Grünberger Bund katholischer Adliger«. Poděbrad ließ daraufhin Konopischt ab Frühjahr 1467 belagern, aber seine Truppen konnten die Burg nicht erstürmen. Es dauerte 18 Monate, bis sich die vom Hunger geschwächten Verteidiger ergaben. Die Burg ging an Fürst Hynek von Münsterberg als Pfand, erst unter König Vladislav II. Jagiello kehrte Konopiště in den Besitz der Familie Sternberg zurück.

Im Jahr 1600 brannte Konopischt aus. Die Kosten für die Wiederherstellung überstiegen die Finanzen des Burgherrn, der das Anwesen daher 1603 an Dorota Hodějovská verkaufen mußte. Die neue Herrin wandelte die gotische Feste in ein prächtiges Renaissanceschloß um, doch als die Söhne der Dorota im Aufstand der böhmischen Stände gegen die Habsburger kämpften (1618–1620), wurde das Schloß nach der Schlacht am Weißen Berg enteignet. 1648 verwüsteten die Schweden den Besitz.

Konopischt wechselte seinen Herrn noch mehrmals, denn die Instandhaltungskosten des großen Schlosses waren immens. Erst Jan Josef Vrtba, Oberstburggraf von Böhmen, ließ die verfallenen Gebäude ab 1716 im Stil des Barock erneuern und schuf sich eine komfortable und repräsentative Residenz. Der Architekt František Maximilián Kaňka und der Bildhauer Matthias Braun waren an der Neugestaltung beteiligt. 1830 schließlich ging Konopischt an die Adelsfamilie Lobkowitz über, die sich aber nur um die wirtschaftlichen Belange der zugehörigen Güter und Manufakturen kümmerte und das Schloß vernachlässigte. Ein neuer Abschnitt in der Geschichte von Konopischt begann 1887, als Erzherzog Franz Ferdinand die Herrschaft erwarb. Nachdem er Thronfolger geworden war, sollte Konopiště das repräsentative Stammschloß des künftigen Monarchen werden, der pri-

Schloß Konopiště

vate Mittelpunkt des Reiches gewissermaßen. Die prunkvolle Ausstattung des Schlosses sollte auch die ständigen Angriffe seitens der kaiserlichen Familie und des Hochadels gegen seine nicht standesgemäße Frau Sophie Gräfin Chotek zum Schweigen bringen.

Der große Restaurator Professor Josef Mocker, der alle wichtigen Bauwerke Böhmens einfühlsam und mit historischer Akribie erneuerte, gab auch Schloß Konopischt – zumindest teilweise – sein ursprüngliches gotisches Aussehen zurück. Die Innenräume gestaltete der Architekt Franz Schmoranz. Als Grundlage für die reichen Sammlungen des Erzherzogs diente die kostbare *Kollektion d'Este,* ein italienisches Erbe. Die wertvollsten Stücke befinden sich heute in der Nationalgalerie und im militärhistorischen Museum zu Prag.

Etwa 10 Min. steigt man die Allee vom Parkplatz neben dem großen, modernen Restaurant zum Schloß empor. Ein prächtiges **Barocktor** steht einsam vor der Brücke über den Wehrgraben; František Maximilián Kaňka hat es 1725 entworfen. Das eigentliche Schloßtor flankieren Statuen der Bellona und des Mars von Matthias Braun. Die Bronzegruppe eines Hundeführers entstand erst um das Jahr 1900.

Die sieben mehr oder weniger weit aus der Mauer springenden, gleichhohen Rundtürme der französisch-gotischen Burg sind nur noch zum Teil in ihrer ursprünglichen Gestalt erhalten; sie wurden in den Schloßkomplex integriert, im Oberbau eckig verändert oder stark überhöht (Ostturm). Der einzige runde Eckturm ist der **Václavka,** dessen

Name an König Wenzel (Václav) IV. erinnert, der gegen Ende des 14. Jh. vom tschechischen Adel in diesem Turm gefangengehalten wurde. Über dem Westportal blieben die beiden Wappen des Přech Hodějovský und seiner Gemahlin Dorothea von Harrachsdorf (Dorota von Harrachov) erhalten; das Wappen des Hausherrn ziert ein goldener Karpfen auf blauem Feld. Die Jahreszahl 1605 über Portalen und Fenstersimsen verweist auf das Jahr, in dem die Umbaumaßnahmen der Hodějovský beendet wurden.

Im Innern des Schlosses zeugen kostbar eingerichtete Räume vom luxuriösen Lebensstil des Erzherzogs, z. B. der Säulensalon, der **Große Speisesaal** (Lobkowitz-Saal) mit zwei Wandteppichen der königlichen Gobelin-Manufaktur zu Paris (1774) mit Themen aus Cervantes' ›Don Quichotte‹, der Tirpitz-Salon, das Schlafzimmer Wilhelms II., der Vrtba-Salon und der Rauchsalon. Die **Schloßkapelle** von Konopiště war ursprünglich dem hl. Ägidius geweiht, seit dem Barock wurde hier der hl. Hubert, der Schutzpatron der Jäger, verehrt. Im Treppenhaus und in den Gängen bedecken Tausende von Jagdtrophäen und naturkundlichen Stichen mit deutscher Inschrift die Wände. Die **Waffen- oder Rüstkammer** zeigt historische Rüstungen und Waffen vom 15.–19. Jh.

Aus verwilderten Wäldern und fruchtbaren Äckern zauberten berühmte Gartenarchitekten wie der Wiener Mössmer, der Engländer Marchan und der Prager Rozínek Ende des 19. Jh. wundervolle **Parkanlagen**, die heute eine Fläche von über 225 ha umfassen. Der *Terrassengarten* an der Südseite des Schlosses entstand schon im 18. Jh., als man an dieser Stelle den Graben zuschüttete. Gleich vor dem Barocktor blitzen weiße Götterstatuen aus dem Grün der Anlagen. Höhepunkt des Schloßparks ist der *Rosengarten*, der 1906–1913 entstand. Mehr als 200 Rosenarten erfreuen den Besucher, der nicht weiß, ob er die Statuen aus Modena mehr bewundern soll als die venezianischen Vasen, die originellen Faunsbusten oder die Obelisken. Die Mitte des Rosengartens markiert eine klassizistische Säule mit der Statue der Kleopatra. Die Statuengruppe des Poseidon im Osten des Parks schmückte einst den Schloßpark von Catajo bei Padua. Zum Gedenken an die 1775 bei einem Aufstand tödlich verwundeten sieben Leibeigenen ließ die Gräfin O'Kelly (geb. Vrtbová) bald nach der Tragödie einen *Kreuzweg* anlegen.

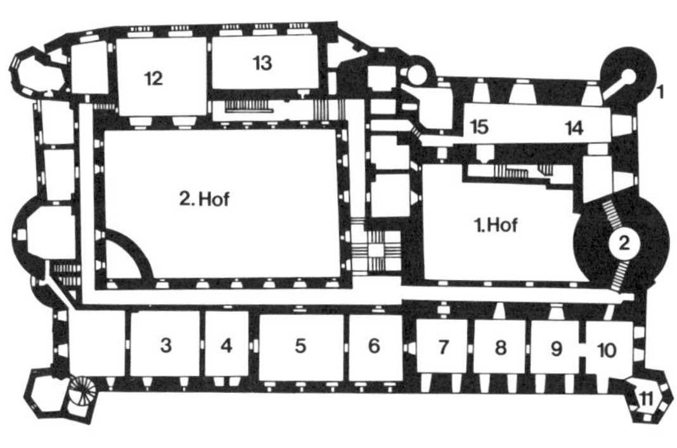

Konopiště (Konopischt), Burg, Grundriß
1 Václavka 2 Ostturm
1. Stockwerk: 3 Säulensalon 4 Empfangssalon 5 Großer Speisesaal (Lobkowitz-Saal) 6 Anrichte 7 Tirpitz-Salon 8 Schlafzimmer des Großadmirals Tirpitz 9 Schlafzimmer Kaiser Wilhelms II. 10 Vrtba-Salon 11 Turmgemach
2. Stockwerk: 12 Rauchersalon 13 Bibliothek 14 Schloßkapelle
3. Stockwerk: 15 Waffen- bzw. Rüstkammer (über der Schloßkapelle)

☐ Benešov, Jemniště, Vrchotovy Janovice, Sedlčany, Slapy-Stausee, Hrazany

Nach Konopiště gelangt man im allgemeinen über die Staatsstraße 3/E 55, wobei man in der kleinen Stadt **Benešov** (Beneschau) westwärts abzweigt. An der Stelle dieses Städtchens befand sich schon in der zweiten Hälfte des 11. Jh. eine Ansiedlung mit Kirche. In der Mitte des 13. Jh. erhielt der Ort Marktrecht. 1311 erwarb Erhard Freiherr von Sternberg die Marktgemeinde und erhob sie zur Stadt. Bis 1592 saßen die Sternberger, deren achtstrahliger Stern das Stadtwappen schmückt, in Beneschau. Besondere Bedeutung erlangte die Stadt, als Erzherzog Franz Ferdinand 1887 Schloß Konopiště erwarb. An diese Zeit erinnert noch der *Hofwartesaal* des örtlichen Bahnhofs.

Sehenswert ist die frühgotische *Pfarrkirche St. Nikolaus* aus dem 13. Jh. Sie wurde vom 15.–17. Jh. mehrmals erneuert bzw. umgebaut. Das Innere der dreischiffigen, doppeltürmigen Kirche trägt ein barockes Gewand, Hochaltar und Kanzel entstanden bis 1696. Um 1725 kamen Statuen der hll. Adalbert und Prokop aus der Werkstatt des Matthias Bernhard Braun in die Kirche. Der Glockenturm südlich der Kirche trägt eine Glocke des Gießmeisters Rudger aus dem Jahr 1322. Hinter der Nikolauskirche versteckt sich ein *jüdischer Friedhof.* Von der *Minoritenkirche* (14. Jh.) blieb nach dem Überfall der Hussiten nur eine Ruine. Die *Annenkirche* am Stadtplatz baute Giovanni Battista Alliprandi zwischen 1705 und 1715. Sie gehörte anfangs den Piaristen, einer katholischen Klostergenossenschaft für den Schulunterricht, später den Jesuiten. Lazarus Widmann gestaltete den Hauptaltar (1761–1763), Felix Ivo Leicher schuf das Bild der hl. Anna. Die aus dem späten 19. Jh. stammende *Synagoge* dient jetzt als tschechisch-hussitische Kirche.

Folgt man von Benešov der Straße in Richtung Vlašim, so erreicht man nach 9 km **Jemniště** (Jemnischt), einen Ortsteil von Postupice. Zwei Schlösser hat die Ansiedlung: das *Alte Schloß* aus dem 17. Jh. (mit Wohnungen belegt, daher uninteressant) und das **Neue Schloß**, einen eleganten Bau, den František Maximilián Kaňka 1724/25 für den Grafen Adam Trauttmansdorff im Übergangsstil vom Barock zum Rokoko konzipierte. Den dreigeschossigen Mittelflügel schmückte Lazarus Widmann mit mythologischen Plastiken. Die Seitenflügel des Schlosses enden in viereckigen Anbauten, die auf der linken Seite die Bibliothek und auf der rechten Seite die besuchenswerte *Josephskapelle* enthalten. Wenzel Lorenz Reiner malte das Gewölbefresko der Sakristei ›Himmelfahrt und Allegorien der Tugenden‹ (1725), die ›Dreifaltigkeit‹ des Schiffsgewölbes gestaltete Felix A. Scheffler (1754), und die Kalvariengruppe auf dem Hochaltar stammt aus der Werkstatt des Matthias Bernhard Braun (um 1735). Den *Rokokosaal* des Schlosses schmückte Scheffler 1754 mit einer Darstellung des Olymps und – an den Stirnwänden – mit den vier Jahreszeiten und den drei christlichen Tugenden des Glaubens, der Hoffnung und der Liebe. Das *Schloßmuseum* verwahrt die nach London und Leiden bedeutendste Sammlung von Landkarten und Veduten Amsterdamer Kartographen des 17. Jh. Reizvoll ist auch die angeschlossene Sammlung von Arbeiten des bekannten Malers und Illustrators Josef Lada (1887–1957), der vor allem durch seine Illustrationen zu Jaroslav Hašeks Roman ›Die Abenteuer des braven Soldaten Schwejk‹ berühmt wurde (s. S. 29). Die *Grabkapelle* am Ende des Parks aus dem Jahr 1652 enthält die sterblichen Überreste mehrerer Mitglieder der Adelsfamilie Sternberg.

15 km südlich von Benešov zweigt man in Olbramovice von der Staatsstraße 3/E 55 westwärts in Richtung Příbram ab und

erreicht nach etwa 4 km den Ort **Vrchotovy Janovice** mit dem **Schloß Janowitz**, einer Stätte erbitterten Streits um eine schöne Frau zwischen den Freunden Rainer Maria Rilke (1875–1926) und Karl Kraus (1874–1936).

Ursprung des Schlosses war eine Wasserburg, die sich die Herren von Janowitz um 1350 erbaut hatten. Die Grafen Vrtba wandelten die kleine Burg gegen Ende des 16. Jh. in ein stattliches Renaissanceschloß um. 1760 erfolgte ein spätbarocker Umbau, den die letzten Schloßherren, die Barone Nádherný von Borutin, 1856 regotisieren ließen. Diese Herren waren durch Eisenverarbeitung reich geworden, hatten sich 1838 den Adelstitel gekauft und bald darauf Schloß Janowitz erworben. In der Zeit vor dem Ersten Weltkrieg trafen sich in Janowitz um die Hausherren Johannes und Karl Nádherný und ihre charmante und geistvolle Schwester Baronesse Sidonie bedeutende Schriftsteller und Künstler, darunter der Dichter Rainer Maria Rilke und der Schriftsteller Karl Kraus. An Rilke und Kraus erinnert im Schloß ein Gedenksaal.

Beachtenswert ist auch das *Treppenhaus* des Schlosses, dessen Wand- und Deckenfresken von Franz Theodor Dallinger Themen der griechischen Mythologie behandeln (1762). Die *Schloßkapelle* aus der zweiten Hälfte des 18. Jh. zeigt Fresken der Apotheose des hl. Nepomuk. Das Schloß ist heute eine *Zweigstelle des Nationalmuseums, Prag.* Wer den kurzen Abstecher nach Schloß Janowitz gewagt hat, sollte unbedingt auch den *Schloßpark* mit seinem alten Baumbestand genießen.

13 km weiter berichtet das mittelalterliche Städtchen **Sedlčany** (Sedltschan) aus seiner Geschichte. Die königliche Bergstadt mit bedeutendem Silberabbau kam um die Mitte des 14. Jh. unter die Herrschaft der Rosenberger, im späten 16. Jh. dann in Lobkowitzer Besitz. Die neuen Herren schulten die Bergmannsfamilien nach Erschöpfung der Gruben zu Webern um. Auch Sedlčany hat – wie fast alle böhmischen Siedlungsstädte – einen quadratischen *Marktplatz,* dessen Häuserrand zum Teil noch aus dem 15. und 16. Jh. stammt. Der frühgotischen Epoche gehört die *St.-Martins-Kirche* im Norden der Altstadt an, zumindest der Westturm entstand um 1270. Im späten 14. Jh. bekam die Kirche ein zweites Schiff und ein neues Presbyterium, und um 1864 wurde der Bau neugotisch restauriert. Der Glockenturm zeigt Merkmale der Renaissance.

Etwa 2 km südlich des Marktplatzes zeugt im Ortsteil Červený Hrádek (Roth-Hradek) eine **Wasserburg** aus mittelalterlichen Zeiten. 1285 wurde sie erstmals genannt, mehrmals im 16. und 18. Jh. umgebaut, in der zweiten Hälfte des 19. Jh. gab man ihr das ursprüngliche gotische Aussehen zurück. Die Burg verwahrt heute die interessanten Sammlungen des Stadtmuseums von Sedlčany.

Die Straße nach Příbram überquert die Moldau, die südlich der Brücke den Worlik-Stausee (Orlická přehradní nádrž) und nördlich der Brücke den **Slapy-Stausee** (Slapská přehrada) bildet. 1949–1954 wurde die 70 m hohe und 260 m lange Staumauer erbaut, die das Moldauwasser zu einem See mit einer Oberfläche von rund 1400 ha und einem Fassungsvermögen von rund 270 Mio. m³ aufstaut. Das aufgestaute Wasser dient der Energiegewinnung. Der 44 km lange See steht Anglern und Wassersportlern aller Art zur Verfügung. Mehrere Campingplätze und die Ortschaften Ždáň, Živohošť, Cholín, Rabyně, Nová Živohošť' und Měřín bieten preiswerte Übernachtungsmöglichkeiten. Von Prag aus verkehren Ausflugsschiffe.

In **Hrazany** haben Archäologen ein *keltisches Oppidum,* eine stadtähnliche Siedlung, aus der späten Latènezeit und der Stradonitzer Kultur (1. Jh. v. Chr.) freigelegt. Die sehenswerte Ausgrabungsstätte liegt hoch über der Mündung der Mastník in die Moldau.

Jindřichův Hradec (Neuhaus) ▷

Südböhmen

Südböhmen (Jižní Čechy)

České Budějovice (Budweis)

České Budějovice, die Metropole des Bezirks Südböhmen mit rund 100 000 Einwohnern, besticht durch seinen großen quadratischen Marktplatz, der von alten Laubenhäusern und dem prächtigen Barockrathaus umgeben ist und zu den schönsten Plätzen Europas zählt. Viele interessante Gebäude und Stadtbefestigungen des Mittelalters, aber auch die ehemaligen »Fleischbänke«, in denen freundliche Kellner ein köstliches *Budvar* servieren, lohnen einen ausgiebigen Besuch.

1265 verlieh König Ottokar II. Přemysl der deutschen Kolonistensiedlung Budweis an der Mündung der Maltsch (Malše) in die Moldau das Stadtrecht. Zugleich gründete er hier ein Kloster des Dominikanerordens. Im 14. Jh. entwickelte sich die Stadt zum Handelszentrum Südböhmens und erhielt 1358 von Kaiser Karl IV. neben anderen Privilegien auch das Stapelrecht, d. h. alle vorbeiziehenden Kaufleute hatten ihre Waren für eine bestimmte Zeit in Budweis zum Verkauf auszustellen, bevor sie ihre Reise fortsetzen durften. Im 16. Jh. führten ergiebige Silberfunde zur Einrichtung einer königlichen Münzstätte und eines Bergamts. In dieser Zeit war Budweis nach Prag und Pilsen die drittgrößte Stadt Böhmens und der größte Getreide- und Holzmarkt des Südens. 1631, während des Dreißigjährigen Krieges also, brachten die Kaiserlichen die Königskrone und die Landtafeln (s. S. 85) hinter den Mauern von Budweis in Sicherheit. Seit 1785 residiert in der Stadt ein Bischof, dessen Sprengel ganz Südböhmen umfaßt. 1827 nahm zwischen Budweis und Linz (Österreich) die erste Eisenbahn auf dem europäischen Kontinent, eine Pferdebahn, den Betrieb auf (s. S. 149). Die Industrialisierung zog im 19. Jh. immer mehr Tschechen in die Stadt, so daß die deutsche Bevölkerungsmehrheit bis zur Jahrhundertwende schwand. Heute ist České Budějovice (Böhmisch-Budweis, zur Unterscheidung von der kleinen Stadt Moravské Budějovice) eine lebhafte Industriestadt mit dem Elektrowerk *Tesla* und einer Metallgießerei der *Škoda*-Werke.

Die unter Denkmalschutz stehende Altstadt ist im Schachbrettmuster angelegt. Parkanlagen (Sady) lösten im Norden und Osten der Stadt Wall und Graben ab. Einen Rest des Grabens bildet der Mlýnská stoka (Mühlenkanal). Der **nám. Přemysla Otakara II.** (Platz des Ottokar II. Přemysl) ist der Haupt-, Markt- und Ringplatz des alten Budweis. Bei einer Seitenlänge von 130 m überschreitet der Platz die Größe jedes Häuserblocks der Stadt. In seiner Mitte plätschert der achteckige **Samsonbrunnen** (Samsonova kašna), den Josef Dietrich 1727 entwarf, der größte steinerne Brunnen Tschechiens (17 m Durchmesser).

Den ganzen Ringplatz säumen liebevoll restaurierte Laubenhäuser, zum Teil aus dem 13. Jh., deren Fassaden später jeweils dem Stil der Zeit angepaßt wurden (Renaissance, Empire, Klassizismus). Das **Rathaus** in der Südwestecke des Platzes trat 1727–1731 an die Stelle eines Renaissancebauwerks; der Wiener Hofarchitekt Anton Erhard Martinelli war der Schöpfer des dreitürmigen Barockgebäudes. Der Komplex des **Bischöflichen Palais** (Biskupská rezidence), ebenfalls im 18. Jh. erbaut, beherrscht die benachbarte Biskupská ul. (Bischofsgasse).

Hinter den Häusern in der Nordostecke des Marktplatzes erhebt sich der **Schwarze Turm** (Černá věž), der freistehende Glockenturm der Bischofskirche. Auf die Säulengalerie des 72 m hohen Renaissanceturms (1550–1577) führen 360 Stufen; von oben hat man einen großartigen Ausblick auf Stadt und Umland. Die barocke **St.-Nikolaus-Kathedrale** (Katedrála sv. Mikuláše) ersetzte 1649 die gotische Stadtkirche aus der Zeit nach 1265. Vom ursprünglichen Bau stammt noch ein Teil des Presbyteriums. Hinter der Kathedrale findet man die *Kapelle der Todesangst Christi* (Kaple Smrtelných úzkosti Páně).

Die aus dem 16. Jh. stammenden **Fleischbänke** (Masné krámy) an der Krajinská (Provinzgasse) Ecke Hroznova ul. (Traubengasse) beherbergen heute die urig eingerichtete und gut besuchte Gaststätte *Masné krámy.*

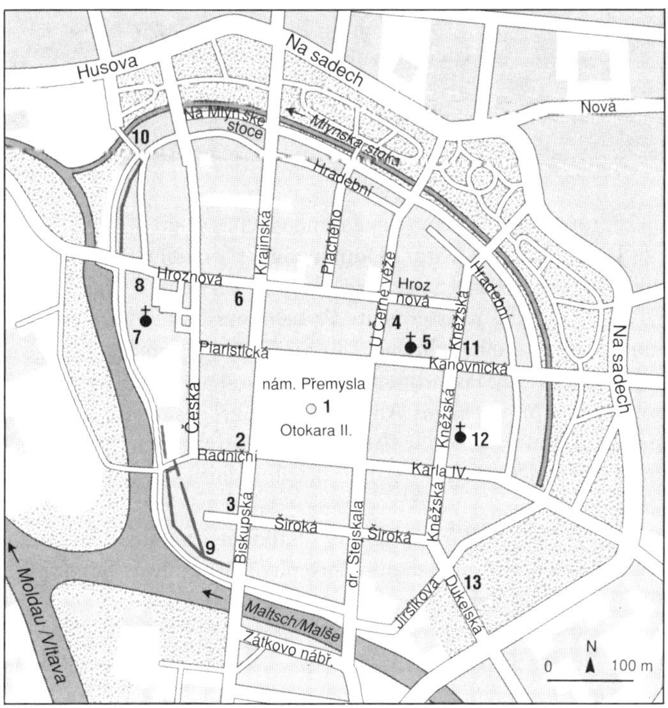

České Budějovice (Budweis)
1 Samsonbrunnen
2 Rathaus
3 Bischöfliches Palais
4 »Schwarzer Turm«
5 St. Nikolaus
6 Ehem. Fleischbänke
7 Ehem. Dominikanerkloster
8 Salzhaus
9 »Eiserne Jungfrau«
10 »Rabensteinturm«
11 Kneisl-Haus
12 St. Anna
13 Südböhmisches Museum

Č. Budějovice (Budweis): Samsonbrunnen und Rathaus

Am toten Moldauarm (slepé rameno Vltavy) im Westen der Altstadt liegt das ehemalige **Dominikanerkloster** (Dominikánský klášter), eine Stiftung Ottokars II. Přemysl aus dem Jahr 1265. Den gegenwärtigen Bau errichtete die Parlerhütte zwischen 1340 und 1370. Obwohl das Kloster heute als Lehranstalt dient, besteht die Möglichkeit, den schönen *Kreuzgang* zu besichtigen, eine vierflügelige gotische Anlage mit einem Kreuzrippengewölbe, das auf Maskaronen-Konsolen und mehreckigen Pfeilern ruht. Im Hof steht ein polygonales *Brunnenhaus*. An den Nordflügel des Kreuzgangs grenzt die gotische *Marienkirche* (Kostel Obětování Panny Marie, Kirche Mariä Opferung). Der Chor entstand im ausgehenden 13. Jh.; der Bau der dreischiffigen Halle wurde im späten 14. Jh. abgeschlossen.

Nahe der Marienkirche steht das **Salzhaus** (Solnice) aus dem Jahr 1531, das zeitweise auch als städtisches Zeughaus (Zbrojnice) diente. Auffallend sind sein Treppengiebel und die in den Fassadenputz eingelassenen Masken.

Im Südwesten der Altstadt, am Ufer der Maltsch, überdauerten Reste der mittelalterlichen **Stadtbefestigungen:** die *Schwalbenschwanzbastei* (Otakarova bašta) mit dem Turm *Eiserne Jungfrau* (Železná panna). In der Nordwestecke am Mühlenkanal wacht noch immer der wuchtige *Rabensteinturm* (Rabenštejnská věž), ebenfalls aus der zweiten Hälfte des 14. Jh.

Ein Bummel durch die malerischen Gassen lohnt immer, denn überall trifft man auf schöne alte Häuser, z. B. in der Kanovnická ul. (Domherrengasse) neben dem Dom auf das sgraffitogeschmückte **Kneisl-Haus** (Kneislův dům; 16. Jh.). In der Kněžská ul. (Pfarrgasse) weist die frisch restaurierte ehemalige **St.-Anna-Kirche** (Kostel sv. Anny), deren Entstehung in den Böhmischen Krieg hineinreichte (1615–1621), auf den Standort des Kapuzinerklosters hin, das heute eine pädagogische Hochschule ist. An der Dukelská im Südostbereich der Wallanlagen zeigt das modern eingerichtete **Südböhmische Museum** (Jihočeské muzeum) einzigartige Sammlungen aus Natur, Geschichte und Gegenwart Südböhmens.

Budweis – Linz. Die erste Eisenbahn auf dem europäischen Kontinent.

1824 erhielt Franz Anton Gerstner (1796–1840), Professor am Wiener Polytechnikum, das kaiserliche Privileg zum Bau und Betrieb einer »eisernen Straße« für eine Pferdebahn zwischen Budweis und Linz. Sinn der Bahn war es, das kaiserliche Salz aus dem Salzkammergut mit niedrigen Kosten in die böhmischen Länder zu transportieren und landwirtschaftliche Erzeugnisse sowie Holz ins Österreichische zu bringen. Die Betriebserlaubnis trat Gerstner an die neugegründete »K. K. erste privilegierte Eisenbahngesellschaft« ab, die ihn zum Bauleiter der 128,7 km langen Strecke bestimmte. Im Juli 1825 begannen die Bauarbeiten, und bereits 1827 rollten auf Teilstrecken erste Probetransporte. Am 1. August 1832 war die Gesamtstrecke mit Dämmen, Brücken, Stationsgebäuden, Pferdeställen, Werkstätten und 46 Bahnwärterhäuschen fertiggestellt.

Die Pferdeeisenbahn verkehrte nach einem genau festgelegten Fahrplan. Güterzüge bewegten sich in normalem Pferdegang und brauchten für die Gesamtstrecke von Budweis nach Linz bzw. umgekehrt drei Tage. Personenzüge dagegen wurden von den hintereinander gespannten zwei oder drei Pferden im Trab gezogen; schon nach 14 Std. hatten sie ihr Ziel erreicht. Personenzüge verkehrten nur von Anfang April bis Ende Oktober. Um 5 Uhr morgens fuhren sie in Budweis und Linz ab, trafen sich in Kerschbaum, wo eine einstündige Mittagsrast mit Pferde- und Personalwechsel vorgesehen war, und gegen 19 Uhr trafen die Züge in den Zielstationen ein.

Von der Pferdebahnstrecke, die über 40 Jahre in Betrieb war, ist nur wenig übriggeblieben, darunter der einstige Bahnhof in České Budějovice (Budweis) – ältestes Eisenbahnstationsgebäude auf dem europäischen Kontinent –, einige Brückenstützmauern, Bahndammabschnitte, Schuppen zwischen Dolní Dvořiště (Unterhaid) und Rybnik. Demnächst soll hier die alte Pferdeeisenbahn auf einer Länge von 3,8 km rekonstruiert und ein historischer Bahnbetrieb für Touristen aufgenommen werden.

□ Svobodná blata, Zbudov

Wer mit dem Wagen nach České Budějovice gekommen ist, sollte unbedingt einen Ausflug in das **Svobodná blata,** das Freie Moorland, im Westen der Stadt unternehmen. Hier findet er in Bavorovice, Opatovice, Munice, Vlhlavy, Sedlec, Hlavatce und in anderen Dörfern, vor allem aber in Holašovice und in Plástovice schöne alte Bauernhäuser.

Im frühen Mittelalter hatten sich in den ausgedehnten Mooren westlich von Budweis erstmals Bauern niedergelassen, um das saure Sumpfland zu kultivieren. Ihre außerordentlichen Anstrengungen ließen sie sich durch Sonderrechte entgelten. Eines dieser Privilegien war die Selbstverwaltung der Waisengelder. Adam von Hradec, Herr auf Schloß Frauenberg, mißgönnte den Bauern das reichlich angesammelte Waisengeld und beanspruchte es im Jahr 1581 für sich. Die Bauern weigerten sich verständlicherweise, das Geld herauszugeben und wandten sich hilfesuchend an den Kaiser. Dessen Kanzler erkannte das alte bäuerliche Privileg aber nicht an und entschied zugunsten des Herrn von Hradec. Der beschlagnahmte mit einem Söldnertrupp das Geld und ließ den Sprecher der über 700 Bauern, Jakub Kubata, und mehrere Anführer bei dem Dorf Zbudov hinrichten. An die Hinrichtung der freien Moorlandbauern erinnert das *Kubata-Denkmal* bei **Zbudov** aus dem Jahr 1904. Zbudov liegt 12 km nordwestlich von Budweis nahe der E 49.

Hluboká nad Vltavou (Frauenberg)

8 km nördlich von České Budějovice thront auf einem Felsen 83 m über der Moldau das Märchenschloß Hluboká, das meistbesuchte Schloß Tschechiens mit einer wundervoll erhaltenen, kostbaren Inneneinrichtung und erlesenen Kunstschätzen (s. Farbabb. 11).

Um die Mitte des 13. Jh. baute König Wenzel I. an der Stelle des heutigen Schlosses eine königliche Burg, die nach dem Tod Ottokars II. Přemysl im Jahr 1278 dessen ärgster Feind, Záviš (Zawisch) von Falkenstein, erwarb. Záviš heiratete die Königinwitwe Kunhuta, avancierte zum wichtigsten Mann Böhmens und versuchte, König Wenzel II. zu verdrängen. 1290 konnte der König die Macht zurückgewinnen und ließ Záviš am Fuß der *Fronburg (Vroburc,* »Herrenburg«, so hieß Hluboká damals) hinrichten.

Ab 1450 wechselten die Besitzer in schneller Folge, bis die Burg an Wilhelm von Pernstein fiel. Wilhelm widmete sich intensiv der Forstwirtschaft und legte zahlreiche Fischteiche an, die noch heute das Landschaftsbild um Hluboká prägen. Wieder wechselten die Besitzer. Die Herren von Hradec bauten die Burg im Stil der Renaissance um und gaben ihr den heutigen Grundriß. 1598 verkauften sie die Herrschaft an die Herren Malovec, deren Besitzungen aber 1622 wegen ihrer Teilnahme am böhmischen Ständeaufstand von den Habsburgern konfisziert wurden.

1661 erwarb Johann Adolph von Schwarzenberg, 1670 in den Reichsfürstenstand erhoben, die *Frowenburg* (aus »Fronburg« abgeleitet). Fast drei Jahrhunderte blieb »Frowenburg« bzw. »Frauenburg«, schließlich *Frauenberg,* im Besitz dieses Adelsgeschlechts, dessen Angehörige am Habsburger Hof hohe staatliche, diplomatische und militärische

Schloß Hluboká (Frauenberg)

Ämter bekleideten und bereits zahlreiche Güter in Südböhmen, Krain und der Steiermark besaßen. Frauenberg sollte das Herrschaftszentrum, der repräsentative Stammsitz der Schwarzenberger werden, die auch in Wien und Prag luxuriöse Stadtpaläste unterhielten. 1702 trat der kaiserliche Festungsbaumeister Paul Ignaz Bayer in die Dienste der Schwarzenberger, er barockisierte 1707–1728 das Schloß, erneuerte die Schloßkapelle und schuf den zweigeschossigen Festsaal, den Georg Werle mit Malereien ausschmückte.

Den wesentlichen Umbau im Stil der romantisierenden Neugotik veranlaßte in der ersten Hälfte des 19. Jh. Eleonore Schwarzenberg. 1839–1871 bauten die Architekten Franz Beer und Ferdinand Damian Deworetzky Schloß Frauenberg vollständig um und gaben ihm das historisierende Aussehen von Windsor Castle, dem Stammschloß der englischen Könige - nachempfundener Tudorstil in Böhmen. Das Interieur dagegen bewahrte den Charakter der niederländischen Renaissance.

Die Schwarzenberger bewohnten ihr Schloß, das seit 1918 den tschechischen Namen *Hluboká* (von *hluboký*, tief) trägt, bis zum Ende des Zweiten Weltkriegs. Der letzte Eigentümer, Dr. Adolph II. Fürst zu Schwarzenberg, wurde 1940 von der Gestapo verhaftet.

1945 kam Schloß Hluboká unter staatliche Verwaltung und ging 1950 in den Besitz des tschechoslowakischen Staates über.

Schloß Hluboká zeigt dem Besucher in 41 Räumen (von insgesamt über 140) mehr als 36 000 Exponate, die rund 12 000 Bücher der umfangreichen Bibliothek nicht eingerechnet. Die meisten Räume sind überaus kostbar ausgestattet, vor allem der Empfangssalon, der große Speisesaal, der Marmorsaal, der Morgensalon mit der Ahnengalerie, das Lesezimmer, die Bibliothek und der Theatersaal. Eine hölzerne Renaissancedecke aus dem Schloß von Český Krumlov, das ebenfalls den Schwarzenbergern gehörte, schmückt heute den großen **Speisesaal.** Viele kostbare Möbel, darunter die spätbarocken Regale der **Schloßbibliothek,** stammen aus dem fränkischen Stammschloß bei Scheinfeld. Zu den besonders sehenswerten Objekten zählt eine Kollektion von 57 Wandteppichen aus der Mitte des 17. Jh., die vorwiegend in den berühmten Brüsseler Werkstätten entstanden. Alte und zeitgenössische Möbel, darunter der intarsierte Delphinenschrank, den Adalbert Stifter in seinem Roman ›Nachsommer‹ beschreibt, Kunstwerke aller Art, auch Gegenstände der angewandten Kunst wie böhmisches Glas, italienische Fayencen, chinesisches Porzellan und sächsisches Silber, ferner orientalische Antiquitäten, Waffen und Rüstungen ergänzen die Einrichtung der einzelnen Räumlichkeiten. Von den vielen Gemälden seien nur die ›Anbetung des Jesuskindes‹ vom Meister des Wittingauer Altars (um 1380) und eine ›Madonna mit dem hl. Bartholomäus und der hl. Margareta‹ (südböhmische Schule, um 1400) erwähnt.

Bei einer Umgestaltung erhielt das Schloß einen kunstvollen Anbau aus Eisen und Glas als **Wintergarten.** Dieser Anbau verbindet das eigentliche Schloß mit der neogotischen Reithalle und dem Marstall. Hier wurde 1955 die nach dem tschechischen Maler Mikuláš Aleš (1852–1913) benannte **Südböhmische Galerie** mit Gemälden und Plastiken südböhmischer Künstler vom Mittelalter bis zur Gegenwart eingerichtet. Die Galerie ist neben der Prager Nationalgalerie die größte Kunstsammlung Böhmens.

Die Umgebung des Schlosses verwandelten die Schwarzenberger in einen englischen **Naturpark** mit zahlreichen Fischteichen und Fasanengehegen, bewaldeten Hügeln, exotischen Bäumen und Sträuchern, hundertjährigen Eichen und Bronzestatuen.

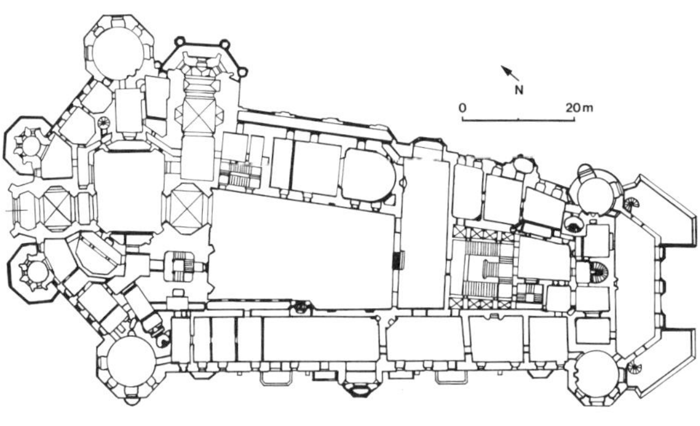

Schloß Hluboká (Frauenberg), Grundriß

□ Ohrada, Týn nad Vltavou

2 km südwestlich von Hluboká errichtete der fürstliche Baumeister Paul Ignaz Bayer zwischen 1703 und 1713 das barocke **Jagdschloß Ohrada** (Zwinger) inmitten eines Wildparks am Südufer des Teiches Munický rybník. In dem Jagdschloß ist heute ein *Fischerei-, Jagd- und Forstmuseum* untergebracht.

23 km nördlich von Budweis liegt **Týn nad Vltavou** (Moldautein), eine der ältesten Siedlungen in Südböhmen. Wie beim Prager Teynhof, so war auch hier eine Zollstation der Ansatzpunkt für eine Kaufmanns- und Handwerkersiedlung. Bis zur Hussitenzeit gehörte der Týn dem Prager Bischof (später Erzbischof), dann verschiedenen Adelsfamilien, bis sich die Bürger von Moldautein im Jahr 1601 freikauften. 1609 wurde die Siedlung königliche Stadt. Nach der Schlacht am Weißen Berg bei Prag im Jahr 1620 kam Moldautein erneut in den Besitz des Prager Erzbischofs, bei dem die Stadt bis 1848 verblieb.

Das wichtigste Handelsgut für Moldautein war Salz, das anfangs über den *Goldenen Steig* und über das Salzhandelszentrum Prachatitz (s. S. 182) hierher gebracht wurde, später lieferte das oberösterreichische Salzkammergut die kostbare Ware nach Budweis, auf Frachtkähnen kam es von dort bis Moldautein und mußte hier wieder auf Pferdefuhrwerke umgeladen werden, da der Fluß wegen seiner gefürchteten Stromschnellen damals kaum zu befahren war. Heute ist Týn nad Vltavou eine beliebte Sommerfrische.

Am Hauptplatz steht das im Stil der Renaissance erbaute *Rathaus*, das im 17. Jh. eine Barockfassade erhielt. Das Erzbischöfliche Schloß gleich nebenan beherbergt heute das *Stadtmuseum*, das Sammlungen südböhmischer Puppen zeigt und *Moldaviten*, vom Himmel gefallene Glaskugeln. Im Tertiär, also vor etwa 15 Mio. Jahren, war bei Stuttgart ein Meteorit eingeschlagen, wodurch der etwa 22 km große Kessel des Nördlinger Rieses entstand. Bei dem Aufprall verdampfte ein Teil der Materie, die Dampfwolken zogen ostwärts, kühlten ab und gingen im Raum Budweis als Glasregen nieder.

Die *Jakobuskirche* beim Bischofshof wurde im Jahr 1279 geweiht, 1753 hat man sie im Stil des Barock erneuert, das Innere zeigt sich heute in den Formen des Rokoko. Die *Mariensäule* stammt aus der ersten Hälfte des 18. Jh. Auf der Kleinen Seite (Malá strana) am linken Flußufer steht noch der *Salzstadel* von 1564, in dem das Salz bis zum Weiterversand lagerte; der Stadel war noch im 19. Jh. in Betrieb.

Bechyně (Bechin)

20 km südwestlich von Tábor liegt Bechyně (Bechin), Stadt und Heilbad an den Ufern der Luschnitz (Lužnice). Die auf einem hohen Felsen über der Luschnitz thronende Burg Bechin verstärkte König Ottokar II. Přemysl im 13. Jh. als Teil des Sperrgürtels gegen den wachsenden Einfluß der Rosenberger, was aber wenig nützte, denn schon König Johann von Luxemburg (1310–1346) verkaufte die Feste an die mächtige Adelsdynastie. Anfang des 16. Jh. bauten die Rosenberger die Burg im Stil der Wladislawschen Spätgotik um. Peter Wok von Rosenberg ließ sie von Baldassare Maggi da Arogno in ein Renaissanceschloß verwandeln, wobei einige Anbauten hinzukamen. Nach den Rosenbergern hinterließen die Sternberger in Bechin ihre Spuren. Durch Heirat kamen Schloß und Stadt in

den Besitz der lombardisch-österreichischen Adelsfamilie Paar. Heute nutzt die Tschechische Akademie der Wissenschaften Schloß Bechyně als Erholungsheim.

Schloß Bechyně ist für Besucher im allgemeinen nicht zugänglich. Wer jedoch einen Blick hineinwerfen darf, beachte die Illusionsfresken im Hof und schaue in den *Kleinen Gerichtssaal* mit seinem herrlichen Renaissanceschmuck, darunter die Wappen der Familien Sternberg und Paar. Im *Großen Gerichtssaal* trägt eine Mittelsäule in naturalistischer Baumform die Decke, über die sich die Gewölberippen wie Astwerk ausbreiten. Im *Hochzeitssaal* zeigen Wandfresken die fünf höchsten Gerichte der böhmischen Krone (um 1600).

Im Jahr 1323 wurde die Burgsiedlung zur Stadt erhoben. Zu den interessantesten Bauwerken des Ortes gehört die **Matthäuskirche,** die zu Beginn des 16. Jh. über älteren Fundamenten entstand. 1740 wurde die zweischiffige Halle barock verändert und auch barock ausgestattet. Beachtung verdient das Gemälde ›Anbetung der Könige‹, das Peter Johann Brandl (1668–1735) zugeschrieben wird, aber wohl von Cornelius de Vos (1585–1652) stammt.

Das **Franziskanerkloster** und die zugehörige *Mariä-Himmelfahrts-Kirche* wurden im 13. Jh. gegründet, aber im späten 15. Jh. (bis 1490) erneuert. Nach dem Dreißigjährigen Krieg erhielt die Kirche eine barocke Ausstattung und wurde Ziel einer bekannten Wallfahrt zu einer spätgotischen Pietà, die heute kostbarer Mittelpunkt des Hauptaltars ist. Die Kirche und der anschließende *Kreuzgang* zeigen ein schönes Zellengewölbe, ein Rippengewölbe, das nicht aus behauenem Stein besteht, sondern aus gebrannten Ziegeln gemauert wurde. Da es den Facetten eines geschliffenen Edelsteins ähnelt, nennt man es auch »Diamantgewölbe«. Sächsische Maurer hatten diese Ziegeltechnik um 1500 entwickelt und damit das Monopol der Steinmetze gebrochen, was schließlich zum Niedergang der mittelalterlichen Bauhütten führte.

Beachtung verdienen auch etliche **Bürgerhäuser** aus Renaissance und Barock und vor allem das **Keramikmuseum** (Muzeum keramiky), denn Bechyně war und ist für seine keramischen Erzeugnisse weltweit bekannt; 1884 wurde die inzwischen international angesehene Bechiner Keramikfachschule gegründet. Einen guten Namen hat Bechyně auch als Heilbad für rheumatische und Stoffwechselerkrankungen, zumal die Kohlensäurequellen und die Moorerde schon im 16. Jh. bekannt waren.

Tábor (Tabor)

Rund 90 km südlich von Prag liegt auf einer Anhöhe zwischen Jordán und Lužnice die alte Hussitenstadt **Tábor.** Alles erinnert hier an die radikalen Reformer des 15. Jh., an den Magister Jan Hus wie an den Heerführer Jan Žižka. 1420, fünf Jahre nach der Hinrichtung des Jan Hus und wenige Monate nach dem Neustädter Fenstersturz (s. S. 21), versammelten sich bei der Burg Kotnov unter der Fahne mit dem Kelch einige tausend Männer mit ihren Familien, um von hier aus gegen Kaiser und Kirche vorzugehen. Aus dem Zeltlager entwickelte sich eine Festung, aus der Festung eine Stadt, die die Anhänger des Hus nach

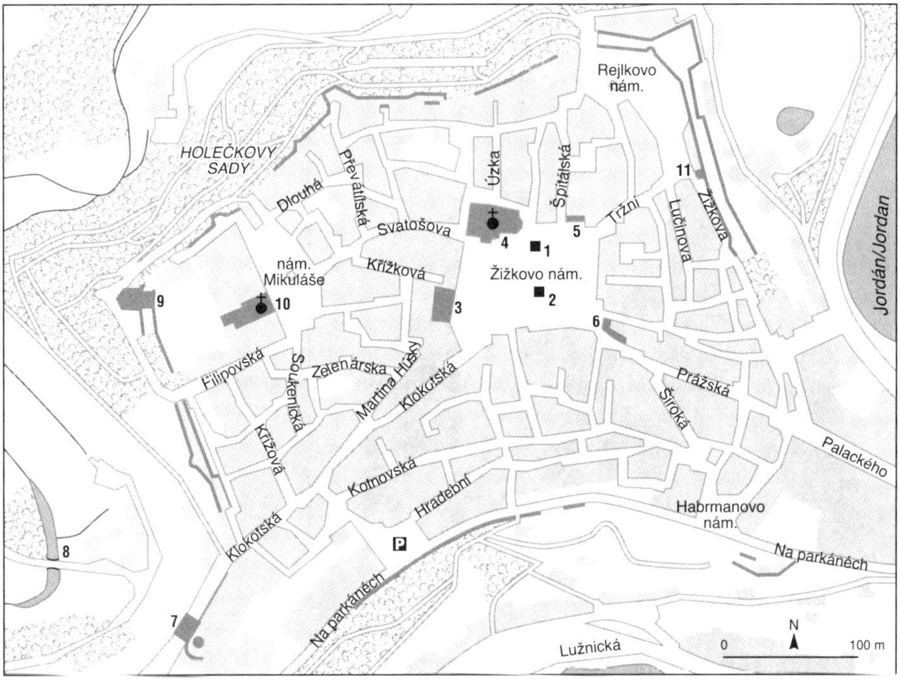

Tábor 1 Žižka-Denkmal 2 Rolandsbrunnen 3 Rathaus 4 Kirche der Verklärung Christi 5 Ctibor-Haus 6 Renaissancehäuser (Nr. 220/221) 7 Bechiner Tor und ehem. Burg Kotnov 8 Mittelalterliche Brücke 9 Žižka-Bastion 10 Kirche Mariä Geburt 11 Mittelalterliches Wasserwerk

dem neutestamentlichen Berg der Verklärung Jesu (Matthäus 17, 1–9) *Tábor* nannten. Von Tábor aus führte Jan Žižka von Trocnov das Hussitenheer kreuz und quer durch Böhmen und besiegte die Kaiserlichen 1420 am Vítkov bei Prag und 1422 bei Deutsch-Brod (Havlíčkův Brod). Nachdem der große Žižka im Jahr 1424 gefallen war, traten andere Führer an seine Stelle und kämpften gegen Katholizismus und Deutschtum, zuletzt sogar gegen ihre gemäßigten Mitstreiter, die Utraquisten, bis die Niederlage bei Lipany (1434) das Ende der Erhebung einläutete.

Nach den Hussitenkriegen begann in Tábor eine rege Bautätigkeit. Die meisten seiner Einwohner blieben als Böhmische Brüder oder gemäßigte Utraquisten der katholischen Kirche fern. Auch als »Nikolaiten«, »Arianer«, »Manichäer«, »Nestorianer«, »Waldenser«, »Arme von Lyon« suchten sie die Wahrheit im Glauben. Jede Religion war hier geduldet, nur die katholische nicht. Und wenn sich im 16. und 17. Jh. irgendwo in Böhmen leibeigene Bauern gegen ihre Herren erhoben, waren auch die Einwohner von Tábor dabei und ließen die schwarzen Fahnen mit dem roten Kelch wehen.

Jan-Žižka-Denkmal, Tábor

Nach dem zweiten Prager Fenstersturz des Jahres 1618 erhob sich natürlich auch die Stadt Tábor gegen die Habsburger, und nach der Schlacht auf dem Weißen Berg war sie die letzte Stadt, die den Siegern in die Hände fiel (1621). Obwohl der katholische Klerus alles tat, um ihre Bewohner wieder dem rechten Glauben zuzuführen, blieb sein Bemühen letztlich erfolglos.

Mittelpunkt der Altstadt ist der **Žižkovo nám.** (Žižka-Platz), der frühere Ringplatz, mit dem monumentalen *Bronzestandbild* des Hussitenführers, einem Werk des Bildhauers Strachovský aus dem Jahr 1877. Auf dem Platz stehen auch zwei *Steintische*, der eine vor dem Rathaus, der andere vor dem Ctibor-Haus (Nr. 6), an denen das hussitische Abendmahl ausgeteilt worden sein soll. Ein *Rolandsbrunnen* schmückt das von alten, wohlrestaurierten Bürgerhäusern umgebene Geviert. Unter diesem Platz, ja unter der ganzen Altstadt, erstreckt sich ein Labyrinth von Gängen, die in der Hussitenzeit als Magazine, Arsenale und Zuflucht dienten. Einige Gänge kann man besichtigen.

An der Westseite des Žižkovo nám. steht das ehemalige **Rathaus** (1440–1521). Später hat man das Rathaus mehrmals umgebaut, zuletzt 1878 im neogotischem Stil. In dem

Gebäude ist heute ein *Museum der hussitischen Bewegung* eingerichtet. Statuetten von Jan Hus, Jan Žižka, Prokop dem Großen und Hieronymus von Prag sowie eine Adamitengruppe (hussitische Sekte) rahmen das prächtige Stadtwappen. Besonders beeindruckt der zweigeschossige *Ratssaal* mit einem Netzgewölbe über achteckigen Pfeilern; die Schlußsteine bilden menschen- und tierähnliche Figuren.

Die Nordwestecke des Žižkovo nám. beherrscht die **Kirche der Verklärung Christi** (Chrám Proměnění Krista Pána) mit ihrem 77 m hohen Turm. Die 1440 begonnene Kirche wurde im Jahr 1516 geweiht. – Hinter dem Rathaus weist eine Barockkirche aus dem Jahr 1662 auf das zugehörige Kloster hin.

An der Prážská ul. (Prager Gasse), die in der Südostecke des Ringplatzes beginnt, stehen mehrere schöne **Renaissancehäuser,** z. B. das Haus Nr. 220 mit hohem Giebel und vorgekragtem Obergeschoß auf Konsolen und das Nachbarhaus Nr. 221 mit Bogengiebel. Aus wehrtechnischen Gründen ziehen alle Altstadtstraßen gekurvt zur Stadtmauer hin, die im Norden noch recht gut erhalten ist. Von der Südwestecke des Žižka-Platzes führt die Klokotská ul. (Nachtigallengasse) zur **Burg Kotnov,** an die nur noch ein wuchtiger Rundturm neben dem Bechiner Tor (Bechynská brána) erinnert.

Der **Teich Jordán** im Nordosten wurde 1492 zur Wasserversorgung der Stadt angelegt und gilt als älteste Talsperre Böhmens. In diesem Teich, im *Jordan* also, tauften die Taboriten früher ihre Kinder.

☐ Soběslav, Borkovická blata und böhmischer Bauernbarock

Die alte Stadt **Soběslav** (Sobieslau) an der Staatsstraße 3/E 55, 16 km südlich von Tábor und 41 km nördlich von Budweis an der Luschnitz (Lužnice) gelegen, besitzt mehrere bedeutende Sehenswürdigkeiten.

Soběslav ist eine rosenbergische Gründung, die Siedlung entstand neben einer Burg aus der zweiten Hälfte des 13. Jh. 1293 wurde der Ort erstmals urkundlich genannt, um 1390 erhielt er die Stadtrechte. Von der ursprünglichen **Burg** der Rosenberger ist noch ein Wachturm aus dem 14. Jh. erhalten. Am trapezförmigen **Marktplatz** steht das spätgotische *Rathaus* mit zugemauerten Lauben; die Renaissancehäuser rings um den Platz haben offene Lauben. Besonders interessant ist das *Smrčka-Haus,* das Haus des Bürgermeisters Gregor Smrtschka (Řehoř Smrčka) mit seinem Doppelgiebel (16. Jh.); das Haus zeigt eine volkskundliche Sammlung. Sehenswert ist auch das *Rožmberk-Haus* (Rosenberg-Haus) aus derselben Zeit, ebenfalls auf gotischen Fundamenten; in diesem Haus ist heute eine naturkundliche Sammlung untergebracht. Im Südwesten des Marktplatzes ragt der 78 m hohe Turm der *Peter-und-Paul-Kirche* weithin sichtbar empor. Die Pfarrkirche wurde zwischen 1380 und 1390 auf frühgotischen Grundmauern erbaut. Im ausgehenden 15. Jh. erhielt sie nach einem Feuer das prächtige Diamantgewölbe. Die *St.-Veits-Kirche* stiftete Ulrich von Rosenberg im späten 14. Jh.

Etwa 5 km südwestlich von Soběslav erstreckt sich über mehrere Kilometer die **Borkovická blata,** ein Moorgebiet mit einzigartiger Flora und Fauna. Die Dörfer am Rande der Moore besitzen noch mehrere Bauern- und Gutshöfe im malerischen Stil des *Volksbarock:* Vlastiboř, Nedvědice (s. Farbabb. 20), Klečaty, Zálší, Borkovice und Petřikov.

Pelhřimov (Pilgram)

44 km sind es von Tábor bis zur Kreisstadt Pelhřimov (Pilgram) am Westrand der Böhmisch-Mährischen Höhe (Českomoravská vrchovina). Die Stadt hat 17 000 Einwohner, die hauptsächlich mit der Herstellung von Strickwaren und Taschen sowie in der Maschinenindustrie beschäftigt sind. Der Stadtkern von Pelhřimov steht unter Denkmalschutz.

Der Prager Bischof Pilgram soll den Ort um 1250, vielleicht schon früher, gegründet haben. Schon dreißig Jahre später erhielt Pilgram die Stadtrechte, und 1596 wurde es königliche Stadt. Von den mittelalterlichen Befestigungen sind noch zwei Tore erhalten. Besonders imposant wirkt das **Rinaretzer Tor** (Rynárecká brána), auch »Oberes Tor« genannt, im Süden der Stadt. Anfangs gotisch, erhielt das Tor im Zeitalter der Renaissance einen dreistöckigen Turm, dem sich 1774 Satteltürmchen hinzugesellten. Das kleinere **Iglauer Tor** (Jihlavská brána) oder »Untere Tor« im Osten der Stadt wirkt da schon wesentlich bescheidener. Der große quadratische **Marktplatz** im Zentrum der Stadt wird von Bürgerhäusern verschiedener Epochen gerahmt, sie zeigen sich vorwiegend im Gewand der Renaissance und des Barock, sind mit Zinnenattiken, Lauben und Sgraffiti versehen; manche wurden klassizistisch verändert, einige stammen sogar aus der Zeit des Kubismus (1913) und wirken keineswegs als Fremdkörper.

In der Südwestecke des Platzes erhebt sich – leicht zurückversetzt – die **Pfarrkirche St. Bartholomäus** vom Anfang des 14. Jh. In jedem Jahrhundert erfolgten seither An- und Umbauten bzw. Restaurierungen. Die dreischiffige Pfeilerbasilika hat einen fünfeckigen Chorabschluß. An die Südfassade lehnt sich der mächtige Glockenturm mit Umgang und Barockhaube. Neben der Bartholomäuskirche steht das **Schloß**, das ab 1582 als Rathaus, ab 1850 als Gericht diente und heute das *Kreismuseum* (Okresní muzeum) beherbergt. Aus gotischer Zeit überdauerte allein der *Burgturm*. Aus dem 13. Jh. stammt die **St.-Veits-Kirche** im Norden, die ihren Platz anfangs vor der Stadtmauer hatte und später in den Stadtkern mit einbezogen wurde.

Klášter Želiv (Kloster Seelau)

16 km nördlich von Pelhřimov liegt in überaus reizvoller Landschaft am Ufer des Flüßchens Želivka das Kloster Želiv (Seelau). Es wurde 1139 als eines der ersten Klöster in Böhmen von Benediktinern gegründet. 1148 veranlaßten der Olmützer Bischof Heinrich Zdík und Herzog Vladislav (seit 1158 als Vladislav I. König von Böhmen) den Zuzug von Prämonstratensern aus dem Eifelkloster Steinfeld (im 12. Jh. gründeten die Steinfelder Mönche auch die Tochterklöster Sayn im Westerwald, Strahov in Prag und Mariengarten in Friesland). Während der Hussitenkriege fiel Kloster Seelau in Schutt und Asche, wurde aber schnell wieder aufgebaut. 1467–1599 befand sich das Kloster im Besitz der Adelsfamilie Tertschka von Lipa, die einen Teil der Anlage in der zweiten Hälfte des 16. Jh. in eine Festung verwandelte, in die **Trčka-Burg.** 1688 beauftragten die Prämonstratenser den

Architekten Giacomo Antonio de Maggi mit einem Neubau im Stil des Barock. Nach einem Großfeuer mußte Johann Santin-Aichel die klösterliche Anlage erneuern. Ein weiterer Brand im Jahr 1907 führte zu einer neobarocken Restaurierung durch Bohumil Dvořák. 1950 wurde das Prämonstratenserkloster verstaatlicht und u. a. in eine psychiatrische Heilanstalt umgewandelt.

Eine kunsthistorische Delikatesse bietet die **Klosterkirche Mariä Geburt,** ein dreischiffiger Hallenbau mit zwei Türmen an der Westfassade. Johann Santin-Aichel hat hier zwischen 1712 und 1756 eine eindrucksvolle Synthese mehrerer Baustile geschaffen, ein Muster der sogenannten Barockgotik. Da vertragen sich romanische Rundbogen mit gotischen Spitzbogenfenstern, das gotische Rippengewölbe erhielt einen barocken Schwung, barock wurden die gotischen Zwiebeltürme. Zahlreiche Figuren im Innenraum der Kirche stammen von dem Bildhauer Wenzel Hebbele (um 1730), Bilder des hl. Norbert und des hl. Hermann schuf Franz Anton Maulpertsch (1791), das Tabernakel gestaltete Ignaz Michael Platzer.

Jindřichův Hradec (Neuhaus)

Am Flüßchen Naser (Nežárka) und am Vajgarsee liegt unweit der österreichischen Grenze die schöne Stadt Jindřichův Hradec mit einem mächtigen Schloß und schmucken Bürgerhäusern. In diesem Schloß, das im Gegensatz zu allen anderen böhmischen Schlössern niemals verkauft oder verpfändet wurde und seine Herren allein durch Erbschaft oder Heirat wechselte, soll noch heute die berühmte »Weiße Frau« (s. S. 160) umgehen.

Heinrich, ein Sohn des Vítek (Witiko) von Prčice, errichtete gegen 1220 eine Burg, die er *Nova domus* (Neues Haus) nannte und die von seinen tschechischen Untertanen den Namen *Jindřichův Hradec* (Heinrichsburg) erhielt. Sie war ein romanischer Steinbau mit hölzernen Aufbauten, von den Wassern des Teiches Vajgar (Weiher) umgeben (s. S. 144/145), und daher eigentlich eine Wasserburg. Zwischen 1260 und 1270 löste eine frühgotische Burg die romanische Feste ab. Die Herren auf Neuhaus bauten in den folgenden Jahrhunderten ständig dazu, sie stockten auf und modernisierten. Im 16. Jh. verwandelten italienische Baumeister die gotische Burg in ein herrliches Renaissanceschloß.

Der Burg war die Siedlung, dem Schloß die Stadt gefolgt. 1710 kam ein Graf Rechtskron mit französischen Arbeitern nach Neuhaus und gründete hier ein Spiegelfabrik, die Weltruf erlangte. Zwischen Wien und Prag wurde Neuhaus eine wichtige und beliebte Poststation, die auch der hohe Adel sehr schätzte.

Mittelpunkt der vom Vajgar her leicht ansteigenden Stadt ist der dreieckige **Marktplatz** mit Bürgerhäusern im Stil des Barock und Klassizismus. In der Mitte des Platzes steht eine große *Dreifaltigkeitssäule*, die der Bildhauer M. Strahovský 1764 gestaltete. Das gotische **Rathaus** an der Nordseite des Platzes wurde 1801–1807 erneuert.

Nördlich des Marktplatzes entstand im 13. Jh. ein Minoritenkloster, das heute als Krankenhaus dient. Bemerkenswert ist die zugehörige **Klosterkirche Johannes' des Täufers**

Berta von Rosenberg, die »weiße Frau«

Von allen Frauen der mächtigen Adelsdynastie der Rosenberger, die fast vierhundert Jahre ganz Südböhmen beherrschte, ist eine Frau ›unsterblich‹ geworden: Berta von Rosenberg (Perchta von Rožmberk), die als »weiße Frau« noch heute in den einstigen Rosenberger Schlössern umgehen soll.

Im Jahr 1424 (oder 1430) wurde Berta auf Schloß Krumau als Tochter Ulrichs II. von Rosenberg, oberster Burggraf im Königreich Böhmen, und dessen Ehefrau Katharina Czenková von Wartenberg geboren und wuchs zu einem sehr schönen und geistvollen Mädchen heran. Als Berta sechzehn Jahre alt war, verliebte sie sich in den jungen böhmischen Grafen Sternberg, doch ihr Vater hatte sie bereits dem Grafen Hans von Liechtenstein aus der Linie Murau (Obersteiermark) versprochen, und den Plänen ihres Vaters durfte sie nicht widersprechen. Auf Schloß Krumau fand die Hochzeit statt, zu der auch Graf Sternberg geladen war. Berta wollte von ihm Abschied nehmen und ließ ihn durch eine Kammerfrau in ihr Zimmer rufen. Das erfuhr der Liechtensteiner, der daraufhin das Fest abbrechen ließ. Zwar trennte er sich nicht von seiner ihm bereits angetrauten Frau, aber er liebte sie nicht mehr und behandelte sie schlimmer als seine geringste Magd. Berta bat ihren Vater inständig, sich von dem tyrannischen Mann trennen zu dürfen, doch Vater wie Ehemann bestanden auf Einhaltung des Ehevertrags. Viele Jahre ertrug sie alle Demütigungen ihrer Ehe und widmete sich mit aller Kraft den Armen und Kranken.

Erst als Witwe durfte Berta zu ihrer Familie zurückkehren. Sie wohnte vorwiegend auf Burg Neuhaus (Jindřichův Hradec) bei ihrem Neffen Meinhart von Neuhaus, dessen Kinder sie erzog. Man sah sie nur in der traditionellen weißen Witwentracht, so daß die Burgbediensteten sie schon zu ihren Lebzeiten die »weiße Frau« nannten, doch nicht voller Angst, sondern voller Ehrfurcht und Dankbarkeit, denn Berta von Rosenberg verwitwete Liechtenstein war stets eine gütige und hilfsbereite Frau gewesen.

Als Berta am Pfingstsonntag des Jahres 1476 starb, folgten alle Menschen aus Neuhaus und Umgebung ihrem Sarg, um von der adligen Dame, ihrer »weißen Frau«, Abschied zu nehmen. Da sie aber gestorben war, ohne sich einst mit ihrem Gemahl ausgesöhnt zu haben, kehrte sie zurück, um des Nachts durch die Schlösser der Rosenberger, zumeist auf ihrem Witwensitz Neuhaus, zu wandeln. Wer sie erblickte, wußte, daß ein besonderes Ereignis bevorstand, ein gutes oder schlechtes, das die Familie oder auch die ganze Bevölkerung betraf. Freudige Ereignisse zeigte sie an, indem sie weiße Handschuhe trug, Tod oder Krankheit, Krieg oder Not kündigte sie mit schwarzen Handschuhen an.

Wohl in jedem Rosenberger Schloß hängt heute ein Porträt von ihr, und als der Wiener Dichter Franz Grillparzer (1791–1872) in Schloß Teltsch vor ihrem Bild stand, beschloß er, seine Tragödie ›Die Ahnfrau‹ (1817) zu schreiben.

(Kostel sv. Jana Křtitele), die im dritten Viertel des 13. Jh. als zweischiffige Basilika entstand. Die Kirche wurde mehrmals umgebaut und nach Bränden erneuert, zuletzt 1891–1895. Im Chor überdauerten gotische Wandmalereien aus der zweiten Hälfte des 14. Jh.: Szenen aus dem Leben Christi und eine Misericordia (Darstellung Christi als Schmerzensmann) mit den Stiftern an der Nordwand sowie Heiligenbilder an der Südwand. Die ›Stigmatisierung des hl. Franziskus‹ und die ›Predigt des hl. Kapistranus‹ an der Nordseite des Hauptschiffs datieren aus der Zeit um 1480. Das Innere der Kirche zeigt sich barock, die gotische Kapelle neben dem Chor ist dem hl. Nikolaus geweiht. An die Nordseite der Kirche schließt sich der *Kreuzgang* mit spätgotischen Fresken und zwei Kapellen an: *Tuchmacherkapelle* (vor 1375) und *Marienkapelle* (1761–1778). Das *Spital* ist ein Renaissancebau aus den Jahren 1560/61.

Die einschiffige **Maria-Magdalenen-Kirche** stiftete der Deutschritterorden im 13. Jh., im 14. Jh. baute er sie um und übergab sie im Jahr 1594 den Jesuiten, die neben der Kirche von Antonio und Domenico Battista Cometa ein großes, vierflügeliges Kolleg errichten ließen (1595–1605). Bis 1635 fügte der Orden ein Seminar hinzu. 1615 wurde die Kirche nach einem Brand im Stil der Spätrenaissance erneuert, Francesco Caratti schmückte sie barock aus. 1788 hob ein kaiserlicher Erlaß Kirche und Konvent auf, Philipp Heger verwandelte das Kolleg in eine Kaserne. Das **Seminargebäude** und die Kirche beherbergen heute das *Stadtmuseum* von Jindřichův Hradec. Neben dem Museum bildet das **Nežárka-Tor** einen Teil der ehemaligen Stadtbefestigung.

Am Westrand der Altstadt erhebt sich das mächtige **Schloß,** dessen Bauteile zwischen dem 13. und 18. Jh. entstanden und die Architekturentwicklung von der Frühgotik bis zum Barock aufzeigen. Beachtenswert sind die drei Schloßhöfe, vor allem der hinterste mit dreistöckigen *Renaissancearkaden* des Italieners Antonio Cometa (1586–1592). Unter diesen ›Großen Arkaden‹ öffnet sich ein Tor mit schmiedeeisernem Gitter auf den **Schloßgarten,** dessen Südecke ein reizvoller *Gartenpavillon* aus dem Ende des 16. Jh. einnimmt.

In den Sammlungen des Schlosses befinden sich Gemälde der großen Barockmaler Karel Škréta (1610–1674) und Peter Brandl (um 1630–1680) sowie die gotische ›Madonna von Hradec‹, außerdem Möbel und Fayencen verschiedener Epochen. In der Kapelle des *Alten Palas* schmückt ein frühgotischer Zyklus mit Szenen aus der Georgslegende die Wände (1338).

□ Červená Lhota, Deštna, Kamenice nad Lípou, Nová Bystřice, Landštejn

Etwa 12 km nordwestlich von Jindřichův Hradec steht inmitten eines von Wald umgebenen Teiches **Červená Lhota** (Roth Lhota), wohl eines der schönsten Wasserschlösser Europas (s. Farbabb. 26). Im 16. Jh. wurde die ursprünglich gotische Burg zu einem Renaissanceschlößchen umgebaut und bis heute mehrmals restauriert. Das Wasserschloß zeigt heute kostbare Möbel, Teppiche, Porzellan, Zinngeschirr und einen Teil der berühmten

Gemäldesammlung des Prager Großpriorats (s. S. 73); die andere Hälfte der Maltesergalerie befindet sich im Schloß Orlík (s. S. 190).

Wer schon in **Deštná** ist, sollte unbedingt auch der gotischen Madonna in der *Pfarrkirche St. Otto* (13. Jh.) einen Besuch abstatten. Diese Figur gehört in den Kreis der Schönen Madonnen. Die Kirche stammt aus der Mitte des 13. Jh. Die Kapelle St. Johannes der Täufer bedeckt eine der Quellen, die den Ort Deschtna Ende des 16. Jh. zu einem Heilbad machten, das im 17. Jh. neben Karlsbad und Teplitz zu den bedeutendsten Badeorten Böhmens zählte. Doch der Badebetrieb hielt nicht lange an, die Quellen versiegten, die Badehäuser verfielen.

Kamenice nad Lípou (Kamnitz an der Linde), eine Sommerfrische mit 4000 Einwohnern 21 km nördlich von Jindřichův Hradec, ist für seine Spitzen, sein Kristallglas und seine *700jährige Linde* berühmt. Dieser Baum im Schloßpark gleich unterhalb der Schloßterrasse ist ein Bild des Jammers, denn Bohlen und Drahtseile müssen seine dicken Äste stützen, doch in jedem Frühjahr ergrünt er von neuem. Das *Schloß* soll gebaut worden sein, als man die Linde pflanzte: im Jahr 1284. Damals war es eine gotische Burg, die im 16. Jh. zu einem Renaissanceschloß umgestaltet wurde. 1806–1811 gehörte das Schloß den väterlichen Vorfahren Rilkes. Schon 1541 erhielt die Stadt Kamnitz, die neben der Burg entstanden war – der weite Marktplatz reicht an seiner Nordostseite bis zum Burgtor –, den Beinamen »an der Linde«. Die Nordwestecke des Platzes nimmt die *Pfarrkirche Allerheiligen* ein, ein gotischer Bau, den man im Laufe der Jahrhunderte mehrmals veränderte.

17 km südlich von Jindřichův Hradec und 3 km von der österreichischen Grenze entfernt liegt die kleine Stadt **Nová Bystřice** (Neubistritz). Gegen Ende des 13. Jh. wurde hier erstmals eine frühgotische Wasserburg erwähnt, in deren Umfeld sich die Siedlung »Wüsteritz« bildete. Die Rosenberger dürften die ersten Burgherren gewesen sein. Im 16. Jh. wurde aus der Wasserburg ein *Renaissanceschloß*, das mehrmals nach Bränden erneuert werden mußte. Von dem Vierflügelbau stammt der Ostflügel von der Wasserburg, der Südflügel besitzt noch seine toskanischen Hofarkaden. Schon im 19. Jh. nutzten die Neubistritzer ihr Schloß für Wohnungen und Büros.

Die gotische *Peter-und-Paul-Kirche* (Mitte 14. Jh.) ist durch einen gedeckten Gang mit dem Schloß verbunden (Barbara-Kapelle). Den *Marktplatz* mit der Dreifaltigkeitssäule aus dem Jahr 1679 rahmen Renaissance- und klassizistische Bürgerhäuser.

Um das Jahr 1500 gründeten Brüder vom *Ordo Minimorum* (»Orden der mindesten Brüder«, auch *Paulaner* genannt) 5 km östlich von Neubistritz bei einer Heilquelle ein Kloster, heutiger Name *Klášter.* Nachdem es im Dreißigjährigen Krieg zerstört worden war, bauten es die Mönche 1668–1682 wieder auf. Nach 1950 wurden die inzwischen baufälligen Gebäude abgerissen, nur die frühbarocke Klosterkirche, die *Dreifaltigkeitskirche*, blieb erhalten. Auch das Innere sowie die Ausstattung sind barock. Wer die Gelegenheit zur Besichtigung hat, sollte sich auf jeden Fall in der Sakristei die reizende Miniaturschnitzerei ›Lebensbaum‹ (um 1720) zeigen lassen.

4 km weiter erreicht man die eindrucksvolle Ruine **Landštejn** (Landstein), eine mächtige Burg des 12. Jh. Von 1179 bis etwa 1260 gehörte sie den bayerischen Herren von Hirschberg. Vor der Burg entwickelte sich die Siedlung Markel, die heute als Ortsteil Pomezí zu Staré Město pod Landštejnem gehört. Unter Ottokar II. Přemysl (1252–1278) kamen Burg und Siedlung wieder unter böhmische Herrschaft, in der Folge gehörten sie einem Zweig der Rosenberger, der eine silberne Rose im roten Feld als Wappen führte und sich »Landstein« nannte. Im 14. Jh. begann ein jahrelanger Streit zwischen Landstein und Neuhaus um den Verlauf einer Handelsstraße, der 1356

in einem Zweikampf der beiden Schloßherren gipfelte und zuungunsten der Landsteiner ausging. Im 16. Jh. gehörte die Burg den Krager von Kraig, die sie mehrfach ausbauten und fortifikatorisch verstärkten. Nachdem die Burg in einer Augustnacht des Jahres 1771 von einem Blitz getroffen und völlig eingeäschert worden war, gab man sie auf.

An der höchsten Stelle des Felsens befinden sich die ältesten Teile der Burg: der *romanische Palas*, flankiert von dem 34 m hohen *Bergfried* mit seinen 4 m starken Mauern und dem 23 m hohen *Nordturm* mit der *St.-Georgs-Kapelle*, in der noch Reste der Wandmalereien zu erkennen sind. – Übrigens sollen Burg Landstein und ihre Umgebung als Schauplatz für Friedrich Schillers Drama ›Die Räuber‹ gedient haben. Und wirklich trug einer der Burgherren im 16. Jh. – wie bei Schiller – den Namen »Moor«.

Slavonice (Zlabings)

Nur 2 km von der österreichischen Grenze entfernt liegt Slavonice (Zlabings), eine kleine Stadt mit 2500 Einwohnern, dessen Kern uns so reizvoll und vollständig das Bild einer mittelalterlichen Stadt vor Augen führt wie kaum eine andere Stadt Tschechiens (Denkmalreservation). Landschaftlich wie historisch gehört Slavonice zwar zu Mähren, doch politisch wurde es der Region Südböhmen zugewiesen.

Slavonice (Zlabings): Blick aus einer Vorhalle auf den Niederring

Wann die Siedlung an der alten Handelsstraße gegründet wurde, ist nicht bekannt. 1277 gewährte ihr Ottokar II. Přemysl das Stadtrecht. Ihre Blüte erreichte sie im 15. und 16. Jh., als Zlabings eine wichtige Station auf dem Postkurs Wien – Prag war. Aus dieser Zeit stammen auch die schönsten Häuser der Stadt.

Von den alten Stadtbefestigungen sind noch einige Mauerabschnitte und zwei Tore mit den zugehörigen Barbakanen erhalten. Das **Osttor** (Východní brána), auch »Oberes« oder »Jemnitzer Tor« genannt, wurde so, wie es sich heute zeigt, in der ersten Hälfte des 16. Jh. gebaut und mit Sgraffiti geschmückt. Das **Nordtor** (Severní brána) aus etwa derselben Zeit nannten die Zlabinger auch »Datschitzer« oder »Roter Turm«, auch »Rosenturm« oder gar »Knödelturm«. Hauptplatz der Stadt ist der von prächtigen alten Bürgerhäusern umgebene **Dolní nám.** (Niederring). Mehr als zwanzig dieser Häuser stammen aus der Mitte des 16. Jh. und präsentieren sich in den malerischsten Formen der Spätgotik und der Renaissance. Laubenhäuser sind darunter, Häuser mit Zier- und Blendgiebeln, fast alle haben sie Sgraffitoschmuck. Da erscheinen Szenen aus dem Alten Testament mit deutschen oder lateinischen Texten, Szenen aus der griechischen Mythologie, aus der Stadtgeschichte und aus höfischen Romanen. In die *Vorhallen* (»Maßhäuser«) sollte der interessierte Besucher unbedingt eintreten, um die einzigartigen Zellen- und Diamantgewölbe sowie die Fresken zu bewundern. Da ist z. B. das **Bürgerhaus Paul Freiskorn** (Haus Nr. 25 an der Südseite des Ringes), ein Wohnhaus, erbaut um 1550, 1880 im Stil der Neorenaissance restauriert. Einzigartig ist sein »Maßhaus« im Erdgeschoß: Ein achteckiger Mittelpfeiler trägt ein besonders attraktives Zellengewölbe mit herabhängenden Schlußsteinen. Sehenswert ist auch das **Stadtmuseum** (Haus Nr. 42 an der Nordseite des Niederrings), sind ferner die Häuser Nr. 44, 45, 46, 47 und 48. Das **Rathaus** an der Ostseite des Niederrings ist von 1599, wurde aber im 19. Jh. erneuert. Die ehemalige **Brauerei** an der Südseite (Haus Nr. 108) zeigt Sgraffiti mit Szenen aus dem Alten Testament. Als Vorlagen für den Fassadenschmuck dieses und auch vieler anderer Häuser in Slavonice dienten Holzschnitte des Nürnberger Meisters Virgil Solis d. Ä. (1514–1562). Am **Horní nám.** (Oberring) verdienen die Häuser Nr. 85 (im Obergeschoß ehemals protestantischer Betsaal mit Fresken aus der Apokalypse des Johannes), 86, 86a, 87, 88 und 90 Beachtung. Bemerkenswerte Häuser findet man auch in den Seitengassen, wie der Dačická ul. (Datschitzer Straße).

In einem Häuserring versteckt sich die **Mariä-Himmelfahrts-Kirche**, die gotische Pfarrkirche, erbaut um 1350. Den hohen Kirchturm, der zugleich als Wehr- und Feuerwachturm diente, stifteten die Tuchmacher des Städtchens. Die Tuchmacherei war im Mittelalter der wichtigste Erwerbszweig der Einwohnerschaft, und auch heute steht die Textilverarbeitung an erster Stelle der Slavonicer Gewerbezweige. Die drei Kirchenschiffe und der lange Chor mit seinem fünfseitigen Abschluß sind kreuzrippenüberwölbt. Der Chor bewahrt mehrere kostbare Figuren, darunter die spätgotischen Plastiken der hll. Jakob und Adalbert (um 1500), ein Abendmahlsrelief aus dem 16. Jh. und 14 große Statuen der Apostel und Evangelisten (Anfang 17. Jh.). – 4 km nordwestlich von Slavonice haben Archäologen 1960 Reste des mittelalterlichen Dorfes **Pfaffenschlag** ausgegraben.

Třeboň (Wittingau)

Anmutig zwischen welligen Hügeln, tiefen Wäldern und unzähligen Teichen liegt das mittelalterliche Wittingau, heute Třeboň genannt. Der historische Stadtkern steht seit 1975 unter Denkmalschutz, das einzigartige Umland mit seinen rund 270 Teichen nahm die UNESCO 1979 als geschützte Biosphäre unter ihre Obhut.

Der deutsche Ortsname *Wittingau* erinnert daran, daß Schloß und Stadt um die Mitte des 13. Jh. von dem Adelsgeschlecht der Witigonen gegründet wurde. Aus den Witigonen gingen die Rosenberger hervor, die 1366–1611 in Wittingau die Herrschaft ausübten und die Stadt, das Schloß und die Landschaft formten. Peter Wok, der letzte Rosenberg, starb auf Schloß Wittingau. Er hatte darin die umfangreiche Bibliothek seines Bruders Wilhelm mit seinen eigenen Büchern und Handschriften zur berühmten »Rosenbergschen Bibliothek« vereinigt, die schwedische Landsknechte im Dreißigjährigen Krieg nach Stockholm verschleppten. Königin Christine von Schweden schenkte sie nach ihrem Übertritt zum Katholizismus 1655 dem Vatikan.

Durch Erbvertrag kam die Herrschaft Wittingau 1611 an die Schwanberger, aber schon 1623 ließ Kaiser Ferdinand II. den protestantischen Besitz konfiszieren, um ihn an Erzherzog Leopold Wilhelm von Österreich weiterzugeben. Der Erzherzog wiederum übereignete den Besitz im Jahr 1658 dem fränkischen Grafen Johann Adolf zu Schwarzenberg, um damit eine hohe Darlehensschuld zu tilgen. Mit Wittingau faßten die Schwarzenberger erstmals in Böhmen Fuß.

Den **Hlavní nám.** (Hauptplatz) von Třeboň rahmen schöne Renaissance- und Barockhäuser. Auf der Nordseite des Platzes fällt das **Haus U koníčka** (Zum Rössel) auf, das 1544 im Stil der Renaissance mit Lauben und einem mit winzigen Türmen versehenen Stufengiebel erbaut wurde; heute ist das Haus ein Hotel. Zu erwähnen wäre auch das

Giebel des Schweinitzer Tors in Třeboň (Wittingau)

Die südböhmische Teichlandschaft

Im 12. und 13. Jh. ließen sich in dem damals sumpfigen Südböhmen die ersten Kolonisten nieder und legten Kanäle und Fischteiche an. Diese Arbeiten erreichten ihren Höhepunkt im 15. und 16. Jh., als der Teichbauer Josef Štěpanek Netolický und sein Nachfolger Jakob Krčín von Jelčany mit finanzieller Unterstützung der Rosenberger ein wasserwirtschaftliches System von solcher Vollkommenheit entwickelten, daß es bis heute kaum einer Veränderung bedurfte. Sie schufen ab 1571 den **Weltteich** (Rybník svět) mit einer Wasserfläche von 208 ha. »Undank« nannten die Erbauer den Teich lange Zeit, weil er immer wieder versuchte, das Dammkorsett zu sprengen. 1581 wurde der Weltteich zum ersten Mal ausgefischt. Heute hat sich an seinem Ufer ein beliebtes Heilbad entwickelt; schwefel- und eisenhaltige Torfe helfen bei Rheumatismus, Gelenk- und Nervenerkrankungen. Im Weltteich kann man baden und rudern.

Der **Rosenberger Teich** (Rožmberkský rybník) im Norden der Stadt ist mit 721 ha Wasserfläche der größte Fischteich Tschechiens. Sein 2430 m langer Damm ist bis zu 12 m hoch und am Fuß 80 m breit. Er gehört zu den wenigen Gewässern der Welt, an denen – an windstillen Tagen – die Krümmung der Erdoberfläche wahrgenommen und gemessen werden kann. Alle zwei oder drei Jahre läßt man im Herbst das Wasser ab, um die Teiche auszufischen. Dieses Ereignis lockt viele tausend Besucher an, die die »Ernte Petri« im brodelnden Restwasser beobachten. Allein vom Rosenberger Teich erwarten die Fischer an die 2000 Zentner Karpfen, die vor Silvester in alle Welt exportiert werden. Aus dem 16. Jh. stammt auch der **Goldene Kanal** (Zlatá stoka), der südlich von Třeboň von dem Flüßchen Lužnice (Lainsitz oder Luschnitz) abzweigt, zahlreiche Fischteiche miteinander verbindet und 45 km weiter unten wieder in das Flüßchen zurückkehrt.

Haus des Štěpanek Netolický, der unter den Rosenbergern die böhmische Teichwirtschaft entwickelte (Gedenktafel). Das **Rathaus** an der Südseite des Platzes entstand 1566 und wurde 1802–1820 erneuert; sein Turm stammt aus dem Jahr 1638. Den Platz schmükken ein *Brunnen* (1569) und eine *Mariensäule* (1780).

In der Südwestecke des Hauptplatzes findet der Besucher den Eingang zum **Schloß** mit seinem schönen *Renaissance-Treppenhaus* und den stilvollen Höfen. Für die Öffentlichkeit ist nur ein Teil der ehemaligen Fürstenresidenz zugänglich, und zwar der *Wappensaal* der Rosenberger, der *Saal der Hofleute* und der gepflegte *Schloßpark*.

Die **St.-Ägidius-Kirche** (Chrám sv. Jiljí) an der Husova tř. (Hus-Straße), Hauptkirche von Třeboň, gehörte zu dem dritten Kloster, das die Augustiner nach Prag und Raudnitz (Roudnice nad Labem) in Böhmen gründeten. Eine erste Kirche entstand zusammen mit dem Kloster im dritten Viertel des 13. Jh. Nach 1367 ersetzte eine doppelschiffige Hallenkirche den inzwischen hundertjährigen Erstbau. 1781 wurde St. Ägidius barock erneuert, wobei die Kirche ihren Hauptaltar, den berühmten ›Altar des Meisters von Wittingau‹ (um 1380/90), verlor, dessen Bilderzyklus damals auf umliegende Kirchen verteilt wurde. Drei Tafeln, ›Christus am Ölberg‹, ›Grablegung Christi‹ und ›Auferstehung Christi‹, blieben erhalten und befinden sich heute in der Prager Nationalgalerie. Die Arbeiten des Meisters von Wittingau beeindrucken durch neuartige Licht- und Schattenwirkungen und bilden mit den gestreckten Proportionen der Figuren und dem sanften Fall der Gewänder eine Vorstufe zum Schönen Stil. Dem Schönen Stil, der um 1400 die Bildwerke in ganz Europa prägte, gehört auch die ›Madonna von Wittingau‹ an, eine gotische Kalksteinskulptur aus der Zeit um 1390. Bemerkenswert sind ferner gotische Wandmalereien aus dem 15. Jh.: ›Gründung des Klosters‹, ›Apostel‹, ›Christophorus‹, ›Jüngstes Gericht‹.

Die **Stadtmauern** sind fast vollständig erhalten und weisen noch die drei Tore auf: das *Neuhauser Tor* (Hradécká brána) im Osten, das *Schweinitzer Tor* (Svinenská brána) und das *Gratzener Tor* (Novohradská brána) im Süden.

□ Třeboňsko, Chlum u Třeboně

Am Ostrand der **Třeboňsko**, der Wittingauer Seenlandschaft, liegt, 12 km von Třeboň entfernt, am 80 ha großen *Hejtman-Teich* (Hauptmann-Teich) die Sommerfrische **Chlum u Třeboně** (Chlumetz bei Wittingau), bekannt durch die Wallfahrtsstätte »Klein-Mariazell« und durch das Schloß des österreichischen Thronfolgers Franz Ferdinand.

Die *Wallfahrtskirche zu Mariä Himmelfahrt*, eine Stiftung des Grafen von Fünfkirchen, wurde 1741 als verkleinerte Kopie der berühmten Kirche von Mariazell in der Steiermark gebaut. 1805 mußte man die Kirche wegen der zahlreichen Pilger erheblich vergrößern.

Das *Barockschloß* (1710) war nach 1900 im Besitz des Erzherzogs Franz Ferdinand d'Este. Von hier aus fuhr er mit seiner Gemahlin Sophie zum Manöverbesuch nach Bosnien, wo beide am 28. Juni 1914 in Sarajewo von serbischen Nationalisten ermordet wurden, was der äußere Anlaß zum Ausbruch des Ersten Weltkriegs war.

Sehr sehenswert ist in Chlum auch eine *Glashütte*, in der das weltbekannte »Böhmische Kristallglas« (Čechy křišťál) noch weitgehend mundgeblasen wird.

Teichabfischen im Třeboňsko

Č. Krumlov (Krumau): Blick auf Stadt und Schloß

Český Krumlov (Krumau)

Zu beiden Seiten einer engen Moldauschleife drängt sich am Rand des Plansker Waldes (Blanský les) das mittelalterliche Krumau, links des jungen Flusses auf felsiger Höhe das (nach dem Prager Hradschin) zweitgrößte Schloß Böhmens und rechts davon die fast allseits umflossene Stadt. Für drei deutsche Adelsgeschlechter war Krumau die Hauptresidenz, die Zentrale ihres böhmischen Wirtschaftsimperiums: für die Rosenberger (1302–1611), Eggenberger (1622–1717) und Schwarzenberger (1717–1945).

»Er hatte in späten Jahren noch eine große Freude, als sein Sohn Witiko auf dem Fels der Krummen Au, die nun zu Witikos Stamme gehörte, eine Burg zu bauen begann.« So endet der Roman ›Witiko‹ von Adalbert Stifter (1805–1868), und so beginnt die Geschichte von Schloß und Stadt Krumau. Um das Jahr 1240 gründete das Adelsgeschlecht der Witigonen (Witkowitzer) über einer Moldauschleife, einer »krummen Au« (daher *Krumau*), die Burg, die 1253 erstmals urkundlich erwähnt wurde. Deutsche Kolonisten aus Bayern und Österreich siedelten zu Füßen der Burg und ihr gegenüber innerhalb der schützenden Flußwindung; 1274 war die Siedlung bereits eine Stadt. Im Jahr 1302 übernahm Heinrich von Rosenberg aus dem damals mächtigsten Adelsgeschlecht in

Böhmen Schloß und Stadt Krumau. 1497 schufen die Rosenberger eine Bauhütte und schürften in den umliegenden Höhen des Böhmerwalds nach Silber. 1526 verlieh der Jagiellonenkönig Ludwig II. der Stadt Wappen und Siegel und den Rosenbergern das Recht, in Krumau eine eigene Münzstätte einzurichten. Die Burg bauten die Rosenberger zu einer glänzenden Renaissanceresidenz aus. Als sich die Silberminen gegen Ende des 16. Jh. erschöpften, geriet die Dynastie in finanzielle Schwierigkeiten; 1611 mußte Peter Wok von Rosenberg die Herrschaft Krumau an Kaiser Rudolf II. verkaufen.

1622 schenkte Kaiser Ferdinand II. Krumau Johann Ulrich Freiherr von Eggenberg als Dank für die im Dreißigjährigen Krieg geleisteten Dienste. 1717 starb der letzte Fürst Eggenberg, seine Gemahlin Maria Ernestine Fürstin zu Schwarzenberg trat das Erbe an. Von dieser Zeit an herrschte in Krumau die Dynastie der Schwarzenberger.

Das **Schloß** mit seinem prächtigen Turm, den viele als den schönsten Burgturm Europas preisen, beherrscht hoch über der Moldau die Stadt. Der ausgedehnte Komplex, dessen Bauten im 13. und 14. Jh. entstanden und im 16. Jh. unter Wilhelm von Rosenberg im Renaissancestil verändert wurden, besteht aus der *Vorburg*, der *Unter-* und der *Oberburg*. 1947 wurde das Schloß in Staatseigentum überführt und dient seitdem als *Museum* und *staatliches Archiv*.

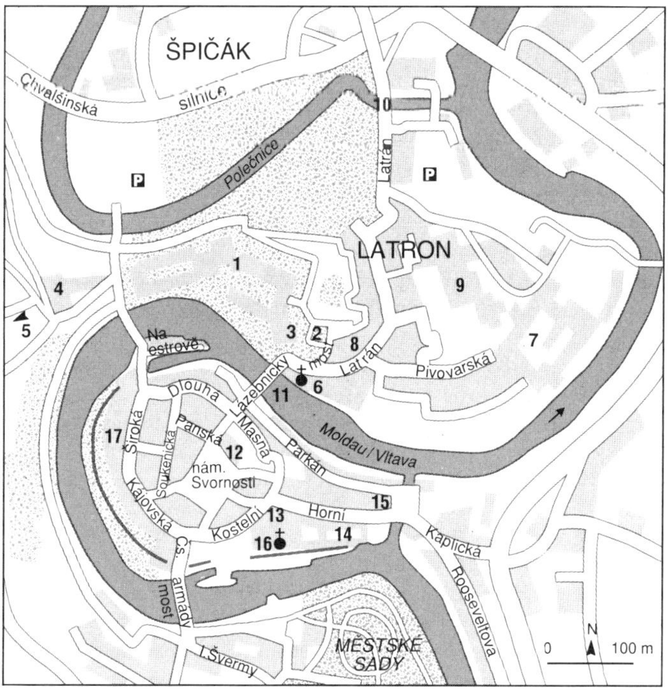

Český Krumlov (Krumau)
1 Schloß
2 Latrontor
3 Schloßturm
4 Schloßtheater
5 Schloßpark/ Bellaria
6 St. Jost
7 Brauerei
8 Latroner Rathaus
9 Minoriten- und Klarissinnenkloster
10 Budweiser Tor
11 Moldaubrücke
12 Rathaus
13 Kaplanei
14 Prälatur/ Jesuitenkolleg
15 Museum
16 St. Veit
17 Egon-Schiele-Zentrum

Besichtigung von Schloß Krumau

Durch das *Latrontor* betritt man die Vorburg, in dem tiefen Graben davor tummeln sich Bären. Das *Burggrafenamt*, ein zweiflügeliger Renaissancebau von 1578, fällt durch die Chiaroscuro-Malerei an seinen Fassaden auf. Das Gebäude der *Münze* entwarf Anton Erhard Martinelli in der ersten Hälfte des 18. Jh. Die Mitte des Hofes nimmt ein dreigeschossiger Renaissancebau ein, die sogenannte *Kleine Burg* (Hrádek); sie ging aus dem ursprünglichen Palas hervor und diente später als Wohn- und Verwaltungstrakt. Der mächtige, runde *Schloßturm* stammt aus der Mitte des 13. Jh. und erhielt 1588–1590 den Helm und den Arkadenumgang im Stil der Renaissance. Dieser Umgang bietet eine großartige Aussicht auf die Stadt und das reizvolle Vorland des Böhmerwalds.

Eine *Brücke* aus dem späten 16. Jh. verbindet die Unter- mit der Oberburg, die aus einem langgestreckten Gebäude mit zwei Höfen besteht. Den aus dem 14. Jh. stammenden Bau veränderten Antonio Eritzer und anschließend Baldassare Maggi da Arogno im Stil der Renaissance. Die Wandmalereien im hinteren Hof stellen die Planeten, die Tugenden und die Metamorphosen Ovids dar (1588). Die Oberburg war die prächtige Residenz der Schloßherren. Hier befinden sich noch heute ihre kostbar eingerichteten Wohn- und Festsäle, Arbeitsräume und Kapellen: der von Josef Lederer prächtig ausgemalte *Maskensaal* (1748), der Rainer Maria Rilke zu einer Szene in seiner Novelle ›Die Geschwister‹ anregte, dann das *Chinesische Kabinett* mit erlesenem Porzellan aus der K'ang-hsi-Zeit (um 1700), die *Gemäldegalerie*, der *Vitrinensaal.* Die über die prachtvollsten Räume der Oberburg verteilten 28 Wandteppiche stellen vorwiegend Brüsseler Arbeiten aus dem 16.–18. Jh. dar; besonders bemerkenswert ist der Zyklus mit Szenen aus Vergils ›Aeneis‹. Die *Große Schloßkapelle* (Georgskapelle) aus gotischer Zeit wurde zwischen 1750 und 1755

von Matthias André barockisiert. Die *Kleine Schloßkapelle* bewahrte ihr spätgotisches Aussehen mit Netzgewölbe und einem Flügelaltar (nach 1500).

Statuen der drei Heiligen Johann von Nepomuk, Wenzel und Antonius von Johann Anton Zinner zieren die 1764 erbaute Brücke, die von der Oberburg zum *Schloßtheater*, einer der ältesten erhaltenen barocken Bühnen, führt; in ihrem Deckengemälde krönt Zeus die von seinem Sohn Apollon angeführten Musen (1766).

Vom obersten Gang der Schloßbrücke aus erreicht man den prächtigen *Schloßpark* mit dem 1706–1708 erbauten Lustschlößchen *Bellaria*, das heute im Gewand des Rokoko erscheint. Andrea Altomonte und Johann Anton Zinner gestalteten zwischen 1745 und 1765 die großartige Neptunfontäne. Erwähnt sei schließlich noch das Freilichttheater mit einem drehbaren Zuschauerraum für 500 Personen.

Zu Füßen des Schlosses breitet sich der alte Stadtteil **Latron** (Latrán) aus. Die Mönche des 14. Jh. sahen in der ummauerten Siedlung vermutlich ein *Castellum Boni Latronis*, ein »Kastell des guten Diebes«, womit sie an den reuigen Straßenräuber erinnerten, der neben Jesus am Kreuz starb (Lukas 23, 40). Zu den Sehenswürdigkeiten dieses Stadtteils gehören die ehemalige **St.-Jost-Kirche** (Kostel sv. Jost) aus dem 14. Jh., erneuert im 16. Jh., die **Brauerei** (Pivovar) in einem Zeughaus des 16. Jh., das sgraffitogeschmückte ehemalige **Latroner Rathaus**, das 1350 gegründete **Minoritenkloster**, das benachbarte **Klarissinnenkloster**, die beiden gemeinsame *Fronleichnamskirche* aus dem 14. Jh., im 17. Jh. barock umgebaut, und schließlich das **Budweiser Tor**, die einzige Zufahrt für Kraftfahrzeuge zum bewachten Parkplatz (Parkoviště).

Die **Moldaubrücke** verbindet den Stadtteil Latron mit der **Altstadt**. Durch die Radniční ul. (Rathausgasse) gelangt der Besucher auf den von schönen Renaissancehäusern gesäumten ehemaligen Ringplatz mit der Mariensäule (Pestsäule). Das **Rathaus** an der Nordseite des Platzes ist mit einem gotischen Laubengang versehen; ein Renaissancefries und große Wappen von Böhmen, Krumau und den Geschlechtern Eggenberg und Schwarzenberg schmücken die Fassade. Vom Ringplatz führt die Horní ul. (Obere Gasse) nach Osten und passiert die **Kaplanei** mit dem schönen Erker (1514–1520), die **Prälatur** mit einer Rokokotreppe im Hof, das 1586–1588 errichtete **Jesuitenkolleg**, das heute als Hotel dient, das 1613 erbaute **Theater** (ursprünglich Jesuitentheater), ferner das **Stadtmuseum** mit einer interessanten Sammlung gotischer Kunst und Erinnerungen an Adalbert Stifter. 1650–1662 wurde das Haus als Jesuitenseminar erbaut.

Egon Schieles Studie zu einem Stadtbild Krumaus

Südlich der Kaplanei steht die **St.-Veits-Kirche**, die Erzdekanatskirche von Krumau. 1407–1439 trat diese Kirche an die Stelle eines gotischen Gotteshauses, das Peter von Rosenberg im Jahr 1309 gestiftet hatte. Meister Linhart von Aldeberg war der Schöpfer des heutigen dreischiffigen Hallenbaus mit dem hohen, schlanken Turm an seiner Westseite. Zweimal vier Pfeiler tragen das Netzgewölbe des Mittelschiffs, die spätgotische Empore ruht auf vier Arkaden und Sternrippengewölben. Von den Wandfresken seien die gotischen Werke ›Kreuzigung‹, ›Hl. Veronika‹, ›Hl. Elisabeth‹, ›Maria Magdalena mit Stifter‹ und ›Hl. Bartholomäus‹ (um 1430) am nördlichen Seitenschiff erwähnt. Den frühbarocken Hauptaltar gestaltete Johann Worath zwischen 1673 und 1683.

Das Städtische Bräuhaus am Westrand der Altstadt dient heute als **Egon-Schiele-Zentrum**; es zeigt Erinnerungsstücke und Werke des österreichischen Malers, der zwischen 1910 und 1911 und auch später in Krumau lebte und hier den Weg vom Jugendstil zum Expressionismus fand.

□ Chvalšiny, Zlatá Koruna, Dívčí Kámen, Římov, Trocnov, Trhové Sviny, Žumberk

12 km westlich von Český Krumlov liegt am Südfuß des Blanský les, des Plansker Waldes, das Städtchen **Chvalšiny** (Kalsching). 1281 wurde die Siedlung vom nahen Kloster Goldenkron gegründet, zwölf Jahre später, 1293, war sie schon Stadt. Die besondere Sehenswürdigkeit von Chvalšiny ist die *Dekanalkirche Maria Magdalena*, eine der schönsten spätgotischen Kirchen Böhmens. Die Kirche wurde 1487–1507 von einem unbekannten Meister der Rosenbergischen Bauhütte an der Stelle einer Vorgängerkirche aus dem Jahr 1310 errichtet. Den rechteckigen Saal der einschiffigen Kirche bedeckt ein prächtiges Stern- und Netzgewölbe, dessen gerade und geschwungene Rippen durchlaufen oder abbrechen. Die Südseite des Schiffs stützt ein mächtiger Turm mit hohem Dach. An die Nordseite schmiegt sich eine Rokokokapelle (1761), deren Kuppel der Goldenkroner Mönch Josef Plank ausmalte.

Die Straße nach České Budějovice (Budweis) führt am Zisterzienserkloster **Zlatá Koruna** (Goldenkron) vorbei, das König Ottokar II. Přemysl 1263 gegründet hatte. Den Holzbauten folgte gegen Ende des 13. Jh. unter Wenzel II. ein großzügiger Steinbau. 1420 wurde das Kloster von Hussiten eingeäschert und blieb über 200 Jahre als Ruine stehen. Erst ab 1663 setzte man es wieder instand und paßte es dem barocken Stil an. 1785 ließ Kaiser Joseph II. das Kloster aufheben, später diente es als Manufaktur und Wohnstätte. 1909 und 1938 unterzog man Goldenkron einer gewissenhaften Restauration, aber als Ordensresidenz wurde es nie mehr benutzt. Seit 1945 ist Zlatá Koruna nationales Kulturdenkmal.

Den Mittelpunkt des Klosters bildet die *Marienkirche*, eine dreischiffige (ursprünglich vierschiffige) Basilika aus dem 14. Jh. Am Bau der Kirche war die Parlerhütte beteiligt. Der dreijochige Chor wurde im 17. Jh. barockisiert und im 18. Jh. erneuert. Auf dem klassizistischen Hauptaltar stehen die spätbarocken Statuen der Ordensheiligen von Jakob Eberle und das Gemälde ›Mariä Himmelfahrt‹ von Karl Philippot. Im Chor erinnert ein Kenotaph an den Gründer Ottokar II. Přemysl.

Fast auf halbem Wege zwischen Č. Budějovice und Č. Krumlov ragt nahe Zlatá Koruna (Goldenkron) die **Burgruine Dívčí Kámen** (Maidstein) über dem linken Moldauufer empor. Der vom Fluß umwundene Felsen war schon in der Bronzezeit bewohnt. Im 14. Jh. gestattete Kaiser Karl IV. den Rosenbergern, hier eine Burg zu bauen. 1384 war die mächtige Feste vollendet, unter Ulrich von Rosenberg erlebte sie ihre Blütezeit, aber schon bald nach seinem Tod verfiel Burg Maidstein (Mädchenstein).

14 km nordöstlich von Č. Krumlov entwickelte sich in **Římov** (Rimau), heute eine ländliche Sommerfrische, im 17. Jh. ein berühmter Marienwallfahrtsort. Anfangs stand hier ein herrschaftlicher Hof, der zu einem kleinen Schloß anwuchs, das der letzte Besitzer, Johann Ulrich von Eggenberg, im Jahr 1622 an die Krumauer Jesuiten verkaufte. Diese bauten gemeinsam mit ihren Krumauer Ordensschwestern, den Klarissinnen, und dem Grafen Buquoy ein *Loretoheiligtum* mit Glocken-

turm, freskengeschmücktem Umgang und Heiliggeistkirche. Berühmt wurde die *Rimauer Passion*, eine nahezu maßstabgetreue, mit 25 Kapellen 6,5 km lange, barocke Nachbildung des Passionswegs Christi in Jerusalem, die dem Wallfahrtsort den Beinamen »Südböhmisches Jerusalem« einbrachte.

12 km südlich von Č. Budějovice erreicht die Straße 156 in Richtung Gmünd/Österreich die Ortschaft Strážkovice. Ein paar Kilometer dahinter liegt **Trocnov**. Kelche und Hellebarden leiten den Besucher zur Geburtsstätte des hussitischen Heerführers Jan Žižka von Trocnov (Johann Ziska von Tratzenau, um 1370–1424). Žižka war königlicher Feldhauptmann unter Wenzel IV. Bei Ausbruch der Hussitenkriege stellte er sich an die Spitze der Aufständischen und besiegte am 14. Juli 1420 bei Prag (Vítkov) die Truppen des Kaisers Sigismund und – inzwischen erblindet – nochmals 1422 bei Deutsch-Brod (Havlíčkův Brod). Hier in Trocnov soll Jan Žižka in einer stürmischen Nacht unter einer Eiche geboren worden sein. Bei Grabungen legten Archäologen die Reste des befestigten Hofes seiner Eltern und seines Onkels frei. Trocnov ist eine besuchenswerte *nationale Gedenkstätte* (Památník Jana Žižky) inmitten der bezaubernden südböhmischen Teichlandschaft.

6 km weiter in südöstlicher Richtung führt die Straße 156 durch die kleine Stadt **Trhové Sviny** (Schweinitz, 5000 Einwohner). Gegründet wurde die Ortschaft von deutschen Siedlern im 13. Jh., im späten 15. Jh. erhielt Schweinitz das Recht, Viehmärkte abzuhalten. Stadt wurde Trhové Sviny erst 1936.

Die frühgotische *Wehrkirche Mariä Himmelfahrt* (spätes 13. Jh.), eine dreischiffige Hallenkirche, wurde bis zum 16. Jh. mehrmals umgebaut, die heutige Ausstattung ist barock. Die sitzende Madonna auf dem Hochaltar (1520) wird dem Kreis um den Landshuter Bildhauer

Wehrkirche von Trhové Sviny (Schweinitz)

Hans Leinberger (um 1480/85–1531/35) zugeschrieben.

Unweit der Stadt erhebt sich die malerische *Wallfahrtskirche der Hl. Dreifaltigkeit* erbaut 1705–1709 als Zentralbau mit kreisrundem Mittelraum und vier angefügten halbkreisförmigen Kapellen. Der Architekt dieser schönen Anlage ist nicht bekannt. Kunsthistoriker nehmen an, daß sie eine Schöpfung des großen Kilian Ignaz Dientzenhofer sei. Carlo Bonnanelli malte das Kuppelfresko »Heilige Dreifaltigkeit« (1709). Die Kirche wird von einem sechseckigen Kreuzgang umgeben.

13 km weiter südwärts zeigt sich **Žumberk** (Sonnberg) dem Besucher als typisch mittelalterliches Wehrdorf. Im 13. Jh. wurde Sonnberg erstmals genannt. Erhalten blieb die *Veste* der Herren von Sonnberg, die im 17. Jh. umgebaut und erweitert wurde. Dieser Zeit gehören die Pawlatschen des Hofes und die Sgraffito-Reste der Fassade an. In der Veste zeigt das *Museum des Landvolks* (Památník venkovského lidu) Bauernmobiliar aus den Bezirken Budweis und Pisek.

Die *Kirche Johannes' des Täufers* stifteten im ausgehenden 14. Jh. die Herren von Rosenberg. Erhebliche Mauerreste zeugen von der spätgotischen Befestigung, mit der Peter von Rosenberg das gesamte Dorf 1613 umschließen ließ.

Nové Hrady (Gratzen)

Nové Hrady (»Neue Burg«) liegt schon fast an der Grenze zu Österreich. Inmitten von Fischteichen und einer landwirtschaftlich ertragreichen Gegend erwartet die alte südböhmische Stadt an jedem Wochenende zahlreiche Besucher. Über die Geschichte des Ortes ist nicht mehr zu berichten, als daß er 1284 die Stadtrechte erwarb, daß die Herren von Schwanberg die Rosenberger ablösten, daß die Schwanberger als protestantische Adlige nach der Schlacht auf dem Weißen Berg (1620) alle ihre Besitzungen wieder verloren und daß der französische Reichsgraf und kaiserliche Feldherr Karl Bonaventura von Buquoy schließlich die Herrschaft Gratzen erhielt.

Von der mittelalterlichen Stadtbefestigung blieb noch das **Untere Tor** (Dolní brána); 1829 wurde es klassizistisch verändert. An der Westseite des quadratischen Hauptplatzes steht das **Rathaus**, ein Renaissancebau mit Barockgiebel. Zwischen 1634 und 1644 errichteten die Buquoys an der Ostseite des Hauptplatzes ihre **Residenz**, ein Gebäudeensemble mit zwei Höfen, das jetzt als Wohnhaus dient. Die **Klosterkirche Peter und Paul** südöstlich des Platzes entstand vor 1284, sie wurde 1467 ein Opfer des großen Stadtbrands. Im 16. Jh. erfolgte ein Neubau der Kirche, deren reiche Ausstattung sehr sehenswert ist. Das anschließende **Servitenkloster** stiftete Ferdinand Graf Buquoy im späten 17. Jh. Südwestlich vom Platz überdauerte die alte **Burg**, die eine Urkunde erstmals im Jahr 1279 erwähnt. Ein Graben umzieht die ovale Anlage (interessante *Glassammlung!*).

Im Nordosten der Stadt, an der Straße nach Třeboň, ließen sich die Buquoys 1801–1810 von dem Wiener Architekten F. von Werschafeld das **Neue Schloß** errichten, ein dreiflügeliges Empiregebäude, das heute eine Landwirtschaftsschule beherbergt. Das zugehörige *Glasmuseum* (České sklářstvia lidové podmalby na skle) zeigt Arbeiten der Buquoyschen Manufakturen aus der ersten Hälfte des 19. Jh.

□ Terčino údolí, Dobrá Voda

Die Straße nach Horní Stropnice (Strobnitz) südwestlich von Nové Hrady windet sich längs des Strobnitzer Baches durch das wildromantische **Terčino údolí** (Theresienthal). Den herrlichen *Naturpark* hat die Gräfin Therese Buquoy 1788/89 anlegen und mit liebenswerter *Parkarchitektur* (Pavillons, Denkmäler, Badehaus, Blaues Haus, künstlicher Wasserfall u. a.) bereichern lassen. Der schwäbische Dichter Eduard Mörike (1804–1875) war mehrmals Gast im Hause Buquoy und hat die Schloß- und Parkszenen seiner Erzählung ›Mozart auf der Reise nach Prag‹ in die anmutige Gratzener Gegend verlegt, wobei ihm die große Mozartverehrung der Familie Buquoy zugute kam.

Kurz hinter Horní Stropnice zweigt eine Nebenstraße nach **Dobrá Voda** (Maria Brünnl) ab (vom österreichischen Weitra sind es auf direkter Strecke nur 15 km). Dieses Dobrá Voda (»Gutes Wasser«), zur Zeit der Doppelmonarchie Österreich-Ungarns »Maria Brünnl« oder nur kurz »Brünnl« genannt, war eine der meistbesuchten Wallfahrtsstätten Böhmens, ein Quellenheiligtum von besonderer Anziehungskraft. Von Floriani (4. Mai) bis Leonhardi (6. November) zogen alljährlich bis zu 400 Prozessionen mit etwa 50 000 Pilgern zum heilsamen »Brünnl«.

Ein Bauernsohn aus dem Niederösterreichischen soll in einer Vision die künftige heilige Stätte gesehen haben. Die Englischen Fräulein (Maria-Ward-Schwestern), eine Jesuitinnen-Kongregation, bauten daraufhin mit Opfergaben der Gläubigen und mit Unterstützung durch den Grafen Karl Albert Buquoy 1708–1715 über der heilkräftigen Quelle die *Kirche Maria Trost*. Schon 1717 erhielt die zu Füßen der Wallfahrtskirche entstehende Siedlung das Marktrecht.

Der barocke Zentralbau der Kirche wird von zwei halbkreisförmigen Apsiden flankiert, an die sich je ein Turm anlehnt; ein dreiflügeliger Kreuzgang verbindet die beiden Türme. Die Kirche selbst betritt man über eine doppelarmige Freitreppe, die sich über die Brunnenkapelle, aus der das wunderwirkende Quellwasser sprudelt, emporschwingt.

Rožmberk nad Vltavou (Rosenberg)

22 km südlich von Český Krumlov zwängt sich die Marktgemeinde Rožmberk nad Vltavou (Rosenberg) in eine Moldauschleife. Hoch über dem Ort thront auf einer mächtigen Felsnase die Stammburg der Rosenberger, die über Jahrhunderte (1246–1610) zu den einflußreichsten Adelsfamilien Böhmens gehörten. 1246 hatte Peter Wok I. aus der Familie der Witigonen Ort und Burg *Rosenberg* gegründet und seinem Geschlecht, dessen Symbol die fünfblättrige Rose war, den Namen dieser Burg gegeben. Peter Wok nahm als Vertrauter des Königs Ottokar II. Přemysl am Kreuzzug in das Prußenland (1255) und an der siegreichen Schlacht bei Kroissenbrunn gegen die Ungarn (1260) teil. 1255–1272 war er Oberster Hofmarschall Böhmens.

Auf einem Felsen, der nach drei Seiten hin 34 m zum Fluß abfällt, erheben sich **Burg und Schloß Rosenberg**. Die **Oberburg** wird von dem 53 m hohen, runden *Bergfried*, dem »Jakobinerturm« oder »Jakobínka«, beherrscht; er ist das einzige Relikt der ältesten Befestigung von 1246. Die **Unterburg** entstand im 14. Jh., über ihren Grundmauern wuchs das Renaissanceschloß von 1556. Knapp zehn Jahre, 1610–1620, konnten sich die

Stadtansicht von Rožmberk (Rosenberg) über die Moldau

Schwanberger an dem Besitz erfreuen, der nach der Schlacht am Weißen Berg auf die Familie Buquoy überging, der Rosenberg (Rožmberk) bis 1945 gehörte. Die Unterburg beherbergt heute die Sammlungen des Hauses Buquoy: Gemälde, Gläser, Rüstungen. Der *Rittersaal* beeindruckt durch seine Kassettendecke mit grotesken Malereien und durch seinen manieristischen Wandschmuck. Die *Kreuzfahrergalerie* zeigt Kopien aus dem Versailler Schloß, die das französische Grafengeschlecht Longueval-Buquoy betreffen. Hier hängt auch ein Bild der Berta von Rosenberg, jener berühmten »Weißen Frau« (s. S. 160). Das **Neue Schloß** neben dem alten Bergfried ließ sich die Familie Buquoy um die Mitte des 19. Jh. erbauen.

Im Ort selbst erwartet die **Marienkirche** den kunstinteressierten Besucher. In der zweiten Hälfte des 15. Jh. entstand die dreischiffige Hallenkirche an der Stelle eines bereits 1271 erwähnten frühgotischen Gotteshauses. An ihrer Nordseite ragt ein mächtiger viereckiger Turm auf. Im Innern der Pfarrkirche beeindrucken die zum Teil sehr reichen Netzgewölbe mit den geschwungenen, einander durchkreuzenden Rippen. Im Gewölbe des Presbyteriums erscheinen die Wappen Böhmens, Ungarns und der Rosenberger. Der Hauptaltar stammt von 1672, die Seitenaltäre sind neugotisch. Die spätgotische Pfarrei von St. Marien (Ende 15. Jh.) wurde teilweise barockisiert.

Am linken Moldauufer blieben Reste der **Stadtmauer**, die Peter Wok I. im 13. Jh. anlegen ließ, erhalten. Hier liegt auch der alte **Jüdische Friedhof.** In Rožmberk existierte eine beachtliche jüdische Gemeinde, ihr Friedhof war auch Begräbnisstätte der Linzer Juden, denen es in der zweiten Hälfte des 19. Jh. verboten war, ihre Toten in Linz zu bestatten, die sie daher »in wohlverpichten Särgen« auf Fuhrwerken nach Rosenberg brachten. Die Synagoge von Rožmberk wurde 1938 von einer Linzer SS-Einheit in Brand gesteckt und zehn Jahre später abgerissen.

Vyšší Brod (Hohenfurth)

Das befestigte Zisterzienserkloster Vyšší Brod (Hohenfurth) geht auf eine Stiftung des Peter Wok I. von Rosenberg zurück (1259), der hier die Grabstätte seiner Familie einzurichten gedachte. Alle Gebäude des Klosters drängen sich innerhalb der Mauern auf engstem Raum: der Torturm, die der Jungfrau Maria geweihte Klosterkirche, der Kreuzgang, zwei Konventsgebäude, die Prälatur, das Noviziat und das Krankenhaus. Die **Marienkirche** wurde zwischen 1360 und 1380 erbaut. Polygonale Pfeiler tragen die dreimal fünf Kreuzrippengewölbe. Der Hauptaltar ist frühbarock, in den beiden Seitenkapellen des hl. Rochus und der hl. Barbara stehen spätgotische Flügelaltäre (1524/25). Zwei Epitaphe gedenken des Stifters Peter Wok von Rosenberg und des ersten Abtes von Hohenfurth. An das südliche Seitenschiff grenzt der gotische Kreuzgang, an dessen Ostseite wiederum der frühgotische *Kapitelsaal* stößt: Ein Bündelpfeiler mit Kapitell trägt die vier Kreuzrippengewölbe des quadratischen Saales; spätgotisches Maßwerk prägt die Fenster. Das ehemalige Kloster beherbergt eine *Gemäldesammlung* und ein *Postmuseum*.

Alle Kostbarkeiten des Klosters, wie die berühmte ›Hohenfurther Madonna‹ (um 1420), die neun Tafeln vom ›Meister des Hohenfurther Altars‹ (›Szenen aus dem Leben Christi‹, um 1350; s. Farbabb. 28) und das Záviš-Kreuz, eine Goldschmiedearbeit aus der ersten Hälfte des 13. Jh., befinden sich seit 1945 in der Nationalgalerie bzw. im Veitsdom zu Prag.

Der Böhmerwald (Šumava)

Der Böhmerwald ist anders als das wilde, rauhe Riesengebirge oder das sanfte Erzgebirge. Er ist von herber Schönheit, unendlich weit und paradiesisch unberührt, von dichten Wäldern und Hochmooren bedeckt, ein Gebirge zum Wandern in allen Jahreszeiten, besonders im Spätsommer und Herbst, wenn die Sonne beständiger scheint und die Luft glasklar ist. Der Name »Böhmerwald« ist als *Behaime Walt* seit Anfang des 12. Jh. belegt. Die Tschechen nennen ihn seit dem 16. Jh. *Šumava* (von *šumeti,* rauschen), weil der Wanderer auf den weiten Hochflächen nur das Rauschen des Windes in den Wipfeln der Bäume vernimmt. Genau genommen bezeichnet Šumava nur den größeren und urwüchsigeren Südostteil des Böhmerwalds, die Heimat Adalbert Stifters (s. S. 178). Der Nordwestteil heißt *Český les* (Tschechischer Wald).

Adalbert Stifter und der ›Hochwald‹

Adalbert Stifter (1805–1868)

»Wenn sich der Wanderer von der alten Stadt und dem Schlosse Krumau westwärts wendet, so wird ihm zwischen unscheinbaren Hügeln, bald hier, bald da ein Stück Dämmerblau hereinscheinen, Gruß und Zeichen von draußen ziehendem Gebirgslande, bis er endlich nach Ersteigung eines Kammes nicht wieder einen anderen vor sich sieht, wie den ganzen Vormittag, sondern mit eins die ganze blaue Wand, vom

Seit 1963 bildet die Šumava mit einer Fläche von 1630 km² das größte Landschaftsschutzgebiet der Tschechischen Republik. Von diesen 1630 km² besteht rund ein Viertel aus Hochebenen zwischen 1000 und 1100 m Höhe ü. M. Über diesen von Sümpfen, Torfgründen und Mooren durchsetzten, waldreichen *Pláně* (Hochflächen) erheben sich unauffällige Kuppen wie der Plechý (Plöckenstein; 1378 m). Besonderen Schutz genießen die sechs **Naturreservate Lipka, Jezerní slat'** (von *slatina,* Moor), **Buková slat', Boubínský prales** (*prales,* Urwald), **Mrtvý luh** (Tote Wiese), ein Niedermoor am Zusammenfluß von Warmer und Kalter Moldau, und **Trojmezná hora** (*hora,* Berg).

Am Ostabhang des 1314 m hohen Černa hora (Schwarzberg) entspringt die Moldau (Vltava), sie wird am Fuß der Šumava in der größten Moldautalsperre, dem **Lippener**

Süd nach Norden streichend, einsam und traurig. Sie schneidet einfärbig mit breitem, lotrechtem Bande den Abendhimmel und schließt ein Tal, aus dem ihn wieder die Wasser der Moldau anglänzen, die er in Krumau verließ, nur sind sie hier noch jugendlicher und näher ihrem Ursprunge. Im Tale, das weit und fruchtbar ist, sind Dörfer herumgestreut, und mitten unter ihnen steht der kleine Flecken Oberplan.«

So schildert Adalbert Stifter in der Erzählung ›Der Hochwald‹ den südlichen Teil des Böhmerwalds, seine Heimat. In Oberplan, dem heutigen Horní Planá, wurde Stifter am 23. Oktober 1805 als Sohn eines Leinewebers und Flachshändlers geboren. Als er zwölf Jahre alt war, verunglückte sein Vater tödlich. Zwei Jahre lang besorgte er mit dem Großvater die Feldwirtschaft, doch als dieser ahnte, daß sein Enkel sicherlich mehr könne als eggen und pflügen, ging er mit ihm in das oberösterreichische Kremsmünster, um dem Knaben die Aufnahme in das Gymnasium des dortigen Benediktinerstifts zu ermöglichen. Nach dem Abitur studierte Stifter in Wien zuerst Rechts-, dann Naturwissenschaften. Als Hauslehrer in Wiener Adelsfamilien verdiente er sich während des Studiums den Lebensunterhalt. Nebenbei begann er, seine böhmische Heimat zu malen und über sie zu schreiben. Für beide Künste war er in gleichem Maße begabt und pflegte sie als Autodidakt Zeit seines Lebens.

Erzählungen wie ›Der Hochwald‹ oder ›Die Mappe meines Urgroßvaters‹ machten ihn wegen ihrer meisterhaften Naturschilderungen allmählich bekannt. Um aber den Lebensunterhalt seiner Familie zu sichern – seit 1837 war Stifter verheiratet –, nahm er 1850 eine Anstellung als Inspektor für das Volksschulwesen in Linz/Oberösterreich an. Bis 1857 arbeitete Adalbert Stifter am ›Nachsommer‹, bis 1867 am ›Witiko‹; beide Romane spielen in seiner südböhmischen Heimat und zeigen Stifter als Meister eines poetischen Realismus. Sein Sinn für das Stille und Unscheinbare, sein Glaube an das Walten eines »sanften Gesetzes« in der Natur bestimmten Stifters literarisches Schaffen. Als Landschaftsmaler fühlte er sich der Spätromantik verpflichtet, als ein Vorläufer des deutschen Impressionismus ging er in die Kunstgeschichte ein.

1863 erkrankte Stifter an einem Leberleiden so schwer, daß er 1865 als Hofrat vorzeitig in den Ruhestand treten mußte. Am 28. Januar 1868 starb er an den Folgen eines Selbstmordversuchs.

Stausee (Údolní nádrž Lipno, Lipenská přehradní nádrž), zur Energiegewinnung aufgestaut. Die Talsperre bedeckt eine Fläche von fast 49 km^2; an ihrem Nordufer entstanden zahlreiche Sommerfrischen mit Campingplätzen, Badeanstalten und Bootshäfen. Da ist zum Beispiel das reizvoll auf einer Halbinsel des Lippener Stausees gelegene Städtchen **Frymburk** (Friedberg). Im 13. Jh. haben es die Rosenberger gegründet. Aus dieser Zeit (Weihe 1277) stammt die gotische *Bartholomäuskirche*, die aber im frühen 16. Jh. von der Rosenberger Bauhütte spätgotisch verändert wurde. Neben dem Portal erinnert ein Grabstein an Fanny Greipl, die Jugendliebe Adalbert Stifters. Am Marktplatz steht auch ihr schönes Geburtshaus von 1808 (Haus Nr. 74). Der Pranger wurde um 1651 aufgestellt, der Brunnen fließt seit dem Jahr 1676.

Eine Autofähre verbindet Frymburk mit dem Südufer der Moldau, von wo aus es nur 2 km bis zur **Burgruine Vítkův Kámen** (Wittinghausen) auf dem St.-Thomas-Berg (sv. Tomáš) sind. Die Burg war in der zweiten Hälfte des 13. Jh. von Witiko von Rosenberg auf dem 1032 m hohen Thomasberg erbaut worden. Im 17. Jh. erhielt sie neue Mauern, die aber nicht den Dreißigjährigen Krieg überdauerten. Markante Reste des gewaltigen Bergfrieds und der Burggebäude blieben erhalten. Adalbert Stifter wählte Burg Wittinghausen zum Schauplatz seiner Novelle ›Hochwald‹ und des Romans ›Witiko‹.

Am oberen Ende des Lippener Stausees liegt **Horní Planá** (Oberplan), ein altes Städtchen mit heute 2000 Einwohnern, der Geburtsort des großen Dichters Adalbert Stifter. 1349 erhielt der Ort das Marktrecht. Seine *Magdalenenkirche* geht auf einen frühgotischen Bau des 13. Jh. zurück. Die Wandmalereien stammen zum Teil aus dem 16. Jh., die Inneneinrichtung der Pfarrkirche ist barock. Den Turm (14. Jh.) schmücken die Wappenblumen der Rosenberger. Das Rathaus von Oberplan, im Kern ein Renaissancebau, nahm im 18. Jh. die Formen des Empire an.

Am Ortsrand steht *Stifters Geburtshaus,* in dem der Dichter am 23. Oktober 1805 geboren wurde. Seit 1960 ist das Haus eine Gedenkstätte, die zum Teil sogar die ursprünglichen Möbel, darunter sein geliebtes Hammerklavier, bewahrt. Vom Geburtshaus führt eine Straße zum **Gutwasserberg** (Dobrá Voda) hinauf, auf dem eine *Kapelle der Schmerzhaften Mutter Gottes* seit 1779 Ziel von Wallfahrten war. – Nahe dem Gutwasserberg steht das *Denkmal Adalbert Stifters,* 1906 von Karl Wilfert in Bronze gegossen.

Das Dreiländereck (Třístoličník), wo sich die Grenzen Deutschlands, Österreichs und der Tschechischen Republik treffen, markiert der 1378 m hohe **Plöckenstein** (Plechý), die höchste Erhebung des Böhmerwalds. Genau gesehen liegt das Dreiländereck aber 1,5 km weiter westlich, und der Plöckenstein steht auf der österreichisch-tschechischen Grenze. Von Österreich aus ist der Plöckenstein am besten von Holzschlag (Parkplatz!) aus zu besteigen, in Tschechien beginnt man wohl in Nová Pec (Neuofen) oder Jelení (Hirschbergen).

Unterhalb des Plöckensteins leuchtet der **Plöckensteiner See** (Plešné jezero) aus dem dunklen Tann. Adalbert Stifter hat ihn in seinem ›Hochwald‹ beschrieben: »Oft entstieg mir ein und derselbe Gedanke, wenn ich an diesen Gestaden saß: als sei es ein unheimliches Naturauge, das mich hier ansehe, tiefschwarz, überragt von der Stirn und der Braue der Felsen, gesäumt von der Wimper dunkler Tannen – drin das Wasser regungslos wie eine versteinerte Träne.« An der **Seewand** (Jezerní stěna) erinnert auf einem Plateau hoch über dem See das *Adalbert-Stifter-Denkmal* an den großen böhmischen Dichter. Den 15 m hohen, aus Granitquadern gefügten Obelisk entwarf der Wiener Baumeister Heinrich von Ferstel (1876).

Bei **Jelení** (Hirschbergen) erreicht der Wanderer auf markiertem Weg den Tunnel des **Schwarzenberger Schwemmkanals** (Švarcenberský Plavebný kanál). Josef Rosenauer, Angestellter der Schwarzenberger Forstverwaltung auf Schloß Krumau, hatte die 43 km lange, künstliche Holztrift, die die Wasserscheide zwischen Moldau und Donau, zwischen Nordsee und Schwarzem Meer überwand, entworfen. Es war nicht leicht, den Fürsten Schwarzenberg von diesem utopisch anmutenden Plan zu überzeugen. Aber Rosenauer schaffte es, und so entstand zwischen 1790 und 1822 ein technisches Wunderwerk aus 87 Brücken, 22 Schleusen und dem 418 m langen Tunnel bei Hirschbergen, dem ersten Tunnelbau Europas. Rosenauer erlebte die Fertigstellung des Projekts nicht mehr, also auch nicht, wenn alljährlich im April mit der Schneeschmelze die Holzschwemme begann, mit Scheitholz und sogar mit Langholz. 14 Mio. Raummeter Holz schwammen so aus dem waldreichen Böhmen nach Linz und zum Teil auf der Donau weiter bis Budapest. Seit langem ist der Kanal verfallen, aber stückweise wird er als technisches Denkmal restauriert.

Der bekannteste Höhenluftkurort des südlichen Böhmerwalds ist **Volary** (Wallern, 750 m ü. M.), 18 km südlich von Prachatice. Kolonisten aus Tirol gründeten es im 15. Jh. als Rastplatz am *Goldenen Steig* und prägten den Ort durch ihre alpenländischen Holzhäuser mit niedrigen, steinbeschwerten Dächern und malerischen Galerien, wovon einige bis heute überdauert haben. Mit königlichem Privileg zwangen die Wallinger die durchziehenden Kaufleute, in ihrer Gemeinde zu nächtigen. Dafür hatten sie für Herberge, Stall und Nahrung zu sorgen. Wer sich vorbeischlich und dabei ertappt wurde, zahlte eine saftige Strafe, von der Stadt und Landesherr je die Hälfte erhielten.

7 km westlich von Volary liegt im Tal der Warmen Moldau (Teplá Vltava) **Lenora** (Eleonorenhain), Sommerfrische, Marktgemeinde und Glashütte in einem. Im Jahr 1832 gründete hier Fürst Johannes Adolf II. von Schwarzenberg eine Glasmanufaktur, in deren Nachbarschaft zwei Jahre darauf eine Siedlung entstand, die ihre Bewohner nach der Gemahlin des Fürsten »Eleonorenheim« benannten. Sie war übrigens jene Schwarzenbergerin, die Schloß Frauenberg (Hluboká, s. S. 150) in romantisch-historisierender Gotik erneuerte. Die *Glashütte* ist noch heute in Betrieb, sie erzeugt hochwertige Kristallgläser.

Die Staatsstraße 4 (Linz – Prag) windet sich nordwärts durch die Šumava, passiert bei Kubova Hut mit der höchstgelegenen Eisenbahnstation Böhmens (995 m ü. M.) den 1362 m hohen Boubín (Kubany), den das romantischste Urwaldgebiet des Böhmerwalds umgibt (48 ha): der **Lukenwald** (Boubínský prales). 1858 stellte Fürst Schwarzenberg diesen Wald unter Naturschutz, seitdem wurde kaum etwas verändert. Heute führen Forstaufseher die Besuchergruppen über einen Naturpfad zu den interessantesten Stellen des Waldes.

Eine der vielen Burgen, die den *Goldenen Steig* und seine Nebenwege bewachten, war **Vimperk** (Winterberg), 1264 von Ottokar II. Přemysl im wildromantischen Tal der Wolinka (Volyňka) erbaut. Der König gab sie seinem treuen Mitstreiter Burkhart von Janowitz zu Lehen. Die Burgsiedlung entwickelte sich zu einer kleinen Stadt, in der sich 1484 – schon wenige Jahrzehnte nach Gutenbergs Erfindung – eine der ersten Buchdrukkereien Böhmens etablierte. Johannes Alagrav druckte hier Kalender und christliche Schriften. 1554 übernahm das Adelsgeschlecht der Rosenberger die Herrschaft Winterberg und verwandelte die gotische Burg in ein *Renaissanceschloß*. Später fiel Winterberg den Schwarzenbergern zu, die das Anwesen 1728–1734 barock modernisierten. 1857 brannte das Schloß ab; Johann Adolf Fürst zu Schwarzenberg ließ es bald darauf nach alten Plänen wieder aufbauen.

Vimperk ist heute eine beliebte Sommerfrische und ein gut besuchtes Wintersportzentrum (696 m ü. M.).

Prachatice (Prachatitz)

In einem von Wäldern umgebenen Talkessel, am Fuß des 1091 m hohen Berges Libín, liegt das malerische Städtchen Prachatice (Prachatitz), im Mittelalter das blühende Salzhandelszentrum Böhmens. Schon im Jahr 1010 erwähnten fränkische Urkunden den *Goldenen Steig*, jene alte Handelsstraße, die Bayern mit Böhmen verband und quer durch den Böhmerwald führte. Diese *Via aurea* oder *Via bohemica* begann in Passau und endete in Prachatitz. Feine Stoffe, Gewürze, Weine und Waffen kamen nach Böhmen, Getreide, Butter, Honig, Wachs und Häute gingen in den Westen. Haupthandelsgut aber war das begehrte Salz, und so entwickelte sich Prachatitz zum alleinigen Salzstapelplatz für ganz Böhmen. 1323 erhielt der Marktort die Stadtrechte und kam bald darauf unter die Herrschaft der mächtigen Rosenberger, was sich für die Entwicklung des Gemeinwesens recht vorteilhaft auswirkte. 1608 erkauften sich die Bürger den Titel einer freien königlichen Stadt. Da Prachatitz bei Ausbruch des Dreißigjährigen Krieges die böhmischen Stände unterstützt hatte, mußte es eine Strafaktion des Generals Buquoy über sich ergehen lassen. Doch Salz wurde nach wie vor gebraucht, und die Stadt erblühte von neuem, bis Leopold I. im Jahr 1692 das kaiserliche Salzmonopol einführte und das für Böhmen bestimmte Salz fortan den Weg von Gmünden in Oberösterreich nach Budweis nahm. Von da an sank Prachatitz zur Bedeutungslosigkeit herab. Die *Säumerglocke (Säumer:* Lasttiertreiber) jedoch, die einst verirrten Kaufleuten den Weg in die Stadt wies, soll auch in Zukunft wieder allabendlich um zehn Uhr läuten und damit an die große Vergangenheit der kleinen Stadt erinnern.

Daß Prachatice früher eine reiche Stadt war, sieht der Besucher noch heute, denn nirgendwo sonst zeigen sich Bürgerhäuser am Marktplatz und in den umliegenden Gassen üppiger mit Sgraffiti und Fresken geschmückt. Über den Hauptgesimsen der Häuser erheben sich stolze Attiken; Bogenmotive nach venezianischem Vorbild oder volutenartige Formen nach lombardischen Mustern zieren die Fassaden. 1507 war der gotische Stadtkern niedergebrannt, im Stil der Renaissance erhob sich Prachatitz wieder aus der Asche.

Am leicht abfallenden **Marktplatz** stehen sie dicht beieinander: die **Lateinschule,** die der junge Jan Hus besuchte (um 1370 wurde er in dem Nachbarstädtchen Husinec geboren), das **Salzamt,** später »Rumpál-Haus« genannt, das **Brauhaus,** das **Žďárský-Haus,** heute ein *Volkskundemuseum,* und das alte **Rathaus** aus dem Jahr 1571. Bis zum beginnenden 17. Jh. diente es als Stadtpalast der Rosenberger. Figürliche, von Inschriften begleitete Sgraffiti bedecken seine Fassade: unter dem Dachrand die acht Tugenden, darunter antike und biblische Szenen. Recht sarkastisch klingt der Spruch: »Das Recht, es gleicht dem Netz der Spinnen,/ der Käfer sprengt's, die Fliegen hängen drinnen.«

Die gotische **Dekanatskirche zu St. Jakob** ist ein dreischiffiger Hallenbau, der – mit Unterbrechungen – 1410–1513 errichtet wurde. Zwischen die beiden Türme – der nördliche blieb unvollendet – zwängt sich die Vorhalle mit einem prächtigen Stern- und Netzgewölbe (Ende 15. Jh.). Eine kunstvoll geschnitzte, spätgotische Eichentür öffnet sich auf das Mittelschiff. Das Presbyterium geht auf den Vorgängerbau, eine Basilika des frühen 14. Jh., zurück. Die Einrichtung der Kirche ist im wesentlichen barock, Teile des Hauptaltars, wie etwa das Schnitzwerk der Marienlegende vom ›Meister der Klingenberger (Zvíkover) Beweinung‹ (um 1520), stammen aus spätgotischer Zeit.

Noch immer beeindrucken die umfangreichen Reste der gotischen **Stadtbefestigungen** aus dem 14. und 16. Jh., wie z. B. das *Piseker Tor.*

□ Husinec, Netolice, Bavorov, Helfenburk

5 km nördlich von Prachatice liegt das Städtchen **Husinec** (Husinetz), der Geburtsort des tschechischen Kirchenreformers Jan (Johannes) Hus (um 1370–1415; s. S. 21). Das *Geburtshaus des Hus,* das in seinem Kern Elemente der Gotik, Spätgotik und der Renaissance aufweist, ist jetzt eine Gedenkstätte (Památník mistra Jana Husa). Das *Hus-Denkmal* auf dem Platz vor dem Haus gestaltete K. Lidický (1959). Die *Kreuzerhöhungskirche* wurde im späten 14. Jh. erbaut, nach einem Brand im Jahr 1654 erhielt sie ein barockes Gewölbe, der Westturm stammt von 1753.

13 km nordöstlich von Prachatice liegt an der Staatsstraße 145 **Netolice** (Netolitz), eine kleine, aber recht lebendige Stadt, deren Geschichte bis in das 1. Jt. zurückreicht. Im Jahr 983 soll Slavnik, der Vater des hl. Adalbert, die Siedlung gegründet haben. Ottokar II. Přemysl schenkte den Ort im 13. Jh. dem Kloster Goldenkron (das Stadtwappen zeigt die Madonna mit goldener Krone). 1420 kam die Stadt in den Herrschaftsbereich der Rosenberger, die sie 1601 an Kaiser Rudolf II. ver-

Sgraffito am Rathaus von Prachatice (Prachatitz)

kauften. 1621 gehörte sie der Adelsfamilie Eggenberg, ab 1719 den Schwarzenbergern.

Den rechteckigen Hauptplatz von Netolice säumen noch einige Renaissancehäuser mit ihren schönen Lauben. Das *Stadtmuseum* im Kudrnův dům zeigt Stickereien und Trachten aus dem nahen Zbudover Moor. Die frühgotische *Mariä-Himmelfahrts-Kirche* (1284) wurde 1619 verwüstet und 1625 erneuert, der Turm vor der Westfassade entstand 1648. Das Innere zeigt sich vorwiegend im Stil des Barock und des Rokoko. Die ebenfalls frühgotische *Wenzelskirche* (vor 1300) hatte eine romanische Vorgängerin. Interessant ist der Marienaltar aus dem 17. Jh., ein Zunftaltar mit den Wappen der Schuhmacher und Schneider.

15 km nördlich von Prachatice schmiegt sich die alte Marktgemeinde und junge Sommerfrische **Bavorov** (Barau) in das Blanitztal. Bavor III. von Strakonitz – vermutlich stammte der adlige Herr aus Bayern – gründete im ausgehenden 13. Jh. die Siedlung an der Handelsstraße von Prachatitz nach Prag. Zu Beginn des 14. Jh. fügten die Rosenberger den Marktort in ihr Imperium ein, erhoben Barau zur Stadt und verliehen ihr das Recht, das Stadtwappen mit der fünfblättrigen roten Rose der Adelsdynastie zu schmücken.

Am quadratischen Hauptplatz in der Mitte des schachbrettförmigen mittelalterlichen Stadtkerns ragt die gotische *Mariä-Himmelfahrts-Kirche* empor. Johann von Rosenberg und seine Gemahlin Elisabeth von Hals haben sie gestiftet, von 1370 bis 1389 währte die Bauzeit. Bis zum Jahr 1604 zog Peter Vlach den Südwestturm hoch, um die Mitte des 17. Jh. verwandelte Bernardo Spineta die einschiffige Kirche in eine dreischiffige Halle. Im frühbarocken Herrenhaus (Panský dům) am Marktplatz befindet sich das örtliche *Museum*.

Etwa 5 km westlich von Bavorov in Richtung Volyně ragt die Ruine der **Helfenburk** (Helfenburg) weithin sichtbar auf. Johann von Rosenberg hatte sie 1355–1364 auf dem Berg Maleschin (Malešin) erbaut, nachdem ihm Kaiser Karl IV. die Mittel hierfür zur Verfügung gestellt hatte. Es ging um eine Dankesschuld, weil Johann von Rosenberg während der Rückreise von der Kaiserkrönung in Rom einen Anschlag auf Karl IV. vereitelt hatte. Aber die Burg lag nicht sehr günstig, kein Rosenberg hat jemals hier residiert. So ging die Helfenburg im 15. Jh. an die Lobkowitz und später an die Dynastie Schwarzenberg über, die sie bis 1919 in Besitz hatte. – Die Burgruine ist noch sehr umfangreich, so daß sich eine Besichtigung lohnt. Da ruht der *Palas* auf der höchsten Stelle des Felsens, der mächtige *Bergfried* wacht an der Ostmauer, die besonders gefährdete Nordseite beschützen der *Torturm* und die im 15. Jh. modernisierte *Vorburg*.

Kratochvíle (Kurzweil)

Etwa 1 km westlich von Netolice liegt das Lust- und Jagdschloß Kratochvíle (Kurzweil), ein Juwel der südböhmischen Renaissance. Jakob Křcín von Jelčany, Rosenbergischer Burggraf und erfolgreicher Teichbaumeister (s. S. 166), hatte von seinem Herrn, Wilhelm von Rosenberg, den Hof Leptáč samt zwei Dörfern erhalten. Den Hof baute er sich zu einem reizvollen Schlößchen aus, das seinem Herrn so gut gefiel, daß er es gegen anderen Grundbesitz eintauschte. 1583–1589 verwandelte Rosenbergs Architekt Baldassare Maggi da Arogno (Balthasar Majo de Vonio) das Schlößchen in ein zauberhaftes, von Wasser umgebenes Renaissanceschloß, dem der stolze Besitzer den Namen *Kurzweil* gab.

Torturm des Jagd- und Lustschlosses Kratochvíle (Kurzweil)

Die Stuckarbeiten stammen von Antonio Melana, die Malereien von Georg Widman. Auch Kaiser Rudolf II. fand Schloß Kurzweil begehrenswert, so daß er es dem Rosenberger abkaufte. 1620 schenkte es der Kaiser Ulrich von Eggenberg für seine Verdienste bei der Niederschlagung des Ständeaufstands. Seit 1719 ist das Schloß im Besitz der Schwarzenberger.

Wegen des sumpfigen Bodens steht das ganze Schloß auf Eichenpfählen. Es war in Rechteckform von einer dreifachen Mauer und einem Graben, der sich jederzeit aus den benachbarten Teichen fluten ließ, umgeben. Der mächtige **Torturm** mit großer Uhr zieht sofort den Blick der Besucher auf sich; er ist nach dem Brand von 1684 etwas kleiner als ursprünglich wieder aufgebaut worden. Wer genau hinschaut, erkennt am Torturm noch Reste des Eggenbergischen und des Schwarzenbergischen Wappens. Aus der Zugbrücke vor dem Tor wurde eine stabile Fuhrwerksbrücke.

Von den **Innenräumen** beeindrucken der *Eingangssaal* im Erdgeschoß, dessen Wände mit Motiven der griechischen Mythologie, mit Jagdszenen und exotischen Tieren geschmückt sind, und das *Goldene Zimmer*, der repräsentative Empfangssalon, den vergoldete Stukkaturen und Darstellungen aus der römischen und osmanischen Geschichte überaus reich bedecken. Die 1585 unter Wilhelm von Rosenberg erbaute **Schloßkirche** ist der Geburt Mariä geweiht. Den Triumphbogen zieren fünf rote Rosen. Das Schloß zeigt im Obergeschoß eine sehr informative *Ausstellung über Puppen- und Zeichentrickfilme*, insbesondere über das Werk des berühmten Puppenfilmregisseurs und Buchillustrators Jiři Trnka (1912–1969), der etwa 30 Filme gedreht hat, die dem tschechischen Puppenfilm Weltgeltung verschafften.

Strakonice (Strakonitz)

Im ersten Viertel des 13. Jh. gründete Bavor I. auf einem Bergsporn an der Mündung der Wolinka (Volyňka) in die Wottawa (Otava) eine Burg, die er schon bald darauf, 1243, dem Johanniterorden übereignete. Die Johanniter richteten hier Konvent und Kommende (Ordenshaus) ein und bestimmten die Burg zum Hauptsitz des Ordens in Böhmen, was sie bis 1694 blieb. Mit der Burg entwickelte sich die Stadt.

Die **Burg** beansprucht ein großräumiges, dreieckiges Areal, dessen Mitte der romanische **Alte Palas**, die spätere Johanniterkommende, einnimmt. Der einstöckige Bau enthält den *Kapitelsaal* mit Wandmalereien aus der ersten Hälfte des 14. Jh. Daneben erhebt sich die einschiffige **St.-Prokop-Kirche**, ein romanischer Bau, der um 1300 gotisch erneuert wurde. Die Sakristei ragt in einen Wohnraum der Burgmauer hinein. Den Annenaltar der Prokopkirche schnitzte um 1520 der ›Meister der Klingenberger (Zvíkover) Beweinung‹. Zwischen Kirche und Palas entstand um 1280 ein **Kreuzgang**, dessen Wände zu Beginn des 14. Jh. mit Malereien versehen wurden. Ein romanisches Säulenportal führt vom Kreuzgang in den Kapitelsaal des Palas.

In der Südwestecke des Burgareals steht der zweistöckige **Neue Palas**, erbaut etwa 1260–1280. Er ist hervorragend erhalten und dient seit 1930 als *Museum für Archäologie und Kunst*. Weitere Abteilungen behandeln die Geschichte des Motorrads und die der Herstellung des Fes, jener ursprünglich arabischen Kopfbedeckung. (Diese ungewöhnliche Zusammenstellung rührt daher, daß in Strakonice das Motorradwerk *ČZM* und die exportorientierte Textilfabrik *Fezko* beheimatet sind.) Den Alten und den Neuen Palas verbindet seit 1421 die **Komturei** (Verwaltung) des Ordens. Ebenfalls im Südwesten der Burg erhebt sich ein wuchtiger, runder **Hauptturm** aus der Zeit um 1300; sein Name *Rumpál* weist darauf hin, daß in ihm früher eine Winde Lasten hob. Das Burggrafenamt mit spätgotischem Giebel steht seit 1500 auf einem romanischen Fundament. Über den Burggraben ragt der viereckige, mit Erkern besetzte **Jelenka-Turm** (Stinkmorchel). 1936 wurde die Feste Strakonitz als typisches Beispiel einer mittelalterlichen Burganlage restauriert.

□ Volyně und Umgebung

Das Städtchen **Volyně** (Wolin) an der Staatsstraße 4, 11 km südlich von Strakonice, zählt 3000 Einwohner und besitzt eine bescheidene, aber traditionsreiche Textilindustrie. Die Siedlung wurde 1299 zur Stadt erhoben. Von der mittelalterlichen Stadtbefestigung blieb noch ein auffälliger Speicher, der heute das *Stadtmuseum* (Meštské muzeum) beherbergt. Das kleine, hübsche *Renaissancerathaus* von 1529 ist mit Lauben, Uhrtürmchen, Sgraffitoschmuck und Sonnenuhr versehen. Die *Allerheiligenkirche* entstand im frühen 14. Jh. als Holzbau, im 15. Jh. wurde sie zu einer doppelschiffigen Kirche in Stein erneuert, der Turm gehört in das beginnende 19. Jh. In Volyně sind noch Reste vom Ghetto des 17. Jh. und ein kleiner *jüdischer Friedhof* zu sehen.

In der näheren Umgebung von Volyně, in **Zechovice** und in **Litochovice,** entdeckt der interessierte Besucher prächtige Gehöfte im Stil des *Volksbarock*, mit geschwungenen Giebeln, kunstvollen Schnitzereien, schlichten Bildern an den Fassaden und in freundlichen Farben. Wandernde Künstler aus Italien haben den volksnahen Barock im 18. und 19. Jh. in Böhmen verbreitet, sie gestalteten nicht nur Wohnhäuser, sondern auch Dorfkirchen, Kapellen, Kreuzwegstationen.

Bei **Malenice,** 4 km südlich von Volyně, ist ein *Hammerwerk* aus dem 17. Jh. zu bewundern und in **Vlachovo Březi** bei Husinec (s. S. 183) eine *Bierbrauerei* aus dem 18. Jh. Vlachovo Březi besitzt ebenfalls einige schöne Bauernhäuser im Volksbarock.

Blatná (Platten)

Auf einer kleinen Insel des Flüßchens Lomnitz (Lomnice) inmitten verwilderter Parks erhebt sich wie ein Märchenschloß die mittelalterliche **Wasserburg Blatná** (Platten). Im 13. Jh. stand an der Stelle der heutigen Wasserburg ein befestigter Gutshof der Herren Bavor von Strakonitz. Zu dem Gutshof gehörte eine romanische Kapelle, deren Fundamente 1926 ausgegraben wurden. Als der Besitz 1391 an die Familie Rožmitál überging, war aus dem Gutshof bereits eine Burg geworden. Die neuen Herren bauten den langgestreckten, gotischen Palas, eine Kapelle und den mächtigen Torturm. Alle Gebäude wurden in den folgenden Jahrhunderten mehrmals umgebaut und mit Wandmalereien geschmückt. In der ersten Hälfte des 16. Jh. verstärkte der berühmte Baumeister Benedikt Ried die Befestigungen und errichtete einen neuen Palas im Stil der Renaissance. Einen dritten Palas gaben die Herren von Rozdražov in Auftrag, denen Blatná seit 1579 gehörte.

Zur Zeit ist die Burg nicht zugänglich und harrt der Restaurierung. Sobald diese abgeschlossen ist, wird der Besucher im oberen Teil des **Torturms** die ältesten böhmischen Stadtdarstellungen (1480) sehen können. In dem **Alten Palas** zeigen spätgotische Fresken eine bunte Vielfalt von Themen: Gestalten der Antike wie des Alten und Neuen Testaments, ein Ritterturnier, den Garten der Liebe, Samson und Delila, eine Darstellung der Burg usw.

Das **Städtchen Blatná** ist von Fischteichen umgeben und bekannt für seine duftenden Rosen, die es in alle Welt exportiert. Am Marktplatz steht die gotische **Marienkirche,** die

Bavor von Strakonitz zwischen 1290 und 1300 an die Stelle eines romanischen Vorgängerbaus setzte. Die heutige spätgotische Pfarrkirche entstand 1414–1444. Das lange Presbyterium mit einem Rippengewölbe im Parlerschen Stil schließt polygonal ab. Aus der Zeit um 1500 stammen ein Kruzifix mit einer Madonna zu Füßen des Kreuzes und eine Marienstatue.

Písek (Pisek)

In der königlichen Stadt Písek überquert die älteste Steinbrücke Böhmens die Wottawa (Otava). Den goldhaltigen Sand, den die Otava seit jeher aus dem Böhmerwald spült, wuschen schon die Kelten, um an das begehrte Edelmetall zu gelangen. Irgendwann erhielt die kleine Goldwäschersiedlung den lateinischen Namen *Arena*, was nichts anderes als »Sand« bedeutet. Auch die Slawen nannten den Ort später, im 8. Jh., *Písek*, »Sand«. Und als deutsche Kolonisten im 13. Jh. hierher kamen, fiel ihnen auch kein anderer Name ein als eben »Sand«. Doch nicht das Gold, das im 13. Jh. nur noch spärlich gewonnen wurde, bewog Ottokar II. Přemysl im Jahr 1254, die Siedlung zur königlichen Stadt zu erheben, sondern die wichtige Straßenverbindung zwischen der Salzmetropole Prachatitz und der böhmischen Hauptstadt. Über die gefährliche Furt schlug er eine steinerne Brücke. Zugleich baute er eine wehrhafte Burg zur Sicherung der Brücke und des Warenverkehrs. Daß in Písek weiterhin Gold geschürft wurde, beweist eine Golderzmühle aus dem 13. Jh., deren Reste vor einigen Jahrzehnten zum Vorschein kamen.

Mehrere schöne alte Bürgerhäuser mit gotischem Kern und Renaissance-, Barock- oder Empiregiebeln rahmen den Hauptplatz von Písek. Das zweitürmige **Rathaus** entstand 1737–1766 im Stil des Barock. In seinem Hof versteckt sich der gotische *Palas*, das letzte Relikt der einstigen Königsburg aus dem 13. Jh. 1532 brannte die Burg nieder, nur der Palas überdauerte. In ihm ist heute das *Stadtmuseum* untergebracht.

Zu den interessantesten Bauten von Písek zählt die **Marienkirche,** die Pfarrkirche der Stadt. Die Bauarbeiten leitete die königliche Bauhütte von Klingenberg, die gleichzeitig die Burg und die Steinbrücke erstellte. Der dreischiffigen Pseudobasilika gaben dieArchitekten ein Presbyterium mit polygonalem Abschluß. 1489 mauerte Meister Mikuláš den 74 m hohen Turm, der nach dem Brand von 1555 umgebaut wurde. 1741–1746 schloß sich an das Südschiff die barocke *Johann-von-Nepomuk-Kapelle* an. Zu den Kostbarkeiten des Innenraums zählen die ›Madonna von Písek‹, ein gotisches Tafelbild vom Ende des 14. Jh., und ein zinnernes Taufbecken aus dem Jahr 1587. An den Mittelpfeilern konnte der große Restaurator Josef Mocker einen frühgotischen Bilderzyklus (Ende 13. Jh.) aufdecken.

Die größte Sehenswürdigkeit von Písek ist zweifellos die mittelalterliche **Steinbrücke.** Sie spannt sich seit der Mitte des 13. Jh. mit sechs halbkreisförmigen Bogen über den Fluß. Den siebenten Bogen erhielt sie erst nach dem Hochwasser des Jahres 1768, als die Flut den ursprünglichen Brückenturm fortspülte. Der *Figurenschmuck* der Brücke stammt aus dem 17. Jh.

Schloß Orlík an der Worliker Talsperre

□ Zvíkov, Orlík

24 km nördlich von Písek thront hoch auf einem Felsen zwischen Wottawa und Moldau die **Burg Zvíkov** (Klingenberg), wegen ihrer majestätischen Lage einst »Königin der böhmischen Burgen« genannt. Heute hat die mächtige Worliker Talsperre (Orlická přehradní nádrž) die tiefen Täler gefüllt und der Burg den Reiz des Romantischen genommen.

Schon in prähistorischer Zeit haben Menschen an der Stelle der gegenwärtigen Bauten einen Burgwall geschaffen, von dem aus sie den Warenverkehr auf den beiden Flüssen kontrollierten. 1234 ließ König Wenzel I. eine frühgotische Burg errichten, die die Bauhütte des Königs Ottokar II. Přemysl 1255–1270 erweiterte. Um die Mitte des 16. Jh. paßte der Renaissancebaumeister Hans Vlach die Burganlage dem Stil der Zeit an. 1759 wurde Klingenberg durch Feuer so schwer beschädigt, daß die Burg über hundert Jahre unbewohnt blieb und verfiel. 1880 begann Marchetti im Auftrag der Schwarzenberger mit dem Wiederaufbau, 1947 wurde Zvíkov verstaatlicht und steht jetzt unter Denkmalschutz.

Eine Brücke überspannt den tiefen Burggraben und führt zum *Piseker Tor* mit einem runden Wachturm darüber (Ende 13. Jh.); seinen spitzen Helm erhielt der Turm 1554. Das

Arkaden in Burg Zvíkov (Klingenberg)

Zentrum der Burganlage beherrscht der fünfflügelige *Palas* (Mitte 13. Jh.), der zum Hof hin zweigeschossige Arkaden bildet, die unteren offen, die oberen durch Maßwerk geschlossen. Der *Hochzeitssaal* im Obergeschoß des Westflügels zeigt eine zeitgenössische Tanzszene (um 1500). Nach dem herrlichen, spätgotischen Relief ›Beweinung Christi‹ (nach 1500) auf dem Altar der *Wenzelskapelle* im Südflügel erhielt der unbekannte Schöpfer seinen Namen: »Meister der Klingenberger (Zvíkover) Beweinung«. – An den Südflügel des Palas ist der hohe *Bergfried* (Hlizová věž, Beulenturm) angebaut, ebenfalls aus dem 13. Jh.

Die von Wassersportlern und Ausflugsschiffen belebte **Worliker Talsperre** (Orlická přehradní nádrž), erbaut 1954–1962, bildet mit einer Wasseroberfläche von rund 26 km^2 einen der größten tschechischen Stauseen.

Am Westrand dieses Sees läßt das imposante **Schloß Orlík** (Worlik) noch immer – zumindest in seinem wuchtigen Unterbau – die einstige Wehrhaftigkeit der weit über das frühere Moldautal emporragenden Burg erkennen. In der zweiten Hälfte des 13. Jh. war die Burg als königlicher Verwaltungssitz erbaut worden. Mehrmals erneuert und vergrößert, ging die Burg 1719 als repräsentatives Schloß in den Besitz der Fürsten zu Schwarzenberg über, die seit 1993, nach fast 50jähriger Unterbrechung, wieder Herren auf Orlík sind.

Die schönsten und prächtigsten Räumlichkeiten des um die Mitte des 19. Jh. regotisierten Schlosses wie Jagdsaal, Rittersaal, Chinesischer Salon, Bibliothek und das Familienmuseum der Schwarzenberger können besichtigt werden. Von Schloß Orlík aus verkehren im Sommerhalbjahr Ausflugsschiffe zur Burg Zvíkov am oberen Ende der Worliker Talsperre (s. o.).

Klatovy (Klattau), Schwarzer Turm und Altes Rathaus ▷

Westböhmen

Westböhmen (Západní Čechy)

Plzeň (Pilsen)

Wer von Pilsen spricht, denkt an Bier, an das berühmte *Pilsner Urquell,* nie erreichtes Vorbild für fast alle hellen Biere der Welt. Aber zur viertgrößten Stadt der Tschechischen Republik (180 000 Einwohner) wurde Pilsen nicht durch seine Brauereien, sondern durch die *Škoda*-Werke, einst die »böhmischen Kruppwerke« genannt. Steinkohle und Eisenerz werden hier in großen Mengen gefördert, was zur Entwicklung der mächtigen Stahlindustrie führte; reinstes Kaolin ließ eine hochqualifizierte keramische Industrie entstehen. Den ausländischen Besucher aber zieht es in den historischen Stadtkern, wo er die gotische Bartholomäuskirche, das schmuckvolle Renaissancerathaus und die prächtigen mittelalterlichen Bürgerhäuser bewundert.

Im 10. Jh. stand im Tal der Úslava auf dem Felssporn Hůrka die herzogliche Burg *Plzenec* (Pilsenetz). Daß der zugehörige Flecken nicht unbedeutend war, beweisen die drei Kirchen und fünf Kapellen, deren Mauerreste die Entstehungszeit (gegen 1266) verraten. Als im 13. Jh. die Handelswege aus Regensburg, Nürnberg, Prag und Sachsen an Bedeutung gewannen, profitierte aber nicht *Plzenec* davon, sondern jene Siedlung, die sich an der Kreuzung der Handelswege, am Zusammenfluß von Mies (Mže) und Radbusa (Radbuza), etwa 10 km nordwestlich der alten Burg, entwickelt hatte. 1295 erhob Wenzel II. diese Siedlung zur königlichen Stadt *Nova Plzna.* Sein Lokator Heinrich (Jindřich) siedelte in *Nova Plzna* bayerische Handwerker und Kaufleute an, die ihre neue Stadt in strengem Schachbrettmuster anlegten, ein Netz von Gassen, die 22 rechteckige Blöcke formten. Bald füllten an die dreihundert meist einstöckige Fachwerk- und Steinhäuser diese Blöcke. Franziskaner und Dominikaner bauten je ein Kloster mit zugehöriger Kirche. Zwei Blöcke in der Mitte blieben als Markt- und Versammlungsplatz frei; hier wuchs die große Pfarrkirche. Wall und Mauer, Türme und die beiden kleinen Flüsse umfaßten schützend die etwa 20 ha große Stadt. Aus *Nova Plzna* wurde *Plzeň* (gesprochen »Pilsen«), während der Burgflecken an der Úslava den Namen *Starý Plzenec* (Altpilsenetz) erhielt. Der Name *Plzeň* kommt übrigens von dem morastigen Boden *(plzký,* schlüpfrig) im Umkreis der vier Flüsse Radbusa (Radbuza), Mies (Mže), Angel (Úhlava) und Úslava, die sich in Plzeň zur Beraun (Berounka) vereinigen.

1 PRAG, Karlsbrücke und Kleinseitner Brückentürme ▷

2 PRAG, Blick auf den Hradschin

3 PRAG, Mucha-Glasfenster im St.-Veits-Dom

4 PRAG, Chor des St.-Veits-Doms ▷

5 PRAG, »Altstädter Mühlen« und Wasserturm (Smetana-Museum)

7 PRAG, Altstädter Rathaus ▷

6 PRAG, Altstädter Ring

9 MARIÁNSKÉ LÁZNĚ (Marienbad), Kreuzbrunnen und Hauptkolonnade

◁ 8 Burg Karlštejn (Karlstein)
11 Schloß Hluboká (Frauenberg) ▷

10 PŘÍBRAM, Marien-Wallfahrtsstätte Svatá Hora

12 TŘEBOŇ (Wittingau), Hauptplatz mit Mariensäule

13 TELČ (Teltsch), Häuserzeile am Marktplatz

14 PARDUBICE (Pardubitz), Pernstein-Platz

16 Burg Loket (Elbogen) ▷

15 CHEB (Eger), König-Georg-von-Poděbrad-Platz mit Rolandsbrunnen

18 SPINDLERŮV MLÝN (Spindlermühle) im Riesengebirge
◁ 17 BÖHMISCHE SCHWEIZ, Prebischtor (Pravčická brána) bei Hřensko

19 Barockgiebel am Marktplatz von Kolín

20 Südböhmisches Bauernhaus in Nedvědice bei Soběslav

21 Renaissancegiebel am Schloß von Litomyšl (Leitomischl)

22 Weinkeller bei Petrov

24 MIKULOV (Nikolsburg), Stadtplatz und Zugang zum Schloß

◁ 23 BRNO (Brünn), Krautmarkt

25 Schloß Vranov (Frain) über der Thaya

27 Burg Pernštejn (Pernstein) ▷

26 Wasserschloß Červená Lhota (Roth Lhota)

28 Meister von Hohenfurth, ›Geburt Christi‹, um 1350 (Nationalgalerie Prag)

In den Hussitenkriegen stand Pilsen anfangs auf seiten der Hussiten. 1419 baute Jan Žižka die Stadt zu einer Festung aus und ließ alle Klöster zerstören. Im Frühjahr 1420 belagerte ein kaiserliches Heer die Stadt. Als Jan Žižka erkannte, daß er die Stadt nicht halten konnte, vereinbarte er ihre Übergabe gegen freien Abzug der Verteidiger. Pilsen war fortan ein Bollwerk des Katholizismus, das die Hussiten trotz mehrmaliger Belagerung nicht mehr erobern konnten. Für ihre Treue befreite Kaiser Sigismund die Stadt von jeglichen Abgaben, was einen einzigartigen Aufschwung des Handels zur Folge hatte. Auch in den Thronkämpfen am Ende der 40er Jahre des 15. Jh. stellte sich Pilsen gegen den Utraquisten Georg von Poděbrad und erhielt dafür als »treueste katholische Stadt« von Papst Paul II. das Recht, das Stadtwappen um zwei Schlüssel und einen Ritter mit einem halben Adler zu erweitern.

Von 1496 bis 1561 unterstand Pilsen den Herren von Sternberg, danach unmittelbar dem König. Pilsens Wohlstand und Bedeutung wuchsen durch seinen florierenden Tuch- und Viehhandel. Aus den deutschen Ländern zogen Kaufleute, Handwerker und Künstler zu, norditalienische Baumeister brachten den Renaissancestil. 1599 flüchtete Kaiser Rudolf II. mit Hofstaat und ausländischen Gesandten aus Prag vor der Pest und machte Pilsen für neun Monate zum turbulenten Mittelpunkt des Heiligen Römischen Reiches Deutscher Nation.

Auch im Ständeaufstand wahrte Pilsen seine katholische und habsburgfreundliche Haltung und wurde daher 1618 nach mehrmonatiger Belagerung von einem Ständeheer erobert. Am 26. März 1621 übernahm der kaiserliche General Tilly die Stadt. Kurz vor seiner Ermordung in Eger hatte Wallenstein in Pilsen das Winterquartier bezogen (1633/34); hier verpflichtet er seine Offiziere zu persönlicher Treue (»Pilsner Schlüsse«), was einem Verrat am Kaiser gleichkam, auf den die Offiziere ja vereidigt waren.

Im 17. und 18. Jh. war Pilsen eine ruhige Landstadt. Der tschechische Anteil an seiner Einwohnerschaft wuchs beständig und hatte gegen 1800 fast 80 % erreicht. Zu Beginn des 18. Jh. entstanden die ersten Manufakturen, im 19. Jh. entwickelte sich die Industrie. 1842 schlossen sich die Pilsner Braumeister zusammen und kreierten das *Urquell.* Bereits 1861 fuhr die erste Eisenbahn von Pilsen in das bayerische Furth im Wald, ein Jahr später nach Prag, dann nach Budweis, Eger usw.

Den Mittelpunkt der Altstadt bildet der **nám. Republiky** (Platz der Republik, Ring), 139 m x 193 m groß und damit der größte Stadtplatz Böhmens. Auf dem Platz erhebt sich die mächtige gotische **St.-Bartholomäus-Kirche** (Chrám sv. Bartoloměje), die Hauptpfarrkirche von Pilsen. Der Hallenbau wurde gleich nach der Stadtgründung im Jahr 1297 begonnen und etwa um 1476 vollendet. 1310 stellte König Heinrich von Kärnten die emporwachsende Kirche unter das Patronat des Deutschritterordens, dessen steinerne Ordensschilde noch immer die Außenseite des Presbyteriums schmücken. Das Hauptportal im Westen flankieren zwei Türme, von denen der nördliche 103 m aufsteigt und damit der höchste Kirchturm Böhmens ist. 1663 erhielt das Hauptportal eine Kreuzigungsgruppe und die Fassade eine Statue des hl. Bartholomäus. Das Sterngewölbe der dreischiffigen Halle ruht auf schmucklosen Säulen. Den Hauptaltar aus dem Jahr 1883 ziert die ›Pilsner Madonna‹, ein um 1390 aus Tonschiefer gefertigtes Werk gotischer Bildhauerkunst im Schönen Stil. Anfang des 16. Jh. stifteten die Herren von Sternberg die nach ihnen benannte Kapelle, die ein unbekannter Meister an die Südseite des Presbyteriums setzte. Sie zählt zu den bedeutendsten Werken der Spätgotik. Bemerkenswert ist das Gewölbe mit dem hängenden Sturzmittelstein, die Wandfresken stammen aus der Zeit der Renaissance (um 1600). Ein schmiedeeisernes Gitter an der Außenseite des Presbyteriums schützt das großartige Schnitzwerk ›Christus am Ölberg‹ (16. Jh.).

Das mit reichem Sgraffitoschmuck versehene **Rathaus** an der Nordseite des Rings baute 1554–1559 der Italiener Giovanni de Statio aus Lugano. Es gehört zu den prächtig-

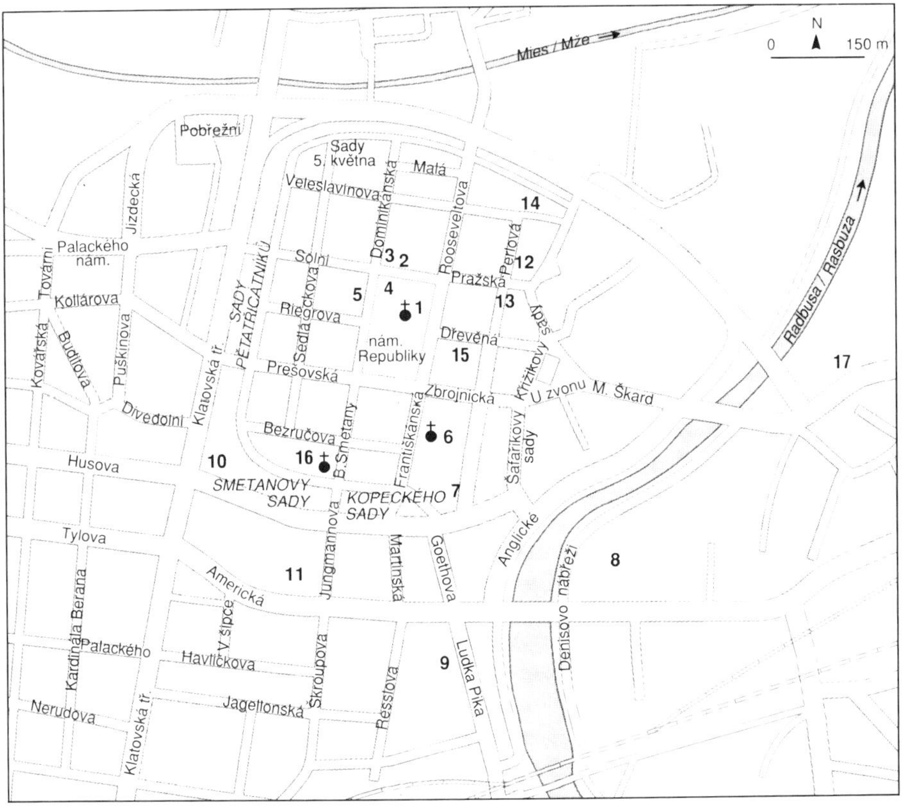

Plzeň (Pilsen)
1 St. Bartholomäus 2 Rathaus 3 Kaiserhaus 4 Pestsäule (Mariensäule) 5 Erzdekanei 6 Mariä-Himmelfahrts-Kirche 7 Westböhmisches Museum 8 Kulturhaus 9 Kammertheater 10 Großes Theater (Tyl-Theater) 11 Kindertheater 12 Wasserturm 13 Fleischbänke 14 Brauereimuseum 15 Gerlachhaus 16 St. Anna 17 Westböhmische Brauerei (»Pilsner Urquell«)

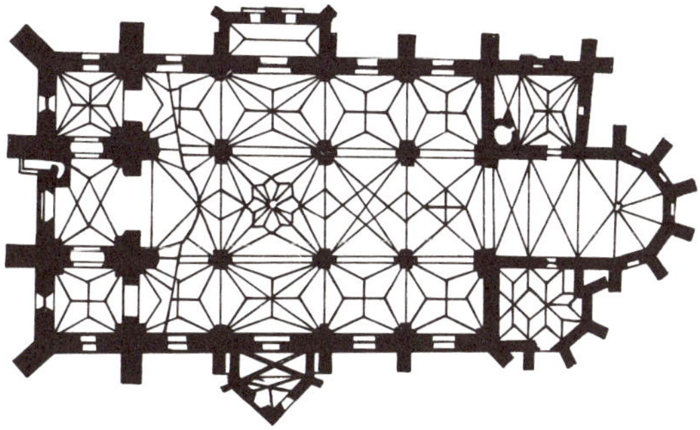

Plzeň (Pilsen), St.-Bartholomäus-Kirche, Grundriß

sten Renaissancebauten nördlich der Alpen, wenn auch die meisten Sgraffiti erst zwischen 1908 und 1912 entstanden. An das Rathaus schließt sich das **Kaiserhaus** (Nr. 290) an, in dem Rudolf II. während seines Pilsner Aufenthaltes residierte (Jahreszahl 1565 über dem Portal). An der Fassade steht der Ritter Žumbera, eine Art Roland, der früher einen Brunnen krönte. Manche sehen in ihm König Johann von Luxemburg. Das folgende **Eckhaus** (Nr. 289), nach dem großen Stadtbrand des Jahres 1507 über zwei eingeäscherten Wohnhäusern entstanden, zeigt sich im Stil des Klassizismus. Beide Häuser sind heute mit dem Rathaus, dem repräsentativen Sitz des Oberbürgermeisters, verbunden. Hier tagt der Stadtrat, hier werden Ehen geschlossen, in dem großen Zeremoniensaal finden Promotionsfeiern, Kammerkonzerte und sonstige Veranstaltungen statt.

Die **Pestsäule** (Mariánsky morový sloup) zwischen Bartholomäuskirche und Rathaus gestaltete Christian Widemann im Jahr 1681. An der Nord-, Ost- und Südseite des Platzes stehen mehrere gotische Häuser, die im Zeitalter der Renaissance und des Barock umgebaut wurden. Die **Erzdekanei** (Arciděkanství; Nr. 234), dem Westportal der Kirche gegenüber, ist wohl der schönste Barockbau Pilsens. Im Jahr 1344 erwarb der Deutschritterorden das Haus für den Stadtpfarrer, 1710 baute es Jakob Auguston im Barockstil um.

An der Františkánská ul. (Franziskanergasse), die von der Südostecke des Ringplatzes nach Süden führt, steht die **Mariä-Himmelfahrts-Kirche** (Kostel Nanebevzetí Panny Marie) des ehemaligen Franziskanerklosters. Die gotische Kirche (um 1340) wurde in den Hussitenstürmen und im Dreißigjährigen Krieg erheblich beschädigt und zuletzt im Barockstil erneuert. An den Ostflügel des schönen Kreuzgangs schließt sich die reizvolle *Barbara-Kapelle* an, die um 1460 entstandenen Fresken zeigen Szenen aus dem Leben der hl. Barbara.

Das **Westböhmische Museum** (Západočeské muzeum) am Kopeckého sady (Kopecký-Park) zeigt Kunstwerke vom 14. Jh. bis zur Gegenwart, dazu Sammlungen von Porzellan, Keramik, Glas, Uhren, Möbeln und Waffen. Südlich des Parks an der Ludka Pika steht das **Kammertheater** (Komorní divadlo), bis 1918 »Deutsches Theater«. Im Westen setzt sich der Kopecký-Park mit dem Smetana-Park fort, der wiederum beim **Großen Theater** (Divadlo J. K. Tyla) in den sady Pětatřicátníků mündet. Das Denkmal vor dem Theater erinnert an den Dramatiker Josef Kajetán Tyl (1808–1856), der in Pilsen starb. Das **Kindertheater** (Divadlo dětí) in der Americká 17 steht in der Tradition des großen Marionettenspielers Josef Skupa (1892–1957), der in Pilsen seine berühmten Puppen »Spejbl« und »Hurvínek« kreierte. Sein Schüler, der Buchillustrator und Filmregisseur Jiří Trnka (1912–1969), verschaffte dem tschechischen Puppenfilm Weltgeltung.

An der Pražská ul. (Prager Gasse), die von der Nordostecke des Ringplatzes ostwärts führt, stehen mehrere Renaissancehäuser gotischen Ursprungs. Der ehemalige **Wasserturm** (Stará vodárenská věž; Anfang 16. Jh.) am Ostende der Gasse mußte die Stadtmauer neben dem Prager Tor verstärken. Die gotischen **Fleischbänke** (Masné krámy) dem Turm gegenüber dienen heute als Ausstellungssaal des Westböhmischen Museums (Wechselausstellungen), aber auch als Konzertsaal. In der Veleslavínova ul. beherbergt ein spätgotisches Mälzhaus das **Brauereimuseum** (Pivovarské muzeum) mit interessanten Exponaten aus der Geschichte des Pilsner Brauwesens. Im **Gerlachhaus** (Gerlachovský dům) in der Dřevěná ul. (Holzgasse) befindet sich heute die Ethnographische Abteilung des Westböhmischen Museums. An der Fassade dieses aus zwei Bürgerhäusern hervorgegangenen Gebäudes sind Stilelemente der Gotik, der Renaissance und des Barock zu erkennen. An der ul. B. Smetany (Smetanagasse) steht die im 18. Jh. von Jakob Auguston erbaute Barockkirche **St. Anna.** Nicht zu übersehen sind schließlich die auf vielen Hauswänden prangenden, wundervollen Farbsgraffiti des großen Malers und Zeichners Mikoláš Aleš.

Östlich der Altstadt führt die Straße nach Prag – jenseits der Radbusa heißt sie U Prazdroje (Zum Urquell) – zur **Westböhmischen Brauerei** (Západočeské pivovary), dem 1842 von Pilsner Braumeistern genossenschaftlich gegründeten »Bürgerlichen Brauhaus«, der ältesten, größten und berühmtesten Pilsner Brauerei. In der großen Bierstube neben dem prächtigen Tor zur Brauerei – es entstand 1892 aus Anlaß des 50. Firmenjubiläums – kann man sich das *Prazdroj* schmecken lassen. Der unnachahmliche Geschmack und Duft des berühmten *Urquell* wird der hervorragenden Qualität des Pilsner Wassers, des selbstgedarrten Gerstenmalzes, des besonders würzigen Hopfens und vor allem den mikroklimatischen Bedingungen in den 9 km langen Kellergängen, in denen das Bier heranreift, zugeschrieben. Die Brauerei erzeugt zur Zeit jährlich über 2,5 Mio. Hektoliter *Plzeňský Prazdroj* mit 12 % Stammwürzegehalt.

□ Starý Plzenec, Radyně, Kozel, Přeštice, Lužany, Švihov, Manětín, Plasy, Stupno, Rokycany

Von der **Přemyslidenburg** auf dem Hůrka im heutigen **Starý Plzenec** (Alt-Pilsenetz), rund 10 km südöstlich von Plzeň, blieben noch eine romanische Rotunde des hl. Petrus aus dem 10. Jh. (im 16. Jh. umgebaut) sowie Grundmauern der Burgstätte, die erstmals im Jahr 976 erwähnt wurde. Ein Naturlehrpfad verbindet die wertvollsten Sehenswürdigkeiten des nationalen Kulturdenkmals.

Von der Altpilsener Rotunde aus sieht man in südwestlicher Richtung, 2 km entfernt, die Ruine der gotischen **Burg Karlskrone** (Karlova Koruna, heute **Radyně**) aufragen. Kaiser Karl IV. ließ die Burg um das Jahr 1361

Pilsner Urquell, Werbung des 19. Jh.

erbauen, nachdem die Altpilsener Burg bereits verfallen war. Die Burg, gelegentlich wurde sie auch »Karlshut« genannt, wechselte häufig den Besitzer. Um die Mitte des 16. Jh., als sie Albrecht von Sternberg, einem erbitterten Gegner Ferdinands I. (seit 1526 König von Böhmen), gehörte, brannte sie aus. Erst im 19. Jh. stoppten die Waldstein durch sichernde Baumaßnahmen den weiteren Verfall der Ruine. Relativ gut erhalten ist die weiträumige *Vorburg* mit der Bastei. Zwischen dem viereckigen West- und dem halbrunden Ostturm hielt sich der schmale *Palas* der Burg.

Die das Úslavatal flußaufwärts begleitende Straße erreicht kurz hinter der alten Ortschaft Šťahlavi (Stiahlau) das **Jagdschloß Kozel,** ein klassizistisches Ensemble von pavillonartigen Bauten, die den eingeschossigen Vierflügelbau des Hauptgebäudes umstehen. Johann Adalbert Graf Czernin von Chudenitz hat sich den Mittelbau 1784–1789 von Václav Haberditz errichten lassen, wenige Jahre später gruppierte Ignaz Johann Palliardi die *Pavillons* um den Kernbau. Den *Hirschbrunnen* auf der Terrasse gestaltete Ignaz Michael Platzer (1792). Zu dem Schloßensemble, in dem sich die Czernin nicht nur zur Jagdzeit, sondern vor allem im Sommer aufhielten, gehören auch eine kleine *Kapelle* und die *Reithalle*, in der heute Werke des Bildhauers Karel Dvořák (1893–1950) aus den Beständen der Nationalgalerie ausgestellt sind. Das Hauptgebäude mit bezaubernden Wandmalereien von Antonín Tuvora enthält noch das ursprüngliche Mobiliar (spätes Rokoko und Louis-seize). Schloß Kozel beherbergt eine wertvolle *Bibliothek*, die der Dichter Christoph Martin Wieland (1733–1813) für den seinerzeitigen Schloßherrn Johann Philipp Graf von Stadion auf deutschen Buchmessen ergänzte. Nach dem Zweiten Weltkrieg hat man auf Schloß Kozel sämtliche Bibliotheken Stadionscher Schlösser in Böhmen zusammengefaßt. Der wunderschöne *englische Park* mit Fasanerie wurde in der zweiten Hälfte des 19. Jh. angelegt.

20 km südlich von Plzeň erreicht die Staatsstraße 27/E 53 **Přeštice** (Pschestitz; 5000 Einwohner), am Flüßchen Angel (Úhlava). 1519 erhielt der Ort die Rechte einer Stadt. Hauptsehenswürdigkeit von Přeštice ist die **Mariä-Himmelfahrts-Kirche,** die imposanteste Landkirche des böhmischen Barock. Kilian Ignaz Dientzenhofer schuf die Pläne, Anselmo Lurago und Anton Haffenecker errichteten 1748–1775 den weithin sichtbaren gewaltigen Bau. Zisterzienser des Kladrauer Mutterklosters hatten den Bauauftrag erteilt. 1245–1425 stand hier eine Benediktinerkirche, die dem Hussitensturm zum Opfer gefallen war.

Lužany (Luschan), 3 km weiter südlich ebenfalls an der Úhlava gelegen, besitzt ein schmuckes, kleines **Schloß,** das Josef Hlávka (1831–1908), der Architekt des Wiener Opernhauses, aus einer mittelalterlichen Feste zu seinem Domizil umgestaltete. Anfang des 19. Jh. hatte allerdings schon Friedrich Graf Schönborn den Komplex wesentlich verändern lassen. Hlávka, auf dessen Initiative die Gründung der Tschechischen Akademie der Wissenschaften und der Künste zurückgeht (1890), scharte hier einen Kreis bedeutender Persönlichkeiten aus Prag und Wien um sich, darunter den Komponisten Antonín Dvořák. Das Schlößchen ist heute Gedenkstätte für Hlávka und Dvořák.

8 km weiter in Richtung Süden liegt **Švihov** (Schwihau), eine Marktgemeinde, die bereits zum Kreis Klatovy gehört. Im Auenbereich der Úhlava droht eine mächtige **Wasserburg,** die der Burgherr Půta Schwihau von Riesenberg zwischen 1480 und 1510 unter Mitwirkung des großen Baumeisters Benedikt Ried errichten ließ. 1548–1596 wurde die Burg nochmals erweitert, ab Ende des 18. Jh. verwendete man sie nur noch als Speicher. Meister Benedikt schuf mit der Wasserburg Schwihau eine eindrucksvolle Festung, deren Anlage schon mehr Elemente der Renaissance als der Spätgotik erkennen läßt. Da verstärken vier Rundbastionen den inneren Wehrring, und selbst der Chor der Burgkapelle ließ sich als Bastion nutzen. Der äußere Wehrring besteht aus sechs runden und drei prismenförmigen Bastionen; schwer und unbezwingbar wirkt der hohe Eingangsturm. 1598–1945 war die Burg im Besitz der Czernin von Chudenitz. Bis Klatovy (s. S. 224) sind es von hier aus nur noch 11 km.

Manětín (Manetin), ein landschaftlich überaus reizvoll zwischen den Tepler Bergen (Tepelská vrchovina) und dem Rakonitzer Hügelland (Rakovnická pahorkatina) gelegenes Städtchen, 34 km nordwestlich von Plzeň, mit Schloß und zwei sehenswerten Kirchen, wurde erstmals 1169 als königlicher Jagdhof genannt. In diesem Jahr schenkte ihn König Vladislav I. dem Johanniterorden. 1187 entstand die Kommende der Johanniterinnen, die bis 1420 wirkte. Danach übernahm das Geschlecht der Schwanberger den Besitz, von denen ging es an die Lažanský über. Nach dem großen Brand von 1712, dem Stadt und Kloster zum Opfer fielen, veranlaßten Wenzel Josef Lažanský und seine Gemahlin Marie Gabriele Czernin von Chudenitz den Wiederaufbau als *Barockschloß;* Giovanni Battista Santini lieferte die Pläne. Ein gedeckter Gang verbindet das langgestreckte Schloß mit der *Pfarrkirche zur Geburt Johannes' des Täufers,* die der Tiroler Baumeister Johann Georg Hess 1712–1717 an die Stelle eines gotischen Vorgängerbaus setzte. Von der Stadt führt der Hohe Weg (Vysoká cesta) zur *Barbarakirche* auf dem Friedhof, einem Werk von Jean Baptiste Mathey (1697). Heiligenfiguren des fränkischen Bildhauers Joseph J. Herrscher begleiten den Weg und schmücken auch den Friedhof (1728–1734).

In **Plasy** (Plass), 20 km nördlich von Plzeň an der Staatsstraße 27 gelegen, sollte man seine Reise kurz unterbrechen, um einen Blick in die Gemäldegalerie des Metternichschlosses zu werfen und – wenn man möchte – um das Grab des österreichischen Staatsmanns Metternich zu besuchen. Im Jahr 1144 hatte Herzog Vladislav II. (der spätere König Vladislav I.) das **Zisterzienserkloster Plass** gegründet und mit umfangreichen Ländereien ausgestattet. Kloster Plass sollte ein Siedlungszentrum in dieser damals menschenarmen Gegend werden. 1154–1204 entstand die dreischiffige *Abteikirche Mariä Himmelfahrt,* eine romanische Pfeilerbasilika. 1661–1668 wurde die seit dem Hussiteneinfall dachlose Kirche barockisiert. 1701–1740 baute Giovanni Battista Santini einen barocken *Konvent,* den Kilian Ignaz Dientzenhofer später vollendete. Jean Baptiste Mathey errichtete bis 1700 die *Prälatur.* 1785 wurde das Kloster säkularisiert. 1826 erwarb Klemens Wenzel Fürst von Metternich-Winneburg, Haus-, Hof- und Staatskanzler Österreichs, die riesige Klosteranlage und nutzte sie als repräsentativen Wohnsitz. Aus der Klosterprälatur wurde Metternichs **Schloß;** heute ist sie *Museum*. Die **Wenzelskirche** im Klosterfriedhof, ein gotischer Bau, der mehrmals, zuletzt klassizistisch modernisiert wurde, birgt die *Metternichgruft*, in der der am 11. Juni 1859 in Wien verstorbene Staatsmann beigesetzt wurde. Im **Schloßpark** blüht nahe der Abteikirche alljährlich die *Kongreßlinde*, die Fürst Metternich – übrigens ein gebürtiger Rheinländer – eigenhändig 1840 zum 25jährigen Jubiläum des Wiener Kongresses gepflanzt hatte.

Auf einem Hügel neben dem **Friedhof von Stupno,** 12 km nördlich von Rokycany, steht weithin sichtbar die *Sternberggruft* in der Form eines griechischen Tempels. Graf Kaspar Maria Sternberg (1761–1838), Naturforscher, Gründer des Nationalmuseums zu Prag und Goethefreund, hat dieses klassizistische Bauwerk, das der Fürstengruft von Weimar recht ähnlich sieht, selbst entworfen. Graf Sternberg lebte – wenn er nicht auf Reisen war – auf seinem 2 km entfernten Schloß Březina und konnte vom Fenster aus seine bereits 1808 fertiggestellte Gruft sehen.

Nördlich von Stupno erstreckt sich ein mächtiges Bergbaurevier, in dem seit dem 17. Jh. Steinkohle abgebaut wird. Reste des alten Kohlentagebaus können im Gebiet **Bašta a Kateřina** (Bastei und Katharina) erkundet werden.

Rokycany (Rokitzan), eine Kreisstadt mit 16 000 Einwohnern, die hauptsächlich im Hüttenwesen sowie in der Maschinen-, Konserven- und Spielzeugindustrie tätig sind, wurde bereits um das Jahr 1100 als »Prager bischöflicher Besitz«, als ›Untertanenstadt der Prager Bischöfe‹ gewissermaßen, gegründet. Im frü-

Eine der schönsten Wasserburgen Böhmens: Švihov (Schwihau)

hen 14. Jh. wurde Rokitzan Stadt, denn in dieser Zeit entstanden seine Befestigungen, von denen Reste noch vorhanden sind; 1584 erhielt der Ort die Privilegien einer königlichen Stadt.

Am Hauptplatz steht das spätbarocke *Rathaus*, in dessen Sitzungssaal das Gemälde ›Jan Rokycana auf dem Basler Konzil‹, ein Werk des Jugendstilmalers Alfons Maria Mucha, hängt. Jan Rokycana (1397–1471) wurde in dieser Stadt geboren, in Prag studierte er Theologie, dort stieg er zum religiösen Oberhaupt der Hussiten (Utraquisten) auf; die Teynpfarre in Prag war seine Residenz (s. S. 50). Etliche *barocke Bürgerhäuser* rahmen den Rathausvorplatz. Die *Maria-Schnee-Kirche* aus dem 14. Jh. erhielt 1784–1788 von Ignaz Johann Palliardi spätbarocke Formen.

Klatovy (Klattau)

Duftende Nelken sind das Kennzeichen der 23 000 Einwohner zählenden Kreisstadt, des nördlichen »Tors zum Böhmerwald«. Sie wurde als »königliche Stadt« um das Jahr 1260 von Ottokar II. Přemysl gegründet. Die Klattauer beteiligten sich später sehr aktiv an den Hussitenstürmen und zerstörten das Dominikanerkloster ihrer Stadt. Als sie 1547 Kaiser Ferdinand I. jede militärische Unterstützung versagten, verloren sie für längere Zeit ihre Privilegien. Heute leben Klatovys Bürger vorwiegend von der Textil-, Maschinenbau-, Lederwaren- und Holzverarbeitungsindustrie und von der Nelkenzucht.

In den Katakomben der Jesuitenkirche von Klatovy (Klattau)

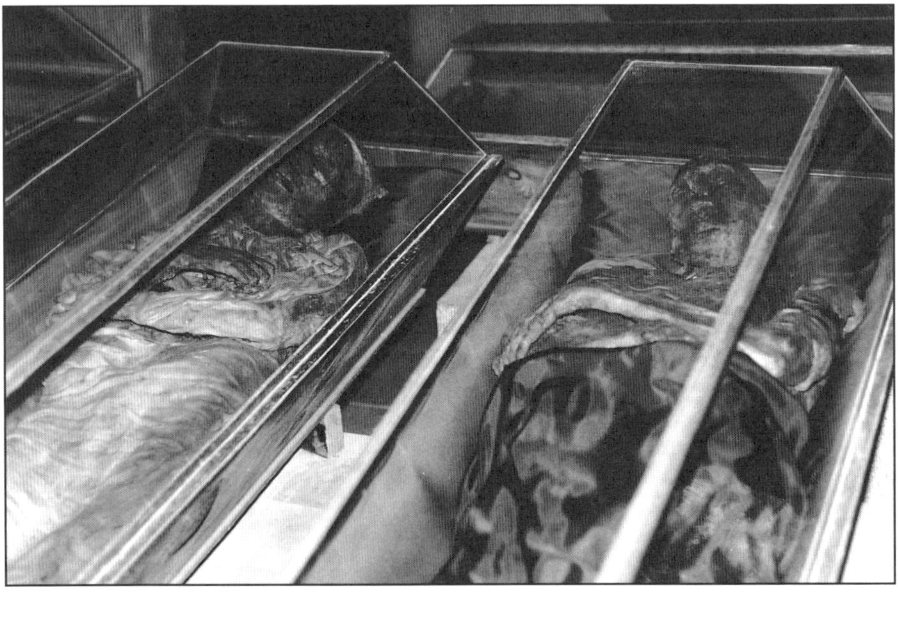

Am großen Marktplatz steht das 1559 vollendete Renaissancerathaus mit dem 75 m hohen **Schwarzen Turm** (Černá věž), dessen Galerie einen eindrucksvollen Rundblick über die ›Nelkenstadt‹ und den nahen Böhmerwald bietet. Am Rathaus lassen sich Reste des spätgotischen Vorgängerbaus erkennen. Den Schwarzen Turm mit dem Hungerverlies und der Folterkammer errichtete 1547–1557 der Klattauer Meister Anton; die Turmuhr stammt aus dem Jahr 1759, das Dach von 1872. Neben dem Rathaus erbauten Carlo Lurago und Domenico Orsi 1654–1679 für die Jesuiten die frühbarocke, zweitürmige **St.-Ignatius-Kirche.** 1717 vollendete der große Barockbaumeister Kilian Ignaz Dientzenhofer den schönen Sakralbau. Das prächtige Portal stammt aus dem Jahr 1720. In der Krypta ruhen die mumifizierten Leichname von Jesuiten, die hier bis 1674 bestattet wurden. Die gotische **Marienkirche** entstand nach 1260 und wurde in den späteren Jahrhunderten mehrfach verändert. Zu der mittelalterlichen Dekanatskirche gehört der **Weiße Turm** (Bíla věž), ein freistehender Glockenturm. Auf dem Marktplatz sollte man einen Blick in die alte **Apotheke Zum weißen Einhorn** (U bílého jednovožce) aus der ersten Hälfte des 18. Jh. mit ihrem kostbaren Barockmobiliar werfen, das der Tischlermeister und Holzschnitzer Josef Gschwendt fertigte. Teilweise noch gut erhalten ist die gotische **Stadtbefestigung** aus dem 14.–15. Jh.

□ Horažd'ovice, Rabí

Die kleine Stadt **Horažd'ovice** (Horaschdowitz), 6500 Einwohner, liegt an der Staatsstraße 22, 33 km östlich von Klatovy und 18 km westlich von Strakonice (s. S. 186). Die Siedlung an einem wichtigen Handelsweg bestand schon im 11. Jh. Damals wuschen ihre Bewohner in einem Nebenarm der Wottawa (Otava) Gold, und nebenbei züchteten sie Perlmuscheln. Das Gold war bald ausgeschürft, die Perlenzucht aber nahm von Jahrhundert zu Jahrhundert zu, bis man sie in unserer Zeit aufgab. Schon vor der Stadterhebung im Jahr 1279 war Horaschdowitz ein – wegen Gold und Handel – stark befestigter Ort. Recht beeindruckend ist das *Rote Tor* (Červena brána), auch »Prager Tor« (Pražská brána) genannt, ein stattlicher Torturm. Vom *Prachatitzer Tor* blieb nur das Untergeschoß erhalten. Die *Pfarrkirche Peter und Paul* am Marktplatz wurde zwischen 1260 und 1270, also schon vor der Stadterhebung gebaut; die dreischiffige Basilika besitzt ein Kreuzrippengewölbe über dem langen Chor und eine kostbare Ausstattung (Madonnenstatue vom Anfang des 16. Jh.). Am Marktplatz und in einigen Nebenstraßen stehen mehrere spätgotische *Bürgerhäuser,* die im Stil der Renaissance oder des Barock erneuert wurden. Das **Barockschloß** im Südwesten der Stadt ging aus einer gotischen Burg hervor. Im 15. Jh. residierten hier die Herren von Riesenberg, 1660 übernahmen die Sternberger die Feste und ließen sie von dem italienischen Baumeister Salomini erneuern. Interessant ist der *Große Saal* des Schlosses mit Schlachtenbildern einiger kaum bekannter Meister an der Decke und an den Wänden (zwischen 1690 und 1740). Im Schloß befindet sich ein *heimatkundliches Museum.*

10 km nordöstlich von Sušice trifft die Staatsstraße 169, die dem Lauf der Wottawa (Otava) folgt, auf die Ortschaft **Rabí** (Rabi) mit einer der größten Burgruinen des Landes. Die beachtlichen Relikte der **Burg** (s. Titelbild), heute nationales Kulturdenkmal, werden zur Zeit restauriert. Gegründet wurde die

Burg zu Beginn des 14. Jh. vermutlich von dem Geschlecht Schwihau von Riesenberg. Bei der Belagerung der Burg im Jahr 1421 verlor der Hussitenfeldherr Jan Žižka von Trocnov sein zweites Auge, was ihn aber nicht daran hinderte, im Jahr darauf seinen Truppen in der Schlacht bei Deutsch-Brod gegen die Kaiserlichen zum Sieg zu verhelfen (s. S. 332). Gegen Ende des 15. Jh. stellte der königliche Baumeister Benedikt Ried die von den Hussiten zerstörte Burg Rabí wieder her. Im 18. Jh. wurde die Burg verlassen und verfiel. Bis 1920 gehörte sie zu den Ländereien der Familie Lamberg. Sehenswert sind der mächtige *Wohnturm* (um 1300), einige gotische Wohnbauten, vier Tore und die gewaltigen Burgmauern und Bastionen, die Rieds fortschrittliche Festungsbaukunst bestätigen. Das *Burgmuseum* im inneren Hof zeigt alte Keramik und alte Ansichten der Burg. Vor dem ersten Tor steht die *Dreifaltigkeitskirche,* die einstige Burgkapelle, die 1498 einen Sakralbau aus der Anfangszeit der Burg ablöste.

In der Marktgemeinde Rabí zu Füßen der gleichnamigen Burg weisen Häuser und Grabsteine auf ein jüdisches Ghetto und einen *jüdischen Friedhof* hin (15. Jh.). In der Nähe wartet ein technisches Denkmal auf interessierte Besucher: die **Goldwaschanlagen von Sejpy** (Schütten).

Sušice (Schüttenhofen)

Das alte Städtchen Sušice (Schüttenhofen) schmiegt sich 30 km südöstlich von Klatovy überaus malerisch zu Füßen des Svatobor in das Tal der Wottawa (Otava). Es zählt 11 000 Einwohner und nennt sich ebenfalls gern »Tor zum Böhmerwald«. Als die Goldwäscherei immer profitabler wurde, übernahm König Ottokar II. Přemysl 1273 die inzwischen zur Stadt erhobene Siedlung von den bayerischen Grafen von Bogen. Aber nicht nur das Gold, auch der Handel mit Salz an der Handelsroute des »Goldenen Steigs« führte Schüttenhofen zu hoher Blüte.

Die mittelalterliche Stadt hatte einen eirunden Grundriß, Reste der **Stadtbefestigung** (1322) sind noch erkennbar. Die Mitte des Stadtovals nimmt der lange, rechteckige Marktplatz ein, an dem das **Rathaus** mit seinem schönen Renaissanceportal (1707) auffällt. Das spätgotische Haus der **Apotheke** wurde um 1600 im Stil der Renaissance mit Ziergiebel und Sgraffitoschmuck umgestaltet. Das heutige **Hotel Fialka** krönt eine schmucke frühbarocke Attika. Das schönste Haus am Platz aber ist die frühere **Dechantei.** Das in der zweiten Hälfte des 15. Jh. entstandene spätgotische Haus erhielt um 1600 seine dreistufige Renaissance-Attika. Heute beherbergt die Dechantei das *Böhmerwaldmuseum* (Muzeum Šumavy); es zeigt die Kulturgeschichte der Region mit Glaskunst aus Eleonorenhain (Leonora), altem Zinngeschirr, Webarbeiten, spätgotischen Skulpturen sowie einer einzigartigen Sammlung von Etiketten für Streichholzschachteln (seit 1839 produziert in Sušice an der Straße nach Klatovy die weltbekannte Schwefelholzfabrik *Solo*).

Die **Wenzelskirche,** eine gotische Basilika aus dem 14. Jh., wurde nach dem verheerenden Stadtbrand des Jahres 1707 von dem Baumeister Carlo Zanetti in barocken Formen wieder hergestellt. 1884/85 erhielt die Kirche ihr ursprünglich gotisches Aussehen weitgehend zurück. Die Vodní ul. (Wassergasse), die einstige *Judengasse,* erinnert mit ihren klei-

Renaissancehäuser in Sušice (Schüttenhofen): Alte Dechantei und Rathaus

nen, alten Häusern noch schwach an das Schüttenhofener Ghetto (17. Jh.). Der **Jüdische Friedhof** aus derselben Zeit befindet sich an der südlichen Stadtmauer. Auf einer Anhöhe über der Stadt war die frühbarocke **Schutzengelkapelle** (Kaple Anděla strážce) Ziel von zahlreichen Pilgern. Der Aussichtsturm auf dem 845 m hohen **Svatobor** westlich der Stadt gestattet einen großartigen Ausblick auf den Böhmerwald.

□ Petrovice, Velhartice

Eine mittelalterliche **Wehrkirche** findet der Reisende in dem Dorf **Petrovice** (Petrowitz), 7 km westlich von Sušice. Die den Aposteln Peter und Paul geweihte frühgotische Kirche wurde um 1250 auf den Grundmauern eines romanischen Vorgängerbaus errichtet, von dem allein der Westturm (Anfang 13. Jh.) blieb. Die Kirche umgibt eine zinnengekrönte Wehrmauer.

Velhartice (Welhartitz) ist ein kleines, altes Städtchen, 8 km von Petrovice in nordwestlicher Richtung entfernt. Als Siedlung zu Füßen einer stattlichen Burg wurde Welhartitz erstmals im Jahr 1318 genannt, 1511 erhielt die Siedlung die Rechte einer Stadt. Sehr sehenswert ist auch heute noch die **Burg Welhartitz** (Hrad Velhartice), die die Adelsfamilie Welhartitz 1290–1318 erbaut hatte. In der zweiten Hälfte des 14. Jh. ließ Buschek von Welhartitz (Bušek von Velhartice) den klotzigen Viereckturm errichten, den eine einzigartige Brückenkonstruktion mit dem Palas verbindet.

Der *Alte Palas* (Starý palác), auch »Paradieshaus« (Rájsky dům) genannt, ist heute Ruine, der *Neue Palas* im Stil des Barock diente in den vergangenen Jahrzehnten als Erholungsheim und soll jetzt zu einem Hotel ausgebaut werden.

Kašperské Hory (Bergreichenstein)

An der Straße nach Vimperk, 13 km von Sušice entfernt, liegt das alte Bergbaustädtchen Kašperské Hory mit einem der reizvollsten Rathäuser Böhmens. Gold wurde hier wohl schon im 1. Jt. geschürft, systematischer Bergbau setzte dann im 13. Jh. mit der Gründung der Siedlung *Reichenstein* ein, die im 14. Jh. die Rechte einer Stadt erhielt. Zum Schutz ihrer Minen und Goldwaschanlagen ließ Kaiser Karl IV. Burg *Karlsberg* (Kašperk; s. unten) errichten. 1584 wurde Reichenstein »königliche Bergstadt«, die 1617 so wohlhabend war, daß sie Burg Karlsberg mit dem zugehörigen großen Waldbesitz kaufen konnte. Vermutlich wußten die Stadtväter zu dieser Zeit bereits, daß das Gold nahezu ausgeschürft war. Und als der Bergbau im Dreißigjährigen Krieg (1618–1648) eingestellt wurde, war dies auch das Ende der ›Bergstadt‹. Fortan konzentrierte sich das wirtschaftliche Interesse der Reichensteiner auf die Holzverarbeitung.

Vom einstigen Reichtum der Stadt und ihrer Bürger zeugt das am Westrand des stark ansteigenden Marktplatzes freistehende **Rathaus**, ein Renaissancebau von 1579, barocki-

Das im 18. Jh. barockisierte Rathaus von Kašperské Hory (Bergreichenstein)

siert in der ersten Hälfte des 18. Jh. Die drei wundervoll geschwungenen Barockgiebel zeigen die Wappen Böhmens und der Stadt; über dem mittleren Giebel ragt ein barockes Türmchen auf. Im weiten Rund des Marktplatzes sind auch einige Barock- und Empirehäuser zu erkennen. Mitten auf dem Platz steht die **Margarethenkirche** aus dem späten 14. Jh. Die dreischiffige Basilika wurde mehrmals umgebaut und erneuert, 1883 erhielt sie den Westturm. Älter noch als die Pfarrkirche auf dem Markt ist die um 1330 erbaute **Friedhofskirche des hl. Nikolaus.** Die drei Schiffe enthalten Holzdecken, die Viktor Anton Groff, Maler und Bürgermeister von Bergreichenstein, um 1700 ausmalte. Auch die reiche Ausstattung der Kirche mit Arbeiten des 16. bis 18. Jh. lohnt den Besuch. Schließlich sei noch das **Böhmerwaldmuseum** (Muzeum Šumavy) erwähnt, das neben Volkskunst auch einzigartige Werke aus geschlossenen Kirchen des weiteren Umkreises zeigt, darunter Arbeiten vom ›Meister der Beweinung von Klingenberg‹.

□ Kašperk, Železná Ruda, Künisches Gebirge

3 km nördlich von Kašperské Hory wacht weithin sichtbar noch immer **Burg Kašperk** (Karlsberg) auf einem 886 m ü. M. hohen Hügel oberhalb der alten Straße, einer Nebenstrecke des »Goldenen Steigs« (s. S. 128). 1356 hat Karl IV. die Burg zum Schutz der Goldgruben und Goldwäschereien gegründet. Von der 1655, also bald nach dem Ende des Dreißigjährigen Krieges, aufgegebenen Burg blieben Reste des *Palas* mit den beiden flankierenden quadratischen Türmen und ein *Burgtor* erhalten.

Železná Ruda (Markt Eisenstein) ist die erste Stadt, die man von Bayern her über die E 53 in der Tschechischen Republik erreicht, eine prächtige Sommerfrische und ein relativ schneesicherer Wintersportort inmitten des Böhmerwalds. Am Zusammenfluß von Großem Regen (Řezná) und Eisenbach (Železný potok) bildete sich im 14. Jh. eine Station der alten Handelsstraße, die zwischen Passau und Pilsen den Böhmerwald überquerte. Im 16. Jh. entwickelte sich die Station zu einer Siedlung von Bergleuten und Erzkochern, die Eisenerz aus den Bergen der Umgebung förderten und das Erz in kleinen Hochöfen zu Eisen ausschmolzen. Als im späten 17. Jh. der Erzabbau nicht mehr lohnte, führte Graf Nothaft von Wernberg die Glaserzeugung und -bearbeitung (vor allem Fensterglas und Spiegel) in Markt Eisenstein ein.

Das malerischste Bauwerk von Železná Ruda ist seine *Pfarrkirche Maria Hilf,* die Wolf Heinrich Graf Nothaft von Wernberg stiftete und die eine Kapelle des 17. Jh. ersetzte. Über zwölfeckigem Grundriß wurde die Kirche 1727–1732 erbaut, umgeben von einem Kranz aus sechs Kapellen. Über der Kirche steigt eine mächtige, schindelgedeckte Zwiebelkuppel auf. Im örtlichen *Museum,* einer Zweigstelle des Böhmerwaldmuseums Sušice, sind neben Glaswaren vor allem *Totenbretter* zu sehen. Auf ein Totenbrett legte man den Verstorbenen, bis er bestattet wurde. Das konnte im Winter, wenn das Erdreich tief gefroren war, Monate dauern. Bis sich ein Grab ausheben ließ, lag der Tote auf dem Brett, das prächtig beschnitzt und bemalt war und seinen Namen und seine Daten sowie Gebete und Sprüche trug. Nach der Beerdigung stellte man das Totenbrett im Flurbesitz des Verstorbenen auf. Diese Sitte war in Oberösterreich, im östlichen Bayern und auf fränkischem Gebiet, vor allem aber in Westböhmen weit verbreitet.

Der **Spitzberg** (Špičák; 1202 m), 4 km nördlich von Železná Ruda, gilt mit seinen übersichtlichen Hängen, den guten Pisten und mehreren Skiliften als ein beliebtes Wintersportzentrum. Eine knappe Wegstunde nordwestlich von Železná Ruda funkelt geheimnisvoll der **Teufelssee** (Čertovo jezero) unter der 1343 m hohen Seewand (Jezerní stěna), und nach einem weiteren halbstündigen Marsch entdeckt der Wanderer den **Schwarzen See** (Černé jezero) zu Füßen der 1234 m hohen Kleinen Brücke (Můstek). Den 1214 m hohen **Panzer** (Pancíř), zu dem ein Sessellift hinaufführt, durchquert seit 1877 ein 1747 m langer Eisenbahntunnel der kurvenreichen Strecke Deggendorf (Bayern) – Klatovy. Vom Aussichtsturm auf dem Panzer kann man bei klarem Wetter bis zu den Alpen sehen. Alle diese Seen und Erhebungen längs der böhmisch-bayerischen Grenze gehören zum **Künischen Gebirge** (Královský hvozd). Hier lebten und wachten im Mittelalter die *Künischen* (»Königlichen«), ein Bauernadel mit vom König verliehenen Privilegien: Die Künischen durften fischen und jagen, waren von jeglichem Frondienst befreit und zahlten kaum Steuern; sie unterstanden allein der königlichen Kammer in Prag und wählten ihre eigenen Richter. Die Künischen waren – nach einem zeitgenössischen Bericht – »kräftige, derbe Söhne der Natur.« Sie besaßen so große Höfe, daß man diese mit Burgen verglich. Im 18. Jh. verloren die Künischen ihre Vorrechte und auch ihre Selbständigkeit.

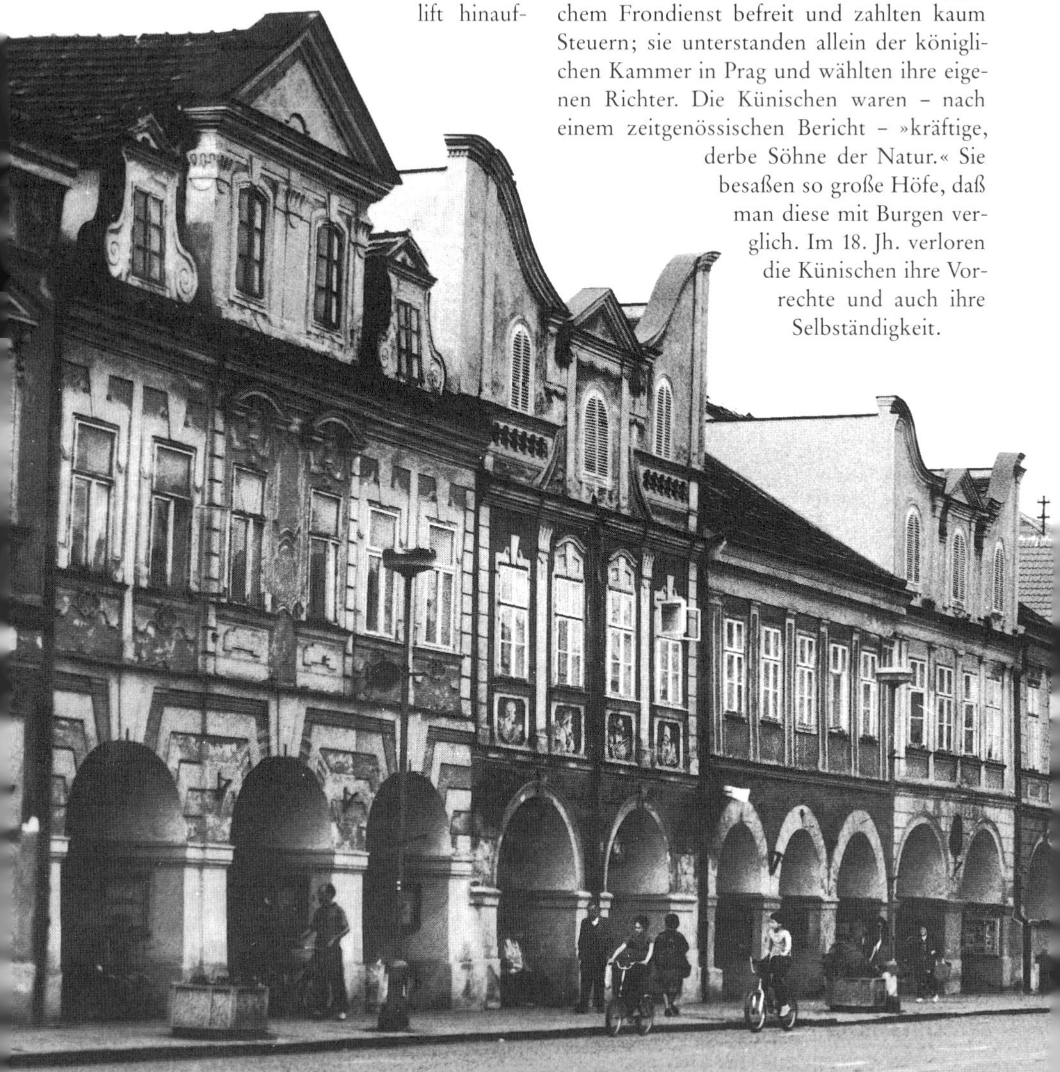

Am Markt von Domažlice (Taus)

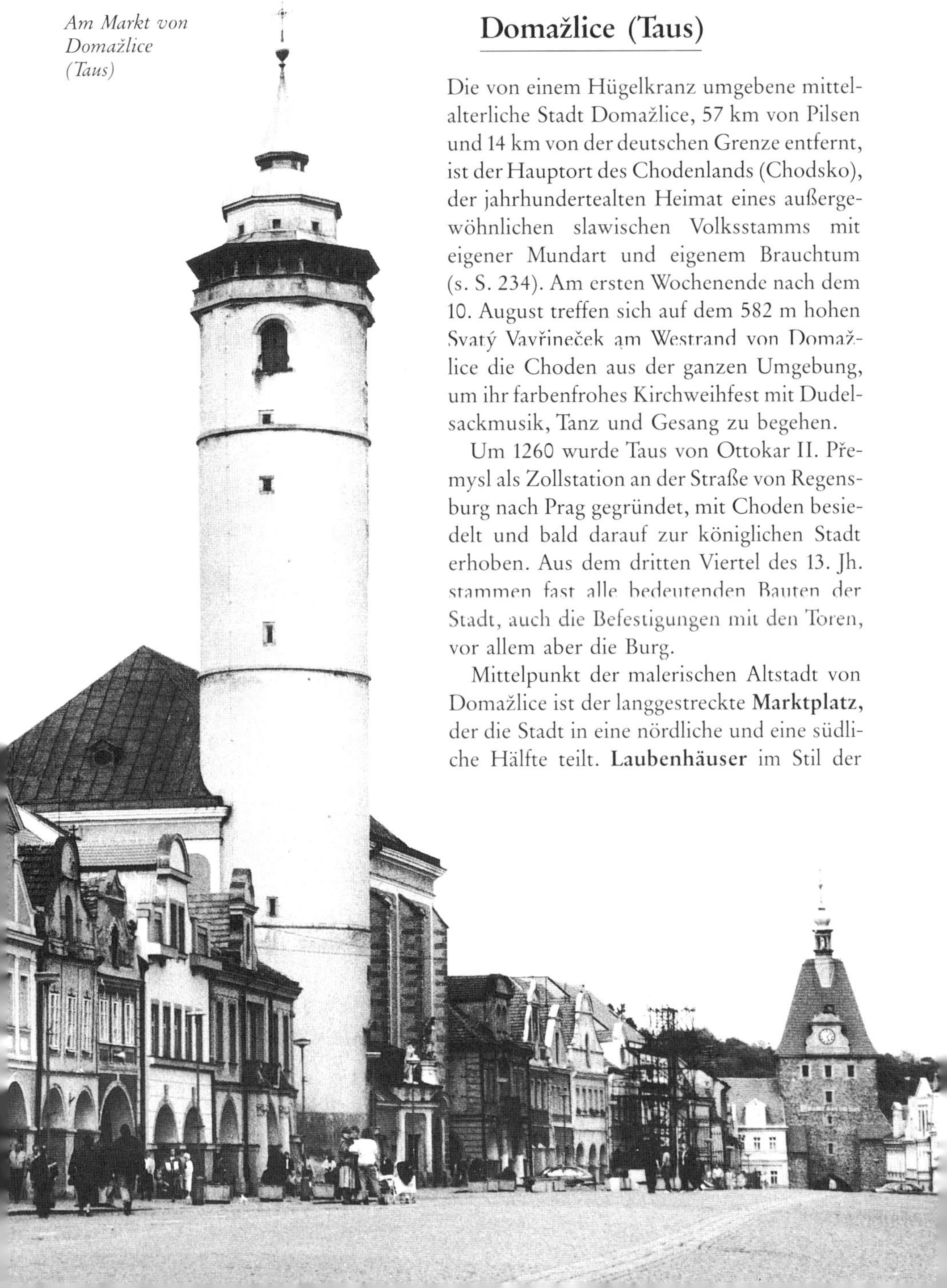

Domažlice (Taus)

Die von einem Hügelkranz umgebene mittelalterliche Stadt Domažlice, 57 km von Pilsen und 14 km von der deutschen Grenze entfernt, ist der Hauptort des Chodenlands (Chodsko), der jahrhundertealten Heimat eines außergewöhnlichen slawischen Volksstamms mit eigener Mundart und eigenem Brauchtum (s. S. 234). Am ersten Wochenende nach dem 10. August treffen sich auf dem 582 m hohen Svatý Vavřineček am Westrand von Domažlice die Choden aus der ganzen Umgebung, um ihr farbenfrohes Kirchweihfest mit Dudelsackmusik, Tanz und Gesang zu begehen.

Um 1260 wurde Taus von Ottokar II. Přemysl als Zollstation an der Straße von Regensburg nach Prag gegründet, mit Choden besiedelt und bald darauf zur königlichen Stadt erhoben. Aus dem dritten Viertel des 13. Jh. stammen fast alle bedeutenden Bauten der Stadt, auch die Befestigungen mit den Toren, vor allem aber die Burg.

Mittelpunkt der malerischen Altstadt von Domažlice ist der langgestreckte **Marktplatz**, der die Stadt in eine nördliche und eine südliche Hälfte teilt. **Laubenhäuser** im Stil der

Renaissance, des Barock und des Empire säumen den Platz, an dessen Nordseite sich die **Kirche Mariä Geburt** (Kostel Narození Panny Marie) erhebt. Die Dekanatskirche stammt aus dem 13. Jh. und wurde nach einem Stadtbrand 1747 von Kilian Ignaz Dientzenhofer barock erneuert. Ihr Glockenturm, der ebenfalls im 13. Jh. erbaut wurde, diente früher als Wachturm, heute kann man von der Galerie eine weite Aussicht genießen. Noch immer bläst ein Trompeter allabendlich ein altes Chodenlied.

Der Kirche Mariä Geburt gegenüber steht das im Stil der Neorenaissance erneuerte **Rathaus** (Radnice). Die Nordwestecke des Hauptplatzes nimmt das ehemalige **Augustinerkloster** mit gotisch-barocker Kirche ein. Im Osten reicht der Marktplatz bis zum **Unteren Tor** (Dolní brána), das zusammen mit den Stadtbefestigungen um 1270 entstand.

Nahe dem Augustinerkloster erinnert die aus dem 13. Jh. stammende **Chodenburg** (Chodský hrad) mit ihrem mächtigen Rundturm an die großen Zeiten der freien Choden. Auf der Burg residierte der chodische Burggraf von Taus, außerdem wohnten dort die königlichen Chodenrichter und der Schreiber. Wenn alle vier Wochen in der Burg das Chodengericht zusammentrat, kamen die Erbrichter aus den umliegenden Chodendörfern hinzu. In der Burg wurden auch die Fahnen der Choden, ihr Petschaft und die Urkunden über die verliehenen Privilegien verwahrt. Die im Stil der Renaissance umgestaltete Burg beherbergt heute ein *Museum* mit reichhaltigen historischen und ethnographischen Sammlungen.

Eine weitere sehr sehenswerte Volkskunstsammlung hält das **Jindřich-Jindřich-Museum** östlich der Altstadt bereit. Domažlice ist Sitz der *Chodovia-Genossenschaft,* in der sich die Volkskünstler aus dem ganzen Chodenland zusammengeschlossen haben. Wer sich für das Volk der Choden interessiert, sollte sich auch die umliegenden Ortschaften ansehen, die fast alle im Westen von Domažlice zu finden sind: Draženov, Klenčí pod Čerchovem (Klentsch), Postřekov, Trhanov mit seinem Chodenschloß, Chodov, Ujezd.

Horšovský Týn (Bischofteinitz)

10 km nördlich von Domažlice liegt malerisch an der Radbusa (Radbuza) die kleine, denkmalgeschützte Stadt Horšovský Týn mit einem prächtigen Renaissanceschloß (4000 Einwohner).

Schon im 10. Jh. hatte die Dynastie der Slavniken an dem uralten Verkehrsknoten bedeutender Handelswege einen Burgwall angelegt. Um das Jahr 1186 errichtete der Bischof von Regensburg hier einen Bischofshof, einen bischöflichen *Teyn* (Zoll- und Marktstation), um den sich die Siedlung Bischofteinitz entwickelte. In der zweiten Hälfte des 13. Jh. sicherte Bischof Johannes III. von Draschitz (Dražic) den wichtigen Handelsplatz durch eine Burg, die an die Stelle des slawischen Burgwalls trat. 1352 wurde Bischofteinitz zur Stadt erhoben. Nach der Hussitenzeit kam die Stadt unter die Herrschaft der Lobkowitz. 1547–1560 verwandelte der italienische Baumeister Agostino Galli die frühgotische Burg im Auftrag des Johann Popel von Lobkowitz in ein großes Renaissanceschloß. 1620 trat das Geschlecht der Trauttmansdorff an die Stelle der Lobkowitz und residierte im Bischofteinitzer Schloß bis 1945.

Von der Stadtbefestigung des mittelalterlichen Bischofteinitz blieb noch die **Nordmauer** am linken Ufer der Radbusa weitgehend erhalten (15. Jh.). Am Ring, dem stark abfallenden Haupt- und Marktplatz der Stadt, steht das spätgotische **Rathaus,** das im 16., 17. und 18. Jh. modernisiert wurde. Stattliche **Bürgerhäuser** aus Gotik und Renaissance, später meist barockisiert, rahmen den Platz. Die **Pfarrkirche Peter und Paul** im unteren Bereich des Ringes stammt aus dem 13. Jh. und wurde im 18. Jh. barock verändert.

Das **Schloß,** ein Vierflügelbau, beherrscht die Westseite des Ringes. Von der gotischen Bischofsburg zeugt der Westflügel. Im Südturm blieb die gotische *Dreifaltigkeitskapelle* aus der Zeit Ottokars II. Přemysl erhalten, ein Kleinod der Zisterzienserarchitektur. Auf den Wandfresken mit Szenen aus dem Leben Christi sind auch die Stifter Johann Popel von Lobkowitz und seine Gemahlin zu erkennen (1558). Im Schloß beeindrucken verschiedene Sammlungen, darunter ostasiatisches Porzellan und Porträts der böhmischen Könige des Prager Malers Johann Kaspar Hofstätter (17. Jh.). Hinter dem Schloß erstreckt sich ein schöner *Park* mit Pavillons, Brunnen und Statuen; in einem Renaissancebau versteckt sich das **Stadtmuseum** mit Objekten aus Vorgeschichte und Geschichte, mit handwerklichen Erzeugnissen und gotischer Kirchenkunst.

Jenseits der Radbusa erstreckte sich die »Große Vorstadt«, die erste Ansiedlung von Bischofteinitz. Hier steht die **Apollinariuskirche,** erbaut um 1250 zu Ehren des hl. Apollinarius, Bischof von Ravenna und Märtyrer (um 200). Besonders bemerkenswert sind das (zugemauerte) frühgotische Säulenportal an der Südseite der Kirche, der Chor mit dem Sakramentshaus, die Wandmalereien und die barocke Annenstatue (um 1480).

Tachov (Tachau)

Die Kreisstadt Tachov (13 000 Einwohner), 22 km südlich von Marienbad, besitzt eine gut erhaltene Stadtmauer, malerische Bürgerhäuser, einige interessante Kirchen und ein frisch restauriertes Barockschloß. Der Burgflecken an der Mies (Mže), einem Quellfluß der Beraun (Berounka), wurde 1126 von Fürst Soběslav I. gegründet. Die Stadtrechte erhielt die Siedlung von König Ottokar II. Přemysl, der sie zugleich zur königlichen Stadt erhob. 1427 siegten hier die Hussiten über das Reichsheer (s. S. 21).

Obwohl Tachau sehr oft ein Opfer von Kriegszügen wurde, blieb doch die **Stadtbefestigung** aus der Mitte des 14. Jh. fast vollständig erhalten; nur die drei Stadttore hat man aus verkehrstechnischen Gründen im späten 19. Jh. leider abgerissen. Den **Marktplatz** rahmen mehrere alte *Bürgerhäuser,* die im Lauf ihrer Geschichte oftmals ihr Äußeres wechselten. Die *Mariensäule* mit den hll. Wenzel, Josef und Florian wurde 1733 aufgestellt. Das **Schloß** ging aus der romanischen Burg hervor, an die noch ein *Buckelquaderturm* erinnert. Nach schwerer Beschädigung im Dreißigjährigen Krieg wurde die Burg als

Schloß wieder aufgebaut. Im 18. Jh. stand Schloß Tachau in Flammen. Zwischen 1788 und 1799 ließen die neuen Eigentümer, die Fürsten zu Windischgrätz, zwei Flügel im Stil des Spätbarock erneuern; die Familie Windischgrätz hatte das Schloß bis 1945 in Besitz.

Die Choden

Wer die Choden sind und woher sie kommen, weiß niemand so recht. Sie sind Slawen, das ist unstrittig, so kämpferisch und zuverlässig, daß Herzog Břetislav I., der im Jahr 1040 im nördlichen Teil des Böhmerwalds ein eingedrungenes Heer des deutschen Königs und späteren Kaisers Heinrich III. mühsam abgewehrt hatte, sie als Wächter an der böhmisch-bayerischen Grenze ansiedelte. Damals erhielten sie ihren Namen **Choden,** der sich vom tschechischen Verb *chodit* (gehen, patroullieren) herleitet. Die Choden hatten also das Grenzgebiet zu bewachen, die wichtige Straße über den Schafberg-Paß nach Regensburg zu sichern und Handelskarawanen und Gesandtschaften zu begleiten. Als Waffe diente ihnen der *Čakan,* das slawische Kampfbeil. Für ihre schwere und verantwortungsvolle Aufgabe genossen sie besondere Privilegien. So waren sie zeitlebens freie Menschen und keinem Herrn außer dem König von Böhmen untertan, kein Adliger durfte im Chodenland Grundbesitz erwerben, Hand- und Spanndienste für die Obrigkeit waren den Choden unbekannt. Die Wälder, die sie schützten, durften sie frei nutzen, durften jagen und Holz schlagen. Ihr Banner zeigte einen Hundskopf als Symbol der Treue und der Wachsamkeit; deshalb nannte man die Choden auch – weniger spöttisch als ehrfurchtsvoll – »Hundsköpfe«. Als freie Königsbauern erwähnte sie erstmals im Jahr 1325 Johann von Luxemburg.

Wie gefürchtet die Choden waren, zeigte sich 1431, als sich die »böhmischen Grenzhüter« unter dem Hussitenführer Prokop dem Großen vor Domažlice dem kaiserlichen Heer entgegenwarfen. Kaum hatten die Choden das hussitische Kampflied ›Die ihr Gottes Streiter seid‹ angestimmt, stob die zehnfache Übermacht der Kaiserlichen samt dem päpstlichen Legaten in wilder Flucht auseinander, zurück nach Bayern.

1618 standen die Choden auf seiten der Stände, daher verloren sie nach der Schlacht am Weißen Berg ihre Privilegien. Ihr freies Land kam unter die Herrschaft des Wilhelm Lamminger von Albenreuth, genannt »Lomikar«, der die Choden härtester Fron unterwarf. Ein letztes Mal erhoben sie sich unter ihrem Anführer Jan Sladký Kozina. Lomikar jedoch schlug den Aufstand mit Hilfe kaiserlicher Truppen blutig nieder, und Kozina wurde 1695 zum Tode verurteilt. Unter dem Galgen auf dem Pilsener Marktplatz prophezeite er seinem Widersacher Lomikar den Tod »nach Jahr und Tag«. Als Lomikar am Jahrestag von Kozinas Hinrichtung auf seinem Schloß Trhanov ein rauschendes Fest gab und höhnisch der Prophezeiung gedachte, brach er, vom Schlag getroffen, zusammen. Der tschechische Schriftsteller Alois Jirásek (1851–1930) hat den erbitterten Kampf der Choden um die Rückgewinnung ihrer königlichen Privilegien in seinem historischen Roman ›Psohlavci‹ (›Die Hundsköpfe‹) beschrieben.

Die **Pfarrkirche Mariä Himmelfahrt** gehörte seit ihrer Errichtung im 14. Jh. den »Kreuzherren mit dem Roten Stern« (s. S. 55). Der Hochaltar der dreischiffigen Basilika zeigt das Himmelfahrtsbild und die Statuen der Apostel Peter und Paul. Die Pfeiler schmückte Johann Brokoff mit den Statuen der Landespatrone (bis 1692). Nordöstlich der Pfarrkirche steht inmitten einer Parkanlage die **Wenzelskirche,** eine Friedhofskapelle aus dem 13. Jh., 1561 nach einem Brand erneuert. Nach der Säkularisation wurde sie 1802 von den Fürsten Windischgrätz als Familiengrabstätte erworben. An der Außenwand des Kirchleins lehnen Grabsteine aus dem 16. und 17. Jh. zumeist mit deutschen Namen und Inschriften.

□ Planá, Stříbro

An der Staatsstraße 21, 12 km nordöstlich von Tachov und 13 km südlich von Marienbad, liegt **Planá** (Plan); es zählt zu den malerischsten kleinen Städten Böhmens. Hier vereinigen sich Bürgerhäuser, Pfarrkirche und Schloß im Stadtkern zu einem überaus reizvollen Ensemble. 1219 erstmals genannt, gehörte die Siedlung seit 1251 dem Zisterzienserkloster Waldsassen in Bayern. 1379 wurde Plan als Stadt bezeichnet. Als man im 16. Jh. Blei und Silber fand, erhielten die Grafen Schlick, die schon seit 1516 in St. Joachimsthal (s. S. 260) Silber schürften und 1520 mit dem Prägen von Münzen begannen, die Herrschaft über Plan (1517–1665). Um 1600 brachte die Planer Münze die ersten Silberstücke heraus: den *Planer Taler,* auch »St.-Anna-Taler« genannt. Nach den Schlicks übernahm die Dynastie Nostitz-Rieneck die Herrschaft über Plan, obwohl die Minen bereits ausgebeutet waren.

Auf dem langgezogenen Markt stehen zahlreiche niedrige *Bürgerhäuser,* die noch ihre gotischen Fassaden und Eingänge bewahrt haben, dazwischen erscheinen Renaissancegiebel und auch klassizistische Gebäude. Schöne alte Häuser sind auch in den Seitengassen zu entdecken. Das zwischen 1680 und 1685 erbaute *Rathaus* besitzt einen stattlichen Giebel. Die gotische *Alte Münze* zeigt barocke und klassizistische Veränderungen; barock ist der Giebel, gotisch sind die Türen. Das *Stadtmuseum,* ein Bürgerhaus aus dem frühen 18. Jh., hütet eine eindrucksvolle Sammlung kirchlicher Kunst. Auf dem Marktplatz steht eine *Nepomukstatue* von 1712.

Hinter den Bürgerhäusern am Markt versteckt sich die *Mariä-Himmelfahrts-Kirche,* die spätromanische Pfarrkirche aus dem frühen 13. Jh. Sie wurde mehrmals umgebaut, ihr neobarocker Turm mit Zwiebelhaube stammt aus dem Jahr 1904. Die Ausstattung der Kirche ist bemerkenswert reich, besonders interessieren die Renaissance-Grabplatten der Grafen Schlick, darunter das hinter dem linken Seitenaltar versteckte Grabmal des Andreas Joachim Graf Schlick, der 1621 auf dem Altstädter Ring in Prag hingerichtet wurde (s. S. 48). In ihrem Kern romanisch ist auch die *Peter-und-Paul-Kirche.* Das *Schloß* ging nach zahlreichen Um- und Anbauten aus der frühgotischen Burg hervor. Im angrenzenden Park steht ein frühbarocker *Kanzleibau.*

Von einem Hügel im Nordwesten der Stadt grüßt die **Wallfahrtskirche St. Anna,** ein interessanter Bau mit einer reichen Ausstattung, gestiftet im Jahr 1645 von Heinrich Graf Schlick. Bei der Säkularisation wurde das Kirchlein zur Schloßkapelle. Kostbarstes Inventar ist ein Gnadenbild ›Anna selbdritt‹ aus der Zeit um 1530.

Die Deutschen gaben ihrer Siedlung den Namen des Flusses, an dem sie lag: *Mies* (Mže). Die Tschechen nannten den Ort **Stří-**

bro, was »Silber« bedeutet, denn Silber war das kostbare Metall, nach dem sie hier seit dem 12. Jh. schürften. 1240 wurde die Siedlung Stadt und sogleich königliche Bergstadt mit besonderen Privilegien. In den Hussitenkriegen kam der Bergbau zum Erliegen. Die 4000 Einwohner der heutigen Stadt arbeiten vorwiegend in der Leder- und Textilindustrie, aber auch im Musikinstrumentenbau.

Zu den Stadtbefestigungen, von denen hier und da noch Mauern erkennbar sind, zählt der *Brucktorturm,* ein spätgotisches Brückentor von 1555. Am Marktplatz steht das *Rathaus* aus dem Jahr 1543 mit Barockturm von 1748 und Sgraffitofassade von 1888. Das Rathaus beherbergt heute ein Museum mit Sammlungen zur Stadtgeschichte und zum Bergbau. Die benachbarten *Bürgerhäuser* aus überwiegend spätgotischer Zeit zeigen sich in den Formen der Renaissance (Tore), des Barock, aber auch des Klassizismus. Die *Mariensäule* (Pestsäule) umfaßt 14 Pest- und Landesheilige, vermutlich zwischen 1740 und 1762 von Lazar Widmann gestaltet.

Die *Allerheiligenkirche,* ein spätgotischer Hallenbau, erhielt seine reiche Ausstattung im späten 18. Jh.; aus dieser Zeit stammen auch die reizvollen Rokokofresken an den Deckengewölben. Das *Minoritenkloster* von 1253 wurde im 17. Jh. barock erneuert und dient heute als Schule.

Nur wenige Kilometer flußabwärts sammelt die Mies ihr Wasser seit 1964 im 470 ha großen **Hracholusky-Stausee** (Údolní nádrž Hracholusky). Der Stausee zieht sich rund 20 km ostwärts. Nahe der Sperrmauer ragt bei dem Dorf Plešnice die Ruine der gotischen **Burg Buben** in den Himmel.

Benediktinerabtei Kladruby (Kladrau)

6 km südlich von Stříbro thront weithin sichtbar auf einer Anhöhe die Benediktinerabtei Kladruby. Die Klosterkirche St. Marien zählt zu den bedeutendsten Bauwerken in Böhmen. 1115 stiftete Herzog Vladislav I. den Benediktinern das Kloster, das der Orden mit Mönchen aus der schwäbischen Abtei Zwiefalten bei Reutlingen besetzte. Die romanische Anlage mit dreischiffiger Basilika war 1233 vollendet. Nach der Zerstörung durch die Hussiten im 15. Jh. wurde das Kloster im 16. Jh. erneuert, doch im Dreißigjährigen Krieg wiederum zerstört. Einen erneuten Aufbau veranlaßte 1712 der Abt Maurus Finzguth, bis

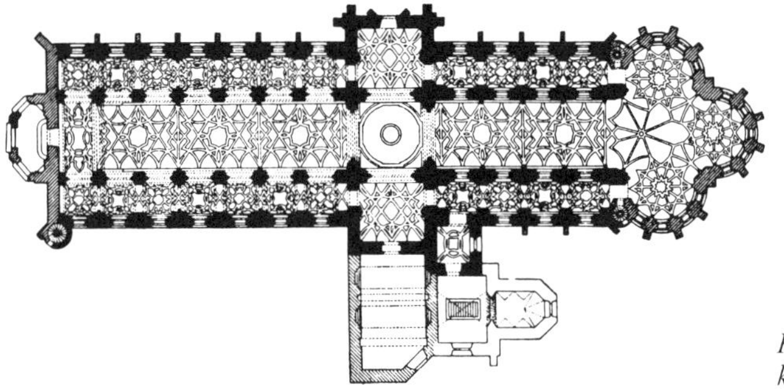

Kladruby (Kladrau), Klosterkirche St. Marien, Grundriß

Höhepunkt böhmischer Barockgotik: Kladruby (Kladrau)

1770 war die gesamte Klosteranlage wieder hergestellt. Doch schon fünfzehn Jahre später wurde Kloster Kladrau säkularisiert und 1825 an Alfred Fürst zu Windischgrätz verkauft, der das Kloster in ein Schloß umwandelte. Nach 1945 übernahm der tschechoslowakische Staat das einstige Benediktinerkloster und machte aus ihm ein Kulturzentrum.

Giovanni Battista Santini entwarf die Pläne für den Neubau der **Klosterkirche St. Marien,** eines Hauptwerks der böhmischen Barockgotik. 1712–1728 erstand sie aus dem Steinmaterial der romanischen Basilika. Diese 84 m lange, dreischiffige Basilika mit Querschiff und langem, ebenfalls dreischiffigem Chor, der in einer polygonalen Apsis endet, bedeckt eine Kuppel mit der Krone des Herzogs Vladislav I. Illusionistische Malereien und gotisierende Stuckrippen schmücken die Tonnengewölbe der Schiffe. Die Brüder Cosmas Damian und Egidius Quirin Asam bedeckten die Wände des Mittelschiffs und des Chors mit Szenen aus dem ›Marienleben‹ und aus dem Zyklus ›Te Deum laudamus‹. Auch ›Mariä Himmelfahrt‹ in der Vierungskuppel stammt von den Gebrüdern Asam (1726). Matthias Bernhard Braun gestaltete die Statuen der Kirchenväter und der Heiligen des Benediktinerordens, darunter die wundervoll bewegte Figur des hl. Benedikt. Im Seitenschiff des Chors befindet sich das Grab des Klosterstifters Herzog Vladislav I. († 1125); das Grabmonument ist ein Werk Santinis (1728).

Von den weiteren Klosterbauten sei noch der wohl von Kilian Ignaz Dientzenhofer entworfene hochbarocke **Neue Konvent** (1733) erwähnt. Das **Refektorium** zeigt Kunstwerke aus Westböhmen, besonders Skulpturen von Matthias Bernhard Braun, darunter die Figur des Reichsgrafen Franz Anton Sporck (s. S. 327).

In dem kleinen Marktort zu Füßen des Klosters verdienen die **Pfarrkirche des hl. Jakobus** (1779) mit Rokoko-Ausstattung und eine **Mariensäule** (1701) Beachtung. – Aus Kladruby stammen übrigens die *Kladruber,* eine berühmte Pferderasse mit großem, langem Kopf und stark aufgerichtetem Hals; diese Rasse gilt als sehr langlebig.

□ Bor, Přimda

Die kleine Stadt **Bor** (Haid), 18 km südöstlich von Tachov und 18 km südwestlich von Stříbro an der Staatsstraße 5/E 50 (Nürnberg – Pilsen) gelegen, verlangt wegen ihrer frühgotischen Wasserburg eine Unterbrechung der Reise. Um 1250 soll hier das Adelsgeschlecht Schwanberg ansässig gewesen sein. 1263 wurde erstmals die Wasserburg an der wichtigen Straßenkreuzung erwähnt. Der Viehmarkt der Burgsiedlung wuchs bis zum 15. Jh. zum zweitgrößten (nach Prag) in Böhmen an.

Die **Wasserburg** verwandelte sich im 17. Jh. in ein Barockschloß, in dem von 1720 bis 1945 die Fürsten Löwenstein-Wertheim-Rosenberg residierten, die ihre Abstammung auf den Kurfürsten Friedrich I. von der Pfalz, den Siegreichen (1451/52–1476), zurückführen. Aus gotischer Zeit blieb nur der mächtige *Rundturm* und das Mauerwerk des *Palas.* Die gotische *Kapelle St. Laurentius* wurde nach 1500 umgebaut und erhielt im 17. Jh. eine barocke Ausstattung. Johann Brokoff entwarf die *Nepomukstatue* auf der Schloßbrücke.

Der weiträumige *Marktplatz* von Bor weist auf seine frühere Bedeutung als Viehmarkt hin. Auf einer kleinen Anhöhe südlich des Platzes steht die *Nikolauskirche* aus gotischer Zeit, die im 18. Jh. mit Ausnahme des Turms erneuert wurde. Das *Rathaus* aus dem 17. Jh. wurde nach einem Brand im 18. Jh. umgebaut. Die schönen, alten, einstöckigen Bürgerhäuser am Rande des Platzes hat man nach 1945 leider abgerissen und durch moderne Häuser ersetzt. Neben dem Schloß fällt der wuchtige Bau des ehemaligen Spitals auf; die Johannes dem Täufer geweihte spätgotische *Spitalkapelle* ist heute ein Bethaus der Tschechischen Kirche. Dem Schloß gegenüber steht die *Wallfahrtskirche Loreto* (nach 1688).

Přimda (Pfraumberg) an der Staatsstraße 5/E 50, 9 km von Bor und 11 km von der Grenze (Übergang Waidhaus/Rozvadov) entfernt, besitzt die älteste erhaltene Adelsburg Böhmens. Markgraf Diepold II. von Vohburg dürfte es gewesen sein, der die Burg um 1120 als bayerische Grenzfeste erbaute. Bald darauf verschob sich die Grenze, so daß die **Burg Pfraumberg** Grenzfeste der böhmischen Přemysliden wurde. Der Name der Burg und der Burgsiedlung leitet sich vermutlich von dem Flüßchen Pfreimd ab. Im Verlies dieser Burg schmachtete zweimal der Sohn Soběslavs I., der spätere böhmische Herzog Soběslav II., da er Familienstreitigkeiten politischer Natur im Wege stand. Auch Ottokar II. Přemysl war hier im Jahr 1249 auf Befehl seines Vaters Wenzel I. für einige Monate eingekerkert, weil der erst 14jährige Junge 1247 vom Adel zum Sturz des Vaters angestiftet worden war. Vom 14. bis 17. Jh. gehörte die Burg den Schwanbergern, die sie Ende des 16. Jh. aufgaben. Von der Burg, die heute als arg zerzauste Ruine auf dem Bergkamm dahindämmert, blieben Relikte des romanischen Wohnturms. Wegen ihres hohen Alters und ihrer als Grenzfeste für Böhmen so großen Bedeutung, erklärte man die Burg Přimda zum »Nationalen Kulturdenkmal«.

In dem Ort Přimda südlich unterhalb der Burg, der erst 1815 Stadtrechte erhielt und in den letzten Tagen des Zweiten Weltkriegs schwere Zerstörungen hinnehmen mußte, sind nur die romanische *Georgskirche* (14. Jh., im 15. Jh. spätgotisch erweitert) und das *Nepomukdenkmal* (1734) vor der Kirche von Interesse.

Mariánské Lázně (Marienbad)

Im 19. Jh. und zu Anfang des 20. Jh. war Marienbad, das jüngste der drei westböhmischen Weltbäder, mindestens ebenso bekannt wie Karlsbad. In einem weiten Tal am Südfuß des Kaiserwalds (Slavkovský les) bringen 43 kalte Mineralquellen (9–12 °C) unterschiedlicher Zusammensetzung und eisensulfathaltige Moorerde Heilung bei Erkrankungen des Magens und des Darms, der Galle, Niere und Blase, der Haut, der Atemwege und der Nerven. Seine Höhenlage (628 m ü. M.) und das weite Netz gepflegter Wanderwege ergänzen die balneologische Therapie. Marienbad war im späten 19. Jh. der fortschrittlichste Kurort. Von hier ging die Anregung aus, die Balneologie (Bäderkunde) als Forschungs- und Lehrfach einzuführen; die Karlsuniversität in Prag realisierte die Anregung und richtete den weltweit ersten Lehrstuhl dieser Art ein. Auch die heute allbekannten Moorbäder wurden erstmals in Marienbad verordnet; erst später folgten Franzensbad, St. Moritz in der Schweiz und andere Badeorte. Heute bemüht sich Mariánské Lázně, mit Restaurierung der prachtvollen Altbauten und mit umfangreichen Neubaumaßnahmen den Anschluß an die internationalen Weltbäder wiederherzustellen.

1341 gründete das Prämonstratenserstift Tepl (s. S. 243) bei den Quellen das Dorf *Auschowitz*. 1710 ließ der Tepler Abt Raimund II. die Quellen, zu denen immer mehr Kranke und Sieche pilgerten, säubern und eine Pilgerherberge bauen. In Fässern verkaufte das Stift die heilkräftigen Quellwässer nach Wien und in andere große Städte. Um die Transportkosten zu senken, gewann der Tepler Stiftsapotheker Damian Schulz um 1749 durch Verdampfen des Quellwassers das *Tepler Salz* und errichtete neben dem »salzigen Brunnen« ein Kreuz, weshalb dieser fortan »Kreuzbrunnen« hieß. 1791 stellte der Stiftsarzt Josef J. Nehr neben dem Kreuzbrunnen ein erstes, grob gezimmertes Badehaus mit vier Badestuben auf – er gilt daher als Gründer des Kurorts. Schon 14 Jahre darauf folgte ein größeres Badehaus, um die steigende Nachfrage zu befriedigen.

Nahe einer anderen Quelle hängten dankbare Badegäste ein Marienbild an einen Baum, weshalb die Quelle »Marienquelle« genannt wurde. Das veranlaßte den Tepler Abt Chrysostomus Pfrogner, der sich stürmisch entwickelnden Badesiedlung im Jahr 1808 den Namen »Marienbad« zu geben. 1812 wurde Marienbad selbständige Gemeinde; 1818

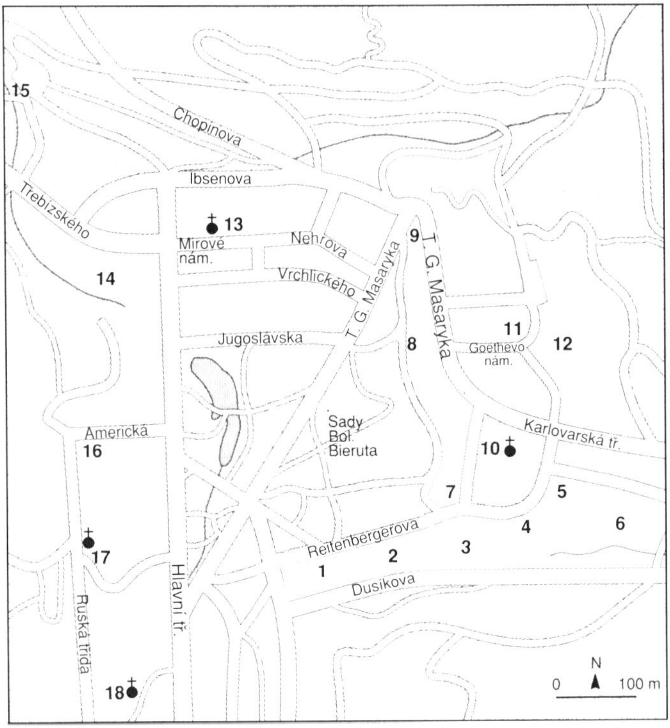

Mariánské Lázně (Marienbad)
1 *Neubad*
2 *Casino (Kurhaus)*
3 *Ambrosiusquelle*
4 *Zentralbad*
5 *Moorbad*
6 *Marienquelle*
7 *Rudolfs- und Ferdinandsbrunnen*
8 *Hauptkolonnade*
9 *Kreuzbrunnen*
10 *Mariä-Himmelfahrts-Kirche*
11 *Goethehaus*
12 *Hotel Weimar*
13 *Evangelische Kirche*
14 *Stadttheater*
15 *Waldquelle*
16 *Rathaus*
17 *Englische Kirche*
18 *Russische Kirche*

erwarb es auf Antrag des neuen Abts Karl Kaspar Reitenberger den Rang eines »Kurorts der österreichischen Monarchie«. Reitenberger förderte den jungen Badeort mit allen Kräften, bis man ihn 1827 wegen Verschwendung abwählte, weil er »das Stiftsvermögen in den Sumpf werfe«.

Marienbad kam schnell zu Weltruf. Prächtige Hotelbauten lösten die bescheidenen Pensionen ab, Luxusgeschäfte etablierten sich rings um die Kuranlagen und in den Brunnenkolonnaden. Von 1820–1823 weilte Goethe regelmäßig in Marienbad und erlebte hier seine letzte, unglückliche Liebe (s. S. 241). 1823 kam Napoleon III., 1824 Carl Maria von Weber, 1833 komponierte Louis Spohr seinen Walzer ›Erinnerung an Marienbad‹. Auch Chopin, Wagner, Bruckner und Spontini standen im 19. Jh. auf der Gästeliste Marienbads. Vor dem Ersten Weltkrieg kamen Clemenceau und Iswolsky, die Außenminister Frankreichs und Rußlands, mehrmals von Karlsbad herüber, um mit Eduard VII., seinem Premierminister Lloyd George und Lord Reading, Vizekönig von Indien, zu konferieren.

Kilometerlang zieht die Hlavní tř. (Hauptstraße; früher Kaiserstraße) durch Marienbad, bis sie den schönen Kurpark (Sady Boleslava Bieruta) erreicht. Am Südrand des Kurparks zweigt die Reitenbergerová (Reitenberger-Straße) ab und führt an dem imposanten

Marienbader Elegie. Goethes letzte Liebe.

Ulrike von Levetzow (1804–1899), anonymes Pastellbild aus dem Jahre 1821

Johann Wolfgang von Goethe war Ende Juli 1821 schon zum 15. Male nach Marienbad gekommen, um seine körperlichen Kräfte zu stärken, seinen mineralogischen Studien nachzugehen und gute Freunde zu treffen. In dem Klebelsbergschen Haus, in dem er sich einquartiert hatte, logierte auch die verwitwete Frau von Levetzow mit ihren drei Töchtern Ulrike, Amalie und Bertha. Auf die siebzehnjährige Ulrike hatte der kurz vor seinem 72. Geburtstag stehende Goethe ein Auge geworfen. Da es in jenem Jahr nahezu unaufhörlich regnete, pflegte man die häusliche Geselligkeit: Man las vor, scherzte und vertrieb sich die Zeit mit immer neuen Pfänderspielen. In den wenigen Regenpausen wandelten der alte Goethe und die junge Ulrike diskutierend durch die Kuranlagen.

Im folgenden Jahr, 1822, kam Goethe bereits Mitte Juni nach Marienbad und bezog sein altes Quartier in dem Haus, das inzwischen auch die Levetzows bezogen hatten. Goethe überraschte Ulrike immer wieder mit kleinen Geschenken, mit Süßigkeiten, vor allem aber mit Blumen, die sie über alles liebte. Goethe hatte viele Gesprächspartner in Marienbad, aber keine Begegnung erfreute ihn so wie das Zusammensein mit dem Mädchen. Ab und zu schenkte er seinem »Töchterchen«, wie er Ulrike nannte, auch ein Buch. Seine Gedichte bezogen sich immer deutlicher auf die Gefühle, die er seiner jungen Freundin gegenüber empfand.

Auch im folgenden Jahr trafen sich Goethe und Ulrike von Levetzow in Marienbad. Nahezu täglich waren sie zusammen, Hand in Hand spazierten sie auf der Promenade.

Die Gesellschaft hatte ihr Gesprächsthema, aber Goethe störte das nicht. Eines Tages hielt er um Ulrikes Hand an. Sein Freund, der Großherzog Carl August von Weimar, suchte als Brautwerber Ulrikes Mutter auf. Er versprach ihr ein Haus in Weimar und der Tochter eine herausragende Stellung bei Hofe sowie nach Goethes Tod eine jährliche Pension von 10 000 Talern. Frau von Levetzow zögerte, ihre Tochter aber lehnte ab, denn allzu groß war der Altersunterschied, und ihre Mutter war kaum älter als Goethes Sohn! Frau von Levetzow ging mit ihren Töchtern nach Karlsbad, Goethe blieb fassungslos zurück. Drei Tage später verließ auch er Marienbad, die Stätte seiner größten Freude und ärgsten Pein. Er fuhr nach Eger, hielt es dort aber nicht lange aus und reiste am 25. August nach Karlsbad, wo er im Hause der Levetzows Quartier nahm. Täglich war er wieder mit der Familie zusammen, alles schien wie früher zu sein.

Am 18. August, Goethes Geburtstag, arrangierte er mit den Levetzows einen Tagesausflug. Im Gasthof ›Zum weißen Roß‹ in Elbogen (Loket) überreichte ihm Frau von Levetzow einen Glasbecher mit den eingravierten Namen ihrer drei Töchter und dem Datum. Goethe hütete diesen Becher wie ein Heiligtum, war er doch ein Symbol des Abschieds von seiner innig geliebten Ulrike. Zwar traf man sich an den folgenden Tagen noch ein paar Mal im Familienkreise, ging auch ins Theater. Am 5. September aber reiste Goethe ab. Es war ein kurzer, hektischer Abschied. Ulrike gab ihm einen Kuß, den einzigen Kuß, den er je von ihr bekommen hatte, wie sie siebzig Jahre später als alte Frau versicherte. Noch in der Kutsche entwarf Goethe sein schmerzvolles, doch trostreiches Gedicht, die ›Marienbader Elegie‹. Goethe sollte Ulrike niemals wiedersehen, auch Marienbad suchte er nie mehr auf.

Neubad (Nové lázně) und an dem **Casino,** dem einstigen Kurhaus, vorbei. Beide Gebäude entstanden um die Jahrhundertwende im Stil der Neorenaissance, das Neubad wurde 1896, das Casino 1901 vollendet. Östlich vom Casino entspringt die **Ambrosiusquelle** (Ambrožův pramen) mit eisenhaltigem Wasser. Genaugenommen sind es drei Quellen, von denen man scherzhaft sagt, die erste sei für ledige, die zweite für verheiratete und die dritte für geschiedene Kurgäste. Noch weiter östlich folgen das dreistöckige **Zentralbad** (Ústředni lázně) und das **Moorbad** mit der **Marienquelle** dazwischen, die mineralisierte Säuerlinge speit und wegen ihres Gehalts an Schwefelwasserstoff schon zu Goethes Zeit als »Stinkquelle« bezeichnet wurde.

Nördlich der Ambrosiusquelle entspringen in einer frisch restaurierten Kolonnade (1868) der **Rudolfsbrunnen** (Rudolfův pramen) mit erdigem, harntreibendem Wasser und der **Ferdinandsbrunnen** (Ferdinandův pramen) mit glaubersalzhaltigem Wasser gegen Verstopfung. Von hier aus steigt der Kurpark zur **Hauptkolonnade** mit der Kreuzbrunn-Rotunde an. Die einstige »Neue Kolonnade« wurde 1884–1889 von den Wiener Architekten Miksch und Niedzielski in einer prächtigen Gußeisenkonstruktion errichtet (s. Farbabb. 9). Gegossen wurden die vielen tausend Streben der 120 m langen und 12 m breiten Wandelhalle in den Eisenhütten von Blansko bei Brünn. Vor der Kolonnade steht die Bronzestatue des Tepler Stiftsabts Karl Reitenberger, eine Arbeit des Wiener Bildhauers Kundmann aus dem Jahr 1879. Gleich nebenan entzückt die *singende Fontäne* (1988), deren wechselnde Wasserspiele ein Computer steuert. Die Rotunde mit dem **Kreuzbrunnen** (Křížový pramen; 1818) kannte schon Goethe; das Wasser dieser bedeutendsten Quelle Marienbads hilft bei Verstopfung.

Hinter der kath. **Mariä-Himmelfahrts-Kirche** (1844–1848) steigt der gartenartige Goethovo nám. (Goethe-Platz) zu einer Reihe schöner, alter Kurvillen und Hotels an. Mittelpunkt dieser Reihe ist das **Goethehaus** (Dům Goethe), früher das Haus ›Zur Goldenen Traube‹ (U zlatého hroznu). Heute befindet sich in dem klassizistischen Haus das *Stadtmuseum* von Marienbad. Das Gebäude entstand 1818, fünf Jahre später wohnte Goethe darin. An den großen Dichter erinnern sein Medaillenporträt über der Haustür und ein **Goethedenkmal** in den Grünanlagen vor dem Haus.

Die Hlavní tř. mündet im Norden auf den Mirové nám. (Friedensplatz; früher Franz-Josef-Platz) mit großen Hotels und einem Brunnen (1913). In der ehemals **ev. Kirche** halten heute die Böhmischen Brüder ihre Gottesdienste. Vom Stadttheater führt die Třebízského ul. zur **Waldquelle** (Lesní pramen), deren alkalisches Wasser Asthma lindert.

□ Lázně Kynžvart, Klášter Teplá, Konstantinovy Lázně

Nur 10 km von Marienbad entfernt liegt **Lázně Kynžvart** (Bad Königswart), ein winziger Kurort bei dem mächtigen Schloß Königswart, das bis 1945 dem Fürstenhaus Metternich gehörte. Der bedeutende österreichische Diplomat und Staatskanzler Klemens Wenzel Fürst von Metternich (1773–1859), der 1810 die Heirat der Kaisertochter Marie Louise mit Napoleon I. einfädelte, 1813 die preußisch-russisch-österreichische Allianz gegen Napoleon anführte und 1814/15 im Wiener Kongreß Österreichs Vormachtstellung im Deutschen Bund sicherte, gründete 1822 – im Schatten Marienbads – diesen Kurort.

Das **Metternichschloß** ging aus einem alten Herrensitz hervor, wurde 1690 frühbarock umgestaltet und 1833–1839 von Peter de Nobile (1774–1854), dem Tessiner Meister des Klassizismus, für den Fürsten Metternich großzügig ausgebaut. Die Mittelfassade des dreiflügeligen, einen weiten Ehrenhof umfassenden Schlosses gestaltete de Nobile in reinstem Empire. Das Schloß ist geschmackvoll und kostbar eingerichtet und enthält Sammlungen verschiedenster Art: Gemälde, Skulpturen, Erinnerungsstücke des Schloßherrn, kulturgeschichtliche und volkskundliche Objekte, Nachlässe (u.a. von Alexandre Dumas père) sowie Kuriositäten. Leider sind Schloß und Sammlungen noch nicht zu besichtigen. Der das Schloß umgebende englische Park von 100 ha Größe ist ein Werk des Schönbrunner Gartenarchitekten Biba.

Im Badeort, über dem die *Ruine der königlichen Grenzburg Königswart* aufragt, sind nur die *Margarethenkirche* aus dem 13. Jh., im 16. Jh. umgebaut, und das neogotische *Neubad* von 1863 interessant.

15 km östlich von Mariánské Lázně (Marienbad) versteckt sich in den Wäldern des Tepler Hügellands (Tepelská vrchovina) **Klášter Teplá** (Stift Tepl). Ein Mann namens Hroznata hatte im Jahr 1193 das Kloster gegründet. Hroznata war Angehöriger einer Adelsdynastie, die im nordwestlichen Grenzland Böhmens über riesigen Grundbesitz verfügte. Besetzt wurde Stift Tepl von Mönchen der Prämonstratenserabtei Strahov bei Prag.

Sie wirken hier mit Ausnahme von 1950–1990 bereits über 750 Jahre.

Mittelpunkt des Stifts ist die Kirche *Mariä Verkündigung,* ein im Kern romanischer Bau, was man an den Zwillingsfenstern der hohen Fassade und an den Pfeilern der dreischiffigen Basilika erkennen kann. Gotische Kreuzrippengewölbe bedecken Schiffe, Querschiff und Chor, gotisch sind auch die Strebepfeiler der Außenwand. Um 1660 wurde die Kirche außen und innen barock verändert. Die beiden Türme erhielten Zwiebelhauben. Im 18. Jh. wandelte sich das Innere der Kirche im Stil des Spätbarock und des Rokoko. Elias Dollhopf und seine Werkstatt schufen die Fresken der Gewölbe und Wände: ›Marienleben‹, ›Leben Hroznatas‹, ›Gründung des Klosters‹ (1754–1756). Den plastischen Schmuck der Kirche lieferte hauptsächlich Ignaz Franz Platzer (1750–1760). Im nördlichen Querschiff ruht in einem monumentalen Grabbau (Mitte 18. Jh.) der Stifter Hroznata.

Von den Klostergebäuden sollte man – soweit das bei den Restaurierungsarbeiten schon möglich ist – die *Prälatur* mit dem Refektorium (Wandfresko ›Letztes Abendmahl‹), den *Konvent* mit dem Kapitelsaal (Gewölbefresken ›Hroznatas Begräbnis‹), die *Alte Bibliothek* im Oratorium, die *Neue Bibliothek* (1902–1910) als Kopie der Prälatur näher in Augenschein nehmen. Die Tepler Bibliothek umfaßt 80 000 Bände, 500 Inkunabeln und 660 Handschriften, darunter die ›Tepler Bibel‹, die erste deutsche Bibelübersetzung – Tepl besitzt damit nach der von Kloster Strahov (s. S. 95) die zweitgrößte Bibliothek Böhmens.

Das nahe Städtchen **Teplá** (Tepl) nördlich vom Stift war im 12. Jh. eine Burgsiedlung. 1385 wurde Tepl eine Stadt. Um den Marktplatz stehen schöne Bürgerhäuser, das *Alte Rathaus,* die *Dechanei,* die *Ägidienkirche* und eine *Dreifaltigkeitssäule,* alles aus dem 18. Jh. Die *Dreifaltigkeitskirche* des Spitals setzte Kilian Ignaz Dientzenhofer 1692–1699 an die Stelle einer Renaissancekirche. Die Handschrift des Barockarchitekten Dientzenhofer trägt auch die *Kapelle vom Heiligen Kreuz,* die südöstlich der Stadt den Spielberg krönt; sie wurde zwar erst 1768/69 erbaut, also nach dem Tod des Meisters († 1751), doch vermutlich nach seinen Plänen.

Konstantinovy Lázně (Konstantinsbad), ca. 22 km südöstlich von Teplá und etwa 15 km östlich von Planá (s. S. 235), ist der kleinste Badeort Böhmens, vielleicht sogar Europas. Zwar waren die Mineralquellen schon im 16. Jh. bekannt, doch erst 1806 entstand bei der Gemeinde Neudorf (Nová Ves) ein erstes Badehaus. 1873 erhielt die Gemeinde den offiziellen Titel »Bad Neudorf«. Doch die Kurgäste nannten das Bad nach dem Besitzer, dem Fürsten Konstantin Löwenstein-Wertheim, »Konstantinsbad«, was 1934 auch amtlich wurde. Während die High Society die Nobelbäder Karlsbad und Marienbad bevorzugte, kurten Offiziers- und Beamtendamen mit ihren Familien lieber im preiswerteren Konstantinsbad.

Cheb (Eger)

Die Kreisstadt Cheb (32 000 Einwohner) liegt unweit der Grenzen zur Bundesrepublik Deutschland am Ufer des Flusses Eger (Ohře) und beeindruckt durch ihren mittelalterlichen Stadtkern und die Relikte ihrer Kaiserpfalz. In Eger wurde Wallenstein, der große Heerführer des Dreißigjährigen Krieges (s. S. 24), ermordet (1634) und der große Barockbaumeister Balthasar Neumann geboren (1687). Spuren der Aunjetitzer Kultur weisen auf eine frühe Besiedlung des Stadtgebietes hin (1800–1600 v. Chr.). Im 10. Jh. n. Chr. entstand auf dem die Furt beherrschenden Felsen eine slawische Burganlage. Aber schon im 11. Jh. ließen sich neben der Feste deutsche Kaufleute nieder und gründeten die Ortschaft *Egire*, der 1149 das Marktrecht verliehen wurde. Im selben Jahr vermählte sich in Eger der junge Schwabenherzog Friedrich mit Adela (Adelheid), der Tochter Diepolds. 1167 kam die Burg in den Besitz des Herzogs, aus dem inzwischen Kaiser Friedrich I. Barbarossa geworden war. Er ließ die Burg großzügig ausbauen und hielt dort drei Hoftage ab. Dadurch vervielfachte sich die Einwohnerzahl des kaiserlichen Marktfleckens, der im Jahr 1179 Stadtrechte erhielt; vor dem Südtor entstand eine große Judensiedlung. Auch für Barbarossas Nachfolger war die Stadt von Bedeutung: Sein Sohn Heinrich VI. beging hier regelmäßig das Weihnachtsfest. Heinrichs Sohn, Kaiser Friedrich II., berief den Hoftag fünfmal nach Eger. Am 12. Juli 1213 mußte er mit der ›Egerer Goldbulle‹ den Bestand des Kirchenstaats garantieren und auf Einflußnahme bei den Bischofswahlen sowie auf andere Rechte in der Kirche verzichten, als Gegenleistung für die päpstliche Hilfe bei seinem Kampf um die deutsche Krone.

Mehrmals wurde Eger von den Königen Böhmens besetzt, 1266 von Ottokar II. Přemysl und 1291 von Wenzel II., doch erst 1322 fiel die Reichsstadt mit dem Egerland an die

Cheb (Eger)
1 Rathaus
2 Schillerhaus
3 Rolandsbrunnen
4 Schirndinger Haus
5 Gablerhaus
6 Stöckl (Špalíček)
7 Herkulesbrunnen
8 Stadthaus (Städt. Museum)
9 Erzdekanatskirche St. Nikolaus
10 Dominikanerkirche St. Wenzel
11 St. Bartholomäus
12 Mariä Himmelfahrt
13 St. Klara
14 Kaiserpfalz

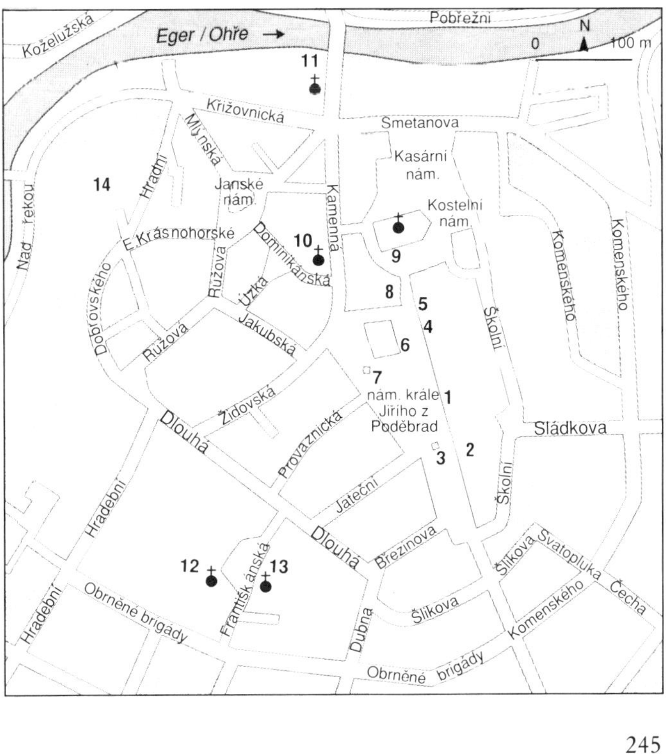

böhmische Krone: Für 20 000 Silbermark hatte sie der deutsche König Ludwig IV. an Johann von Luxemburg »bei Garantie der völligen Unabhängigkeit vom Königreich Böhmen« verpfändet. Eine gewisse Unabhängigkeit blieb tatsächlich bis zum Dreißigjährigen Krieg gewahrt. Danach gehörte Eger verwaltungsmäßig zu Böhmen, später zu Österreich-Ungarn, seit 1918 zur Tschechoslowakei. Der seit 1945 offizielle tschechische Name *Cheb* (Flußbiegung) erschien erstmals im 14. Jh. auf Urkunden und war seit 1920 neben *Eger* zweite amtliche Bezeichnung des Ortes.

Das historische *Egerland,* gerahmt von Erzgebirge und Kaiserwald, Böhmerwald und Fichtelgebirge, reichte von Kadaň (Kaaden) und Žatec (Saaz) im Norden bis Horšovský Týn (Bischofteinitz) im Süden. Seine bis 1945 überwiegend deutschsprachige Bevölkerung pflegte uralte Traditionen mit einem besonderen Dialekt, prächtigen Trachten und typischen Fachwerkhäusern.

Mittelpunkt von Cheb ist der einstige Marktplatz, heute **nám. krále Jiřího z Poděbrad** (König-Georg-von-Podiebrad-Platz, s. Farbabb. 15), mit seinen schönen, alten Häusern. Das ehemalige **Rathaus** an der Ostseite errichtete Giovanni Battista Alliprandi 1722–1728 im Barockstil. Im **Schillerhaus** rechts davon wohnte 1791 der Dichter, als er an seiner ›Wallenstein‹-Trilogie arbeitete. Das **Schirndinger Haus** in der Nordostecke des Platzes besticht durch seinen hohen gotischen Giebel. Im **Gablerhaus** links daneben logierte 1821 Goethe; das spätgotische Bürgerhaus wurde 1783 barockisiert.

Zwei Brunnen schmücken den Platz: der **Rolandsbrunnen** (»Röhrkastenwastl«; 16. Jh.) vor dem Rathaus und der **Herkulesbrunnen** (»Wilder-Mann-Brunnen«) vor dem **Stöckl** (Špalíček), einer Gruppe von ursprünglich elf aus dem 13. Jh. stammenden Häusern, die damals von jüdischen Kaufleuten bewohnt waren. Sie gingen aus Verkaufsständen hervor, die zuerst in Holz, später in Fachwerk errichtet worden waren und bei Bedarf aufgestockt (»aufgestöckelt«) werden konnten. Hinter dem Stöckl versteckt sich das ehemalige **Stadthaus,** das sich zu Beginn des 17. Jh. der Bürgermeister Pachelbel erbauen ließ. In diesem Haus wurde am 25. Februar 1634 Albrecht von Waldstein (Valdštejn, »Wallenstein«) im Auftrag des Kaisers Ferdinand II. vom irischen Rittmeister Walter Devereux ermordet. Ein kaiserliches Patent vom 22. 2. 1634 hatte den Generalissimus des Hochverrats bezichtigt und befohlen, ihn tot oder lebendig zu fangen. Das Stadthaus ist heute *Städtisches Museum,* mit einer vielseitigen und reichhaltigen Sammlung. Kostbarstes Exponat ist das ›Egerer Antependium‹, ein 218 x 90 cm großes Altartuch in Glasperlenstickerei auf Seide, um 1300 von Egerer Klarissinnen für die Burgkapelle gearbeitet.

Die **Nikolauskirche** (Kostel sv. Mikuláš) wurde 1230–1270 in romanischem Stil erbaut. Reste aus dieser Zeit zeigen sich am Westportal und im unteren Bereich der Osttürme. Der frühgotische Chor entstand gegen Ende des 13. Jh. Im dritten Viertel des 15. Jh. wurde St. Nikolaus spätgotisch erneuert und im 18. Jh. von Balthasar Neumann im Stil des Barock verändert.

Im 13. Jh. ließen sich mehrere christlichen Orden in Eger nieder: der Deutsche Ritterorden neben St. Nikolaus, die Dominikaner bei **St. Wenzel** (Kostel sv. Václav; heute in frühbarocker Gestalt: 1674–1689), die »Kreuzherren mit dem Roten Stern« bei **St. Bartholo-**

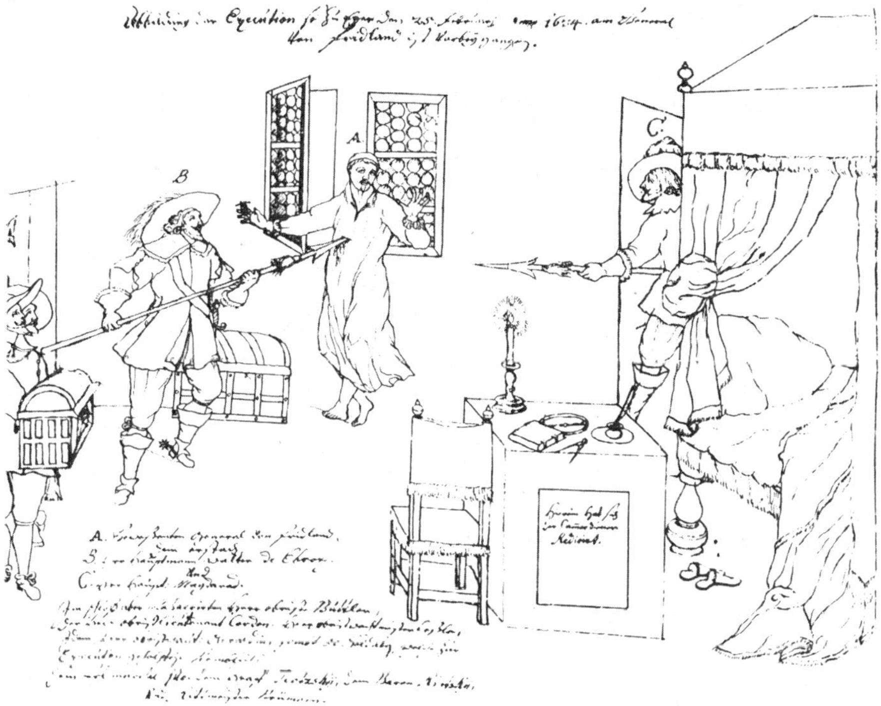

Wallensteins Ermordung in Eger, zeitgenössische Darstellung

mäus (1414 vollendet), die Minoriten (Franziskaner) bei der Kirche **Mariä Himmelfahrt** (Kostel Nanebevzetí Panny Marie; 1285 vollendet) und die Klarissinnen bei **St. Klara** (Kostel sv. Klára). Der jetzige Bau von St. Klara entstand 1708–1711 nach einem Entwurf von Christoph Dientzenhofer und zählt zu den bedeutendsten Werken böhmischer Barockarchitektur. In der Kirche finden heute Konzerte und Ausstellungen statt.

Auf einem zur Eger abfallenden Felsen thront die **Kaiserpfalz** (Hrad). An der Stelle einer slawischen Befestigung entstand Anfang des 12. Jh. eine romanische Burg, die Friedrich I. Barbarossa zwischen 1167 und 1175 ausbauen ließ. Kern der kaiserlichen Pfalz ist der mächtige *Palas* mit dem 24,5 m langen, 12,8 m breiten und 6 m hohen Bankettsaal, von dem noch die nördliche und ein Teil der östlichen Mauer mit romanischen Rundbogenfenstern erhalten sind. An den Saal schlossen sich zwei Räume an, dahinter lag die Küche. Unter dem Saal befanden sich Vorratskammern, Bedienstetenstuben und das Gefängnis. Zwischen 1475 und 1490 erhielt der Palas ein Obergeschoß in Fachwerkausführung. An die Westwand grenzte fortan das Haus des Burgkommandanten, in dem wenige Stunden vor der Ermordung Wallensteins seine vier engsten Mitarbeiter, Feldmarschall Freiherr von Ilow (Illo), Graf Terzka, Baron Kinsky und Rittmeister Neumann niedergestochen wurden.

Der *Bergfried* wurde zwischen 1180 und 1190 aus Basaltlavablöcken errichtet und daher »Schwarzer Turm« genannt. Seine gut 3 m starken Mauern umfassen ein Rechteck von 9,2 m x 8,9 m und steigen 18,5 m hoch auf. Im 15. Jh. brachte eine Ziegelmauerung die Höhe auf 21 m. Die schweren Kasematten neben dem Turm stammen aus dem Dreißigjährigen Krieg. Vollständig erhalten und sorgsam restauriert ist die romanische **Burgkapelle** (1179–1188), eine äußerlich blockhaft schlichte Doppelkapelle, wie sie in allen Kaiserpfalzen, auch in der Nürnberger Burg, üblich war. Das schwere, dunkle Untergeschoß, dessen Kreuzgewölbe auf vier stämmigen Säulen mit Würfelkapitellen ruht, war für das Dienstpersonal bestimmt. Das schmuckvolle, helle Obergeschoß mit seinem Kreuzrippengewölbe auf vier grazilen, polygonalen, von reich gearbeiteten Kapitellen gekrönten Säulen war dem Kaiser, seiner Familie und dem Gefolge vorbehalten. Eine weite achteckige Öffnung verbindet beide Geschosse. Von den Wohngemächern des Palas führte eine Holzbrücke herüber.

Františkovy Lázně (Franzensbad)

5 km nördlich von Cheb (Eger) liegt Franzensbad, mit 5000 Einwohnern das kleinste der drei berühmten westböhmischen Bäder. 24 Mineralquellen (10,1–12,5 °C) und radioaktive Moorerde machten den Ort zu einem Herz-, Rheuma- und Frauenheilbad von Weltgeltung. Schon im 16. Jh. war der *Egerer Säuerling* im weiten Umkreis wohlbekannt. Im 18. Jh. begann der Quellwasserversand in Tonkrügen. Goethe und Schiller zum Beispiel ließen sich das *Egerwasser* zur Nachkur nach Weimar schicken. Der Mineral- und Tafelwasserversand spielt noch heute eine bedeutende Rolle. Im späten 18. Jh. förderte der Egerer Stadtphysikus Dr. Bernhard Vinzenz Adler (1753–1810) die Entwicklung der kleinen Gemeinde zum Kurort (1793). 1807 wurde der Ort nach dem österreichischen Kaiser Franz I. »Kaiser Franzens Bad« oder kurz *Franzensbad* genannt. 1848 erhielt die Gemeinde Franzensbad ihre Selbständigkeit, 1865 sogar die Stadtrechte, Quellen und Kureinrichtungen jedoch gehörten bis 1914 der Stadt Eger.

Mittelpunkt von Františkovy Lázně ist der parkartige Kurplatz mit der **Kolonnade** (1912–1914), dem Gasbad (trockenes Kohlendioxyd), dem **Gesellschaftshaus** (Společenský dům; 1876/77) und dem **Pavillon der Franzensquelle** (Františkův pramen) aus dem Jahr 1832. Eine Skulptur zeigt Amor mit einem Fisch, dem Symbol der Fruchtbarkeit. Frauen, die den Knaben berühren, sollen angeblich bald guter Hoffnung sein.

Westlich vom Kurhaus steht das **Badehaus I** (Lázně I) aus dem Jahr 1827, an das sich der Dvořák-Park (Dvořákovy sady; früher Kaffeegarten) mit dem großen, runden **Holzpavillon der Luisenquelle** (Luisin pramen) und des Kalten Sprudels (Studený pramen) anschließt. Im Dvořák-Park entspringen außerdem die Glaubersalzquellen I und II (Glauberův pramen I a II) und die Sonnenquelle (Sluneční pramen). Das *Glaubersalz*, ein

Kurbetrieb in Franzensbad: Kurkonzert an der Franzensquelle 1908

Natriumsulfat, das auch *Mirabilit* genannt wird, trägt seinen Namen nach dem Apotheker Johann Rudolf Glauber (1604–1670); es ist ein bewährtes Abführmittel.

Neben der Franzensquelle steht das **Badehaus II** (Lázně II). Dahinter schmiegt sich die schöne **Halle der Glaubersalzquellen III und IV** (Dvorana Glauberových pramenů III a IV) in die Parklandschaft, in der der Kurgast auch die **Neuquelle** (Nový pramen) und die **Adlerquelle** (Adlerův pramen), benannt nach dem Begründer des Kurorts, findet. Nicht weit von der Quelle steht sein Denkmal. Die östlich angrenzende Kolonnade birgt die **Wiesenquelle** (Luční pramen) und die in Schwefeldüfte gehüllte **Salzquelle** (Solný pramen). Die **Badehäuser III** (Lázně III) im Süden und **IV** (Lázně IV) im Norden schließen sich an.

Vom nám. Míru (Friedensplatz) führt die breite Národní tř. (Nationalstraße; früher Goethe-Straße), überwiegend von prächtigen Häusern der Jahrhundertwende flankiert, quer durch den kleinen, regelmäßig angelegten Ortskern. Das **Haus Zu den drei Lilien** (U tří lilií; Nr. 10) stammt noch aus dem Jahr 1794 und gehört zu den ersten in Franzensbad erbauten Pensionen. Die Národní tř. mündet im Norden in den eigentlichen Kurpark mit einem besonders schönen **Musikpavillon** aus feingefügtem Holzwerk.

Im Osten grenzt an den Ortskern der Friedrich-Smetana-Park (Sady Bedřicha Smetany) mit dem **Goethebrunnen,** dem **Stadttheater** (1906) und dem **Städtischen Museum.** Das imposante **Hotel Imperial** zählt noch heute zu den führenden Häusern von Franzensbad.

□ Aš, Sokolov

18 km nordwestlich von Františkovy Lázně liegt das 12 000-Einwohner-Städtchen **Aš** (Asch), Mittelpunkt des industriereichen *Ascher Ländchens,* das tief nach Bayern hineinreicht (»Ascher Zipfel«). Als Marktgemeinde besteht Asch seit dem 13. Jh., 1331 wurde es mit dem Egerland an Böhmen verpfändet. Erst 1872 erhielt die Gemeinde Stadtrechte.

Sehenswürdigkeiten sind in Aš recht rar, denn die Stadt wurde in den letzten Kriegstagen 1945 stark in Mitleidenschaft gezogen. An die ev. Dreifaltigkeitskirche (17. Jh.), die 1961 in Flammen stand und 1974 abgerissen wurde, erinnert nur noch das *Lutherdenkmal* (1883; einziges seiner Art im gesamten Habsburgerreich) des Bildhauers J. Rössner inmitten einer Parkanlage. Auf dem Marktplatz plätschert der berühmte *Goethebrunnen* (1932) von Johannes Watzel; der Dichter, der sich zwischen 1806 und 1823 siebenmal in Asch aufhielt und von seinen Wanderungen interessante Mineralien heimbrachte, betrachtet hier eine Kristalldruse.

Die kath. *Nikolauskirche* trat 1820 an die Stelle einer einsturzgefährdeten Barockkirche. Im **Neorenaissance-Schlößchen** der Grafen Zedtwitz auf dem Nikolaushügel (Mikulašský vrch) über den Schloßstiegen befindet sich ein *heimatkundliches Museum.* Der 757 m hohe Hainberg (Háj) ist der Hausberg von Aš und zugleich die höchste Erhebung des Fichtelgebirges (Smrčina) auf böhmischem Boden.

Die Staatsstraße 6 (Cheb – Karlovy Vary) umgeht die Kreisstadt **Sokolov** (Falkenau) am Rande riesiger Tagebaukrater des Braunkohlenabbaus (25 000 Einwohner). Nicht viel blieb von der alten Stadt übrig, die der Oberpfälzer Graf Nothaft im 13. Jh. als Burgsiedlung gründete und Ende des 14. Jh. mit königlicher Erlaubnis zur Stadt erhob.

Am Marktplatz stehen das *Renaissancerathaus* und die *Jakobuskirche* aus dem 16. Jh. Im 17. Jh. wurde die Pfarrkirche mehrmals verändert; der Hochaltar stammt aus der Servitenkirche in Prag, die Seitenaltäre gestaltete Ignaz Franz Platzer (18. Jh.). Vor der frühbarocken *Antoniuskirche* (1663–1667) steht eine Dreifaltigkeitskapelle mit einem reizvollen Rokokoaltar (1719). Das *Schloß* südlich des Marktplatzes ging 1480 aus der Wasserburg der Grafen Nothaft hervor. Unter den Grafen Nostitz wurde es im 17. Jh. im Stil des Barock und 1905 klassizistisch verändert. Die einstöckige Vierflügelanlage ist mit Hofarkaden und achteckigen Türmen an den vier Ecken versehen. Im Hof sprudelt ein Tritonbrunnen. Das Schloß beherbergt heute ein *Kohlenbergbaumuseum* (Hornické muzeum Sokolovska). Den Marktplatz schmücken eine *Mariensäule* von 1701 und der *Wastlbrunnen* mit der Gestalt eines Falkners namens Sebastian oder Wastl, mit Stadtwappen und Hopfenranken, denn Falkenau war früher ein Zentrum des Hopfenanbaus.

Karlovy Vary (Karlsbad)

Karlsbad (63 000 Einwohner), bekanntester Kurort im westböhmischen Bäderdreieck, erstreckt sich oberhalb der Mündung der Tepl (Teplá) in die Eger (Ohře). Genutzt wurden die heißen Quellen bereits im Mittelalter, zu Weltgeltung gelangte Karlsbad aber erst seit dem 18. Jh., als sich hier Kaiser, Könige und Zaren, russische Großfürsten, Politiker und Staatsmänner, türkische Prinzen, indische Maharadschas und die internationale Hochfinanz trafen.

Karlovy Vary (Karlsbad), Blick von der Mühlbrunnkolonnade Richtung Sanatorium Imperial

Die für Kraftfahrzeuge gesperrten Kuranlagen dehnen sich längs des romantischen, von waldreichen Höhen eingefaßten Tepltals aus. Die zwölf alkalischen Thermalquellen (39–73 °C) werden zu Trink- und Badekuren gegen Magen-, Darm-, Gallen-, Nieren- und Leberleiden, gegen Zuckerkrankheit, Fettsucht und Gicht verordnet.

Die Geschichte des Kurorts begann mit Karl IV., der dem Bad seinen Namen gab. Genaugenommen ist es eine Sage, die den Kaiser die dampfenden Quellen entdecken ließ: Eines Tages hetzten seine Hunde einen kapitalen Hirsch, der ihnen mit einem mächtigen Sprung von einem hohen Felsen zu entkommen suchte. Die Hunde sprangen hinterdrein und begannen schrecklich zu jaulen, weil sie in das heiße Quellwasser geraten waren. Historisch ist, daß des Kaisers Leibarzt Baier das Wasser untersuchte, es heilkräftig fand und die Gründung eines Badeorts empfahl. Die Siedlung erhielt 1349 den Namen *Karlsbad*. 1370 verlieh Karl IV. seinen »lieben Karlsbadern« das Elbogener Stadtrecht und kam mehrmals an die Tepl, um in dem »wundertätigen Wasser« zu baden.

Im 15. Jh. erschienen die ersten prominenten Kurgäste, darunter die Markgrafen von Kulmbach und Bayreuth. Im 16. Jh. weilten die Fürsten von Brandenburg und Sachsen, der Erzherzog Ferdinand von Tirol, die Herzöge von Pommern und Mecklenburg sowie italienische und polnische Grafen in Karlsbad. Anfang des 16. Jh. führte der Arzt Dr. Wenzel Payer die Trinkkur ein, vorher wurde im Quellwasser nur gebadet.

Mit einer furchtbaren Überschwemmung begann 1582 für Karlsbad ein Jahrhundert der Not und Drangsale: 1604 vernichtete eine Feuersbrunst fast alle 162 Häuser. 1627 ließ Kaiser Ferdinand II. die Stadtgüter des protestantischen Karlsbad konfiszieren. Erst als die Bürger zur katholischen Kirche zurückgekehrt waren, bestätigte der Kaiser die alten Privilegien. 1632 plünderten polnische und kroatische Truppen die Stadt, 1640 und 1646 hausten die Schweden im Tepltal.

Gegen Ende des 17. Jh. wurde der Kurort schließlich weltberühmt: 1682 kam Kurfürst Johann Georg III., 1691 folgten August der Starke von Sachsen und Polen, Friedrich III. von Brandenburg und Herzog Ernst August von Hannover. 1707 erhob Kaiser Joseph I. Karlsbad zur königlichen Freistadt. 1711 und 1712 traf sich hier Zar Peter der Große mit Gottfried Wilhelm Freiherr von Leibniz, um »die Studien, Künste und Wissenschaften im russischen Reiche florieren zu lassen«. 1718 und 1720 weilte Johann Sebastian Bach im Gefolge des Herzogs von Anhalt-Köthen in dem Kurort. Kaiser Karl VI. machte das Bad 1731 fast zwei Monate lang zur Residenz des Reiches. 1732 erschien das österreichische Kaiserpaar zum Kuraufenthalt, begleitet von Prinz Eugen von Savoyen. Es folgten 1765 Prinz Heinrich von Preußen und im Jahr darauf Kaiser Joseph II. und Herzog Karl August von Weimar. Feste, Konzerte, Fackelzüge sorgten für Unterhaltung. Im Juli 1798 gab der russische Generaladmiral Graf Aleksej Orlow-Tschesmenskij aus Anlaß des Namenstags seines Zaren Paul I. das grandioseste Fest aller Zeiten.

Goethe besuchte 1785–1823 dreizehnmal Karlsbad, denn er wußte sich »keinen angenehmeren und bequemeren Aufenthalt«. An Wilhelm von Humboldt schrieb er 1812: »Weimar, Karlsbad und Rom sind die einzigen Orte, wo ich leben möchte«. Rechnet man die Tage sämtllicher Kuraufenthalte zusammen, so ergibt sich eine Verweildauer von mehr als zwei Jahren! Um Goethe und Marie Louise, die 20jährige Kaiserin der Franzosen, Tochter Franz I. und Gemahlin Napoleons I., die er am 2. Juli 1812 mit dem Gedicht ›Sieht man den schönsten Stern die Nacht erhellen‹ begrüßte, rankten sich manche Gerüchte, denn beide trafen sich in Karlsbad sehr oft und immer heimlich, und Goethe schwieg über diese Zusammenkünfte.

1819 lud der österreichische Staatskanzler Metternich die Vertreter »zuverlässiger« Staaten nach Karlsbad ein und verabredete mit ihnen die *Karlsbader Beschlüsse*, die eine strenge Überwachung der Universitäten, die Entlassung revolutionärer Lehrkräfte, das Verbot der Burschenschaften, eine verschärfte Zensur und die Einsetzung einer zentralen Untersuchungskommission vorsahen. Anlaß zu den Beschlüssen gab das Attentat des Jenaer Theologiestudenten Karl Ludwig Sand auf den Literaten August von Kotzebue am 23. März 1819 (Sand wurde 1820 hingerichtet).

Alles, was im 19. Jh. und zu Beginn des 20. Jh. Rang und Namen hatte, fuhr nach Karlsbad: König Gustav IV. von Schweden, Erzbischof Graf Genga, der spätere Papst Leo XII., Fürst Blücher kam 1816 in Napoleons Reisewagen, den er bei Waterloo erbeutet hatte, Friedrich von Schiller und Theodor Körner, Emanuel Geibel und Theodor Fontane, Ludwig van Beethoven, Franz Liszt, Carl Maria von Weber, Robert Schumann, Frédéric Chopin und Karl Marx. Kein Ort schien für hochpolitische Gespräche besser geeignet als

Karlovy Vary
(Karlsbad)
1 Mühlbrunn-kolonnade
2 Bad III
3 Jugendstil-kolonnade
4 Kurkomplex Thermal
5 Bad V
6 Russische Kirche
7 Marktkolonnade
8 Schloßturm
9 Sprudel
10 Maria-Magdalenen-Kirche
11 Stadttheater
12 Alte Wiese
13 Grandhotel Pupp
14 Bad I
15 Standseilbahn zum Sanatorium Imperial
16 Sanatorium Imperial
17 Puschkinweg
18 Kunstgalerie
19 Sanatorium Richmond
20 Standseilbahn zur Freundschaftshöhe
21 Hirschensprung
22 Dreikreuzberg und Goethewarte

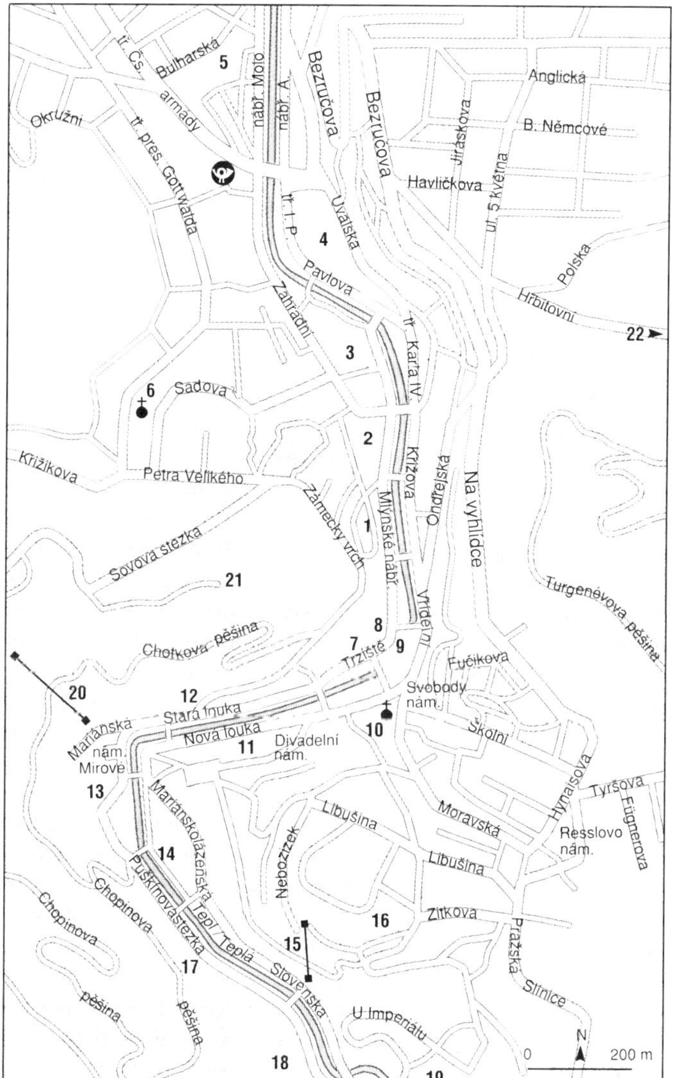

Karlsbad. 1863 kam der Preußenkönig Wilhelm I. inkognito als Graf von Zollern mit seinem Minister Otto von Bismarck im Gefolge an die Tepl. 1864 trafen sich beide mit Kaiser Franz Joseph I. Vor dem Ersten Weltkrieg sprach der französische Staatsmann Georges Clemenceau mit König Eduard VII. und mehreren seiner Berater, und im Mai 1914 trafen sich hier die beiden Generalstabschefs der Mittelmächte, Helmuth von Moltke und Conrad von Hötzendorf.

Mittelpunkt des Badeorts ist die **Mühlbrunnkolonnade** (kolonáda Mlýnská), die Wandelhalle Karlsbads, nach ihrem Erbauer auch »Zítek-Kolonnade« genannt. Josef Zítek, der Schöpfer des Prager Nationaltheaters, errichtete die 132 m lange und 13 m breite Säulenhalle 1871–1881 im Stil der Neorenaissance. Zwölf allegorische Statuen (›Die Monate‹) von Otto Mentzel krönen die Seitenrisalite. Der Bau ersetzte ein barockes Badehaus von 1792 und eine klassizistische Kolonnade von 1811. Vier der wichtigsten Thermalquellen (42–60 °C) bieten sich hier den Kurgästen an: die *Rusalka-Quelle* (Rusalčin pramen), die *Fürst-Wenzel-Quelle* (Knížete Václava pramen), die *Libussa-Quelle* (Libušin pramen) und der *Mühlbrunnen* (Mlýsnký pramen).

Nördlich der Mühlbrunnkolonnade erhebt sich das neogotische **Bad III** (Lázně III), 1864–1867 als Kurhaus mit dem *Dvořák-Konzertsaal* erbaut. Es folgen die *Parkquelle* (Sadový pramen) bei der grazilen gußeisernen **Jugendstilkolonnade** aus dem Jahr 1880 (Rest einer größeren Anlage) und der schöne **Dvořák-Park** (Dvořákovy sady) mit der Skulptur des tschechischen Komponisten Antonín Dvořák und einigen weiteren Plastiken.

Kultur- und Badezentrum des modernen Karlsbad ist der mächtige **Kurkomplex Thermal** (1967–1977) rechts der Tepl. Und weiter nördlich steht, der Hauptpost gegenüber, im kleinen Smetana-Park (Smetanovy sady) das **Bad V** (Lázně V), das einstige Elisabethbad, ein mächtiger Bau in historisierendem Stil (Empire), 1906 vollendet, die größte balneotherapeutische Einrichtung Tschechiens.

Unweit der Parkquelle zieht die Sadova tř. (Parkstraße), von hohen Bäumen und prächtigen Villen begleitet, steil bergan zur **Russischen Kirche** in byzantinisch-historisierendem Stil (1893–1898). Eine Inschrift erinnert an den Aufenthalt des Zaren Peter des Großen 1711/12.

Südlich der Mühlbrunnkolonnade führt die Mlýnské nábřeží (Mühlenufer) zum Marktplatz Tržiště mit der hölzernen **Marktkolonnade** (Tržní kolonáda) aus dem Jahr 1878, in der zwei weitere Thermalquellen entspringen: die *Kaiser-Karl-IV.-Quelle* (Pra-

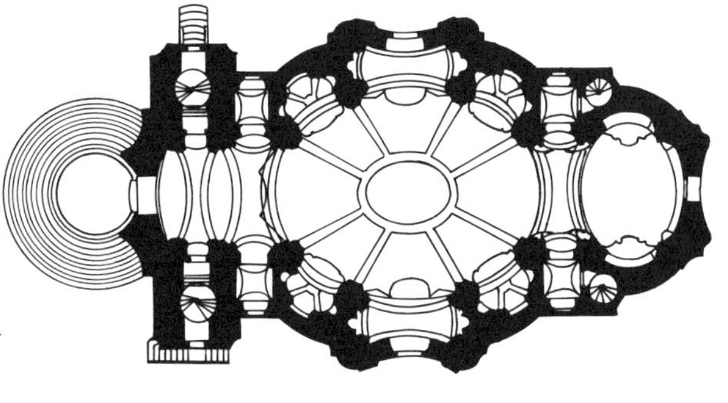

Karlovy Vary (Karlsbad), Maria-Magdalenen-Kirche, Grundriß

men Karla IV) und der *Marktbrunnen* (Tržní pramen). Die barocke *Dreifaltigkeitssäule* gestaltete der Bildhauer Oswald Wenda 1716. In einer künstlichen Grotte oberhalb des Marktplatzes sprudelt der *Untere Schloßbrunnen* (Zámecký pramen dolní); ein Rundbau aus dem Jahr 1913 schützt den *Oberen Schloßbrunnen* (Zámecký pramen horní). Der hoch aufragende **Schloßturm** (Zámecká věž) gehörte zur Stadtburg, die Kaiser Karl IV. 1358 errichten ließ. Im Jahr 1604 brannte die Burg nieder, nur der Turm wurde 1608 wiederhergestellt und erhielt sein heutiges Aussehen nach dem Brand von 1759.

Die weiträumige, moderne **Sprudelkolonnade** (Vřídelní kolonáda; 1975) führt zum *Sprudel* (Vřídlo), der ältesten und heißesten Karlsbader Quelle. In armdickem Strahl und in mächtigen Stößen schießt das 73 °C heiße Wasser bis zu 12 m empor: 2030 l in der Minute, rund 3 Mio. Liter an jedem Tag mit 18 884 kg (!) gelösten Mineralstoffen (6,46 g je Liter). Da die Feststoffe innerhalb kurzer Zeit die Quellöffnung versintern, suchte sich der Sprudel im Laufe der Jahrhunderte immer wieder einen neuen Ausgang. Inzwischen hat man ihn durch unterirdische Bauten, Überlauftürme und jährliche Nachbohrungen gezähmt. Das Sprudelwasser wird heute überwiegend zu *Karlsbader Salz* verarbeitet, das als weltweit geschätztes Abführmittel gilt. Beliebte Karlsbad-Andenken sind in Sprudelwasser versteinerte Blumen und Modeschmuck bzw. Mosaiken aus Sprudelstein.

Die kath. **Maria-Magdalenen-Kirche** (Kostel sv. Maří Magdaleny) am nám. Svobody (Freiheitsplatz) ließ der Kreuzherrenorden 1732–1736 anstelle einer Stadtpfarrkirche aus dem Jahr 1485 errichten. Der Entwurf stammt von Kilian Ignaz Dientzenhofer, die Kirche ist eine der großartigsten Schöpfungen des berühmten Baumeisters. An den längsovalen Zentralbau mit umlaufenden Emporen schließt sich ein querovales Presbyterium an. Die beiden Fassadentürme wurden 1861 erneuert. Den portalartigen Hauptaltar schmücken Arbeiten des westböhmischen Bildhauers Jakob Eberle: Statuen der hll. Hieronymus, Augustinus, Petrus und Paulus, der in den Himmel aufgenommenen Maria und der hl. Dreifaltigkeit mit Engel (1759). Das Bildnis der Maria Magdalena schuf der Wiener Maler Johann Hermann (1847). Bernard Hoffmann gestaltete die Kanzel (1751).

Das **Stadttheater** (Divadlo Vítězslava Nezvala) am Divadelní nám. (Theaterplatz; früher Dr.-David-Becher-Platz) wurde 1886 erbaut. Gustav Mahler und Bruno Walter dirigierten in diesem Haus, das einen Theaterbau aus dem Jahr 1788 ersetzte. Schon 1717 hatte Karlsbad einen eigenen Musentempel, und erste Theateraufführungen sind für das Jahr 1602 bezeugt. Vítězslav Nezval (1900–1958), nach dem das heutige Theater benannt ist, war ein bedeutender tschechischer Dramatiker und Lyriker.

Vom Marktplatz aus zieht die berühmte Promenadenstraße **Alte Wiese** (Stará louka), an der einst die vornehmsten Geschäftshäuser Europas ihre Filialen hatten, an der Tepl hinauf. Sie mündet in den Mírové nám. (Friedensplatz, früher Goethe-Platz), den das historische **Grandhotel Pupp** abschließt.

Schon um die Mitte des 18. Jh. drängten sich am Südende der Kuranlagen die großen Vergnügungsstätten Alt-Karlsbads: der Sächsische Saal (1701), das Becher'sche Lusthaus (1726) und der Böhmische Saal (1728). 1760 kam der Zuckerbäcker Johann Georg Pupp nach Karlsbad, trat bei dem Konditor Mitterbacher in Stellung, heiratete dessen Tochter

Immer noch eines der schönsten Grandhotels Europas: das »Pupp« in Karlsbad

und erwarb 1775 den Böhmischen Saal, aus dem im Lauf von hundert Jahren das weltberühmte »Pupp« hervorging. Der heutige Hotelkomplex stammt aus dem Jahr 1872. Dem »Pupp« schräg gegenüber bauten die Wiener Architekten Ferdinand Fellner und Hermann Helmer 1893–1895 das pompöse **Bad I** (Lázně I), das einstige »Kaiserbad«, im Stil der französischen Renaissance. Sehenswert sind in seinem Innern das Fürstenbad und der Zander-Saal. Vom Theaterplatz wie von der Slovenská tř. (Slowakische Straße) führt je eine Standseilbahn (Lanovka) zum **Sanatorium Imperial** (1910–1912) empor, dem mit 320 Zimmern noch immer größten Hotel Mitteleuropas. Hier traf sich die internationale Hochfinanz, während der Adel das »Pupp« bevorzugte.

Der Puškinova stezka (Puschkinweg; früher Goetheweg) führt vorbei an zahlreichen Gedenktafeln und Denkmälern, darunter eine Goethe-Büste von Adolf Donndorf (1883) und ein Schiller-Monument im Jugendstil (1905), südwärts zur **Kunstgalerie** (Galerie umění) mit Ausstellungen moderner tschechischer Künstler. Denkmäler berühmter Gäste, wie Beethoven und Smetana, schmücken die Parkanlagen vor dem **Sanatorium Richmond.**

Hinter dem Grandhotel Pupp (Hinweisschild: Lanovka) fährt eine Standseilbahn zur **Freundschaftshöhe** (Výšina Přatelství) mit Aussichtsturm und Restaurant hinauf (Höhenunterschied: 174 m). Von der Zwischenstation Jelení skok (Hirschensprung) führen stille Waldwege zur **Peterhöhe** (Petrova Výšina), auf die Peter der Große mit ungesatteltem Pferd geritten sein soll. Von hier aus bietet sich eine großartige Aussicht auf das Kurviertel von Karlsbad. Östlich darunter trifft der Spaziergänger auf den **Hirschensprung** (Jelení skok), einen steil aufragenden, von einem bronzenen Gemsbock (Kamzík) gekrönten Felsen. Ein weiterer Wanderweg zieht sich über die Gogolova pěšina (Gogolweg) zum **Dreikreuzberg** (U Tři Křížů; 551 m) und weiter zur **Goethewarte** (Goethova Rozhledna; 636 m) mit 30 m hohem Aussichtsturm hinauf.

Schließlich seien noch zwei Karlsbader Spezialitäten erwähnt: die *Karlsbader Oblaten*, die seit Mitte des 19. Jh. gebacken werden, und der *Karlsbader Becher* (Karlovarská Becherovka), die nicht minder heilsame »13. Quelle«. 1805 stellte der Apotheker Joseph Becher, ein Neffe des berühmten Karlsbader Badearztes Dr. David Becher, gemeinsam mit Dr. Frobzig, dem Leibarzt des Reichsgrafen von und zu Plettenberg-Mietingen die Rezeptur für das einzigartige Magenelixier aus 19 Kräutern zusammen.

□ Loket, Horní Slavkov, Bĕcov nad Teplou, Ostrov

11 km südwestlich von Karlovy Vary und abseits der Straße 6/E 48 umfließt die Eger (Ohře) in enger Schleife, gewissermaßen in Gestalt eines Ellbogens, einen hohen Granitfelsen mit dem reizvollen Städtchen **Loket** (Elbogen; 3 000 Einwohner), das sich terrassenförmig an eine prachtvolle Burg schmiegt (s. Farbabb. 16). Diese Burg ließ Ottokar I. Přemysl Ende des 12. Jh. zum Schutz der böhmischen Westgrenze errichten. 1227 wurde Elbogen bereits als *Civitas* (Stadt) erwähnt. Gegen 1237 vergrößerte Wenzel I. die Feste, weil er hier den deutschen König Konrad IV. erwartete. Um 1240 erhob er die Burgsiedlung zur königlichen Stadt. 1376 hielt Kaiser Karl IV. auf Elbogen Hof. Nach dem Dreißigjährigen Krieg verfiel die Burg, ab 1822 diente sie als Staatsgefängnis.

Goethe nannte Elbogen »ein landschaftliches Kunstwerk«. Auf seinen Reisen nach Karlsbad und Marienbad hielt er sich stets einige Tage in dem Burgstädtchen mit seinem malerischen Marktplatz auf. Am 28. August 1823 kam er zum letzten Mal und feierte hier mit Ulrike von Levetzow (s. S. 241) seinen 74. Geburtstag. Eine Gedenktafel am *Gasthof U bílého koně* (›Zum weißen Roß‹) am Markt erinnert an Goethes Aufenthalte in Elbogen. Sein Denkmal vor der Stadtmauer gestaltete Willy Russ im Jahr 1932.

Um den engen Marktplatz scharen sich mittelalterliche Häuser mit Fassaden im Stil der Gotik, der Renaissance und des Barock. Die spätgotische *Wenzelskirche* (13. Jh.) wurde im 18. Jh. umgestaltet. Das *Rathaus* ist ein Werk Abraham Leuthners (1682–1686), die 15 m hohe *Dreifaltigkeitssäule* schuf Oswald Wenda. Das *Markgrafenhaus* der **Burg** enthält heute ein Museum mit Glas-, Porzellan- und Zinnsammlungen; ein 108 kg schwerer Meteorit, den man 1775 angeblich im Burgbrunnen fand, soll der »versteinerte Burggraf« sein.

Bei Elbogen spielte die Sage von Hans Heiling, der mit einer Flußnymphe befreundet und in eine hübsche junge Bauerntochter verliebt war. Als er sein Mädchen zum Traualtar führte, ließ die eifersüchtige Nymphe den Hochzeitszug zu Fels erstarren. Ein Stück die Eger aufwärts trifft der Wanderer die malerische Felsengruppe, die **Hans-Heiling-Felsen.** Von dem Dorf Doubí im Westen von Karlovy Vary fährt man auf der rechten Seite der Eger 3,5 km bis zu den Felsen, wo eine schwingende Fußgängerbrücke den Fluß überspannt (die Felsen sind links der Eger).

Die Porzellan- und Zinnstadt **Horní Slavkov** (Schlaggenwald) liegt 7 km südöstlich von Loket inmitten des Kaiserwalds (Slavkovský les), eines Teils des Egerlands. Schlaggenwald wurde erstmals 1322 als Gründung eines Edlen von Riesenburg erwähnt. 1333 machten es seine ergiebigen Zinn-, aber auch Silbervorkommen zur königlichen Bergstadt. Schlaggenwalds Blütezeit waren das 15. und 16. Jh.; aus dieser Zeit stammen auch die meisten seiner alten Häuser. Dem Schlaggenwalder Bergamt unterstanden damals alle Bergwerke der näheren und weiteren Umgebung; seine Aufsichtsbehörde war das Oberbergamt in St. Joachimsthal. 1794 gründete der Bauer Haberditzl die erste Porzellanfabrik Böhmens. Heute wird in Horní Slavkov noch immer Erz gefördert: Zinn- und Wolframerz. Daneben arbeiten hier eine altbekannte Zinngießerei, eine Papierfabrik und eine Kaolinschlämmerei (Kaolin ist Porzellanerde, der Name leitet sich von dem chinesischen Berg *Kao-ling* ab).

Auf dem Hauptplatz steht – von zahlreichen Bürgerhäusern der Spätgotik, der Renaissance und des Frühbarock umgeben – das stattliche *Rathaus,* das der Baumeister Matthias Merklein 1583–1586 aus einem gotischen Bürgerhaus formte. Besonders sehenswert ist das reichgeschmückte *Rabensteinhaus,* einst vornehmes Herrenhaus der Familie Pflug von Rabenstein, erbaut 1510–1512. Man versäume nicht, einen Blick auf die Loggia im Hof zu werfen. Die gotische *Georgskirche* wurde um 1520 erneuert und erhielt im 18. Jh. ihren heutigen Turm. Beachtung verdient eine Kreuzigungsszene im Innern (um 1520). Vor der Kirche steht eine bemerkenswerte *Ecce-homo-Säule* (um 1550). Die *Spitalkirche St. Anna* enthält Werke des Malers Elias Dollhopf (1703–1773; Altarbild ›Hl. Anna selbdritt‹ und Deckenfresken), der in Nachfolge C. D. Asams im Egerland und in Waldsassen wirkte; seit 1737 lebte er in Schlaggenwald, wo er zuletzt Bürgermeister war. Die mittelalterliche *Zinngrube Hieronymus* soll demnächst zu besichtigen sein. Übrigens war Goethe mehrmals in Schlaggenwald, um mineralogische Studien zu betreiben.

Bečov nad Teplou (Petschau) ist ein malerisches Städtchen, das sich 22 km südlich von Karlovy Vary in eine Krümmung des Tepltals schmiegt. Hier zweigt die Straße nach Mariánské Lázně (s. S. 239) und Planá (s. S. 235) von der E 49 nach Plzeň ab. Und eine Straßengabelung war wohl auch der Grund, daß hier die Grafen Riesenburg um die Mitte des 14. Jh. eine imposante **Burg** errichteten, die bis ins 19. Jh. immer wieder vergrößert, verstärkt und modernisiert wurde. König Wenzel IV. erhob die Burgsiedlung 1399 zur Stadt.

Die alte *Oberburg* hoch über der Tepl blickt mit ihren beiden Wohntürmen, dem kleineren romanischen und dem wuchtigeren spätgotischen, weit durch das Tal. Zu Beginn des 16. Jh. wurde sie von den Pflug von Rabenstein erweitert; die Rabenstein waren es auch, die um 1540 im Bereich der Vorburg das *Untere Schloß* (Dolní Zámek) errichteten. Die Questenburg und auch die nachfolgenden Kaunitz bauten das Schloß barock aus und verbanden es 1656 durch eine *Pfeilerarkadenbrücke* mit der Stadt. 1813 kam Schloß Petschau in den Besitz der Familie Beaufort-Spontin. Heute dient das Schloß als Magazin für Museumsbestände und kann zur Zeit nicht besichtigt werden. Auf dem kleinen **Marktplatz** steht das *Rathaus,* das nach 1760 einen älteren Bau ersetzte. Die *Mariensäule* wurde 1680 aufgestellt. Hoch über dem Platz ragt die gotische *Georgskirche* über die Dächer, sie wurde im späten 18. Jh. nach einem Brand wiederhergestellt. Die Ausstattung der Pfarrkirche ist einheitlich vom Rokoko geprägt.

Die alte Bergbaustadt **Ostrov** (Schlackenwerth; 21 000 Einwohner), 11 km nördlich von Karlovy Vary an der E 442 gelegen, zeigt interessante Reste alter Bebauung und das charmante Letohrádek, einen Lustpavillon, eigentlich schon fast ein Schlößchen, das als *Westböhmische Galerie* wechselnde Kunstausstellungen von beachtlichem Niveau zeigt.

Slávek von Osek, der vor dem Jahr 1200 das Kloster Osek (Ossegg) (s. S. 286) stiftete, soll auch die Siedlung Schlackenwerth gegründet haben (der Name »Schlackenwerth« wird auf *Slávek* zurückgeführt). 1331 wurde die Siedlung königliche Stadt, denn man schürfte hier recht erfolgreich nach Silber. Richtiger Silberbergbau begann allerdings erst, als die Grafen Schlick im Jahr 1434 die Stadt erwarben. Der Bergbau muß derart profitabel gewesen sein, daß die Grafen die Stadt Schlackenwerth zu ihrer Hauptresidenz erkoren. Mit dem Untergang des Adelsgeschlechts Schlick traten 1623 die Herzöge von Sachsen-Lauenburg die Herrschaft über Schlackenwerth an. 1782 wurde Schlackenwerth kaiserlich, 1811–1918 gehörte es einer Zweiglinie der Großherzöge der Toskana.

An der Hauptdurchgangsstraße steht das **Schloß**, an dem noch Reste des Schlickschen Domizils erkennbar sind. Ende des 17. Jh. entstand dieses Schloß im Auftrag der Sachsen-Lauenburger; Christoph Dientzenhofer und später Giulio Broggio waren die prominenten Architekten. Spätere Umbauten gaben dem Schloß klassizistische Elemente.

Der *Torturm* (Dolní brána) neben dem Schloß bildet eine Zufahrt zum **Marktplatz,** einem langgezogenen Straßenplatz, an dem noch mehrere Bürgerhäuser mit barocken und klassizistischen Fassaden stehen. Das *Rathaus* aus dem 14. Jh. wurde im 16. Jh. im Stil der Renaissance verändert und im 17. und 18. Jh. umgebaut, 1862 erhielt es seinen neogotischen Turm. Über den Grundmauern einer niedergebrannten Vorgängerkirche von 1384 entstand 1567–1572 die *Pfarrkirche St. Michael.* Am Westrand der Altstadt steht seit 1674 die *Mariä-Verkündigungs-Kirche,* eine Jesuitenkirche, deren Entwurf vermutlich auf Johannes Domenico Orsi de Orsini, Ordensbaumeister der böhmischen Jesuiten, zurückgeht. Auch das 1666–1673 entstandene *Piaristenkloster* wird Orsi zugeschrieben. Zum Kloster gehört die Grabkapelle der Sachsen-Lauenburger.

Das *Weiße Tor* (Bílá brána) mit den Wappen der Familien Sachsen-Lauenburg und Baden (1690) links vom Schloß öffnet sich auf den *Schloßpark,* einst ein französischer Park, der mit seinen Wasserspielen und zahlreichen Statuen seinerzeit als »achtes Weltwunder« gepriesen wurde. Vor vielen Jahren fiel der Park einem Hochwasser der Bistritz (Bystřice) zum Opfer; Reste von Brunnenanlagen sind noch zu entdecken. Mitten in den Park stellte Abraham Leuthner 1673–1679 das *Lustschlößchen* (Letohrádek), in das man wegen seines Wand- und Deckenschmucks unbedingt eintreten sollte.

Jáchymov (St. Joachimsthal)

Am Fuß des Erzgebirges (Krušné hory) liegt unterhalb seines höchsten Gipfels, des 1244 m hohen Keilberg (Klínovec), in einem romantischen Tal der langgestreckte Kurort Jáchymov, das erste Radiumbad der Welt, eine kleine Stadt mit großer Geschichte.

Schon im 14. Jh. lag in diesem Tal *Konradsgrün,* ein Bauerngut mit Hammerwerk. Die Entdeckung gewaltiger Silberlager führte 1516 zur Gründung einer Siedlung, die man

»Joachimsthaler«

nach dem Vater der Jungfrau Maria, dem hl. Joachim, benannte. 1519 erhob Ludwig von Böhmen St. Joachimsthal zur königlichen Bergstadt und verlieh dem Reichsfreiherrn Schlick das Recht, Silbergulden zu prägen. Diese »Joachimsthaler Gulden« wurden im ganzen Römischen Reich geschätzt und gaben der späteren Münzeinheit »Taler« den Namen. Auch der »Dollar« geht sprachlich auf den *Joachimsthaler* zurück. Bis 1540 wuchs St. Joachimsthal zur zweitgrößten Stadt Böhmens mit 18 000 Einwohnern heran. Rund 8 000 Knappen und etwa 800 Steiger arbeiteten damals in den Silberstollen. Nach dem Dreißigjährigen Krieg erschöpften sich die Minen, und St. Joachimsthal fiel in die Bedeutungslosigkeit zurück.

Abfallprodukt des Silberbergbaus war die schwarze Pechblende, ein Mineral, aus dem man im 19. Jh. Farben für Porzellan und Glas gewann. 1896 entdeckte der französische Physiker Antoine Becquerel in St. Joachimsthal, daß die Pechblende Strahlen aussendet, also radioaktiv ist. 1898 isolierte die polnische Chemikerin Marie Curie aus der Pechblende das radioaktive Element Polonium. Nur zwei Jahre später fand sie mit ihrem Ehemann Pierre Curie in Abfallstoffen der Joachimsthaler Farbfabrikation das Element Radium. 1903 erhielten das Ehepaar Curie und Antoine Becquerel den Nobelpreis für Physik. Mit der Entdeckung der Radioaktivität begann für St. Joachimsthal ein neuer Aufstieg, denn schon bald erkannten Wissenschaftler die heilende Wirkung des radioaktiven Grubenwassers. Zu Beginn unseres Jahrhunderts richtete der Joachimsthaler Bäckermeister Kuhn ein erstes primitives Badehaus ein. Und 1906 wurde St. Joachimsthal offiziell als Badeort anerkannt.

Nach dem Zweiten Weltkrieg genoß der Uranbergbau Priorität. Doch bald waren die Erzlager erschöpft, so daß der einsam inmitten großer Wälder gelegene Ort den Kurbetrieb wieder aufnehmen konnte. Heute zählt Jáchymov mit über 5000 Einwohnern zu den modernsten, schönsten und aufstrebendsten Kurorten Böhmens.

Den oberen, nördlichen Teil von Jáchymov nimmt der historische Stadtkern mit seinem langgezogenen Platz, sehr alten Häusern und dem Rathaus am oberen Ende ein. Das **Rathaus** mit achteckigem Turm und zwei Stufengiebeln stammt ebenso wie die **Stadtkirche St. Joachim** (1526; 1876 erneuert) aus dem 16. Jh. Hinter dem Rathaus versteckt sich die alte **Münze,** in der die *Joachimsthaler* geprägt wurden; heute ist die Münze ein interessantes *Bergbau- und Münzmuseum.*

Der Kurort liegt im Süden abseits der Durchgangsstraße. Aus 550 m tiefen Stollen sprudelt das 26–34 °C warme, radioaktive (10,5 kBq/l) Wasser empor – 400 l je Minute –

und wird zu den Bädern geleitet, um vor allem bei Erkrankungen des Bewegungsapparats und des peripheren Nervensystems eingesetzt zu werden. Zentrum des alten Kurbezirks ist das vornehme **Kurhaus Radium Palace** (heute oft als Kurhaus »Madame Curie« bezeichnet), das 1910–1912 im Sezessionsstil mit Konzertsaal, Restaurants, Bar und Weinkeller errichtet wurde. In den Parkanlagen unterhalb des Radium Palace steht ein Denkmal für Marie Curie (geb. Sklodowska). Das moderne Pendant zum Radium Palace ist das 1975 eröffnete **Kurhaus Akademik Běhounek,** benannt nach František Běhounek, Schüler von Madame Curie, Physiker und Mitglied der Tschechischen Akademie der Wissenschaften. Weitere Kurkomplexe sind in Bau.

Westlich oberhalb der Stadt erinnert die **Ruine Freudenstein** (Šlikovna) an die Herrschaft der Adelsdynastie Schlick, in deren Auftrag königliche Berghauptleute von dort aus die Silberstadt St. Joachimsthal überwachten. Die 1519 erbaute Burg war bis zur Mitte des 18. Jh. bewohnt.

□ Boží Dar, Klášterec nad Ohři, Valeč

5 km nördlich von Jáchymov erreicht die Straße nach Chemnitz in einer Höhe von 1028 m ü. M. **Boží Dar** (Gottesgab), die höchstgelegene Stadt Mitteleuropas. Der 1517 unter dem Namen *Wintergrün* gegründete und 1546 wegen seiner Silbererzvorkommen zur Freien Bergstadt »Gottesgab« erhobene Bergort fiel infolge des Schmalkaldischen Krieges von Sachsen an Böhmen. Als sich die Silberadern erschöpften, wandten sich die Bewohner von Gottesgab der Holzverarbeitung und der Spitzenklöppelei zu.

Sehenswert ist die *Pfarrkirche St. Anna,* ein Renaissancebau, den Philipp Heger 1771 in einem Mischstil aus spätbarocken und frühklassizistischen Formen veränderte. Die *Nepomukstatue* vor der Kirche stammt aus dem Jahr 1707. Das *Rathaus* wurde 1844/45 erbaut. In der *Herberge Grünes Haus* (Zelený dům) nächtigten und speisten 1542 der Kurfürst von Sachsen und Martin Luther.

Südöstlich von Boží Dar ist der 1244 m hohe **Keilberg** (Klínovec), die höchste Erhebung des Erzgebirges, zu sehen; auf dem Berg erwarten ein Aussichtsturm und eine Gaststätte den Wanderer. In südwestlicher Richtung ragt mit dem **Spitzberg** (Špičák; 1115 m) die höchste Basaltkuppe Europas aus den Torfmooren.

Brokoff-Skulptur (17. Jh.) im Schloßpark von Klášterec nad Ohři (Klösterle)

Nordöstlich von Karlovy Vary und Jáchymov liegt an der Staatsstraße 13 nach Chomutov die Stadt **Klášterec nad Ohři** (Klösterle; 16 000 Einwohner), eine Sommerfrische zwischen Erzgebirge (Krušné hory) und Duppauer Gebirge (Doupovské hory), am linken Ufer der Eger (Ohři). Der Name hängt mit einem Kloster zusammen, das Benediktiner des Klosters Porta Apostolorum bei Laun (heute Louny) hier im 12. Jh. gegründet haben. Beide Klöster sind untergegangen, an sie erinnern nur noch die zugehörigen Siedlungen. Aus dem Mutterkloster *Porta Apostolorum* wurde die Stadt Postelberg (Postoloprty) und aus dem Tochterkloster, das nur bis 1277 bestand, die Stadt Klösterle (1449).

1623 übernahm die Familie Thun die Vitzthumer Herrschaft Klösterle, 1793 eröffnete sie eine Porzellanfabrik, die noch heute produziert. Die aus Österreich zugezogenen Thun waren 1629 Reichsgrafen geworden und führen seit 1911 den Fürstentitel. In Klášterec residierte ein Zweig der Familie bis 1945.

Das **Vitzthumer Schloß** (1590) haben die Thun von Rossi de Lucca und Carlo Lurago im Barockstil vergrößern lassen. Vom ursprünglichen Renaissancebau blieben nur der Schloßturm und einige Deckenfresken erhalten; die Schloßfassade ist heute neugotisch. Rossi de Lucca entwarf auch die frühbarocke *Sala terrena* mit den seitlichen Arkadengängen. Im Schloß erwartet den Besucher ein sehr interessantes *Porzellanmuseum* mit Erzeugnissen böhmischer und ausländischer Manufakturen, eine Zweigstelle des Prager Kunstgewerbemuseums. Die *Dreifaltigkeitskirche* vor dem Schloßportal entstand zwischen 1665 und 1670 nach den Plänen Carlo Luragos. Der Barockbildhauer Johann Brokoff schuf die zahlreichen Skulpturen im *Schloßpark*, 1686 auch den doppelten Triton im großen Brunnen. Von der Zeit, als Klösterle danach strebte, ein Kurort zu werden, zeugt das *Badegebäude* über der Eugeniequelle, die einen berühmten Sauerbrunn lieferte. Die alte frühbarocke *Brauerei* dient heute als Lagerhaus, nebenan liegt die *Thunsche Porzellanfabrik*.

Valeč (Waltsch) liegt 35 km östlich von Karlsbad. Bei dem Dorf Bošov biegt man von der Staatsstraße 6/E 48 nordwärts ab und erreicht nach 4 km das malerische Städtchen am Fuß des Duppauer Gebirges (Doupovské hory). Das *Duppauer Gebirge* zählt nächst dem deutschen Vogelsberg zur bedeutendsten Basaltmasse Europas; das Gebirge war vor Jahrmillionen einer der beiden größten tätigen Vulkane des Kontinents.

1358 erstmals erwähnt (1514 Marktgemeinde), entstand um 1600 das **Renaissanceschloß** auf der Anhöhe, wohl auf den Fundamenten einer gotischen Burg. 1695–1712 erhielt es eine barocke Gestalt und 1895/96 neobarocke Ergänzungen. Die barocke *Dreifaltigkeitskirche* nahe dem Schloß hat wohl Giovanni Battista Santini entworfen (1710–1728). František Maximilián Kaňka und die Werkstatt Matthias Bernhard Braun gestalteten 1727/28 die *Dreifaltigkeitssäule* vor der Westfassade der Kirche. Im weiten Park ist ein *Grottentheater* zu entdecken. Die prächtigen Skulpturen von Matthias Bernhard Braun, die einst den Park bevölkerten, verwahrt zur Zeit das Kloster Kladruby (Kladrau; s. S. 236). Einen Blick sollte der Besucher auch der *Pfarrkirche Johannes der Täufer* an dem dreieckigen Hauptplatz des Städtchens gönnen. Die einst gotische Kirche wurde Ende des 17. Jh. barock verändert und ausgestattet.

Böhmische Schweiz: Wilde Klamm der Kamnitz bei Hřensko (Herrnskretschen) ▷

Nordböhmen

Nordböhmen (Severní Čechy)

Ústí nad Labem (Aussig)

Ústí nad Labem (94 000 Einwohner) ist die Hauptstadt des Bezirks Nordböhmen. Seine Lage an der Mündung der Biela (Bílina) gab dem Ort den tschechischen Namen *Ústí* (Mündung). Chemische Industrie, Maschinenbau, Glas- und Porzellanherstellung, Textil- und Bekleidungsindustrie, vor allem der zweitgrößte Elbhafen (nach Hamburg) machten Ústí nad Labem zur Wirtschaftsmetropole des Nordwestens.

Aussig wurde erstmals 993 als Zollstätte an der Elbe und an der alten Handelsstraße Prag – Meißen erwähnt. In der zweiten Hälfte des 13. Jh. wanderten deutsche Kolonisten ein, König Ottokar II. Přemysl verlieh der aufstrebenden Siedlung im Jahr 1260 das Stadtrecht. Im Frühjahr 1426 belagerten die Hussiten das von sächsischen Truppen verteidigte Aussig. Zum Entsatz der Stadt rückte ein 20 000 Mann starkes ›Kreuzzugsheer‹ an. Ein großer Teil der 24 000 hussitischen »Gottesstreiter« unter Prokop dem Großen (dem Kahlen) bildete westlich von Aussig eine mächtige Wagenburg. Am 15. Juni kam es zur Schlacht. Die katholische Reiterei durchbrach die ersten Wagenreihen und fühlte den Sieg schon nahe, da »schossen die Ketzer (Hussiten) mit ihren Büchsen, die sie ohne Zahl hatten, unter sie und hatten lange Haken, damit sie die edlen Herren und frommen Mannen von den Pferden zogen und erschlugen«, so berichtete der Thüringer Johann Rothe 1733. Die Hussiten gingen zum Gegenangriff über, die Katholischen wandten sich zur Flucht. »Und indem sie so wegwichen, folgten die Ketzer und schlugen der Christen viele tot. Und es erstickten viele, denn das Wetter war gar heiß und großer Staub ... Und die, die davonkamen, zogen jeglicher wieder in sein Land betrüblich. Und es war viel Jammer im Lande zu Meißen, Thüringen und in Hessen ...« 10 000 Tote soll die Schlacht bei Aussig gefordert haben, und in den katholischen Ländern schreckte man noch lange Zeit nicht nur die Kinder mit dem Reim: »Prokop der Kahle frißt dich zum Mahle!«

Noch in der Nacht nach der Schlacht eroberten die Hussiten Aussig: »Im Jahre 1426 ward diese Statt von den Prägern und Taboriten belägert und den 6. Junij gestürmet, so die Teutschen entsetzen wollten; darüber den 15. Junij mit dem allerfrühisten am heyligen Sontag die erbärmliche blutige Schlacht angieng, so bis in die sinckende Nacht gewähret, da zuletzt der Teutschen Heer in die Flucht geschlagen worden. Und wurde auch noch selbige Nacht von den Böhmen diese Statt Aussig gewonnen, alles ermordet, deß Kinds in der Wiege nicht verschonet und die Statt endlich in den Grund abgebranndt« (Merian, 1650). Erst Jahre nach seiner Zerstörung durch die Hussiten wurde Aussig wieder aufgebaut, erholte sich nur mühsam und kam erst im 16. Jh. wieder zu wirtschaftlicher Blüte.

Wie alle Nordböhmen traten auch die Aussiger zum Luthertum über, wurden aber nach der Schlacht am Weißen Berg (1620) rekatholisiert. 1848 nahm Aussig in der deutschböhmischen Nationalbewegung eine zentrale Stellung ein. Im späten 19. Jh. erlebten Industrie und Hafen von Aussig einen starken Aufschwung.

An der Nordseite des **Mirové nám.** (Friedensplatz), des zentralen Hauptplatzes von Ústí nad Labem, steht das **Rathaus.** An der Westseite des Platzes bezeichnet eine Gedenktafel das Geburtshaus des Dresdner Hofmalers Anton Raphael Mengs (1728–1779). Die dem hl. Antonius von Padua (1195–1231) geweihte *Säule* an der Ostseite des Platzes stammt aus dem Jahr 1708. Die **Erzdekanatskirche Mariä Himmelfahrt** datiert aus dem 14. Jh. 1426 wurde sie von den Hussiten zerstört, danach wieder aufgebaut und Ende des 15. Jh. und im 16. Jh. spätgotisch umgestaltet. Sehenswert sind der Flügelaltar aus dem 15. Jh. und die Kanzel von 1574. Die **St.-Adalbert-Kirche** des Dominikanerklosters östlich der Erzdekanatskirche stammt ebenfalls aus dem 14. Jh. Um das Jahr 1731 erneuerte sie der Leitmeritzer Baumeister Ottavio Broggio im Stil des Barock. Das schöne **Stadttheater** wurde 1910 im Sezessionsstil errichtet.

Ludwig Richter, ›Die Überfahrt am Schreckenstein‹ (1837)

2 km elbaufwärts thront rechts des Stromes auf einem 85 m hohen Klingsteinfelsen (Phonolit), 246 m ü. M., die malerische **Burg Schreckenstein** (Střekov), erbaut 1319 auf Veranlassung des Königs Johann von Luxemburg, um dem unbotmäßigen Adel im böhmischen Norden Einhalt zu gebieten. Der Name *Schreckenstein* leitet sich vom althochdeutschen *screckan* ab, was »gesprungen« bedeutet, und tatsächlich ist der Burgfels in zwei Teile gespalten. Zur Elbe stürzt der Felsen fast senkrecht hinab, was manche Sage entstehen ließ.

Die Burg ging von Besitzer zu Besitzer, von Geschlecht zu Geschlecht. Die Herren Glatz von Altenhof ließen einen spätgotischen Umbau durchführen. Kaiser Maximilian II. übertrug den Schreckenstein im Jahr 1563 an Wenzel von Lobkowitz, der die Gebäude im Stil der Renaissance erneuerte. Im 18. Jh. verließen die Lobkowitz den Schreckenstein, behielten die Burg aber bis 1945 als Eigentum. Restauriert wurden der 17 m hohe Bergfried, der Palas am oberen Burghof, Reste der Kemenate und eines Verbindungsflügels, die Kapelle, ein Teil der Burgmauern mit zwei Wachtürmen sowie ein Rittersaal und die Burgküche (heute eine Gaststätte) im unteren Bereich.

Im Rittersaal der Ruine träumte Theodor Körner 1811 seinen poetischen Dialog ›Der Schreckenstein und der Elbstrom‹. 1834 malte Ludwig Richter sein berühmtes Bild ›Die Überfahrt am Schreckenstein‹, das schönste Bild der deutschen Spätromantik (heute in der Dresdner Gemäldegalerie), und Richard Wagner wurde hier, in einer Vollmondnacht des Jahres 1842, zum ›Tannhäuser‹ inspiriert. Romantisch ist die Landschaft um den Schreckenstein angesichts des Kraftwerks und zahlreicher kleiner Industrieanlagen zu Füßen der Burg heute leider nicht mehr.

Litoměřice (Leitmeritz)

Litoměřice (20 000 Einwohner) liegt, von Weingärten und Hopfenfeldern umgeben, am Nordufer der Elbe (Labe) gegenüber der Einmündung der Eger (Ohře). Litoměřice besitzt das einzige katholische Priesterseminar für Böhmen und Mähren. Zu den berühmtesten Söhnen der Stadt zählen der Slawist Josef Jungmann (1773–1847) und der expressionistische Zeichner und Schriftsteller (›Die andere Seite‹) Alfred Kubin (1877–1959).

Funde von Sicheln, Dolchen und anderen Bronzegegenständen lassen darauf schließen, daß der Domhügel schon in keltischer Zeit besiedelt war, um die wirtschaftlichen Vorteile, die der Elbübergang bot, zu nutzen und die Handelskarawanen zu kontrollieren. Auf die keltischen Bojer folgten die Markomannen, auf die Markomannen die Slawen, deren Stamm der Ludomericen im 9. Jh. die Wallstätte auf dem Hügel als Gauburg neu befestigte. Innerhalb und außerhalb der Umwallung entwickelte sich eine Siedlung. Um die Mitte des 11. Jh. stiftete der Přemyslidenherzog Spitihněv II. das Kollegiatskapitel zu St. Stephan, das 1057 das heidnische Stammesheiligtum durch eine Kirche ersetzte. Ab 1117 ließen sich zunehmend deutsche Handwerker und Kaufleute in der Siedlung nieder. Gegen 1200 erhielt der Ort, dessen Name auf die slawischen Ludomericen zurückzufüh-

Litoměřice (Leitmeritz)
1 Mariensäule
2 Rathaus (Stadtmuseum)
3 Allerheiligenkirche
4 Schwarzer Adler
5 Stadttheater
6 Kelchhaus (Mrázovský dům)
7 Mariä-Verkündigungs-Kirche und ehem. Jesuitenkolleg
8 St. Ludmila (im Kapuzinerkloster)
9 Kapuzinerkloster
10 St. Jakob
11 St. Stephan
12 Bischöfliche Residenz mit Diözesanmuseum
13 St. Wenzel
14 St. Adalbert
15 Nordböhmische Galerie
16 St. Johann Baptist
17 Bahnhof

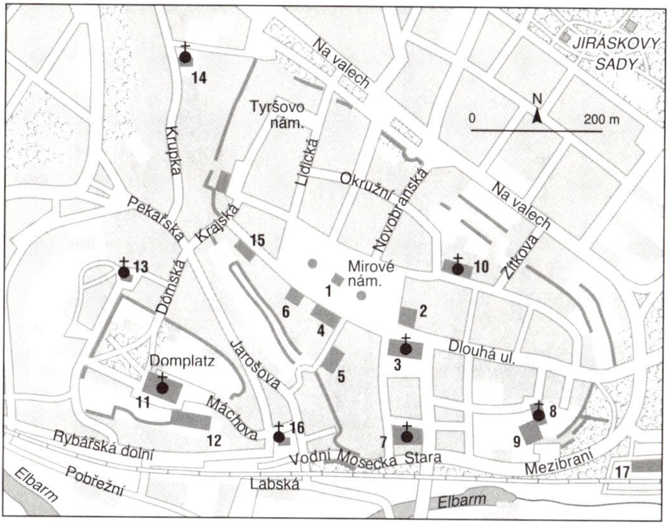

ren ist, eine königliche Münzstätte für Böhmische Groschen. 1227 wurde der Burgflecken zur zweiten Stadt Böhmens (nach Prag) erhoben und erhielt das Magdeburger Stadtrecht. In der Herrschaftszeit Karls IV. bekam Leitmeritz eine neue Stadtmauer (1377), die das rasche Wachstum der Stadt berücksichtigte.

Obwohl in Leitmeritz Minoriten und Dominikaner starken Einfluß ausübten, kam die Stadt durch kluges Paktieren mit den Utraquisten relativ gut durch die Hussitenkriege. Weniger gut erging es den Leitmeritzern im Dreißigjährigen Krieg, nach dessen Ende von 563 Häusern nur noch 68 bewohnbar waren.

Mittelpunkt von Litoměřice ist der große **Marktplatz,** der Stadtplatz oder Ring, der heute Mirové nám. (Friedensplatz) heißt. Er zählt zu den größten und schönsten Plätzen Böhmens. Hier fanden im Mittelalter Jahrmärkte statt, die von Händlern aus Prag, Nürnberg und Sachsen beschickt wurden. Die Obst- und Getreidemärkte galten als die größten des Landes; Gerste und Linsen gingen nach Hamburg und Paris. Die Mitte des Marktplatzes beherrscht eine **Mariensäule,** die dankbare Bürger im Jahr nach der großen Pestepidemie von 1681 stifteten. Auf hoher korinthischer Säule thront die Gottesmutter, am Fuß der Säule wachen die vier ›Pestheiligen‹ Bartholomäus, Sebastian, Franz Xaver und Rochus. Das Denkmal verbirgt sich heute im Laub alter Linden.

Das **Rathaus** mit durchgehendem Laubengang und Rolandssäule war Ende des 14. Jh. in gotischem Stil erbaut worden. Ein erstes Rathaus existierte schon im 13. Jh.; 1296 brannte es ab. 1537–1539 erweiterten Meister Paul und Zimmermann Georg das Gebäude und gestalteten es im Stil der Renaissance um. Aus diesem Umbau stammt auch der

Litoměřice (Leitmeritz), Blick auf die Stadtkirche zu Allerheiligen, den Stadtturm und das Kelchhaus

Roland auf einem Strebepfeiler an der linken Rathausecke. Dieser Roland, ein kleiner, kräftiger Mann mit einer Keule in der Hand und einem Geldsack auf dem Schild, ist Symbol der königlichen Freistadt und des Stapelrechts. Den Pfeiler schmücken das Stadtwappen mit der Jahreszahl 1539 und Reliefs bedeutender Bürgermeister (Primatoren). Am Fuß des Pfeilers ist die eiserne »Leitmeritzer Elle« als Richtmaß für die Marktbeschicker angebracht. Eine eingemauerte Steinsäule an der rechten Rathausecke mit zwei schmerzverzerrten Männerköpfen erinnert an den Pranger, der einst an dieser Stelle stand.

Das Rathaus beherbergt heute ein besuchenswertes *Stadtmuseum.* Beachtung verdienen die schöne Treppe und der herrlich getäfelte *Ratssaal* (Schöffensaal) aus dem Jahr 1542. In diesem Saal rief Ferdinand I., König von Böhmen und Ungarn, seit 1531 Römischer König, am 5. Februar 1547 die böhmischen Stände zur Waffenhilfe gegen den protestantischen Kurfürsten Johann Friedrich I. von Sachsen. Nach der siegreichen Schlacht bei Mühlberg in Sachsen erholte sich der König vier Wochen in Leitmeritz. Rund hundert Jahre später wurde im Ratssaal der »Leitmeritzer Frieden« geschlossen, ein Vorläufer des Westfälischen Friedens, der den Dreißigjährigen Krieg beendete.

Rechts vom Rathaus steht – durch die Dlouhá ul. (Lange Gasse) getrennt – seit 1235 die **Stadtkirche zu Allerheiligen.** 1570 wurde sie vergrößert und erhielt 1704–1731 von Ottavio Broggio ihr barockes Aussehen. Interessant ist das dreiteilige Zeltdach über dem langgezogenen, polygonal schließenden Chor. Der kostbarste Innenschmuck der Dekanatskirche ist das Tafelbild ›Christus auf dem Ölberg‹ vom ›Meister des Leitmeritzer Altars‹ (um 1500). Weitere Gemälde schuf Jan Čech, die Schnitzereien stammen von einem anonymen Meister aus Teplitz. Das zinnerne Taufbecken ist ein Werk des Meisters Thomas (um 1510). Der mächtige **Stadtturm** neben der Allerheiligenkirche verblieb als Rest der Stadtbefestigung aus der ersten Hälfte des 13. Jh. Bis zum Ersten Weltkrieg trug sein Glockenstuhl sechs Glocken; die schwerste, der »Wenzel«, wog 4 t und wurde um 1510 vom Meister Thomas gegossen.

Die schönsten **Bürgerhäuser** überdauerten an der Südseite des Stadtplatzes. Da ist das Eckhaus gegenüber Allerheiligen, der *Goldene Stern* (Nr. 1/9). Rechts folgen die *Goldene Schlange* (Nr. 2/10) und der *Schwarze Adler* (Černý orel; Nr. 3/11), ein Renaissancehaus mit Sgraffitofassade, das bis Mitte des 19. Jh. eine Apotheke beherbergte. Der *Gasthof Königsburg* ging 1726 als Gemeindehaus an die Stadt; 1822 entstand in seinem Hof das kleine Stadttheater. In den Häusern Nr. 5/13 und 6/14 befanden sich zeitweise Fleischbänke.

Mit seinem kelchförmigen Turm ist das **Kelchhaus** (Mrázovský dům; Nr. 7/15) städtisches Wahrzeichen. 1581–1584 erbaute es der Italiener Ambros Balli für den utraquistischen Patrizier Mras von Milleschau (Mráz von Milešovka), nach dem das Haus auch »Mrázovský dům« (Mráz-Haus) genannt wird. Der Kelchturm auf dem Dach, ein Meisterstück der Zimmermannskunst, soll an das Heilige Abendmahl erinnern. Unter dem Gebäude befinden sich ausgedehnte Weinkeller, die weit unter den Stadtplatz reichen. 1655 übernahm die Stadt das Kelchhaus als Vorrats- und Salzhaus.

Fast alle Häuser der Nordseite des Stadtplatzes fielen dem großen Brand von 1712 zum Opfer, daher datieren die Bürgerhäuser dieser Seite erst aus der Zeit danach. Beachten sollte man *Bieners Haus* (Nr. 33/160) und die benachbarte *Goldene Krone* (Nr. 34/161). Beide Häuser waren seit ihrem Bestehen brauberechtigt und bilden heute gemeinsam das *Hotel Zum roten Krebs* (Červený rak). Interessant sind auch die *Alte Kamerale* (Nr. 23/150; ehemals Finanzamt des Kreises Leitmeritz), der *Schwarze Hund* (Nr. 27/154) und das *Haus des Stadtschreibers Paul Stransky* (Nr. 31/158), der über seine geselligen Mitbürger einmal sagte: »Der muß Glück haben, der von Saaz ohne Schimpf, von Laun ohne Prügel und von Leitmeritz ohne Rausch fortkommt.« In der Dlouhá ul. (Lange Gasse), die den Stadtplatz in östlicher Richtung verläßt, folgt das Haus *Zum schwarzen Bären* (Nr. 178), in dem Kaiser Joseph II. mehrmals nächtigte.

Die **Mariä-Verkündigungs-Kirche** südlich von Allerheiligen erbauten die Jesuiten 1689–1701. Sehenswert sind das prachtvolle Portal und das reiche Interieur, vor allem der gewaltige Hochaltar. Nach Auflösung des Jesuitenordens 1773 übernahm die Leitmeritzer Braubürgerschaft die Kirche als Lagerhaus. Zwischen 1810 und 1918 diente Mariä Verkündigung wieder dem Gottesdienst. An den Bau grenzt das ehemalige *Jesuitenkolleg*. Die **St.-Ludmila-Kirche** gehört zum Kapuzinerkloster (1647–1649). Auch die **St.-Jakobs-Kirche** der Dominikaner ist eine Klosterkirche; Ottavio Broggio errichtete sie zwischen 1730 und 1740 im Stil des Barock.

Westlich der Altstadt erhebt sich auf dem ältesten Teil der Stadt, einem niedrigen, zur Elbe hin abfallenden Hügel, der **St.-Stephans-Dom,** 1664–1681 von Bernardo Spineta und Giulio Broggio barock erbaut. Zum Inventar des Doms gehörte der leider unvollständig erhaltene Flügelaltar, ein Werk des ›Meisters des Leitmeritzer Altars‹ (nach 1500), heute in der Kreisgalerie von Litoměřice zu sehen. Als berühmtestes Tafelbild des Flügelaltars gilt die ›Geißelung Christi‹. Zur kostbaren Innenausstattung zählen auch der ›hl. Antonius‹ von Lucas Cranach d. Ä. und mehrere Gemälde von Karel Škréta. An den Dom grenzen die **Bischöfliche Residenz,** von Giulio Broggio 1689–1701 erbaut, mit dem *Diözesanmuseum,* das *Konsistorium* und mehrere *Domherrenhäuser.*

Nordwestlich des Doms errichtete Ottavio Broggio 1714–1716 die kleine **St.-Wenzels-Kirche** (Kostel sv. Václava), einen malerischen Barockbau mit länglich-ovalem Kirchenschiff und polygonal schließendem Presbyterium. Über der bauchigen Erweiterung des Schiffes erhebt sich die Kuppel auf hohem Tambour. Den Portalgiebel schmückt ein Standbild des hl. Wenzel von F. Dollinger.

Terezín (Theresienstadt)

Eine Elbbrücke verbindet Litoměřice mit der nach Kaiserin Maria Theresia benannten spätbarocken Festungsstadt, die im Zweiten Weltkrieg traurige Berühmtheit erlangte, als sie Ghetto und Durchgangslager für die tschechischen Juden wurde.

Wiederholte Einfälle der Preußen nach Böhmen hatten die österreichische Generalität zu dem Entschluß geführt, 3 km südlich von Leitmeritz eine Sperrfestung zu bauen. Kaiser Joseph II. genehmigte das Vorhaben und legte am 10. Oktober 1780 persönlich den Grundstein, nachdem die Bevölkerung von zwei Dörfern, Trabschitz und Deutsch-Kopist, umgesiedelt worden war. Gleichzeitig gab er der neuen Stadt den Namen seiner Mutter Maria Theresia: *Theresienstadt.*

Die **Festung** konzipierte der Baumeister Mezières nach den seinerzeit neuesten fortifikatorischen Erkenntnissen als längliches Oktogon mit acht Bastionen, von denen jede mit einem Kavalier, einem höher gelegenen Verteidigungswerk, versehen wurde. Ein breites Glacis mit vier Toren umgab die Hauptfestung, deren Kern eine 700 m x 500 m große Stadt bilden sollte. Auf 20 Karrees verteilten sich klassizistische Häuserblocks: Kasernen, Arsenale, Magazine, Geniegebäude (für Militäringenieure), Spital, Kommandantur, Wohnungen für Handwerker und Kaufleute. Als Garnisonskirche entstand zwischen 1805 und 1810 die monumental wirkende **Kirche zur Auferstehung Christi,** ein Bauwerk im Stil des Empire. Der Appell- und Exerzierplatz in der Mitte der Festungsstadt – heute eine gepflegte Parkanlage – hatte eine Ausdehnung von 110 m x 70 m. Von der Eger zweigten die Festungsbauer einen 4 km langen und 50 m breiten Flußlauf ab, den sie vor die Hauptfestung legten. 13 km maßen die unterirdischen Gänge, die die Verteidigungswerke miteinander verbanden und auch zur vorgeschobenen Kleinen Festung sowie zu den Lünetten (Feldschanzen) führten.

1784 waren Festung und Stadt fertiggestellt; die Baukosten betrugen 40 Millionen Gulden. 15 000 Menschen bezogen die Wohnungen, 16 000 Mann bildeten die Besatzung. Die Festung Theresienstadt, die modernste und eine der größten des 18. Jh., brauchte sich jedoch nie im Ernstfall zu bewähren: 1886, 102 Jahre nach ihrer Vollendung, wurde ihre Garnison aufgelöst, die Kleine Festung diente fortan als Staatsgefängnis der österreichisch-ungarischen Monarchie, in dem u. a. der serbische Nationalist Gavrilo Princip inhaftiert war, der im Jahr 1914 in Sarajewo das Attentat auf den österreichischen Thronfolger Erzherzog Franz Ferdinand verübt hatte. Im Juni 1940 wandelte die Prager Gestapo die Kleine Festung in ein Polizeigefängnis um.

1941 siedelte die SS die Theresienstädter Bevölkerung um und richtete hier ein *Ghetto* für viele tausend jüdische Bürger aus Böhmen und Mähren ein. Anfangs gab es noch eine weitgehende Selbstverwaltung mit kulturellen Einrichtungen, Schulen und Initiativen aller Art, Theater- und Opernaufführungen, Konzert- und Vortragsveranstaltungen usw.

Terezín (Theresienstadt), Festung, Grundriß
1 Garnisonskirche 2 Appell- und Exerzierplatz 3 Festungskommandantur 4 Offizierspavillon 5 Spital 6 Zeughaus (Artilleriekaserne) 7 Geniegebäude (Pioniere) 8 Verpflegungsdepot 9 Infanteriekasernen 10 Militärkasino 11 Kavalleriekaserne 12 Reitschule, Ställe 13 Rathaus 14 Städtische Volksschule 15 Post- und Telegraphenamt 16 Colloredo-Park

Eingang zum Gefängnis des ehemaligen KZ in der Kleinen Festung von Theresienstadt

Seit 1944 jedoch war das streng bewachte Ghetto Theresienstadt nur noch ein Durchgangslager, in dem die berüchtigten Selektionen für den Weitertransport in die Vernichtungslager vorgenommen wurden. Bis zum Ende des Krieges starben in Theresienstadt etwa 33 000 Menschen, 87 000 wurden in die Vernichtungslager deportiert. In die ehemaligen Militärkasematten der **Kleinen Festung** (Malá pevnost) hatte die Gestapo vor allem »Staatsfeinde« gepfercht; hier fanden zahlreiche Exekutionen statt. Vor dem Tor dieser Festung erstreckt sich zwischen Eger und Alter Eger das riesige Gräberfeld der in Theresienstadt umgekommenen Juden und Gegner des Faschismus.

Der Rundgang durch die **Gedenkstätte Památník Terezín** in der Kleinen Festung führt an der Gefängnisverwaltung mit Geschäftszimmer, Wachstube, Amtsraum des Gefängniskommandanten und Häftlingskleiderkammer vorbei in den *ersten Festungshof* mit 17 Gemeinschafts- und 20 Einzelzellen. Über dem Hoftor höhnt die KZ-Parole »Arbeit macht frei«. Die vorderste Einzelzelle wurde zu einer Gedenkstätte für den Sarajewo-Attentäter Gavrilo Princip hergerichtet. Waschraum, Krankenstube und Leichenkammer folgen. Der unterirdische Gang gehört zur alten Festung. Man verläßt ihn an der Hinrichtungsstätte, wo seit Ende 1943 etwa 250 Häftlinge erschossen oder gehenkt wurden. (Im nahen Massengrab fand man im August 1945 die Überreste von über 600 Toten.) Die zur Exekution bestimmten Häftlinge mußten durch das »Tor des Todes« gehen, um zur Hinrichtungsstätte zu gelangen.

Der *vierte Festungshof* an der Ostspitze der Kleinen Festung wurde 1944 mit Gefängnisräumen belegt, als die ursprünglichen Zellen die Neuzugänge nicht mehr faßten. In eine Einzelzelle preßte die SS bis zu 12 Häftlinge, in den Gemeinschaftszellen drängten sich bis zu 600 Gefangene. Die Mitte der Kleinen Festung nahm die Kaserne für die 150 Mann starke Wachmannschaft ein. Im »Herrenhof« wohnten der Festungskommandant und einige Aufseher mit ihren Familien. Der *zweite Festungshof* enthielt die Werkstätten und die Kantine für die Wachmannschaften, im *dritten Festungshof* waren seit 1942 die inhaftierten Frauen untergebracht. Im April 1945 wütete in der Kleinen Festung eine Typhusepidemie, der viele der ausgemergelten Gefangenen zum Opfer fielen. Am 8. Mai 1945 befreiten sowjetische Panzereinheiten die Überlebenden von Theresienstadt.

□ Ploskovice, Úštěk, Lovosice, Třebenice, Třebívlice

Ploskovice (Ploschkowitz), 5 km nordöstlich von Litoměřice, besitzt ein wunderschönes **Barockschloß,** in dem Kaiser Ferdinand I. (1835–1848) nach seiner Abdankung residierte. Die Siedlung Ploschkowitz wurde um 1050 erstmals erwähnt. 1496 erhoben sich die Bauern der Leitmeritzer Umgebung, um sich gegen die immer härtere Fron durch ihre Grundherren zu wehren. Der sagenhafte Ritter Dalibor gewährte ihnen von seiner Ploschkowitzer Burg aus Unterstützung, aber der Aufstand brach zusammen. Dalibor wurde in dem später nach ihm benannten Turm des Prager Hradschin eingekerkert und schließlich hingerichtet (s. S. 88). 1663 erwarb der Herzog von Sachsen-Lauenburg die Herrschaft Ploschkowitz, seine Tochter Maria Anna Franziska ließ das Schloß zwischen 1720 und 1725 von Ottavio Broggio modernisieren. Später kam es in den Besitz der Wittelsbacher, schließlich an die Habsburger. Jan Bělský und Josef Pokorný bauten das Schloß 1850–1853 für den Exkaiser Ferdinand I. um, Josef Navrátil ergänzte den barocken Raumschmuck durch romantische Landschaften und Genreszenen, Václav Levý fügte Skulpturen derselben Stilrichtung hinzu. Das Schloß wird zur Zeit restauriert.

Etwa 16 km nordöstlich von Litoměřice liegt inmitten von Hopfenfeldern und Obstgärten die Stadt **Úštěk** (2000 Einwohner), das mittelalterliche Auscha. Schon im 11. Jh.

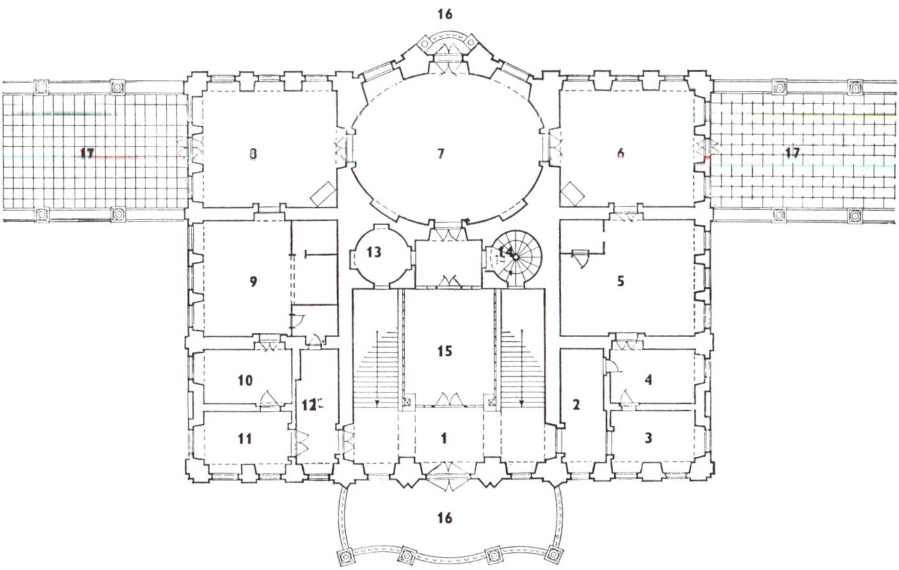

Schloß Ploskovice 1 Vestibül und Treppenhaus 2 Rokoko-Frühstückssalon 3 Rokoko-Damenschlafzimmer 4 Damen-Arbeitszimmer 5 Speisesaal 6 Salon der Kaiserin 7 Hauptsaal 8 Empfangssaal Ferdinands I. 9 Schlafzimmer des Kaisers 10 Frühstückssalon 11 Arbeitskabinett 12 Vorsaal 13 Spiegelkabinett 14 Wendeltreppe 15 Korridor 16 Nord- und Südbalkon 17 Arkadengalerie

wurde eine slawische Burgstätte *Husz* bzw. *Usch* erwähnt. Im 13. Jh. erhielt die zugehörige Siedlung das Marktrecht; damals unterstand sie den Grafen Michelsberg. Als ihr 1384 das Magdeburger Stadtrecht verliehen wurde, ging sie in den Besitz der Herren Berka von Dauba über, die die Burg im 16. Jh. zu einem Renaissanceschloß umbauten. Der große Brand von 1765 legte fast die ganze Stadt in Asche.

Der **Marktplatz** (Marktanger) von Úštěk zieht sich wie eine Spindel durch die Altstadt. An der breitesten Stelle steht die *Pfarrkirche Peter und Paul* mitten auf dem Platz. Jesuiten haben sie 1765–1769 errichtet und ihr das Altarbild der Vorgängerkirche, ein Werk des Prager Barockmalers Karel Škréta, beigegeben. Auch das *Rathaus* in der Reihe alter Häuser entstand 1773 neu. Gegenüber steht die unauffällige *Burg*, in deren Renaissancepalas nach dem Dreißigjährigen Krieg die Jesuiten einzogen. Wenige Jahrzehnte später nahm eine Brauerei in dem Schloß ihren Betrieb auf. Die schönsten *Bürgerhäuser*, zum Teil mit hübschen Rokokostukkaturen und tiefen Lauben, rahmen die Nordseite des Marktplatzes. Den Verlauf der *alten Stadtbefestigung* markieren Mauerstücke und Türme, darunter der *Picardenturm*, dessen Name an die Glaubensflüchtlinge aus der nordfranzösischen Picardie erinnert. Von den originellen Häusern, die in der **Böhmischen Vorstadt** (westlich vom Böhmer Tor) wie Schwalbennester auf wackligen Holzstützen am Felshang kleben und zumeist jüdischen Familien gehörten, haben mehrere überdauert.

Nur wenige Kilometer westlich von Terezín liegt **Lovosice** (Lobositz; 10 000 Einwohner), eine Stadt des Weines und des Obstes, aber auch der Industrie. Die Stadt, die aus einer vorgeschichtlichen Fischersiedlung hervorging, besitzt einen besuchenswerten *Marktplatz*, der von Bürgerhäusern im Empirestil gesäumt und von der barock umgestalteten gotischen *Wenzelskirche* beherrscht wird. Das frühbarocke *Schloß* wurde von den Fürsten Schwarzenberg anstelle einer früheren Anlage wieder aufgebaut.

Nach **Třebenice** (Trebnitz; 3000 Einwohner), 14 km südwestlich von Litoměřice, fährt man eigentlich nur, um in das dortige *Granatmuseum* (Muzeum českého granátu) zu schauen. 1902 wurde das Museum in der ehemaligen deutschen evangelischen Kirche von Trebnitz eröffnet. Es zeigt die umfangreichen und kostbaren Granatsammlungen eines Trebnitzer Arztes, darunter den größten Granat Böhmens; ferner informiert es über die Gewinnung und Verarbeitung der leuchtend dunkelroten Halbedelsteine. Das Museum bewahrt auch das reich illuminierte Kantional (Choralsammlung, 1574–1578) des Matthäus Ornys von Lindberg sowie Kunstwerke aus der nahen Burg Košťálov (Kostial). Die einstige Sakristei zeigt das Sterbezimmer der Ulrike von Levetzow (s. S. 241) aus ihrem Schloß Třebívlice (Trschiblitz).

Auf den Spuren von Goethes letzter großer Liebe mag man in **Třebívlice** noch das klassizistisch gestaltete *Grab* und das *Landschloß der Ulrike von Levetzow* aufsuchen (Friedhof an der Wenzelskirche).

Roudnice nad Labem (Raudnitz)

Roudnice nad Labem, 20 km südöstlich von Litoměřice an der Elbe gelegen, ist eine alte Stadt mit 15 000 Einwohnern und einem imposanten Schloß der Adelsdynastie Lobkowitz. Im 12. Jh. errichteten die Prager Bischöfe auf dem linken Elbufer eine romanische Burg, eine Bischofspfalz, von der noch Fundamente in den Kellerräumen des heutigen

Blick über die Elbe auf Roudnice nad Labem (Raudnitz)

Schlosses zeugen. Anfang des 13. Jh. wurde die Pfalzsiedlung zur Stadt erhoben. Im Jahr 1350 ließ Kaiser Karl IV. den römischen Volkstribun Cola di Rienzo in Prag festnehmen und dem Erzbischof Ernst von Pardubitz übergeben, der Rienzo in der Bischofspfalz Raudnitz für einige Zeit gefangen hielt. 1421 eroberten die Hussiten Stadt und Schloß. Später kam Raudnitz unter die Herrschaft der Rosenberger, 1603 fiel es an die Lobkowitz.

Francesco Caratti, Carlo Orsolini und vor allem Antonio della Porta, der markgräflich Bayreuther Oberbaumeister und Chefarchitekt der Lobkowitz, verwandelten die Bischofspfalz 1652–1684 in ein monumentales **Barockschloß** in den Farben Rot und Weiß. Fast 100 m mißt die Rückfront des Schlosses zur Elbe hin, die repräsentative Vorderseite ist dem Hauptplatz der Stadt zugewandt. Das Schloß beherbergt heute die Militärmusikakademie, zugänglich ist zur Zeit nur die *Schloßgalerie* mit einer Sammlung moderner tschechischer Kunst. Auf Schloß Raudnitz war 1874 der Kunsthistoriker Max Dvořák als Sohn des hiesigen Schloßarchivars geboren worden.

In der Stadt Roudnice ist das ehemalige **Augustinerkloster** mit seinem *gotischen Kreuzgang* (Wandmalereien das 14. Jh.) zu sehen. 1333 hatte es der Prager Bischof Johannes IV. von Draschitz gegründet; zwischen 1725 und 1750 wurde es von Ottavio Broggio barock erneuert. Derselbe Meister widmete sich auch der benachbarten **Propsteikirche Mariä Geburt**, einem ursprünglich romanischen, dann gotischen Bau; bemerkenswert ist der Taufkessel des Prager Meisters Thomas (1488). Zwei besondere Schätze der Kirche, der ›Raudnitzer Altar‹ und die ›Raudnitzer Madonna‹, ersetzte man durch Kopien; die

Originale befinden sich in der Prager Nationalgalerie. Interessant ist auch eine dem hl. Wilhelm geweihte *Barockkapelle*, ein Werk des Ottavio Broggio von 1726. Wenzel Lorenz Reiner malte das Altarbild des hl. Wilhelm von Aquitanien. Vom 17. bis 19. Jh. hatte Raudnitz eine größere jüdische Gemeinde, an die eine **Synagoge** (17. Jh., im späten 19. Jh. in ein Internat umgebaut), der 1896 geschlossene **jüdische Friedhof** und ein **Rest des Ghettos** erinnern.

□ Říp, Doksany, Budyně nad Ohří, Libochovice, Házmburk

7 km südöstlich von Roudnice nad Labem erhebt sich einsam inmitten fruchtbarer Äcker ein 459 m hoher Basaltberg: der **Říp** (Georgsberg). Der Sage nach soll Čech, der Stammvater aller Tschechen, im Jahr 644 von hier aus Böhmen in Besitz genommen und ihm seinen Namen gegeben haben. Auf dem Berg steht seit 1126 die romanische **St.-Georgs-Rotunde,** die an den Sieg des Böhmenherzogs Soběslav I. über das Heer Kaiser Lothars bei Chlumec (Kulm) im Jahr 1126 erinnert.

Die romanische Krypta ist die wichtigste Sehenswürdigkeit des ehemaligen **Klosters Doksany** (Doxan), 7 km nordwestlich von Roudnice nad Labem bzw. 10 km südlich von Terezín. Herzog Vladislav II., seit 1158 König von Böhmen, und seine erste Gemahlin Gertrud stifteten 1144 das dem Prager Kloster Strahov unterstellte Prämonstratenserinnenkloster. Das in den Hussitenkriegen und im Dreißigjährigen Krieg mehrmals beschädigte Kloster wurde immer wieder instand gesetzt, ausgebaut und seit Ende des 18. Jh. auch im Stil des Barock umgestaltet. 1782 säkularisierte der Staat das Kloster Doxan und verpachtete es als Schloß mit allen Ländereien an Terezia Poniatowska geborene Comtesse Kinsky. Nur die Klosterkirche verblieb als Propsteikirche beim Kloster Strahov. 1906 erwarb Alois Lexa von Aehrenthal (1854–1912), Außenminister Österreich-Ungarns, das ›klösterliche‹ Schloß.

Vermutlich war es der Tiroler Baumeister Thomas Haffenecker, der die im Kern spätromanische **Klosterkirche Mariä Himmelfahrt,** eine dreischiffige Basilika mit Querschiff, zwischen 1710 und 1720 barockisierte. Das Innere der Kirche zeigt Fresken von Johann Hiebel: Szenen aus dem Alten Testament und der Marienlegende (1732). Der Maler Johann Peter Brandl und der Bildhauer Franz Preiss schmückten den Hauptaltar. Die *romanische Krypta* entstand mit Unterbrechungen zwischen 1144 und 1197. Vier Reihen mit insgesamt 47 Säulen bilden die fünfschiffige Grabanlage unter den drei Schiffen der Kirche; die Säulen tragen Kreuzgratgewölbe.

Zwischen Roudnice nad Labem und Libochovice lohnt das Städtchen **Budyně nad Ohří** (Budin an der Eger) einen Besuch. Hier lag an dem rechten Flußufer ein Herzogs- bzw. Königshof, je nachdem, welchen Titel der Landesherr Böhmens damals gerade trug. 1336–1614 residierten die Herren von Hasenburg auf dem Hof, den sie im 15. Jh. in ein wehrhaftes spätgotisches Schloß verwandelten. Der letzte Schloßherr der Familie, Jan Zbyněk Zajíc von Házmburk, verlor durch seine alchimistischen Versuche, Gold zu machen, eine Unsumme Geldes und damit das Schloß. Nach Jans frühem Tod übernahm der Vatikan die umfangreiche naturwissenschaftliche Bibliothek. Bis ins 18. Jh. sah **Schloß Budin** wechselnde Herren. Im Verlauf des Siebenjährigen Krieges befahl 1759 Graf Schaffgotsch, Kommandeur einer preußischen Militäreinheit, Schloß Budin anzuzünden und in die Luft zu sprengen. Seitdem ist das Schloß nur noch eine *Ruine.*

Im Städtchen sind die *Pfarrkirche St. Wenzel* (13. und 14. Jh., Umbau 17. und 18. Jh.), die *Maria-Schnee-Kirche* (14. Jh., barock seit dem 18. Jh.), das *Rathaus* (15. Jh.), das *Spital* (um 1700) und einige *Bürgerhäuser* sehenswert.

Libochovice (Libochowitz), eine Kleinstadt an der Eger (3700 Einwohner), 6 km westlich von Budyně, besitzt ein stattliches **Schloß,** das um 1560 aus einem gotischen Kastell der Lichtenburg (14. Jh.) hervorgegangen war und in der Folgezeit den Lobkowitz gehörte. 1683–1690 schuf Antonio della Porta das heutige frühbarocke Schloß. Wohl das Schönste an diesem Vierflügelbau ist sein von Pfeilerarkaden gesäumter *Hof.* Im Obergeschoß des Schlosses sind prächtige Stukkaturen und Fresken zu bewundern. Die steinernen Mohren im *Hauptsaal* (»Saturnsaal«) gestaltete Johann Brokoff, die Kachelöfen entwarf Georg Fischer. Ein Relikt aus spätgotischer Zeit ist die *Schloßkapelle;* ihr Glockenturm ist heute ein Wasserturm. Der französische Garten geht auf einen Entwurf Portas zurück (1685). Des weiteren beherbergt das Schloß eine *Purkinje-Gedenkstätte;* der berühmte Physiologe Johannes E. Ritter von Purkinje (Purkyně; 1787–1869) ist hier geboren worden.

4 km nordwestlich von Libochovice thront auf einem flachen Basaltkegel die **Ruine Házmburk** (Hasenburg). Die Burg ist am besten von dem Dorf Klapý (Klappay) aus zu erreichen. Um 1300 besaßen die Lichtenburger auf dem Hügel eine Feste namens »Klappay«, die der Ritter Hase von Waldeck 1335 umbaute und »Hasenburg« nannte. Aus dem 14. Jh. stammen der *Schwarze Turm* aus dunklem Basalt und der mächtige *Weiße Turm* aus hellem Sandstein. Der Weiße Turm darf bestiegen werden. Am Hang weisen Mauerreste noch auf die ehemalige Burgsiedlung *Klappay* hin.

Romanische Krypta der Klosterkirche von Doksany (Doxan)

Louny (Laun)

Allein die von dem berühmten Baumeister Benedikt Ried erneuerte Nikolauskirche lohnt den Abstecher zur alten Stadt Laun an der Eger (Ohře) die etwa 16 000 Einwohner zählt. Deutsche Tuchmacher gründeten zu Beginn des 13. Jh. auf einer Terrasse am Ufer der Eger eine Siedlung, die im Jahr 1260 das Stadtrecht erhielt und befestigt wurde. In den Religionskriegen des 15. Jh. stand Laun gemeinsam mit Saaz (Žatec) und Schlan (Slaný) auf der Seite der Hussiten. 1517 wurde Laun durch eine Feuersbrunst zerstört; Benedikt Ried leitete den Wiederaufbau.

Die **St.-Nikolaus-Kirche** erneuerten 1520–1538 der Meister Paul und die Bauhütte Philipp von Wimpfens nach Plänen des berühmten Benedikt Ried. Von dem gotischen Vorgängerbau war nach dem Stadtbrand von 1517 nur der gotische Glockenturm unversehrt geblieben und wurde von Ried – leicht gewinkelt – in den dreischiffigen Hallenbau integriert. Die mit Zinnen versehene *Turmgalerie* bietet einen prächtigen Blick auf die Stadt. Die Südseite der Kirche erhielt ein Portal im Stil der ›romanischen Renaissance‹. Den hohen Bau krönt ein dreiteiliges Zeltdach, das Meister Materna aus Zwickau 1537 mit Schieferplatten deckte. Zweimal drei polygonale Pfeiler tragen das großartige Schleifensterngewölbe. Im Kircheninnern sind die spätgotische Steinkanzel (1540) und die prächtig geschnitzten Barockaltäre (1701–1704) der drei Schiffe sehenswert.

Zu erwähnen sind noch die **Peterskirche** (um 1460) und die **Marienkirche** (um 1500), beide außerhalb der Stadtmauern, ferner das **Saazer Tor** (Žatecká brána) und auf dem Hauptplatz mehrere schöne Häuser im Stil der Renaissance.

Žatec (Saaz)

Auf einem Hügel am rechten Egerufer liegt die Stadt Žatec, das alte Saaz, berühmt durch seine Gurken und vor allem durch sein »grünes Gold«, den bitterwürzigen Hopfen, der nicht nur das Pilsner Urquell, sondern viele Biere der Welt veredelt. Noch heute sieht man in Žatec die alten Hopfendarren, und noch immer wird auf dem spätsommerlichen Volksfest eine Gurkenkönigin gewählt.

Auf der Anhöhe stand im 10. Jh. eine slawische Burg der Lutschanen, auf der im Jahr 1004 bereits ein Teilfürst der Prager Přemysliden residierte. Nur wenige Jahrzehnte später bauten die Přemysliden in dem Burgareal eine Mariä-Himmelfahrts-Kirche. Unterhalb der Burg entwickelte sich eine Siedlung, die sich zu Beginn des 13. Jh. unter Ottokar I. Přemysl mit deutschen Handwerkern und Kaufleuten füllte, 1228 die Marktrechte erhielt und 1248 zur Stadt erhoben wurde. 1266 nannte sie sich gar königliche Stadt. Spätestens im 14. Jh. begannen die Saazer Bauern mit dem Anbau von Hopfen, der bald auch außerhalb Böhmens reißenden Absatz fand. Im 18. Jh. begann mit den Konzentrationen im Brauwesen die Blütezeit der Stadt als Handelsmetropole für den nord- und mittelböhmischen Hopfen.

Am **Marktplatz** steht das 1559 erbaute **Rathaus,** das 1770 einen barocken Zwiebelturm erhielt. Bürgerhäuser verschiedener Epochen mit schönen Giebeln, zum Teil auch mit Lauben, rahmen den Platz, auf dem sich eine figurenreiche *Dreifaltigkeitssäule* erhebt. Die im 11. Jh. entstandene **Mariä-Himmelfahrts-Kirche** wurde um 1340 zu einer dreischiffigen gotischen Hallenkirche umgebaut. 1380 entstand der viereckige *Glockenturm* an der Südseite. Nach 1738 erhielt das Gotteshaus eine barocke Fassade mit zwei flankierenden Türmen und die Johann-von-Nepomuk-Kapelle. Ein romanisches Relief des hl. Petrus füllt das Tympanon des Westportals (Anfang 13. Jh.). Anton Stevens malte 1668 das Altarbild ›Mariä Himmelfahrt‹ sowie einige Gemälde der Seitenaltäre. Den Hauptaltar schnitzte Veit Styrl, die Fresken im Presbyterium und an der Empore stammen von Leopold Reimboth. Die *Mariensäule* vor der Kirche meißelte der Saazer Bildhauer Johann Karl Vetter 1736 in Sandstein. Die **Klosterkirche der Kapuziner** entstand 1675–1683. Von den **gotischen Stadtbefestigungen** sind noch sehenswerte Abschnitte erhalten.

Zeitgenössische Illustration zu Johannes von Saaz (um 1350–1414) ›Ackermann aus Böhmen‹, das bedeutendste literarische Werk des Frühhumanismus in deutscher Sprache (1401)

□ Krásný Dvůr, Kadaň

Krásný Dvůr (Schönhof), 15 km südwestlich von Žatec (Saaz), ist ein prächtiges Schloß inmitten eines englischen Parks, den Johann Wolfgang von Goethe und Alexander von Humboldt als einen der schönsten Europas rühmten.

Das **Schloß,** das die Kolowrat vor 1572 in den Formen der Renaissance an die Stelle einer mittelalterlichen Burg setzten, ließ Franz Josef Graf von Czernin 1720–1724 durch František Maximilián Kaňka barock ausbauen. Das dreiflügelige Bauwerk – der Mitteltrakt ist zweistöckig, die Seitenflügel sind einstöckig – umfaßt einen großen *Ehrenhof.* Schloß Krásný Dvůr, das neben Goethe, Humboldt und Theodor Körner auch vier Kaiser, zahlreiche Könige und Fürsten besuchten, zeigt dem Besucher heute eine einzigartige, aus den Beständen mehrerer Schlösser zusammengestellte Inneneinrichtung.

Bis 1788 entstand der fast 100 ha große **englische Park,** nicht nur der schönste, sondern auch der älteste Böhmens. Ein Bach speist fünf romantische Teiche und einen künstlichen Wasserfall. Überall entdeckt man *reizvolle Gartenarchitektur:* einen Tempel des Pan, eine Fischerhütte, einen chinesischen Pavillon, eine Gloriette, ein holländisches Landgut, einen Pavillon Louis-seize, ferner Obelisk und Ehrentempel zur Erinnerung an die Völkerschlacht bei Leipzig. 1969 wurde in einem Pavillon eine *Goethe-Gedenkstätte* eingerichtet.

Den schönsten städtischen Wachturm Böhmens besitzt die alte Stadt **Kadaň** (Kaaden; 10 000 Einwohner) an der mittleren Eger (Ohře). Dieser ungewöhnliche Turm mit seinem hohen Steinquaderhelm beherrscht den großen *Marktplatz* mit den schönen Laubenhäusern und der figurenreichen *Pestsäule* aus dem 18. Jh. Die gotische *Stadtpfarrkirche* barockisierte Johann Christoph Kosch.

Kaaden war schon im 12. Jh. eine Siedlung; im 13. Jh. wurde es Sitz eines königlichen Burggrafen. 1277 erhob König Ottokar II. Přemysl die Tuchmachersiedlung zur Stadt, die durch den »Frieden von Kaaden«, den Ferdinand I. und Landgraf Philipp von Hessen am 29. Juni 1534 schlossen, bekannt wurde.

Vor dem *Heiligentor*, einem Teil der alten Stadtbefestigung, gründeten Franziskaner gegen 1470 bei einer gotischen Kapelle aus dem 14. Jh. ein Kloster, zu dem sich 1473–1480 eine *Kirche der Vierzehn Nothelfer* gesellte. Möglicherweise entwarf der Egerer Baumeister Johann Baptist Bauer diese dreischiffige spätgotische Basilika.

Chomutov (Komotau)

Am Fuß des Erzgebirges (Krušné hory) liegt an der Kreuzung mehrerer wichtiger Straßen die Industriestadt Chomutov (47 000 Einwohner) mit einem sehenswerten Stadtkern. 1252 kam die dörfliche Siedlung Komotau in den Besitz des Deutschen Ordens, der seine dortige Niederlassung zur bedeutendsten Komturei in Böhmen ausbaute. Dem Orden folgten Scharen deutscher Kolonisten, so daß die Tschechen in den benachbarten Ortschaften das bissige Sprichwort prägten: »Überall Menschen, in Komotau Deutsche.« 1335 erhielt Komotau Stadtrechte. 1421 vertrieben die Hussiten unter ihrem Heerführer Jan Žižka die Ordensritter und zerstörten mit der Kommende auch die Stadt; nur wenige Bürger entkamen dem Gemetzel. Knapp hundert Jahre später kam Komotau in den Herrschaftsbereich der Familie Lobkowitz, die den Jesuitenorden einlud, die vorwiegend protestantische Bevölkerung zum katholischen Glauben zurückzuführen. Das von den Jesuiten eingerichtete und geleitete Gymnasium besuchte 1724–1730 der junge Christoph Willibald Gluck; sein Vater war Forstmeister bei den Lobkowitz.

Auch in Chomutov ist der von Laubenhäusern im Stil der Spätgotik, der Renaissance und des Barock umgebene **Marktplatz** der historische Stadtkern. Die **Katharinenkirche** aus dem 13. Jh. gilt als der erste frühgotische Sakralbau Böhmens. An die Kirche lehnt sich die gotische Kommende des Deutschen Ordens, über deren Grundmauern sich die Herren von Lobkowitz um 1520 ein **Renaissanceschloß** bauten. Nachdem Komotau 1607 königliche Stadt geworden war, diente das Schloß als Rathaus (heute *Stadtmuseum*). Die spätgotische **Pfarrkirche Mariä-Himmelfahrt** erbaute Josef Schremmel 1516–1542. Die **St.-Ignatius-Kirche** ist eine Schöpfung des großen Baumeisters Carlo Lurago (1688). Die barocke *Dreifaltigkeitssäule* wurde 1697 gestiftet. Die Säule umringen zwölf Figuren, neben Wenzel und Nepomuk die beiden Stadtpatrone Viktor und Florian.

Most (Brüx)

Eine deutsch-böhmische Redensart lautete: »In Brüx ist nix, in Dux ist Jux, und in Komotau ist der Himmel blau.« In der Tat hat die 65 000 Einwohner zählende Stadt nichts anderes zu bieten als hochmoderne Geschäfts- und Wohnviertel am Rande des größten Braunkohlebeckens Europas. Das alte Brüx verschwand in den Schaufeln der Riesenbagger, weil es auf einem reichen Kohleflöz stand. Nebenan wuchs das neue Most, die modernste Stadt Böhmens. Doch *ein* Bauwerk haben die Moster gerettet, ein Meisterwerk später Gotik und früher Renaissance: die Stadtpfarrkirche Mariä Himmelfahrt, die sie 1975 an den Rand des Kohlenbeckens transportierten, eine einzigartige technische Meisterleistung, über die die Medien der Welt berichteten.

Die Siedlung Brüx wurde erstmals im Jahr 1041 erwähnt. Sie lag an der Straße, die über Knüppeldamm und Holzbrücke das Flüßchen Biela (Bílina) querte, worauf die Ortsnamen *Brüx* und *Most* (»Brücke«) hinweisen. 1250 erlangte die Siedlung das Stadtrecht und wurde befestigt. Ihre starke Bindung an Sachsen machte sie zu einem Außenseiter unter den hussitenfreundlichen nordböhmischen Städten. Als die »Gottesstreiter« 1421 die Stadt angriffen, wurden sie von den vereinigten Brüxern und Meißnern vertrieben.

Zu Beginn des 16. Jh. erhielt Jakob Heilmann aus Schweinfurt, der berühmteste Schüler von Benedikt Ried, den Auftrag, an der Stelle der 1515 ausgebrannten gotischen Pfarrkirche eine neue **Mariä-Himmelfahrts-Kirche** zu errichten. Der Baumeister Jörg von Maulbronn führte die Pläne Heilmanns 1517–1548 aus. Die Gewölbe baute Meister Peter. Dem schlichten Äußeren des spätgotischen Gotteshauses steht das reiche Interieur der dreischiffigen, chorlosen Halle gegenüber, vor allem das wundervolle Schleifensterngewölbe, das 14 polygonale Pfeiler tragen.

Im September/Oktober 1975 zog die Kirche an ihren neuen Standort. Mit einer Durchschnittsgeschwindigkeit von 120 cm/h bewegte sich der 31 m hohe, 30 m breite, über 60 m lange, 12 000 t schwere, in ein Stahlkorsett gehüllte Mauerkoloß auf 53 Eisenbahntransportwagen über die 841 m lange Strecke. Die Stabilisierungs- und Restaurationsarbeiten währten bis Herbst 1988. Seitdem zeigt die ehemalige Stadtpfarrkirche eine *Ausstellung nordböhmischer Kunst aus dem 14. bis 18. Jh.*

Das spätgotische Schleifensterngewölbe der Mariä-Himmelfahrts-Kirche von Most (Brüx)

Teplice (Teplitz)

Teplice, bis 1945 Teplitz-Schönau, im Tal der Biela (Bílina) zwischen Erzgebirge (Krušné hory) und Böhmischem Mittelgebirge (České středohoří) gelegen, ist zugleich ältestes Heilbad Böhmens und moderne Industriestadt (Textilien, Maschinenbau, Glas, keramische Erzeugnisse) mit heute 54 000 Einwohnern. Zar Peter der Große, Goethe, Beethoven, Fichte, Kleist, Clemens von Brentano, Schopenhauer, Richard Wagner, Paganini, Chopin, Liszt, die Kaiserin Marie Louise, die Herzogin von Sagan, sie alle kurten in Teplitz bzw. seinem eleganten Vorort Schönau (Šanov). Die alkalisch-salinischen, zum Teil auch radioaktiven Quellen bringen Heilung bei Gicht, Ischias, Rheumatismus, Lähmungen und äußeren Verletzungen.

Der Sage nach soll eine Schweineherde des Ritters Kolostuj im Jahr 762 die heilsamen Quellen aufgewühlt und sich darin gesuhlt haben. Historisch belegt dagegen ist, daß Königin Judith, die thüringische Gemahlin Vladislavs II., 1156 *ad calidas aquas* (»bei den warmen Wassern«) ein Benediktinerinnenkloster zu Ehren des hl. Johannes des Täufers gründete, ein Tochterkloster von St. Georg in Prag. Den Benediktinerinnen war damals als einzigen Ordensfrauen das Baden ausdrücklich gestattet. Bald entwickelte sich bei dem Kloster eine Siedlung, die sich »Teplitz« nannte (von *teply,* »warm«) und seit dem 13. Jh. den Grafen Kinsky unterstand. 1426 legten die Hussiten das Kloster in Schutt und Asche. In der zweiten Hälfte des 15. Jh. bauten die Kinsky auf den Ruinen des Klosters ein Schloß, das sie um die Mitte des 16. Jh. im Stil der Renaissance umgestalteten. Schon damals empfahl der große Arzt Paracelsus die Wasser von »Döpplitz«. Zu Beginn des 17. Jh. setzte ein regelrechter Kurbetrieb ein. 1607 zählte der Physikus Caspar Schwenckfeldt bereits eine lange Reihe von Bädern für »fürnehme« und für »gemeine« Personen auf, die vorwiegend die Familie Kinsky eingerichtet hatte. 1680 erstellte Teplitz die erste Kurliste, das erste Verzeichnis von Badegästen in Böhmen überhaupt. Die Blütezeit des Bades begann mit dem 19. Jh., als im Bäderbezirk prachtvolle Empirebauten entstanden. Am 9. September 1813 schlossen unmittelbar vor der Völkerschlacht bei Leipzig auf Schloß Teplitz Zar Alexander I. von Rußland, Franz I. von Österreich und Friedrich Wilhelm III. von Preußen die »Heilige Allianz« gegen Napoleon.

Den alten **Marktplatz** (nám. Svobody, Platz der Freiheit) säumen heute nur noch wenige historische Häuser, zum Beispiel das **Rathaus** aus dem Jahr 1545; das meiste wurde abgebrochen und durch Neubauten ersetzt. (Die Umgestaltung der Altstadt und ihre Anbindung an die Kuranlagen ist noch nicht abgeschlossen.)

Das **Schloß** am gleichnamigen Platz (Zámecké nám.) entstand zwischen 1585 und 1634 an der Stelle des zerstörten Benediktinerinnenklosters; 1751 wurde es im Barockstil, Anfang des 18. Jh. im Stil des Empire umgebaut. Von 1666–1945 im Besitz der Grafen und Fürsten von Clary-Aldringen beherbergt die Anlage heute ein *Regionalmuseum.* An die Nordseite schließt sich die **Kreuzerhöhungskirche** an, ein Renaissancebau, der Ende des 19. Jh. neogotisch umgestaltet wurde. Neben der Kirche stießen Archäologen auf Mauerwerk des Benediktinerinnenklosters. Der Schloßkirche benachbart ist die **Dekanatskir-**

che Johannes der Täufer; sie stammt aus dem 12. Jh. und wurde 1700–1703 im Stil des Barock erneuert. Zu ihrer wertvollen Ausstattung gehören Gemälde von Peter Johann Brandl (1668–1735) und Wenzel Lorenz Reiner (1689–1743). Die **Dreifaltigkeitssäule** (Pestsäule) schuf 1718/19 der große Barockbaumeister Matthias Bernhard Braun. Im **Haus Zur alten Post** (Zámecké nám. 3/69) wohnte 1813 Zar Alexander I., der Initiator der »Heiligen Allianz«. Später logierten in dem Haus Richard Wagner und Franz Liszt.

Südlich des Schlosses erstreckt sich der englische **Schloßgarten** (Zámecká zahrada) mit alten Bäumen und großen Teichen. Hier promenierten Goethe und Beethoven im angeregten Gespräch. Das Schloßtheater ließ sich Graf Franz Wenzel Clary-Aldringen 1751 als Privattheater erbauen; auf dem Spielplan standen auch Stücke von Goethe.

Nördlich des Schloßplatzes erstreckt sich der gepflegte **Kurgarten** (Lázeňsky park) mit dem Stahlbad, dem Kurhaus, dem Erzgebirgstheater und dem Kulturhaus. Im **Stahl-**

Teplice (Teplitz)
1 Rathaus 2 Schloß 3 Schloßkirche 4 Dekanatskirche St. Johannes d. T. 5 Pestsäule (Dreifaltigkeitssäule) 6 Zur alten Post 7 Stahlbad mit Urquelle und Kurhaus 8 Erzgebirgstheater 9 Kulturhaus 10 Evangelische Kirche 11 St. Elisabeth 12 Naturtheater 13 Steinbad 14 Kaiserbad 15 Schlangenbad 16 Neubad 17 Stadtbad 18 Aussiger Bahnhof

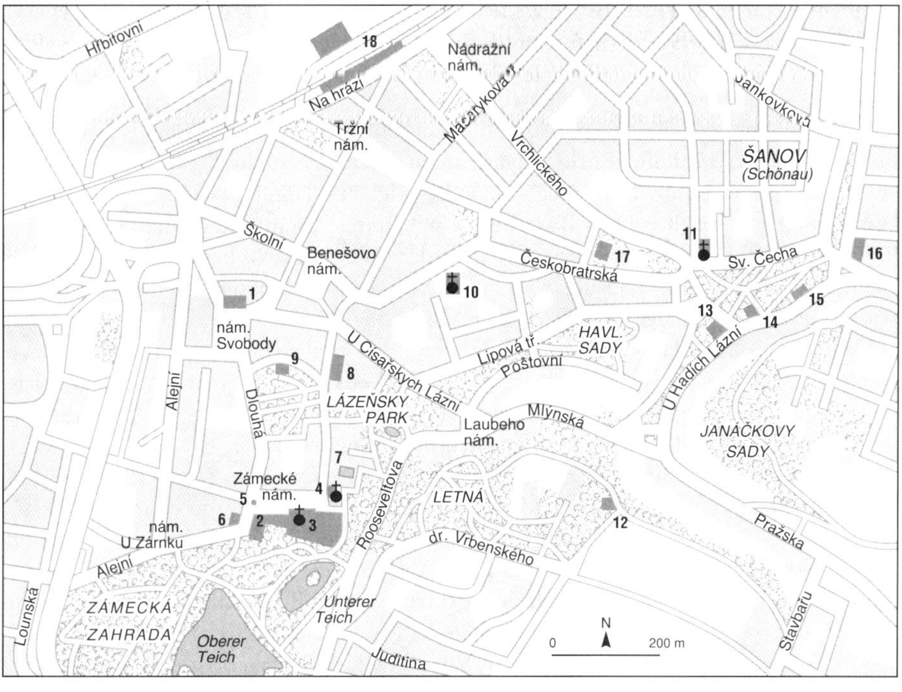

bad werden täglich etwa 25 000 hl 42,8 °C warmes Wasser aus der »Urquelle« (Pravřídlo) gepumpt und an weitere Badezentren wie das Steinbad und das Schlangenbad abgegeben. Das **Erzgebirgstheater** (Krušnohorské divadlo) wurde 1919–1924 nach dem Brand des Vorgängerbaus neu errichtet. In dem Theater finden auch Opern- und Ballettaufführungen statt. Das **Kulturhaus** (Dům kultury) mit gläserner Wandelhalle vor dem Gebäude wurde 1986 eröffnet. Im **Stadtpark,** dem ehemaligen Friedhof bei der Heiligkreuzkapelle, liegt der deutsche Schriftsteller Johann Gottfried Seume (1763–1810) begraben.

Die Lipova tř. (Lindenstraße) führt ostwärts zum früheren **Kaiserpark** mit dem *Stein-* (Kamenné lázně), *Kaiser-* (Cisařské lázně) und *Schlangenbad* (Hadí lázně). 1839 wurde hier das *Neubad* (Nové lázně) mit eigener Quelle errichtet. Diese Bäder gehören bereits zum Stadtteil Šanov (Schönau), der 1894 mit Teplitz vereinigt wurde.

Im Osten von Teplice trägt der Doubravská hora (Eichenwaldberg) die Ruine der 1478–1486 erbauten und 1644 zerstörten **Burg Doubravka.** Im 19. Jh. hat man die Burg romantisierend restauriert, aus dem Bergfried wurde ein Aussichtsturm.

Duchcov (Dux)

Kaum 10 km von Teplice entfernt liegt am Rande des nordböhmischen Braunkohlenreviers die alte Stadt Duchcov, eine kleine Industriestadt mit 10 000 Einwohnern und einem Schloß, das schon deshalb zum Besuch reizt, weil hier Casanova die letzten dreizehn Jahre seines Lebens verbrachte und seine berühmten Memoiren schrieb.

Dux, Ansicht von Schloß und Kirche aus dem 19. Jh.

Die Stadt wurde gegen 1250 unter dem Namen *Hrabišín* gegründet. Ende des 16. Jh. entstand das Schloß, das im 18. Jh. an die Grafen Waldstein, eine Seitenlinie des berühmten Wallenstein, überging. Jean Baptiste Mathey erweiterte bis zum Jahr 1707 den ursprünglichen Renaissancebau im Stil des Barock. 1716–1728 ließ Johann Josef Graf Waldstein den prächtigen französischen Garten anlegen.

1785 nahm der italienische Abenteurer Giacomo Girolamo Casanova eine Anstellung als Bibliothekar beim Grafen Karl Josef Waldstein an, der in ihm allerdings mehr einen geistreichen Gesellschafter seiner Gäste sah. Casanova, der selbstgeadelte Chevalier de Seingalt (1725–1798), war durch seine kühne Flucht aus den Bleikammern Venedigs im Jahr 1756 bekannt geworden. Am 4. Juni 1798 starb Casanova auf Schloß Dux. Im Schloßpark erinnert ein Standbild vom Ende des 18. Jh. an den großen Beobachter und Genießer, und an der Barbara-Kapelle auf dem alten Friedhof trägt eine Grabplatte neben dem vermuteten Grab die Aufschrift: »Jakob Casanova Venedig 1725 – Dux 1798«. Außer Casanova weilten in Dux 1791 Friedrich Schiller, 1812 Ludwig van Beethoven und 1813 Johann Wolfgang von Goethe.

1812–1818 ließ die Familie Waldstein das Barockschloß klassizistisch umgestalten. Aus dem herrlichen Barockgarten wurde – dem Zeitgeschmack entsprechend – ein englischer Naturpark mit mehreren Teichen und einer künstlichen Anhöhe. 1956 drang der Braunkohlentagebau bis zum Schloß Duchcov vor, verschlang einen großen Teil des Parks und einige Gebäude, darunter das barocke Hospital des Baumeisters Ottavio Broggio. Inzwischen wurde der von Kohlenbaggern ›verzehrte‹ Raum rekultiviert, der einstige Barockgarten erstand von neuem.

Schloß Duchcov präsentiert sich heute mit klassizistischen Fassaden. Ein handgeschmiedeter Zaun mit Vasen und Skulpturen (Herkules, Minerva, Mars) aus der Werkstatt Brauns trennt den äußeren Schloßhof vom Ehrenhof. Den Innenschmuck des Schlosses gestalteten die größten Barockmeister des Landes: Wenzel Ludwig Reiner, Matthias Bernhard Braun und Ferdinand Maximilian Brokoff. Das Schloß zeigt heute eine interessante Ausstellung historischer Möbel von der Romanik bis zum Kubismus, ergänzt durch Gemälde der früheren Waldsteinsammlung, darunter ein Porträt des Herzogs von Friedland (Wallenstein) von Anthonis van Dyck. Einige Räume erinnern mit originalen Exponaten an Casanova.

1967/68 wurde der **Schloßgarten,** der sog. »Fürstengarten«, anhand alter Pläne und Stiche im Barockstil rekonstruiert. Es entstand ein französischer Garten von streng symmetrischer Komposition mit regelmäßig angelegten Blumenbeeten, grünen Hecken, Stützmauern, an denen Rosen klettern, Wasserbecken und zierlichen Brunnen. Eine zweiarmige Treppe führt zum Schloß hinauf. In der Nische steht Brauns Sandsteingruppe ›Die Zeit raubt die Schönheit‹ (der Windgott Boreas entführt Oreithyia, die Tochter des Königs Erechtheus von Athen). Eine Allee gestutzter Zierapfelbäume trennt den Barockgarten vom englischen Naturpark. Geblieben ist auch der klassizistisch umgebaute *Pavillon,* der heute Reiners Fresken aus der dem Kohlentagebau zum Opfer gefallenen Hospitalkapelle hütet.

Klášter Osek (Ossegg)

Kaum 15 km von Teplice entfernt liegt das Städtchen Osek (6000 Einwohner) mit einem kurz nach 1200 entstandenen Zisterzienserstift, der bedeutendsten barocken Klosteranlage Nordböhmens. Der Zisterzienserorden war Ende des 11. Jh. als Pendant zum reich und üppig gewordenen Benediktinerorden gegründet worden. Seine 30 000 geistlichen Kämpfer predigten die Rückkehr zur Armut und konnten schon bis zur ersten Hälfte des 14. Jh. von Citeaux in Burgund, dem Ursprungsort des Ordens, 700 (!) Klöster eröffnen. Alle diese Klöster wurden reich, doch nicht aufgrund von Stiftungen, sondern durch die intensive Bewirtschaftung der ordenseigenen Ländereien. Im Jahr 1196 ließen sich Zisterzienser vom bayerischen Kloster Waldsassen zunächst in Maštov (Maschau im Saazer Becken), kurz darauf in Rýzmburk (Riesenburg) nieder und gründeten 1199 hier das Kloster Ossegg.

1206–1220 bauten die Zisterzienser eine Kirche, eine dreischiffige Basilika in burgundisch-gotischem Stil, der romanische Bauformen mit gotischen Elementen vereinigt. Nach Vollendung der Kirche ging der Orden daran, die behelfsmäßig aus Holz errichteten Klostergebäude durch Steinbauten zu ersetzen. Damals entstanden der Südflügel des Konvents mit dem Kapitelsaal (um 1230) und Teile des Kreuzgangs. 1248 fügte das Heer des Königssohns Ottokar Přemysl im Kampf gegen seinen Vater Wenzel I. dem Kloster schwere Schäden zu. 1278 raubten die siegreichen Verbündeten Rudolfs von Habsburg

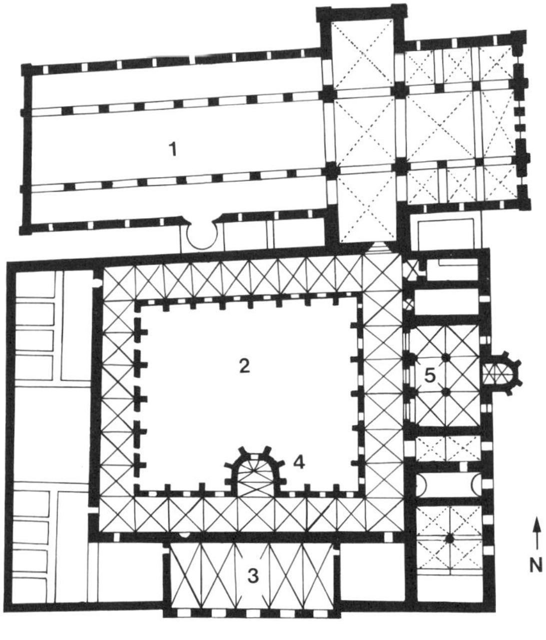

Osek (Ossegg), Zisterzienserkloster, Grundriß
1 Klosterkirche Mariä Himmelfahrt
2 Kreuzgang
3 Refektorium
4 Brunnenkapelle
5 Kapitelsaal

Die hochbarocke Klosterkirche Mariä Himmelfahrt von Osek (Ossegg)

nach der Schlacht auf dem Marchfeld das Kloster aus. Als die Konventsgebäude 1341 aus unbekannten Gründen niederbrannten, überließ König Johann den Zisterziensern für zehn Jahre das Einziehen der königlichen Steuern in Brüx und Leitmeritz. Im 15. und 16. Jh. jedoch schwanden die finanziellen Mittel des Klosters durch Plünderungen, Hussitenstürme und Verpfändungen so vollständig dahin, daß Papst Gregor XIII. das total verschuldete Kloster 1580 auflöste.

1624 wurde Kloster Ossegg im Zuge der Rekatholisierung Böhmens restituiert. Plünderungen und Brandschatzungen im Dreißigjährigen Krieg blieben ohne besondere Auswirkungen. Stiftungen, Hinterlassenschaften, Erträge aus den Klostergütern und aus einer Textilmanufaktur (der ältesten Böhmens) sowie Abgaben ermöglichten 1693–1732 umfangreiche Um- und Erweiterungsbauten (Prälatur, 1710–1720) sowie die barocke Ausgestaltung der Kirche durch Ottavio Broggio. Die beiden Schlesischen Kriege (1740–1742; 1744) und der Siebenjährige Krieg (1756–1763) hinterließen zwar auch in Ossegg ihre Spuren, doch halfen erhöhte Abgaben der Gläubigen.

Von den Josephinischen Reformen war das Stift nicht betroffen, im Gegenteil erhielt es Bibliotheken und Gemäldesammlungen aufgehobener Klöster. 1950 wurde Kloster Osek verstaatlicht, seitdem dient ein Teil seiner Gebäude als Altersheim für Nonnen verschiedener Orden. Für die Öffentlichkeit sind vorläufig nur die ehemalige Klosterkirche, in der seit einiger Zeit Orgelkonzerte stattfinden, der Kreuzgang, der Kapitelsaal und der Klosterhof zugänglich.

Die **Klosterkirche Mariä Himmelfahrt,** wie wir sie heute sehen, ist das bedeutendste Werk des Baumeisters Ottavio Broggio, der den Auftrag hatte, 1712–1718 Kirche und Kloster zu barockisieren. So steigt die mächtige Hauptfassade im Westen mit schweren Voluten und weit ausladendem Portikus dreigeschossig auf. Die Fassadenfiguren (Ordensheilige, Evangelisten und böhmische Landespatrone) schuf Franz Anton Kuen; die Statue des hl. Johannes des Täufers mit den Engeln stammt von Edmund Johann Richter (1713).

Der Innenraum läßt noch den ursprünglichen Plan der dreischiffigen romanischen Basilika erkennen: das Tonnengewölbe, das Querschiff, die Pilastergliederung der Wände. Die Stukkaturen (Kartuschen, Medaillons usw.) besorgte Giacomo Antonio Corbellini. Die Fresken stammen überwiegend von Wenzel Lorenz Reiner; die ›Ausgießung des Heiligen Geistes‹ und andere Fresken im Mittelschiff sind Schöpfungen des Johann Jakob Steinfels. Das Altarbild ›Martyrium des hl. Sebastian‹ malte Michael Willmann (nach 1702), die übrigen Bilder des Hauptaltars entwarf Johann Christoph Lischka (›Enthauptung des hl. Paulus‹). Die Altäre des hl. Bernhard schmückte W. L. Reiner.

Die Südseite der Kirche stößt an das vierflügelige **Konventsgebäude** mit dem gotisch erhaltenen *Kreuzgang* (bis 1350). An den Südflügel grenzt das **Refektorium** mit Barockstukkaturen von Corbellini; dem Refektorium gegenüber dringt die **Brunnenkapelle** (um 1300) in den Klostergarten. Ein Spitzbogenportal mit Maßwerk und zwei romanische Fenster verbinden den Ostflügel des Kreuzgangs mit dem frühgotischen **Kapitelsaal** (um 1230). Zwei kurze, kapitellgekrönte Säulen tragen die sechs weit herabgezogenen Kreuzgewölbe. In der Mitte des festlichen Saals steht ein spätromanisches Lesepult aus Stein mit dem Relief eines Lamms (um 1230). Die Legende der Ordensheiligen gab die Themen für die Wandmalereien des Johann Peter Molitor (1756). Der polygonale Altarraum wurde um 1520 in die Ostwand eingelassen.

□ Rýzmburk, Chlumec

2 km nördlich von Osek erhebt sich die Ruine der im 13. Jh. erbauten **Rýzmburk** (Riesenburg), heute *Hrad Osek* (»Burg Ossegg«) genannt. Am Waldrand vor Osek erinnert ein Denkmal an die 142 Bergleute, die 1934 bei einem Grubenunglück im Kohlenschacht Nelson III ihr Leben ließen.

Über **Chlumec** (Kulm) und den Nollendorfer Paß (Tiské sedlo) führt die alte Heer- und Handelsstraße zwischen Böhmen und Sachsen, »Kulmer Weg«, auch »Sorbensteig« genannt. Hier, im weiten, welligen Land um Kulm, kam es daher immer wieder zu kriegerischen Auseinandersetzungen, so etwa zwischen dem böhmischen Herzog Soběslav I. und dem deutschen König Lothar von Sachsen (1126). In der Schlacht bei Kulm (29. August 1813) zwischen den verbündeten Armeen der Preußen, Österreicher und Russen gegen die Armee des französischen Marschalls Dominique-René Vandamme geriet dieser mit 10 000 seiner Soldaten in Gefangenschaft. Diese Schwächung des französischen Heeres trug entscheidenden Anteil an seiner Niederlage in der sechs Wochen später stattfindenden »Völkerschlacht bei Leipzig«. An die Schlacht bei Kulm erinnern mehrere Ehrenmale und eine Gedenkstätte.

Böhmische Schweiz (Děčínské stěny)

Zwischen Erzgebirge (Krušné hory) und Oberlausitz (Lužické hory) zwängt sich das Elbsandsteingebirge (Labské pískovce) mit der Sächsischen bzw. Böhmischen Schweiz.

Zum westlichen Teil der Böhmischen Schweiz zählen die **Tyssaer Wände** (Tiské stěny), die man von der Staatsstraße 30 Teplice – Děčín aus erreicht, wenn man bei Libouchec auf den »Kulmer Weg« (s. o.) abbiegt. Nach 3 km ist das Dorf **Tisá** erreicht, über dem wie eine drohende Kulisse die gewaltigen, zerklüfteten Sandsteinwände aufragen. Besonders beeindrucken die Felsformationen ›Doktor‹ und ›Bürgermeister‹.

Hauptort der Böhmischen Schweiz ist das malerisch gelegene **Hřensko** (Herrnskretschen), ein 10 km nördlich von Děčín gelegener Fremdenverkehrsort am Durchbruch der Elbe (Labe) durch das Elbsandsteingebirge: Elbschiffe von Ústí, Děčín und aus der Sächsischen Schweiz legen hier an. Schon 1445 ist für diesen Ort ein Wirtshaus für Fuhrleute und Schiffer, ein *Kretscham*, erwähnt. Das Wort *Kretscham* kommt aus dem Slawischen, das tschechische *krčma* steht für »Schenke«. Interessantestes Bauwerk von Hřensko ist die 1786 im Stil des Barock erbaute *Nepomukkirche*.

In Hřensko mündet die Kamnitz (Kamenice) in die Elbe. Ein besonders reizvoller Trip folgt dem Fluß aufwärts zur **Edmundsklamm** (Durisova soutěska oder Dolní soutěska) und weiter zur **Wilden Klamm** (Divoká soutěska; s. S. 263), ein drei- bis vierstündiger Ausflug (z. T. mit Bootsfahrt) durch wildromantische Felsenschluchten. Schon 1890 hatte Fürst Clary-Aldringen diese Tour für Naturfreunde einrichten lassen. Sie endet (bzw. beginnt) bei der **Rainwiese** (Mezní louka), in deren Nähe sich das gleichnamige Restaurant mit großem, bewachtem Parkplatz befindet.

Vom *Restaurant Rainwiese* führt ein prächtiger Wanderweg in 1–2 Std. zum **Prebischtor** (Pravčická brána), dem größten und schönsten Naturfelsentor Europas (s. Farbabb. 17). 20 m über dem Abgrund verbindet eine 15 m lange und 3 m starke Sandsteinplatte zwei mächtige Felsenpfeiler. Von der Höhe des Felsentors bietet sich eine atemberaubende Aussicht. Neben dem Tor erwartet Wandersleute ein altes Restaurant.

Übrigens zeigt man dem Reisenden bei Hřensko gern den tiefsten Punkt der Tschechischen Republik; er liegt 116 m *über* dem Meeresspiegel. – Weitere Wanderwege ziehen von der Rainwiese nach **Růžová** (Rosendorf) hinauf, einem Dorf mit schönen alten Holzhäusern am Fuße des 619 m hohen Růžovský vrch, des Rosenbergs.

Im Elbsandsteingebirge bei Hřensko (Herrnskretschen)

Děčín (Tetschen)

»Endlich gewahrten wir die Thürme des Tetschner Schlosses, wir kamen näher, und es stand in seiner ganzen Pracht vor uns. Auf einem hohen Felsen ragt es über die Stadt empor, die man vorher gar nicht gewahr wird. Es war ein köstlicher Augenblick, als unser Schiff um eine Felsenecke herumbog und nun all die Schönheit so offen vor uns lag,« schrieb Theodor Körner (1791–1813) in sein Tagebuch. Děčín (48 000 Einwohner) liegt an der Elbe (Labe), die sich hier durch hohe Felswände zu zwängen beginnt, um das Elbsandsteingebirge (Labské pískovce) in Richtung Sachsen zu durchbrechen. Die günstige Lage der Stadt an Fluß und Eisenbahn begünstigte schon früh die Entwicklung einer vielseitigen Industrie.

1128 wurde auf dem Felsen über dem rechten Elbufer eine Přemyslidenburg erwähnt, an deren Nordseite eine Siedlung entstand, die unter dem Grafengeschlecht der Wartenberger (1305–1511) Markt- und Stadtrechte erhielt. Nach den Wartenbergern, den Salhausenern und den protestantischen Bünauern, die 1620 ihres Glaubens wegen das Land verlassen mußten, kaufte 1628 die aus Südtirol stammende Grafenfamilie Thun die Herrschaft Tetschen. Auf dem gegenüberliegenden Elbufer entfaltete sich das Dorf Bodenbach (Podmokly) im 19. Jh. zu einer aufstrebenden Industriesiedlung, dem nach Aussig zweitgrößten Umschlagplatz für Kohle und Industriegüter Richtung Deutschland. 1851 eröffnete die Bahnlinie Dresden-Bodenbach-Prag, 1869 folgte die Strecke Wien-Tetschen-Berlin. 1943 wurden die beiden Elbstädte unter dem Namen »Tetschen-Bodenbach« zusammengeschlossen. Seit 1945 führt die Doppelstadt den Namen »Děčín«.

50 m über der Elbe thront auf einem Sandsteinfelsen das **Schloß** der Grafen Thun-Hohenstein. Mitte des 17. Jh. ließen sie das aus einer Burg des 13. Jh. hervorgegangene Renaissanceschloß frühbarock umbauen. Gegen 1790 veränderte Johann Wenzel Koch den Bau im Übergangsstil vom Spätbarock zum Klassizismus. Zu dem Schloß führt eine aus dem Felsen gebrochene Rampe, die »Lange Fahrt«, empor. Östlich des Schlosses erstreckt sich der terrassierte **Rosengarten** (Růžova zahrada) mit zauberhaften barocken Treppenanlagen. Graf Maximilian Thun-Hohenstein bereicherte den Garten im letzten

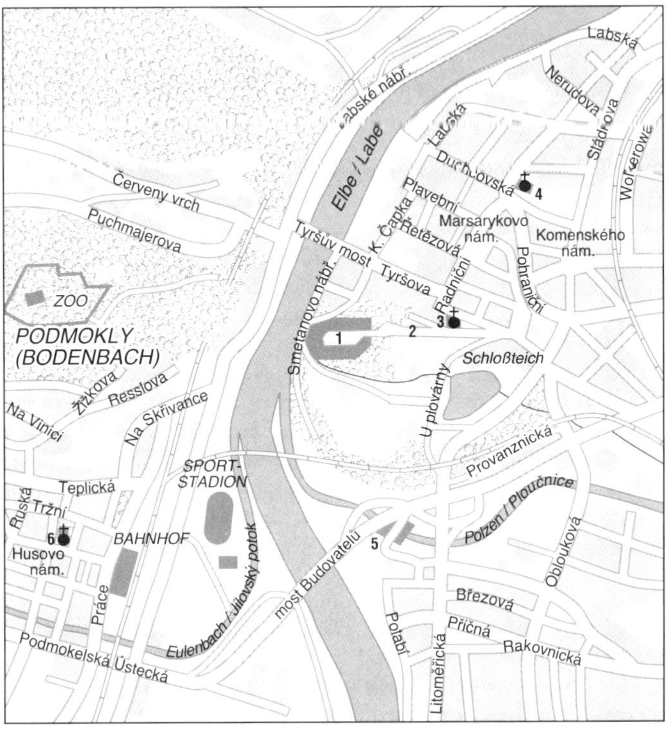

Děčín (Tetschen)
1 Schloß und Rosengarten
2 »Lange Fahrt«
3 Heiligkreuzkirche
4 St. Wenzel
5 Steinbrücke (Kamenný most)
6 St. Franz Seraphim

Viertel des 17. Jh. durch eine *Sala terrena* und eine dreistöckige *Gloriette*. Bei der Gloriette steigt eine doppelläufige Treppe zu einem Podest empor und erreicht über eine Mitteltreppe eine Terrasse mit allseitig offenem Pavillon. Abraham Felix Kitzinger schmückte die Gloriette 1683 mit allegorischen Figuren von Jahreszeiten, Göttinnen und Gladiatoren.

Neben der Rampe zum Schloß steht die 1687–1691 im Barockstil erbaute **Heiligkreuzkirche** (Kostel sv. Kříže) mit Wandmalereien aus dem Jahr 1792. Die **St.-Wenzel-Kirche** (Kostel sv. Václava) wurde zwischen 1754 und 1773 errichtet. Südlich davon erstreckt sich der **Stadtplatz,** der heutige Masarykovo nám. (Masaryk-Platz), mit einem *Jugendstilbrunnen* von 1906. Etwa 500 m südlich vom Schloß führt eine *Steinbrücke* (Kamenný most; 1564–1567) über das Flüßchen Ploučnice (Polzen).

Mittelpunkt des industriereichen Stadtteils Bodenbach, heute **Podmokly,** ist der Husova nám. (Hus-Platz), der ehemalige Stadtplatz. Bis 1934 war die spätbarocke St.-Wenzels-Kirche im Ortsteil Rozbělesy die katholische Pfarrkirche, danach übernahm die neoromanische **St.-Franz-Seraphim-Kirche** auf dem Stadtplatz diese Aufgabe. In der neogotisch erneuerten **St.-Johannes-Kirche** befindet sich die Familiengruft der Thun-Hohensteiner. – 500 m westlich vom Stadtplatz führt die mittelalterliche **Schafsbrücke** (Ovčí můstek) über den Eulaubach (Jílovský potok).

□ Česká Kamenice, Kamenický Šenov, Panská skála, Nový Bor, Sloup, Česká Lípa

Das Flüßchen Kamnitz (Kamenice) gab **Česká Kamenice** (Böhmisch-Kamnitz), 15 km ostwärts von Děčín, den Namen. Die 1352 erstmals erwähnte Siedlung zählt heute 7000 Einwohner, die vorwiegend in der Papier- und Textilproduktion tätig sind.

Südlich vom Marktplatz errichteten die Herren Wartenberg 1541–1543 ein stattliches *Renaissanceschloß*, das die Grafen Kinsky zu Beginn des 17. Jh. im Stil des Barock erweiterten. Ein unterirdischer Gang verbindet das Schloß mit der *Jakobuskirche*, einem gotischen Gotteshaus, das im 16. und 17. Jh. umgebaut wurde und 1552–1555 den imposanten Glokkenturm erhielt. Interessant sind die Wandmalereien, Altäre und Epitaphe im Innern der dreischiffigen Stadtpfarrkirche. Den Marktplatz säumen alte, meist barockisierte *Bürgerhäuser*, oft mit Lauben versehen, einige von ihnen völlig aus Holz erbaut.

Über der Stadt ragt der Basaltkegel des **Zámecký vrch** (Schloßberg) 544 m empor; er trägt die *Burgruine Kempnitz* und einen Aussichtsturm.

Kamenický Šenov (Steinschönau) liegt jeweils ca. 5 km von Česká Kamenice und Nový Bor entfernt. Das 1362 erstmals in einer Urkunde bezeugte Steinschönau blickt getreu der Devise »Sklo a Světlo« (»Glas und Licht«) auf eine Tradition der Glasveredlung seit dem 16. Jh. zurück. 1724 gründete Josef Palme im Nachbarort Parchen, heute Prácheň, eine Manufaktur für Leuchtkörper, die bereits drei Jahre später erste Kristallüster an den französischen König Louis XV. lieferte. 1746 bestellte Kaiserin Maria Theresia reich geschmückte, vielarmige Lüster für ihren Wiener Palast. Heute gehen die gleißenden Kostbarkeiten vor allem nach Amerika und in die arabischen Emirate.

Caspar David Friedrich (1774–1840) hielt sich von 1803–1836 mehrmals in Nordböhmen auf. Das ›Kreuz im Gebirge‹ (1807), oft auch »Tetschener Altar« genannt, zählt zu Friedrichs bekanntesten, hochsymbolischen Gemälden.

Wer nach Kamenický Šenov kommt, sollte unbedingt das dortige *Glasmuseum* (Sklářské muzeum) in dem klassizistischen Lobmeyrhaus besuchen. Es ist ein beeindruckend schönes, modern konzipiertes Museum der Glasbläserei und Glasschleiferei, vielleicht das interessanteste in ganz Böhmen.

Nur 1 km südöstlich von Kamenický Šenov trifft der Reisende an der Straße nach Nový Bor auf den Basalthügel **Panská skála** (Herrnhausfelsen) mit seinen 10–15 m hohen, vier- bzw. sechskantigen Basaltkristallen, die wie Orgelpfeifen aneinandergereiht sind und die der Volksmund »Teufelsorgel« nennt. Seit Anfang des 20. Jh. steht der Basalthügel als eines der faszinierendsten Naturdenkmäler Böhmens unter staatlichem Schutz.

Nový Bor (Haida), 8 km nördlich von Česká Lípa am Fuß des 760 m hohen Klingsteinkegels Klíč (Kleis) gelegen, ist ebenfalls eine weltberühmte Glasbläserstadt. Die auf eine Glasmanufaktur zurückgehende Siedlung wurde 1757 zur Stadt erhoben. Anfang des 19. Jh. erfand Friedrich Egermann hier eine tiefrot leuchtende Variante des Rubinglases, die seitdem für böhmische Glaswaren typisch ist.

Bereits seit 1893 ist in einem klassizistischen Firmengebäude ein *Glasmuseum* (Sklářské muzeum) eingerichtet. Den Hauptplatz (Hlavní nám.) umringen zahlreiche *Barock- und Empirehäuser,* zum Teil mit steinernem Unter- und hölzernem Obergeschoß und mit Mansardendach. Das barocke *Rathaus* wurde 1751 bezogen, die *Mariä-Himmelfahrts-Kirche* erbaute Johann Wenzel Kosch 1786–1788 als ovales Schiff mit schlankem, gegliedertem Glockenturm. Ignaz Michael Platzer gestaltete den Hochaltar der Pfarrkirche.

4 km südöstlich von Nový Bor und 8 km nördlich von Česká Lípa ragt die **Burgruine Sloup** (Bürgstein oder Pirkenstein; 14. Jh.) jäh aus der Landschaft. 1445 und 1628 zerstört, ließen sich 1670 in den Ruinen auf dem 90 m langen Sandsteinfelsen Eremiten nieder, die nicht nur Gänge und Zellen, sondern sogar eine ganze Kapelle in den Felsen schlugen. »Einsiedlerstein« nannte man damals den Burgfelsen, der heute über eine Treppe bequem zugänglich ist. Zu besichtigen sind die tief in den Felsen gehauenen Keller und Verliese, die Rüstkammer mit reliefierten Säulen (daher wohl der Name *Sloup,* »Säule«), der Burgbrunnen und die dreifachen Wehrgänge.

Die **Ortschaft Sloup** ist seit dem 18. Jh. für ihre Spiegel berühmt, aber auch Leinen und Baumwolle wurden hier verarbeitet. 1763 gründete Josef Maximilian Graf Kinsky in Sloup die erste Kattundruckerei Böhmens. Derselbe Graf Kinsky ließ zwischen 1730 und 1753 das einstöckige *Schloß* errichten, dessen Giebelfiguren (Göttinnen und Atlanten) und vorgelagerten Kalvarienberg Anton Braun gestaltete. Dem Schloß gegenüber steht die dreischiffige *Katharinenkirche* (1707–1719). Im *Národní dům*, dem früheren Gasthaus ›Zum goldenen Lamm‹, debütierte im Jahr 1901 der große deutsche Schauspieler Emil Jannings in Schillers Drama ›Die Räuber‹.

Zwischen den vulkanischen Kuppen des Böhmischen Mittelgebirges und den Kreidesandsteinbergen des Iserplateaus liegt am Flüßchen Polzen (Ploučnice) die Kreisstadt **Česká Lípa,** eine rege Industriestadt (Textilien, Maschinen, Elektrotechnik, Musikinstrumente; 16 000 Einwohner), deren Stadtrecht auf die Mitte des 13. Jh. zurückgeht.

Bemerkenswertestes Bauwerk von Česká Lípa ist das *Rote Haus* (Červený dům), ein Renaissanceschlößchen von 1583, geschmückt mit Arkaden und Sgraffiti; es diente den Herren Berka von Dauba und Leipa als Jagdschloß. Die nach 1200 von Zisterziensern des Stiftes Plaß (Plasy) bei Plzeň errichtete *Maria-Magdalenen-Kirche* wurde vom 16.–18. Jh. mehrfach umgebaut. Auch die *Heiligkreuzkirche* aus dem Jahr 1381 erlebte mehrere Umbauten, geblieben ist ihr gotisches Portal. Die *Allerheiligenkirche* gehört zu dem Augustinerkloster, das Albrecht von Waldstein (Wallenstein) 1627 gegründet hatte; Gemälde von Johann Georg Heintsch und anderen Künstlern schmücken den Innenraum. Die barocke *Marienkirche* stammt aus dem Jahr 1714. Das *Rathaus* besteht seit 1823.

Panská skála (Herrenhausfelsen)

Liberec (Reichenberg)

Liberec (105 000 Einwohner), das Tor zum Isergebirge (Jizerské hory), liegt an der Lausitzer Neiße (Lužická Nisa). Es ist seit dem Mittelalter die Textilmetropole Nordböhmens, das »böhmische Manchester«.

Um 1300 gegründet und 1352 erstmals als *Reychinberch* erwähnt, bekam die im Besitz der Herren von Redern (Raedern, Rödern) befindliche Siedlung schon früh Zuzug von flämischen Leineweberfamilien. Die Herren von Redern gaben den Webern alle nötigen Freiheiten, so daß sich die Siedlung im 14. Jh. zu einem blühenden Zentrum der Tuchmacherei entwickelte. Zu den Flamen gesellten sich deutsche Weber, Knüpfer und Färber.

1577 erhob Kaiser Rudolf II. Reichenberg zur Stadt. Am Ende des 16. Jh. gingen Reichenberger Tuche über die Landesgrenzen hinaus nach Sachsen, Bayern und Österreich. Im Dreißigjährigen Krieg litt die Stadt unter plündernden Söldnertruppen. Die große

Pest des Jahres 1680 förderte ihren Niedergang, von dem Reichenberg sich erst wieder im 18. Jh. durch die Wiederbelebung des Tuchhandels erholte. Während im 19. Jh. andere europäische Weberzentren durch den Einsatz von Webmaschinen zugrunde gingen, erweiterte der Reichenberger Textilkönig Johann Liebig sogar noch die Produktionsstätten, setzte modernste Maschinen ein, wobei kein Weber seinen Arbeitsplatz verlor, baute Wohnsiedlungen für seine Beschäftigten und erhöhte somit den Wohlstand der Stadt und ihrer Bürger. Er konnte freilich nicht verhindern, daß durch die wachsenden sozialen Gegensätze in der Einwohnerschaft Spannungen entstanden, die dazu führten, daß Reichenberg Wiege der deutschen wie der tschechischen Arbeiterbewegung in Böhmen wurde.

Den Mittelpunkt des Stadtkerns von Liberec bildet der **Altstädter Platz,** heute nám. Dr. E. Beneše (Benesch-Platz). In der Mitte des Platzes erhebt sich das riesige **Rathaus,** das der Wiener Architekt Franz Ritter von Neumann 1888–1893 im Stil der flämischen Renaissance und in Anlehnung an das Wiener Neue Rathaus erbaute. Der 56 m hohe Mittelturm bietet eine prächtige Aussicht. Den *Brunnen* vor dem Rathaus gestaltete 1927 der Bildhauer Franz Metzner. Nördlich hinter dem Rathaus errichteten die beiden Wiener Spezialisten für Theaterbau, Ferdinand Fellner und Hermann Helmer, bis 1883 das **Stadt-**

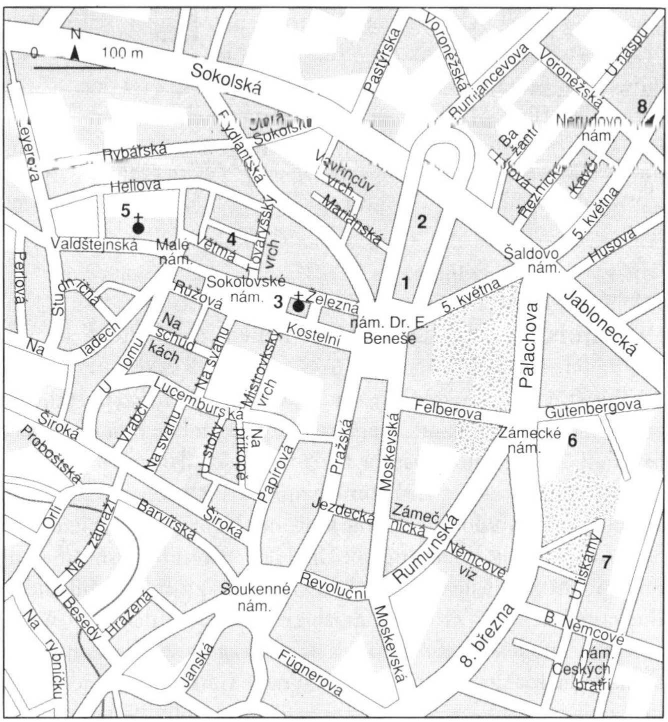

Liberec
(Reichenberg)
1 Rathaus
2 Stadttheater
3 Erzdekanatskirche St. Antonius der Einsiedler
4 Wallensteinhäuser
5 Heiligkreuzkirche
6 Renaissanceschloß
7 Gemäldegalerie
8 Nordböhmisches Museum

theater (Divadlo F. X. Šaldy), benannt nach dem Reichenberger Schriftsteller František Xafer Šalda (1867–1937). Fast alle Häuser der Altstadt entstanden in den Gründerjahren, also im Übergang vom 19. zum 20. Jh. Hier und da blieb noch ein schönes Bürgerhaus aus dem 18. Jh. erhalten. Besonders hübsche Stuckverzierungen an den Giebeln in Form von Blumen, Sträußen, Früchten, auch religiöse oder mythologische Reliefs charakterisieren einen Haustypus, den man als »Reichenberger (Liberecer) Haus« bezeichnet. Ein schönes Beispiel bietet das Haus Nr. 15 am Altstädter Platz; es stammt von 1795.

Die Kostelní ul. (Kirchgasse) verbindet den Altstädter Platz mit dem **Neustädter Platz** (Sokolovské nám., Sokolov-Platz). An diesem Platz steht die 1579 vollendete, 1879 neogotisch umgestaltete **Erzdekanatskirche St. Antonius der Einsiedler** (Arciděkanský chrám sv. Antonína). Einige der umstehenden Häuser zeigen sich im Stil des Empire. Drei schmale Gassen führen westwärts zum Malé nám. (Kleiner Platz). Die nördlichste Gasse, die Větrná ul. (Windgasse), säumen einige malerische Fachwerkbauten aus dem frühen 17. Jh., die **Wallensteinhäuser** (Valdštejnské domky). Die **Heiligkreuzkirche** (Kostel sv. Kříže) an der Nordseite der auf den Kleinen Platz mündenden Valdštejnská ul. (Waldsteingasse) ist ein Barockbau aus den Jahren 1733–1756, konzipiert von Johann Josef Kunz. Im Kircheninnern beeindrucken kostbare Gemälde, darunter das Bild ›Hl. Anna selbdritt‹ (um 1650), das möglicherweise von Albrecht Dürer stammt. Die *Pestsäule* hinter der Heiligkreuzkirche entwarf Matthias Bernhard Braun im Jahr 1719.

1582–1615 bauten sich die Grafen Clam-Gallas an der heutigen Gutenbergova ul. (Gutenberggasse) ein **Renaissanceschloß** mit der schönen *Salvatorkapelle* (1604–1606), deren Einrichtung zu den größten Kostbarkeiten von Liberec gehört. Da zeugen der Hochaltar, das Oratorium, der Chor und die Kassettendecke von dem hohen Niveau der Reichenberger Holzschnitzkunst. Als die Familie Clam-Gallas im Jahr 1779 den Park umgestaltete, zog Kaiser Joseph II. höchstpersönlich mit dem Pflug eine Furche als Symbol des bäuerlichen Ursprungs seines Geschlechts. (Auch Přemysl, der Urahn der böhmischen Herrscher, pflügte, als Libussas Abgesandte erschienen.)

Die **Gemäldegalerie** (Oblastní galerie) in der U tiskárny 1 mit Werken böhmischer, französischer und deutscher Maler stiftete der Industrielle Johann Liebig. Das 1873 gegründete **Nordböhmische Museum** (Severočeské muzeum) an der General Píky tř. 12 vermittelt einen ausgezeichneten Überblick über die Kultur und die Wirtschaft Nordböhmens. Spezielle Sammlungen widmen sich den Bereichen Glas, Porzellan, Fayencen, Textilien, Möbel, künstlerische Holz- und Metallarbeiten. 22 Gobelins wurden von flämischen Künstlern im mittelalterlichen Reichenberg gewebt. Das Museumsgebäude entstand in den Jahren 1897/98. Die General Píky tř. mündet in den ausgedehnten **Volksgarten** (Lidové sady Petra Bezruče, benannt nach dem tschechischen Lyriker Petr Bezruč (1867–1958)) mit Kulturpark (Park kultury a oddechu), Botanischem und Zoologischem Garten (Botanická zahrada, Zoologická zahrada) sowie einem Freilichttheater (Letní divadlo). Der *Botanische Garten* genießt wegen seiner besonderen Tropenflora und einer umfangreichen Orchideensammlung hohes internationales Ansehen. Der *Zoo* ist der älteste Tiergarten Böhmens. Das *Freilichttheater* faßt 30 000 Zuschauer.

Südwestlich von Liberec steigt der **Ještěd** (Jeschken) 1012 m steil empor. Seine Spitze setzt sich seit 1973 in einem 92 m hohen, sich kegelförmig verjüngenden, durch seine Aluminiumhaut weithin gleißenden **Fernmeldeturm** fort. Der Architekt Karel Hubáček erhielt für seinen Entwurf den Auguste-Perret-Preis der Internationalen Union der Architekten. Der futuristische Bau bietet Restaurant, Hotel und Aussichtsterrasse. Von hier oben schweift der Blick bis zur Schneekoppe des Riesengebirges und bis nach Prag. Auf den Gipfel des Ještěd führen vom Stadtteil Horní Hanychov (Oberhanichen) ein Wanderweg, eine Autostraße und eine 1933 erbaute Kabinenseilbahn (Visuta lanova dráha).

Frýdlant (Friedland)

14 km nördlich von Liberec (Reichenberg) erhebt sich im hügeligen Isergebirgsvorland auf einer Basaltkuppe das mächtige Burgschloß Frýdlant, dessen bekanntester Besitzer der berühmte Heerführer Albrecht von Waldstein (Valdštejn) war. Schillers Drama ›Wallenstein‹ hatte das Interesse der Öffentlichkeit an dieser Burg erregt, und so wurde sie von den Grafen Clam-Gallas schon im Jahr 1801 zur Besichtigung freigegeben. Frýdlant ist somit eines der ältesten Burgmuseen Mitteleuropas.

Im Jahr 1241 gründete der Ritter Ronovec, ein Vorfahr der Herren Berka von Dauba, auf hohem Basaltfelsen über dem Flüßchen Wittig (Smědá) die Burg Friedland. Ein gewaltiger Rundturm bildete den Kern. 1278 ging die Burg an das Adelsgeschlecht von Biberstein aus Meißen über. Die Bibersteins verstärkten die Burgbefestigungen Ende des 15. Jh. durch Basteien und modernisierten den Palas im Stil der Renaissance. Als die friedländische Linie ihres Geschlechts um die Mitte des 16. Jh. ausstarb, fiel die Burg der böhmischen Krone zu.

1558 kaufte der schlesische Freiherr Friedrich von Redern die Herrschaft Friedland. Sein italienischer Baumeister Marco Spatio verwandelte die gotische Vorburg in ein prachtvolles Renaissanceschloß (›Unteres Schloß‹), fügte 1598–1602 eine Kapelle an das Schloß und sicherte den Burgeingang durch ein starkes Vorwerk. Des Freiherrn Familie war lutherisch und sorgte dafür, daß im Gebiet von Friedland nicht nur das Luthertum, sondern auch das deutsche Element an Boden gewann. 1619 unterstützte Christoph von Redern den Aufstand der böhmischen Stände gegen die Habsburger und den katholischen Klerus und konnte nach der Niederlage am Weißen Berg (s. S. 23) der Hinrichtung nur durch Flucht nach Schlesien entkommen. Friedland und alle zugehörigen Güter konfiszierte der Kaiser.

Die Nachfolge des Freiherrn trat 1620 der erfolgreiche kaiserliche Feldherr Albrecht von Waldstein (Valdštejn, »Wallenstein«) an. Friedland war nur ein Bruchteil seiner Besitzungen, über die er in ganz Nord- und Ostböhmen verfügte. Doch da sich der Generalissimus auf Burg Friedland besonders gern aufhielt, machte Kaiser Ferdinand II. die Herrschaft 1624 zum erblichen Fürstentum, ein Jahr später sogar zum Herzogtum. Nach Waldsteins Sturz und Ermordung 1634 wurde die Herrschaft Friedland dem kaiserlichen

Schloßburg Frýdlant (Friedland), 1620–1634 Mittelpunkt von Wallensteins böhmischen Besitzungen

Feldherrn Matthias Graf Gallas übertragen. Aber Graf Gallas konnte sich seiner neuen Besitzung nur zeitweise erfreuen, denn Friedland wurde im steten Wechsel von schwedischen und kaiserlichen Truppen geplündert.

Die **Schloßburg Frýdlant** befindet sich in einem hervorragenden Zustand, weil sie bis 1945 bewohnt war und Teile von ihr seit fast 200 Jahren als Museum dienen. Die mit Sgraffiti übersäten Renaissancefassaden des *Unteren Schlosses* mit seinem achteckigen, barock behelmten Treppenturm wurden bis 1960 sorgsam restauriert. Der *Rittersteg* verbindet das Untere mit dem *Oberen Schloß,* der ursprünglich gotischen Burg, dessen gewaltiger *Rundturm* in der Renaissance zwei Oberlichttürmchen mit Kuppeldach erhielt.

Der Rundgang führt durch kostbar eingerichtete Salons, durch den Rittersaal, die Gerichtshalle und den *Wappensaal,* dessen bemalte Stuckdecke die Wappen sämtlicher Schloßherren schmücken. An den holzgetäfelten Wänden hängen handgetriebene Messingteller aus Nürnberg. Berühmt ist die *Gemäldegalerie* mit Werken bedeutender Meister: die ›Steinigung des hl. Stephanus‹ von Karel Škréta, das ›Porträt des Grafen Franz Anton Sporck‹ von Peter Brandl, Landschaften von Wenzel Lorenz Reiner, Bildnisse des Herzogs Albrecht von Waldstein von Christian Maulpertsch und des Grafen Matthias Gallas von Franz Leux. Darüber hinaus enthalten die Burg- und Schloßräume einzigartige Waffen-, Glas- und Keramiksammlungen sowie Mobiliar vieler Stilrichtungen.

Den **Marktplatz** der kleinen Stadt Frýdlant (6000 Einwohner) umgeben schöne alte Giebelhäuser. Das heutige **Rathaus** stammt aus dem Jahr 1897. Die **Pfarrkirche zum Hei-**

ligen Kreuz entstand im 13. Jh., wurde 1498 spätgotisch erneuert und 1501–1555 im Stil der Renaissance erweitert; 1713/14 fanden barocke Eingriffe statt. Das Sakramentshaus im Presbyterium zeigt spätgotischen Einfluß; Kanzel (1596), Taufbecken (1569) und die Grabplatten der Familien Biberstein und Redern sind im Stil der Renaissance gehalten. An das Presbyterium schließt sich eine Kapelle mit dem großartigen Grabmal der Familie Redern an.

Jablonec nad Nisou (Gablonz an der Neiße)

Mittelpunkt der weltbekannten Gablonzer Glas- und Schmuckindustrie ist Jablonec nad Nisou, eine aufstrebende Stadt mit 48 000 Einwohnern.

Im Jahr 1356 wurde eine Siedlung Gablonz erstmals erwähnt. In den Hussitenstürmen des 15. Jh. ging sie in Flammen auf. Danach blieb der Ort lange Zeit unbewohnt, bis sich im 16. Jh. deutsche Glasmacher aus dem Erzgebirge hier und in der waldreichen Umgebung niederließen, da man zur Herstellung von Glas erhebliche Mengen Holzkohle brauchte. Im 18. Jh. begannen die Gablonzer, aus Glasmasse Edelsteine und Perlen zu imitieren. Damit setzte für den Ort ein stürmischer Aufstieg ein. 1808 erhielt Gablonz die Marktrechte, 1866 wurde es Stadt. 1880 nahm eine Kunstgewerbeschule den Lehrbetrieb auf. Um 1900 zählte die Stadt 583 Industrieunternehmen, die in der Bijouterie- und Gürtlerwarenfabrikation, aber auch im Textilbereich tätig waren.

1945 mußten fast alle Deutschen, die weit überwiegende Mehrheit der Bevölkerung, die Stadt verlassen. Im schwäbisch-bayerischen Kaufbeuren gründeten sie den Stadtteil Neugablonz und setzten hier in modernen Anlagen die Glas- und Schmuckherstellung fort. Im nordböhmischen Jablonec nad Nisou wurde die Produktion nach Anlernung neuer Arbeitskräfte 1948 wiederaufgenommen. Zu den traditionellen Industrien kamen der Maschinenbau und die Herstellung von Lastkraftwagen und Kunststoffen hinzu.

Daß Jablonec eine junge Stadt ist, verraten seine öffentlichen und privaten Bauten. Überall säumen mehrstöckige Wohnhäuser im historisierenden Stil des Fin de siècle oder im Stil der Wiener Sezession die Gassen, Straßen und Plätze. Das imposante **Rathaus** (Nová radnice) am Dolní nám. (Unterer Platz) erbaute 1929–1933 der Architekt Karl Winter. Das **Stadttheater** errichteten 1906/07 die beiden Wiener Theaterarchitekten Ferdinand Fellner und Hermann Helmer. Sehr empfehlenswert ist ein Besuch des **Glas- und Schmuckmuseums** (Muzeum skla a bižutérie) in der Straße U muzea (Zum Museum), die vom unteren Ende des Dolní nám. östlich wegführt. Das Museum zeigt die Entwicklung der Glasherstellung und -bearbeitung von den ältesten mediterranen Funden bis zur Gegenwart, außerdem Werkschauen großer tschechischer Glaskünstler.

1930–1932 erbaute Joseph Zasche die **Herz-Jesu-Kirche** (Kotel Nejsv. srdce Páně), die Gablonzer Stadtpfarrkirche; dem eleganten Ziegelbau gab er konstruktivistische Formen. Die frühere **Pfarrkirche St. Anna** (Kostel sv. Anny) stammt aus dem 16. Jh. und wurde 1685–1687 im Stil des Barock erneuert.

Böhmisches Glas

Nur wenige Industriezweige haben Böhmen in der Welt so bekannt gemacht wie die Glasindustrie. Böhmisches Glas ist seit fast tausend Jahren zum Inbegriff höchster Qualität in der Glaskunst geworden.

Im 10.–12. Jh. befaßten sich Benediktinerklöster mit der Herstellung und Bearbeitung von Glas. So soll der Abt Reginard der Abtei Sazau (Sázava) im 12. Jh. die Kunst der Glasmalerei beherrscht und die Ausschmückung gotischer Kirchenfenster veranlaßt haben. In der zweiten Hälfte des 13. Jh. entstanden in den waldreichen Gegenden Böhmens die ersten nichtklösterlichen Glashütten; neben Fensterscheiben produzierten sie auch schon Trinkgläser. Im 14. Jh. waren zwanzig böhmische und mährische Glashütten offiziell registriert. Neben dem gewöhnlichen grünen ›Waldglas‹ gelang es nun auch, fast farbloses sowie durch Metalloxide bunt gefärbtes Glas herzustellen. 1458 bemerkte Kardinal Clemens Silvio Piccolomini, der spätere Papst Pius II., in der Chronik ›De Bohemorum origine‹: »In ganz Europa hat kein Königreich so herrliche und schön geschmückte Kirchen wie das böhmische ... Das Licht fällt ein durch hohe und sehr breite Fenster aus klarem und künstlich hergestelltem Glas. Und das alles findet man nicht nur in den Städten und Städtchen, sondern auch in Dörfern.«

Mit dem venezianischen Muranoglas konnte das böhmische Glas bis zum 17. Jh. noch nicht konkurrieren, denn den böhmischen Glashütten mangelte es an Soda. Ihr Pottaschkalkglas war härter, kühlte schneller ab und ließ sich daher schwerer bearbeiten. Dennoch bestand nach den mit Emailfarben bemalten Bechern, Humpen und Krügen der böhmischen Glasbläser eine starke Nachfrage im Ausland, selbst im verwöhnten Italien. Zur Zeit Kaiser Rudolfs II. gehörten Glashüttenmeister zu den geachtetsten und auch recht wohlhabenden Bürgern, viele von ihnen wurden sogar in den Adelsstand erhoben. In Kreibitz (heute Chřibská bei Děčín) wirkte der große Hüttenmeister Martin Friedrich, dessen Glaswerk seit mindestens 1427 besteht und heute als älteste Produktionsstätte von Glas in Europa gilt. Rudolf II. war es auch, der berühmte Edelsteinschneider aus Italien holte: Böhmen wurde das Mutterland des geschliffenen Glases.

Ende des 17. Jh. und Anfang des 18. Jh. kam das böhmische Glas zu Weltruhm. Es war auf dem europäischen und auch amerikanischen Markt inzwischen begehrter als venezianisches Glas; sogar in Venedig verkaufte es sich gut. Besonders beliebt waren die kunstvoll mit Goldfolie und Schwarzlot gestalteten Gefäße aus der Kunstädter Werkstatt des Glasmalers Ignatz Preissler. Im ausgehenden 17. Jh. stellte man in der nordböhmischen Glashütte Reichstadt (Zákupy) erstmals Kronleuchter her, mit denen fortan die europäischen Fürstenhöfe beliefert wurden.

Das erste Drittel des 19. Jh. brachte das Zeitalter des Biedermeier mit seiner Vorliebe für farbiges Glas. Die Harrachsche Glashütte in Neuwelt (Nový Svět) entwickelte

Beispiel böhmischer Glaskunst: Becher von Franz Pohl mit Intaglioschnitt eines Kosaken zu Pferd, der einen napoleonischen Soldaten niedersticht. Harrachsdorf-Neuwelt, um 1813

neue Farben und neuartige Glastechniken und wurde damit richtungweisend für alle böhmischen Glasmanufakturen. Der bedeutendste Glasmaler jener Zeit war Friedrich Egermann, der in der Meißener Porzellanmanufaktur gelernt hatte und nun im nordböhmischen Haid (Bor) wirkte. Er entwickelte die rote Lasur, die, mit Gleitgravur verbunden, noch heute sehr beliebt ist. Großartige Graveure wie Dominik Biemann oder Franz Pohl trugen zum Ruhm böhmischen Glases bei. Biemann, Absolvent der Prager Kunstakademie, porträtierte sogar Kaiser und Könige, Dichter und Komponisten auf Glas. 1856 nahm in Steinschönau (Kamenický Šenov) die erste Fachglasschule Europas den Unterricht auf. Besondere Ansprüche an die Kunstfertigkeit der Glasbläser und -schleifer stellte der Jugendstil, galt es doch, mit den Arbeiten des Franzosen Émile Gallé und des Amerikaners Louis Tiffany Schritt zu halten.

Zu Anfang des 20. Jh. wurden die böhmischen Glaswaren nur noch industriell gefertigt. Erst allmählich, ab 1925 etwa, erfolgte eine künstlerische Wiedererweckung der Glasbearbeitung. 1945 mußten die deutschen Glasbläser, -schleifer und -graveure ihre böhmischen Arbeitsstätten verlassen, zurück blieben nur wenige Spezialisten. Zu dem Mangel an qualifizierten Fachleuten trat bald der Mangel an Kohle und Rohstoffen. Vorrang hatte zunächst die Herstellung von Bauglas und technischem Glas, von Glas für die elektronische, chemische und pharmazeutische Industrie, für Fernsehkolben, Glasfasern und Schaumglas. Die künstlerische Glasgestaltung gewann erst seit den 60er Jahren wieder an Bedeutung. Věra Libenská, Jan Gabrhel, Milan Metelák, Josef Pravec, Kárl Bečvář, Václav Hanuš, Rudolf Jurnikl u. a. versuchen, mit eigenwilligen Schöpfungen erfolgreich an das hohe künstlerische Niveau der Vorkriegszeit anzuknüpfen.

Ostböhmen

Wintersport im Riesengebirge

Ostböhmen (Východní Čechy)

Hradec Králové (Königgrätz)

An der Mündung der Adler (Orlice) in die Elbe (Labe) liegt Hradec Králové, Verwaltungshauptstadt des Bezirks Ostböhmen. Als Industriezentrum und Verkehrsknotenpunkt hat es in den vergangenen Jahrzehnten sehr an Bedeutung gewonnen. Große Teile des Stadtkerns stehen unter Denkmalschutz und zeigen die urbane Entwicklung vom 14.–20. Jh. Bekannt wurde der Ort durch die Schlacht bei Königgrätz, in der 1866 die Preußen den »Deutschen Krieg«, den Krieg um die Vorherrschaft in Deutschland, zu ihren Gunsten entschieden.

Den Bergsporn zwischen Elbe und Adler bedeckte schon im 10. Jh. ein slawischer Burgwall, an dessen Fuß sich eine Siedlung entwickelte, die um 1225 als eine der ersten böhmischen Gemeinden Stadtrechte erhielt. Zu Beginn des 14. Jh. erkor Elisabeth von Polen, Gemahlin Wenzels II. und Rudolfs I., die Burg zu ihrem »Wittiben-Sitz« (Witwensitz), gab der Stadt den Namen *Gretz* (von tschech. *hrad*, Burg), woraus später »Königgrätz« wurde. Im 15. Jh. hielt Königgrätz als ein Zentrum der hussitischen Bewegung zu den Taboriten, deren großer Heerführer Jan Žižka (s. S. 154) 1424 in der Heilig-Geist-Kirche seine vorübergehende Grabstätte fand.

Nach 1620 wurde Königgrätz von den Jesuiten rekatholisiert, und 40 Jahre später erhob Kaiser Leopold Königgrätz zum Bischofssitz. Maria Theresia umgürtete die Stadt zwischen 1766 und 1789 mit mächtigen Bastionen; die Vorstädte wurden aus wehrtechnischen Gründen abgerissen. Eine bauliche Weiterentwicklung war daher nicht möglich.

1884 endete die Geschichte der Festung Königgrätz; die Bastionen und Wälle wurden fast restlos geschleift. Die Stadt dehnte sich rasch aus, wobei die Architekten V. Rejchl und O. Liška 1909 eine vorbildliche Stadtplanung durchsetzten. Nach dem Zweiten Weltkrieg entwickelte sich Hradec Králové zu einer der modernsten und zugleich schönsten Städte Böhmens.

Den Mittelpunkt der Altstadt bildet der dreieckige Žižkovo nám. (Žižka-Platz), der einstige **Marktplatz.** Auf dem Platz steht eine barocke **Mariensäule** (Mariánské sousoší), die Giovanni Battista Bulla 1714–1717 zur Erinnerung an die Pestepidemie des Jahres 1714 errichtete. Die 19 m hohe, von der Gottesmutter gekrönte Säule umgeben die vier Pestheiligen und die böhmischen Landespatrone. Im Südwesteck des Marktdreiecks erhebt sich der hohe Ziegelbau der gotischen **Heilig-Geist-Kathedrale** (Kathedrála sv. Ducha), 1307 von Elisabeth von Polen gestiftet und 1339–1360 als zweitürmige Pseudobasilika erbaut. Die Kirche wurde mehrmals umgestaltet, erneuert, 1660 zur Bischofskirche erhoben, barockisiert, im 19. Jh. regotisiert und 1934–1941 restauriert. Die Glasfenster nach Entwürfen von Josef Scheiwl und die Wandmalereien im Chor stammen aus der zweiten Hälfte des 19. Jh. Das zinnerne Taufbecken, das älteste in Böhmen, entstand 1406. 1494 schuf der ›Meister des Altars von Königgrätz‹ das spätgotische Triptychon mit Szenen aus dem Marienleben. Das Bild des hl. Antonius malte Peter Brandl (um 1730). Das spätgotische Sakramentshaus im Chor mit originalem Eisengitter ist ein Werk des Matthias Rejsek aus dem Jahr 1497.

Nördlich der Kathedrale, an der ul. Rokytanského, ragt der 68 m hohe **Weiße Turm** (Bílá věž) empor, erbaut 1574–1585. In dem Turm hängt die Glocke ›Augustinus‹, die zweitschwerste Glocke Böhmens (nach der Südturmglocke des Veitsdoms). An den Weißen Turm lehnt sich die kleine **St.-Klemens-Kirche** (Kostel sv. Klimenta) an, eine Barockkirche (1714–1717) gotischen Ursprungs. An der Westseite des Žižka-Platzes steht auch das **Alte Rathaus** (Bývalá radnice), ein zweitürmiger Renaissancebau des 16. Jh. Die frühbarocke **Mariä-Himmelfahrts-Kirche** (Kostel Nanebevzetí Panny Marie) an der Südseite des Platzes ließen die Jesuiten 1654–1666 von Carlo Lurago errichten. Ihr Inneres schmücken mehrere Gemälde von Peter Brandl. Rechts grenzt an die Marienkirche das frühere **Jesuitenkolleg** (Jezuitská kolej; 1671–1710), erbaut von Giovanni Battista Santini und Paul Ignaz Bayer. Seit der Aufhebung des Ordens im Jahr 1773 diente das Kolleg als Kaserne. Westlich davon, an der Ecke der Treppenstraße Bono Publiko, steht das **Špulak-Haus** (U Špuláků; Nr. 34), ein Renaissancebau, dem Franz Kermer um 1750 das heutige spätbarocke Aussehen gab.

Die **Bischöfliche Residenz** (Biskupská rezidence) jenseits der Treppenstraße stammt aus den Jahren 1709–1716 und wurde 1777 hochbarock erneuert. Heute enthält das

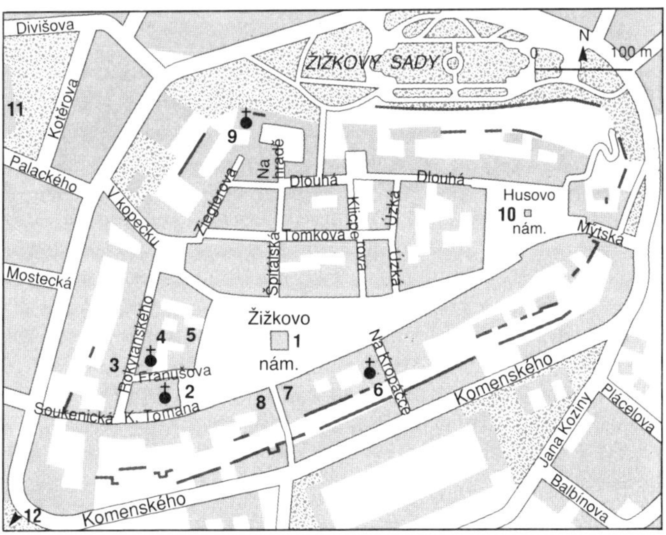

Hradec Králové (Königgrätz)
1 Mariensäule
2 Heiliggeistkathedrale
3 Weißer Turm
4 St. Klemens
5 Altes Rathaus
6 Mariä-Himmelfahrts-Kirche mit Jesuitenkolleg
7 Špulak-Haus
8 Bischöfliche Residenz
9 Bischöfliches Seminar und St. Nepomuk
10 Nepomukbrunnen
11 Ostböhmisches Bezirksmuseum
12 Holzkirche des hl. Michael

Hradec Králové (Königgrätz): Heiliggeistkathedrale, Mariensäule, St.-Klemens-Kirche und Rathausturm

Gebäude die Bezirksgalerie mit Werken alter Meister und eine Altertümersammlung. Die Gassen hinter der Kathedrale säumen einige alte Domherrenhäuser im Stil der Renaissance bzw. des Barock (Ul. Karla Tomana Nr. 44–51). Die Špitálská ul. (Spitalgasse) und die Na hradé (Zur Burg) führen vom Žižka-Platz nach Norden zum ehemaligen **Bischöflichen Seminar** und zur **St.-Nepomuk-Kirche** (Kostel sv. Jana Nepomuckého), die beide seit dem ersten Viertel des 18. Jh. die Stelle der einstigen Burg einnehmen. Die östliche Spitze des Žižka-Platzes mündet in den Husovo nám. (Hus-Platz) mit dem Brunnen des hl. Johannes Nepomuk (Kašna se sochou sv. Jana Nepomuckého; 1718) und schönen, ursprünglich gotischen Bürgerhäusern im Stil der Renaissance (Nr. 6 und 10–14).

Am Altstadtufer der Elbe erbaute Jan Kotěra 1908–1912 das **Ostböhmische Bezirksmuseum** (Krajské muzeum východnich Čech) im prächtigen Jugendstil. Die allegorischen Figuren beiderseits des Eingangs, ›Geschichte‹ und ›Industrie‹, gestaltete 1912 Vojtěch Sucharda. Der Geschichte und dem Gewerbe Ostböhmens widmen sich denn auch die interessanten Exponate des Museums. Im Jirásek-Park (Jiráskovy sady) am Zusammenfluß von Elbe (Labe) und Adler (Orlice) fand die kleine griechisch-katholische **Holzkirche des hl. Michael** (Kostel sv. Mikuláš) aus der ostslowakischen Gemeinde Malá Pol'ana eine neue Heimstatt.

Durch das **Schlachtfeld bei Königgrätz** verläuft die Straße 35 nach Prag. Etwa 10 km hinter Hradec Králové biegt eine Straße zum 1866 heftig umkämpften Dorf **Chlum** ab (1 km), wo man ein *Museum,* ein Aussichtsgerüst mit Blick über das gesamte Schlachtfeld, ein *Ossarium* und einen kleinen *preußischen Friedhof* mit hohen Bäumen inmitten weiter Äcker findet, eines von zahlreichen über das Schlachtfeld verstreuten Gräberfeldern. Etwa 4 km weiter passiert die Straße 35 das Dorf **Sadová** mit dem historischen *Gasthaus U kanonýra Jabůrka* (›Zum Kanonier Jabůrek‹).

□ Častolovice, Rychnov nad Kněžnou

Die Marktgemeinde und Sommerfrische **Častolovice** (Tschastolowitz), 30 km südöstlich von Hradec Králové, verfügt über eines der schönsten und zugleich bestausgestatteten Renaissanceschlösser. Inmitten einer Sumpflandschaft baute sich Friedrich von Oppersdorf um 1600 eine **Wasserburg,** die bis zu Beginn des 20. Jh. mehrmals verändert und vergrößert wurde. Aus der Zeit der Wasserburg stammen noch einige Fresken mit Darstellungen römischer Kaiser und antiker Schlachten. Von den zahlreichen Räumlichkeiten des Schlosses seien vor allem der *Tobias-Saal* mit Szenen aus dem Alten Testament und dem Tobias-Zyklus, der *Rittersaal* und das *Brokatgemach* erwähnt.

Die Kreisstadt **Rychnov nad Kněžnou** (Reichenau an der Knieschna; 11 000 Einwohner) besitzt eines der schönsten Barockschlösser Böhmens. In der Mitte des 13. Jh. erstmals bezeugten Siedlung am Fuße des Adlergebirges (Orlické hory) entwickelten sich seit dem 14. Jh. bedeutende Webereien, deren Meister sich zu einer der ersten Zünfte des Landes zusammenschlossen.

1676–1690 ließ Franz Graf Kolowrat in Reichenau ein frühbarockes **Schloß** erbauen. Um 1720 erhielt der einstöckige, vierflügelige Komplex ein oberes Halbgeschoß und Dacherker. An der Nordostseite bildeten zwei Verwaltungsgebäude einen zweiten, aber zum Park hin offenen Hof. Zugleich setzte vermutlich Giovanni Battista Santini dem Haupttrakt einen geschwungenen, pilastergeschmückten Barockgiebel auf. Die schlichten Räumlichkeiten beherbergen die berühmte Gemäldesammlung der Adelsfamilie Kolowrat, die hier bis 1945 residierte und das Schloß demnächst wieder übernehmen wird. Die *Kolowrat-Galerie* umfaßt Werke niederländischer, italienischer und böhmischer Maler vom 16.–19. Jh. Bedeutend ist auch die *Bibliothek* des Schlosses mit kostbaren Handschriften und Wiegendrucken. Ein gedeckter Gang verbindet das

Schloß mit der **Dreifaltigkeitskirche** aus den Jahren 1594–1602. Vielleicht hat Santini 1713 auch dieser Kirche, die ursprünglich zu einem Piaristenkloster gehörte, die barock gewölbte Fassade gegeben. Im Glockenturm von 1604 erklingt die Renaissanceglocke ›Christoph‹.

Unterhalb des Schlosses überdauerten eine lange Reihe von kleinen, aber schmucken Weberhäuschen und eine alte Mühle. Das *Rathaus* wurde 1802–1804 errichtet. Die *Pfarrkirche zum hl. Gallus* aus dem 13. Jh. bekam im 16. Jh. spätgotische Formen. Vom Hauptplatz aus links, an der V Chaloupkách, steht noch die *Synagoge* von 1787. Der *jüdische Friedhof* von 1616 birgt sehenswerte Grabsteine des 17. und 18. Jh.

Pardubice (Pardubitz)

Pardubice ist für köstliche Lebkuchen und guten Eishockeysport bekannt. Daß hier alljährlich das Große Pardubitzer Steeplechase, das schwierigste Hindernisrennen auf dem europäischen Kontinent, stattfindet, wissen vor allem Anhänger des Pferdesports. Die aufstrebende Industriestadt (Rundfunk- und Fernsehgeräte, Chemie, Nahrungsmittel) mit ihrer überaus sehenswerten, denkmalgeschützten Altstadt liegt an der Mündung der Chrudimka in die Elbe; sie zählt 98 000 Einwohner.

1491 erwarb der mährische Feudalherr Wilhelm von Pernstein (Vilém von Pernštejn) die 1340 gegründete Stadt und baute die alte Burg zu einem repräsentativen spätgotischen Sitz um. Nach dem Stadtbrand von 1507 ließ er die Stadt prächtiger denn je erneuern, worauf die böhmische Redensart »es strahlt wie Pardubitz« anspielt. 1538 brannte die Stadt zum zweiten Mal, und diesmal finanzierte Wilhelms Sohn Johann (Jan) den Wiederaufbau im eleganten Stil der Renaissance. 1560 kaufte die Königliche Kammer die Stadt

Das Pardubitzer Steeplechase

Das Große Pardubitzer Steeplechase zieht jeden Oktober die Reiterelite der Welt nach Pardubice. Zusammen mit dem Grand National Steeplechase von Liverpool gilt es als berühmtestes, schwerstes und spannendstes Hindernisrennen. Rennen über schwere Hindernisse entwickelten sich aus den Jagdspielen zur Zeit des englischen Königs James I. (1603–1625) zum Steeplechase des 19. und 20. Jh. In gegenseitiger Verfolgung *(chase)* mußten Hecken und Gräben übersprungen werden, das Ziel war meist ein Kirchturm *(steeple)*. Seit 1856 veranstalteten die Grafen Kinský solche Rennen, und 1875 fand erstmals auf besonders trassierter Bahn bei Pardubitz ein echtes Steeplechase statt, ein Rennen über eine Strecke von 6 900 m mit 31 gefürchteten Hindernissen.

Relief am Torbogen zur Bartolomějská ul. in Pardubice (Pardubitz)

Pardubitz den Pernsteinern ab und verwaltete sie in den folgenden rund 300 Jahren selbst. Mit dem Bau der Eisenbahn im Jahr 1845 begann das wirtschaftliche und urbane Wachstum des Gemeinwesens.

Da die Pernsteiner das Gesicht des Stadtkerns geprägt haben, verwundert es nicht, daß der große Hauptplatz noch heute den Namen der Adelsfamilie trägt: **Pernštýnovo nám.** (Pernstein-Platz, s. Farbabb. 14). Dieser Platz entstand in seiner heutigen Form 1507; keines seiner schmucken Bürgerhäuser ist älter. Da sich die Stadt erst in der zweiten Hälfte des 19. Jh. von der Königlichen Kammer lösen konnte, erhielt sie sehr spät (1893/94) ein eigenes **Rathaus,** das im Stil der Neorenaissance mit einer Sgraffitifassade nach Kartons des berühmten Zeichners Mikoláš Aleš erbaut wurde. Die Mitte des Platzes beherrscht eine **Mariensäule** (Mariánské sousoší) von 1695; 1773–1777 erneuerte Jakub Teplý die barocke Säule im Stil des Rokoko.

Am **Torbogen** zur Bartolomějská ul. (Bartholomäusgasse) zeigt ein *Relief*, das eigentlich zum Schloßportal gehört, die Ursprungslegende des Adelsgeschlechts Pernstein (Pernštejn). Da führt der Köhler Věnava einen Stier am Nasenstrick nach Brünn und schlägt ihm dort mit einem einzigen Hieb den Kopf ab. Der Kopf des Stiers mit Nasenstrick ziert das Wappen der Pernsteiner. (Darstellungen dieser Legende finden sich auch in anderen Städten Böhmens, z. B. in Litomyšl.)

Das **Grüne Tor** (Zelená brána), ein 1507–1534 errichteter imposanter Torturm, früher »Prager Tor« (Pražská brána) genannt, verbindet den Pernštýnovo nám. mit dem langgestreckten nám. Republiky (Platz der Republik). An seinem Nordende steht die zierlich wirkende **St.-Bartholomäus-Kirche** (Kostel sv. Bartoloměje), in ihrem Ursprung eine Klosterkirche aus dem Jahr 1295. 1421 wurde sie zerstört, 1507–1514 spätgotisch erneuert,

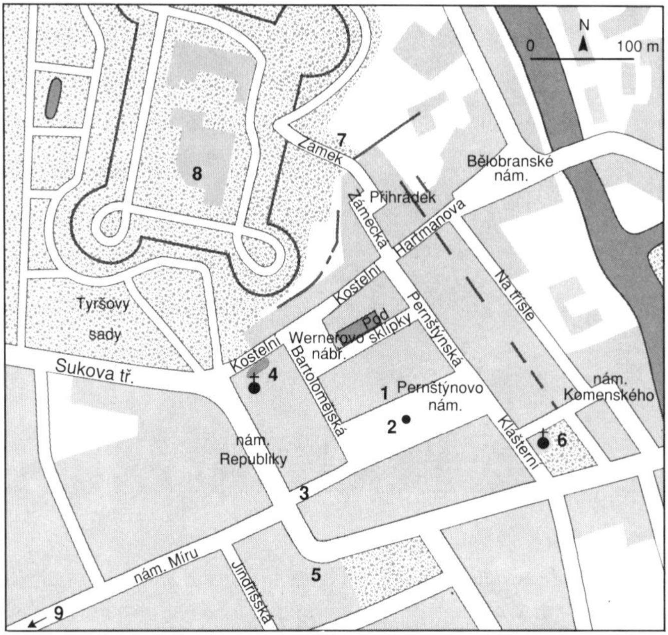

Pardubice
(Pardubitz)
1 Rathaus
2 Mariensäule
3 Grünes Tor
4 St. Bartholomäus
5 Ostböhmisches Theater
6 Mariä-Verkündigungs-Kirche
7 Dammweg
8 Renaissanceschloß
9 Kirche Johannes der Täufer

bereits 1538 im Stil der Renaissance verändert. Bei der Restauration in den Jahren 1912/13 erhielt die Stadtpfarrkirche ein schönes Fassadenmosaik nach Entwürfen von Mikoláš Aleš. Das **Ostböhmische Theater** (Východočeské divadlo) am anderen Ende des nám. Republiky erbaute der Architekt Antonin Balšanek 1906–1909 im Stil der Wiener Sezession. Die beiden Fassadenmosaike von František Urban zeigen das ›Urteil der Libussa‹ und ›Žižka vor Prag‹.

In der Klášterní ul. (Klostergasse), die vom Pernštýnovo nám. nach Süden führt, steht die gotische **Mariä-Verkündigungs-Kirche** (Zvěstování Panny Marie), erstmals 1359 erwähnt, 1507 erneuert. Nach Norden führt die Pernštýnská ul. mit zwei alten, im Kern noch gotischen Bürgerhäusern (Nr. 11 und Nr. 12) und setzt sich in der Zámecká ul. (Schloßgasse) fort, die hinter einem Torbogen einen winzigen, malerischen Platz erreicht, dessen einfassende Häuser einst die alte Vorburg ersetzten. Ein Durchgang öffnet sich auf einen Dammweg, der anstelle der einstigen Brücke über den heute ausgetrockneten Graben führt. An die Brücke erinnert noch eine **Nepomuk-Statue.** Der Damm endet vor dem Portal des **Renaissanceschlosses** (Zámek), das 1529 eine gotische Burg aus dem 13. Jh. ablöste. Den relativ engen Schloßhof umgeben zweigeschossige Arkaden. (Das Schloß wird zur Zeit gründlich restauriert). Durch den ehemaligen Burggraben schlängelt sich ein Pfad an den Resten der Stadtmauer vorbei zum Tyrš-Garten (Tyršovy sady) und zum nám. Republiky.

Die tř. míru (Friedensstraße) verbindet als Hauptgeschäftsstraße den historischen Stadtkern mit der neueren City. An der abzweigenden ul. bratranců Veverků (Gasse der Vettern Veverka) steht seit dem Jahr 1510 die gotische **Kirche Johannes' des Täufers** (Kostel sv. Jana Křtitele). 1563–1570 wurde sie im Stil der Renaissance umgestaltet. Die Vettern Václav und František Veverka erfanden 1832 den mechanischen Pflug; in der Nähe der Johanneskirche steht ihr Denkmal, ein Werk des Bildhauers J. Strachovský aus dem Jahr 1883.

□ Skansen Vysočina, Chlumec nad Cidlinou

35 km südlich von Pardubice liegt inmitten der lieblichen böhmisch-mährischen Grenzlandschaft der **Skansen Vysočina,** eines der schönsten und informativsten Freiluftmuseen Tschechiens. **Veselý kopec** heißt das alte Dorf, das im 16. und 17. Jh. von Holzfällern bewohnt war. Der Name *Veselý kopec* (Lustiger Berg) erinnert an König Wenzel II., der hier im Jahre 1302 mit seinem Gefolge ein lustiges Zechgelage veranstaltet haben soll. Durch das Dorf führte einst die Mährische Straße nach Žd'ár nad Sázavou. Die Mühle diente im 18. Jh. als Schenke für Fuhrleute und Reisende, doch der interessanteste Bau ist zweifellos eine *vierzehneckige (!) Scheune.* Am Bach unterhalb des Museumsdorfs arbeiten ein *Sägewerk,* eine *Hammerhütte* (Schmiede), eine *Kornmühle* und sogar eine *Ölmühle* für Leinsamen mitsamt einer Pflaumenmus-Kocherei.

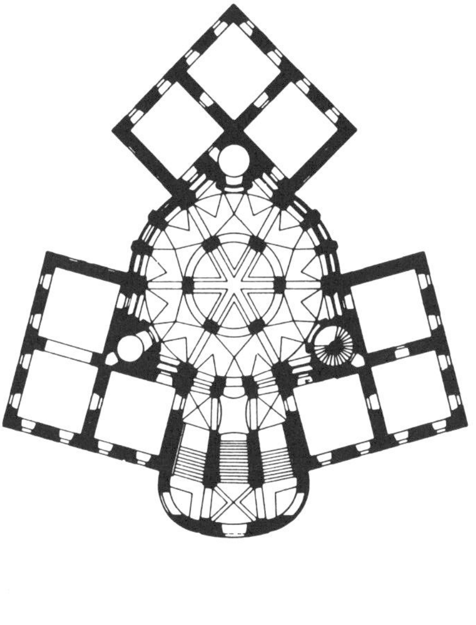

Die Staatsstraße 11 von Hradec Králové nach Prag zieht durch das Städtchen **Chlumec nad Cidlinou** (Chlumetz) mit dem **Barockschloß Karlova Koruna** (Karlskrone), einem der schönsten Schlösser Böhmens. Der Name des Schlosses geht auf Kaiser Karl VI. zurück, der hier während seiner Krönung zum König von Böhmen (1711) drei Tage gewohnt haben soll. Franz Ferdinand Graf Kinsky beauftragte den Baumeister Giovanni Battista Santini, 1721–1723 aus einer unscheinbaren mittelalterlichen Wasserburg einen repräsentativen Adelssitz zu errichten. Anhand zahlreicher kostbarer Exponate, darunter Werke der großen Barockmeister Karel Škréta, Peter Johann Brandl, Johann Kupetzký und Matthias Bernhard Braun, läßt sich hier die Entwicklung des böhmischen Barock von seinen Anfängen im 17. Jh. bis zu seinem Höhepunkt im ersten Viertel des 18. Jh. sehr gut nachvollziehen.

Karlova Koruna (Karlskrone), Grundriß eines der schönsten Barockschlösser Böhmens

Jičín (Jitschin)

Das schmucke Städtchen Jičín (17 000 Einwohner) an der Cidlina, einem Nebenfluß der Elbe (Labe), dient vielen Wanderern als Tor zum »Böhmischen Paradies« (Český ráj).

Im Jahr 1293 wurde Jitschin erstmals als Eigentum der Königin Jitka, der Gemahlin Wenzels II., erwähnt; man nimmt daher an, daß der Name der Königin auf den Ort überging. Die Königin verpfändete jedoch die Stadt, die später an die Herren von Wartenberg fiel. In den Hussitenkriegen blieb die Stadt ungeschoren, denn ihre Bürger hatten sich schnell den Reformern angeschlossen. Unter den Herren Trčka von Lípa nahm Jitschin im 16. Jh. einen wesentlichen Aufschwung.

Albrecht von Waldstein (Wallenstein) machte Jitschin zur Hauptstadt seines Herzogtums Friedland. Er kaufte am Stadtplatz mehrere Häuser und errichtete an deren Stelle ein Schloß. Er stiftete eine neue Kirche, ein Jesuitenkolleg, ein Gymnasium, baute sich bei Valdice (Walditz) ein Lustschloß, richtete in Jitschin eine Münzstätte ein und beabsichtigte, hier sogar ein Bistum und eine Universität zu gründen. 1634, mit dem Ende der Ära Wallenstein, war auch die Blütezeit Jitschins vorüber.

Als 1806 napoleonische Truppen in Österreich und Böhmen einmarschierten, brachte man die Reichsschätze in geheimer Aktion von Prag und Wien nach Jitschin, wo sie in den

Am Marktplatz von Jičín (Jitschin)

Kirchen der Stadt ein sicheres Versteck fanden. 1813 unterzeichneten im Konferenzsaal des Wallenstein-Schlosses Zar Alexander I. von Rußland, Kaiser Franz I. von Österreich und König Friedrich Wilhelm III. die »Heilige Allianz« gegen Napoleon I. – Am 28. April 1874 wurde in Jitschin der Schriftsteller und Literaturkritiker Karl Kraus geboren.

Die Südseite des weiten, von Laubenhäusern gesäumten Valdštejnovo nám. (Waldstein-Platz) beherrscht das 1625–1633 im Stil der Spätrenaissance errichtete **Waldstein-Schloß.** Mit dem Laubengang und den beiden Seitenerkern paßt es sich fast unauffällig

Adersbacher und Wekelsdorfer Felsen

Von Trutnov aus windet sich eine Straße, den Schienen einer Nebenstrecke folgend, in nordöstlicher Richtung nach **Adršpach** (Adersbach; 18 km) und nach **Teplice nad Metuji** (Wekelsdorf; 24 km). Beide Dörfer sind durch ihre einzigartigen ›Felsenstädte‹ berühmt, die **Teplicko-adršpašské skály.** Im Laufe von Jahrmillionen entstanden die bis zu 70 m hohen, seltsam geformten Gebilde – Felstürme, Felsnadeln, Felsbrücken – durch geologischen Druck, der die mächtige, auf dem Urgestein lagernde Sandsteinplatte hob und zum Bersten brachte; Wasser und Wind, Frost und Hitze modellierten das aufragende Gestein.

Die Adersbacher Felsen wurden 1734 entdeckt, die Wekelsdorfer Felsen kamen erst nach einem großen Waldbrand im Jahr 1824 zum Vorschein. Seit 1933 stehen beide Felsenstädte, vor allem wegen ihrer seltenen Flora und Fauna, unter Naturschutz. Durch die Skály führen markierte Rundwege von je 2–3 Std. Dauer. Wer sich mit *einer* Felsenstadt begnügen möchte, wähle die Adersbacher Felsen mit ihren besonders bizarren Formen, dem traumhaft schönen Felsensee und dem Rübezahl-Wasserfall.

Die **Felsenstadt von Adersbach** (Adršpašské skály) umfaßt rund sechzig bezeichnete Felsgebilde, wie den *Zuckerhut* (Homole cukru), *Rübezahls Zahn* (Krakonošův zub), das *Liebespaar* (Milenci), das *Krokodil* (Krokodýl), den *Russischen Kosaken* (Kozák), *Bürgermeister und Bürgermeisterin* (Starosta a Starostová), den *Schweidnitzer Turm* (Svidnická věž) und *Rübezahls Lehnsessel* (Krakonošova lenoška). Über den märchenhaften Adersbacher See, in dem sich die Felskulisse spiegelt, kann man sich mit dem Boot staken lassen. Bei dem Felsen *Goethova deska* erinnert eine Gedenktafel an Goethes Besuch. Vor dem Wasserfall (Vodopád), ein Stück weiter entfernt, rufen Kinder dreimal laut »Krakonoš! Krakonoš! Krakonoš!«; Rübezahl antwortet auf den herausfordernden Ruf, indem er das nur spärlich herabfließende Wasser zu einer donnernden und gischtenden Kaskade anschwellen läßt, vor der die Jungen und Mädchen schreiend auseinanderstieben. (Natürlich betätigt ein Aufseher den Wasserschieber am Auslauf des Sees.) Vom Echoplatz (Ozvěna) aus kehrt der Ruf in vielfachem Widerhall zurück.

den benachbarten Bürgerhäusern an. Im Schloß befinden sich heute ein *Museum* und eine *Gemäldegalerie*. Gezeigt wird auch der *Konferenzsaal*, in dem das »Dreikaisertreffen« stattfand.

Die frühbarocke, turmlose **St.-Jakobs-Kirche** (Kostel sv. Jakuba Většího) neben dem Schloß stammt aus dem Jahr 1627 und zählt zu den ersten barocken Zentralbauten Böhmens. Den Entwurf lieferte G. B. Pieroni, das Kuppelfresko und die Altarbilder malte Josef Kramolín. Von der imponierenden Stadtbefestigung (1568–1570) zeugt allein noch das 52 m hohe, im Stil der Renaissance gehaltene **Walditzer Tor** (Valdická brána) in der Südostecke des Valdštejnovo nám. 1768 wurde der Torturm ausgebessert, 1840 erhielt er Galerie und Dach in neogotischen Formen, 1939/40 wurde er sorgsam restauriert. Im 14. Jh. entstand zwischen Torturm und Schloß die **St.-Ignatius-Kirche** (Kostel sv. Ignáce); den Platz selbst zieren eine barocke **Mariensäule** (Pestsäule) von 1702, ein **Amphitrite-Brunnen** (Kašna se sochou Amfitrité) des Bildhauers Jan Sucharda von 1835 und der **Krönungsbrunnen** (Korunovační kašna) zu Ehren Ferdinands I., der auf seiner Krönungsreise 1836 durch Jitschin kam. Seit 1934 dient der Brunnen als meteorologische Meßstation.

Nordöstlich der Altstadt führt die unter Wallenstein angelegte vierreihige **Lindenallee** (Lipové stromořadí) zu dem 2,5 km entfernten Lustschlößchen **Libosad**, dessen *Loggia* als ein großartiges Beispiel des italienischen Manierismus gilt (Sebregondi, 1632).

Bei **Valdice** (Walditz) ließ Wallenstein von seinen Baumeistern Spezza und Sebregondi ein **Kartäuserkloster** (Kartouzy) errichten, in dem 1642–1758 seine sterblichen Überreste aufbewahrt wurden, bevor sie in der Annenkapelle der Schloßkirche von Mnichovo Hradiště (Münchengrätz) ihren heutigen Platz fanden.

Böhmisches Paradies (Český ráj)

Nordwestlich von Jičín beginnt das »Böhmische Paradies«, ein 130 km^2 großer Naturschutzpark mit bizarren Felsformationen, Kiefernwäldern und zahlreichen Burgen. Der reizvollste Teil des ›Paradieses‹ sind die **Prachower Felsen** (Prachovské skály) mit einem dichten Netz markierter Wanderwege. Einen Besuch lohnen die Ruinen der **Burg Trosky** (Hrad Trosky), wo auf zwei hoch aufragenden, schroffen Basaltfelsen die Türme *Panna* (»Jungfrau«; 57 m) und *Baba* (»Großmutter«; 47 m) stehen. Die Burg stammt aus dem 14. Jh., erhielt aber erst in unserer Zeit den Namen *Trosky* (»Trümmer«).

Die **Burg Kost** zählt zu den besterhaltenen mittelalterlichen Burgen Böhmens. Sie wurde in der zweiten Hälfte des 14. Jh. von den Herren von Wartenberg erbaut. Zu den gotischen Teilen der Burg gehören der große viereckige *Turm* an der Südostecke des trapezförmigen Hofes, der *Alte Palas* an der Südwestseite und die *Annenkapelle* im Südosten.

Bizarre Felsenstadt im Český ráj

Im frühen 16. Jh. fügten die Herren von Schellenberg den spätgotischen *Neuen Palas* hinzu (heute am besten erhalten). Um die Mitte des 16. Jh. folgte ein dritter Palas für die Herren von Biberstein. Die frühbarocke *Sala terrena* neben dem Hauptturm entstand 1629 unter Albrecht von Waldstein. Die Lobkowitz bauten anschließend eine Vorburg und eine Brauerei. 1635 brannte die Burg ab; 1686 stürzte der Alte Palas ein, an seine Stelle trat ein Speicher. Nach 1953 wurde die Burg stilgetreu restauriert und zeigt heute eine interessante Sammlung spätgotischer Kunst.

Auf einem Hügel über dem Städtchen **Sobotka** baute Carlo Lurago 1666–1668 für Humprecht Jan Czernin von Chudenice das barocke **Jagdschlößchen Humprecht,** das heute ein Kunst- und Literaturmuseum beherbergt. – Schließlich erwarten noch die **Burgruine Waldstein** (Valdštejn), Stammsitz der Familie Waldstein (Wallenstein), die ›Felsenstadt‹ **Hrubá skála** mit dem gleichnamigen *Schloß* und die Felsformationen der *Büttelstübchen* (Drábské světničky) den Besucher.

Turnov (Turnau), ein Städtchen an der Iser (Jizera), begrenzt das Böhmische Paradies nach Norden. Die Stadt der Halbedelsteinschleifereien und Glasmanufakturen (14 000 Einwohner) besteht schon seit dem 13. Jh. Die *St.-Nikolaus-Kirche* stammt aus dem 14. Jh. und wurde 1722 barock erneuert. 1651–1655 entstand die frühbarocke *Franziskanerkirche,* und die monumentale neogotische *Mariä-Himmelfahrts-Kirche* auf dem Friedhof, 1825–1853 von dem Architektenteam J. Hausknecht, K. A. Schramm und B. Grueber entworfen, ist ebenfalls einen Besuch wert.

Trutnov (Trautenau)

Die malerische Kreisstadt Trutnov (30 000 Einwohner), Zentrum der böhmischen Flachsspinnerei, wird gern »Perle des Riesengebirges« oder »Tor zu Rübezahls Reich« genannt. Die seit 1982 laufende Restaurierung des historischen Stadtkerns ist nahezu abgeschlossen.

Deutsche Kolonisten gründeten auf Veranlassung Ottokars II. Přemysl die Siedlung *Trautenau* an der Aupa (Úpa), einem kleinen Nebenfluß der Elbe. Seit dem 13. Jh. gehörte sie zum Leibgedinge der böhmischen Königinwitwen, die daraus ihre Einkünfte bezogen. Unter König Johann von Luxemburg (1310–1346) erhielt Trautenau Stadtrechte und entwickelte sich zum Hauptort des böhmischen Riesengebirges. Im Dreißigjährigen Krieg (1618–1648) wüteten mehrmals die Schweden in der Stadt, deren Bewohner auch in den drei Schlesischen Kriegen (1740–1742; 1744/45; 1756–1763) und im Bayerischen Erbfolgekrieg (1778/79) zu leiden hatten. Am 27. Juni 1866, sechs Tage vor der Schlacht bei Königgrätz, schlugen die Österreicher bei Trautenau eine preußische Heeresabteilung zurück – ihr einziger Sieg im »Deutschen Krieg« von 1866. Auf dem Gablenzberg steht das monumentale Siegesmal für Feldmarschall Ludwig von Gablenz (1868).

Die Besichtigung Trutnovs kann sich auf den gemütlichen **Ring,** den von schönen Laubenhäusern aus der Zeit der Renaissance und des späten Barock gerahmten Hlavní nám.

(Hauptplatz) beschränken. Auf dem Ring steht die 11 m hohe *Dreifaltigkeitssäule* von 1704. Hier sprudelt seit 1892 der *Rübezahlbrunnen,* der dem mächtigen Berggeist des Riesengebirges gewidmet ist (s. S. 321).

Die spätbarocke **Kirche Mariä Geburt** errichtete Leopold Niederöcker 1755–1782 anstelle einer Pfarrkirche aus dem 13. Jh. Im Stil der Neorenaissance präsentiert sich das **Rathaus,** in dessen Untergeschoß ein gemütliches Weinrestaurant untergebracht ist. Das **Museum** in den Formen des Empire nimmt den Platz der früheren Burg, des königlichen Witwensitzes, ein. 1890 als »Gebirgsvorlandmuseum« (heute Muzeum Podkrkonoší) gegründet, bietet es historische und ethnographische Sammlungen der Region.

□ Hostinné, Vrchlabí

Hostinné (Arnau), 18 km westlich von Trutnov, entstand im frühen 12. Jh. neben einer heute nicht mehr existenten Burg und gilt als älteste Stadt des Riesengebirges. Hostinné ist heute eine »Stadt des Papiers«, denn viele seiner 5000 Einwohner arbeiten in der hiesigen Papierindustrie.

Den quadratischen *Haupt- und Marktplatz,* samt Mariensäule von 1678, umgeben Laubenhäuser, deren Äußeres zwar der Renaissance angehört, deren Grundmauern aber gotischen, zum Teil sogar romanischen Ursprungs sind. Auf gotischen Fundamenten ruht auch das prächtige *Renaissancerathaus,* dessen vorgebauter viergeschossiger Turm mehrmals verändert wurde und im 17. Jh. einen Barockhelm erhielt. Zwei 6 m hohe steinerne Figuren, die sagenumwobenen ›Arnauer Riesen‹ halten an den Turmecken das Stadt- und das Reichswappen. Die beiden Riesen stellen statt des sonst üblichen Rolands einen Bäcker und einen Fleischer dar und symbolisieren somit die Macht der beiden einflußreichsten Innungen. Das Rathaus beherbergt ein *Stadtmuseum* mit einer kunsthandwerklichen Sammlung. Das Tor vor der frühgotischen *Dreifaltigkeitskirche,* 1539 im Stil der Renaissance umgebaut, schmücken barocke Heiligenstatuen.

›Arnauer Riese‹ in Hostinné (Arnau)

Eine Delikatesse ganz besonderer Art bietet die frühere Franziskanerkirche mit ihrer *Galerie antiker Kunst* (Galérie antického umění). Schon der Sakralbau vom Ende des 16. Jh. ist eine Besonderheit, denn um die Mitte des 18. Jh. erhielt er bei seiner barocken Umgestaltung ein zweites Schiff, was ihn zu einer europäischen Rarität machte. Noch bedeutender ist aber die Galerie antiker Kunst, eine einzigartige Sammlung von Gipsabgüssen griechisch-römischer Skulpturen, eine Sammlung, die zu den größten ihrer Art überhaupt zählt. Als die Prager Karlsuniversität 1872 die Sektion für klassische Archäologie einrichtete, bat man alle bedeutenden Museen der Welt um Gipsabgüsse der Originalskulpturen. So kamen schnell mehrere hundert Objekte zusammen, wobei es mehrfach gelang, antike Kunstwerke, deren einzelne Originalteile verschiedene Museen hüten, mit Hilfe der Gipsabgüsse wieder zusammenzufügen. So entstand z. B. die griechische Gruppe ›Aufforderung zum Tanz‹ (3. Jh. v. Chr.) aus dem Torso des Satyrn (Florenz), seinem Kopf (Pariser Louvre), dem Torso der Nymphe (Brüssel) und ihrem Kopf (Dresden). 1969 kam die Gipssammlung nach Hostinné in die frisch restaurierte Klosterkirche. Wer sich für antike Kunstwerke interessiert, kann hier u. a. den Wagenlenker von Delphi, die Laokoongruppe und die Aphrodite von Knidos bewundern.

Vrchlabí (Hohenelbe; 13 000 Einwohner) wurde bereits im 13. Jh. gegründet und 1534 zur Bergstadt erhoben. Den Bergbau ergänzten später die Weberei und Holzverarbeitung als kärgliche Einkommensquellen; erst das Erwachen des Tourismus verbesserte die wirtschaftliche Lage der Hohenelber. 1886 gründete Guido Rotter in Hohenelbe die erste Jugendherberge der Welt.

Sehenswert ist das *Rathaus* von Vrchlabí, das 1581 im Stil der Renaissance erbaut und 1732–1735 barockisiert wurde. An der Durchgangsstraße nach Špindlerův Mlýn (s. S. 322) stehen noch einige schöne, alte *Holzlaubenhäuser* des 17. und 18. Jh. Die neogotische *Stadtkirche* stammt aus dem Jahr 1888. Die Mariensäule wurde 1696 aufgestellt. Das *Schloß* der Grafen Czernin-Morzin entstand 1546–1614. Hier kam der Architekt des Schlosses, Christoph von Gendorf, königlich böhmischer Berghauptmann, der Vorliebe des Grafen für Zahlensymbolik entgegen: Die vier Türme symbolisieren die vier Jahreszeiten, die zwölf Tore die Monate, die 52 Räume die Wochen und die angeblich 365 Fenster die Tage des Jahres. Im Schloß residiert heute die Verwaltung des Riesengebirgsnationalparks.

Das seit 1705 bestehende *Augustinerkloster* in der Husova ul. (Husgasse) nahm 1941 die seit 1883 aufgebauten natur- und kulturgeschichtlichen Sammlungen des Deutschen Riesengebirgsvereins auf und zeigt sie heute unter dem Thema »Stein und Leben« in moderner Darstellungsweise (*Riesengebirgsmuseum*, Krkonošské muzeum).

Riesengebirge (Krkonoše)

Seit 1963 sind rund 385 km^2 des böhmischen Riesengebirges Nationalpark (Krkonošský národní park). Zusammen mit dem 55 km^2 großen Riesengebirgspark jenseits der Grenze bildet er das größte zusammenhängende Naturschutzgebiet Mitteleuropas. Tiere, Pflanzen und Steine sind geschützt, jedes Verlassen der hervorragend markierten Wanderwege wird mit Geldbuße geahndet. Daß man ein solches Naturparadies nicht mit Abfällen belastet, versteht sich von selbst. Trotzdem führt die jährlich wachsende Schar

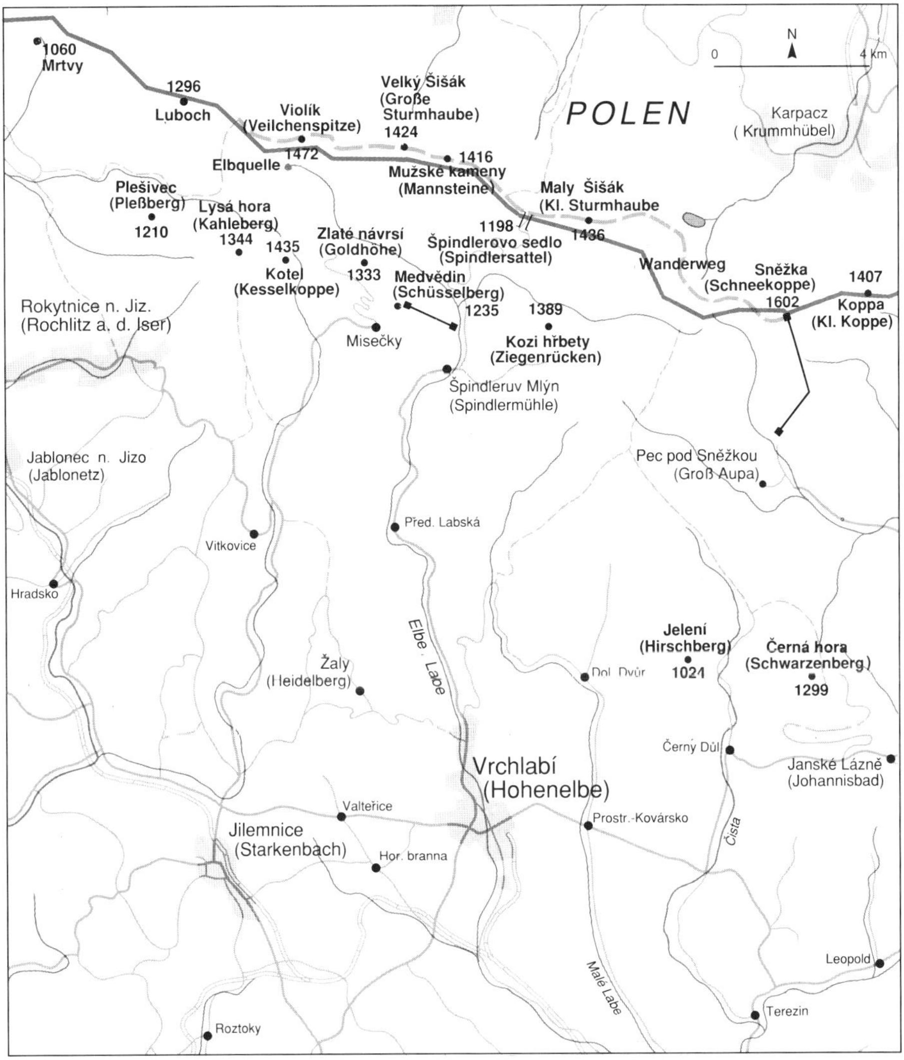

Das Riesengebirge (Krkonoše)

von Wanderern zu derartigen Schäden, daß manche besonders beliebte Routen ein volles Jahr gesperrt werden müssen, damit sich die Natur regenerieren kann.

Im Riesengebirge, dem höchsten Gebirge Böhmens, herrscht Rübezahl (tschech. *Krakonoš*), der gewaltige Berggeist, der mit Wanderern nicht selten seine Scherze treibt. Wenn bei strahlend blauem Himmel urplötzlich eine Wolkenwand die von krummen Latschen bewachsenen Berghänge emporbrodelt und die eisigen Schwaden den Wanderer umwirbeln, ist Rübezahl da: Sein langer, weißer Bart folgt dem Wind, sein schwarzer Umhang flattert (s. S. 321).

Das Riesengebirge besteht in seinem böhmischen Teil aus zwei Kämmen: dem Haupt- oder Grenzkamm und dem Böhmischen Kamm. Der **Hauptkamm** beginnt im Westen mit der Veilchenspitze (Violík, 1471 m), zieht über das Hohe Rad (Vysoké Kolo, 1506 m) zur Großen Sturmhaube (Velký Šišák, 1424 m), senkt sich zu den Mann- und Mädchensteinen (Mužské a Dívčí kameny, 1416 und 1414 m) und dem Spindlersattel (Špindlerovo sedlo, 1198 m), hebt sich zur Kleinen Sturmhaube (Malý Šišák, 1440 m) und zum Lahnberg (Stříbrný hřbet, 1490 m), erreicht die höchste Erhebung, die *Schneekoppe* (Sněžka, 1602 m; s. S. 323), und sinkt zu den Grenzbauden (Pomezní boudy, 1050 m) herab. Der **Böhmische Kamm** steigt über den Pleßberg (Plešivec, 1210 m) und den Kahleberg (Lysá hora, 1344 m) zur Kesselkoppe (Kotel, 1435 m) und zur Goldhöhe (Zlaté návrší, 1333 m) hinauf, wird hinter dem Schüsselberg (Medvědín, 1235 m) durch das tiefe Elbtal (Labský důl) unterbrochen, um sich jenseits des Tales mit dem Ziegenrücken (Kozí hřbety, 1390 m) bis zur Vereinigung mit dem Hauptkamm fortzusetzen. Der Böhmische Kamm greift mit einigen Ausläufern südwärts: mit dem Heidelberg (Přední Žalý, 1019 m) bei Vrchlabí, dem Bönischberg (auch Hirschberg, Jelení, 1024 m) bei Černý Důl und dem Schwarzen Berg (Černá hora, 1299 m) bei Janské Lázně. Zwischen Hauptkamm und Böhmischem Kamm liegen die beiden schönsten Riesengebirgstäler: der **Elbgrund** (Labský důl) mit den Wasserfällen von Elbe (Labe) und Pantsche (Pančava) und der **Weißwassergrund** (Důl Bílého Labe).

Eine Besonderheit des Riesengebirges sind die malerischen, oft auch hochmodernen *Bauden* (tschech. *boudy*). Sie bieten Getränke aller Art, kräftiges und schmackhaftes Essen und meist auch eine bescheidene Übernachtungsmöglichkeit (vorherige Anmeldung ratsam). Die *Bauden* haben ihren Ursprung in den Schutzhütten für das Vieh. Die meisten von ihnen behielten ihre Bescheidenheit, manche aber wuchsen zu vielstöckigen Superhotels, wie die neue Elbfallbaude (Labská bouda). Ausgangspunkte für Wanderungen sind die kleinen Städte Rokytnice nad Jizerou und Vrchlabí (s. S. 318) am Südfuß des Riesengebirges sowie die Gebirgsorte Harrachov, Špindlerův Mlýn, Pec pod Sněžkou und Janské Lázně.

Rokytnice nad Jizerou (Rochlitz an der Iser) entstand im 15. Jh. als Bergmannssiedlung. Im 16. Jh. wirkte hier eine Glashütte. Vom 17. Jh. an gingen die Bewohner von Rochlitz der Weberei nach; 1873 wurde hier sogar eine Weberfachschule eröffnet. Seit dem 20. Jh. leben die 6000 Einwohner fast ausschließlich vom Fremdenverkehr, denn Rokytnice entwickelte sich zu einem Zentrum für Sommerfrischler und Wintersportler.

Harrachov (Harrachsdorf; 3000 Einwohner) liegt inmitten schöner Nadelwälder am Südwestfuß des Riesengebirges im Tal der Mummel (Mumlava). Das »Dörfl« wurde im 17. Jh. gegründet und erhielt im 18. Jh. den Namen der herrschenden Grafen Harrach. Im Nachbardorf Neuwelt, heute als Nový Svět eingemeindet, richtete der Graf 1712 eine Glashütte ein, deren Erzeugnisse weltweit begehrt waren. In Neuwelt begann die Kar-

Rübezahl, der Berggeist des Riesengebirges

Wer je die Höhen des Riesengebirges durchwandert hat, am Elbfall stand und bis zu den Elbquellen vorgedrungen ist (s. S. 322), der weiß, wie schnell sich hier oben das Wetter ändert, wie schwarzgraue Wolken urplötzlich die Sonne verdunkeln und als dichte Nebelschwaden auf den Wanderer zurasen, ihn umtanzen, bis ihm schwindlig wird und er den Weg nicht mehr erkennt. Dann ist Rübezahl am Werk, der Herr des Riesengebirges, der Wetterdämon, der launische und zu allen Streichen aufgelegte Berggeist. Wie er aussieht, weiß niemand so recht, nicht einmal die, die ihm angeblich begegneten, wenn er aus dem Schatten einer sturmgebeugten Bergkiefer heraustrat. Dem einen erschien er als frommer Mönch, einem anderen als freundlicher Riese, ein dritter erkannte ihn in einer Kröte, ein vierter sah ein bärtiges Bergmännlein. Die meisten kennen ihn als großen, kräftigen, bärtigen Mann, so wie er seit 1892 in Trautenau (heute Trutnov) auf einem Brunnen steht. Guten Menschen soll Rübezahl helfen, böse bestraft er, die Armen beschenkt er und plündert die Reichen. Er neckt die harmlosen Wandersleut' und treibt mit ihnen seinen Schabernack, doch wehe, wenn man ihn ärgert!

Geschichten über den Berggeist erzählen die Alten schon lange, zumindest seit jener Zeit, als Menschen erstmals die unwirtlichen Bergkämme betraten. Wohl im 16. Jh. tauchten die ersten Sagen auf, sie entstanden in den Dörfern des Riesengebirges, kamen nach Sachsen, Thüringen und in den Harz. Hunderte von Geschichten kannten die Riesengebirgler; der Leipziger Magister Johannes Praetorius zeichnete sie im 17. Jh. in seinen ›Daemonologia Rubinzalii Silesii‹ auf. Und im 18. Jh. nahm der Thüringer Gymnasiallehrer Johann Karl August Musäus die Rübezahlgeschichten in seine fünf Bände ›Volksmärchen der Deutschen‹ auf.

Warum der große Berggeist den merkwürdigen Namen »Rübezahl« trägt, vermag niemand überzeugend zu erklären. Er komme vom mittelhochdeutschen *hriobzagel* (= Rauhschwanz) oder von *ruebzagel* (= Rübenschwanz), meinen viele. Musäus entschied sich für die Version *Rübenzähler* und begründete das mit der Geschichte von der schönen Königstochter, die den Berggeist überlistete, indem sie ihn Rüben zählen ließ. Heute neigt die Forschung mehr der These zu, daß der Name »Rübezahl« aus dem mittelhochdeutschen *ribe* (= Dirne) und *zagel* (= Schwanz) in obszöner Bedeutung entstand, was der derben Ausdrucksweise des 16. Jh. durchaus entsprach. Als die Deutschen 1945 das Riesengebirge verlassen mußten, blieb Rübezahl zurück. Als *Krakonoš* neckt und schreckt er weiterhin die Wanderer.

riere des berühmten Glasschleifers Dominik Biemann (1800–1857), die ihn nach Prag und schließlich nach Franzensbad führte, wo er Porträts von Goethe, Beethoven und Mitgliedern des Kaiserhauses und des Hochadels in Glas schnitt. Seine signierten Arbeiten sind in vielen Museen Europas zu sehen. Noch heute schleifen in der Glashütte Harrachov hochqualifizierte Handwerker auf den alten, aber bewährten Schleifbänken edelstes Kristallglas. Ein *Glasmuseum* und eine Verkaufsstelle für böhmisches Glas erinnern an die jahrhundertealte Harrachsdorfer Tradition (s. S. 300). Als Sommerfrische, mehr noch als Wintersportort mit Sprungschanzen, zahlreichen Skilifts und Abfahrtshängen ist Harrachov heute ein international besuchter Ort.

Špindlerův Mlýn (Spindlermühle, s. Farbabb. 18), einen Luftkurort in 750–850 m Höhe, gründeten im 17. Jh. Tiroler Waldarbeiter. Sein Name geht auf die Wassermühle eines gewissen Spindler zurück. Bis 1630 holte man hier Silber und Kupfer aus dem Berg. Heute ist Špindlerův Mlýn der Mittelpunkt des Fremdenverkehrs im Krkonoše.

Janské Lázně (Johannesbad), das ›Badgastein des Riesengebirges‹, gründete 1677 Johann Adolf Fürst Schwarzenberg im bezaubernden Tal der Aupa (Úpa). In diesem Badeort mit seiner Thermalquelle (29,6 °C) und mehreren eisenhaltigen Quellen lassen sich bei Nervenkrankheiten und Erkrankungen des Bewegungsapparats die Kuranwendungen hervorragend mit Wanderungen und Wintersport verbinden. Wanderwege und eine Kabinenseilbahn führen zum **Schwarzen Berg** (Černá hora, 1299 m) empor. Wer den Höhenunterschied von 550 m zu Fuß überwinden möchte, folge dem *Lobkowitzweg* zu

Ausflug zu Elbquelle und Elbfall

Mit dem Wagen fährt man von Jilemnice (Starkenbach) in nördlicher Richtung bis Misečky (Schüsselbauden), läßt den Wagen am Ende der Straße auf dem großen Parkplatz stehen und steigt in den Bus um, der die Wanderer zur Vrbatabaude (Vrbatova bouda) bringt. Von hier aus führt ein markierter Weg zum Pantschefall (Vodopád Pančavy), dem höchsten Wasserfall des Riesengebirges (130 m), und weiter zur **Elbfallbaude** (Labská bouda) am Steilabfall der Elbwiese (Labská louka), einem mit Latschen besetzten Hochmoor (1386 m), in dem die Elbe entspringt. Eine eigentliche Quelle gibt es nicht, vielmehr vereinigen sich von der Elbwiese abfließende Wasser zu einem kleinen Bach. Der **Elbbrunnen** (Labská studanka bzw. pramen Labe) symbolisiert die Quelle. Eine Bronzetafel ist Jan Buchar, dem großen Förderer des Wanderns im böhmischen Riesengebirge, gewidmet. Schließlich stehen zwei Reihen von Wappen für alle Städte, die die Elbe auf ihrem Weg zur Nordsee begleiten. Nordöstlich der Elbfallbaude zieht der Weg zum 40 m hohen **Elbfall** (Labský vodopád), von dem aus die junge Elbe durch den 8 km langen **Elbgrund** (Labský důl), das romantische Gebiet der »Sieben Gründe«, rauscht, wo im Jahr 1762 der letzte Bär des Riesengebirges geschossen wurde. In Höhe des Restaurants *Myslivna* (Forsthaus) vereinigt sich die Elbe mit der Weißen Elbe (Bílé Labe) und nähert sich dem Ort Špindlerův Mlýn (Spindlermühle). Den begleitenden **Harrachweg** schuf 1879 Graf Harrach, der die 260 ha des Elbgrunds schon im Jahr 1904 zum Naturschutzgebiet erklärt hatte.

den Spiegelbauden (Zrcadlovky) und von dort zum Gipfel mit der Sokol-Baude (Sokolská bouda) und dem Berghotel (Horský hotel). Von hier geht es weiter zum **Schwarzenbergtorf** (Černohorská rašelina), dem höchsten unter Naturschutz stehenden Hochmoor des Riesengebirges. Ein 4 km langer Lehrpfad führt durch das Reservat.

Pec pod Sněžkou (Petzer) am Fuß der Schneekoppe (Sněžka), im 15. Jh. als Bergbausiedlung entstanden, gehört heute mit Sprungschanze und mehreren Rodelbahnen zu den bedeutenden Fremdenverkehrsorten des Riesengebirges. Vom Riesengrund (Obří důl) oberhalb des Ortes führt ein Sessellift in zwei Abschnitten über den Rosenberg (Růžová hora, 1390 m) zur Schneekoppe (1602 m) hinauf. Der Aufstieg zu Fuß erfordert etwa 3 Std. Auf dem Gipfel der **Schneekoppe** (Sněžka), über den die tschechisch-polnische Staatsgrenze verläuft, steht die 1868 erbaute *Böhmische Baude* (Česká bouda) mit der Bergstation des Sessellifts. Bis zum Jahr 2000 sollen die morsche Baude und der altersschwache Sessellift durch neue Einrichtungen ersetzt werden. Auf polnischer Seite schwankt die im Jahr 1900 aus Holz gezimmerte ehemalige Wetterwarte mit ihrem 15 m hohen Turm im Wind. Ebenfalls aus Holz ließ der schlesische Graf Schaffgotsch 1665–1681 die runde *St.-Laurenzi-Kapelle* auf die Koppe setzen. Die Stelle der früheren »Schlesischen Koppenbaude« nimmt heute ein modernes Berghotel mit integrierter meteorologischer Station ein. Die Aussicht von der Schneekoppe ist berühmt, sie reicht an klaren Tagen bis zum Fernsehturm von Liberec, bis zum schlesischen Zobten und manchmal sogar bis zum Weißen Berg bei Prag.

Náchod (Nachod)

Ein mächtiges Schloß der Piccolomini beherrscht die kleine Industriestadt Náchod (22 000 Einwohner) an der Mettau (Metuje), einem Nebenfluß der Elbe. Ottavio Piccolomini, der Mörder Wallensteins (s. S. 24), stattete seine Residenz mit kostbaren Gemälden und Gobelins aus.

In der Mitte des Marktplatzes steht die gotische **Dekanatskirche St. Laurentius**, die Anfang des 14. Jh., bald nach der Stadtgründung, erbaut und 1570–1578 von Václav Baltazar im Stil der Renaissance umgestaltet wurde. Die beiden mit Holzschindeln gedeckten Türme sehen recht verschieden aus, weshalb man sie »Adam und Eva« nannte. Die frühbarocke **Dreifaltigkeitssäule** vor der Kirche stammt aus dem Jahr 1695. Die **Dekanei** wurde 1727 erbaut. Das **Barockrathaus** errichtete Carlo Lurago 1637–1659; 1856 baute man es spätklassizistisch um. Im Pflaster des nám. Republiky (Platz der Republik) und in der anschließenden Kamenice ul. (Steinerne Gasse) entdeckt der aufmerksame Besucher je ein Hufeisen, das an die Flucht des Winterkönigs (s. S. 26) erinnern soll.

Hoch über der Stadt thront das imposante **Schloß**, das aus einer Grenzburg (um 1250) des Grafen Hron von Nachod hervorgegangen ist. 1554–1614 bauten die Herren von Smiřice die Feste im Renaissancestil um. Dabei entstand das *Smiřický-Schloß* im Süden des

Areals. Aus gotischer Zeit blieb allein der mächtige Rundturm erhalten. Nach 1634 wurden dem Florentiner Ottavio I. Piccolomini-Pieri Schloß und Herrschaft Nachod von Ferdinand II. als Dank für seine Verdienste geschenkt. Carlo Lurago erneuerte und ergänzte die Anlage 1650–1659 durch den *Piccolomini-Bau.* Dieser birgt eine Marienkapelle mit großartigen frühbarocken Stukkaturen von Domenico Rossi und Andrea Cyrus. 1729–1731 fügte Anton Brath im Norden zwei Amtsgebäude an den Schloßkomplex. Das prachtvolle Piccolomini-Portal entwarf Severin Stolař. Die Nordseite schließt seit dem 17. Jh. eine runde Bastei ab. Der von Lurago im Smiřický-Schloß eingerichtete *Spanische Saal* wurde um die Mitte des 18. Jh. im Stil des Rokoko renoviert; Felix A. Scheffler schuf das Fresko ›Verherrlichung des Ottavio I. Piccolomini‹.

Bemerkenswert ist die Ausstattung des Schlosses mit einer Serie von Brüsseler Wandteppichen nach Vorlagen von Jakob Jordaens (erste Hälfte 17. Jh.). 1792 kaufte Herzog Peter von Kurland Schloß und Herrschaft Nachod. Nach dem Verlust seiner baltischen Provinz ließ er sich als vermögender und sachkundiger Kunstmäzen in Böhmen nieder und ergänzte die Sammlung der Piccolomini durch kostbare Gemälde. 1812 waren die Schriftstellerin Elisa von der Recke und ihr Seelenfreund, der Dichter Ludwig Tieck, Gast des Herzogs. Letzte Herren auf Schloß Nachod waren die deutschen Fürsten von Schaumburg-Lippe.

□ Broumov, Nové Město nad Metují, Česká Skalice, Ratibořice, Kuks, Betlém

Das Städtchen **Broumov** (Braunau), 33 km nordöstlich von Náchod, ist der Mittelpunkt des *Braunauer Ländchens* (Broumovská vrchovina), das westlich vom heute polnischen »Glatzer Kessel« tief nach Schlesien hineinragt. 1322 entstand hier ein **Benediktinerkloster,** das den Äbten der Prager Abtei Breunau unterstand, die aber zumeist in Braunau residierten. Der mächtige Klosterbau, 1726–1748 von Kilian Ignaz Dientzenhofer barock erneuert, überragt die kleine Stadt. Die *Klosterkirche zum hl. Adalbert* war schon um 1690 von dem Baumeister Martin Allio, dem Maler Johann Jakob Steinfels und dem Stukkateur Tommaso Soldati in eine Perle des Barock verwandelt worden.

Die *Peter-und-Paul-Kirche* nahe dem Ringplatz mit Rathaus (1542) und prächtiger Mariensäule (Johann Brokoff, 1706) stammt aus dem 13. Jh. Auch die katholische *Wenzelskirche* erbaute Kilian Ignaz Dientzenhofer, nachdem der lutheranische Vorgängerbau nach 1618 abgerissen worden war. Die Schließung dieser Kirche durch den Braunauer Abt führte zu schweren Unruhen, die mit zum Ausbruch des böhmischen Ständeaufstands beitrugen und schließlich in den Dreißigjährigen Krieg mündeten. Interessant ist auch die der Gottesmutter geweihte *Friedhofskirche* im Süden Broumovs, erbaut im 14. Jh., erneuert um 1449, die älteste noch existierende Holzkirche Böhmens.

Am Nordwestfuß des Adlergebirges (Orlické hory) liegt auf einem von der Mettau (Metuje) umflossenen Bergsporn die Stadt **Nové Město** (Neustadt; 7000 Einwohner), deren Besuch allein des Schlosses wegen lohnt. Über die Entstehungszeit des Ortes ist wenig bekannt. Im Jahr 1501 erhielt die Siedlung Stadtrechte, sie fiel 1526 einer Feuers-

Zwerg im Schloßpark von Nové Město

brunst zum Opfer und wurde unter der neuen Herrschaft der Grafen Pernstein (s. S. 308) in den Formen der Renaissance wieder aufgebaut. Die mittelalterliche Feste verwandelten die Pernsteiner in ein prächtiges Schloß, das noch heute die Stadt überragt.

Den Marktplatz umschließen schöne Laubenhäuser aus dem 16. Jh., darunter das Rathaus mit Lauben und Giebelkranz. Auch die Pfarrkirche entstand im frühen 16. Jh. Vom Markt aus überquert eine Brücke (1910) den einstigen Burggraben zum **Renaissanceschloß** mit seinem hohen, runden, überkuppelten Turm, dem *Máselnice* (Butterfaß). 1655–1661 gab Carlo Lurago dem Schloß ein frühbarockes Aussehen. Im 19. Jh. war das Schloß verlassen und verfiel, bis es 1908 der Textilinustrielle Josef Bartoň kaufte und von Dušan Jurkovič im Geist des späten Jugendstils restaurieren ließ. Ein Teil der Innenräume bekam dadurch ein völlig neues Gesicht. Die Schloßterrassen verband Jurkovič 1910 durch eine verspielte Holzbrücke mit den Gärten unterhalb des Schlosses. Auch die Garten- und Parkanlagen wurden auf eindrucksvolle Weise umgestaltet. Die Terrassenmauer schmücken 24 Zwerge, die die Werkstatt des Matthias Bernhard Braun nach Zeichnungen des Franzosen Jacques Callot fertigte. Auch vor dem Graben beiderseits der Brücke stehen Brauns originelle Zwerge, die ursprünglich für Schloß Kuks (s. S. 327) vorgesehen waren, 1740 aber nach Benátky nad Jizerou (Benatek an der Iser) kamen und 1932 von Bartoň für sein Neustädter Schloß erworben wurden.

Das Schloß bewahrt wertvolle Sammlungen, darunter einige flämische Meister, vor allem aber Werke der tschechischen Kunst des 19. und 20. Jh.

Die kleine Stadt und Sommerfrische **Česká Skalice** (Böhmisch-Skalitz; 5000 Einwohner) liegt 10 km südwestlich von Náchod an der Aupa (Úpa), einem Nebenfluß der Elbe. 1238 wurde Groß-Skalitz – diesen Namen trug der Ort bis ins 18. Jh. hinein – erstmals erwähnt. Das im Jahr 1586 errichtete *Rathaus* wurde 1797 nach einem Brand umgebaut und zuletzt 1864 neogotisch verändert. Die *Pfarrkirche Mariä Himmelfahrt*, deren Mauern bis in das 14. Jh. zurückreichen, erhielt 1725 im Auftrag der Gräfin Anna Viktoria von Piccolomini barocke Formen. Beachtung verdienen der 1712 von Severin Tischler geschnitzte Hochaltar und das in Zinn gegossene gotische Taufbecken mit der hl. Barbara und den Aposteln. In der *Alten Schule* (Stará škola), einem Holzbau von 1798, war Božena Němcová zur Schule gegangen. Im einstigen *Steidler-Gasthaus* (Steidlerův hostinec) aus dem 18. Jh. erinnert ein Museum an die Schriftstellerin. Božena Němcová, geb. Barbara Pankl (1820–1862), schrieb u. a. den z. T. autobiographischen Roman ›Babička‹ (›Großmutter‹), der die Entwicklung der tschechischen realistischen Prosa stark beeinflußte. Das Museum vermittelt auch einen Einblick in die örtliche

Kuks (Kukus)
A Schloß, früheres Spital, mit Dreifaltigkeitskirche B Spitalterrasse mit Barockstatuen des M. B. Braun C Schloß- bzw. Spitalgarten D Friedhof E Treppenanlagen F Ehem. Badehaus mit Thermalquellen G Neptunkaskaden H Kurgästehäuser

Barockstatuen
1 Religion 2 Selig, die reinen Herzens sind 3 Selig die Sanftmütigen 4 Selig, die Verfolgung leiden um der Gerechtigkeit willen 5 Selig, die nach Gerechtigkeit dürsten 6 Selig die Armen im Geiste
7 Selig die Friedfertigen
8 Selig die Barmherzigen
9 Selig die Leidtragenden

10 Engel des seligen Todes
11 Glaube
12 Hoffnung
13 Liebe
14 Geduld
15 Weisheit
16 Standhaftigkeit
17 Keuschheit
18 Fleiß
19 Freigebigkeit
20 Aufrichtigkeit
21 Gerechtigkeit

22 Engel des kläglichen Todes
23 Hochmut
24 Geiz
25 Unzucht
26 Neid
27 Völlerei
28 Zorn
29 Faulheit
30 Verzweiflung
31 Leichtsinn
32 Verleumdung
33 Arglist
34 Betrug

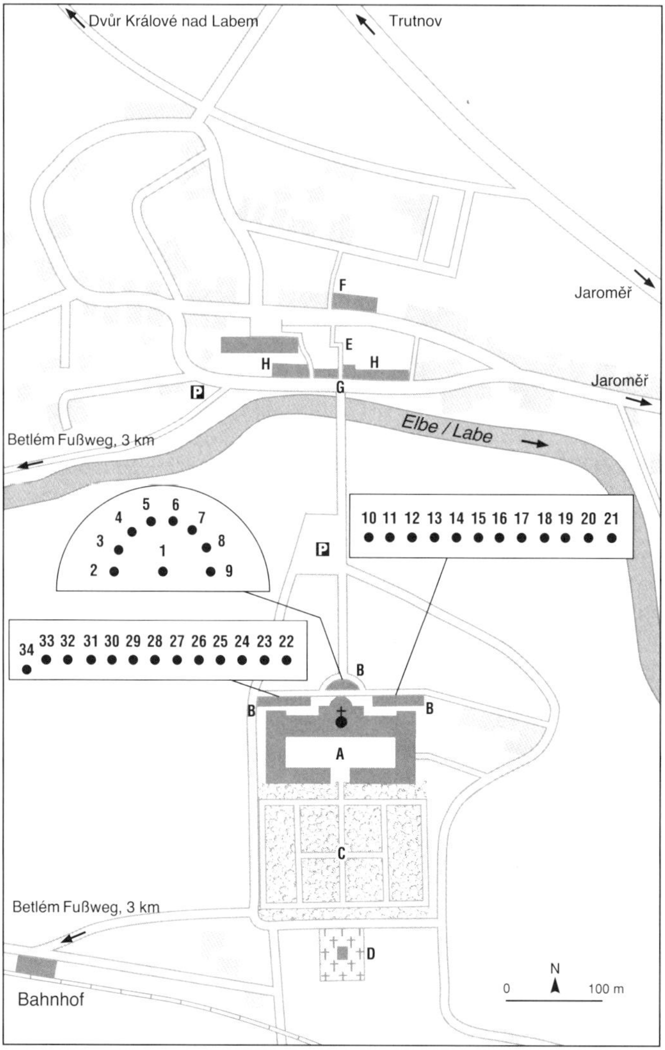

Textilfabrikation und zeigt Werke moderner Maler.

Ein Naturlehrpfad führt den Besucher von der Alten Schule in das 2 km entfernte **Ratibořice** (Ratiborschitz) mit dem gleichnamigen Schloß am Anfang des »Großmuttertals« (Babiččino údoli), eines überaus reizvollen Naturschutzparks längs der Aupa. Lorenzo Piccolomini baute sich hier um 1708 ein **Schloß,** das nach 1800 im Stil des Empire verändert wurde und später zuerst Formen der Neorenaissance, dann des Neoklassizismus annahm. Im *Dreikaisersaal* des nobel eingerichteten Schlosses trafen sich 1813 der russische Zar Alexander I., der preußische König Friedrich Wilhelm III. und der österreichische Kanzler Klemens Wenzel Fürst von Metternich als Gäste der Herzogin von Sagan, um das weitere Vorgehen der Allianz gegen Napoleon I. zu besprechen. Die Herzogin hatte des öfteren Dichter und Gelehrte auf ihrem Sommersitz zu Gast, so u. a. Wilhelm von Humboldt, Friedrich von Gentz und Fürst Metternich. Božena Němcová setzte der Herzogin von Sagan in ihrem Buch ›Babička‹ mit der Figur der Frau Fürstin ein Denkmal.

Stille Wege führen durch das **Tal der Großmutter** zur *Mühle* (Mlýn; 1773) mit einer Mariensäule von 1796, zur *Alten Bleiche* (Staré bělidlo; 1797), zum *Wirtschaftshof,* in dem die Familie Pankl, also die Eltern und die Großmutter der Schriftstellerin Němcová, wohnte, und zum *Denkmal der Babička,* das der Bildhauer Otto Gutfreund 1923 gestaltete (›Großmutter erzählt den Kindern ein Märchen‹). Weiter führt ein Weg zu den *Ruinen der Rýzmburk* (Riesenburg; 13. Jh.), deren Mauerwerk u. a. zum Bau des Schlosses Ratiborschitz verwendet wurde.

15 km westlich von Česká Skalice erstrecken sich zu beiden Seiten der Elbe die ausdrucksvollen Barockrelikte des einst berühmten **Kuks** (Kukus). Drei Mineralquellen baute Franz Anton Reichsgraf Sporck 1695 zu einem außergewöhnlichen Kurort aus: mit

Kuks (Kukus): M. B. Brauns Statue ›Der Hochmut‹ auf der Spitalterrasse

einem Schloß für sich und seine hohen Gäste, mit mehreren Bade- und Gästehäusern, einem ›Comoedienhaus‹ und weiteren Einrichtungen für das Amüsement der Kurgäste wie ›Lusthaus‹, ›Vogelschießstand‹, ›Ringelbahn‹. Der junge Tiroler Bildhauer Matthias Bernhard Braun hatte die Terrassen und Parkanlagen mit Allegorien der Tugenden und Laster sowie mit zahlreichen anderen merkwürdigen Gestalten zu bevölkern. Der Badeort Kukus entwickelte sich nicht nur zu einem Zentrum des gesellschaftlichen Lebens in Ostböhmen, sondern trat zeitweilig sogar in Konkurrenz zum renommierten Karlsbad.

Nach dem Tod des Reichsgrafen im Jahr 1738 erlosch aber der Trubel, die Kuranlagen verfielen. 1740 riß ein furchtbares Hochwasser der Elbe einen Teil der Kureinrichtungen in die Fluten. Heute präsentiert sich der **Park** wieder in seinem barocken Ursprungszustand, geblieben sind auch einige inzwischen restaurierte *Badehäuser*, das älteste aus dem Jahr 1699. Über dem rechten Elbufer erhebt sich die **Dreifaltigkeitskirche** mit dem flankierenden **Spital der Barmherzigen Brüder,** erbaut 1707–1717 von Giovanni Battista Alliprandi. Die große *Krypta* dient als Familiengruft der Reichsgrafen. Das ehemalige Spital zu beiden Seiten der Kirche enthält ein *Refektorium* und eine *Apotheke*, die von 1740–1946 in Betrieb war, des weiteren ein *Museum* mit den Originalplastiken der Werkstatt Braun. Auf der *Terrasse* entdeckt der Besucher gute Kopien der Braunschen Werke.

2 km westlich von Kuks haben Braun und seine Werkstatt bei dem Dorf Stanovice (Stangendorf) mitten im Wald mehrere biblische Szenen in die Felsen gemeißelt, darunter ein Krippenmotiv, weshalb man dieser Stätte den Namen *Bethlehem* **(Betlém)** gab.

Litomyšl (Leitomischl)

Ähnlich wie in Nové Město gilt auch der Besuch von Litomyšl (11 000 Einwohner) hauptsächlich dem Schloß, das mit kostbaren Gemälden und Möbeln ausgestattet ist. Darüber hinaus ist auch das Geburtshaus des größten tschechischen Komponisten, Friedrich (Bedřich) Smetana, von Interesse.

Im 10. Jh. errichtete die Dynastie der Slawnikinger auf dem heutigen Schloßhügel eine Burg und eine Kirche. Vor 1150 gründeten die Prämonstratenser neben der Burgstätte ein Kloster, das sie im 14. Jh. in ein Domkapitel umwandelten. Von 1344 bis zu den Hussitenkriegen war Leitomischl Bischofssitz. Seine Bischöfe besiedelten den Schönhengstgau (s. S. 372) mit deutschen Bauern und Handwerkern. 1568 bauten die Pernstein die Burg in ein monumentales Renaissanceschloß um. Auf die Pernstein folgten die Trauttmansdorff, die Waldstein und zuletzt die Fürsten von Thurn und Taxis.

Mittelpunkt von Litomyšl ist der langgestreckte **Náměští** (Marktplatz), den wohlerhaltene Bürgerhäuser im Stil der Renaissance und des Barock mit Lauben und schönen Giebeln säumen. Das **Smetana-Denkmal** am Westende des Platzes schuf 1924 Jan Štursa. Die **Pfarrkirche zur Kreuzerhöhung** stammt aus dem dritten Viertel des 14. Jh. und wurde im 17. Jh. erneuert. Die barocke **Piaristenkirche zur Kreuzauffindung** errichtete Giovanni Battista Alliprandi 1714–1726. An die Kirche schließt sich das **Piaristenkolleg** aus dem 17. Jh. an, in dem heute Trauungen und andere Feierlichkeiten stattfinden und in dem das kleine, aber liebevoll eingerichtete *Stadtmuseum* untergebracht ist; sein kostbarstes Exponat ist ein Graduale (Kirchengesangbuch) von 1563. Beachtung verdient auch das Portal des Kollegs aus dem Jahr 1681 mit den beiden Wappen derer von Trauttmansdorff (Blüte und Stern) und derer von Pernstein (Kopf eines Stiers mit Nasenseil). In den Grünanlagen zwischen Schloß und Museum erinnert ein **Denkmal** aus dem Jahr 1959 an den Schriftsteller Alois Jirásek (1851–1930).

Das **Schloß** von Litomyšl ließ sich der Hochkanzler Vratislav von Pernstein 1568–1573 von den Brüdern Giovanni Battista und Udalrico Aostali im Stil der Renaissance erbauen. Die Rustika-Außenwände überzog Šimon Vlach mit naiv-figürlichen Sgraffiti (s. Farbabb. 21). Der Südflügel mit dem Hauptportal enthält in zweiten Stockwerk einen beidseitig offenen Arkadengang. Dieser Gang ist Teil des großen *Arkadenhofs*, um den sich die Schloßtrakte gruppieren. Im letzten Jahrzehnt des 18. Jh. ließ der neue Schloßherr, Graf Georg Josef von Waldstein-Wartenberg, das Interieur klassizistisch umgestalten. Lediglich die *Schloßkapelle*, der große *Speisesaal* und der *Schlachtensaal*, den sich Graf Trauttmansdorff um 1730 mit Szenen aus den Feldzügen des Prinzen Eugen von Savoyen ausschmücken ließ, blieben im alten Zustand.

Im Erdgeschoß des Westflügels entstand 1796/97 ein neues *Theater*, nachdem zwei ältere im Abstand von nur wenigen Jahren durch Feuer vernichtet worden waren. Dieses Theater zählt mit dem von Český Krumlov (s. S. 170) zu den ältesten noch erhaltenen Schauspielstätten Mitteleuropas. Dominik Dvořák, der schon die klassizistisch veränderten Palasträume malerisch ausgestaltet hatte, schmückte auch das Theater. Die Kulissen entwarf der damals berühmteste Theatermaler des Habsburgerreichs, Josef Platzer. Von seinen Wiener und Prager Dekorationen blieben nur die Entwürfe erhalten; Litomyšl dagegen besitzt alle Bühnenbilder im Original.

Dem Schloß gegenüber steht das schlichte Gebäude der Schloßbrauerei, das **Geburtshaus von Bedřich (Friedrich) Smetana,** mit einer kleinen Gedenkstätte. In dem mehrfach dem Stil der Zeit angepaßten Renaissancegebäude wurde der Komponist am 2. März 1824 als Sohn des Braumeisters geboren, im Leitomischler Schloßtheater gab er sein Debüt. Ab 1866 war er Dirigent am Prager Nationaltheater, mußte diese Tätigkeit aber 1874 wegen völliger Taubheit aufgeben. Am 12. Mai 1884 starb Smetana in Prag und fand seine letzte Ruhestätte im Slavín, dem Vyšehrader Ehrenfriedhof. Die Porträtbüste des Komponisten in seinem Geburtszimmer entwarf Otakar Španiel (1924).

□ Česká Třebová, Lanškroun, Zábřeh

12 km nördlich von Litomyšl erreicht man **Česká Třebová** (Böhmisch-Trübau), eine Industriestadt (Maschinenbau und Textilfabrikation) mit 18 000 Einwohnern. 1278 bestand die Siedlung bereits, 1365 wurde sie Stadt. Im Ring klassizistischer Bürgerhäuser steht das *Rathaus* von 1547. Einige Häuser sind noch aus Holz gebaut, mehrere besitzen Pawlatschen.

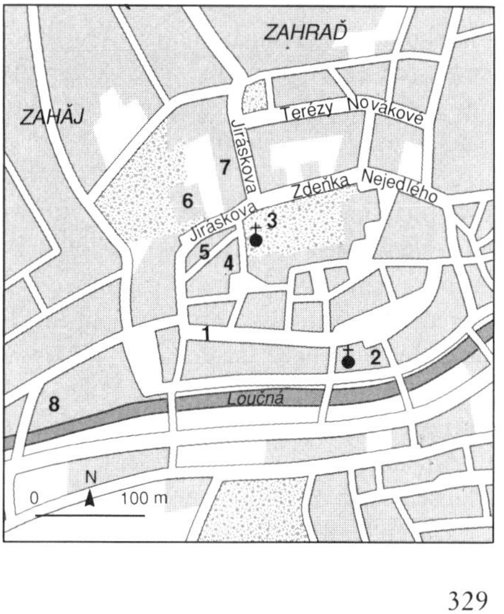

Litomyšl (Leitomischl)
1 Smetana-Denkmal 2 Pfarrkirche zur Kreuzerhöhung 3 Piaristenkirche zur Kreuzauffindung 4 Stadtmuseum (ehem. Piaristenkolleg) 5 Jirásek-Denkmal 6 Schloß 7 Geburtshaus Smetanas 8 Interhotel Dalibor

Die dem hl. Jakobus d. Ä. geweihte *Dekanalkirche* westlich vom Hauptplatz entstand 1794–1801 über älteren Grundmauern. Die eigentliche Attraktion von Česká Třebová ist aber die *Friedhofskapelle der hl. Katharina,* eine romanische Rotunde, die im 14. Jh. gotisch verändert wurde und im 16. Jh. ihre Sgraffiti erhielt.

18 km östlich von Česká Třebová liegt am Rande des Adlergebirges das zum Schönhengstgau (Hřebečsko, s. S. 372) gehörende Städtchen **Lanškroun** (Landskron), eine Gründung deutscher Siedler aus dem Jahr 1241 innerhalb der Herrschaft der Witigonen. 1371 gründete Peter Wurst, Bischof von Leitomischl und Kanzler Karls IV., in Landskron ein Kloster der Augustiner-Chorherren. Ende des 16. Jh. wurde das in der Hussitenzeit aufgegebene Kloster in ein **Renaissanceschloß** verwandelt. Erhalten blieben der *Kapitelsaal* der Chorherren und die *Wenzelskirche.* Den rechteckigen Hauptplatz zieren neben dem *Rathaus* von 1582, dessen Renaissanceportale u. a. die Wappen der Pernstein und der Liechtenstein zeigen, mehrere *Bürgerhäuser* der Renaissancezeit. Die *Mariensäule* auf dem Platz stammt von 1684. Interessant ist das prächtige *Kratschenhaus,* ein alter Kretscham (Wirtshaus) in schlesischer Holzbauweise.

28 km ostwärts von Lanškroun schmiegt sich in die Hänge des Hohenstädter Berglandes (Zábřežská vrchovina) die Industriestadt **Zábřeh** (Hohenstadt; 15 000 Einwohner) mit ihren Gießereien, Textil- und Nahrungsmittelfabriken. Hohenstadt wurde 1254 erstmals erwähnt und im 14. Jh. zur Stadt erhoben. Auf dem schönen, großen Hauptplatz fallen das barocke *Rathaus,* eine *Mariensäule* von 1713 und ein klassizistischer *Brunnen* von 1829 auf. Domenico Martinellis *Bartholomäuskirche* wurde 1757 geweiht. An dem *Schloß,* das aus einer mittelalterlichen Burg der Sternberg hervorging, lassen sich alle Stilepochen von der Gotik bis zum Barock ablesen.

Svitavy (Zwittau)

Keramik, Maschinenbau und Textilveredlung stehen im Mittelpunkt der alten Kreisstadt (20 000 Einwohner), deren Tuchmachertradition ihr zu Beginn des 20. Jh. den Beinamen »Schönhengster Manchester« einbrachte. Im 12. Jh. entstand am linken Flußufer eine erste, von Benediktinermönchen angeregte Siedlung. Um 1250 war eine zweite Siedlung am gegenüberliegenden Flußufer auf Veranlassung des Olmützer Bischofs Bruno von Schaumburg zur befestigten Stadt erhoben worden.

Leider zerstörte ein furchtbarer Brand 1781 fast die gesamte Stadt, so daß heute in Svitavy nicht mehr viele ältere Häuser zu entdecken sind. Das schließt allerdings nicht aus, daß Svitavy den schönsten Straßenplatz Böhmens besitzt, den an seiner Nordseite Bürgerhäuser mit durchgehenden Lauben säumen. An der Westseite des Platzes steht das **Renaissancerathaus** mit achteckigem Turm, das die Stadt 1538 erwarb und 1787 umbauen ließ. Die **Mariensäule** (1703) und ein **Florianbrunnen** (1783) schmücken den südlichen Teil des Platzes. Die **Pfarrkirche Mariä Heimsuchung** geht auf das 13. Jh. zurück, 1795 wurde sie in spätbarocken Formen erneuert.

Am anderen Flußufer ragt der behelmte Turm der **Ägidienkirche** (um 1600) aus dem Häusergewirr. Am Smetanovo nám. (Smetana-Platz) erinnert die *Ottendorfer Bibliothek* im **Roten Haus** an den Zwittauer Bürger Oswald Ottendorfer (1826–1900), der während der Revolution von 1848 in die USA auswanderte und in New York als Zeitungsverleger zu großem Wohlstand kam. Außer der Bibliothek stiftete Ottendorfer seiner Heimatstadt noch ein Krankenhaus, ein Waisen- und Armenhaus sowie den von Adolf Donndorf ausgeführten **Mutterliebe-Brunnen** (1893).

Am 9. März 1994 wurde im Park an der Staatsstraße nach Polička ein **Denkmal für Oskar Schindler** enthüllt, das dem Zwittauer Nationalsozialisten und Retter von 1200 Juden gewidmet ist. Anlaß für diese posthume Ehrung Schindlers (1908–1974) war Steven Spielbergs Film ›Schindlers Liste‹.

□ Moravská Třebová, Polička

14 km östlich von Svitavy und 24 km südlich von Lanškroun liegt **Moravská Třebová** (Mährisch-Trübau; 12 000 Einwohner), das wie die oben genannten Orte Lanškroun und Zábřeh zum Schönhengstgau gehört, jenem alten deutschen Siedlungs- und Sprachraum zwischen Böhmen und Mähren (s. S. 372). Schon vor 1267 genoß Mährisch-Trübau Stadtrechte, wechselte aber bis zur Herrschaft der Liechtensteiner 1620 häufig seinen Grundherrn. Die Altstadt mit ihren schönen *Bürgerhäusern* der Spätgotik, der Renaissance und des Barock ist heute denkmalgeschützt. An dem nahezu quadratischen Hauptplatz steht das spätgotische *Rathaus* (frühes 16. Jh.) mit einem sehenswerten Sitzungssaal. Die gotisch-barocke *Pfarrkirche Mariä Himmelfahrt* wurde nach Bränden mehrmals erneuert (1541 und 1726); bis auf den klassizistischen Hochaltar ist die Kirche überwiegend im Stil des Rokoko ausgestattet. Das *Renaissanceschloß* der Liechtenstein besitzt einen prächtigen Arkadenhof. Von einem alten, 1840 abgetragenen Schloßteil blieb ein stattliches Renaissancetor (1492); Marmormedaillons zeigen den Bauherren Ladislaus von Boskowitz, der ein weitgereister Humanist und Berater des Königs Vladislav war, und seine Gemahlin Magdalena geb. von Dauba. Ein schindelgedeckter Gang, die *Totenstiege* (1575), führt mit 95 Stufen von der Stadt zur spätgotischen *Friedhofskirche* auf dem **Kreuzberg** (Křížový vrch). Hier ragt ein barocker *Kalvarienberg* eindrucksvoll in den Himmel.

Polička (Politschka), 16 km südwestlich von Svitavy gelegen, ist wohl der älteste Ort im Schönhengstgau. Schon um 1150 besiedelten die Prämonstratenser des benachbarten Leitomischl die Osthänge des Saarer Berglandes (Žd'árské vrchy), und rund hundert Jahre später, 1265, brachte der Lokator Konrad von Limberg im Auftrag Ottokars II. Přemysl deutsche Kolonisten nach Politschka. 1305 wurde die Siedlung Leibgedingestadt der böhmischen Königinnen, d. h. Politschka war für die finanzielle Versorgung der königlichen Witwen verantwortlich.

Die mittelalterliche *Stadtbefestigung* des 13. und 14. Jh. sowie die schweren Basteien vom Ende des 15. Jh. sind noch weitgehend erhalten, nur die Stadttore wurden im 19. Jh. als Verkehrshindernisse abgerissen. Auf dem Hauptplatz steht das spätbarocke *Rathaus*, vermutlich ein Werk des großen Architekten František Maximilián Kaňka (1739/40). Der gotische Rathausturm stammt von einem Vorgängerbau, den Barockhelm erhielt er im späten 17. Jh. Die eindrucksvolle *Mariensäule* vor dem Rathaus entwarf der Bildhauer Girg Frantz Patzak. Die *Jakobuskirche* aus dem 14. Jh. brannte 1845 aus und erhielt 1853–1855 eine neogotische Halle. Von den 14 Kreuzwegstationen des Bildhauers Franz Patzak, des Bruders von Girg Frantz, blieben allein die eindrucksvolle Gruppe ›Christus nimmt Abschied von Maria‹ und eine Pietà erhalten. Am 8. Dezember 1890 wurde in der Türmerstube der Jakobuskirche der tschechische Komponist Bohuslav Martinů (1890–1959) geboren. Martinů, der 1940–1953 in den USA, danach in Italien, Frankreich, zuletzt in der Schweiz lebte, schrieb die Opern ›Juliette‹ (1938), ›Die Heirat‹ (1953), ›Ariane‹ (1958) sowie das Ballett ›Das Urteil des Paris‹ (1955) und zahlreiche Chor-, Orchester- und Kammermusikwerke.

Havlíčkův Brod (Deutsch-Brod)

Zur ostböhmischen Region gehört auch die Stadt Havlíčkův Brod im Westen der Böhmisch-Mährischen Höhe (Českomoravská vrchovina), 22 km nördlich von Jihlava an der Kreuzung der Staatsstraßen 34 und 38 gelegen. Die alte Stadt des Bergbaus ist heute Industriestadt (Maschinen, Textilien, Nahrungsmittel, Chemie) und zählt 25 000 Einwohner.

In der zweiten Hälfte des 13. Jh. gründete der Deutsche Orden an einer Furt (slaw. *brod)* durch die Sasau (Sázava) eine Komturei (Kommende) zur Verwaltung und Überwachung von Silberminen, zu deren Ausbeutung der Orden deutsche Bergleute anwarb. 1422 schlugen die Hussiten unter ihrem Anführer Jan Žižka bei Deutsch-Brod das Heer des Kaisers Sigismund und verwüsteten die Bergbaustadt. 1674 ließen sich Augustinermönche an diesem Ort nieder, der immer häufiger auch *Německý Brod* genannt wurde.

Mittelpunkt der Stadt ist der weiträumige **Havlíčkovo nám.**, benannt nach dem Journalisten und politischen Schriftsteller Karel Havlíček-Borovský (1821–1856), der im nahen Borowa (heute Havlíčkova Borová) geboren wurde. Deutsch-Brod ist übrigens auch der Geburtsort des Begründers der Mannheimer Schule, des Kapellmeisters und Komponisten Johann Wenzel Anton Stamitz (1717–1757). Auf dem Platz steht eine *Mariensäule* aus Granit von 1715. Schöne alte Bürgerhäuser gotischen bis barocken Ursprungs mit Renaissance- oder Barockgiebeln, zum Teil mit Lauben, rahmen den Platz. Riesige Kellerräume, die sich unterirdisch bis zur Mitte des Platzes erstrecken, zeugen von dem Wohlstand ihrer früheren Besitzer. Zwischen die Häuserreihen des Havlíčkovo nám. zwängen sich das **Alte Rathaus,** ein Renaissancebau, und das **Neue Rathaus,** das seit Ende des 15. Jh. als Gericht diente und 1892 neobarock verändert wurde.

Nordöstlich vom Havlíčkovo nám. ragt die mächtige **Dekanatskirche Mariä Himmelfahrt** aus dem 15. Jh. auf, die 1633–1637 umgebaut wurde. Der wuchtige Turm blieb erhalten; er enthält die älteste Glocke Böhmens, gegossen um 1300 – weitere Glocken stammen von 1400 und 1542. Vor der Kirche steht eine *Mariensäule* aus dem 17. Jh. Der zweistöckige **Turm** hinter der Kirche ist ein Relikt der mittelalterlichen Stadtmauer. Sehenswert sind noch das vierflügelige **Augustinerkloster** mit der Kirche der Hl. Familie (Ende 17. Jh.), die sechseckige **Dreifaltigkeitskirche,** ein barocker Zentralbau im Stadtpark (18. Jh.), das **Renaissancetor des Friedhofs** (17. Jh.), die gotische, mehrmals erneuerte **Friedhofskirche** des hl. Adalbert sowie die **Katharinenkirche,** eine frühere Spitalkirche (15. und 17. Jh.) mit mehreren Kapellen, darunter einer Kapelle für die Bergleute.

Südmähren

Südmähren (Jižní Morava)

Brno (Brünn)

Die alte mährische Kapitale Brünn ist heute Verwaltungshauptstadt des Südmährischen Bezirks. Die zweitgrößte Stadt der Tschechischen Republik (395 000 Einwohner) liegt am Fuß des Spielbergs (Špilberk) und am Zusammenfluß von Schwarzawa (Svratka) und Zwittawa (Svitava). Als eine der bedeutendsten Industriestädte des Landes (Textil-, Maschinen-, elektrotechnische, chemische Industrie) veranstaltet Brünn die größte Industriemesse der Republik. Die von breiten Ringstraßen umgebene Altstadt konnte noch viele mittelalterliche Bauten bewahren.

Bereits vor 30 000 Jahren siedelten im Brünner Raum Menschen der paläolithischen Brünn-Rasse *(Homo fossilis)*, die man der Aurignacien-Kultur zuordnet (s. S. 12). Gegen 400 v. Chr. gaben Kelten der Siedlung den Namen *Brynn*, die im 6. Jh. den Quaden nachfolgenden Slawen formten ihn in *Brno* um. Gegen 800 erbauten sie auf dem Petrov (Petersberg) eine Burg, die 1091 erstmals als Sitz des Markgrafen von Mähren erwähnt wurde. Im 12. und 13. Jh. ließen sich größere Gruppen deutscher und wallonischer Siedler in dem Burgflecken nieder, den sie *Brünn* nannten. 1243 erhob König Wenzel I. die Siedlung zur Stadt, Ottokar II. Přemysl und Wenzel II. bestätigten und erweiterten die Privilegien Brünns.

Im 14. Jh. errichteten die Markgrafen von Mähren auf dem Spielberg eine neue Residenz, in der auch Karl IV. vor seiner Krönung zum König seinen Sitz hatte. In den Hussitenkriegen blieb Brünn dem Kaiser treu; zwar wurde es 1428 und 1430 von den Taboriten belagert, aber nicht erobert. 1642 erlangte Brünn anstelle von Olmütz den Rang der Hauptstadt von Mähren. Verwüstungen durch die Schweden (1645) und die Türken (1663) führten zum Bau mächtiger Stadtbefestigungen, an denen auch Friedrich der Große 1742 scheiterte. Am 2. Dezember 1805 nahm Napoleon vor der Schlacht bei Austerlitz (s. S. 364) in Brünn Quartier; 1809 ließ er die Zitadelle auf dem Spielberg schleifen. 1860 fielen auch die Stadtmauern; an ihre Stelle traten Parkanlagen und Boulevards. Einzig das Měnín-Tor blieb erhalten. Im späten 18. und vor allem im 19. Jh. förderten Steinkohlenabbau und Schafzucht in der Umgebung die Entwicklung Brünns zu einer Industriemetropole, zum »mährischen Manchester«.

◁ *Schloß Vranov (Frain) über der Thaya*

Die Altstadt von Brünn besitzt mehrere zentral gelegene Plätze, von denen der **Zelný trh** (Krautmarkt), früher auch »Oberring« (Horní trh) genannt, am Fuß der alten Burg der größte, älteste und volkstümlichste ist. In der Mitte des Platzes erhebt sich in schäumender Pracht der **Parnaß-Brunnen,** eine Schöpfung des Barockmeisters Johann Bernhard Fischer von Erlach (1693–1695) mit Steinmetzarbeiten von Adam Tobias Kracker und Bernhard Höger. Der aufmerksame Betrachter erkennt Allegorien der vier Jahreszeiten, Herkules im Kampf mit dem Höllenhund Zerberus, Amphitrite und verschiedene Tierfiguren. Obst- und Gemüsestände bestätigen noch heute den einstigen Namen des Platzes (s. Farbabb. 23). Die *Dreifaltigkeitssäule* entstand 1729–1733. Die **Redoute** (Reduta) in der Südostecke des Platzes ist das älteste Theater Brünns, 1670 gegründet und zwischen 1918 und 1945 als deutschsprachige »Kammerspiele am Krautmarkt« bekannt.

Brno (Brünn)
1 Parnaß-Brunnen 2 Redoute 3 Mährisches Museum 4 Špalíček 5 Petersdom 6 Neues Bischöfliches Palais, Domherrenhäuser 7 Kirche der Auffindung des hl. Kreuzes 8 Altes Rathaus 9 Dominikanerkirche St. Michael 10 Neues Rathaus 11 Schmetterhaus 12 Schwarz-Haus 13 Zu den vier Karyatiden 14 Volkskundemuseum 15 St. Jakob 16 St. Thomas 17 Jesuitenkirche Mariä Himmelfahrt 18 Janáček-Theater 19 Mahen-Theater 20 Künstlerhaus 21 Měnín-Tor 22 Minoritenkirche Zu den beiden hl. Johannes 23 Spielberg 24 Augustinerkirche Mariä Himmelfahrt

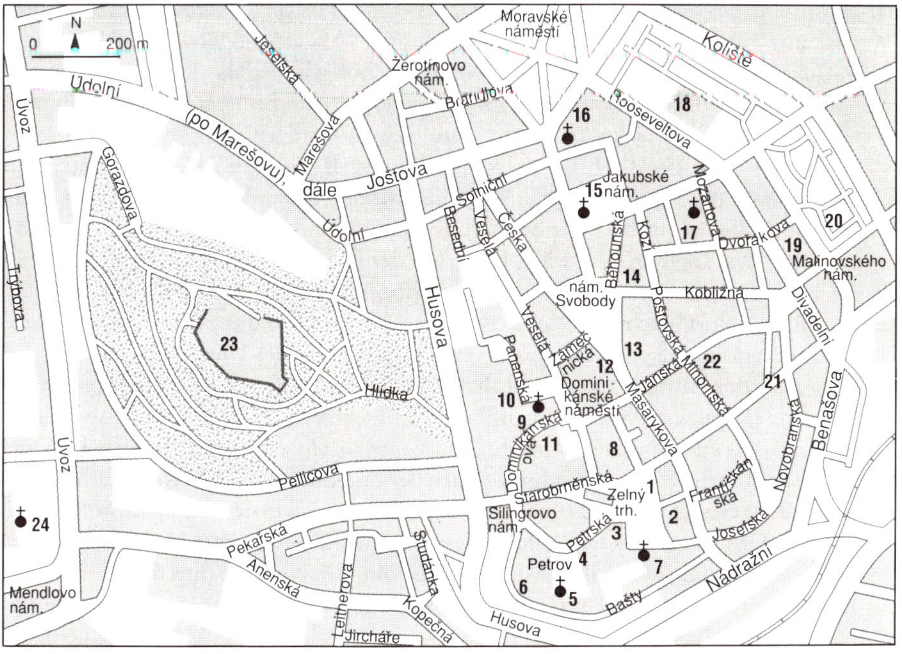

Die Südwestecke des Zelný trh beherrscht das **Mährische Museum** (Moravské muzeum), das im Jahr 1818 als Franzensmuseum aus dem Dietrichstein-Palais (17. Jh.) und dem benachbarten Alten Bischöflichen Palais (15./16. Jh.) hervorging. Von diesem Palais aus leitete Kardinal Fürst Franz von Dietrichstein nach der Schlacht am Weißen Berg (1620) die Rekatholisierung Mährens ein.

Das Museum ist berühmt für seine archäologischen und naturwissenschaftlichen Sammlungen, darunter die steinzeitliche ›Venus von Věstonice (Westonitz)‹ (s. S. 12) und die größte Zikadenkollektion der Welt. Die Gemäldegalerie des Museums zeigt Werke von Cranach, Rubens, Teniers, Maulpertsch, Hugo Lederer und modernen mährischen Malern sowie einen Bilderzyklus aus der ersten Hälfte des 15. Jh. Ein schönes Beispiel mittelalterlicher Bebauung bietet der **Špalíček**, eine Gruppe zusammengedrängter Bürgerhäuser, die man 1969–1973 rekonstruierte.

Vom Zelný trh steigt die Petrská ul. (Petersgasse, Domstiege) zum Hügel Petrov (Petersberg, auch Franzensberg) empor. Hier erhebt sich auf den Fundamenten einer altslawischen Burgstätte und einer nachfolgenden romanischen Kirche (1131) der **Petersdom** (Dóm na Petrově, auch St.-Peter-und-Paul genannt). Der im 15. Jh. errichtete hochgotische Bau wurde 1645 bei dem Bombardement der Schweden schwer beschädigt, in den 40er Jahren des 18. Jh. von dem bayerischen Baumeister Mauritz Grimm im Barockstil erneuert, schließlich zu Beginn des 20. Jh. regotisiert und von dem Wiener Dombaumeister August Kirstein mit zwei neogotischen Türmen versehen. Die *Außenkanzel* an der Nordseite des Doms (»Capestranskanzel«) erinnert an den heiliggesprochenen Franziskaner Johannes Capestrano, einen berühmten Wanderprediger des 15. Jh. In direkter Nachbarschaft des Doms liegen das **Neue Bischöfliche Palais** (1751) und mehrere Domherrenhäuser. Den *Merkurbrunnen im Domhof* stifteten Brünner Kaufleute im Jahr 1693 für den Unteren Markt; 1867 kam er auf seinen heutigen Platz.

Daß die Mittagsglocke des Brünner Doms schon um 11 Uhr statt um 12 Uhr läutet, hat folgende Bewandtnis: 1645 hatten die Schweden bereits mehrere Wochen die Stadt belagert, als ihr Feldherr entschied, die Belagerung aufzugeben, wenn die Stadt nicht bis Mittag des folgenden Tages erobert wäre. Das hatte der Domglöckner erfahren und läutete, als die angreifenden Schweden schon einzudringen drohten, die Mittagsglocke eine Stunde früher. Sofort brachen die Schweden ihren Angriff ab und zogen von dannen. Aus Dankbarkeit erklingt das Mittagsgeläut seitdem jeweils um 11 Uhr.

Die **Kirche der Auffindung des hl. Kreuzes** (Kostel Nalezení sv. Kříže) am Kapucinské nám. (Kapuzinerplatz), dem früheren Kohlenmarkt, war Teil des ehemaligen Kapuzinerklosters; Baumeister Otto Erna ließ sie 1648–1651 erstehen. Ihre Giebelfassade schmückt ein Bild der Kreuzauffindung. (Nach der Legende fand die Kaiserin Helena um das Jahr 320 auf Golgatha das Kreuz Christi und verwahrte es in der von ihrem Sohn Konstantin dem Großen gestifteten Auferstehungskirche zu Jerusalem.) In der *Krypta* der Kapuzinerkirche sind etwa fünfzig wohlerhaltene Mumien von Mönchen und Wohltätern des Klosters zu sehen; in einem gläsernen Sarg ruht der Pandurenoberst Franz Freiherr von der Trenck (1711–1749).

Zwei Gassen ziehen vom Zelný trh nach Norden: die Mečová ul. (Schwertgasse) und die Radnická ul. (Rathausgasse). Zwischen ihnen steht das **Alte Rathaus** (Stará radnice), das seine heutige Gestalt nach dem Brand von 1311 erhielt. Vom 13. Jh. bis zum Jahr 1945 residierte hier fast ununterbrochen der Stadtrat von Brünn. Von 1489 stammt der stattliche Turm, dessen Galerie eine großartige Aussicht bietet. Etwa zwanzig Jahre später entstand die prächtige *Renaissanceloggia* im Rathaushof.

Besichtigung des Alten Rathauses

Das Hauptportal zur Radnická hin schmückte der Brünner Meister Anton Pilgram, der Baumeister des Wiener Stephansdoms, 1511 mit einem eleganten spätgotischen *Portalaufsatz.* Da rahmt eine fragile Sandsteinarchitektur das gotisch aufsteigende Tor: zwei Waffenträger, zwei Bürger und in der Mitte eine Allegorie der Gerechtigkeit, jede Figur von einem Fialengeäst gekrönt. 1645 beschädigte schwedische Artillerie das Portal, so daß die Allegorie und das Stadtwappen darunter erneuert werden mußten. Die mittlere und die oberste Fiale, geschwungen wie ein »S«, scheinen jeden Augenblick herabzustürzen. Warum das so ist, darüber berichtet die Sage (s. S. 339).

Im Durchgang zum Rathaushof hängt der *Brünner Drache,* auch »Lindwurm« genannt, ein Krokodil oder – zoologisch exakt – ein Alligatorweibchen, um das sich ebenfalls viele Sagen ranken. Da wütete der Drache vor den Mauern Brünns, verschlang das Vieh der Bauern und die Kinder der Städter. Und keinem Ritter oder Kriegsknecht gelang es, die Bestie zu töten. Endlich hatte ein junger Maurergeselle die rettende Idee: Er füllte einen Sack mit ungelöschtem Kalk in die Haut einer frisch geschlachteten Ziege und legte diesen Köder aus. Der Drache fraß die Haut samt eingenähtem Kalksack. Und als er in der nahen Schwarzawa seinen Durst stillte, löschte das Wasser den Kalk, und der Drache zerbarst. Noch heute zeigen die Fremdenführer die Narbe auf dem Alligatorbauch.

Wer es lieber historisch möchte, dem sei verraten, daß im Jahr 1608 Erzherzog Mat-

Meister Pilgrams ›Fluch‹: spätgotischer Portalaufsatz am Brünner Rathausportal

thias in Brünn weilte, um den mährischen Adel gegen seinen Bruder, Kaiser Rudolf II., aufzuwiegeln. Volksfeste mit den merkwürdigsten Attraktionen belustigten Bürger und Bauern. Ein venezianischer Schausteller zeigte einen ausgestopften Alligator, der das Interesse des Erzherzogs erregte. Man schenkte dem Erzherzog die Alligatorhaut, die er als Ausdruck seiner Dankbarkeit für die erwiesene Gastfreundschaft an die Stadt weiterreichte. Und der Rat schmückte mit dem ›Brünner Drachen‹ den öffentlichen Durchgang des Rathauses, wo er nun schon bald vierhundert Jahre hängt.

Des weiteren ist hier noch das *Wagenrad* zu sehen, »vier Schuh und zehn Zoll hoch, welches der Wagnermeister Georg Birk in Folge einer Wette um 12 Reichsthaler von 6 Uhr morgens an aus frisch gefälltem Holz nicht nur verfertigt, sondern auch desselben Tags von Eisgrub (Lednice) bis hierher (5 Meilen) vor sich hertreibend gebracht hat.«

Die Mečová führt zum Dominikánské nám. (Dominikanerplatz; Fischmarkt) mit der **Dominikanerkirche St. Michael** (Dominikánský chrám sv. Michala), die nach 1655 als doppeltürmiger Barockbau aus einer gotischen Kirche des 13. Jh. hervorging. Das anschließende Dominikanerkloster dient heute mit Anbauten aus dem 19. Jh. als **Neues Rathaus** (Nová radnice). Schon 1582 wurde über dem Kreuzgang des Klosters das Gebäude der mährischen Landesselbstverwaltung im Stil der Renaissance erbaut, in dem bis 1784 die Stadträte und Gerichte tagten. Im 17. Jh. folgte der sog. Sonnenuhr-Trakt. 1726–1733 gab Mauritz Grimm dem Rathaus sein barockes Aussehen und schuf den großartigen *Ständesaal.* In der Dominikánská ul. (Dominikanergasse) überdauerte ein mittelalterliches Kaufhaus: das **Schmetterhaus.**

Das Gegenstück zum Zelný trh (Krautmarkt bzw. Oberring) ist der dreieckige **nám. Svobody** (Freiheitsplatz), der frühere Untere Markt, auch »Großer Platz« oder »Viktoria-Platz« genannt, mit einer frühbarocken *Mariensäule* von 1680 in seiner Mitte. Von den schönen Bürgerhäusern am Rand des ältesten Platzes der Stadt blieb nur das vierstöckige **Renaissancehaus** des Kaufmanns Karl Schwarz (Nr. 17 in der Südwestecke), erbaut 1589–1596, erhalten. Später diente das Haus den Herren Berka von Dauba und Leipa als Stadtresidenz. Besonders bemerkenswert sind das Portal des Hauses und die Loggia im Hof. Beachtenswert ist auch das **Haus Zu den vier Karyatiden** (Nr. 10), ein Wohnhaus aus dem Jahr 1901.

Und was die meisten Besucher der mährischen Kapitale übersehen: Brünn war in den 30er Jahren ein europäisches Zentrum der modernen Architektur. Noch heute bewahrt keine andere Stadt, nicht einmal Wien, so viele Bauwerke in den nüchtern eleganten Formen der Moderne wie Brünn. Da steht am nám. Svobody die ehemalige *Mährische Bank*, erbaut 1930 von Bohuslav Fuchs und Arnost Wiesner. Fuchs hatte schon zwei Jahre zuvor auf der angrenzenden Česká das *Hotel Avion* gebaut. Und auf der ebenfalls angrenzenden Jánská wartet ein weiteres Beispiel des »mährischen Funktionalismus« auf den interessierten Betrachter: die ehemalige *Mährische Sparkasse* der Architekten Polášek, Oplátek und Blum. Wer auch die reizvollen Villen der mährischen Moderne sehen möchte, die Villa Tugendhat (1930) zum Beispiel, ein Werk des großen Bauhaus-Architekten Ludwig

Meister Pilgrams Fluch

Der Bildhauer und Baumeister Anton Pilgram war beauftragt worden, das gotische Portal des Brünner Rathauses zu schmücken. Den Vorschuß für seine Arbeit hatte er zum größten Teil in Wein investiert, um seine Kreativität anzuspornen. So begannen die schlanken Türmchen, die zierlichen Fialen, die er auf dem Papier entwarf, zu torkeln und sich vor Vergnügen zu krümmen. Pilgrams Steinmetzen, die nach den Entwürfen meißelten, wagten nicht, ihren Meister auf die Merkwürdigkeiten hinzuweisen, und richteten sich streng nach dem papiernen Vorbild. Die Ratsherren tobten, als sie das fertige Werk sahen, und lehnten die Restzahlung des Honorars ab. Meister Pilgram wechselte die schiefen und krummen Türmchen aus, doch der Stadtrat sah sich hinters Licht geführt und lehnte nach wie vor die Zahlung der vereinbarten Summe ab. Da packte den Künstler die Wut, und er verfluchte das Portal, dessen Mittelfiale und einige andere Fialen daraufhin wieder ihre torkelnde Form annahmen. Meister Pilgrams Fluch soll noch heute wirken und jeden treffen, der es wagte, die Fialen zu begradigen.

Mies van der Rohe (1886–1969), der besuche den **Funktionalistenhügel** im Westen der Stadt zwischen Ververi und Pisárky, zu erreichen von der Údolní ul. aus mit dem Bus der Linie 4 bis zur Endstation.

Das Stift für adlige Damen und vornehme Bürgermädchen in der Kobližná wurde in den 70er Jahren des 17. Jh. erbaut. Heute zeigt in dem Gebäude das **Volkskundemuseum** (Národopisné muzeum; Ethnographische Abteilung des Mährischen Museums) kunstgewerbliche Arbeiten, darunter ein wundervolles spätgotisches Meßgewand aus dem Brünner Dom, datiert 1495.

Im Norden des nám. Svobody führt die tř. 9. května (Straße des 9. Mai) an der **St.-Jakobs-Kirche** (Chrám sv. Jakuba) vorbei, der Stadtpfarrkirche mit schlankem, 92 m hohem Turm. Der 1220 von Fürst Vladislav veranlaßte frühgotische Bau fiel im 15. Jh. einer Feuersbrunst zum Opfer. Das heutige spätgotische Langhaus mit drei Schiffen entstand in der ersten Hälfte des 16. Jh. Meister Anton Pilgram wirkte zeitweise an dem Bau mit (Sakristei mit Erker). Den Turm errichtete um 1590 der Zimmermeister Simon Tauch; 1901 wurde der Holzturm durch eine Eisenkonstruktion ersetzt. Das prachtvolle Netzgewölbe tragen achtzehn schlanke, 22 m hohe Bündelpfeiler. Die Einrichtung ist bis auf die spätgotische Steinkanzel (1526) und das frühbarocke Chorgestühl (1707) neogotisch. Ein Grabmal hinter dem Hauptaltar erinnert an Raduit Graf von Souches, den Verteidiger Brünns im Kampf gegen die Schweden. An der Südwand des Turmes erinnert das ›unartige Männlein‹ an einen zugunsten von St. Jakob entschiedenen Streit mit St. Peter: Das Männlein streckt seinen nackten Hintern in Richtung Dom. Erst kürzlich aber entdeckte

In der Stadtpfarrkirche St. Jakob (16. Jh.)

ein Fotograf, daß das Männlein in Wirklichkeit eine schöne Bürgerin umarmt, was der fromme Kirchgänger von der Straße aus gar nicht wahrnehmen kann.

Die tř. 9. května mündet bei der **St.-Thomas-Kirche** (Kostel sv. Tomáše) auf den Moravské nám. (Mährischer Platz). Die Konventkirche des Augustinerordens gründete im Jahr 1350 Markgraf Johann Heinrich, die Parlersche Bauhütte (s. S. 86) war mit den Arbeiten betraut. Um 1737 veränderte Mauritz Grimm das Gebäude im Stil des Barock. Das Bild des hl. Thomas über dem Hochaltar malte 1764 Franz Anton Maulpertsch. Die zur Thomaskirche gehörenden Klosterbauten beherbergen heute die Bezirksverwaltung Südmähren.

Die Mariä Himmelfahrt zugedachte **Jesuitenkirche** (Kostel Nanebevzetí Panny Marie) wurde 1589–1602 anstelle einer gotischen Kirche aus dem 13. Jh. errichtet und 1734 von dem Wiener J. G. Schauberger zur schönsten Barockkirche Brünns umgebaut.

An der Rooseveltova tř. (Roosevelt-Straße) steht das 1965 eröffnete **Janáček-Theater** (Janáčkovo divadlo), ein Haus für Opern- und Ballettaufführungen. Südlich davon erbauten die Wiener Architekten Ferdinand Fellner und Georg Helmer in der zweiten Hälfte des 19. Jh. am Malinovského nám. (Malinovskij-Platz) das **Mahen-Theater** (Mahenovo divadlo) im Stil der französischen Renaissance, das als erste europäische Bühne elektrisch beleuchtet war. Kaum 100 m östlich errichtete Heinrich Ried bis 1911 im Grün der ehemaligen Wallanlagen das **Künstlerhaus** (Dům umění). Die Orlí ul. (Adlergasse) verbindet den Zelný trh mit dem **Měnín-Tor** (Menínská brána), dem einzig erhaltenen Tor der ehemaligen Befestigungsanlagen. An der Janská (Johannesgasse) erinnert die **Minoritenkirche** der hll. Johannes der Täufer und Johannes der Evangelist an eine alte Wallfahrtsstätte. Mauritz Grimm baute die gotische Kirche 1729–1732 in barocken Formen um. Barock ist auch ihre Ausstattung. An die Kirche lehnt sich ein kleiner Sakralbau aus dem 13. Jh. mit *Loretokapelle* und *Heiliger Stiege.*

Auf dem 56 m hohen **Spielberg** (Špilberk, 288 m ü. M.) westlich der Altstadt errichtete König Ottokar II. Přemysl um 1270 eine Burg, deren Lage strategisch vorteilhafter war als die der alten Burgstätte auf dem Petersberg. Nach 1640, noch während des Dreißigjährigen Krieges, bauten die Italiener Giovanni B. Pierroni und Andrea Erna die Burg zu einer mächtigen Zitadelle aus, die sogar dem Ansturm der Schweden standhielt. In den berüchtigten unterirdischen Kerkern der Festung schmachteten zahllose Gegner der Habsburger, wie z. B. der Pandurenoberst Freiherr von der Trenck (1746–1749). 1783 ließ sich Kaiser Joseph II. eine Stunde in den tiefsten und dunkelsten Keller sperren. Anschließend sagte er: »Ich war der letzte Mensch in diesen Räumen. Von nun an soll kein Mensch mehr diese Schwelle überschreiten.« Doch schon 1820 wurde die gesamte Spielberg-Zitadelle in ein Staatsgefängnis der österreichisch-ungarischen Monarchie umgewandelt. Heute kann man die Reste der alten Fortifikationen, die Napoleon 1809 schleifen ließ, und die unterirdischen Kerker besichtigen.

Am Südwestfuß des Spielbergs, im heutigen Stadtteil Staré Brno (Altbrünn), stiftete Elisabeth, die Witwe Wenzels II. und Rudolfs I., 1322 den Zisterzienserinnen ein Kloster, in dem sie ihren Lebensabend verbrachte und 1335 auch beigesetzt wurde. Die der Himmelfahrt Mariä geweihte *Klosterkirche,* den Ordensregeln entsprechend ohne Turm, ist der erste Backsteinbau auf dem Gebiet der heutigen Tschechischen Republik. Das Tafelbild auf dem Augsburger Silbertabernakel, die ›Schwarze Muttergottes‹, ist eine byzantinische Arbeit aus der zweiten Hälfte des 13. Jh. Daß die Ikone aus dem 9. oder gar 8. Jh. stammt und bei der Zerstörung Mailands in die Hände Kaiser Barbarossas fiel, der sie Vladislav II. schenkte, ist Legende. Tatsächlich erwarb sie Kaiser Karl IV., überließ sie seinem Bruder Johann Heinrich, der sie dann dem Augustinerkloster St. Thomas schenkte. Als die Augustiner 1783 nach Altbrünn übersiedelten, nahmen sie die kostbare Holztafel mit, die in Brünn große Verehrung genoß.

Aus dem Zisterzienserinnenkloster wurde im 18. Jh. also ein **Augustinerkloster.** In diesem Kloster führte der Prälat Gregor Johann Mendel (1822–1884) seine berühmten Kreuzungsversuche an Erbsen und Bohnen durch und leitete davon die später nach ihm benannten Vererbungsgesetze, die »Mendelschen Gesetze«, ab. Ein Denkmal aus dem Jahr 1910 ist dem großen Pater gewidmet.

Mikulov (Nikolsburg)

Am Südfuß der Pollauer Berge (Pavlovské vrchy), wo die berühmte 25 000jährige ›Venus von Věstonice‹ (s. S. 12) gefunden wurde, liegt inmitten von Obstplantagen, Weinhängen und Gemüsefeldern die kleine Kreisstadt Mikulov (8000 Einwohner) an der Thaya.

Erstmals erwähnt wurde der Ort 1173, 1362 ist diese Ortschaft bereits eine Stadt. 1526 brachte Balthasar Hubmaier die Wiedertäufer, eine reformatorische Christengemeinschaft, aus der Schweiz nach Nikolsburg, wo sie unter dem Schutz der Liechtenstein bis 1622 missionierten und eine Druckerei betrieben. 1575 erwarb die Familie Dietrichstein die Herrschaft Nikolsburg. 1623 ließ Kardinal Dietrichstein eine Loretokapelle als Auftakt der Gegenreformation in Mähren errichten.

Mikulov wird von einem mächtigen **Barockschloß** beherrscht, das mit seinen Gebäuden und Türmen die Stadt überragt. Ursprung des Schlosses war eine gotische Burg der Grafen Liechtenstein aus der ersten Hälfte des 13. Jh. 1611–1618 ließ der Olmützer Bischof und Kardinal Franz von Dietrichstein die Burg in ein Renaissanceschloß umbauen. Nach 1719 gab Gustav Oedtel dem Schloß barocke Formen. 1945 ging es während der letzten Kampfhandlungen auf mährischem Boden in Flammen auf, wurde aber zwischen 1948 und 1961 wiederaufgebaut. Das Schloß zeigt heute kunstgeschichtliche Sammlungen und ein *Weinbaumuseum*. Das interessanteste Objekt ist ein Weinfaß aus dem Jahr 1643 mit einem Fassungsvermögen von über 101 000 l (das bekannte Heidelberger Faß hat ein Volumen von 100 000 l); es war das »Fruchtzehnt-Faß« für die Naturalabgaben der Weinbauern. Unterhalb des Schlosses liegt der **Jüdische Friedhof** mit Gräbern aus dem 18. und 19. Jh.

Auf dem kleinen Hauptplatz von Mikulov (s. Farbabb. 24; Blick zum Schloß) steht eine barocke **Dreifaltigkeitssäule,** errichtet 1723 von Andreas Steinböck und Philipp Nader nach einem Entwurf des Wieners Anton Josef Preuner. Die **St.-Anna-Kirche,** Grabkirche derer von Dietrichstein, basiert auf einer Loretokapelle (1623) des benachbarten Kapuzinerklosters. Mitte des 17. Jh. erweiterte Giovanni Jacopo Tencalla das Loretoheiligtum zu einer Hallenkirche mit Seitenkapellen. 1704–1710 ließ Kardinal Leopold von Dietrichstein die Kirche von einem unbekannten Architekten barock umgestalten und die mächtige Westfassade errichten. Josef Kässmann entwarf den Christus und die Engel; Antonio Riga, Giovanni Mangoldi und Ignaz Lengelacher schufen die anderen Fassadenfiguren. 1784 brannte die Halle nieder und wurde 60 Jahre später von Heinrich Koch klassizistisch erneuert.

Bei der spätgotischen **Stadtpfarrkirche St. Wenzel** begründete Kardinal Franz von Dietrichstein um die Mitte des 17. Jh. ein Kollegiatskapitel. 1631 berief er die Piaristen nach Nikolsburg, die bei der **St.-Johannes-Kirche** (Piaristenkirche) in der Unterstadt ihr erstes Kolleg in Mähren eröffneten. 1671 wurde die spätgotische Kirche barockisiert und 1768 durch Franz Anton Maulpertsch mit Deckenfresken ausgestattet. Nordöstlich der Stadt führt ein Kreuzweg zum **Heiligen Berg** (Kopeček, 363 m) mit der frühbarocken *St.-Sebastian-Kapelle* (1679) hinauf.

□ Valtice, Lednice

Die kleine Stadt **Valtice** (Feldsberg), 11 km südöstlich von Mikulov an der Staatsstraße 414 gelegen, zählt 3000 Einwohner und fast ebenso viele Weinkeller. Einen Besuch lohnen aber auch die barocke *Pfarrkirche* (1631–1671) und vor allem das imposante **Liechtenstein-Schloß.** Letzteres (16. Jh.) geht auf eine wehrhafte Burg zurück, die der Passauer Bischof Wichard von Seefeld im 12. Jh. gegen die mährischen Adelsburgen rüstete. 1387 fiel die Burg durch Erbschaft an die Adelsfamilie Liechtenstein, der der Besitz Feldsberg bis 1945 gehörte. An der barocken Schloßanlage, die unter Mitwirkung so berühmter Baumeister wie Fischer von Erlach entstand, sind selbst die Nebengebäude interessant: der *Spanische Stall* von 1719 und das *Schloßtheater* aus dem späten 18. Jh. Den **Schloßpark** gestaltete der Versailler Gartenbaumeister D. Girard; Spaziergänger treffen hier auf eine reiche Parkarchitektur: *Dianatempel* (1812), *Belvedere* (1815), *Säulenhalle* (1823), *Tempel der drei Grazien* (1825), *Hubertuskapelle* (1855) usw.

Am Tempel der drei Grazien im Schloßpark von Valtice (Feldsberg)

Der Schloßpark von Valtice verschmilzt mit den **Parkanlagen von Lednice** (Eisgrub), einem der schönsten Landschaftsparks in Europa. Eine 7 km lange Allee durch eine großartige Insellandschaft im einstigen Überschwemmungsgebiet der Thaya (Dyje) verbindet die beiden riesigen Besitzungen. Eine königliche Wasserburg stand hier schon 1249. 1582 zogen die Liechtensteiner ein und verwandelten die Burg in ein prächtiges Renaissanceschloß, das Ende des 17. Jh. von Domenico Martinelli und Johann Bernhard Fischer von Erlach barocke Formen erhielt. Ende des 18. Jh. wurde das **Schloß** im Stil des Klassizismus restauriert und schließlich 1846–1858 von Georg Wingelmüller im neogotischen Tudorstil umgebaut. Die üppig gegliederte Anlage umschließt mehrere Höfe. Von Fischer von Erlach stammen die Gebäude der *Reithalle* (1688–1690). In dem langen, in Eisenkonstruktion errichteten *Palmenhaus* (1834/35) gedeihen seltene Tropenpflanzen. In dem Wirtschaftstrakt ist heute die Gartenbau-Fakultät der Brünner Landwirtschaftlichen Hochschule untergebracht. Die Repräsentations- und Wohnräume des Schlosses zeigen kostbare Sammlungen von Möbeln, Porzellan und Jagdwaffen.

Wer Schloß Lednice besucht, sollte nicht nur durch die Anlagen des Barockgartens wandeln, sondern den herrlichen *Schloßteich* (Zámecky rybník) umrunden; er kommt dann nicht nur an hundertjährigen Bäumen vorbei, sondern auch an einem *Wasserwerk* in Gestalt eines osmanischen Kiosks (um 1850) und an einem 68 m hohen *Minarett* (1802), einem Werk des fürstlichen Architekten Joseph Hardtmuth, des Erfinders der Bleistiftmine. Von der Galerie des Minaretts bietet sich eine schöne Rundsicht.

Znojmo (Znaim)

Die hoch über der Thaya (Dyje) gelegene Kreisstadt Znojmo (39 000 Einwohner) ist das Zentrum des südmährischen Wein-, Obst- und Gemüseanbaus. Zu den größten Sehenswürdigkeiten der alten Stadt zählen die romanische Rotunde, der gotische Rathausturm und die mächtige Pfarrkirche St. Nikolaus.

Im 11. Jh. errichtete der Přemyslidenfürst Břetislav I. auf dem Felsen über der Thaya eine Grenzburg, unterhalb der sich im 12. Jh. deutsche Siedler niederließen. 1226 erhielt Znaim als erster Ort Mährens die Stadtrechte. Johann von Luxemburg förderte den Weinbau durch Sonderprivilegien, sein Sohn Karl IV. unterstützte den Weinexport in das Ausland. Vom 15.–17. Jh. entstanden unter dem Marktplatz und den angrenzenden Häusern große Weinkeller. Im 19. Jh. trat neben den Wein eine andere Frucht, die die Stadt noch berühmter werden ließ: die *Znaimer Gurke*. Ihr pikanter Geschmack machte sie vor allem als Pfeffergurke zum begehrtesten Gemüse Mährens.

Ihre Lage auf dem Hügel über der Thaya und ihre allmähliche Entwicklung als Burgsiedlung brachten den unregelmäßigen Grundriß der Stadt hervor. Mitten auf dem Masarykovo nám. (Masaryk-Platz) steht in mittelalterlicher Tradition ein modernes Kaufhaus, das den schönsten **Rathausturm** Mährens umschließt. 1945, kurz vor Kriegsende, war das im 15. Jh. erbaute Rathaus zerstört worden. Nur der 80 m hohe Turm, ein Werk des

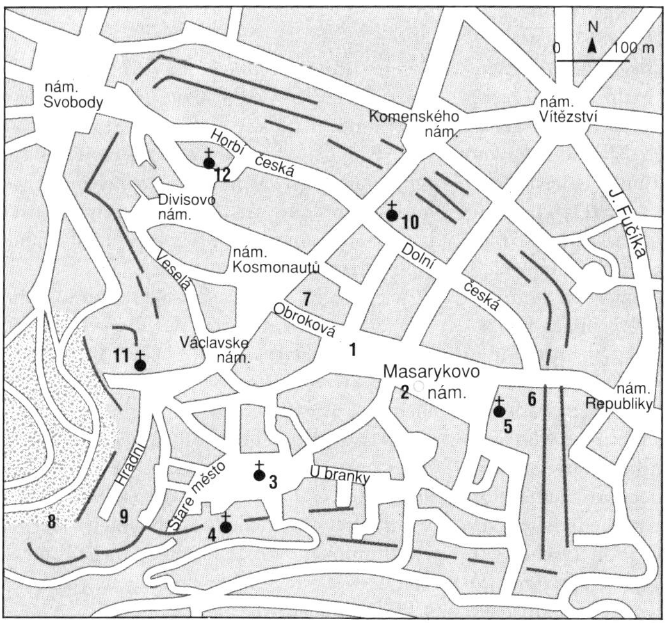

Znojmo (Znaim)
1 Rathausturm
2 Pestsäule
3 St. Nikolai
4 St. Wenzel
5 Kirche Johannes der Täufer
6 Wolfstorturm
7 Goltzsches Palais
8 Südmährisches Museum
9 Rotunde
10 Heiligkreuzkirche
11 Mariä-Himmelfahrts-Kirche
12 St. Michael

Baumeisters Nikolaus von Edelspitz (1445–1448), hatte dem Beschuß standgehalten. Die über Eck gestellte zweistufige Turmspitze stellt die reifste gotische Dachkonstruktion dar. 1951–1953 wurde der Turm rekonstruiert. Das untere Ende des Platzes, den zusätzlich eine *Pestsäule* von 1682 ziert, begrenzt die **Kirche Johannes der Täufer** (1628–1632). Östlich davon, neben dem Kapuzinerkloster, steht der mittelalterliche **Wolfstorturm** (Vlková věž). Das **Goltzsche Palais** (1606) in der Obroková ul. (Füttergasse) Nr. 10 beherbergt heute die Stadtverwaltung.

Die **St.-Nikolai-Kirche** (Kostel sv. Mikuláše) ersetzte 1338 eine ältere Pfarrkirche. Die dreischiffige hochgotische Halle erhielt ein Netzrippengewölbe auf Rundpfeilern. Der viereckige Turm mußte 1837 abgetragen werden; dafür entstand 1848–1851 ein neogotischer Turm. Das Bild des Hauptaltars (1759) ›Apotheose des hl. Nikolaus‹ und mehrere Bilder der Seitenaltäre malte Josef Daysinger. Das spätgotische Sakramentshaus stammt aus der Zeit um 1500; das eiserne Gitterwerk des Schreins zeigt Szenen aus der Marienlegende. Die spätbarocke Kanzel gleicht einer Erdkugel; als Schalldeckel fungiert das Schnitzwerk ›Gottvater mit Adam und Eva‹, vermutlich eine Arbeit der Werkstatt von Josef Winterhalter (Mitte 18. Jh.). Im Chor erhielten sich Wandfresken mit Szenen aus dem Leben Christi und aus dem Alten Testament (2. Hälfte 15. Jh.).

Der Nikolaikirche gegenüber steht die **St.-Wenzels-Kirche** (Kostel sv. Václava), eine Doppelkirche vom Ende des 15. Jh., deren Untergeschoß dem hl. Martin und deren Obergeschoß der hl. Anna geweiht war. Zwischen 1500 und 1521 erhielt das obere Stockwerk ein spätgotisches Netzgewölbe.

Die aus dem 11. Jh. stammende **Znaimer Burg** der Markgrafen von Mähren wurde in der zweiten Hälfte des 13. Jh. durch eine gotische Burg ersetzt. Aus dieser Burg entwikkelte sich im 17. Jh. ein Barockschloß, in dem heute das *Südmährische Museum* (Jihomoravské muzeum) untergebracht ist. Zur Přemyslidenburg gehörte eine romanische **Rotunde,** die vor 1037 erbaut worden sein muß. Vier unbekannte Künstler schufen hier im Jahr 1134 einzigartige Wandmalereien, in denen sich geistliche und weltliche Themen auf wundervolle Weise verknüpfen. Die unterste Freskenreihe zeigt einen Marienzyklus, die beiden Reihen darüber widmen sich der Libussa-Legende und der Přemyslidendynastie. Ganz oben im Gewölbe erscheinen Cherubim, vier Engel, die Evangelisten und im Triumphbogen die Stifter, Markgraf Konrad II. von Mähren und seine Gemahlin Maria. Das Apsisgewölbe läßt Jesus, Maria, Johannes den Evangelisten und einige der zwölf Apostel erkennen.

Beachtenswert sind noch die **Heiligkreuzkirche** (1653–1677) der Dominikaner mit einem Hochaltarbild von Franz Anton Maulpertsch, die **Mariä-Himmelfahrts-Kirche** mit dem Doppelkloster der Minoriten und Klarissinnen, gegründet von Wenzel I. in der ersten Hälfte des 13. Jh., und die gotische **St.-Michaels-Kirche,** die 1624 die Jesuiten übernahmen und frühbarock umbauen ließen.

Vranov nad Dyjí (Frain)

Das auf einem 60 m hohen Felsen über der Thaya (Dyje) thronende Schloß Vranov zählt zu den schönsten und prächtigsten Barockschlössern Mährens (s. Farbabb. 25).

Die landesfürstliche Burg Frain wurde von Břetislav I. (1034–1055) als südliche Grenzfeste des Přemyslidenreiches auf dem mächtigen Felsen über der Thaya errichtet. Nach 1323 kam die inzwischen gotisierte Burg nacheinander als Lehen in den Besitz mehrerer Adelsfamilien, u. a. der Lichtenberger (ab 1421) und der Althanner (ab 1618), die im späten 17. Jh. mit dem Umbau der Burg zu einem großartigen Barockschloß begannen. 1799 erwarben die polnischen Grafen Mniszek das Schloß und begründeten jene Steingutfabrik, deren Erzeugnisse als »Frainer Wedgwood« bekannt wurden. 1948 ging Schloß Vranov in staatliches Eigentum über und wurde 1972–1979 vorbildlich restauriert.

Eine hohe Brücke führt zur einstigen **Vorburg** aus der Zeit der Renaissance mit dem wuchtigen viereckigen Turm. Teile der gotischen Burgbefestigungen, darunter ein *Wasserturm* und auf der Ostseite ein *Wachturm*, der sog. »Krähenturm«, sind noch erhalten. Der ursprüngliche Palas mit dem runden Bergfried stand an der Stelle des heutigen **Ehren-**

Der Frainer Ahnensaal, erbaut von J. B. Fischer von Erlach, Fresken von J. M. Rottmayer

hofs. Hier beginnt die Schloßbesichtigung, die 90 Min. dauert und z.T. auch unter deutschsprachiger Führung stattfindet.

Zum Ahnensaal an der Ostseite des Ehrenhofs führt eine 1732 von Anton Erhard Martinelli geschaffene *Freitreppe* mit den Kolossalstatuen ›Herkules kämpft mit Antäus‹ und ›Äneas und Anchises‹ des Wiener Bildhauers Lorenzo Mattielli, einem Geschenk Kaiser Karls VI. an seine Geliebte Maria Anna Althann, geborene Fürstin Pignatelli; eigentlich waren die gigantischen Standbilder für die Wiener Reichskanzlei bestimmt. Der *Ahnensaal* ist einer der prächtigsten Säle des Landes. Johann Bernhard Fischer von Erlach hat den 13 m hohen elliptischen Saal ab 1688 als selbständiges Bauwerk hart an den Rand des Felsens gesetzt. In den Nischen zwischen den Saalfenstern stehen Statuen der Ahnen des Bauherrn, des Grafen Johann Michael II. von Althann; der Wiener Tobias Kracker hat die Skulpturen 1694 gestaltet. Das von ovalen Fenstern durchbrochene kuppelförmige Gewölbe des Ahnensaals bedecken Fresken des Salzburgers Johann Michael Rottmayer (1695); sie stellen überwiegend mythologische Szenen dar (›Arbeiten des Herkules‹, ›Odysseus blendet den Polyphem‹, ›Sturz der Giganten‹) und gipfeln in einer Apotheose des Adelsgeschlechts Althann.

Fischer von Erlach entwarf auch die der Hl. Dreifaltigkeit geweihte **Schloßkirche** (1698–1700). Dieses ebenfalls hart am Abgrund plazierte Gebäude besteht aus einem runden Zentralbau mit Kuppel, umgeben von sechs elliptischen Kapellen. Nach 1730 fügte A. E. Martinelli die beiden Türme hinzu. Fischer von Erlach entwarf auch den Altar und die Orgel. Die Gewölbefresken ›Himmel‹, ›Hölle‹ und ›Paradies‹ stammen von Ignaz Crinitz. Der **West-** und der **Südflügel** des Schlosses entstanden in spätbarock-klassizistischen Formen zwischen 1779 und 1787 unter Graf Michael Josef, dem letzten Althann. Die interessantesten Räume darin sind der Gesellschaftssaal, der Napoleonische Salon, das Freimaurerzimmer, die Gemäldegalerie, das Schlafzimmer der Fürstin Pignatelli und ihr Bad im Stil des Empire.

Jaroměřice nad Rokytnou (Jarmeritz)

Das prächtige Barockschloß mit seinem schönen Park inmitten des Städtchens Jaroměřice (3000 Einwohner) ist alljährlich im Sommer Mittelpunkt eines Festivals klassischer Musik. Das Schloß geht auf eine gotische Burg zurück, die die Herren Lichtenberg im 14. Jh. errichtet hatten und die der Brünner Baumeister Giovanni Battista Erna im 16. Jh. für die Grafen Meziříčtí in ein prächtiges Renaissanceschloß umwandelte. 1708 gab Graf Johann Adam Questenberg den barocken Umbau in Auftrag. Domenico d'Angeli verwirklichte seine Entwürfe zwischen 1711 und 1737.

Das dreiflügelige Gebäude wendet sich mit seiner Hauptfassade und dem Ehrenhof dem Hauptplatz des Städtchens zu. Die beiden Seitenflügel umfassen eine Blumenterrasse. An die Ostseite des Ehrenhofs grenzt das 1722–1730 erbaute **Theater.** Ein kurzer Gang verbindet den Hauptflügel mit der **Schloßkirche,** die zugleich als Pfarrkirche

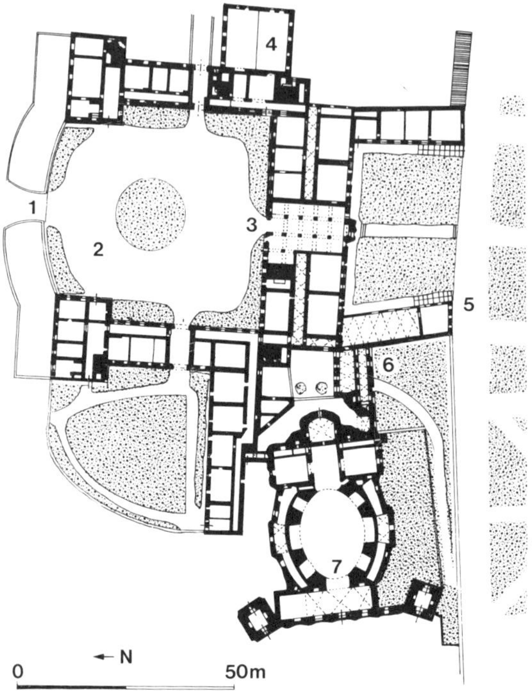

Jaroměřice (Jarmeritz), Schloß, Grundriß
1 Hauptportal
2 Ehrenhof
3 Vestibül
4 Schloßtheater
5 Schloßpark
6 Sala terrena
7 Kirche der hl. Margarete

diente und der hl. Margarete geweiht war (1715–1739). Den elliptischen Zentralbau mit Kuppel, Emporen und zwei Türmen entwarf der große Barockbaumeister Lucas von Hildebrandt, dessen anspruchsvolle Umbaupläne für das Schloß wegen fehlender finanzieller Mittel nicht realisiert werden konnten.

Beachtenswert ist der **Innenausbau** des Schlosses, die Gestaltung der Räumlichkeiten durch Konrad Adolf Albrecht von Albrechtsburg (1728). Der *Festsaal* des Schlosses mit dem Deckenfresko ›Verherrlichung von Jarmeritz‹ (1733/34) nimmt beide Stockwerke des Hauptflügels ein. Auch der *Musik- und Tanzsaal* im Westflügel präsentiert sich in großartigem Decken- und Wandschmuck (1731). Das *Chinesische Kabinett* entwarf um 1731 Tomasso Bella. In der *Schloßgalerie* finden sich Gemälde von Veronese, van Honthorst, Bol, Rubens, Kupecký, Brandl u. a. Den **Schloßpark** gestaltete der Franzose Jean Trehet im Stil des Barock; von den steinernen Gottheiten, die ihn bevölkerten, sind nur noch sechs erhalten. Den Übergang vom Schloß zum Park gewährleistet eine illusionistisch ausgemalte *Sala terrena* am Westflügel.

Johann Adam Graf Questenberg, Reichshofrat und Kämmerer, machte sein Schloß zu einer Hochburg der Barockmusik. Aus der Dienerschaft stellte er ein Orchester zusammen, dessen Leitung der begabte Kammerdiener František Václav Miča (1694–1744) übernahm. Miča gestaltete die Konzertprogramme des Schlosses, studierte italienische Opern und Wiener Singspiele ein und komponierte die erste tschechische Oper ›L'origine de Jarmeriz en Moravie‹ (›Vom Ursprung der Stadt Jarmeritz in Mähren‹), 1730 im Schloßtheater uraufgeführt, noch im selben Jahr in tschechischer Übersetzung erschienen.

Telč (Teltsch)

Die schönste mittelalterliche Stadt der Tschechischen Republik, eine ›Stadt wie im Märchen‹ gewissermaßen, ist das südmährische Telč. Von Teichen umgeben, träumt der historische Stadtkern mit seinen schlichten Kirchen und dem schmucken Schloß von alten, sicher nicht allzu geruhsamen Zeiten (s. hintere Umschlagklappe). Nur eine einzige Straße durchbricht die fast unversehrten Befestigungen und bringt den Reisenden auf den langgestreckten Marktplatz, den ein Kranz bunter Bürgerhäuser mit durchgehenden Lauben und reizvollen Giebeln umgibt. Seinem malerischen Stadtbild verdankt es Telč, daß es schon früh unter Denkmalschutz gestellt und nach 1950 liebevoll restauriert wurde. Die neue Stadt entwickelte sich jenseits der Teiche und hat heute 7000 Einwohner.

Mitten in Sümpfen ließen sich im 12. Jh. Siedler nieder. Sie faßten das Wasser in drei Teiche und bauten dazwischen ihre Häuser. Zu Beginn des 13. Jh. errichtete der Markgraf von Mähren in Teltsch eine Burg. Um die Mitte des 14. Jh. erhielt der Ort Stadtrechte und kurz vor dem Jahr 1400 einen stattlichen Adelssitz, vor dem sich der langgestreckte Marktplatz mit seinen Häuserreihen formierte. Nach dem großen Brand des Jahres 1530

Am Marktplatz von Telč (Teltsch)

erneuerten die Bürger ihre Häuser im Stil der Renaissance und des Frühbarock. Der Adelssitz verwandelte sich in ein prächtiges Renaissanceschloß. Seitdem hat Teltsch sein Aussehen nicht mehr verändert.

Einige der wunderschönen **Laubenhäuser** am Marktplatz (s. Farbabb. 13) tragen Sgraffito-Schmuck, besonders das Eckhaus Nr. 15, das um die Mitte des 16. Jh. mit Renaissance-Elementen versehen wurde. Der spätromanische Turm der **Heiliggeistkirche** (Kostel sv. Ducha) stammt aus dem ersten Viertel des 13. Jh. und war der Bergfried der landesfürstlichen Burg. Auf den Grundmauern dieser Burg wuchsen Kirchenschiff und Presbyterium. Die **Pfarrkirche St. Jakob** (Chrám sv. Jakuba) entstand im dritten Viertel des 14. Jh. Um die Mitte des 15. Jh. nahm der zweischiffige Hallenbau spätgotische Formen an. – Neben der Jakobskirche befinden sich das **Jesuitenkolleg** aus dem 17. Jh. und die **Mariä-Himmelfahrts-Kirche** (Kostel Nanebevzetí Panny Marie) aus dem 14. Jh., Mitte des 17. Jh. barockisiert.

Das **Schloß** in der Westecke des Marktes ging aus einem gotischen Adelssitz des 14. Jh. hervor, den Antonio Vlach 1553–1556 und Baldassare Maggi da Arogno 1566–1568 zu einem prunkvollen Renaissanceschloß umbauten; der weitgereiste und kunstverständige Zacharias von Hradec (Neuhaus) und sein Sohn Adam waren die Bauherren. In den 60er und 70er Jahren des 16. Jh. entstanden der Nord- und der Südflügel des Schlosses, die beiden *Arkadenhöfe*, der von Bogengängen umgebene zauberhafte Garten und die *Allerheiligenkapelle*, in der Zacharias († 1589) und seine Gemahlin Katharina von Waldstein († 1571) ihre letzte Ruhestätte fanden (Marmorsarkophag hinter handgeschmiedetem Gitter). Die prächtigen manieristischen Interieurs des Teltscher Schlosses entsprachen dem Reichtum italienischer Paläste.

Zu den interessantesten Räumen des Schlosses gehören die *Schatzkammer* mit üppigen Sgraffiti (perspektivische Architekturen, 1553), der *Speisesaal*, ebenfalls mit Sgraffiti (Jagdszenen, Allegorien der sieben Todsünden), die *Rüstkammer* (Marmorsaal mit Facettengewölbe und Chiaroscuro-Malerei), der *Goldene Saal* mit reich geschnitzter Kassettendecke (1561), der *Blaue Saal* mit prächtigen Gobelins und das *Zeughaus* mit Sterngewölbe. Während der Führung bekommt der Besucher auch das Bett der »Weißen Frau«, der historischen Berta (Perchta) von Rosenberg, ihr Porträt und auch das ihres Mannes Hans von Liechtenstein (s. S. 160) gezeigt. Im Schloß Teltsch erhielt Franz Grillparzer (1791–1872) die erste Anregung für sein Trauerspiel ›Die Ahnfrau‹ (1817).

Jihlava (Iglau)

Am gleichnamigen Fluß – früher hieß er Igel bzw. Iglawa – liegt die mittelalterliche Stadt Jihlava, die älteste Bergstadt der böhmischen Krone. Deutsche Bergleute erschlossen die Silberminen, deutsche Rechtsgelehrte gestalteten das »Iglauer Bergrecht«, dessen Normen später sogar in Südamerika galten. Bis zum Ende des Zweiten Weltkriegs war Iglau der Hauptort einer deutschen Sprachinsel, die sich rautenförmig in Nord-Süd-Richtung

43 km, in Ost-West-Richtung 18 km erstreckte; von den fast 80 Gemeinden hatten mehr als die Hälfte eine deutschsprachige Mehrheit. Großartige Bauwerke aus Gotik, Renaissance und Barock, darunter die einzigartigen, mit Wandmalereien geschmückten Laubenhallen der Bürgerhäuser, und wohlerhaltene Stadtbefestigungen machen Jihlavas Reiz aus.

Im Jahr 1233 verkaufte Herman Balk, Komtur des Deutschen Ordens, die bei Iglau und Humpoletz gelegenen Güter sowie den »Zehent« von 13 Dörfern für 100 Silbermark an das Prämonstratenserkloster Seelau (Želiv). Im Jahr darauf schenkte Wenzel I. das Dorf Iglau dem Nonnenkloster zu Tischnowitz. Unerwartete Silberfunde bewogen den König jedoch, Iglau im Jahr 1238 der königlichen Kammer unmittelbar zu unterstellen und mit der Ausbeutung der Silbergruben zu beginnen. Die Bergleute kamen aus Sachsen, die Handwerker und Bauern aus dem Bayerischen, hauptsächlich aus der Oberpfalz. 1249 erhob Wenzel I. Iglau zur Stadt, 1269 verlieh ihr Ottokar II. Přemysl das Stapelrecht. 1275 kaufte Iglau vom König das Recht, eigene Münzen zu prägen, 1294 übernahm die bedeutendste Silberstadt Mitteleuropas, das sächsische Freiberg im Erzgebirge, das »Iglauer Bergrecht«, wie es »von den burgern von der Ygla und von den edelsten bergluten bestetiget unde beschriben« und mit der Stadt und der Bürger Siegel bekräftigt worden war. 1304 überarbeitete Gozzius von Orvieto, Rechtsgelehrter am Hof Wenzels II., dieses Recht

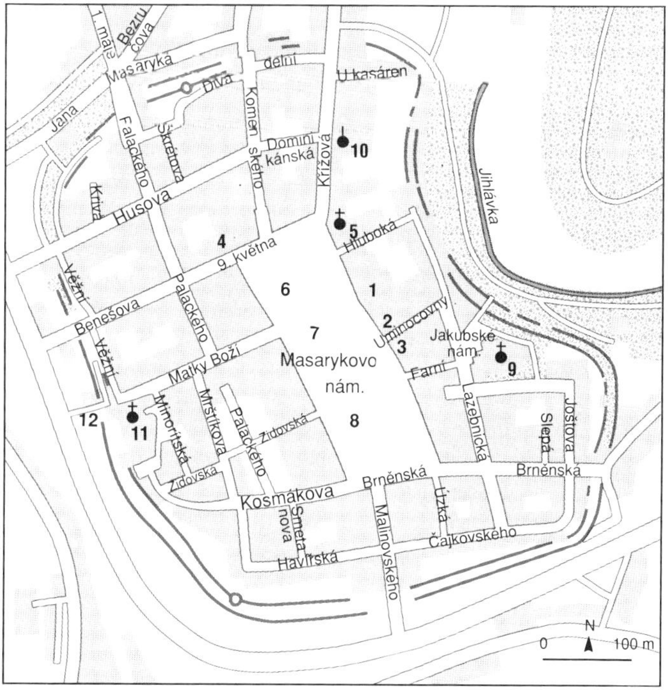

Jihlava (Iglau)
1 Rathaus
2 Berggericht
3 Münze
4 Museum
5 St. Ignaz
6 Mariensäule
7 Poseidon- (Neptun-) Brunnen
8 Amphitrite-Brunnen
9 St. Jakob
10 Dominikanerkirche zum Heiligen Kreuz
11 Minoritenkirche (Marienkirche)
12 Muttergottestor

zum ›Jus regale montanorum‹, das sich in weiten Teilen Europas durchsetzte und Bergmaß und Bergverleihung, Schürfen und Stollenbau, Wasserschutz und die Berufung der Schöffen regelte. 1345 wurde der Iglauer Oberhof als höchste Instanz in allen Bergsachen des Heiligen Römischen Reiches eingeführt.

1421 schloß sich Iglau dem Städtebund von Olmütz, Brünn und Znaim gegen die Hussiten an. Im Jahr darauf erschien Jan Žižka mit seinem Hussitenheer vor Iglaus Mauern, konnte die Stadt aber nicht erobern. 1436 führten Verhandlungen zwischen Katholiken und Hussiten zum »Iglauer Frieden«. 1458 lehnte es Iglau als einzige Stadt ab, den utraquistischen König Georg von Poděbrad anzuerkennen. Erst nach fünfmonatiger Belagerung und schwerer Beschießung setzte der König die Anerkennung durch. Als aber 1467 Georg von Poděbrad der päpstliche Bannstrahl traf, fiel Iglau gemeinsam mit Olmütz, Brünn und Znaim wieder von ihm ab. 1471 wählten die katholischen Stände, der »Grünberger Bund«, in der Iglauer Pfarrkirche den Ungarnkönig Matthias Corvinus zum König von Böhmen und Mähren, während der Utraquistenbund in Prag den Polenprinzen und Jagiellonen Vladislav zum König kürte. 1486 schlossen die Könige Vladislav II. Jagiello und Matthias Corvinus in Iglau einen gegenseitigen Erbvertrag; der Unterzeichnung folgten zehntägige Festlichkeiten.

Allmählich versiegten die Silberadern, doch die Iglauer verstanden es, mit einem neuen Gewerbe die Blüte der Stadt fortzusetzen: Seit dem 15. Jh. entstanden die Walken und Färbhäuser der tüchtigen Tuchmacher- und Leineweberzünfte; flandrische Weber und Färber hatten dieses Gewerbe nach Iglau gebracht. Nun eroberte das nach einem besonderen Verfahren gefärbte, hochwertige Iglauer Tuch die Märkte Mittel- und Südosteuropas. Trotz Feuer (1523) und Pest (1541) markieren die hundert Jahre von 1520 bis 1620 den wirtschaftlichen Höhepunkt der Kommune, die sich zu einer der prunkvollsten Städte in den Ländern der böhmischen Krone entwickelte und in der sich Luthers Reformation bereits 1525 durchgesetzt hatte. Die Schlacht auf dem Weißen Berg bei Prag im Jahr 1620 beendete die Blütezeit Iglaus. Noch im selben Jahr wüteten kaiserliche Truppen in der Stadt. 1625 stellte der Brünner Kardinal Fürst Dietrichstein den Iglauern eine Frist von sechs Wochen, um zum katholischen Glauben zurückzukehren oder das Land zu verlassen; die meisten Bürger zogen die Emigration vor. Jesuiten übernahmen das 1561 gegründete Gymnasium und die anderen Schulen der Stadt. 1645 besetzten die Schweden Iglau, zwei Jahre darauf rückten wieder die Kaiserlichen ein. Von den einst 13 000 Einwohnern blieben am Ende des Dreißigjährigen Krieges nur noch 299 übrig.

Im späten 17. Jh. lebte der Bergbau vorübergehend wieder auf. Doch das in die Stollen eindringende Wasser erhöhte die Betriebskosten dermaßen, daß sich ein Abbau nicht mehr lohnte; 1783 wurde das kaiserlich-mährische Bergamt zu Iglau geschlossen und der Bergbau eingestellt. Die Tuchmacherei aber blühte nach wie vor, und so stieg die Einwohnerzahl von 6246 im Jahr 1719 auf 10 786 im Jahr 1798. Heute ist Jihlava eine Kreisstadt mit 54 000 Einwohnern.

Der Hauptplatz von Jihlava, der Masarykovo nám. (Masaryk-Platz), ist 328 m lang und 114 m breit, er nimmt eine Fläche von 3,7 ha ein und ist damit der größte Marktplatz im Lande. Nur Köln, Breslau und Krakau besaßen im 13. Jh. größere Marktplätze. An der Ostseite des Platzes steht seit 1426 das **Rathaus;** es wurde mehrmals umgebaut und erweitert und erhielt 1786 ein zweites Obergeschoß, den behelmten *Uhrenturm* und eine Barockfassade. Unter dem Platz und den umliegenden Häusern erstreckt sich seit dem 16. Jh. ein Labyrinth von Gängen, die als Vorratsräume angelegt wurden, der Bevölkerung in Kriegszeiten aber auch als Schutz dienten. Ein Teil der ›*Katakomben*‹ ist vom Rathaus aus zugänglich. Die über 25 km langen unterirdischen Gänge, die alle Häuser der Altstadt miteinander verbinden, dienen heute als Zubringer für Wasser, Strom, Gas, Fernwärme, Telefon usw., so daß ein Aufreißen des Straßenpflasters bei Erweiterungen oder Instandsetzungen nicht erforderlich ist.

Zwei- und dreistöckige **Patrizierhäuser** mit herrlich bemalten Lauben umgeben den Hauptplatz. Eines der ältesten (1260) ist das in seinem Kern gotische Haus Nr. 31/305; sog. »Briefchen-Sgraffiti« schmücken seine Renaissancefassade. Das Haus Nr. 44/371 besaß im Erdgeschoß eine 500 m^2 große Halle, in der 1585 der Landtag zusammentrat. Bis 1825 war hier der bekannte Gasthof *Zum wilden Mann*, 1825–1850 diente das Haus als Theater. In dem Eckhaus Nr. 7/63 zur *U Mincovny* (Bei der Münze) tagte das alte Berggericht: Der dreistöckige Erker ruht auf einem Pfeiler mit reich profiliertem Kapitell. Das Eckhaus gegenüber war die mittelalterliche *Münzstätte*. Das Haus Nr. 57/488 mit der Meisterstube im ersten Stock war seit 1636 das Zunfthaus der Tuchmacher. Zusammen mit dem Nachbarhaus bildet es heute das *Museum* von Iglau. Den Gasthof *Zum goldenen Löwen* (Haus Nr. 14/83) schmückt ein Löwenhaupt mit Ring im Maul. 1796–1919 fungierte es als Erbpostamt und ist noch immer als »Alte Post« bekannt. Das Renaissanceportal stammt vom Ende des 16. Jh., die Fassade ist spätbarock, der Balkon zeigt den Stil des Rokoko.

In der Nordostecke des Hauptplatzes steht die **St.-Ignaz-Kirche** (Kostel sv. Ignáce), eine Jesuitenkirche, die Giovanni Jacopo Brasca 1680–1689 im italienischen Barock erbaute. Zuvor hatte der kaiserliche Feldmarschall Graf von Althann dem Orden 23 konfiszierte Hausgrundstücke protestantischer Bürger zur Errichtung eines Kollegiums mit Kirche geschenkt. Karl Töpper schuf bis 1717 die prachtvollen Fresken. Kostbarster Ausstattungsgegenstand ist das ›Přemyslidenkreuz‹, ein gotisches Kruzifix, gestiftet angeblich von Ottokar II. Přemysl. Gotisch ist auch die Pietà aus dem Ende des 14. Jh. Die Ignazkirche wechselte mehrmals ihre Besitzer: Auf die Jesuiten folgten die Dominikaner, auf die Dominikaner die Prämonstratenser. Bis 1918 diente St. Ignaz als Garnisonskirche, seitdem steht sie der Tschechischen Nationalkirche zur Verfügung. Das benachbarte **Jesuitenkolleg** aus dem Jahr 1699 ist heute Stadtbibliothek.

Die 1679 als Dank für die Verschonung vor der Pest gestiftete **Mariensäule** ist ebenfalls ein Werk des Italieners Giovanni Jacopo Brasca. Die Figuren der 15 m hohen Säule, Maria ganz oben, Joseph, Jakob, Sebastian und Franz Xaver am Fuß des Monuments, gestaltete Antonio Laghi. Den **Poseidon-** und den **Amphitrite-Brunnen** auf dem Hauptplatz schuf 1799 der Iglauer Bildhauer Wenzel Prchal. Das moderne Textilkaufhaus in der Mitte des Friedensplatzes wirkt wie ein Fremdkörper; vielleicht dachten die Stadtplaner an die

Hl. Katharina (14. Jh.) in der St.-Jakobs-Kirche von Jihlava (Iglau)

mittelalterlichen Stapelhäuser, die ebenfalls die Mitte des Marktplatzes beherrschten und in denen vor allem Textilien angeboten wurden.

Die Farní ul. (Pfarrgasse) endet vor der **St.-Jakobs-Kirche** (Kostel sv. Jakuba), der gotischen Pfarrkirche mit dem ungleichen Turmpaar. Kurz nach 1250 begann der Bau einer romanischen Basilika, schon 1257 war der Chor vollendet und wurde vom Olmützer Bischof Bruno von Schaumburg in Anwesenheit des Königs Ottokar II. Přemysl geweiht. Anschließend wuchs die dreischiffige Halle mit den beiden Fassadentürmen in frühgotischem Stil empor. In der zweiten Hälfte des 14. Jh. war der Bau abgeschlossen. 1523 brannte die Kirche und mußte teilweise erneuert werden. Die Inneneinrichtung ist barock. Den Hauptaltar gestaltete 1771 der Bildhauer Wenzel Kowanda, das 7,5 m hohe und 4 m breite Altarbild ›Enthauptung des hl. Jakob‹ malte der Iglauer Johann Nepomuk Steiner, Hofmaler der Kaiserin Maria Theresia. Gotisch sind eine Madonna (Mitte 14. Jh.) und die großartige Statue der hl. Katharina (Ende 14. Jh.). Ein Meisterwerk der Renaissance schuf der Nürnberger Goldschmied Hans Hirtz 1599 mit seinem großen Taufbecken, dessen acht Wandungen den Sündenfall, Mariä Verkündigung, Christi Geburt, Beschneidung, Taufe, den Weg nach Golgatha, Auferstehung und Himmelfahrt zeigen. 1702 stiftete der aus Iglau stammende Wiener Arzt Jakob Kielmann eine frühbarocke *Marienkapelle,* um darin eine überlebensgroße Pietà des frühen 14. Jh. aufzustellen. Mit polygonalem Grundriß fügt sich das reizvolle Bauwerk zwischen zwei spätgotische Kapellen. Bemerkenswerter noch als die Pietà ist das schmiedeeiserne Abschlußgitter der Marienkapelle.

Die **Dominikanerkirche zum Hl. Kreuz** (Kostel sv. Kříž) in der Křížová (Kreuzstraße) wurde um 1240 gegründet und bis 1410 vollendet. 1784 hob Joseph II. Kloster und Kirche auf und funktionierte sie zur Kaserne bzw. Garnisonskirche um. Seit 1949 gehört die Heiligkreuzkirche der Tschechischen Nationalkirche. Zu den drei ältesten Kirchen Iglaus gehört auch die **Minoritenkirche** (Minoritský kostel) in der Matky Boží (Muttergottes- bzw. Frauengasse). Sie entstand um die Mitte des 13. Jh. als dreischiffige Basilika. Der Turm mit dem achtseitigen steinernen Helm über der Galerie wurde 1412 vollendet.

Der Chor zeigt sich in spätgotischer Gestalt (1499–1508), die Fassade wurde im 18. Jh. barockisiert.

Die Matky Boží endet vor dem **Muttergottestor** (Frauentor, Brána Matky boží) aus dem 14. bzw. 16. Jh., das als einziges von fünf Stadttoren erhalten blieb. Südlich des wuchtigen Torturms haben sich Reste der Stadtbefestigungen erhalten, die noch aus dem 13.–15. Jh. stammen und im 16. und 17. Jh. durch Bastionen verstärkt wurden.

□ Žd'ár nad Sázavou, Pernštejn, Třebíč, Náměšť nad Oslavou

Am Südrand des *Saarer Berglands* (Žd'árské vrchy), des landschaftlich schönsten Teils der Böhmisch-Mährischen Höhen (Českomoravská vrchovina) liegt an einer Furt der Sasau (Sazau, Sázava) die Stadt **Žd'ár** (Saar; 27 000 Einwohner). Erzgruben und fischreiche Seen veranlaßten Zisterzienser, im Jahr 1252 an der Sasau ein Kloster zu gründen, dem eine schwere Geschichte bevorstehen sollte: 1422 von den Hussiten eingeäschert, wurde Kloster Saar im späten 15. Jh. unter Georg von Poděbrad wiederaufgebaut. Auch der Dreißigjährige Krieg brachte Verwüstungen und Brände, die Mönche mußten fliehen, konnten aber 1638 mit Unterstützung des Zisterzienserklosters Velehrad (s. S. 361) zurückkehren und die Gebäude wieder instand setzen.

Die Stadt Žd'ár selbst bietet keine besonderen Sehenswürdigkeiten. Der Hauptplatz wirkt äußerst modern, nur das *Rathaus* zeigt ein klassizistisches Gewand, und die *Pfarrkirche des hl. Prokop* aus dem 13. Jh. zeigt Einflüsse verschiedener Baustile bis zum Barock. Wer in Richtung Chrudim nordwärts fährt, erreicht nach 2 km das ehemalige **Zisterzienserkloster.** Die *Klosterkirche Mariä Himmelfahrt* stammt aus dem 14. Jh. und wurde 1706 von Giovanni Battista Santini im Stil der Barockgotik erneuert. Aus der Entstehungszeit des Klosters stammt die Brunnenkapelle des gotischen Kreuzgangs. An weiteren Klosterbauten sind für den Besucher die Prälatur (1720–1734) mit dem *Museum des Buches* (Muzeum knihy), einer Zweigstelle des Prager Nationalmuseums, und der Marstall mit einer *Gedenkstätte für den Barockbaumeister Santini* (Johann Blasius Santin-Aichel, 1677–1723) von Bedeutung.

An einer mit Barockfiguren geschmückten Straßenbrücke beginnt der Aufstieg (8 Min.) zum **Zelená hora** (Grüner Berg) mit der *Wallfahrtskapelle Johann von Nepomuk*, einem der großen Spätwerke des Baumeisters Santini. 1719–1722 errichtete der Meister eines der qualitätvollsten Bauwerke des europäischen Barock, einen barock-gotischen Zentralbau von höchster Vollkommenheit, einen Bau voller Zahlenmystik. Die Nepomuk-Kapelle steht inmitten eines kleinen Friedhofs, den ein zehneckiger Kreuzgang mit konkaven Seiten umgibt. Fünf Seiten enthalten je eine fünfeckige offene Ambitenkapelle. Die Nepomuk-Kapelle selbst besitzt die Form eines zehnzackigen Sterns. Zwischen den Zacken liegen fünf ellipsenförmige Räume. Spitzbogenarkaden prägen zwei Geschosse des hohen Zentralraums. Den Hauptaltar beherrschen fünf Engel, die einen Vorhang tragen und eine Kugel halten, auf der der hl. Nepomuk steht.

42 km nordwestlich von Brünn krönt die **Burg Pernštejn** (Pernstein) einen 334 m hohen, steilen Felsvorsprung am Ufer der Nedvědička, eines Nebenflusses der Schwarzawa (Svratka). Die alte Burg, einer der größten, besterhaltenen und schönsten Wehrbauten Mährens, war bis 1596 der Stammsitz der Pernstein (von ›Bärenstein‹), eines der bedeutendsten mährischen Adelsgeschlechter. Die

Burg wurde in der zweiten Hälfte des 13. Jh. erbaut, im 15. Jh. und Anfang des 16. Jh. erweitert und mit dem wuchtigen *Rundturm Barborka* versehen. Zahlreiche Erker und Söller, geschmückte Tore und Türen, schwere Befestigungen und stuckgeschmückte Räume zeugen vom stilistischen Einfluß der Renaissance. Im ausgehenden 18. Jh. kam ein hoher *Wohnturm* dazu, die ganze Burg erhielt einen repräsentativen Charakter (s. Farbabb. 27). Letzte Herren auf Burg Pernštejn war die Familie Mitrovsky (1818–1948).

Im Tal der Igel (Jihlava), 30 km südöstlich von Jihlava, liegt die alte Kreisstadt **Třebíč** (Trebitsch), 35 000 Einwohner, Textilindustrie. – Zu Beginn des 13. Jh. entstand neben dem Benediktinerkloster Trebitsch eine Siedlung, die 1271 zur Marktgemeinde aufstieg und 1355 Stadtrecht erhielt. Trebitsch wurde mehrmals zerstört, in den Hussitenkriegen, im Dreißigjährigen Krieg und auch im Schlesischen Krieg, doch die Trebitscher bauten ihre Häuser immer wieder auf, die Tuchmacherei führte die Stadt jeweils zu neuer Blüte.

Den langgestreckten **Marktplatz** (nám. Karlova) rahmen mehrere prächtige Bürgerhäuser, deren Fundamente bis in die gotische Zeit zurückreichen. Da ist das *»Bemalte Haus«* (Malovaný dům) eines venezianischen Kaufmanns, das *»Schwarze Haus«* (Černý dům) mit Sgraffitofassade, das im späten 19. Jh. erneuerte *Rathaus*, die frühgotische, im 17. Jh. barokkisierte *Martinskirche*. Die größte Sehenswürdigkeit aber ist die *Klosterkirche des hl. Prokop*, 1240–1260, eine spätromanisch-frühgotische Basilika von ungewöhnlicher Raumaufteilung, die auf westeuropäische Einflüsse schließen läßt. Erhalten blieb aus frühester Zeit die große romanische Krypta, deren Gewölbe auf wuchtigen Pfeilern ruhen. Das ebenfalls romanische Nordportal der Klosterkirche ist reich mit plastischem Schmuck versehen, mit floralen Motiven, mit Tier- und Menschenköpfen.

Aus dem Benediktinerkloster wurde im 16. Jh. ein **Schloß**, in dem die Pernstein, schließlich die Waldstein residierten. Nach 1945 wurde aus dem Schloß das sehenswerte *Westmährisches Museum*.

Náměšť nad Oslavou (Namiest an der Oslawa) heißt das alte Städtchen 18 km östlich von Třebíč. Die besondere Sehenswürdigkeit dieser Stadt ist ihr stattliches Schloß, ein

Benediktinerkloster Třebíč (Trebitsch), romanisches Nordportal der Klosterkirche

Renaissanceschloß, umgeben von blühenden Terrassengärten. Die Brücke, die über die Oslawa zum Schloß führt, schmücken 20 Barockfiguren; acht von ihnen gestaltete der aus dem Schwarzwald stammende Bildhauer Joseph Anton Winterhalter (1702–1766). Das Schloß gehörte 1752–1945 den Grafen von Haugwitz, die den Besitz inzwischen wieder zurückerhalten haben und hier die Erinnerung an die Komponisten Gluck, Haydn, Salieri und Johann Strauß, die einst auf Schloß Namiest musizierten, wiederbeleben wollen.

Kroměříž (Kremsier)

Die Stadt Kroměříž liegt 65 km östlich von Brünn und 40 km südlich von Olmütz auf dem rechten Ufer der March (Morava) und hat 30 000 Einwohner, die vorwiegend in den Industriebereichen Maschinenbau, Elektrotechnik und Nahrungsmittel beschäftigt sind. Teile der Innenstadt stehen unter Denkmalschutz. Gegründet wurde Kremsier um die Mitte des 13. Jh. von Bruno von Schaumburg-Holstein (um 1205–1281), ab 1247 Bischof von Olmütz und ab 1253 Kanzler des Königs Ottokar II. Přemysl. Gegen 1260 erhob er die Siedlung zur Stadt und bestimmte sie zu seinem Sommersitz. Kremsier wurde zweimal zerstört, im 15. Jh. von den Hussiten und im 17. Jh. von den Schweden.

Rings um den Velké nám. (Großer Platz) von Kroměříž stehen schmucke, mit Lauben versehene **Bürgerhäuser,** geprägt von den Stilelementen der Renaissance und des Barock. Das 1550–1611 errichtete **Renaissancerathaus** zwischen den Häusern besitzt einen schlanken Turm und eine doppelte Freitreppe. Die **Dreifaltigkeitssäule** stammt von 1725; zusammen mit Tritonbrunnen, Mariensäule und schattenspendenden Bäumen verleiht sie dem Platz eine stilvolle Atmosphäre.

An die Nordwestecke des Velké nám. grenzt die vierflügelige **Bischofsresidenz,** ein gewaltiger Schloßkomplex, den Bischof Stanislaus Thurzo im 16. Jh. an die Stelle der frühgotischen Bischofsburg von 1260 setzte. Im 17. Jh. ließ Bischof Carl von Liechtenstein-Kastelkorn das Schloß barock erneuern und dem 84 m hohen Eckturm eine imposante Zwiebelhaube aufsetzen. 1848/49 tagte in der Residenz der Reichstag, der während der Revolution aus Wien nach Kremsier ausgewichen war. In dem Geviert sind zahlreiche kostbar ausgestattete Räume zu besichtigen: Jagdsaal mit Waffen und Trophäen, Rosensalon, Zarensalon, in dem Kaiser Franz Joseph I. im Jahr 1885 mit Zar Alexander III. zusammentraf, Sitzungssaal, Thronsaal, Audienzsaal, Speizezimmer, Reichstagssaal, Großer Speisesaal sowie der Lehenssaal mit Deckenfresken von Franz Anton Maulpertsch (1758–1760). Überaus sehenswert sind die erlesenen Möbel, die Kristallüster, die Gobelins, vor allem aber die *Gemäldesammlung* mit Werken von Tizian, Veronese, Anton van Dyck, Jan und Pieter Brueghel, Lucas Cranach d. Ä. und anderen Meistern. Berühmt ist auch die *Bibliothek* mit rund 40 000 Bänden, darunter zahlreichen mittelalterlichen Handschriften, sowie die umfangreiche *Münz- und Medaillensammlung.* Hinter der Residenz erstreckt sich der ausgedehnte **Schloßgarten** mit *Colloredo-* (1795) und *Pompejanischer Kolonnade* (1846), mit *Chinesischem Pavillon* und kleineren Bauten der Romantik.

Bat'a, ein Schuhimperium aus Mähren

Das mährische Zlín, heute mit 90 000 Einwohnern fast eine Großstadt, gilt als erste und einzige ideale Industriestadt der Welt, eine funktionelle Stadt, eine Stadt der Schuhe, ›erbaut‹ von dem Schuhmachergesellen und Großunternehmer Tomáš Bat'a (1876–1932).

1894 hatte der Sohn eines Schuhmachers in Zlín mit der Herstellung von *Batovky,* leichten Leinenschuhen, begonnen. Diese Schuhe waren so billig, daß sie sich jeder leisten konnte und die Nachfrage rasant anstieg. Bat'a ließ als erster Schuhe industriell am Fließband fertigen. Im Ersten Weltkrieg lieferte er Stiefel und anderes Schuhwerk an die Armeen der Mittelmächte. So entstand innerhalb weniger Jahrzehnte in Zlín die größte und auch modernste Schuhfabrik der Welt. Die Fließbänder und Automaten waren auf den Puls und auf 75 % der maximalen Leistungsfähigkeit des jeweiligen Arbeiters eingestellt. Der Lohn war fast doppelt so hoch wie in anderen Fabriken, und darüber hinaus beteiligte Bat'a seine Mitarbeiter am Gewinn. Die Arbeiter wohnten fast ausnahmslos in betriebseigenen Ein- oder Zweifamilienhäusern, die mit allem Komfort jener Zeit ausgestattet waren. Die Bat'a-Banken zahlten den Betriebsangehörigen die höchsten Zinsen und förderten so das Sparen. Bat'a zog bekannte Architekten nach Zlín, den Franzosen Le Corbusier und den Prager František L. Gahura, die das verträumte Landstädtchen in eine hochmoderne Stadt verwandelten, in eine Stadt aus unverputzten Ziegeln und spiegelndem Glas. Sportplätze, Kultur- und Gemeinschaftshäuser, ein Rathaus, ein Klinikum sowie das erste Großkino Europas entstanden. In allen Städten der Tschechoslowakei und zunehmend auch im Ausland eröffnete Tomáš Bat'a eigene Schuhgeschäfte.

Nachdem Tomáš Bat'a 1932 bei einem Flugzeugabsturz tödlich verunglückt war, übernahm sein jüngerer Halbbruder Antonín das Unternehmen, in dem inzwischen 23 000 Menschen täglich 176 000 Paar Schuhe fertigten. Das Unternehmen *Bata* beeinflußte die internationale Schuhmode, gründete Werke im Ausland und konnte schließlich sogar die Preise diktieren. 1939 siedelte Antonín Bat'a in die USA über, die ihn nach Kriegseintritt jedoch als NS-Sympathisanten auswiesen. Er ging nach Brasilien, von wo aus er das Bat'a-Imperium bis zu seinem Tod im Jahr 1965 leitete. – Sein Neffe Tomáš Bat'a II. (geb. 1914), der in Kanada die Schuhstadt Batawa gegründet hatte, leitete fortan die internationale *Bata shoe organization,* allerdings ohne das mährische Stammwerk.

Neben der Residenz erinnert das **Mühltor** (Mlýnská brána, 1585) an die Stadtbefestigung, von der hier und da noch Reste zu sehen sind. Westlich vom Hauptplatz steht die **St.-Moritz-Kirche** (Mauritiuskirche, Kostel sv. Mořice), ein gotischer Bau aus dem 14. Jh., an dem die Parlerhütte beteiligt war. Seit der Jahrhundertwende zeigt die Kirche stark neogotische Einflüsse: Nicht zu übersehen sind die historisierenden Helme der bei-

In der Gerberei der Zlíner Schuhfabrik (Aufnahme aus den 40er Jahren)

Bereits 1945 war das Zlíner Bat'a-Werk verstaatlicht worden. Die Stadt hieß nun – nach dem ersten kommunistischen Staatspräsidenten – *Gottwaldov.* Ab 1949 firmierte das Werk unter dem Namen *SVIT* (=»Schimmer« [der neue Zeit]). Das kommunistische Management führte das Unternehmen unverändert fort. *SVIT Gottwaldov* belieferte nahezu den ganzen Ostblock. Nach dem Zusammenbruch der Sowjetunion und dem Zerfall des Ostblocks blieben jedoch die Aufträge aus; das Werk mußte Kurzarbeit einführen und über die Hälfte der Belegschaft entlassen.

1993 besuchte Tomáš Bat'a II. seine Geburtsstadt, die seit 1989 wieder Zlín heißt. Ganz Zlín bereitete dem Chef einer internationalen Schuhmarke mit 80 000 Beschäftigten, 110 Fabriken und 6000 eigenen Schuhläden in 90 Ländern einen begeisterten Empfang, hoffte man doch, daß Bat'a das Zlíner Werk übernehmen würde. Der tschechische Staat wollte das riesige Werk für einen sehr hohen Preis verkaufen, aber Tomáš verlangte kostenlose Rückgabe des enteigneten Besitzes. Die staatlichen Unterhändler bedauerten, Tomáš Bat'a reiste wieder ab; das Schuhimperium kann warten. Inzwischen ist sein Sohn Thomas G. Bata Präsident der internationalen *Bata shoe organization* geworden.

den Westtürme. In St. Moritz sind mehrere Bischöfe begraben, u. a. Bruno von Schaumburg. Neben St. Moritz entdeckt der Besucher das einstige **Piaristengymnasium** und die barocke **Piaristenkirche Johannes der Täufer** (Chrám Jana Křtitele), beide Gebäude 18. Jh. Südöstlich des Hauptplatzes erreicht der Besucher die **Mariä-Himmelfahrts-Kirche** (18. Jh.). Und nicht weit davon entdeckt er das frühere **Jüdische Rathaus.**

Etwa 0,5 km westlich vom Hauptplatz erstreckt sich der 485 m x 300 m große **Blumengarten** (Květná zahrada; auch »Lustgarten«/Libosad genannt) als ein französischer Renaissancegarten mit barocken Veränderungen, wie z. B. Grotten, Labyrinthen, künstlichen Erhebungen und einem Pavillon aus dem 17. Jh. Die Westseite des Gartens begrenzt eine 233 m lange (!) *Kolonnade* (1665–1671) mit Standbildern antiker Götter.

□ Zdislavice, Zlín

In dem Dorf **Zdislavice** (Zdislawitz), 14 km südwestlich von Kroměříž nahe der Staatsstraße 442 gelegen, kam am 13. September 1830 in dem Familiensitz der Grafen Dubsky von Třebomyslice Marie Freifrau Ebner von Eschenbach geb. Gräfin Dubsky (1830–1916) zur Welt. Mit ihrer realistischen Prosa wurde sie im ganzen deutschen Sprachraum bekannt. Ihre wichtigsten Werke sind die sozialkritischen Romane ›Božena‹ (1876) und ›Das Gemeindekind‹ (1887/88). Das spätbarocke kleine **Schloß** entstand um 1780 und dient heute als Pflegeheim. Herrlich romantisch ist der Park, den ein Gärtner des Kaisers Joseph II. entwarf.

Das inzwischen fast zur Großstadt (90 000 Einwohner) gediehene **Zlín** hat seinen Aufstieg dem Schuh zu verdanken (s. S. 358). Berühmte Architekten, darunter Le Corbusier und der Prager Franz Gahura, entwarfen die modernen Industrie-, Wohn- und Geschäftsviertel aus Beton, Ziegel und Glas. Im Zlíner Werk *Svit* lohnt das *Schuhmuseum* einen Besuch. 3 km südlich vom Stadtzentrum entstehen in den *Ateliers von Kudlov* tschechische Puppen- und Zeichentrickfilme.

Staré Město bei Uherské Hradiště

In Staré Město (Altstadt), einem Ortsteil der Kreisstadt Uherské Hradiště (Ungarisch-Hradisch), 75 km östlich von Brünn, entdeckten Archäologen die bisher älteste slawische Siedlung auf dem Territorium der Tschechischen Republik. Die Siedlung bedeckte zusammen mit Nachbarsiedlungen eine Fläche von rund 700 ha und läßt die Vermutung zu, daß sich hier *Velehrad*, die bisher nicht lokalisierte Kapitale des Großmährischen Reiches (9.–10. Jh.) befand (s. S. 14). Über der ältesten Steinarchitektur, dem gemauerten Fundament einer Kirche, und mehreren Gräbern, in denen eine große Menge Gold- und Silberschmuck aus einheimischen und byzantinischen Werkstätten zum Vorschein kam, entstand ein moderner Museumsbau, die **Nationale Kultur- und Gedenkstätte Großmährisches Reich** (Památník Velké Moravy). Bereits 1863 waren in Staré Město erste frühslawische Gegenstände zum Vorschein gekommen, die systematische Erforschung des Terrains begann jedoch erst 1948. Insgesamt wurden bislang mehr als 2000 Urnengräber des 6.–7. Jh. allein in der Lage *Na Valách* (Auf den Schanzen) untersucht. Das größte der freigelegten Bauwerke ist der zweistöckige **Dom** in Sady (Derfle) am gegenüberliegenden Ufer der March (Morava) aus dem 8. Jh.

Mit dem Großmährischen Reich erblühte auch das vermutete *Velehrad*, die Stadt am Kreuzungspunkt der Bernsteinstraße, die hier dem rechten Marchufer folgt, und am slowakisch-böhmischen Handelsweg. Schon die Römer unterhielten an der Furt einen Stützpunkt, dessen Mauerwerk die Mähren zum Bau ihrer Kirchen verwendeten. Auf der Landseite schützten sich die Bewohner von *Velehrad* durch den Bau einer 4650 m langen Umwallung, die aus einer 9 m breiten Kasemattenschanze und einer 2 m breiten Steinmauer bestand. Nach dem Zusammenbruch des Großmährischen Reiches schmolz die Stadt zu einer dörflichen Siedlung. Im ersten Viertel des 13. Jh. erhielt dieses inzwischen in der Mehrzahl von Deutschen bewohnte Dorf die Stellung eines Marktfleckens. Der damalige Marktplatz entsprach dem heutigen Dorfanger von Staré Město. Und die heutige spätromanische **Pfarrkirche St. Michael** ersetzte die frühromanische Michaels-Rotunde. Der Flecken kam gegen 1220 in den Besitz des nahen Klosters Velehrad.

1257 wurde jenseits der March die königliche Stadt *Nova Veligrad* gegründet, die bald den Namen *Redisch*, später *Hradiště* annahm, während der Marktflecken Velehrad im Jahr 1321 den Namen *Antiqua civitas* bzw. *Staré Město* erhielt. Hradiště, offiziell **Uherské Hradiště** (Ungarisch-Hradisch), ist heute eine Kreisstadt mit 28 000 Einwohnern und Mittelpunkt der »Mährischen Slowakei« (Moravské Slovácko). Zu den sehenswertesten Bauten der Stadt zählen die spätgotische **Franziskanerkirche zu Mariä Verkündigung,** 1491 gegründet und im 17. Jh. barock umgestaltet, die frühbarocke **Jesuitenkirche St. Franziskus Xaver,** erbaut 1670–1687, das spätgotische **Rathaus** und eine **Apotheke** im Stil des Rokoko am Hauptplatz von Ungarisch-Hradisch. Das **Museum der Mährischen Slowakei** (Slovácke muzeum) zeigt interessante volkskundliche und archäologische Sammlungen.

□ Velehrad, Buchlov, Buchlovice, Luhačovice, Bučovice, Slavkov u Brna

5 km von Staré Město entfernt gründete Vladislav Jindřich, Markgraf von Mähren und Bruder des Königs Ottokar I. Přemysl, 1205 das **Zisterzienserkloster Velehrad,** zu dem alljährlich am Todestag des hl. Method (5. Juli) eine farbenfrohe Wallfahrt stattfindet. Die zweitürmige Klosterkirche, eine 1218–1238 erbaute, 86 m lange Basilika, ist den beiden Slawenaposteln Kyrill und Method geweiht. 1684–1689 wurde die in den Hussitenkriegen und im Jahr 1681 niedergebrannte Kirche barock erneuert. Beachtenswert sind die Dekkengemälde im Hauptschiff von Paolo Pagani und Franz J. Eckstein, die Statuen Johannes' des Täufers und Johannes' des Evangelisten auf dem Hauptaltar von Johann Josef Winterhalter (um 1770) sowie die Statuengruppe Kyrill und Method vor der *Bernhard-Kapelle* von Josef Max (um 1840). Unter der Kirche kamen *romanische Krypten* zum Vorschein. In dem südlich anschließenden *Kreuzgang* des Klosters haben sich Reste der spätromanischen Architektur erhalten: Palmettenkapitelle an den Fenstern und Pfeilerbündel. Das Kloster dient heute als Pflegeheim. Am 22. April 1990 kündigte Papst Johannes Paul II. in Velehrad eine Bischofskonferenz zur Einigung Europas im Zeichen des Kreuzes an.

12 km westlich von Uherské Hradiště erhebt sich nördlich der Staatsstraße 50/E 50 auf einem 520 m hohen Sandsteinkegel die **Burg Buchlov** (Buchlau), eine der ältesten und besterhaltenen Burgen Mährens, eine königliche Burg, die den alten Handelsweg über das Marsgebirge zu überwachen hatte. Das *Marsgebirge* (Chřiby) ist ein Teil der Mit-

telmährischen Karpaten. Der Name kommt – wie Mähren – von dem Fluß March (Morava). Die Bezeichnung »Gebirge« ist etwas übertrieben, denn die höchste Erhebung, der Brdo, erreicht gerade 587 m. Und statt aus markanten Höhenzügen besteht die Landschaft vorwiegend aus bewaldeten Kegeln. Auf einem dieser Kegel thront seit dem frühen 13. Jh. die Burg Buchlau. Mehrfach wechselten die Lehensträger. Die Herren Zdanský von Zástřizl, ab 1544 Grundherren von Buchlau, veranlaßten den Umbau der Burg im Renaissancestil.

Seit 1848 ist die Burg ein Museum. Besucher müssen zwei Burgtore passieren, bevor sie den wuchtigen *Rundturm Andělka* (Engelchen) erreichen. Nacheinander folgen eine Schmiede, Scheune, Mühle, Bäckerei und Zisterne. Eine Treppe führt zur *Burgterrasse* mit der sagenumwobenen ›Linde der Unschuld‹ empor; hier empfängt den Besucher eine großartige Aussicht auf die Marsberge. Ein kleiner Hof diente einst als Richtstätte. Durch das Uhrturmtor betritt man den inneren Hof mit Burgküche und Waffenkammer. Im Palas ist die *Burgbibliothek* untergebracht,

Moravský kras (Mährischer Karst)

Etwa 30 km nördlich von Brno beginnt bei dem Städtchen **Blansko** das reizvolle Karstgebiet **Moravský kras,** ein wildromantisches, zerfurchtes Terrain innerhalb des Drahaner Berglands mit großartigen Schluchten, Abgründen und Tropfsteinhöhlen. Für eine Rundtour durch den unter Naturschutz stehenden Karst (ab Blansko 35 km) sollte man einen ganzen Tag ansetzen.

Von Blansko aus folgt man auf der Straße 380 dem Tal der Punkva (Punkevní udolí) flußabwärts bis zur **Punkva-Höhle** (Punkevní jeskyně) mit den schönsten und größten Stalaktiten (Abtropfsteine) und Stalagmiten (Auftropfsteine) des Mährischen Karstes. Die Besichtigung – zum Teil mit Elektrobooten – beansprucht etwa eine Stunde. Die Straße windet sich nun in zahllosen Kurven durch das wasserlose Pustý žleb (Ödes Tal) und durchzieht anschließend das fruchtbare Tal von Sloup. Rechts passiert man eine 50 m hohe Kalkwand, die prähistorische Wohnhöhle Kůlna (Schuppen), den mächtigen Hřebenáč (Teufelsfelsen) und die ausgedehnten **Tropfsteinhöhlen von Sloup und Šošůvka** (Sloupsko-šošůvské jeskyně). Die Rückfahrt führt über das Dorf Ostrov u Maccochy zur **Balcar-Höhle** (Jeskyně Balcarka) am Fuß des mächtigen Balcar-Felsens. 1 km weiter zweigt eine Stichstraße nach rechts zur **Mazocha** ab, einem 281 m langen, 126 m breiten und 138 m tiefen Kessel mit fast senkrechten Wänden. Auf dem Grund des Kessels, der durch den Einsturz einer gewaltigen Karsthöhle entstanden ist, schimmern zwei kleine Seen. Ein markierter Weg führt zum Boden der Mazocha (von *macecha,* Stiefmutter) hinab (etwa 1/2 Stunde). Die Strecke nach Blansko durchzieht nun das Suchý žleb (Dürres Tal) und erreicht die **Katharinen-Höhle** (Kateřinská jeskyně) mit einem Wäldchen hauchdünner Stalagmiten. Auf der Straße 380 kehrt man zurück nach Blansko.

Renaissanceschloß Bučovice (Butschowitz), ›Hasenmahl‹ aus dem Zyklus ›Verkehrte Welt‹

hier tagte auch das Jagdgericht. Mehrere Räume erinnern an Sigismund Graf Berchtold, der wegen seiner Teilnahme am Ungarnaufstand 1848/49 zum Tode verurteilt und zur Verbannung auf Burg Buchlau begnadigt wurde. Die Tiroler Grafen Berchtold hatten im Jahr 1800 den Besitz Buchlau übernommen. Zu sehen ist auch die ethnologische Sammlung des weitgereisten Arztes Friedrich Graf Berchtold (1781–1876).

Kaum 3 km von Burg Buchlov entfernt liegt das Städtchen **Buchlovice** (Buchlowitz), einst Burgsiedlung bzw. rechtlich mit der Burg verbundene Marktgemeinde. Die aus dem 15. Jh. stammende gotische *Pfarrkirche St. Martin* wurde im 17. Jh. barockisiert. 1692–1701 baute Domenico Martinelli das **Barockschloß Buchlowitz,** das heute inmitten eines der schönsten Landschaftsparks Mährens liegt. Zuerst entstand das *Untere Schloß* als dreigeschossige Dreiflügelanlage, wobei der Mittelrisalit viergeschossig die Seitenflügel überragt und in voller Höhe den Festsaal umschließt. Um 1720 folgte das *Obere Schloß* als Wirtschaftsbau, zweigeschossig und in der Mitte ein großes Halbrund bildend, das sich mit dem kleineren Halbrund des Unteren Schlosses zu einem terrassenförmig abgestuften, ovalen Hof verbindet. Die Räume des Unteren Schlosses, das die Grafen Berchtold von 1754 bis 1945 als repräsentative Residenz und die Wissenschaftler in der Familie als Arbeitsstätte nutzten, sind mit edlen Möbeln, kostbaren Öfen und wertvollen Gemälden ausgestattet.

Zu den größeren mährischen Heilbädern zählt **Luhačovice** (Luhatschowitz), 32 km östlich von Uherské Hradiště. Seine Mineral- und Schwefelquellen helfen bei Störungen der Atemwege, des Verdauungstrakts und des Zuckerhaushalts. 1668 hatte der Brünner Arzt Johann Ferdinand Hertod von Todtenfeld erstmals auf die Heilwirkungen der Luhatschowitzer Quellen hingewiesen. Ein regulärer Kurbetrieb entwickelte sich aber erst um die Mitte des 18. Jh., als die alte Burg in ein schmuckes *Barockschloß* verwandelt wurde und erste Kurhäuser entstanden. Einige der alten Kurhäuser sind noch vorhanden und in den letzten Jahren liebevoll restauriert worden. Interessanter sind jedoch die neueren Gebäude, die Dušan Jurkovič und andere Architekten in der ersten Hälfte des 20. Jh. in Anlehnung an die *walachische Volksarchitektur* entwarfen. Die beiden Hauptquellen ›Vincentka‹ und ›Armandka‹ überdeckt eine *moderne Kolonnade.*

40 km westlich von Buchlovice erreicht man das Städtchen **Bučovice** (Butschowitz) mit einem der schönsten *Renaissanceschlösser* Mährens. 1567–1582 errichtete der Architekt Pietro Ferrabosco di Lagno aus Como in Italien dieses kaiserliche Lustschloß, ein Wasserschloß ursprünglich, bis Ende des 18. Jh. die Gräben zugeschüttet wurden. Der große Arkadenhof des Schlosses gilt als prächtigster und stilistisch reinster Renaissancehof des Landes. Eindrucksvoll sind aber auch die Räumlichkeiten, der Kaisersaal, der Venussaal und vor allem das Jagdzimmer.

10 km westlich von Bučovice und 21 km östlich von Brno liegt das Städtchen **Slavkov u Brna** (Austerlitz) mit einem großen *Barockschloß* der Grafen Kaunitz. Bei Austerlitz fand am 2. Dezember 1805 die »Dreikaiserschlacht« statt, in der die Franzosen unter Napoleon I. die verbündeten Armeen der Österreicher unter Franz II. und der Russen unter Alexander I. vernichtend schlugen. Für die in der Schlacht gefallenen Soldaten errichtete man 12 km westlich von Slavkov auf dem Mohyla miru, der am heftigsten umkämpften Höhe, ein Ehrenmal in Gestalt einer altslawischen Grabstätte (1910/11) (Anfahrt von Slavkov über die Dörfer Křenovice und Prace).

Wallfahrtskirche auf dem Heiligenberg (Svatý Kopeček) bei Olomouc (Olmütz) ▷

Nordmähren

Nordmähren (Severní Morava)

Ostrava (Ostrau)

Ostrava, mit 330 000 Einwohnern die drittgrößte Stadt der Tschechischen Republik, ist Verwaltungssitz des Bezirks Nordmähren. Von der alten Stadt an der Mündung der Ostrawitza (Ostravice) in die Oder (Odra) ist kaum etwas geblieben. Fördertürme, Abraumhalden, Hochöfen und Fabriken beherrschen seit anderthalb Jahrhunderten das Stadtbild. Dennoch lohnt es sich, die bedeutendste Industriestadt des Landes zu besu-

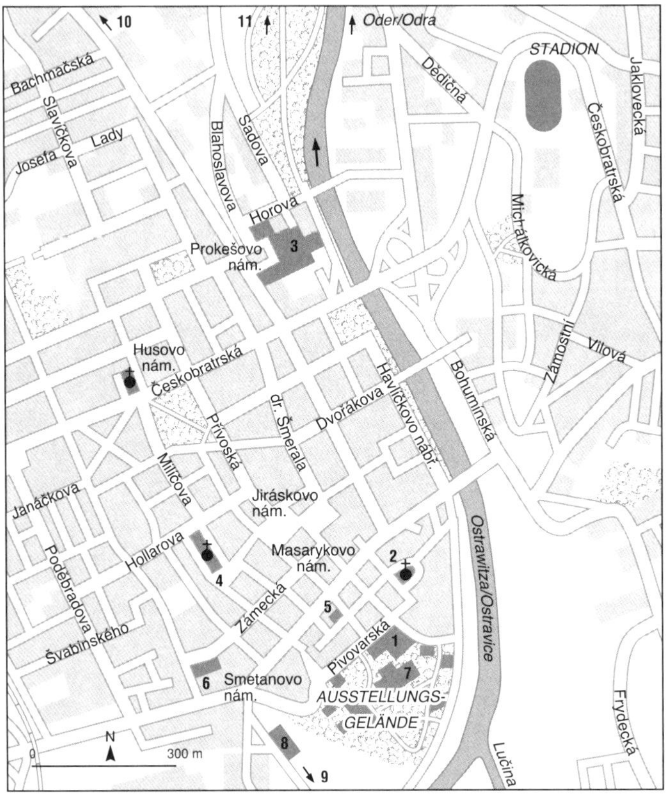

Ostrava (Ostrau)
1 Altes Rathaus (Stadtmuseum)
2 St. Wenzel
3 Neues Rathaus
4 Salvatorkirche
5 Marionettentheater
6 Kunstgalerie
7 Kulturzentrum
8 Nejedlý-Theater
9 St. Katharina
10 Hauptbahnhof
11 Komenského sady

chen, der wenigen, aber interessanten altertümlichen Relikte wegen oder um die ersten unter Denkmalschutz stehenden Industriebauten zu bewundern oder auch, um zu sehen, wie sich ein gewaltiges Kohle-Stahl-Zentrum angesichts neuer Techniken und Bedürfnisse zu wandeln beginnt.

1267 gründete der Olmützer Bischof Bruno von Schaumburg die Stadt als mährische Grenzfeste. Der Ort erwarb bald einen Ruf als Tuchmacherstadt und stand in den Hussitenkriegen auf der Seite der »Gottesstreiter«. Im Jahr 1767 entdeckte man im benachbarten Schlesisch-Ostrau Kohle, ›schwarzes Gold‹, und schon bald begann der einheimische Adel, die Steinkohle mit primitiven Mitteln abbauen zu lassen. Schließlich fand man auch Eisenerz, und 1828 nahm im nahen Witkowitz die erste Eisenhütte Mährens, die »Rudolfshütte« des Olmützer Bischofs und der Grafen Wlczek, den Betrieb auf. Der große Wandel zur Industriestadt begann aber erst, als 1847 die Bahnlinie Wien-Brünn bis Ostrau weitergeführt wurde. Der Bankier Samuel Rothschild baute eine Anschlußbahn zu den Gruben und Hütten, erwarb die meisten Kohlenzechen und Stahlwerke und veränderte das Gesicht der Stadt innerhalb weniger Jahrzehnte. Von den 97 Webereien im Jahr 1834 arbeitete 1880 nur noch eine. Alles setzte auf Kohle und Stahl.

Mittelpunkt des alten Stadtkerns von Ostrava ist der Masarykovo nám. (Masaryk-Platz), geschmückt mit gepflegten Grünanlagen und gesäumt von schönen Bürgerhäusern des 16. Jh. und modernen Geschäftsbauten. An der Südseite des Platzes steht das **Alte Rathaus** (Stará radnice), das, wie der zugehörige Barockturm, aus dem 17. Jh. stammt. Im Rathaus ist heute das *Stadtmuseum* (Městské muzeum) untergebracht, dessen Sammlungen sich vor allem auf die industrielle Entwicklung der Region beziehen.

Am Kostelní nám. (Kirchplatz) östlich vom Alten Rathaus erhebt sich das älteste noch bestehende Bauwerk von Ostrava: die **St.-Wenzels-Kirche** (Kostel sv. Václava), erbaut in der ersten Hälfte des 14. Jh. Aus dieser Zeit stammt zumindest das Presbyterium mit seinem polygonalen Abschluß. Die dreischiffige Halle entstand in der zweiten Hälfte des 15. Jh. Auf achteckigen Pfeilern ruht ein prächtiges Netzgewölbe. Im 17. Jh. kamen zwei Barockkapellen hinzu: die *Marien-* und die *Schutzengelkapelle.*

Am Prokešovo nám. (Prokeš-Platz) steht das gewaltige **Neue Rathaus** (Nová radnice) von 1930 mit einem 85 m hohen Uhrturm. Das ehemalige, im Sezessionsstil gehaltene Deutsche Theater am Smetanovo nám. (Smetana-Platz) heißt heute **Nejedlý-Theater** (Divadlo Z. Nejedlého). Die **Salvatorkirche** aus dem 19. Jh. faßt 4000 Gläubige. Die **St.-Katharinen-Kirche** im Stadtteil Hrabová wurde im 16. Jh. aus Holz erbaut.

□ Hultschiner Ländchen (Hlučín), Rožnov pod Radhoštěm

Von Jahr zu Jahr nähert sich der Industriemoloch Ostrava dem Städtchen **Hlučín** (Hultschin; 12000 Einwohner), dem Hauptort des viel erwähnten und oft umkämpften **Hultschiner Ländchens** im Nordwesten der nordmährischen Metropole. Die Siedlung Hultschin hatte König Ottokar II. Přemysl vor 1278 gegründet, im Jahr 1303 wurde sie bereits als Stadt erwähnt. Stadt und umliegendes Hügelland (315 km^2) wechselten häufig die Herrschaft. So gehörte die *Provincia Holacensis* bis 1519 zum Herzogtum Troppau, bis 1532 zum Herzogtum Ratibor, danach zu Böhmen, ab 1742 zu Preußen. Durch den Versailler Vertrag (1919) fiel das Hultschiner Ländchen mit seinen 38 Gemeinden und 48 000 Einwohnern an die Tschechoslowakei, es gehörte 1938–1945 zur Provinz Oberschlesien und seither wieder zu Mähren (Morava), Gebietsteil Schlesien (Slezsko).

In einem Park des Städtchens **Rožnov pod Radhoštěm** (Rozschnau am Radhoscht; 8000 Einwohner) an der E 442 zwischen Olomouc und Žilina wurde 1925 die *Walachische Siedlung* (Valašské přírodní muzeum), das erste und inzwischen bedeutendste Freilichtmuseum Tschechiens, mit ländlichen Holzbauten aus der gesamten Mährischen Walachei (Valašsko) eröffnet. Man findet hier z. B. ein Bürgermeisterhaus (1770), ein Gasthaus (1660), eine hundertjährige Dorfschmiede, ein Sattlerei, eine Pfeifenmacherwerkstatt sowie rund 80 weitere dörfliche Gebäude. Der 1129 m hohe **Radhošt'** (Radhoscht) steigt ca. 7 km nordöstlich von Rožnov inmitten eines waldreichen Wandergebiets auf.

Olomouc (Olmütz)

In den fruchtbaren Niederungen der mittleren Morava (March), die *Haná* (Hanna) genannt werden, liegt zu beiden Seiten des Flusses die Stadt Olomouc (108 000 Einwohner), vor Brünn einst Kapitale Mährens, eine der ältesten und schönsten Stadtgemeinden der Tschechischen Republik und ein bedeutendes Zentrum des Katholizismus, daher auch »Mährisches Salzburg« genannt.

Auf dem Fürstenberg, den heute der Wenzelsdom krönt, existierte schon im 8. Jh. eine slawische Burgstätte, die im 10. Jh. die Přemysliden übernahmen. Zu Füßen der Burg wuchs eine Siedlung, deren Name *Olmuts* erstmals 1055 in Urkunden auftauchte. 1063 wurde *Olmütz* unter Vratislav II. zum Bistum erhoben, das ganz Mähren und Sudetenschlesien umfaßte. Die Bischöfe von Olmütz besaßen zeitweise mehr Einfluß am Hofe als ihre Prager Kollegen. Bischof Heinrich Zdik (1126–1150) rief den Kolonisierungsorden der Prämonstratenser nach Mähren. Bischof Bruno von Schaumburg (1246–1281) zog deutsche Bauern, Handwerker und Kaufleute in das Land und vor allem nach Olmütz, das er mit dem Magdeburger Stadtrecht ausstattete. Etwas südwestlich des Fürstenbergs bildete sich das neue urbane Zentrum mit Stapelhof und Marktplätzen. Die alte Burgsiedlung wich einer Anhäufung klerikaler Bauten.

In den Hussitenkriegen stand die Bischofsstadt Olmütz zwangsläufig auf katholischer Seite. 1641–1650 hielten die Schweden die Stadt besetzt, was zur Verlegung der mährischen Landesverwaltung nach Brünn führte; damit hatte Olmütz seine Eigenschaft als Hauptstadt Mährens für immer eingebüßt.

Maria Theresia schmückte Olmütz im 18. Jh. mit prächtigen Bauten. Als 1777 das Bistum Brünn entstand, dessen Diözese Südmähren umfaßte, wurde Olmütz mit dem Sitz eines Erzbischofs entschädigt. Doch schon ein Jahr darauf konnten weder Erzbischof noch Stadtrat verhindern, daß auch die 1573 aus einem Jesuitenkolleg hervorgegangene Universität nach Brünn zog. Während der Revolution von 1848 floh die kaiserliche Fami-

Olomouc (Olmütz)
1 Rathaus
2 Dreifaltigkeitssäule
3 Herkulesbrunnen
4 Cäsarbrunnen
5 Theater
6 Neptunbrunnen
7 Jupiterbrunnen
8 Kapuzinerkirche
9 St. Mauritius
10 Merkurbrunnen
11 St. Michael
12 Tritonbrunnen
13 Maria-Schnee-Kirche
14 Städtisches Museum
15 Universität
16 Staatsarchiv
17 Erzbischöfliches Palais
18 Wenzelsdom
19 Přemyslidenpalast
20 Domdekantei
21 Kloster Hradisko
22 Theresientor

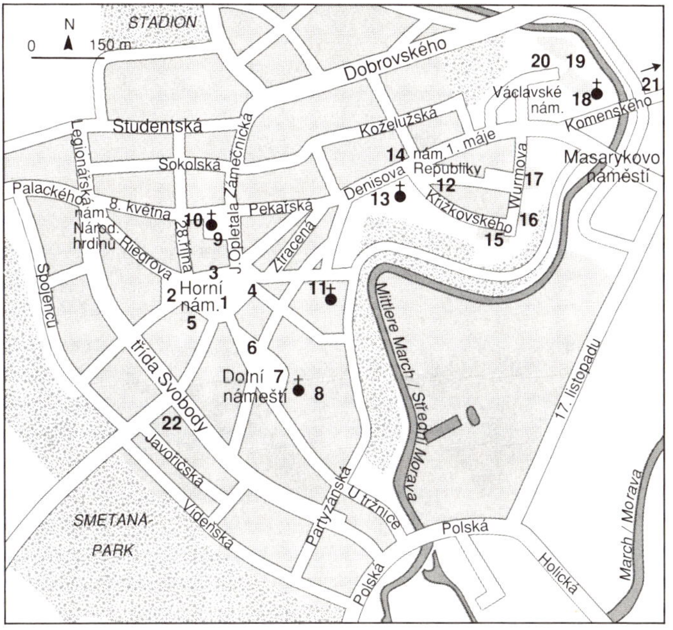

lie von Wien in das habsburgtreue Olmütz, wo Kaiser Ferdinand am 2. Dezember seinen Verzicht auf die Krone verkündete und seinen Neffen Franz Joseph inthronisierte.

Den Mittelpunkt von Olomouc bildet der **Horní nám.**, der Oberring. In seiner Mitte steht das schöne **Rathaus,** das in seinem Kern auf einen gotischen Kauf- und Stapelhof zurückgeht. Der *Turm* entstand nach 1378; seine bis zur Höhe von 70 m aufsteigende Spitze erhielt er 1443. Die große astronomische Uhr wurde 1420–1422 installiert, die modernen Mosaiken und die Figuren des Spiels entwarf 1945–1948 Karel Svolinský. Die Ostseite des Rathauses erhielt 1564 eine *Außentreppe* mit Loggia im Stil der Spätrenaissance. Wappen der böhmisch-mährischen Länder schmücken die Treppe, unter der ein prächtiges Renaissanceportal zum Eintritt auffordert. Im Innern beeindrucken ein schönes *Renaissancetreppenhaus,* ein gotischer *Festsaal* mit Szenen der Stadtgeschichte und die spätgotische *Hieronymus-Kapelle* (1488–1491) mit einem Netzgewölbe über figürlichen Konsolen. Der aus der Südfassade des Rathauses tretende Erker gehört zu dieser Kapelle.

In der Nordwestecke des Horní nám. erhebt sich die 36 m hohe **Dreifaltigkeitssäule,** das größte und prächtigste Barockmonument dieser Art in der Tschechischen Republik, im 18. Jh. von Wenzel Reder und Andreas Zahner erbaut. Der Sockel umschließt eine winzige Kapelle. Auf der Spitze des Monoliths thront eine Gruppe der Dreifaltigkeit aus 18 Figuren. Der **Herkulesbrunnen** im bewegten Stil Lorenzo Berninis ist ein Werk des Michal Mandík aus Znaim (1687). Den ebenfalls barocken **Cäsarbrunnen** in der Südost-

Ansicht von Olmütz aus dem 19. Jh.

ecke des Platzes gestaltete 1724 der Olmützer Bildhauer Hans Georg Schauberger, das Brunnenbecken entwarf Wenzel Reder. An dem 1830 erbauten **Theater** (Divadlo O. Stibora) debütierten u. a. der Dirigent und Komponist Gustav Mahler (1860–1911) sowie die Schauspieler Max Pallenberg (1877–1934) und Tilla Durieux (1880–1971).

An den Horní nám. schließt sich im Süden der **Dolní nám.** (Niederring) mit zwei schönen Brunnen an: dem *Neptunbrunnen* im Norden (1695) und dem *Jupiterbrunnen* im Süden (1707); beide Brunnen gestaltete Wenzel Reder. In der Mitte des Platzes steht eine *Pestsäule* aus dem Jahr 1720. Die Südostseite des dreieckigen Platzes nimmt die schlichte **Kapuzinerkirche** mit ehemaligen Klostergebäuden ein.

Die **St.-Mauritius-Kirche** (Kostel sv. Mořice) mit ihrem massiven Zinnenturm war bereits im frühen Mittelalter die Hauptkirche der Olmützer Bürgerschaft. Der heutige dreischiffige Hallenbau wurde 1412 begonnen, kurz vor seiner Vollendung im Jahr 1453 durch Feuer schwer beschädigt und danach bis 1483 wieder instand gesetzt. Schon 1492 zerstörte ein zweiter Brand einen Teil der Kirche, der aber innerhalb der ersten Hälfte des 16. Jh. neu erstand. An die Nordseite des Chors lehnt sich im Stil der Renaissance die *Grabkapelle* des Wenzel Edelmann. Die *Barockorgel,* mit 2311 Pfeifen die größte des Landes, schuf zwischen 1740 und 1745 der Breslauer Meister Michael Engler. Westlich der Kirche trifft der Besucher auf den schönen **Merkurbrunnen,** den Philipp Sattler um 1730 entwarf. Gotischen Ursprungs ist auch die **St.-Michaels-Kirche** (Kostel sv. Michala), die 1674–1700 im Barockstil verändert wurde und drei auffällige Kuppeln erhielt.

Die Pekařská ul. (Bäckergasse) und die anschließende Denisova ul. (Denisgasse) bilden die Hauptverkehrsachse der Stadt, die auf den kleinen nám. Republiky (Platz der Republik) mit dem reizvollen **Tritonbrunnen** von Wenzel Reder (1709) zuläuft. Die **Maria-Schnee-Kirche** (Kostel Panny Marie Sněžné) setzten die Jesuiten mit Hilfe des Baumeisters Johannes Pirner 1712–1719 an die Stelle einer älteren Kirche. Das **Städtische Museum** (Městské muzeum) nutzt die Räume des einstigen Klarissinnenklosters samt großer Kirche. Hier findet der interessierte Besucher reiche ägyptologische, numismatische, ethnographische, mineralogische, zoologische und botanische Sammlungen, darunter ein Herbarium mit rund 75 000 Pflanzen aus aller Welt.

Die ul. Křížkovského führt an stolzen Domherrenhäusern vorbei zu den Gebäuden der alten, 1946 wiedergegründeten **Universität** (Palackého universita), zum **Staatsarchiv** (Statní archív) und zum **Erzbischöflichen Palais** (1664–1674) am Bískupské nám. (Bischofsplatz). Seit 1989 ist der Olmützer Erzbischofsstuhl nach langjähriger Pause wieder besetzt.

Auf dem Fürstenberg erhebt sich der **Wenzelsdom** (Chrám sv. Václava). Er wurde 1107–1131 als romanische Basilika erbaut und vom 13.–16. Jh. gotisch erweitert. 1617 erhielt die Kathedrale einen neuen Chor samt Krypta. 1883–1890 wurde sie von Gustav Meretta neogotisch umgestaltet und mit zwei Westtürmen und einem 100 m hohen Ostturm versehen. Beachtenswert sind die Bischofsgräber, besonders die bronzene Grabplatte des Bischofs Markus Kuen (1565). Der kostbare Domschatz wird in der *Krypta* gezeigt. Links von Westportal schmiegt sich die *St.-Anna-Kapelle* an den Dom. Hier schließt sich der gotische *Kreuzgang* an, für dessen Bau Ende des 13. Jh. Teile der Přemyslidenburg verwendet wurden. Die großartigen Wandmalereien im Kreuzgang schufen um 1500 drei deutsche Künstler, darunter auch der berühmte Augsburger Meister Jörg Breu d. Ä. (um 1475–1537), von dem man annimmt, daß er aus der Dürerschen Schule hervorging. Bei den Erneuerungsarbeiten im letzten Viertel des 19. Jh. kamen prächtige Fenster (zwei- und dreifache Rundbogen auf korinthischen Kapitellen) des romanischen **Přemyslidenpalastes** zum Vorschein.

In der **Domdekantei** (Domské děkanstív), einem arkadenreichen Bau aus dem 17. Jh., ist heute das Historische Institut der Palacký-Universität untergebracht. Eine Inschrift erinnert an die unrühmliche Ermordung des sechzehnjährigen Königs Wenzel III., des letzten Přemysliden, am 4. August 1306 in den damaligen Räumen des Domdekanten.

Etwa 1 km nördlich des Domes liegt jenseits der March (Morava) das ehemalige **Prämonstratenserkloster Hradisko.** Der 1726–1737 entstandene Barockbau wird dem italienischen Architekten Domenico Martinelli zugeschrieben. 1078 von einem Přemysliden gegründet, ging das Benediktinerkloster 1150 an die Prämonstratenser über. 1241 wurde das Kloster durch die Tataren, 1643 durch die Schweden zerstört, aber immer wieder aufgebaut. 1783 wurde es aufgehoben; seither dient es als Krankenhaus. Die künstlerische Ausstattung des Hradisko ist noch immer einzigartig. Reliefs und Plastiken von Baldassare Fontana, Georg A. Heinz und Josef Winterhalter schmücken die *Prälatur.* Das Fresko ›Die Speisung in der Wüste‹ im *Großen Saal* stammt von Paul Troger.

Wer über Olmütz spricht, wird auch an die berühmten *Olmützer Quargeln* denken, an jene kleinen, runden, stark duftenden Käschen, die erstmals in dem deutschen Bauerndorf Nebotein bei Olmütz erzeugt wurden, heute gelegentlich auch in bundesdeutschen Supermärkten auftauchen.

7 km nordöstlich von Olomouc liegt der 412 m hohe **Heiligenberg** (Svatý Kopeček) mit einer weithin sichtbaren *Wallfahrtskirche*, die zwischen 1669 und 1679 von Giovanni Pietro Tencalla anstelle einer alten Kapelle errichtet wurde (s. S. 365).

□ Hrad Bouzov, Schönhengstgau, Šumperk, Krnov

In mittelalterlicher Pracht präsentiert sich **Hrad Bouzov,** die Burg Busau des Deutschen Ordens. Trotz mancher romantisch-historisierender Verzerrungen vermag keine andere Stätte in Europa die Tradition dieses Ritterordens besser darzustellen. Kurz nach 1300 erbauten die Herren von Kunstadt die Burg Busau zur Verteidigung ihrer umfangreichen Besitzungen. Im 16. Jh. bauten sie die frühgotische Feste im Stil der Renaissance um, im Dreißigjährigen Krieg (1618–1648) wurde Busau stark verwüstet und verfiel. 1696 übernahm der Deutsche Orden zusammen mit riesigen Ländereien in Nordmähren auch diese Burg. 1895–1912 gestaltete Georg Hauberisser, der Architekt des Münchner Rathauses, die Burg unter Verwendung vorhandener Bauteile in den Formen der späten romantischen Neogotik, zum Teil auch im Stil der Neorenaissance, völlig neu. Die Innenräume zeigen hier und da Anklänge an die Wiener Sezession. Auftraggeber der Restaurierung war das Oberhaupt des Ordens, der Hochmeister Erzherzog Eugen, der von Burg Busau aus den Deutschen Orden angemessen zu repräsentieren gedachte. So entstand ein prächtiges Zeremonienschloß, ausgestattet mit Fahnen, Bildern, Emblemen und edelstem Mobiliar aus den inzwischen säkularisierten Ordensniederlassungen im einstigen Heiligen Römischen Reich. 1938 kam Busau zum »Reichsgau Sudetenland«. Hitler überließ die Ordensburg dem Reichsführer der SS Heinrich Himmler zur freien Verfügung; dieser soll sich jedoch nur wenige Tage hier aufgehalten haben. 1945 wurde Bouzov zum Nationalen Kulturdenkmal erklärt und restauriert. Von den rund 150 überwiegend original eingerichteten Räumen bekommen die Besucher die interessantesten zu sehen, z. B. den Säulensaal, den Jagdsaal, den Rittersaal, das fürstliche Schlafgemach, den Waffensaal, die Burgkapelle mit den Grabsteinen von Hochmeistern.

Nördlich von Brno und nordwestlich von Olomouc erstreckt sich der **Schönhengstgau** (Hřebečsko), ein 1180 km^2 großer Landstrich, der bis 1945 die größte deutsche Sprachinsel im böhmisch-mährischen Grenzbereich war. Der Olmützer Bischof Bruno von Schaumburg holte im Auftrag des Königs deutsche Siedler aus Bayern, Franken, Schwaben und Sachsen ins Land: Bauern vor allem, aber auch Handwerker und Kaufleute. Mehrere Siedlertrupps ließen sich rings um einen langgestreckten Höhenzug nieder, den sie »Sintenhengst« nannten, von *sinten* (schinden, sich abmühen) und *hengst* (Hang, Berghang). Daraus wurde später »Schönhengst«, was also nichts mit prächtigen Rössern zu tun hat. Im Tschechischen heißt der Höhenzug *Hřebec* (Hengst).

1930 lebten in den sechs Städten und 142 Dörfern des Schönhengstgaues rund 126 000 Deutsche und 6000 Tschechen. Auf böhmischem Gebiet liegen die Städte Mährisch-Trübau (Moravská Třebová, s. S. 331), Brüsau (Březová nad Svitavou), Zwittau (Svitavy, s. S. 330) und Landskron (Lanškroun, s. S. 330), auf mährischer Seite die Städte Müglitz (Mohelnice) und Hohenstadt (Zábřeh, s. S. 330).

Das Tor zum *Altvatergebirge* (Hruby jeseník), früher auch Hohes Gesenke genannt, ist **Šumperk** (Mährisch-Schönberg), eine lebhafte Kreisstadt (34 000 Einwohner) mit einem Schloß aus dem 16. Jh. Das waldreiche Gebiet rings um den 1492 m hohen **Altvater** (Praděd) schätzen Wanderer wie Wintersportler. Den Gipfel krönt ein *Fernsehturm* mit Restaurant; der mächtige steinerne ›Altvaterturm‹ stürzte 1958 ein.

An der Oppa (Opava) liegt das Städtchen **Krnov** (Jägerndorf, 27 000 Einwohner), die einstige Hauptstadt des Herzogtums Jägerndorf. Anfang des 13. Jh. wurde Jägerndorf von deutschen Siedlern gegründet, 1377 zur Hauptstadt des Herzogtums erhoben, 1523 fiel es an das Haus Brandenburg-Ansbach, 1622 an die Herren von Liechtenstein. Die größten Sehenswürdigkeiten sind die spätgotische *Dekanatskirche St. Martin* (1559), das *Barockschloß* (1552; 1799 umgestaltet) und das *Minoritenkloster* aus dem 14. Jh. (um 1720 barockisiert, heute städtisches Museum). Einen weltweiten Ruf verlieh der Stadt die Orgelbaufirma *Rieger* (1873), die hier heute noch produziert.

Opava (Troppau)

Die heutige Kreisstadt Opava (68 000 Einwohner) war einst Residenzstadt des Herzogtums Troppau, später Landeshauptstadt des österreichischen Schlesiens. Trotz schwerer Zerstörungen in den letzten Tagen des Zweiten Weltkriegs haben sich interessante Bauwerke erhalten. Im Schutz einer altslawischen Wasserburg entstand in den Auen der Oppa (Opava), eines Nebenflusses der Oder, im 10. Jh. eine erste Siedlung, in der sich im letzten Drittel des 12. Jh. deutsche Kaufleute und Handwerker von der Donau und aus Niedersachsen niederließen. Eine Urkunde des Papstes Innozenz III. von 1204 erwähnt die Herrschaft Troppau als Kommende des Deutschen Ordens. 1222 bestätigte König Ottokar I. Přemysl die Schenkung und erhob Troppau 1224 zur Stadt mit Magdeburger Recht. In der Obhut des mächtigen Ordens gedieh das städtische Gemeinwesen trotz schwerer Stadtbrände, verheerender Überschwemmungen und entsetzlicher Seuchen. Vor den Mongolen und den Hussiten schützten noch die Stadtmauern, den wechselnden Besetzungen durch Schweden und Kaiserliche war die Stadt dagegen hilflos ausgeliefert.

1318 wurde Troppau Hauptort des gleichnamigen Herzogtums. Unter Herzog Nikolaus II., zugleich Kämmerer der Krone Böhmens, löste sich das Herzogtum von Mähren und wandte sich fortan Schlesien zu, ohne seine rechtlichen Bindungen an Prag aufzugeben. So fanden ab und zu schlesische Fürstentage auch in Troppau statt. Infolge der Schlesischen Kriege fielen 1742 Niederschlesien, die Grafschaft Glatz und ein großer Teil von Oberschlesien an Preußen. Der südliche Teil des alten Oberschlesien, also das Herzogtum Troppau, blieb jedoch als »Österreichisches Schlesien« habsburgisch. Die Stadt Troppau erfreute sich nun der herausragenden Bedeutung einer Landeskapitale, doch Joseph II. reduzierte ihre Rechte schon bald. Einen glanzvollen Höhepunkt erlebte die Stadt, als Fürst Metternich 1820 Vertreter aus fast allen Staaten Europas zum »Troppauer Kongreß« lud, um die Aufstände in Italien unter Kontrolle zu bekommen.

1928 wurde das nunmehr tschechische Schlesien verwaltungstechnisch mit Mähren vereinigt. 1938–1945 gehörte die Stadt zum »Reichsgau Sudetenland«. Nach dem Ende des Zweiten Weltkriegs erhielt das heutige Opava den Status einer Kreisstadt innerhalb des Bezirks Nordmähren.

Mittelpunkt von Opava ist der **Horní nám.** (Oberring) mit dem 72 m hohen *Stadtturm (Městská věž)* am sogenannten **Schmetterhaus**, einem Stapelplatz für durchfahrende Fernhändler, die hier für drei Tage ihre Waren zum Kauf anbieten mußten, bevor ihnen die Weiterreise nach Krakau erlaubt wurde (Stapelzwang). Das Schmetterhaus beherbergte auch die Ratsstuben und später die Stadtwaage. Der ursprünglich gotische Turm erhielt bis 1618 seine heutige Gestalt. Die Kaufhalle wurde öfter umgebaut und durch Anbauten ergänzt, zuletzt 1902/03 durch einen hohen Neorenaissancebau.

Die **Propsteipfarrkirche zu Mariä Himmelfahrt** entstand zwischen 1360 und 1370 im Stil der norddeutschen Backsteingotik. Den mächtigen *Südturm* krönt eine achteckige Renaissance-Glockenstube mit Haube. Der *Nordturm* blieb unvollendet. Das Kircheninnere wurde im 17. und 18. Jh. von Hans Georg Hausrucker und Jordan Zeller barockisiert, ohne die gotische Hochräumigkeit zu beeinträchtigen. Johann Schubert gestaltete den spätbarocken Hochaltar. Neben der Propsteikirche errichteten die Troppauer 1882/83 am Oberring ihr neues **Theater,** das 1909 ausbrannte, aber schon nach wenigen Monaten in neobarocker Ausstattung weiterspielte. Am Troppauer Theater debütierten u. a. Leo Slezák, Lotte Lehmann, Emil Jannings, Rudolf Forster und Paul Richter.

An der Südostseite des Dolní nám. (Unterer Platz), des Niederrings, steht die **Jesuitenkirche** mit dem Jesuitenkolleg. Ab 1675 errichteten Jesuiten an der Stelle der gotischen

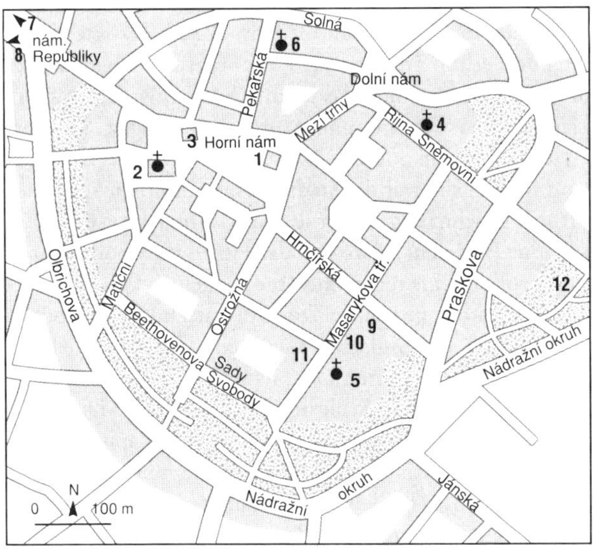

Opava (Troppau)
1 Schmetterhaus
2 Propsteipfarrkirche zu Mariä Himmelfahrt
3 Stadttheater
4 Jesuitenkirche
5 Minoritenkirche zum Heiligen Geist
6 St. Wenzel
7 Dreifaltigkeitskirche
8 St. Hedwig
9 Palais Larisch (Palais Blücher)
10 Palais Gostheimb
11 Palais Sobek-Skal
12 Schlesisches Museum

St.-Adalbert-Kirche eine neue, der berühmten Il Gesù in Rom nachempfundene Kirche im Stil des Barock. Am 30. März 1945 zerstörten Brandbomben die Fresken und Altarbilder. Inzwischen wurde die Kirche restauriert und 1960 wieder dem hl. Adalbert geweiht. Das **Jesuitenkolleg** mit Gymnasium erbauten Hans Georg Hausrucker und Josef Rieth 1711–1723. Nach der Aufhebung des Ordens trat hier der Schlesische Landtag zusammen, weswegen das Gebäude bis 1945 auch »Altes Landhaus« genannt wurde. Vor der Jesuitenkirche ließ Georg Stephan Reichsgraf von Würben 1674 eine *Mariensäule* nach dem Vorbild der Wiener Säule ›Am Hof‹ aufstellen.

Die **Minoritenkirche zum Heiligen Geist** ist ein dreischiffiger gotischer Hallenbau mit einem schlichten Turm, der 1827 einen neogotischen Helm erhielt. Die Kirche, die als Begräbnisstätte der schlesischen Přemysliden und der nachfolgenden Troppauer Herzöge diente, wurde im 18. Jh. barock umgestaltet; eine besondere Wirkung strahlt die prächtige Fassade mit Vorhalle aus.

Zu erwähnen sind noch die 1336 geweihte **St.-Wenzels-Kirche** der Dominikaner, die **Dreifaltigkeitskirche** aus dem Jahr 1463 im Stadtpark und die moderne, 1933–1938 nach den Plänen des Wiener Architekten Leopold Bauer errichtete **St.-Hedwigs-Kirche** mit den großartigen Fresken von Paul Gebauer. Von den Stadtpalästen sind das *Palais Larisch* (auch »Palais Blücher« genannt), das benachbarte *Palais Gostheimb* und das *Palais Sobek-Skal* gegenüber der Minoritenkirche sehenswert. Das **Schlesische Museum** (Slezské muzeum) in der Komenského ul. (Comeniusgasse) enthält reichhaltige archäologische, kunstgewerbliche und naturkundliche Sammlungen.

□ Hradec nad Moravicí, Kuhländchen (Nový Jičín, Fulnek)

Das **Schloß Hradec** (Grätz), etwa 10 km südlich von Opava am Flüßchen Mohra (Moravice), geht auf eine im 10 Jh. entstandene slawische Wallburg zurück. Daraus entwickelte sich im 13. Jh. eine gotische Burg, in der Kunigunde, die Witwe des Königs Ottokar II. Přemysl, ihren Hof hielt. Um 1600 wurde die Burg in ein Renaissanceschloß umgewandelt und nach dem Brand von 1796 im Stil des Empire wiederaufgebaut *(Weißes Schloß)*. Nach 1880 entstanden pseudogotische Zusatzbauten aus Backstein: ein Turm, eine Reithalle, eine Toranlage *(Rotes Schloß)*. 1971 brannte das Rote Schloß aus. Schloß Hradec wird zur Zeit restauriert.

Schloß Grätz hat oft seinen Besitzer gewechselt, den stärksten Einfluß aber übten seit 1777 die Fürsten Lichnowsky aus. Sie waren Gastgeber der berühmtesten Komponisten und Interpreten ihrer Zeit, so gaben etwa Paganini und Franz Liszt auf Einladung des Schloßherrn hier Konzerte. Beethoven weilte zweimal, 1806 und 1811, auf Schloß Grätz. An ihn erinnern der Beethoven-Raum mit dem Flügel, auf dem er spielte, eine Plakette im Schloßhof und vor allem die alljährlich stattfindenden Beethoven-Wochen.

Am Oberlauf der Oder (Odra) erstreckt sich um die beiden Städte Fulnek und Nový Jičín das **Kuhländchen** (Kravařsko), ein deutsches Sprachgebiet, das vom 11. Jh. bis 1945 bestand. Der Name des Gebiets weist auf die blühende Rinderzucht hin. Hauptort des Kuhländchens ist **Nový Jičín** (Neutitschein), das schon 1313 Stadt- und Mautrechte erhielt. Sehenswert ist der Marktplatz mit seinen Lau-

Fulnek im Kuhländchen, Blick zum Schloß

benhäusern, der *Mariensäule* (1710) und dem köstlichen *Bauernbrunnen* des Bildhauers Franz Barwig (18. Jh.). Das *Schloß* (16.–19. Jh.) enthält ein interessantes Hutmuseum, denn die im Jahr 1799 gegründete Firma *Hückel* (heute *Tonak)* gehörte im 19. Jh. mit über 2000 Arbeitskräften zu den größten Hutfabriken der Welt.

Fulnek in der Nordwestecke des Kuhländchens besaß bereits im Jahr 1293 Stadtrecht. Zu Beginn des 17. Jh. bildete sich hier das Zentrum der »Böhmischen Brüdergemeine«. In der spätgotischen *Pfarrkirche* (um 1407; 1612 und 1748–1760 umgebaut) befindet sich eine Gedenkstätte für Johann Amos Comenius (Komenský, 1592–1670), der 1618–1621 in dieser Kirche predigte und 1632 Bischof der Brüdergemeinde wurde. Beachtenswert sind auch die *Dreifaltigkeitskirche* von 1760 und der gotische Bau des *Augustinerklosters* (15. Jh.).

Praktische Reiseinformationen von A bis Z

Anreise

Pauschalreisen in die Tschechische Republik vermitteln alle Reisebüros sowie die *Čedok-Reisen GmbH,* das tschechische Verkehrsbüro. Das Angebot umfaßt drei- bis achttägige Flug-, Bahn- oder Busreisen nach Prag oder Brünn, nach Pilsen oder in das Bäderdreieck Karlsbad, Marienbad, Franzensbad sowie große ein- bis dreiwöchige Rundreisen durch Böhmen und Mähren, Ferienaufenthalte im Böhmerwald oder im Riesengebirge. In jedem größeren Ort werden wiederum Halb- und Ganztagsfahrten zu besonderen Sehenswürdigkeiten angeboten.

Individualreisen unterliegen keinerlei Beschränkungen; sie sind mit dem Flugzeug, der Eisenbahn, dem Bus oder dem eigenen Wagen möglich. An jedem größeren Ort erhalten Sie auf Bestellung einen Mietwagen mit oder ohne Fahrer. Auskünfte und Buchungen über jedes Reisebüro bzw. über die *Čedok-Reisen GmbH.*

Grenzübergänge (für Pkw-Verkehr)

... in Österreich:
Drasenhofen, Wien-Brno (Brünn)
Laa an der Thaya
Kleinhaugsdorf, Wien-Praha (Prag)
Retz
Hardegg
Riegersburg
Thürnau
Fratres
Grametten
Neu-Nagelberg, Wien-Praha (Prag)
Gmünd
Schrattenberg
Litschau
Pyhrabrück
Wullowitz, Linz-Č. Budějovice (Budweis)
Weigetschlag, Linz-Vyšší Brod (Hohenfurth)

... in der Bundesrepublik Deutschland:
Bayern:
Philippsreut
Bayerisch Eisenstein
Eschlkam
Furth im Wald, Regensburg-Plzeň (Pilsen)
Waldmünchen
Waidhaus, Nürnberg-Plzeň (Pilsen)
Mähring
Waldsassen
Schirnding, Bayreuth-Karlovy Vary (Karlsbad)
Selb
Sachsen:
Schönberg, Plauen-Cheb (Eger)
Johanngeorgenstadt
Oberwiesenthal, Chemnitz-Karlovy Vary (Karlsbad)
Reitzenhain
Zinnwald-Georgenfeld, Dresden-Praha (Prag)
Hellendorf
Schmilka, Dresden-Děčín (Tetschen)
Sebnitz
Seifhennersdorf
Großschönau

Ärztliche Hilfe

Bei Unfällen oder Erkrankung stehen jedem ausländischen Gast die Ärzte und Krankenhäuser *(nemocnice, klinika)* zur Verfügung. Die ärztliche Versorgung entspricht im allgemeinen unserem Standard. Die Ärzte verstehen Englisch, zum großen Teil auch Deutsch.

Gewohnte Medikamente sollte man in genügender Menge mit sich führen, sonst sind alle notwendigen Arzneien in den Apotheken *(lékárna)* oder in Krankenhäusern erhältlich.

Ausflüge

Von Prag aus werden reizvolle Tagesausflüge angeboten: mit dem Bus zur Burg Karlštejn, zum Schloß Konopiště, zur Nationalen Gedenkstätte Lidice und zur Weinstadt Mělník, zu den historisch bedeutenden Städten Kolín und Kutná Hora (Kuttenberg), mit dem Moldauschiff zum 44 km langen Slapy-Stausee (vielfältige Wassersportmöglichkeiten) oder weiter zum romantischen Orlík-Stausee mit dem Schwarzenberg-Schloß Orlík (Worlik) und der Burg Zvíkov (Klingenberg).

Ausflugsboote fahren im Sommer von Dresden aus elbaufwärts durch die Sächsische und Böhmische Schweiz nach Děčín (Tetschen-Bodenbach) und weiter über Ústí n. L. (Aussig) und Litoměřice (Leitmeritz) nach Mělník und Prag.

Dies sind nur einige Beispiele, die Zahl der Ausflugsziele ist unbegrenzt. Da verlocken die Teiche um Třeboň (Wittingau), die Urwaldzonen des Böhmerwalds, die Bierstadt Plzeň (Pilsen), das farbige Český Krumlov (Krumau), das elegante Bäderdreieck um Karlovy Vary (Karlsbad), die mährische Kapitale Brno (Brünn), die walachischen und Schönhengstgauer Städtchen und mehrere tausend (!) Burgen, Schlösser, Klöster und andere historische Denkmäler zu einem Besuch.

Auskünfte

Auskünfte erteilen alle größeren Reisebüros sowie die *Čedok-Reisen GmbH* in:

Kaiserstr. 54
60329 Frankfurt am Main
✆ 0 69/27 40 17-0
Fax 0 69/23 58 90, 23 46 70

Leipziger Str. 60
10117 Berlin
✆ 0 30/2 00 46 63
Fax 0 30/2 00 46 63

Parkring 12
1010 Wien
✆ 02 22/51 20 19 90
Fax 02 22/5 12 43 72 85

Pelikanstr. 38
8001 Zürich
✆ 01/2 21 31 31
Fax 01/2 21 31 41

Kleine Gartmanplantsoen 21
1017 PA Amsterdam
✆ 0 20/6 22 01 01, 6 22 48 88
Fax 0 20/6 38 54 41

Na příkopě 18
11135 Praha 1
✆ 02/24 19 76 96-7
Fax 02/24 22 17 40, 24 21 37 86

Autofahren

Autofahren ist in der Tschechischen Republik noch immer – zumindest abseits der Hauptverkehrswege und außerhalb der Rush-hour – ein Genuß, denn die Straßen sind weitgehend in gutem Zustand und noch relativ leer.
Parkmöglichkeiten sind in kleinen Orten noch relativ leicht zu finden. In Großstädten – vor allem in Prag und Brünn – ist Parken in der Innenstadt problematisch, Parkhäuser gibt es wenige. Bewachte City-Parkplätze dienen meist dem Kurzparker, denn schon nach ein oder zwei Parkstunden steigen die Gebühren progressiv an. Beim Parken am Fahrbahnrand muß mindestens ein 3 m breiter Fahrstreifen für jede Fahrtrichtung frei bleiben, in Straßen

mit Gegenverkehr also ein insgesamt 6 m breiter Fahrstreifen. 15 m vor und hinter Bahnübergängen ist das Parken verboten. Zwischen parkenden Kraftfahrzeugen und Straßenbahngleisen ist ein Abstand von mindestens 3,5 m einzuhalten.

Die **Höchstgeschwindigkeit** in Ortschaften beträgt 60 km/h. Außerhalb geschlossener Ortschaften gilt ein Tempolimit von 90 km/h, auf Autobahnen von 110 km/h. Motorräder und Pkw mit Anhänger dürfen nur bis 90 km/h (auch auf Autobahnen) gefahren werden. Vor Bahnübergängen besteht für alle Fahrzeuge ein Tempolimit von 30 km/h. Die Verkehrspolizei überwacht das Einhalten der Höchstgeschwindigkeiten mit Radar. Sicherheitsgurte sind (ab 150 cm Körpergröße) anzulegen. Für Autofahrer besteht absolutes **Alkoholverbot.**

Bei **Pannen** hilft die Straßenwacht *(silniční služba)*, die am Tage über den **Polizeinotruf ✆ 158** zu erreichen ist. Im Großraum Prag leistet die Straßenwacht rund um die Uhr Hilfe; Anforderung über ✆ 02/123. Bei Vorlage eines Kfz-Schutzbriefes ist die Pannenhilfe bis DM 200,– kostenlos.

Kraftfahrzeugunfälle sind unverzüglich der Polizei zu melden; am Unfallort darf nichts verändert werden. Der **Notarzt** ist über ✆ **1/55** zu erreichen. Kraftfahrzeuge mit erkennbarem **Karosserieschaden** dürfen nur mit

Entfernungen in Straßenkilometern

	Praha (Prag)	Brno (Brünn)	České Budějovice (Budweis)	Jihlava (Iglau)	Karlovy Vary (Karlsbad)	Liberec (Reichenberg)	Olomouc (Olmütz)	Ostrava (Ostrau)	Pardubice (Pardubitz)	Plzeň (Pilsen)	Špindlerův Mlýn (Spindlermühle)
Brno (Brünn)	226										
České Budějovice (Budweis)	148	190									
Jihlava (Iglau)	139	87	117								
Karlovy Vary (Karlsbad)	126	352	216	265							
Liberec (Reichenberg)	109	248	257	189	213						
Olomouc (Olmütz)	254	77	267	164	380	255					
Ostrava (Ostrau)	343	168	358	255	469	343	99				
Pardubice (Pardubitz)	103	144	200	92	229	119	151	246			
Plzeň (Pilsen)	88	292	137	205	79	197	342	431	191		
Špindlerův Mlýn (Spindlermühle)	139	232	283	195	257	83	239	317	103	227	
Ústí n. L. (Aussig)	87	313	235	226	122	99	341	426	190	142	182

einer polizeilichen Schadensbestätigung das Land wieder verlassen. Diese Bestätigung erteilt die Polizei am Unfallort. Wer mit einem Wagen mit Karosserieschaden in die Tschechische Republik einreist, sollte sich die Bestätigung bei der Einreise ausstellen lassen.

Tankstellen sind heute in allen größeren Orten zu finden. Beachten sollten Sie aber, daß die meisten Tankstellen ihre Dienste schon am frühen Abend einstellen und an Sonn- und Feiertagen oft geschlossen sind. In jeder größeren Stadt hat jedoch mindestens eine Tankstelle rund um die Uhr geöffnet.

Kraftstoffpreise
Spezial 91 Oktan *(benzin)*
18,80 Kč (1,05 DM)
Bleifrei 95 Oktan *(natural, bez olova)*
19,20 Kč (1,07 DM)
Super 96 Oktan *(super)*
19,80 Kč (1,11 DM)
Diesel *(nafta)*
15,70 Kč (0,88 DM)

Bergsteigen

Tschechische Bergsteiger nehmen an Himalaya-Expeditionen teil und besteigen Berge jeden Schwierigkeitsgrads in aller Welt. Ihr Können erwerben sie an heimatlichen Trainingsfelsen im Böhmischen Paradies (Český ráj), in der Böhmischen Schweiz (České Švýcarsko), im Böhmerwald (Šumava), im Riesengebirge (Krkonoše) und an anderen geeigneten Plätzen. Die Übungsstätten stehen auch ausländischen Bergsteigern zur Verfügung.

Camping

An den schönsten Plätzen der Tschechischen Republik, an Flüssen, Seen, in Gebirgstälern, findet der Reisende fast 200 Campingplätze mit sehr unterschiedlicher Ausstattung. Viele Plätze bieten auch einfache Bungalows an, die man für die Hauptreisezeit (Juli, August) allerdings vorbestellen sollte. Einige Campingplätze sind ganzjährig geöffnet, die meisten von Anfang/Mitte Mai bis Mitte/Ende September.

Diplomatische Vertretungen

... in der Tschechischen Republik:
Botschaft der Bundesrepublik Deutschland
Vlašská 19 (Palais Lobkowitz)
12560 Praha 1 (Malá strana)
✆ 02/53 23 51/56

Botschaft der Republik Österreich
ul. Viktora Huga 10
12543 Praha 5 (Smíchov)
✆ 02/54 65 57/59

Botschaft der Schweiz
Pevnostní 7
16200 Praha 6 (Dejvice)
✆ 02/32 83 19, 32 04 06

... der Tschechischen Republik

... in der Bundesrepublik Deutschland:

Botschaft der Tschechischen Republik
Ferdinandstr. 27
53127 Bonn
✆ 02 28/19 97-0

... in Österreich:
Botschaft der Tschechischen Republik
Penzinger Str. 11–13
1140 Wien
✆ 01/8 94 62 36, 8 94 37 41

... in der Schweiz:
Botschaft der Tschechischen Republik
Muristr. 53
3000 Bern 16
✆ 0 31/44 36 45, 44 56 78

Ein- und Ausreiseformalitäten

Für den Besuch der Tschechischen Republik ist der Reisepaß oder der Personalausweis erforderlich. Personen unter 16 Jahren benötigen einen Kinderausweis (ab 4 Jahren mit Lichtbild) oder müssen im Elternpaß eingetragen sein.

Für das Auto braucht man Führerschein und Fahrzeugschein. Die Internationale Grüne Versicherungskarte wird bei Schadensfällen verlangt.

Für Hund und Katze sind ein tierärztliches Gesundheitszeugnis, das nicht älter als zwei Tage sein darf, und eine Tollwutbescheinigung vorzulegen.

Einkauf und Souvenirs

In der Tschechischen Republik gibt es vieles zu erheblich niedrigeren Preisen als im westlichen Ausland. Bezahlt wird mit tschechischen Kronen (Kč).

Die beliebtesten Mitbringsel sind **böhmische Glaswaren** in traditionellen oder modernen Formen, prächtige Stücke aus den berühmten Glashütten des Isergebirges und des Böhmerwaldes. In dem Karlsbader Vorort Dvory, dem früheren Meierhöfen, stellt die weltbekannte Glasfabrik Leo Moser seit 1857 kostbares Kristallglas her. Nicht weniger gefragt sind **Granatschmuck** und andere Bijouterien aus Jablonec nad Nisou.

Begehrt ist auch das weiße **Porzellan** mit dem berühmten kobaltblauen Dekor, dem klassischen Zwiebelmuster. Im Jahr 1864 gründete die Meißener Ofen- und Porzellanfabrik, vormals C. Teichert, in Dubí (damals Eichwald) bei Teplice (Teplitz-Schönau) wegen der nahen Kaolinvorkommen eine Zweigfabrik. So kommt handgearbeitetes Zwiebelmuster-Porzellan heute nicht nur aus Meißen, sondern auch aus Dubí. Nicht weniger berühmt ist das *Karlsbader Gold*, Porzellan, das seit 1803 in Altsohlau, dem heutigen Vorort Stará Role, hergestellt wird.

Interessante **Keramik** bietet das südwestböhmische Chodenland. Schöne Erinnerungen an Böhmen und Mähren vermitteln auch kunstvolle **Klöppelspitzen** aus dem Böhmerwald und dem Erzgebirge. Daneben finden Lederwaren, Metall- und Holzarbeiten ihre Liebhaber. Bücher über Kunst, zunehmend auch in deutscher Sprache, sind ebenso gefragt wie CDs mit klassischer Musik und Volksweisen. Und noch immer werden Liebhaber alter Raritäten in einem der zahlreichen Antiquariate und Antiquitätenläden fündig.

Öffnungszeiten
Die Geschäfte haben montags bis freitags von 8.30 bzw. 9.00 Uhr bis 18.00 Uhr, samstags bis 12.00 Uhr (Kaufhäuser meist bis 16.00 Uhr) geöffnet. Einige große Kaufhäuser schließen an bestimmten Tagen erst um 20.00 Uhr. Lebensmittelgeschäfte öffnen meist schon um 6.00 Uhr. Kleinere Geschäfte schließen mittags für zwei Stunden.

Essen und Trinken

Die böhmische Küche ist seit den Zeiten der k. u. k. Monarchie berühmt für ihre deftigen und außerordentlich schmackhaften Gerichte. Semmelknödel, Schweinebraten und Sauerkraut beherrschen noch heute die Speisekarten fast aller Restaurants zwischen Aš (Asch) und Znojmo (Znaim). Aber es gibt auch leckeren Gänsebraten, Sauerbraten, Rahmbeuschel (Lungenhaschee in Sahnesauce) usw. Fast das Köstlichste sind die unzähligen Suppen. Knödel erscheinen in vielerlei Gestalt auf dem Tisch. Sie sind aus rohen oder gekochten Kartoffeln zubereitet und mit Zwetschgen, Aprikosen oder anderen Früchten gefüllt.

Hier eine kleine Auswahl von Spezialitäten der tschechischen Küche, die man probieren sollte, wenn sie auf der Speisekarte *(Jídelní lístek)* erscheinen. Voran die unvergleichlichen **Suppen,** die *Polévký: Bramborová polévka* (Kartoffelsuppe mit Pilzen), *Zelná polévka* (Weißkohlsuppe), *Hrachová polévka* (knoblauchwürzige Erbsensuppe), *Ledvinková polévka* (pikante Nierensuppe), *Rybi polévka* (Fischsuppe mit Karpfenrogen). Dann die **Hauptgerichte:** Mährische *Klobasen* (Bratwürste) mit sauren Linsen, Bierfleisch aus magerer Schweinekeule mit Kümmel in Biersauce, *Zadéjávané drštky* (Kaldaunenstreifen mit Schinkenhack), Znaimer *Gulyas* mit nudelig geschnittenen Gewürzgürkchen, Karpfenfilets Abbé Tucka auf Spargelspitzen. Schließlich die einzigartigen **Mehlspeisen:** Böhmische *Dalken, Powideldatschgerl, Kolatschen* und *Liwanzen,* die gefüllten *Palatschinken* nicht zu vergessen. **Zum Kaffee** erscheinen die köstlichen Gebäcke, Kuchen, Torten, Soufflés, Strudel. Von besonderer Berühmtheit sind die *Karlsbader Oblatentorte,* die *Prager Nußtorte,* die böhmische *Bublanina,* ein unvergleichlicher Kirschauflauf, und noch manch andere süße Spezialität.

Einem Ondit zufolge gibt es in Böhmen das beste Bier und in Mähren den besten Wein der Welt. Über Wein ließe sich streiten, nicht aber über das **Bier,** über das weltberühmte *Pilsner Urquell (Plzeňský Prazdroj)* vor allem, die Königin der Biere. Außer dem *Prazdroj* brauen die Tschechen Hunderte anderer Biere, helle und dunkle, herbe und liebliche, die in allen Städten und Dörfern Tschechiens schon am frühen Morgen die Männer in die Gaststätten ziehen, allein in Prag in über 1300 Bierlokale. Eines davon, das *U Fleků,* zapft jährlich mehr als 20 000 Hektoliter!

Im Ausland weniger bekannt sind die köstlichen **Weine** von Mělník, die Weißen und Roten aus Südmähren.

Wer stärkere Getränke, sprich **Schnaps,** schätzt, der greife zum *Slivovice,* am besten zu *Jelineks,* dem aromatischen Zwetschgenwasser aus dem mährischen Vizovice. Oder – zwecks Verhütung von Verdauungsbeschwerden bei dem üppigen Essen – zum böhmischen *Becherovka,* dem weltberühmten Karlsbader Kräuterelixier.

Feiertage

Gesetzliche Feiertage sind der 1. Januar (Neujahrstag), Ostermontag, der 1. Mai (Tag der Arbeit), der 5. Juli (Tag der hll. Kyrillos und Methodios), der 6. Juli (Märtyrertod des Jan Hus), der 28. Oktober (Tag der Republik), der 25. und 26. Dezember (Weihnachten).

Feste und Festspiele

Anfang Januar *Prager Winter* (Musik- und Theaterfestival); Prag

Mai/Juni *Prager Frühling* (Musikfestival mit Konzerten, Opern- und Ballettaufführungen); Prag

Juni *Kmochs Kolín* (Festival internationaler Blasmusikorchester); Kolín, Mittelböhmen

Ende Juni *Folklorefestival;* Strakonice (Strakonitz), Böhmerwald

Ende Juni/Anfang Juli *Strážnicer Folklorefestival* (Treffen internationaler Trachtengruppen); Strážnice (Straßnitz), Südmähren

Juli *Marionettenfestival;* Chrudim, Ostböhmen
Mitte Juli *Folklorefestival;* Železný Brod (Eisenbrod), Ostböhmen
Mitte Juli *Königliches Festmahl* (historische Ritterspiele); Znojmo (Znaim), Südmähren
Juli/August *Sommerkonzerte;* Jaroměřice nad Rokytnou (Jarmeritz), Südmähren
Mitte August (Wochenende nach dem 10. 8.) *Fest der Choden* (mit Trachten, Volkstänzen und Dudelsackspiel); Domažlice (Taus), Westböhmen
Mitte September *Hopfenfest:* Žatec (Saaz), Nordböhmen
September)Oktober *Hannakisches Erntefest* (Hanácké dožinky); Náměšť na Hané (Namiescht), Nordmähren
Oktober *Großes Pardubitzer Steeplechase* (Schweres Hindernis-Pferderennen mit internationalem Aufgebot, s. S. 308); Pardubice (Pardubitz), Ostböhmen

Nähere Auskünfte über die jährlichen Termine sowie über weitere folkloristische Festlichkeiten erteilt die *Čedok-Reisen GmbH,* die auch die Buchungen (Hotel, ggf. Eintrittskarten) vornimmt.

Fotografieren und Filmen

Überall, wo es nicht durch Hinweisschilder mit den üblichen Symbolen ausdrücklich verboten ist, darf man fotografieren und filmen. Von dieser Regel ist der grenznahe Bereich ausgenommen. Fotografierverbot besteht auch in einigen Museen, Burgen, Schlössern, Galerien, sogar in etlichen Kirchen (auch außerhalb des Gottesdienstes). Filmmaterial und Videokassetten aller internationalen Marken führt jedes größere Fotogeschäft.

Geld

Die **tschechische Währung** ist die Krone (*koruna,* Kč). 1 Krone hat 100 Heller *(haléřů).* Für 1 DM erhält man zur Zeit etwa 17 Kč, für 1 öS etwa 2,5 Kč, für 1 sfr etwa 20 Kč. Ein- und Ausfuhr der Landeswährung sind nur bis zu 100 Kč erlaubt. Dagegen unterliegen frei konvertierbare Währungen keinen Beschränkungen. Bei etwaigem Rücktausch sind Wechselquittungen vorzulegen.

Geldwechsel ist nur bei den offiziellen Stellen erlaubt, also in Banken, staatlichen und privaten Wechselstuben und an den Wechselschaltern der Hotels. Hier werden meist auch Reiseschecks (American Express, Visa usw.) eingelöst und Kreditkarten (Access, American Express, Carte Blanche, Diners Club, Eurocard, JCB, Master Card, Visa) anerkannt. Eurocheques, die in der Landeswährung ausgestellt sein müssen (Höchstbetrag 6 500 Kč), lösen nur Banken ein. Kreditkarten akzeptieren auch die internationalen Hotels, die größeren Restaurants und Geschäfte sowie die Autovermieter.

Öffnungszeiten

Die Banken sind montags bis freitags von 8.00 bis 12.00 Uhr und von 13.00 bis 16.30 Uhr geöffnet.

Heilbäder

Ein außergewöhnlicher Reichtum an Naturheilquellen, Mineralwässern, Heilschlamm, Moor und Quellgas, dazu eine jahrhundertealte Kurtradition, das günstige Klima und eine abwechslungsreiche, reizvolle Landschaft haben die Tschechische Republik zu einem Land der Heilkuren werden lassen. Dem Kurgast stehen 37 Heilbäder und Kurorte mit insgesamt 24 000 Betten zur Verfügung. Von den jährlich rund 300 000 Patienten kommen mehr als 35 000 aus dem Ausland. Zur Zeit werden die Kuraufenthalte noch von *Balnea,* Praha 1, Pařížská 11, koordiniert. *Balnea* ist die Generaldirektion der tschechischen staatlichen Heilbäder und Mineralquellen. Dort und bei den einzelnen Kurverwaltungen erhält man alle speziellen Auskünfte.

Die wichtigsten Heilbäder:

Bechyně (Bechin), Südböhmen, bei Tábor: Rheumatische und Stoffwechselkrankheiten

Bílina (Bilin), Nordböhmen, bei Teplice: Erkrankungen der Atmungs- und Verdauungsorgane, Nierenleiden, Nervenbeschwerden

Bohdaneč (Bohdanetsch), Ostböhmen, bei Pardubice: Nervenleiden und Erkrankungen der Bewegungsorgane

Dubí (Eichwald), Nordböhmen, bei Teplice: Nervenleiden

Františkovy Lázně (Franzensbad), Westböhmen: Frauenleiden, Unfruchtbarkeit, Erkrankungen des Kreislaufs

Jáchymov (St. Joachimsthal), Westböhmen: Erkrankungen des Bewegungsapparats, Nervenleiden, Stoffwechselkrankheiten

Janské Lázně (Johannesbad), Ostböhmen, im Riesengebirge: Nervenleiden, Erkrankungen des Bewegungsapparats

Jeseník (Freiwaldau), Nordmähren, am Altvatergebirge: Nichtspezifische Erkrankungen der Atemwege, psychische Krankheiten

Karlova Studánka (Karlsbrunn), Nordmähren, bei Bruntál: Nichtspezifische Erkrankungen der Atemwege

Karlovy Vary (Karlsbad), Westböhmen: Krankheiten des Verdauungsapparats und Stoffwechselstörungen

Karviná (Karwin), Nordmähren, bei Ostrava: Nervenleiden

Konstantinovy Lázně (Konstantinsbad), Westböhmen, bei Stříbro: Erkrankungen des Kreislaufs

Kyselka (Gießhübel), Westböhmen, bei Karlovy Vary: Rekonvaleszenz

Lázně Bělohrad (Bielohrad), Ostböhmen, bei Trutnov: Rheuma

Lázně Darkov (Darkau), Nordmähren, Teil der Stadt Karviná: Rheuma, Gefäßkrankheiten

Lázně Libverda (Liebwerda), Nordböhmen, bei Frýdlant: Gefäßerkrankungen, Nerven- und Gemütsleiden, Herz- und Frauenkrankheiten

Lipová Lázně (Nieder-Lindewiese), Nordmähren, bei Jeseník: Stoffwechselkrankheiten, Kreislaufstörungen, Nerven- und Hautkrankheiten

Luhačovice (Luhatschowitz), Südmähren, bei Zlín: Erkrankungen des Verdauungstrakts, Erkrankungen infolge Störungen des Stoffwechsels und der Drüsen mit innerer Sekretion, Diabetes, nichtspezifische Erkrankungen der Atemwege

Mariánske Lázně (Marienbad), Westböhmen: Nierenleiden, Erkrankungen der Atemwege, Hautkrankheiten, Stoffwechselstörungen

Poděbrady (Podiebrad), Mittelböhmen: Erkrankungen des Kreislaufs

Teplice (Teplitz-Schönau), Nordböhmen: Erkrankungen des Bewegungsapparats, Gefäßkrankheiten

Teplice nad Bečvou (Teplitz an der Betschwa), Nordmähren, bei Přerov: Erkrankungen des Kreislaufs

Třeboň (Wittingau), Südböhmen: Erkrankungen des Bewegungsapparats, Rheuma

Velichovky (Welchow), Nordböhmen, bei Náchod: Rheuma, Frauenleiden, Neurosen

Velkó Losiny (Groß-Ullersdorf), Nordmähren, am Altvatergebirge: Nervenleiden, Rheuma, Kinderheilbad

Jagen

Wer in der Bundesrepublik Deutschland, in Österreich oder in der Schweiz einen Jagdschein besitzt, kann damit in der Tschechischen Republik eine Jagderlaubnis für bestimmte jagdbare Tiere (Rothirsche, Damhirsche, Rehe, Mufflons, Wildschweine, Fasane, Hasen, Wildenten) erwerben. Neben den nicht unbeträchtlichen Gebühren sind die Kosten für einen Jagdbegleiter, ggf. auch für einen Dolmetscher, zu tragen. Bei erfolgreicher Jagd kommt noch die Trophäengebühr hinzu, die sich auf etliche tausend DM belaufen kann. Die Jagdgäste übernachten in Berghotels oder in Forsthäusern. Nähere Auskünfte von *Čedok-Reisen GmbH.*

Kleidung

Da das Klima im großen und ganzen unseren heimischen Witterungsverhältnissen entspricht (s. S. 392), trägt man die gleiche Kleidung wie bei uns. Wegen der hohen Niederschlagsmengen sollte der Reisende selbst im Juli und August wetterfeste Kleidung, auch einen Regenschirm, nicht vergessen.

Öffnungszeiten

Museen, Burgen, Schlösser, Gemäldegalerien usw. haben dienstags bis sonntags überwiegend von 10.00 bis 17.00 Uhr geöffnet, zum Teil auch von 8.00 bis 12.00 Uhr sowie von 13.00 bis 17.00 Uhr. Montags und an den Tagen, die auf einen gesetzlichen Feiertag fallen, ist geschlossen. Die meisten Burgen und Schlösser sind von November bis März nicht zugänglich, im Oktober und im April öffnen viele nur an Wochenenden. – Öffnungszeiten der Geschäfte und Kaufhäuser siehe unter ›Einkauf und Souvenirs‹, Öffnungszeiten der Banken unter ›Geld‹.

Reisezeit

Jede Jahreszeit hat in der Tschechischen Republik ihre Reize: Ab Mitte April lockt das böhmische Hügelland mit Millionen blühender Obstbäume. Die Zeit von Mitte Mai bis Mitte September gilt in allen Landesteilen als Hauptreisezeit, vor allem aber die beiden Ferienmonate Juli und August, die wärmsten, sonnigsten, gewitterreichsten und überlaufensten Monate des Jahres. Lange Schönwetterperioden, die sich bis in den November hinein auswirken können, zeichnen den farbenfrohen Herbst aus. Von Januar bis Ende März ist die Zeit des Wintersports in den Mittelgebirgen, im Böhmerwald (Šumava), vor allem aber im Riesengebirge (Krkonoše). Die Heilbäder haben das ganze Jahr über Saison, die großen Städte, Prag und Brünn (Brno), ebenfalls.

Sportangeln

Fast eine halbe Million tschechischer Bürger frönen an Flüssen, Bächen, Seen und Teichen dem Angelhobby. Für ausreichenden Nachschub sorgt die Fischbrutanlage in der südböhmischen Stadt Tábor, die alljährlich allein 50 Mio. Hechtbruten für das In- und Ausland produziert. Die Revierpflege betreiben lokale Anglerverbände, die auch die Angelberechtigungen erteilen. Geangelt werden Karpfen, Schleien, Brassen, Döbel, Barben, Plötzen, Hechte, Barsche, Welse, Aale und Forellen.

Sprache

Amtssprache in der Tschechischen Republik ist Tschechisch, eine westslawische Sprache, die in mehrere Dialektgruppen zerfällt.

Aussprache

c	wie ts
č	wie tsch
ch	wie ch in hoch
d'	wie dj
ě	wie je
l'	wie lj
ň	wie nj
ř	wie rsch
s	wie ß in naß
š	wie sch
t'	wie tj
ů	wie langes u
z	wie s in sehen
ž	wie j in Journalist

Alle Wörter werden grundsätzlich auf der ersten Silbe betont. Der Akzent auf einem Vokal bedeutet, daß die Silbe lang ausgesprochen wird.

Einige nützliche Wörter

bitte	prosím
danke	děkuji
Guten Tag	dobrý den
Auf Wiedersehen	na shledanou
ja	ano
nein	ne
wo	kde
Straße	třída
Gasse	ulice
Platz	náměstí
Kirche	kostel
Rathaus	radnice
Schloß	zámek
Burg	hrad
Theater	divadlo
Museum	muzeum
Haus	dům
Brücke	most

Tor	brána
Turm	věž
Park	sady
Hotel	hotel
Restaurant	restaurace
Gasthaus	hostinec
Toilette	záchod
Apotheke	lékárna
Arzt	lékař
Eingang	vchod
Ausgang	východ
Speisekarte	jidelní listek
Kaffee	káva
Tee	čaj
Wasser	voda
Bier	pivo
Weißwein	bílé víno
Rotwein	červené víno
Suppe	polévka
Fleisch	maso
Huhn	kuře
Fisch	ryba
Karpfen	kapr
Brot	chléb
Butter	máslo
Salz	sůl
Zucker	cukr
Glas	sklenice
Teller	talíř
Gabel	vidlička
Löffel	lžíce
Messer	nůž
Serviette	ubrousek

Zahlen

eins	jeden, jedna, jedno
zwei	dva, dvě, dvě
drei	tři
vier	čtyři
fünf	pět
sechs	šest
sieben	sedm
acht	osm
neun	devět
zehn	deset

Telefonieren

Die Direktwahl ins Ausland ist von Postämtern und öffentlichen Telefonzellen mit grauen Apparaten aus möglich. In den Ämtern zahlt man am Schalter, die Telefonzellen werden mit Kronenstücken gefüttert, neuere Telefonzellen sind mit Kartentelefonen ausgerüstet; Telefonkarten zu 150, 200 und 250 Kronen erhält man in Postämtern, Tabakläden und an Kiosken.

Vorwahl von Deutschland, Österreich und der Schweiz aus in die Tschechische Republik: 00 42 (plus Ortsvorwahl ohne Null plus Teilnehmernummer)

Auslandsgespräche: 00 49 für Deutschland (00 43 für Österreich, 00 41 für die Schweiz) plus die Ortsvorwahl ohne die Anfangsnull wählen und anschließend die Teilnehmernummer.

Trinkgeld

Trinkgeld ist wieder üblich und wird auch erwartet. In Restaurants und Hotels ist es im Gesamtpreis enthalten. Wer jedoch mit der Bedienung zufrieden ist, rundet den Rechnungsbetrag um 5 bis 10 % auf. Über ein Trinkgeld freuen sich auch Garderobenfrau, Taxifahrer und Gepäckträger.

Unterkunft

Dem ausländischen Touristen vermittelt *Čedok* Unterkunft in Interhotels der höchsten Kategorien (3 bis 5 Sterne), darunter sind das *Inter-Continental* (*****), das *Palace* (****), das *Forum* (****), das *Paříž* (****) und das *Evropa* (***) in **Prag**, das *International* (****) in **Brünn** (Brno), das *Grandhotel Pupp* (*****) in **Karlsbad** (Karlovy Vary), aber auch Ferienwohnungen und Privatzimmer. Wer seine Rundreise selbst gestalten möchte, kann sich überall einquartieren. Außerhalb der Sommerferien (Juli und August) und der touristischen Zentren wird er immer eine Bleibe zu angemessenem Preis finden. Campingplätze, s. S. 381, »Camping«.

Wandern

Die Tschechische Republik ist ein Paradies für Wanderer. 40 000 km markierte Wanderwege durch die unterschiedlichsten Landschaften, vom Böhmerwald (Šumava) bis zum Riesengebirge (Krkonoše), laden zu kürzeren oder längeren Trips ein.

Zollbestimmungen

Einfuhr

Der Reisebedarf für den persönlichen Gebrauch ist zollfrei, muß aber wieder ausgeführt werden. Zollfrei zum Verbrauch bleiben 3 kg Lebensmittel, 250 Zigaretten oder 250 g andere Tabakwaren, 2 l Wein, 1 l Spirituosen. Reiner Alkohol darf nicht eingeführt werden.

Geschenke für Verwandte oder Bekannte dürfen insgesamt den Wert von 3000 Kč (tschechischer Kleinhandelswert) pro einreisende Person nicht überschreiten. Über die Mitnahme von CB-Funkgeräten und Autotelefonen geben die ausländischen Automobilclubs aktuelle Auskunft. Die Mitnahme von Jagdwaffen und der zugehörigen Munition ist nur mit Waffenbegleitschein möglich (Auskunft bei der Botschaft der Tschechischen Republik).

Alle Wertgegenstände (wie Kamera, Videogerät, Campinggerät etc.) sind bei der Einreise zu deklarieren. Der Verlust (z. B. durch Diebstahl) ist unverzüglich bei der Polizei anzuzeigen und danach der zuständigen Zollbehörde zu melden.

Ausfuhr

Ohne besondere Ausfuhrgenehmigung dürfen folgende Sachen außer Landes gebracht werden: Reisebedarf in angemessener Menge, jedoch höchstens 250 Zigaretten oder andere Tabakwaren in entsprechender Menge, 2 l Wein und 1 l Spirituosen, Gegenstände im Gesamtwert von 1500 Kč, Glas- und Porzellanwaren sowie Souvenirs und andere Geschenke.

Prager Schaufenstergestaltung aus den 50er Jahren

Die Tschechische Republik in Stichwörtern

Staatsgebiet 79 000 km² (Bundesrepublik Deutschland: 357 000 km²). Größte Länge: 482 km, größte Breite: 276 km. Die Tschechische Republik grenzt an fünf Staaten: Deutschland, Polen, Slowakei, Österreich, Ungarn.
Einwohner 10,4 Mio. (Bundesrepublik Deutschland: 79 Mio.)
Bevölkerungsdichte 132 Einwohner je km² (Bundesrepublik Deutschland: 221 je km²).
Hauptstadt Prag

Wirtschaft

Die Tschechische Republik zählt zu den Industrienationen; die Industrie ist mit ca. 65 % am produzierten Nationaleinkommen beteiligt, das Baugewerbe mit ca. 12 % und die Landwirtschaft mit nur 7 %. Die wichtigsten Industriestandorte liegen in Nord- und Südmähren sowie im Großraum Prag. Unter den Industriebetrieben ist der Maschinenbau mit 22 % am stärksten vertreten, danach folgen mit 13 % die Nahrungs- und Genußmittelhersteller, mit 15 % die elektrotechnischen Betriebe und mit 12 % die Textil-, Bekleidungs- und Lederunternehmen.

Von der Gesamtfläche der Tschechischen Republik sind 4,1 Mio. ha, also der größere Anteil, landwirtschaftliche Nutzflächen, davon 3,0 Mio. ha Ackerland, 900 000 ha Weiden und Wiesen, 35 000 ha Rebland und 13 000 ha Hopfengärten. Zur Agrarfläche kommen 3,5 Mio. ha Wald und 52 000 ha Teiche.

Landschaften

Das **Böhmische Becken** im Westen der Tschechischen Republik wird vom Böhmerwald (Šumava), dem Erzgebirge (Krušne hory), dem Isergebirge (Jizerské hory) und dem Riesengebirge (Krkonoše) mit der 1602 m hohen Schneekoppe (Sněžka) umschlossen und von der Elbe (Labe) mit ihren Nebenflüssen Iser (Jizera), Moldau (Vltava) und Eger (Ohře) zur Nordsee hin entwässert. Das östlich anschließende **Mähren** bildet die Wasserscheide zwi-

Verwaltung

	Verwaltungssitz	Fläche (km²)	Einw. (Mio.)
Tschechische Republik	*Praha (Prag)*	*78 864*	*10,4*
Prag	Praha (Prag)	496	1,3
Mittelböhmen	Praha (Prag)	10 994	1,1
Südböhmen	České Budějovice (Budweis)	11 345	0,7
Westböhmen	Plzeň (Pilsen)	10 875	0,9
Nordböhmen	Ústí nad Labem (Aussig)	7 819	1,2
Ostböhmen	Hradec Králové (Königgrätz)	11 240	1,2
Südmähren	Brno (Brünn)	15 028	2,0
Nordmähren	Ostrava (Ostrau)	11 067	2,0

schen Ostsee und Schwarzem Meer: die Oder (Odra) fließt nach Norden, die March (Morava) nach Süden zur Donau (Dunaj).

Klima

Böhmen und Mähren stehen mehr unter dem Einfluß des mitteleuropäischen Seeklimas mit milden Wintern und regenreichen Sommern als unter dem Einfluß des osteuropäischen Kontinentalklimas. Der Juli ist der wärmste, aber auch der regenreichste Monat des Jahres. In Prag fallen im langjährigen Mittel 476 mm Niederschlag pro Jahr. Der geringste Niederschlag fällt in den Monaten Januar bis März.

Vegetation

44 % des Staatsgebietes der Tschechischen Republik sind von Wald bedeckt, der im Nordwesten Böhmens fast vernichtet schien, sich aber nach Stillegung der meisten Braunkohlekraftwerke und Neuanpflanzung widerstandsfähigerer Baumarten inzwischen wieder erholt hat.

Bevölkerung

Die Bevölkerung der Tschechischen Republik setzt sich aus folgenden Nationalitäten zusammen:

Tschechen	9 359 000	(89,9 %)
Slowaken	825 000	(7,9 %)
Ungarn	80 000	(0,8 %)
Polen	54 000	(0,5 %)
Deutsche	52 000	(0,5 %)
Sonstige	40 000	(0,4 %)
	10 410 000	

Die rund 290 000 Zigeuner (Sinti und Roma) werden offiziell den Volksgruppen zugeordnet, zu denen sie sich bekennen.

Religion

Die Verfassung garantierte stets Religionsfreiheit, dennoch verließ nach 1945 ein großer Teil der Bevölkerung die religiösen Gemeinschaften. Die stärkste religiöse Gruppe im tschechisch-mährischen Raum bildet die römisch-katholische Kirche (etwa 8,1 Mio. Gläubige). Die Protestanten (etwa 800 000) setzen sich aus Lutheranern Augsburger Bekenntnisses (etwa 390 000), aus Böhmischen Brüdern (etwa 320 000) und Reformierten (etwa 90 000) zusammen. Die aus dem Hussitentum hervorgegangene Tschechische Kirche gilt als drittstärkste Religionsgemeinschaft (etwa 650 000).

Durchschnittliche Lufttemperatur in °C (Monatsmittel, mittlere tägliche Maxima)

	Januar		Juli	
Karlovy Vary	–2,1	0,2	16,9	23,4
Praha	–0,9	1,1	19,0	24,8
České Budějovice	–2,1	0,6	17,4	24,1
Brno	–2,1	0,2	18,4	25,3

Erläuterung der Fachbegriffe

Almemor Tribüne in der Synagoge, von der die Thora verlesen wird

Ambitus Chorumgang, auch der Kreuzgang bei Klosteranlagen

Apsis Halbrunder, auch mehreckiger, mit einer Halbkuppel überwölbter Raumteil

Architrav Den Oberbau tragende Steinbalkenlage, meist über Stützen

Arkade Aneinanderreihung von Bogen, die auf Pfeilern oder Säulen ruhen

Atlant Stützpfeiler in Gestalt einer kraftvollen männlichen Figur, benannt nach em Riesen Atlas, der das Himmelsgewölbe trägt

Attika Fensterloser Aufbau über dem Hauptgesims eines Gebäudes, um das Dach zu verdecken, oft mit Steinvasen oder Skulpturen besetzt

Barbakane Ein dem Festungs- oder Stadttor vorgelagertes Außenwerk

Barockgotik Von dem böhmischen Baumeister Giovanni Battista Santini entwickelte Verbindung des italienischen Barock mit gotischen Formen (frühes 18. Jh.)

Basilika Kirchenbauform mit überhöhtem Mittelschiff

Bergfried Hauptturm der mittelalterlichen Burg

Böhmische Brüder Religiöse Gemeinschaft, die im 15. Jh. aus den Hussiten hervorging

Brüdergemeine (Brüderunität) Religiöse Gemeinschaft, die seit 1722 aus einem Teil der → *Böhmischen Brüder* hervorging

Chiaroscuro Helldunkelmalerei

Chor Erhöhter Kirchenraum mit Altar

Dechanat (Dekanat) Amt oder Amtsbereich eines → *Dechanten*

Dechant (Dekan) Vorsteher eines Kirchenbezirks oder eines Domkapitels

Dormitorium Schlafsaal in Klöstern, auch der Trakt mit den Mönchszellen

Fiale Schlankes, spitzes Türmchen als Bekrönung von Strebepfeilern

Fresko Malerei auf frischem, noch feuchtem Kalkmörtel

Funktionalismus Stil der Baukunst, der seit der Jahrhundertwende die Übereinstimmung von Form und Aufgabe in der Architektur anstrebt

Gigantomachie Darstellung des Kampfes der Giganten (erdgeborene Riesen) gegen die olympischen Götter in der griechischen Mythologie. Herakles entscheidet den Kampf zugunsten der Götter; der Kampf symbolisiert den Sieg von Kultur und Ordnung über Barbarei und Chaos

Glacis Flach abfallende Erdaufschüttung vor Festungsanlagen

Gloriette Offener Pavillon oder Rundtempel in barocken oder klassizistischen Parks

Goldener Steig Alter Handelsweg (Saumpfad) von Passau über Wallern (heute Volary) nach Prachatitz, bedeutend vom 10. bis 17. Jh. (Salz, Getreide, Tuche, Glas)

Großpriorat Oberste Dienststelle eines Ordens, in Prag des Malteserordens

Hussiten Anhänger des böhmischen Reformators Jan Hus (um 1370–1415), die sich in eine gemäßigte Gruppe (Utraquisten) und eine radikale Gruppe (Taboriten) spalteten

Inkunabeln Die frühesten Erzeugnisse der Buchdruckerkunst (vor 1500)

Jagiellonen Litauisch-polnische Dynastie, die Jogaila (Jagiello), Großfürst von Litauen, 1377 begründete und die 1471–1526 in Böhmen regierte

Kalvarienberg Darstellung der Kreuzigungsgruppe als Abschluß eines Kreuzweges

Kapitel Priesterkollegium an einer Dom- oder Stiftskirche

Kapitelsaal Ort, an dem sich die führenden Mitglieder eines Klosters oder Ordens beraten

Kapitell Der oberste Teil einer Säule, eines Pfeilers oder eines Pilasters (Wandpfeilers)

Karner Zweigeschossige Friedhofskapelle, deren Untergeschoß zur Aufbewahrung der Gebeine dient, die bei der Anlage neuer Gräber zum Vorschein kommen

Kenotaph Grab- oder Gedächtnisstätte für einen Toten, den man aus irgendwelchen Gründen gar nicht oder nur an anderer Stelle begraben konnte

Kommende Ordenshaus im Mittelalter

Konsole Aus Wand oder Pfeiler vorspringender Tragstein für Bogen, Figuren u. a.

Kreuzgewölbe Zwei sich rechtwinklig durchdringende Tonnengewölbe

Kubismus Richtung der modernen Kunst, die die sichtbare Wirklichkeit auf die Grundformen Würfel (Kubus), Kegel und Kugel reduziert

Landtafeln Amtliche Bücher (Register), in denen wichtige Landtagsbeschlüsse sowie Änderungen in den Besitzverhältnissen des Hochadels, des Klerus und der Städte aufgezeichnet wurden

Leibgedinge Bereitstellung von Grundbesitz zur Versorgung der Witwe

Lokator Im Mittelalter mit dem Anwerben von Siedlern und der Gründung von Dörfern und Städten beauftragter, meist adliger Unternehmer

Maskaron Maske als dekoratives Bauelement, besonders in der Renaissance und im Barock

Minoriten Der Erste Orden der Franziskaner

Monstranz (Ostensorium) Liturgisches Hostiengefäß

Oktogon Achteck

Ossarium Beinhaus auf Friedhöfen

Palas Hauptwohngebäude der mittelalterlichen Burg

Palatin Bezeichnung für den Stellvertreter des Königs von Ungarn (bis 1848)

Pawlatsche Offener Gang an der Hofseite eines Hauses

Pietà Darstellung der trauernden Maria mit dem Leichnam Christi

Pilaster Wandpfeiler

polygonal vieleckig

Přemysliden Auf den legendären tschechischen Bauern Přemysl zurückgehende Dynastie, die 1306 mit dem Tod Wenzels III. endete

Presbyterium Chorraum einer Kirche

Risalit Gebäudeteil, der in ganzer Höhe aus der Fluchtlinie einer Gebäudefront vorspringt

Rotunde Rundbau

Rustika Quadermauerwerk, bei dem die Vorderseite der Quader nur roh bearbeitet wird

Säkularisation Einziehung oder Nutzung kirchlichen Vermögens durch den Staat, z. B. hob Kaiser Joseph II. 1782 über 700 Klöster in den österreichischen Ländern auf

Sala terrena Gartensaal eines Barockschlosses, meist unter dem Festsaal gelegen

Sanktuarium Altarraum der katholischen Kirche, Reliquienschrein

Schöner Stil (Weicher Stil) Spätgotische Stilrichtung der Plastik und Malerei mit weich fließenden Formen und lieblicher Physiognomie (Schöne Madonnen; um 1400)

Schwibbogen Frei gespannter, stützender Mauerbogen zwischen Gebäuden, vor allem in engen mittelalterlichen Gassen

Sezessionsstil (Wiener Sezession) Österreichische Variante des Jugendstils

Sgraffito Fassadenmalerei, bei der die Zeichnung in verschiedenfarbige, noch feuchte Putzschichten gekratzt wird

Tabernakel Baldachin oder Altarschrein

Triforium Laufgang unterhalb der Chorfenster mit nach innen gerichteten, offenen Arkaden

Triptychon Dreiteiliges Altarbild, bestehend aus dem Mittelbild und zwei Seitenflügeln

Tympanon Giebelfeld, Bogenfeld über dem Portal, meist reliefgeschmückt

Vir dolorum Schmerzensmann, Darstellung des leidenden Heilands

Wimperg Ziergiebel über Portalen und Fenstern

Zwinger Umgang zwischen innerer und äußerer Mauer der mittelalterlichen Burg oder der zur Vorburg gehörende freie Platz

Literaturverzeichnis

Allgemeine Werke

Braun, H./Neubauer, M.: Goethe in Böhmen. Hof 1991

Cibula, V.: Prager Sagen. Hanau 1982

Comenius, J. A.: Orbis sensualium pictus. Dortmund ³1985

Cosmas von Prag: Chronik Böhmens. Teil 1 und 2. Essen/Stuttgart 1987

Fehr, G.: Fernkurs in Böhmisch. Ajnfirung in šprächliche und kulináriše Specialitétn fon Land und Lajtn ... Frankfurt am Main und Leipzig 1991

Froidl, I.: Böhmische Küche. München ¹⁴1987

Göres, J. (Hrsg.): »Was ich dort gelebt, genossen ...« Goethes Badeaufenthalte 1785–1823. Königstein i.T. 1982

Johannes von Tepl: Der Ackermann und der Tod. Stuttgart 1989

Klostermann, K.: Böhmerwaldskizzen. Berlin 1987

Mörike, E.: Mozart auf der Reise nach Prag. Frankfurt a. M. 1979

Neruda, J.: Bilder aus dem alten Prag. Berlin/Weimar ⁵1988

Neruda, J.: Kleinseitner Geschichten. Aus dem alten Prag. München ²1986

Serke, J.: Böhmische Dörfer. Wanderungen durch eine verlassene literarische Landschaft. Hamburg/Wien 1987

Urzidil, J.: Goethe in Böhmen. Zürich 1962

Geschichte

Aschenbrenner, V.: Sudetenland. Ein Überblick über seine Geschichte. Bad Reichenhall o.J.

Berger, N.: Wo sich Kulturen begegnen. Die Geschichte der tschechoslowakischen Juden. Prag 1992

Bretholz, B.: Geschichte Böhmens und Mährens. 4 Bde. Reichenberg 1925 ff.

Dekan, J.: Moravia Magna. Das Großmährische Reich und seine Kunst. Hanau 1983
Franzel, E.: Die Sudetendeutschen. Siedlungsraum, Wesen und Geschichte. München 1980
Hoensch, J. K.: Geschichte Böhmens. Von der slawischen Landnahme bis ins 20. Jahrhundert. München 1987
Hoensch, J. K.: Geschichte der Tschechoslowakischen Republik 1918–1978. Stuttgart [2]1978
Iggers, W. (Hrsg.): Die Juden in Böhmen und Mähren. Ein historisches Lesebuch. München 1986
Kaiser Karl IV. 1316–1378. An der Schwelle zur Neuzeit. Ausstellungskatalog. Nürnberg 1978
Karl IV.: Selbstbiographie. Vita Karoli Quarti. Hanau 1979
Kern, K.: Pilsen im Mittelalter. Prag 1930
Masaryk, T. G.: Das neue Europa. Der slawische Standpunkt. Berlin 1991
Neumann, J.: Rudolfínská Praha (Prag zur Zeit Rudolfs II.). Prag 1984
Sturm, H.: Eger. Geschichte einer Reichsstadt. 2 Bde. Augsburg 1951, 1952

Kunst

Autorenkollektiv: Die Kunst am Hofe Rudolfs II. Prag 1988
Brucker, J. / Vilimková, M.: Dientzenhofer. Eine bayerische Baumeisterfamilie in der Barockzeit. Rosenheim 1989
Hasalová, V. / Vajdiš, J.: Die Volkskunst in der Tschechoslowakei. Prag 1974
Mayer, V.: Holzkirchen. Neuentdeckte Baukultur in Böhmen, Mähren, Schlesien und der Slowakei. Wien 1986
Pešatová, Z. / Brok, J.: Böhmische Glasgravuren. Prag 1968
Spiegl, W.: Böhmische Gläser. München 1976
Swoboda, K. M. (Hrsg.): Barock in Böhmen. München 1964
Swoboda, K. M. (Hrsg.): Gotik in Böhmen. München 1969

Prag

Burian, J./Doležal, J. und I.: Prager Gärten. Leipzig 1987
Demetz, P. (Hrsg.): Geschichten aus dem alten Prag. Frankfurt am Main und Leipzig 1994
Flegl, M.: Prag. Prag 1988
Gorys, E. / Soumar, R.: Prag (Bildband). München 1991
Halamičková, J.: Prag. Ein Lesebuch. Frankfurt a. M. 1988
Kunstgewerbemuseum in Prag 1885–1985. Ausstellungskatalog. Prag 1985
Lion, J. / Lukas, J.: Das Prager Ghetto. Prag 1959
Lion, J. / Lukas, J.: Der alte jüdische Friedhof in Prag. Prag 1960
Lorenc, V.: Das Prag Karls IV. Die Prager Neustadt. Stuttgart 1982
Maria-Loreto in Prag. Prag 1987
Neubert, K.: Prag. Seine Geschichte und Architektur. Prag und Hanau 1983
Prag um 1600. Kunst und Kultur am Hofe Rudolfs II. Ausstellungskatalog Kulturstiftung Ruhr, Villa Hügel. Freren/Emsland 1988
Vilímková, M.: Die Prager Judenstadt. Hanau [2]1991
Volavka, V.: Kunstwanderungen durch Prag. Prag 1966
Wagenbach, K.: Kafkas Prag. Ein Reiselesebuch. Berlin 1993
Wirth, Z.: Prag in Bildern aus fünf Jahrhunderten. Prag 1954

Städte, Stätten, Landschaften

Arnold, F.: Unser Marienbad. Geschichte und Bedeutung eines Weltkurortes 1808–1958. Marburg a. d. Lahn 1958
Autorenkollektiv: Krkonoše. Reiseführer durch das größte Gebirge Böhmens. Prag 1985
Autorenkollektiv: Terezín. Ústí nad Labem 1988

Brosche, W.: Leitmeritz und das böhmische Mittelgebirge. Stuttgart 1970
Doležal, J. und I. / Mohyla, O.: Im Böhmerwald. Leipzig 1986
Ehl, P./Pařík, A.: Alte Judenfriedhöfe Böhmens und Mährens. Prag 1991
Einhorn, M. und E.: Země Má (Mein Heimatland). Prag 1987
Engel, H.-U.: Burgen und Schlösser in Böhmen. Frankfurt a. M. 1961
Eschborn, M.: Karlstein. Stuttgart 1971
Fröhling, S./Reuß, A.: Böhmerwald und böhmische Bäder. Köln 1994 (DUMONT Reise-Taschenbücher, Band 2085)
Galandauer, J. / Kusák, D.: Konopiště. Prag 1988
Gloser, H. und Kollektiv: Plzeň (Pilsen). Prag 1986
Hemmerle, R.: Sudetenland-Lexikon. Mannheim ²1985
Karell, V.: Das Egerland und seine Weltbäder. Frankfurt a. M. 1966
Karell, V.: Karlsbad von A bis Z. Ein Stadtlexikon. München 1971
Karell, V.: Karlsbad im Wandel der Jahrhunderte. Marburg a. d. Lahn 1958
Kusák, D.: Brno a Okolí (Brünn und Umgebung). Prag 1981
Kusák, D.: Státní zámek Hluboká (Staatsschloß Hluboká). Prag 1983
Kusák, D.: Státní zámek Vranov nad Dyji (Staatsschloß Vranov an der Thaya). Prag 1988
Novak, V.: Terezín. Prag ⁴1987
Rokyta, H.: Die böhmischen Länder. Handbuch der Denkmäler und Gedenkstätten europäischer Kulturbeziehungen in den böhmischen Ländern. Salzburg 1970
Schejbal, J.: Jihomoravský Kraj (Südmährischer Bezirk). Brno 1988
Schremmer, E.: Sudetenland in Farbe. Mannheim 1985
Weiß, A.: Die Heilquellen von Karlovy Vary. Prag 1967
Zemek, M.: Mikulov. Prag 1983
Zenkner, K.: Die alten Glashütten des Isergebirges. Schwäbisch Gmünd 1968
Zerlik, O.: Karlsbad. Durch 600 Jahre deutscher Kurort. Geislingen a. d. Steige 1961

Abbildungs- und Zitatnachweis

Farbabbildungen

Christel Gorys, Krefeld Titelbild, vordere Umschlaginnenklappe, Umschlagrückseite, Farbabb. 1, 4–7, 10–12, 14–18, 23–27
Werner Neumeister, München Farbabb. 3
Horst Schmeck, Köln Hintere Umschlaginnenklappe, Farbabb. 2, 8, 9, 13, 19–22

Abbildungen im Text

Archiv für Kunst und Geschichte, Berlin S. 2/3, 86, 241, 249, 265, 293
A. M. Begsteiger, Gleisdorf S. 165
Jiři Doležal, Prag S. 19
Christel Gorys, Krefeld S. 12, 48, 76, 97, 117, 125, 140, 173, 176, 185, 224, 230/231, 256, 261, 268, 294, 317, 325, 337, 376
Max Grönert, Köln S. 59, 251, 290, 298, 312, 315
W. Kleinfeld, Ettlingen S. 61, 64
Werner Neumeister, München S. 71, 81, 90, 106, 111, 122, 128, 134, 144/145, 148, 151, 167,

168, 183, 189, 190, 191, 221, 223, 227, 228, 237, 263, 275, 277, 281, 287, 302/303, 306, 309, 327, 333, 340, 346, 354, 356, 363, 365
Horst Schmeck, Köln S. 37, 51, 88, 156, 163, 272, 343, 349, 390
Ullstein Bilderdienst, Berlin S. 22, 24, 43, 138, 178, 359, 370

Alle übrigen Abbildungen stammen aus dem Archiv des Autors und des Verlages

Karten
Die Karten und Pläne wurden erstellt von Berndtson & Berndtson, Fürstenfeldbruck: © DUMONT Buchverlag, Köln

Zitatnachweis
Zitat auf S. 118: Franz Werfel, Barbara oder die Frömmigkeit, © Alma Mahler-Werfel. Abdruck mit freundlicher Genehmigung der S. Fischer Verlag GmbH, Frankfurt am Main

Verzeichnis der Karten und Pläne im Textteil

Register

Personen

Orte (deutsche Namen)

Orte (tschechische Namen)

DUMONT

KUNST-REISEFÜHRER

»Die Kunst-Reiseführer des Kölner Verlages werden von Jahr zu Jahr, von Band zu Band perfekter: immer detailliertere Pläne begleiten die Erklärungen, immer noch typischere Illustrationen erläutern den Text.« *Basler Nachrichten*

»Die Kunst-Reiseführer aus dem Kölner DUMONT Verlag verbinden in vorbildlicher Weise allgemeine kunstgeschichtliche Orientierung und konkrete Verwertbarkeit des Geschriebenen am Urlaubsort. Sie zeigen, daß wissenschaftlich exakt nicht langweilig heißen muß.«
Süddeutscher Rundfunk

»Für Menschen, denen Land, Leute und Denkmäler mehr Anreiz sind als die geebneten Pfade des institutionalisierten Tourismus, die sich in das Abenteuer einlassen, sich die Begegnungen selbst zu gestalten, erfüllen die DUMONT Kunst-Reiseführer ein Maximum an Voraussetzungen.«
Salzburger Nachrichten

Weitere Informationen über die Titel der Reihe DUMONT Kunst-Reiseführer erhalten Sie bei Ihrem Buchhändler oder bei DUMONT Buchverlag • Postfach 10 10 45 • 50450 Köln.

Prag (s. hintere Umschlaginnenklappe)

1 *Repräsentationshaus*
2 *Pulverturm*
3 *Altstädter Rathaus*
4 *St. Niklas (Altstadt)*
5 *Palais Kinsky*
6 *Teynkirche*
7 *Clam-Gallas-Palais*
8 *Clementinum*
9 *St. Franziskus*
10 *Kreuzherrenplatz*
11 *Altneusynagoge*
12 *Jüdisches Rathaus*
13 *Spanische Synagoge*
14 *Maiselsynagoe*
15 *Alter Jüdischer Friedhof*
16 *Kunstgewerbemuseum*
17 *Künstlerhaus*
18 *Agneskloster*
19 *Jakobskirche*
20 *Carolinum*
21 *Ständetheater*
22 *St. Gallus*
23 *St. Ägidius*
24 *Bethlehemskapelle*
25 *St. Niklas auf der Kleinseite*
26 *Malteserplatz*
27 *St. Maria de Victoria*
28 *St. Thomas*
29 *Palais Waldstein*
30 *Palais Thun-Hohenstein*
31 *Palais Lobkowitz*
32 *Hradschin*
33 *Palais Schwarzenberg*
34 *Nationalgalerie*
35 *Loreto*
36 *Kloster Strahov*
37 *Nationaltheater*
38 *Maria Schnee*
39 *Wenzelsplatz*
40 *Nationalmuseum*
41 *Hauptbahnhof*
42 *St. Heinrich*
43 *St. Stephan*
44 *Villa Amerika (A.-Dvořák-Museum)*
45 *Neustädter Rathaus*
46 *Karlsplatz*
47 *St. Kyrill und Method*
48 *St. Ignatius*
49 *Emmauskloster*
50 *St. Johann von Nepomuk am Felsen*
51 *Marienkirche »Na slupi«*
52 *Karlshof*
53 *Villa Bertramka (Mozart-Museum)*
54 *Dientzenhofer-Haus*
55 *Museum der Stadt Prag*
56 *Nationale Gedenkstätte auf dem Berg Žižkov*
57 *Fernsehturm*